宪政摇篮

中国社会科学院法学研究所宪法与行政法研究室纪念文集

Xianzheng Yaolan

● 张庆福　周汉华　莫纪宏　主编

中国社会科学出版社

图书在版编目（CIP）数据

宪政摇篮/张庆福等主编. —北京：中国社会科学出版社，2008.10
ISBN 978-7-5004-7284-1

Ⅰ.宪… Ⅱ.张… Ⅲ.①宪法-研究-中国-文集②行政法-研究-中国-文集 Ⅳ.D921.04-53 D922.104-53

中国版本图书馆 CIP 数据核字（2008）第 155669 号

出版策划	任　明
特邀编辑	王　安
责任校对	王兰馨
封面设计	弓禾碧
技术编辑	李　建

出版发行	中国社会科学出版社		
社　　址	北京鼓楼西大街甲 158 号	邮　编	100720
电　　话	010—84029450（邮购）		
网　　址	http://www.csspw.cn		
经　　销	新华书店		
印　　刷	北京奥隆印刷厂	装　订	广增装订厂
版　　次	2008 年 10 月第 1 版	印　次	2008 年 10 月第 1 次印刷
开　　本	710×980　1/16		
印　　张	32.75	插　页	2
字　　数	570 千字		
定　　价	65.00 元		

凡购买中国社会科学出版社图书，如有质量问题请与本社发行部联系调换
版权所有　侵权必究

《宪政摇篮》编辑委员会

总 顾 问 李 林
主 编 张庆福 周汉华 莫纪宏
执行主编 翟国强
编辑委员会成员（按照汉语拼音顺序排列）
　　　　　　陈云生 李洪雷 李 霞 刘海波 吕艳滨
　　　　　　莫纪宏 吴新平 翟国强 张庆福 周汉华

目　录

前言 …………………………………………………………… （1）

第一部分　宪法与行政法研究室人员简介

张友渔研究员个人简介 ………………………………………… （3）
韩幽桐研究员个人简介 ………………………………………… （5）
王叔文研究员个人简介 ………………………………………… （6）
吴建璠研究员个人简介 ………………………………………… （26）
王珉灿研究员个人简介 ………………………………………… （27）
张庆福研究员个人简介 ………………………………………… （28）
夏勇研究员个人简介 …………………………………………… （42）
李林研究员个人简介 …………………………………………… （46）
冯军研究员个人简介 …………………………………………… （50）
周汉华研究员个人简介 ………………………………………… （51）
莫纪宏研究员个人简介 ………………………………………… （55）
张明杰研究员个人简介 ………………………………………… （70）
张焕光研究员个人简介 ………………………………………… （72）
陈云生研究员个人简介 ………………………………………… （74）
吴新平研究员个人简介 ………………………………………… （76）
李忠研究员个人简介 …………………………………………… （77）
王德祥副研究员个人简介 ……………………………………… （78）
周延瑞副研究员个人简介 ……………………………………… （79）

吕艳滨副研究员个人简介 ……………………………………（80）
李洪雷副研究员个人简介 ……………………………………（82）
刘海波副研究员个人简介 ……………………………………（84）
李霞助理研究员个人简介 ……………………………………（87）
翟国强助理研究员个人简介 …………………………………（89）
刘小妹博士后个人简介 ………………………………………（90）
宪法与行政法研究室历届获得硕士学位人员名单 …………（91）
宪法与行政法研究室历届获得博士学位人员名单 …………（92）

第二部分　宪法与行政法研究室往事追忆

张友渔倡导学术宽容 ……………………………… 李步云（97）
十年京兆一书生
　　——张友渔与法学所 ……………………………… 张　群（99）
张友渔与八十年代中国法制建设 ………………… 王志强（103）
光明磊落　风范长存
　　——怀念著名宪法学家王叔文研究员 ………… 聂秀时（107）
寓平凡之中的不平凡
　　——访院优秀共产党员冯军 …………………… 李延枫（119）
忆王珉灿同志 ……………………………………… 曾庆敏（122）
法学所宪法行政法研究室琐记
　　——张庆福研究员访谈 ………………………………（126）
改革开放三十年的回顾与展望 …………………… 罗耀培（129）
中国社会科学院周汉华谈政府信息公开化 ……… 裴智勇（138）
在宪法的天空中翱翔
　　——访第四届十大杰出青年法学家、中国社会科学院
　　　法学所研究员莫纪宏 ………………………… 谢　庆（140）

骆伟建学友为法学研究所50周年庆典发来的贺电 ………… (144)
骆伟建教授个人简历 ……………………………………… (145)

第三部分 宪法与行政法研究室研究人员
发表的重要学术论文选编

资产阶级议会民主的虚伪性 ………………………… 张友渔 (149)
关于修改宪法的几个问题 …………………………… 张友渔 (159)
马克思的无产阶级专政理论和中国的实践 ………… 张友渔 (171)
进一步研究新宪法，实施新宪法 …………………… 张友渔 (185)
论民族区域自治法 …………………………………… 张友渔 (210)
新中国制宪工作回顾
　　——纪念中华人民共和国成立三十五周年 …… 张友渔 (220)
论人民代表大会代表的任务、职权和活动方式问题 … 张友渔 (230)
关于中国的地方分权问题 …………………………… 张友渔 (241)
关于我国法律的立法程序和起草工作 ……………… 张友渔 (247)
论宪法实施的保障 …………………………………… 王叔文 (252)
论澳门特别行政区基本法的特点 …………………… 王叔文 (262)
新宪法的伟大实践 …………………………………… 王叔文 (271)
学习毛泽东思想关于民主和法制的理论 …………… 王叔文 (288)
党的十四大以来我国宪法学的新成就 ……………… 王叔文 (298)
为"九七"香港法律的顺利过渡做好准备 …………… 吴建璠 (301)
现代行政程序在法治行政中的作用 ………… 张庆福　冯　军 (307)
宪法视野和宪政界域中的公益诉讼 ………………… 陈云生 (320)
以宪法为依据转换宪政模式 ………………………… 吴新平 (323)
行政许可法：观念创新与实践挑战 ………………… 周汉华 (324)

行政立法与当代行政法
　　——中国行政法的发展方向 ………………………… 周汉华（359）
起草《政府信息公开条例》（专家建议稿）的基本考虑 …… 周汉华（386）
论行政诉讼中的法律问题 ……………………………… 周汉华（417）
论建立独立、开放与能动的司法制度 ………………… 周汉华（428）
论行政诉讼原告资格审查 ……………………………… 周汉华（454）
审视应然性
　　——一种宪法逻辑学的视野 ……………………… 莫纪宏（459）
试论建立我国军事行政诉讼制度 ………… 周卫平　徐　高　张明杰（479）
试论健全我国行政诉讼的受理机构 ……………… 周卫平　张焕光（486）
改革我国行政复议制度应处理好四组关系 …………… 李洪雷（493）
中央与地方政府间关系的司法调节 …………………… 刘海波（496）

前　　言

　　中国社会科学院法学研究所宪法与行政法研究室是法学研究所现有研究室中成立最早、历史最久的研究室之一。1958年法学研究所成立之初，只有国家法、民法、刑法三个研究组（1959年又增设国际法研究组），宪法与法理等学科均属于国家法研究组。当时，国家法研究组的临时负责人是张友渔先生。截止到1961年，法学研究所组织机构逐步健全，当时国家法研究组的组长为蔡云岭先生，副组长为王珉灿先生，秘书为王叔文先生。十年浩劫之后，法学研究所于1975年开始恢复研究工作，到1985年法学研究所的组织机构逐步健全，当时共设立了六个研究室，其中的国家法研究室就是现在宪法与行政法研究室的前身。之后，随着国家法制建设的不断发展和学科建设的需要，1995年，宪法研究室又更名为宪法与行政法研究室，行政法学的研究力量也不断壮大。迄今，宪法与行政法研究室同法学研究所一道，已在风风雨雨中走过了近50个年头。

　　宪法与行政法研究室有宪法学与行政法学两个学科。宪法学一直是宪法与行政法研究室传统的优势学科，其研究水平在国内学术界处于领先地位。自研究室成立以来，研究室成员一直团结一致、苦心钻研，在宪法监督、违宪审查、人权保障等宪政理论的研究中积累了大量、高水准的研究成果，对于推动国内宪法学研究的发展，为国家宪法及有关法律法规的制定、修改提供了有力的理论支持，做出了相当的贡献。著名宪法学家王叔文教授曾任中国法学会副会长、中国法学会宪法学研究会总干事、名誉会长，对中国现行宪法的制定和实施做出了突出贡献。著名宪法学家张庆福教授曾任中国法学会宪法学研究会会长、现任名誉会长，是中国宪法学界的学术前辈和权威。著名宪法学者莫纪宏研究员现担任国际宪法学协会执行委员、中国法学会宪法学研究会常务副会长、北京市法学会副会长。不仅如此，1983年，宪法与行政法研究室还设立了宪法学博士点，这是全国最早设立的法学博士点，新中国法学的创始人之一、著名法学家张友渔先生是该博士点的首位博士生导师。历任博士生导师有张友渔、王叔文、张庆福、夏勇、李林、陈云生、白刚、吴新平、冯军、周汉华、莫纪宏等。该博士点迄今已经培养了一大批博士研究生，这其中有一部分高材生毕业后留在了法学研究所任职，充实了研究所宪法学研究的力量，更有一大批高材生奔赴全国各大院校、科研机构和国家机关，其中许多已经成为知名的专家学者。其中，陈云生研究员是宪法与行政法研究室培养的新中国第一位法学博士，冯军研究员是在宪法与行政法研究室博士后流动站工作的新中国第一位行政法学博士后。

近年来，法学所行政法学研究取得了较大的发展。除了总体的研究力量有了较大提高之外，研究领域也不局限于传统行政法的理论问题，更逐步拓宽至信息法、政府监管等新的研究领域，而且，在这些领域的研究水平也在国内行政法学界处于前列。其中，周汉华研究员是中国法学会信息法学研究会副会长、国家信息化专家咨询委员会委员、个人信息保护法起草专家组组长，在信息法学研究、行政审批制度改革与行政许可法的制定、政府监管等方面的研究成果处于国内领先地位，许多成果被政府决策所采纳。经过长期扎实的积累，行政法学也已经逐步成为宪法与行政法研究室的优势学科。

宪法与行政法研究室研究人员队伍整齐、年龄结构合理，大多数研究人员拥有博士学位，并有在国外研究机构或大学长期学习或讲学的经历，与国外宪法行政法学界建立了广泛的学术联系。

一直以来，宪法与行政法研究室既重视理论的研究，更注重理论联系实际，积极参与立法活动，为国家法制建设建言献策。其中，许多研究室成员都参与了1982年宪法的制定工作。1982年宪法是在改革开放的初期这个特殊的历史时期制定的。当时我们国家在结束"文化大革命"不久，便召开了党的十一届三中全会，重新确立了党和国家发展的基本路线和方针政策。因此，用新宪法把这些新经验、新成就固定下来，指导国家新时期社会主义现代化建设的各项工作，就显得很有必要。党中央对新宪法寄予了很大的希望，非常重视新宪法的起草工作，邀请了许多专家、学者参与新宪法的起草工作。中国社会科学院法学研究所部分同志都以个人身份积极参与了这项工作。其中，张友渔先生是1980年9月成立的宪法修改委员会的成员，担任委员会秘书处的副秘书长，负责秘书处的日常工作，为1982年宪法的制定做了大量的工作。王叔文先生也参加了秘书处的工作，并负责起草《公民的基本权利和义务》一章，同时参加了其他宪法条文的起草和讨论。在这个过程中，国家法室（即现在的宪法与行政法研究室）在资料的收集方面做了大量的工作。当时，有关的研究人员本着"资料的收集应当尽量全面，以配合宪法的修改工作"的指导思想，收集了51个国家的62部宪法和宪法性文件，共有100多万字，后来编辑出版了46万字的《宪法分解资料》以及《各国宪法结构》等资料。这些资料的收集和编辑工作为宪法修改提供了很大的帮助，为此，彭真等领导同志曾多次加以表扬。1982年宪法颁布后，特别是在1983年、1984年，针对宪法中的各种理论问题，国家法室的研究人员还撰写了大量的著作和文章，对于宣传新宪法、提高公民的宪法意识均起到了重要的作用。

同时，王叔文先生还参与了《香港特别行政区基本法》和《澳门特别行政区基本法》的起草工作，主要负责其中特别行政区居民权利义务等规定的起草。而且，在王叔文先生的带领之下，研究室一部分研究人员还开展了《香港特别行政区基本法》和《澳门特别行政区基本法》的理论研究工作，最终形成了《香港特别行政区基本法导论》和《澳门特别行政区基本法导论》两部重要的研究成果，成为国内外研究相关问题极为重要的资料。另外，王叔文先生在担任第八届全国人民代表大会代表期间，还提出了制定《立法法》和设立宪法委员会的建议，其中《立法法》的制定建议已经为立法机关采纳并于2000年出台。

张庆福先生则参与了《新闻法》、《监督法》等重要法律的起草工作，长期担任《宪政论丛》的主编，在其主持之下，研究室一部分成员还从事了"文化法制研究"、"人大监督制度研究"等的研究课题。并且，张庆福先生还主持编写了《宪法学基本理论》（社会科学文献出版社1999年9月版）一书。该书在对宪法学基本理论进行论述的同时，还对宪法学研究中有争论的问题和涉及比较少的问题进行了探讨，在研究国内外宪政实践的基础上，提出了许多加强和完善我国社会主义宪政建设的意见，体系严谨，资料翔实，具有较高的学术品位。该书被法学研究所和政治学研究所评为1992—1994年优秀成果。

陈云生教授是宪法与行政法研究室培养的全国第一位法学博士，学识渊博，曾参加历次修宪及有关法律法规的修订工作，他的代表作《民主宪政新潮——宪法监督的理论与实践》在学术界具有一定的影响。另外，吴新平教授也是继王叔文教授之后研究港澳台及"一国两制"问题的专家，参与了香港和澳门基本法的制定和研究工作，同时，还主持翻译了《美国法典》等文献。

研究室中的中青年学者在相关领域的研究中相当活跃。其中，周汉华研究员曾主持"信息社会与中国信息公开制度研究"的研究课题，在国内较早地开始了有关政府信息公开的研究工作，收集整理了大量国外的理论知识和立法经验，积累了大量成果，极大地推动了我国政府信息公开理论的研究和制度的创设。并且，他还受国家信息化办公室委托，主持起草了《政府信息公开条例（专家建议稿）》，在相关研究的推动之下，该条例已经顺利出台。而且，周汉华研究员还对行政审批、政府监管等领域有着较深的研究，参与了《行政许可法》、《电力法》等法规的制定、修改工作。另外，其博士论文《现实主义法律运动与中国法制改革》还被教育部评为2002年百篇优秀博士论文之一。

莫纪宏研究员主要从事宪政与人权、宪法监督与宪法诉讼、灾害法与紧急状态、文化法等领域的研究工作。2004年获"全国十大杰出青年法学家"称号，先后获省部级以上科研成果奖10项，其中个人独立获得奖项6项，参与4项。参加了防震减灾立法工作和我国防震减灾法律体系以及突发事件应对法律体系的构建工作，先后担任《破坏性地震应急条例》立法起草小组副组长，《中华人民共和国防震减灾法》立法起草小组成员，《中华人民共和国突发事件应对法》立法起草小组成员。参与了《戒严法》、《国防法》、《立法法》、《人口与计划生育法》、《原子能法》等法律的立法论证及咨询工作。而且，莫纪宏教授还在国内较早地开始了紧急状态法的研究，其有关紧急状态法的研究成果在此领域独树一帜，对国家立法机关相关的立法活动起到了非常重要的参考作用。

另外，冯军研究员为宪法与行政法研究室培养的新中国第一位行政法学博士后，其代表作有《国家赔偿法释论》、《行政处罚法新论》等，曾主持了"WTO与中国行政改革"等研究课题。张明杰研究员也对信息法、政府管制等方面有着较深的研究，其代表作包括《政府管理互联网应当遵循的原则》等。不仅如此，宪法与行政法研究室的其他研究人员还凭着其扎实的理论功底和精湛的外语水平，积极从事宪法与行政法的研究工作，为有关国家机关建言献策，更发表了大量在国内外有影响的研究成果，在此不能一一列举。

宪法与行政法研究室不仅在科研工作中取得了显著的成绩，更积极参与学术研究团体的建设活动。现行的1982年宪法颁布以来，为了推动宪法学的研究工作，在中国法学会的关心和支持下，在王叔文先生的具体领导和研究室成员的参与之下，1985年在贵阳成立了中国法学会宪法学研究会。中国法学会宪法学研究会成立后，坚持理论联系实际原则，联系科研部门、大专院校和全国人民代表大会常务委员会等实务部门的人士，研究和探讨了许多涉及我国宪政建设的重大理论和现实问题，出版了多部论文集，发表了一大批质量比较高的文章，极大地推动了我国宪法学的研究工作。该学会的首任会长为王叔文先生，张庆福先生为现任名誉会长，莫纪宏研究员为现任常务副会长。同时，张友渔先生还倡导成立了国际宪法学协会，该协会现已成为世界宪法学人进行学术交流的论坛。张友渔、王叔文和莫纪宏研究员都曾经担任和正在担任该学会的执行委员，为推动我国宪法学界与国际宪法学界的学术交流作出了巨大贡献。另外，周汉华研究员在组织研究政府信息公开的理论问题的同时，也积极呼吁和参与了信息法学会的组建工作，并担任该学会副会长。冯军研究员也担任中国法学会行政法学研究会的副会长。

30年来，先后有一大批出类拔萃的学者在宪法与行政法研究室工作过，目前宪法与行政法研究室在职人员共八人，包括吴新平、周汉华、莫纪宏、吕艳滨、李洪雷、李霞、翟国强和刘海波。已经退休的老同志有五人，包括张庆福、王德祥、张焕光、陈云生和王兆兰。曾经在宪法与行政法研究室工作过，目前已经去世的有两位，他们是王叔文、周延瑞；已经调离的有六人，包括刘曙光、周卫平、符国栋、张允起、李忠、张明杰；仍然在本所其他部门工作的有冯军和于敏。目前，宪法与行政法研究室共有博士生指导老师八人，包括张庆福、陈云生、李林、吴新平、周汉华、冯军、张明杰和莫纪宏。曾经在宪法与行政法室做过博士生指导教师的有夏勇和白钢。曾经担任过宪法与行政法研究室领导的有王叔文、张庆福、王德祥、陈云生和周卫平；现任主任是周汉华研究员，副主任是莫纪宏研究员和吕艳滨副研究员。目前在室脱产博士后人员刘小妹一人。此外，曾经在宪法与行政法研究室前身国家法室工作过或共事的还有韩幽桐、王珉灿、吴建璠等先生。

值此法学研究所成立50周年之际，我们特将宪法行政法研究室历任学者们的部分研究成果（主要是发表在《法学研究》、《中国法学》、《中国社会科学》、《红旗》等杂志上的论文，也包括那些特殊历史时期有影响的作品）进行整理，编辑成册，以此来纪念法学研究所宪法学和行政法学研究的发展历程。

第一部分

宪法与行政法研究室人员简介

张友渔研究员个人简介

张友渔,法学研究所首任所长。中国当代法学家、新闻学家、国际问题专家。1899年出生于山西灵石县,于1993年在北京逝世。1923年毕业于山西第一师范学校,继入国立法政大学法律系,1930年底赴日本留学。"九一八"事变后在北平任《世界日报》总主笔,并任燕京大学、中国大学、民国大学、中法大学、北平大学法商学院教授。在此期间,在党的领导下从事文化统战工作,创办《世界论坛》和《时代文化》(后改名为《文化动向》)等杂志。"七七"事变以后,任中共山东联络局书记、中共豫鲁联络局书记。1939年春作为中国救国会领导人之一从事民主宪政运动。1941年任香港《华商报》总主笔。1943年任中共南方局文委秘书长、《新华日报》社论委员会委员、中共重庆工作委员会候补委员,兼政策研究室副主任、《新华日报》代总编辑、生活书店总编辑。抗日战争胜利后,任中共代表团顾问。1946年任中共四川省委副书记兼宣传部长、《新华日报》社长。1947年任晋冀鲁豫边区政府副主席兼秘书长,1948年4月任中共中央华北局秘书长。中华人民共和国成立后,历任中共北京市委副书记、书记处书记、北京市人民政府常务副市长,中国科学院哲学社会科学部副主任兼法学研究所所长,中国政治法律学会副会长,中国社会科学院副院长,中国法学会会长,中国政治学会会长,第一、二、三届全国人民代表大会代表兼法案委员会副主任,全国人民代表大会常务委员会法制委员会副主任,第一、二、三、四、五届中国人民政治协商会议全国委员会常务委员。1978年中国共产党第十一届三中全会以来,参加了我国多项重要法律的制定工作。1982年任宪法修改委员会副秘书长,参与1982年宪法的起草工作。以后还担任《中国大百科全书》总编辑委员会副主任,《法学》编辑委员会主任和《辞海》编辑委员会委员、法学分科编委主任。他对法学、新闻学、国际问题都有精湛研究，对宪法学造诣尤深，对中国的马克思主义法学理论建设卓有建树，主张法学研究必须坚持以马克思列宁主义、毛泽东思想为指导，运用历史唯物主义的立场、观点和方法，从中国的实际情况出发，批判地继承古今中外法律史遗产中一切有用的东西，为社会主义现代化建设服务。

韩幽桐研究员个人简介

韩幽桐（1908—1985），女，回族，黑龙江人。1926年加入中国共产主义青年团，同年加入中国共产党。曾任《妇女之友》编辑部副主任。1929年入北京大学法商学院学习，1933年赴日本东京帝国大学法学院当研究生。1937年回国，参加华北救国会领导的抗日救亡运动和左翼文化运动。1938年后任西北联大教授，救国会常务委员。1946年以后，历任东北行政委员会委员、教育委员会委员、民族委员会委员，松江省教育厅厅长。中华人民共和国成立后，历任天津市教育局局长，教育部中等教育司副司长，最高人民法院华北分院副院长，最高人民法院民事庭副庭长，宁夏回族自治区高级人民法院院长，中华全国妇女联合会常务委员，政协全国委员会法制组组长，中国社会科学院法学研究所副所长、顾问，中国政法学会书记，中国法学会理事。是第一、二、三届全国人民代表大会代表；中国人民政治协商会议第五、六届全国委员会常务委员。

王叔文研究员个人简介

王叔文，著名宪法学家，男，四川省青神县人，汉族，1927年4月3日生。1950年毕业于四川大学法律系，1957年毕业于苏联莫斯科大学法律系，获法学学士学位，1988年获日本立命馆大学名誉法学博士学位。

他历任中国社会科学院法学研究所助理研究员、副研究员、研究员，国家法研究室主任，法学所副所长、所长；所学术委员会副主任、主任；国务院学位委员会第一届法学评议分组成员，国务院学位委员会委员，国务院学位委员会第二届法学评议分组成员、召集人；中华人民共和国香港特别行政区基本法起草委员会委员、中华人民共和国澳门特别行政区基本法起草委员会委员；中国法学会副会长、中国法学会宪法学研究会总干事、国际宪法学协会理事及执行委员；中华人民共和国第七届全国人民代表大会代表、法律委员会委员，第八届全国人民代表大会代表，第八届全国人大常委会常务委员，法律委员会副主任；清华大学法律系主任、中国社会科学院法学所终身研究员、中国社会科学院研究生院终身教授等。

他曾参加过1982年宪法的起草工作，从1985年起参加香港特别行政区基本法的起草工作，从1988年起参加澳门特别行政区基本法的起草工作，从1988年起参加全国人民代表大会法律委员会的工作。

他从1978年开始在中国社会科学院法学研究所招收并培养四届硕士研究生，从1984年开始招收并培养了七届博士研究生。

他长期从事宪法学的研究工作。著有《宪法基本知识讲话》（中国青年出版社1962年版）、《法学基本知识讲话》（中国青年出版社1963年初版，1979年再版）、《中华人民共和国宪法讲话》（湖北人民出版社1979年版）、《宪法讲话》（湖北教育出版社1984年版）、《宪法是治国安邦的总章程》

（群众出版社1987年版）、《我国的人民代表大会制度》（群众出版社1988年版）、《宪法》（四川人民出版社1988年版）、《中国法学四十年》（上海人民出版社1989年版）、《香港特别行政区基本法导论》（中共中央党校出版社1990年版）、《澳门特别行政区基本法导论》（中国人民公安大学出版社1994年版）、《现代中国法概论》（日文版）（日本法律文化社1989年版）、《现代中国宪法概论》（日文版）（日本法律文化社1994年版）、《香港公务员制度研究》（中央党校出版社1997年版）、《有中国特色的马克思主义法学理论》（群众出版社1997年版）、《市场经济与宪政建设》（中国社会科学出版社2001年版）等。其中，《中国法学四十年》被评为华东地区优秀出版物。先后发表了有关宪法学方面的学术论文和文章近200篇。其中，论文《论宪法的最高法律效力》（载《法学研究》1981年第1期）获《法学研究》优秀论文一等奖；《新宪法是新时期治国安邦的总章程》（载《红旗》1983年第1期）获《红旗》优秀理论文章奖。

在长期的宪法学理论研究过程中，王叔文先生依据马克思主义法学理论，结合我国宪法实施的实践，先后发表了一系列有关宪法的指导思想和基本原则，宪法制定、解释、修改，宪法实施，宪法监督，公民的基本权利和基本义务，香港特别行政区和澳门特别行政区基本法，宪法学的基本理论等方面的论著和学术论文，形成了比较系统的宪法学术思想，对促进我国宪法学理论研究的发展和繁荣起到了十分重要的推动作用。在他担任中国法学会宪法学研究会总干事期间，主持和召集了一系列包括中国法学会宪法学研究会学术年会在内的宪法学学术研讨会，对涉及我国宪政建设和宪法学研究的重要的理论问题和实践问题进行了深入研究和探讨，产生了广泛的学术影响。此外，王叔文先生还十分关注我国宪政建设的实践，在担任全国人大代表期间，曾经联合其他全国人大代表向全国人大提出了设立宪法委员会的议案，对推动我国宪法实施监督制度的建设产生了重要的社会影响，受到了国家权力机关和有关部门的高度关注。他还提出了制定《立法法》的议案，被立法机关所采纳，制定了《立法法》。

王叔文先生学术研究视野开阔，学术研究范围广泛，学术观点比较鲜明，具有自身独特的学术特点，主要学术观点涉及以下领域和方面。

一　宪法的指导思想和基本原则

王叔文先生在长期的治学过程中，对毛泽东思想、邓小平理论作为宪法指导思想的作用以及四项基本原则作为宪法基本原则的法律地位进行深入地研究，并进行了较为系统的理论阐述。

在《学习毛泽东思想关于民主和法制的理论》[①] 一文中，王叔文先生认为，毛泽东思想关于民主和法制的理论是对马列主义国家学说的坚持、丰富和发展，是我国社会主义民主和法制建设的根本指导思想和理论基础。在毛泽东思想关于民主和法制理论中，最为重要的理论原则是：党的社会主义初级阶段的基本路线是加强社会主义民主和法制建设的根本指导思想；中国共产党是加强我国民主和法制建设的领导核心；人民民主专政的国家制度，包括人民民主专政的国体，人民代表大会制的政体，单一制的社会主义国家结构形式，是加强我国民主和法制建设的根本保证。学习毛泽东思想关于民主和法制的理论，对于加强我国社会主义民主和法制建设，推进我国社会的稳定发展和改革开放的顺利进行以及推进我国法学进一步繁荣和发展，具有十分重要的意义。

在《宪政建设的科学指南——学习邓小平同志的宪政理论》[②] 一文中，王叔文先生系统地总结了邓小平宪政理论的主要内容和特点，包括：(1) 社会主义社会的根本任务是解放和发展生产力，宪政建设必须坚持以经济建设为中心。(2) 宪政建设必须坚持以四项基本原则为立国之本。(3) 宪政建设必须坚持改革开放，是解放和发展生产力的必由之路。(4) 坚持和完善社会主义的经济制度。(5) 坚持人民民主专政的国家制度。(6) 坚持和完善人民代表大会制度，坚持和完善共产党领导的多党合作和政治协商制度。(7) 建设社会主义精神文明是宪政的重要内容。(8) 一手抓建设和改革，一手抓法制。(9) 用"一国两制"来实现国家的统一。王叔文先生指出，邓小平同志上述有关宪政理论的论述，明确了我国宪政建设的指导思想、原则、任务和内容，构成了中国特色的宪政理论，是对马克思主义宪法理论的坚持、丰富和发展。我们要切实保证宪法的实施，加强宪政建设，做到依法治国，建设社会主义法治国家，必须认真学习邓小平的宪政理论。在《把邓小平理论写入宪法非常重要》[③] 一文中，王叔文先生还进一步明确，邓小平理论是当代中国的马克思主义，是毛泽东思想的继承和发展，把邓小平理论写入宪法，同马列主义、毛泽东思想一起，作为我国各族人民的指导思想，使《序言》关于指导思想

---

① 参见《中国法学》1991 年第 1 期。
② 参见《清华法律评论》1998 年第 1 辑。
③ 参见《法学家》1999 年第 3 期。

的表述更加全面，清楚地表明了马列主义、毛泽东思想、邓小平理论，是一脉相承的科学体系。在当代中国，高举邓小平理论的伟大旗帜，就是真正高举马列主义、毛泽东思想的伟大旗帜。

在现行宪法刚刚颁布之后不久，为了进一步阐述四项基本原则对于现行宪法的指导意义，王叔文先生发表了《四项基本原则是新宪法的指导思想》[①] 一文。在该文中，他系统地回顾了四项基本原则成为宪法指导思想和基本原则的历史过程，辩证地论述了四项基本原则与宪法之间的相互关系，指出，现行宪法以四项基本原则为总的指导思想，不仅表现在它坚持了四项基本原则，而且表现在它根据新时期的需要，发展了四项基本原则。在《四项基本原则是我国宪法的根基》[②] 一文中，王叔文先生指出，在四项基本原则是宪法的根本原则这一重大问题上，需要从理论上弄清以下五点：（1）明确宪法《序言》总结革命斗争成果，规定四项基本原则的必要性；（2）明确宪法把四项基本原则规定为宪法的根本原则的重要性；（3）明确四项基本原则作为宪法根本原则的不可动摇性和不可修改性；（4）明确否定四项基本原则的违宪性；（5）明确破坏我国宪法根本原则的危害性等。

关于宪法的基本原则，我国宪法学者对我国宪法的基本原则，意见颇不一致。王叔文先生认为，[③] 确定我国宪法的基本原则，需要从我国宪法的基本精神、基本内容以及宪法在法律体系中的地位出发。宪法作为国家的根本大法，是建设社会主义法律体系的基础，因此，确定宪法的基本原则的标准与确定其他部门法的基本原则的标准可以不完全相同。具体说来，确定某一部门法的基本原则的标准可以不完全相同。如果说确定某一部门法的基本原则的标准是：这些原则必须是该部门法所特有，而不是各部门法所共有；这些原则必须贯穿于该部门法的全部，而不是局部。那么，宪法的基本原则可以是宪法所特有的，也可以是各部门法所共有的，既可以贯穿于宪法的全部，也可以体现在宪法的局部。从这样的标准出发，宪法的基本原则可以分为三个层次：一是四项基本原则，这是宪法总的指导思想，因而也是我国宪法的基本原则，这些原则也是各部门法所共有的原则。二是宪法本身特有的原则，如一切权力属于人民的原则。三是涉及宪法的局部的原则，如公民的权利和义务一致的原则等。

---

① 参见《法制建设》1983 年创刊号。
② 参见《法制日报》1989 年 8 月 14 日。
③ 参见《宪法是治国安邦的总章程》，群众出版社 1987 年版。

二 宪法的概念、历史发展和本质

（一）关于宪法的概念

什么是宪法？在我国的宪法学论著中，通常把宪法叫做国家的根本法。从宪法在国家法律体系中的地位和作用，它与一般法律在法律效力上的区别来讲，这样的理解无疑是正确的，也是必要的。王叔文在《宪法》[①]等学术论著中指出，当我们论及宪法的概念时，我们还必须联系宪法的本质进行考察。因为从哲学上讲，概念需要反映事物本质的、主要的、决定性的联系和特性。因此，我们在理解宪法概念的时候，除了必须认识它是国家的根本法，规定一个国家的根本制度外，还必须认识它的本质特征，即它是一定经济基础的上层建筑，是统治阶级意志和利益的集中表现，反映阶级力量的对比关系。

（二）关于我国宪法的历史发展

过去我国宪法学者在论述新中国成立后我国宪法发展的历史时，一般没有按历史时期划分。王叔文先生根据党的十三大提出的社会主义初级阶段的理论，在《社会主义初级阶段与宪法》[②]等论文中，把我国宪法的发展分为两个历史阶段。一是过渡时期的宪法。从1949年10月中华人民共和国成立到1956年社会主义改造基本完成，是我国的过渡时期。在过渡时期，我国先后实施了两部宪法性法律，这就是《共同纲领》和1954年宪法。二是社会主义初级阶段的宪法。1956年我国社会主义改造基本完成以后，我国先后制定了三部宪法，这就是1975年宪法、1978年宪法和1982年宪法。1982年宪法是以党的十一届三中全会以来的路线、方针和政策为依据制定的，是一部具有中国特色的、适应社会主义现代化建设需要的宪法，是新时期治国安邦的总章程。

（三）关于"成文的宪法"和"现实的宪法"

在《宪法是治国安邦的总章程》[③]等论著中，王叔文先生在对列宁关于宪法的论述作了比较系统的研究后，提出：列宁十分形象地将"宪法"分为"成文的宪法"和"现实的宪法"，把由国家制定的宪法文件称为"成文的宪法"或者"法定的宪法"；而把客观存在的社会关系和阶级力量称为

---

① 王叔文：《宪法》，四川人民出版社1988年版。
② 参见《法学研究》1988年第1期。
③ 参见王叔文《宪法是治国安邦的总章程》，群众出版社1987年版。

"现实的宪法"、"真正的宪法"或者"事实的宪法"。"现实的宪法"即真实地反映一定的社会关系和阶级力量的对比关系,才能适应实际的需要。列宁关于"成文的宪法"和"现实的宪法"的区分及其相互关系的论述,鲜明地体现了上层建筑和经济基础之间的辩证关系。闪烁着辩证唯物主义和历史唯物主义的光辉,显示了马克思列宁主义的宪法理论是真正科学的宪法理论,为我国研究宪法的本质和作用,提供了强大的思想武器。

三 宪法的基本特征及其作用

王叔文先生先后在一系列学术论文、学术专著中,系统地探讨了宪法的基本特征及其作用,指出宪法作为根本大法,具有最高法律效力,是治国安邦宪法的总章程;宪法在建设社会主义法律体系、加强社会主义法制建设等方面都具有非常重要的意义。

(一) 关于宪法的最高法律效力

王叔文先生在《论宪法的最高法律效力》[①]一文中系统地论证和阐述了宪法作为根本大法所具有的最高法律效力。他认为,宪法不仅是国家日常立法的法律基础,而且是一切组织和个人所必须遵守的根本的活动准则。这就是说,宪法的法律效力既是最高的,又是直接的。宪法作为最高行为准则,是人们活动的依据和基础,对人们具有直接的约束力和强制力,即具有直接的法律效力。而宪法在这方面的最高法律效力,纵观过去中外宪法学者的论著,往往为人们所忽视,甚至加以否认。对宪法来说,上述两方面的法律效力,是密切联系的,统一的,不可分割的,二者缺一不可。强调宪法是制定一般法律的基础,对于维护宪法的根本大法的地位,保证社会主义法制的统一,具有十分重要的意义。同时,也必须强调宪法是人们必须遵守的最高行为准则。否认或者忽视宪法在这方面的最高法律效力,势必导致否认或者忽视宪法对人们的直接约束力和强制力,对于保证宪法的贯彻执行,发挥其根本大法的作用,也是十分不利的。在实际生活中,有的人对宪法不重视,认为宪法可有可无,可遵守可不遵守;极少数人甚至认为,违反宪法不算违法,不能依法加以制裁。其中一个重要原因,就是认为宪法没有直接法律效力。因此,宪法具有直接的法律效力,这不仅是重大的理论问题,而且具有重大的现实意义。

[①] 《法学研究》1981年第1期。

(二) 关于宪法序言的法律效力

我国宪法学者对我国宪法序言有无法律效力，展开了争论，有着不同意见。王叔文先生在《我国宪法实施中的几个认识问题》[①]等论著中认为，我国宪法序言具有规范性和法律效力，主要表现在以下三个方面：（1）序言规定的基本原则，是解释宪法的基础。例如，序言在根本任务中规定了以经济建设为中心，坚持四项基本原则，坚持改革开放的总方针，这是解释宪法各项条文的基础。（2）序言是进行日常立法的基础。它为日常立法确立了指导原则，因而也是解释法律的依据和基础。（3）序言是一切组织和公民的根本活动准则。序言规定的国家的对内对外的基本原则和基本方针政策，是一切组织和个人活动的依据和基础。同时，序言和条文部分比较起来，有自己的特点，更带有纲领性、原则性和理论性，概括了宪法的基本精神和基本原则。确认我国宪法序言具有法律效力，对于维护宪法的根本大法的地位，保证宪法的贯彻实施，有着重大的意义。

(三) 宪法在建设社会主义法律体系中的作用

在《论新宪法在建设我国社会主义法律体系中的地位和作用》[②]、《论建立有中国特色的社会主义市场经济法律体系》[③]、《宪法是建设社会主义法律体系的基础》[④]等论著中，王叔文先生突出强调，现行宪法对建设我国社会主义法律体系起着指导的作用，但这并不意味着现行宪法居于我国社会主义法律体系之外，而是它的不可分割的有机组成部分。这不仅表现在宪法是日常立法工作的法律基础，是制定一般法律的依据，一系列宪法规范同时又是一个或几个部门法的法律规范，另一系列宪法规范则在一般法律中得到具体化、补充和发展。同时，宪法也是法律，它和其他法律一样，具有直接的法律效力，即具有直接的约束力和强制力。宪法的直接法律效力不仅表现在现行宪法在序言中明确规定，一切组织和个人都必须以宪法为根本的活动准则，而且也体现在宪法的各项规定之中。现行宪法在我国的社会主义法律体系中，和其他各部门法一样，都是其中的组成部分。同时，现行宪法作为国家的根本大法，在我国社会主义法律体系中又处于特殊的法律地位，是建设社会主义法律体系的核心。

---

① 参见《中国社会科学院研究生院学报》1988 年第 5 期。
② 参见《法学理论论文集》，群众出版社 1984 年版。
③ 参见《理论与现代化》1993 年第 1 期。
④ 参见《政法论坛》1995 年第 4 期。

王叔文先生指出，宪法在我国社会主义法律体系中的指导作用，表现在它为我国立法确立了指导原则。它们主要是（1）坚持以经济建设为中心，集中力量进行社会主义现代化建设原则。（2）坚持四项基本原则和坚持改革开放并把两者紧密结合起来的原则。（3）坚持和发展社会主义经济制度的原则。（4）坚持人民民主专政的国家制度的原则。（5）坚持和完善人民代表大会制度，坚持和完善共产党领导的多党合作和政治协商制度，大力发展社会主义民主原则。（6）坚持社会主义物质文明和精神文明一起抓的原则。（7）关于用"一个国家、两种制度"来实现国家统一的原则。（8）关于一手抓建设和改革，一手抓法制，大力健全社会主义法制的原则。

王叔文先生认为，宪法作为日常立法工作的法律基础，它主要表现在三个方面：（1）宪法是制定我国立法总体规划的基础。（2）宪法是制定我国一般法律的依据和基础。（3）宪法是建设我国社会主义立法体系的基础等等。

王叔文先生对宪法在建设社会主义市场经济法律体系中的作用也作了深入的探讨。他指出，宪法为建立社会主义市场经济法律体系规定了指导原则。社会主义市场经济法律体系必须以宪法和法律为依据和基础才能建立起来，宪法作为国家的根本大法，在市场经济法律体系中又处于特殊的地位，是建设社会主义市场经济法律体系的核心，起着指导和基础的作用。

（四）宪法是治国安邦的总章程

关于宪法的基本社会功能，王叔文先生在他的著作《宪法是治国安邦的总章程》一书中作了系统地表述，另外，在《推进改革开放的总章程》、《宪法：依法治国的总章程》等论文中又进一步加以深化。王叔文先生认为，我国现行宪法的最根本的特点在于，它以邓小平理论和党的基本路线为指导，以根本大法的形式，规定了我们国家的根本制度和根本任务，是一部具有中国特色的社会主义宪法，是治国安邦的总章程，也是依法治国的总章程。现行宪法制定和颁布以来，它对加强我国的社会主义民主和法制建设，维护国家的长治久安，保障改革开放和现代化建设的顺利进行，起了十分重要的作用，充分表明了它是一部适应我国社会主义现代化建设需要的好宪法。

四 关于宪法修改

王叔文先生亲自参加了1982年现行宪法的起草工作，并且对现行宪法的起草作出了自己重要的贡献。在现行宪法颁布之后，他又根据我国社会主义法治建设发展遇到的新情况和新问题，及时地撰文呼吁修改宪法，使宪法适应社会主义法治建设的要求。

在《宪法修正案的基本精神和意义》[①] 一文中，王叔文先生总结现行宪法颁布以来所进行的三次修改，指出宪法修改有利于进一步提高宪法的权威。他认为，宪法能否具有权威，主要取决于三个方面的因素，即指导思想正确；内容比较完善；确保其贯彻执行。我国现行宪法所进行的三次修改都是基于社会主义法制建设出现的新情况和新问题而进行的，特别是现行宪法的修改适应了建设社会主义市场经济的要求，为改革开放的顺利进行提供切实有力的法律保障。与此同时，现行宪法在修改的过程中，将邓小平理论和依法治国、建设社会主义法治国家的治国方略也写进宪法，表明了我国现行宪法具有明确、开放和与时俱进的特征。当然，修改宪法应当根据具体情况来进行。应当正确地处理宪法的适应性和稳定性的辩证关系，只对需要修改的并已经成熟的问题作出修改，可改可不改的不作修改。

五 关于宪法实施和宪法实施的监督

宪法实施和宪法实施的监督问题一直是王叔文先生关注的学术焦点问题。王叔文先生不仅经常撰文来阐述宪法实施和宪法实施监督对于维护宪法权威、发挥宪法作为根本大法作用的意义，而且在担任全国人大代表期间，还先后多次通过人大代表议案向全国人大及其常委会有关机构建议应当重视宪法实施，特别是应当关注对宪法实施的监督。具体来说，王叔文先生在该问题上作了以下四个方面的理论探讨：

（一）宪法实施的基本原则

在《论宪法实施的保障》[②] 一文中，王叔文先生在论述了宪法实施的重要意义的基础上，全面地阐述了宪法实施的八项原则，包括宪法具有最高法律地位的原则，宪法是社会主义法律体系基础的原则，宪法具有直接法律效力的原则，国家维护社会主义法制统一和尊严的原则，一切组织和公民都必须遵守宪法的原则，对违宪行为必须予以追究的原则，法律面前一律平等的原则以及权利和义务紧密结合的原则。正是由于宪法明确了以上八项原则，从而肯定了宪法的根本大法的法律地位，规定了必须维护社会主义法制的统一和尊严，要求一切组织和公民平等地毫无例外地遵守宪法和法律，并强调

---

① 参见《法学杂志》1999 年第 3 期。
② 参见《中国法学》1992 年第 6 期。

了一切违反宪法和法律的行为必须予以追究。

(二) 宪法实施的保障制度

王叔文先生认为,[①] 根据我国现行宪法的规定,在我国,保障宪法实施的制度主要分为两个方面:一是宪法监督制度,一是宪法解释制度。关于宪法监督制度,根据现行宪法的规定,监督宪法实施权属于全国人大及其常委会。宪法在规定全国人大有权监督宪法实施的同时,还增写了全国人大常委会也有权监督宪法的实施,目的在于加强对宪法实施的经常性监督。此外,宪法还规定,地方各级人大在本行政区域内,保证宪法的遵守和执行。关于宪法解释制度,宪法明确规定,解释宪法权属于全国人大常委会。宪法规定的这两项制度,对于保障宪法的实施十分重要。

(三) 宪法实施监督机构

关于宪法实施监督机构如何设立一直是我国宪法学理论研究的热点问题。主要有三种意见:一种意见主张在全国人大下设一个与全国人大常委会平行的宪法委员会以监督包括全国人大常委会立法活动在内的宪法实施工作;一种意见主张,应当建立独立的宪法法院来处理与宪法实施,特别是与违宪问题相关的诉讼;还有一种意见主张在全国人大下设作为专门委员会的宪法委员会。对此,王叔文先生主张在全国人大下面设立宪法委员会较好。他认为,宪法委员会作为全国人大的专门委员会,它的设置、法律地位和职权都是宪法明确规定了的,而且其成员是全国人大代表,有许多还是全国人大常委会委员。因此,无论从其权威性、代表性讲,作为协助全国人大及其常委会监督宪法实施和解释宪法的专门机构,是比较合适的。

(四) 关于违宪的问题

关于什么是违宪的问题,我国宪法学界也展开了热烈的讨论。王叔文先生认为,[②] 我国宪法规定:"对一切违反宪法和法律的行为,必须予以追究。"这就明确指出了对一切违反宪法的行为即违宪行为,都是必须予以追究的。当然,对违宪行为的追究,根据我国宪法和法律的规定,可以通过各种途径,采取各种手段和措施。首先,对重大的违宪行为,宪法明确规定由全国人大及其常委会直接追究和处理。其次,对绝大多数违宪行为,由于这些行为同时违反了有关法律,因此,由有关机关负责追究和处理。再次,对

---

① 参见王叔文《论宪法实施的保障》,载《中国法学》1992年第6期。
② 参见王叔文《我国宪法实施中的几个认识问题》,载《中国社会科学院研究生院学报》1988年第5期。

有的违宪行为，宪法和法律都没有规定制裁措施，例如，违反宪法关于建设社会主义精神文明的规定，关于尊重社会公德的规定等，主要靠批评教育，以提高其遵守宪法的自觉性。

六　人民代表大会制度的理论和实践

王叔文先生在长期的理论研究中，能够结合自己担任全国人大代表的亲身经历，基于我国现行宪法关于人民代表大会制度基本原则的规定，撰写了大量的学术论著来论述我国人民代表大会制度的基本特征和主要内容。在这方面的主要著作有专著《我国人民代表大会制度》①，论文《人民代表大会制度的理论和实践》②、《人民代表大会制度是我国的根本政治制度》③、《我国国家的一切权力属于人民》④ 等等。

在上述论著中，王叔文先生系统地总结我国人民代表大会制度的理论与实践，指出了我国人民代表大会制度相对于国外议会制度所具有的四个优越性：人民代表大会制度是我国的基本制度；人民代表大会制度具有最广泛的群众基础；人民代表大会制度是发展社会主义民主的根本保证；人民代表大会制度是健全社会主义法制的基础。

关于如何进一步健全和完善我国的人民代表大会制度，王叔文先生主张，要进一步完善人民代表大会制度，首先应当坚持邓小平理论的正确指导；其次，必须做到以宪法为依据；再次应当妥善地处理好改革、发展和稳定三者之间的关系。与此同时，还应当做好以下三个方面的具体工作：（1）围绕着经济建设这个中心，完善人大及其常委会的各项职能；（2）加强人大及其常委会的组织和制度建设；（3）加强人民代表大会制度的理论研究和宣传等。

七　关于公民的基本权利和义务

早在现行宪法起草过程中，王叔文先生就撰文详细地论述了我国现行宪法关于公民基本权利和基本义务规定的重要特征和意义，这些论述成为其后各种宣传现行宪法的著作所普遍采用和引用的观点。在《我国公民的基本

---

① 群众出版社1988年版。
② 参见《中国社会科学院研究生院学报》1994年第6期。
③ 参见《红旗》杂志1982年第10期。
④ 参见《文汇报》1982年12月22日。

权利和义务》[①] 一文中，王叔文先生高度概括了我国现行宪法关于公民基本权利规定的主要特点有三个方面：一是体现了社会主义民主原则；二是强调公民在法律面前一律平等；三是公民基本权利的规定具有广泛性和真实性。与此同时，现行宪法在规定公民基本权利和基本义务上的最大的立法技术特点就是规定了公民权利和义务的不可分离原则，并且充分体现了社会主义民主和社会主义法制的高度结合。

在起草《香港特别行政区基本法》和《澳门特别行政区基本法》的过程中，王叔文先生参加了起草小组，并相继担任《香港特别行政区居民的基本权利和义务》以及《澳门特别行政区居民的基本权利和义务》章节起草小组的组长。在参与基本法起草的过程中，王叔文先生还积极地撰稿来阐述香港特别行政区居民的基本权利和义务、澳门特别行政区居民的基本权利和义务的特点。在王叔文先生的主持下，基本法起草小组在对香港和澳门两地现行法律制度进行认真研究的基础上，结合我国现行宪法所确立的保障公民基本权利的有关规定，比较好地完成上述章节的起草任务。

在《论香港特别行政区居民的基本权利和义务》[②] 一文中，王叔文先生明确指出基本法中所规定的香港特别行政区居民的基本权利和义务的根本特点，就在于它体现了"一国两制"的方针，是从香港的实际出发的。首先，香港特别行政区关于保障香港居民和其他人的基本权利和自由的制度，以香港特别行政区基本法为依据；其次，香港特别行政区基本法关于香港居民的基本权利和自由的规定，是按照中英联合声明中所载入的我国政府有关的方针政策加以规定的；再次，在义务方面，只规定了"香港居民和在香港的其他人有遵守香港特别行政区实行的法律的义务"。这些充分说明基本法关于香港特别行政区居民的基本权利和义务的规定是比较妥当的。王叔文先生还强调指出，香港特别行政区基本法关于居民权利和自由的规定，不仅在权利主体上有很大的特点，而且在权利内容上也具有很多特点，主要包括具有内容上的广泛性以及基本法对香港居民的权利和自由规定了多层次的保障等。

此外，在《澳门居民的基本权利和义务的特点》[③] 一文中，王叔文先生也比较详细地论述了澳门特别行政区基本法对澳门居民基本权利和义务的有

---

① 参见《红旗》杂志 1982 年第 14 期。
② 参见《法律科学》1990 年第 5 期。
③ 参见《澳门日报》1999 年 3 月 30 日。

关规定，并与香港基本法关于香港居民基本权利和义务的有关规定作了对照，指出由于澳门地区所实行的法律制度和权利保护方式与香港地区有所不同，因此，在澳门基本法中，明确规定了罪行法定主义、明确保护妇女的合法权益和老人、儿童的合法权益，对名誉权和隐私权等都作了比较细致的规定，这些规定完全适应了澳门回归祖国以后保持原有的基本法律制度不变的要求，具有一定的创造性。

八 关于"一国两制"的法律问题

王叔文先生先后参加了香港特别行政区基本法和澳门特别行政区基本法的立法起草工作，并在立法起草工作中发挥了重要的作用。由于亲自参加了基本法的起草工作，对于基本法所确立的特别行政区法律制度不仅理解透彻，而且还充分地掌握了与基本法各项规定相关的背景材料。在完成基本法的起草工作后，王叔文先生先后主持了两个国家社会科学基金项目的研究，出版了《香港特别行政区基本法导论》和《澳门特别行政区基本法导论》两本著作。这两本著作由于结合了起草基本法的具体经验，因此，对基本法的立法精神把握准确，成为港澳地区学习和贯彻基本法的必备教材，对于推动基本法在香港特别行政区和澳门特别行政区的实施具有非常重要的理论意义和实践价值。此外，王叔文先生还以"一国两制"原则为指导，撰写了大量地介绍基本法立法精神和基本制度的学术论文，产生了广泛的学术影响。以对香港特别行政区基本法的宣传为例，王叔文先生指出，香港特别行政区基本法的最根本的特点，就在于它把维护我国国家的主权、统一和领土完整与授权香港特别行政区实行高度自治紧密结合起来，是一部体现"一国两制"方针的全国性法律。基本法对于中国人民实现国家的统一大业，对于国家的社会主义现代化建设，对于保持和发展香港的长期稳定繁荣，都具有十分重要的意义。基本法是一部没有先例的法律文件，它的制定提出了许多值得研究的重大新课题。这些课题包括："一国两制"构想对起草基本法的指导意义，特别行政区基本法的基本原则，中央与特别行政区的相互关系，国家主权原则在基本法中的体现，特别行政区自治权的特点，特别行政区居民权利和义务的特点，特别行政区经济制度的特点，特别行政区政治体制包括行政管理制度、立法制度和司法制度的特点，特别行政区法律制度和法律体系的特点，以及特别行政区基本法的法律地位、解释和修改等。这些课题不仅涉及宪法学，而且也涉及法的基本理论、法制史、行政法、民法、经济法、刑法、诉讼法和国际法等学科，有待我国广大的各方面的法学者共同研究解决，为丰富马克思主义法学作出贡献。

王叔文先生在长期的学术生涯中，除了关注一些与实践相关的重要宪法学理论问题之外，对于宪法学自身的发展也表示了充分的关注。在治学道理和治学方法方面，他认为，法学是政治性很强的一门学科，因此，在法学研究中坚持以马克思主义为指导尤为重要。坚持马克思主义对我国法学的指导地位，首要的是学习和运用马克思主义的立场、观点和方法，来研究和阐明我国社会主义民主和法制建设的理论和实际问题。同时，要完整地学习、系统地研究马克思主义经典作家的法学理论和宪法理论。在法学研究中坚持以马克思主义为指导，十分重要的就是必须坚持以党的社会主义初级阶段的基本路线为指导，坚持以经济建设为中心，坚持四项基本原则和坚持改革开放。党的基本路线是我们党在新的历史条件下，把马克思主义的基本原理同中国社会主义现代化建设相结合的产物，是对马克思主义的坚持和发展。在法学研究中，只有坚持以马克思主义为指导，才能使研究工作保持正确的方向，为两个文明建设服务。他还认为，理论联系实际，既是法学理论工作的根本方向，又是法学研究的根本方法，在加强我国社会主义民主和法制建设中，面临着大量的理论和实际问题。只有深入实际，调查研究，把法学研究与立法、司法实践紧密结合起来，才能为改革开放和社会主义现代化建设，为发展马克思主义法学作出贡献。因此，他除了参加大量的立法工作外，还注意深入实际进行调查研究。他深刻地体会到，只有坚持理论密切联系实际的原则，才能使所有研究的问题，不仅能做到从实际出发，具有较强的针对性，而且具有一定的理论深度和说服力，这样，也才能使法学研究更好地为我国社会主义民主和法制建设服务。

在《从新宪法的制定看研究外国法的重要性》[①] 一文中对宪法的比较研究也给予了充分地关注，指出宪法的比较研究是马克思主义的科学方法，宪法学应当通过比较研究来吸收外国宪法中好的东西。

王叔文著作一览表

学术论文

《论守法》，载《政法研究》1962年第4期。

《新宪法是实现新时期总任务的有力保证》，载《光明日报》1978年4月22日。

---

① 参见《国外法学》1983年第5期。

《发扬社会主义民主　保障人民当家作主》，载《光明日报》1978年4月24日。

《新宪法是加强社会主义法制的强大武器》，载《光明日报》1978年4月25日。

《论选举》，载《法学研究》1979年第1期。

《论宪法的最高法律效力》，载《法学研究》1981年第1期。

《论公民的权利和义务不可分离》，载《宪法论文集》续编，群众出版社1982年版。

《人民代表大会制度的新发展》，载《法学研究》1982年第3期。

《论健全社会主义法制》，载《法学研究》1982年第5期。

《宪法修改草案的特点》，载《光明日报》1982年5月3日。

《扩大人大常委会的职权是完善社会主义政治制度的重大措施》，载《中国新闻》1982年5月10日。

《依法保护公民私有财产的继承权》，载《中国新闻》1982年5月11日。

《设立审计机关　加强监督管理》，载《中国新闻》1982年5月11日。

《社会主义民主和法制建设的新阶段》，载《法学研究》1982年第6期。

《宪法修改草案的主要特点》，载《百科知识》1982年第7期。

《加强社会主义民主和法制的两项重要措施》，载《民主与法制》1982年第7期。

《坚持四项基本原则　坚持理论联系实际》，载《民主与法制》1982年第8期。

《坚持辩证唯物主义的典范——学习〈中华人民共和国宪法修改草案〉的体会》，载《哲学研究》1982年第8期。

《人民代表大会制度是我国的根本政治制度》，载《红旗》杂志1982年第10期。

《设立审计机关的必要性》，载《半月谈》1982年第11期。

《我国公民的基本权利和义务》，载《红旗》杂志1982年第14期。

《我们国家的一切权利属于人民》，载《文汇报》1982年12月22日。

《切实保障宪法的实施》，载《光明日报》1982年12月28日。

《新宪法的基本特点》，载《光明日报》1982年12月30日。

《四项基本原则是新宪法的指导思想》，载《法制建设》1982年12月

30日。

《新宪法是新时期治国安邦的总章程》，载《红旗》杂志1983年第1期。

《从新宪法的制定看研究外国法学的重要性》，载《国外法学》1983年第5期。

《新宪法的主要特点》，载《东岳论丛》1983年第6期。

《开创法学研究新局面的强大思想武器》，载《宪法论文集》，法律出版社1983年9月版。

《宪法一年来的伟大实践》，载《中国法制报》1983年12月30日。

《为什么要学习宪法》，载《法律与生活》1984年第1期。

《论新宪法在建设我国社会主义法律体系中的地位和作用》，载《法学理论论文集》，群众出版社1984年版。

《新时期健全社会主义法制的强大思想武器——学习邓小平同志关于加强法制建设的论述》，载《学习邓小平文选发展和繁荣社会科学》，中国社会科学出版社1984年版。

《我国宪法学的现状及其发展》，载《我国法学研究的现状与展望》，群众出版社1984年版。

《新宪法的伟大实践》，载《中国法学》1984年第2期。

《论宪法与精神文明》，载《法学研究》1984年第2期。

《新中国制宪工作的回顾》，载《法学研究》1984年第5期。

《进一步进行宪法的法制教育》，载《天津法制日报》1984年5月5日。

《论宪法在我国法制建设协调发展中的作用》，载《法学》1984年第9期。

《设立特别行政区是我国的重要国策》，载《人民日报》1984年9月28日。

《维护宪法尊严　保证宪法实施》，载《民主与法制》1984年第12期。

《经济体制改革是实施宪法的重要保障》，载《中国法制报》1984年12月3日。

《什么是宪法》，载《思想政治工作研究》1985年第12期。

《认真学习和贯彻宪法的指导思想》，载《中国法制报》1985年12月13日。

《新技术革命与法制建设》，载《论现代自然科学与社会科学的结合》，湖南人民出版社1986年版。

《我国宪法学者面临的光荣任务》，载《宪法与改革》，群众出版社1986年版。

《论宪法在建设中的作用》，载《法学研究》1986年第4期。

《香港居民的权利和义务》，载《瞭望》（海外版）1986年第8期。

《未来香港居民基本权利和义务的特点》，载《瞭望周刊》1986年第33期。

《就北京市关于游行示威的若干暂行规定答记者问》，载《北京日报》1987年1月6日。

《进行宪法教育的重要法律文献》，载《北京日报》1987年3月16日。

《宪法是治国安邦的总章程》，载《法制建设》1987年第5、6期。

《新时期治国安邦的总章程》，载《法制建设》1987年第5、6期。

《社会主义初级阶段与宪法》，载《法学研究》1988年第1期。

《香港特别行政区居民的基本权利和义务》，载《中国法研究季刊》（英文）1988年第1期。

《我国宪法实施中的几个认识问题》，载《中国社会科学院研究生院学报》1988年第5期。

《维护宪法尊严　保障宪法实施》，载《人民日报》1989年7月7日。

《四项基本原则是我国宪法的根基》，载《法制日报》1989年8月14日。

《大力加强社会主义法制建设》，载《法律与生活》1989年第10期。

《正本清源进一步发展宪法学》，载《中国法学》1990年第1期。

《基本法是体现"一国两制"方针的全国性法律》，载《法学研究》1990年第2期。

《论香港特别行政区居民的基本权利和义务》，载《法律科学》1990年第5期。

《行政诉讼法充分体现了宪法的精神和原则》，载《中国法学》1990年增刊。

《学习毛泽东思想关于民主和法制的理论》，载《中国法学》1991年第1期。

《基本法充分保障香港居民的权利和自由》，载《瞭望周刊》1991年第13期。

《法学要为经济建设和改革开放服务》，载《中国法学》1992年第1期。

《论宪法的实施保障》，载《中国法学》1992年第6期。

《贯彻十四大精神，认真实施宪法》，载《民主与法制》1992年第12期。

《保障改革开放和现代化建设顺利进行的根本法律》，载《法制日报》1992年12月3日。

《推进改革开放的总章程》，载《人民日报》1992年12月8日。

《建设有中国特色的社会主义法律体系》，载《法制日报》1992年12月10日。

《推进改革开放的根本大法》，载《宪法颁布十周年论文集》法律出版社1993年版。

《宪法是建设社会主义法律体系的基础》，载《理论与现代化》1993年第1期。

《在宪法的光辉旗帜下继续前进》，载《法制日报》1993年1月3日。

《论澳门特别行政区基本法的特点》，载《中国法学》1993年第2期。

《论修改宪法的基本精神》，载《阵地》1993年第3期。

《宪法修正案突出了建设有中国特色的社会主义理论和党的基本路线》，载《法制日报》1993年5月3日。

《宪法修正案的基本精神、特点和意义》，载《求是》1993年第6期。

《运用法律武器同腐败作斗争》，载《阵地》1993年第6期。

《论强化宪法的权威和作用》，载宪法学研究会编《宪法的权威与地方立法》1993年6月。

《澳门特别行政区基本权利和义务的特点》，载《澳门基本法文献集》1993年7月。

《靠法制保障市场经济健康发展》，载《生产力之声》1993年11月号。

《怎样保证有法必依》，载《瞭望周刊》1993年第40期。

《澳门法律本地化是实现"一国两制"的重要保证》，载《法制日报》1994年4月17日。

《有中国特色的社会主义政治制度——纪念人大成立40周年》，载《阵地》1994年第5期。

《人民代表大会制度的理论与实践》，载《中国社会科学院研究生院学报》1994年第6期。

《关于建立社会主义市场经济法律体系的几个问题》，载《人大工作通讯》1994年第23期。

《论建立有中国特色的社会主义市场经济法律体系》，载《政法论坛》1995年第4期。

《中国法律是反贪倡廉的有力武器——第七届国际反贪污大会文集》，载《反贪污与社会的稳定和发展》1996年。

《国家安全法制建设的里程碑》，载《法制日报》1996年3月5日。

《"一国两制"伟大构想意义深远》，载《人民日报》1996年7月19日。

《香港基本法的特点和意义》，载《人民日报》1996年8月16日。

《社会主义市场经济法律体系初具规模》，载《中国图片报》1997年3月7日。

《党的十四大以来我国宪法学的新成就》，载《中国法学》1997年第5期。

《"一国两制"的伟大构想和实践》，载《紫荆》1997年第7—8期。

《宪法，依法治国的总章程》，载《法制日报》1997年12月3日。

《加强宪法实施，保证依法治国》，载《法制日报》1997年12月13日。

《宪政建设的科学指南——学习邓小平同志的宪政理论》，载《清华法律评论》第一辑，1998年。

《把邓小平理论写入宪法非常重要》，载《法学家》1999年第3期。

《宪法修正案的基本精神和意义》，载《法学杂志》1999年第3期。

《澳门居民的基本权利和义务的特点》，载《澳门日报》1999年3月30日。

《"两国论"的要害是破坏统一祖国大业》，载《法制日报》1999年8月12日。

著作

《宪法基本知识讲话》（合著），中国青年出版社1962年版。

《法学基本知识讲话》（合著），中国青年出版社1963年初版，1979年再版。

《中华人民共和国宪法讲话》（合著），湖北人民出版社1979年版。

《宪法讲话》（合著），湖北教育出版社1984年版。

《宪法是治国安邦的总章程》，群众出版社1987年版。

《宪法》，四川人民出版社1988年版。

《我国人民代表大会制度》（合著），群众出版社1988年版。

《中国法学 40 年》（合著，副主编），上海人民出版社 1989 年版。
《现代中国法概论》（日文版，合著），日本法律文化社 1989 年版。
《香港特别行政区基本法导论》（合著，主编），中央党校出版社 1990 年版。
《澳门特别行政区基本法导论》（合著，主编），中国人民公安大学出版社 1994 年版。
《现代中国宪法概论》（日文版，合著），日本法律文化社 1994 年版。
《香港公务员制度研究》（合著，主编），中央党校出版社 1997 年版。
《有中国特色的马克思主义法学理论》（合著），群众出版社 1997 年版。
《市场经济与宪政建设》（合著，主编），中国社会科学出版社 2001 年版。

吴建璠研究员个人简介

湖南省常德县（今常德市鼎城区）人，1926年5月生于常德。1949年毕业于北京大学法律系，分配到中央人民政府人民检察署研究室工作。1951年赴苏联入喀山大学、莫斯科大学法律系。1957年学成归国，历任中国科学院法学所研究室副主任、副所长，中国社会科学院研究生院法学系主任、教授。他是香港特别行政区基本法、澳门特别行政区基本法起草委员会委员，香港特别行政区筹委会委员、预委会委员，中国法学会理事，香港法律研究会副会长，第八届全国政协委员，全国人大常委会香港特别行政区基本法委员会委员。他是中国著名的法学家，参加了香港特别行政区基本法、澳门特别行政区基本法的起草工作。长期从事法学理论和中国古代法制史的研究，取得了显著成果。著有《清代律学及其终结》、《新中国法制建设》、《关于中央和香港特别行政区关系的几个问题》等论著，参与编写《香港特别行政区基本法导论》，主编《中国大百科全书法学卷》的《法制史分册》，译著有《国家与法的理论》等。

1997年5月6日，在江泽民主持中共中央举办的第五次法制讲座会上，他向包括五位中央政治局常委在内的中央领导作了《"一国两制"与香港基本法》的专题讲座，在中国政府对香港恢复行使主权的前夕，重点论述了"一国两制"与香港基本法的四个重点问题，即："一国两制"的伟大构想及其法制化；基本法是在香港实行"一国两制"的法律基础；实施香港基本法的若干问题；严格按照基本法办事，维护香港的长期繁荣稳定。讲座从理论与实际的结合上作了详尽而精当的法学阐述。江泽民等中央领导认真听取讲座后，还就有关问题向他进行了咨询。

王珉灿研究员个人简介

王珉灿研究员（1918—1995），浙江澄海莲下镇人。"七七"事变后参与组织"汕头青年抗日救亡同志会"。1937年加入中国共产党，1939年6月任汕庵区委组织部长，参与建立抗日游击队；1948年任中共汕头市工委统战部部长。建国后，任汕头市军管会秘书处长，1951年奉调北京，当选为中国政法学会理事，并参与《中华人民共和国宪法》、《选举法》的起草制定工作。1959年任中国科学院法学研究所研究员，《政法研究》副主编，《辞海》编委。后调任司法部工作，任副司长，后申请成立司法部法学教材编辑部，任法学教材编辑部总编，负责法学教材编写工作。1983年6月，王珉灿主编的《行政法概要》由法律出版社出版。在行政法学界乃至整个法学界对这一事件有一个共同的评价："《行政法概要》是中华人民共和国建国后出版的第一本行政法教材。该书提供了还处于摸索阶段的行政法学理论体系的简单轮廓，标志着行政法学作为法学一门分支学科的诞生。"

张庆福研究员个人简介

张庆福，男，1937年6月生，河南省禹州市人，法学硕士。1964年进入中国社会科学院法学研究所国家法研究室工作。2007年退休，目前返聘为中国社会科学院法学研究所研究员。曾任中国社会科学院法学研究所研究员，学术委员会委员，公法研究中心名誉主任，中国社会科学院研究生院教授、博士生指导老师。曾任中国社会科学院法学研究所宪法行政法研究室副主任、主任，中国社会科学院社会政法学科片正高职称评审委员会委员，中国新闻法制研究中心研究员。

曾经担任中国法学会宪法学研究会会长，中国法学会学术委员会委员，北京市法学会宪法学研究会副会长。主要从事宪法学研究，兼职从事行政法和文化法的研究。出版著作（包括合著）30多部，发表论文150多篇。

1979年至今，张庆福先生先后担任《选举法》、《监督法》起草小组成员，并参加了人大组织法、立法法、语言文字法、行政监察法、戒严法、防空法、文物保护法等法律的制定和修改工作。其中，1979—1982年张庆福直接参加了宪法修改的工作，负责宪法修改委员会秘书处的资料收集工作，宪法草案公布以后，被秘书处委派到一些单位参加调研座谈会和收集意见。1998年和2004年先后两次参加中央宪法修改小组组织的有关宪法修改的座谈会。

张庆福先生从1978年被聘为硕士生指导教师之后，作为导师组成员，协助培养硕士研究生14人，博士生9人，这些人现在都在他们从事的工作中成为骨干力量。在科研和教学部门工作的都已经成为教授，在政府部门工作的绝大多数都成为局级干部。

1994年被聘为博士生指导教师后，培养博士7人，其中有甄树青、崔智友、张彀、张明杰等。毕业生已经有4人成为局级干部，1人成为教授。

被聘为博士生指导教师后，还指导博士后 7 人。其中包括冯军、王万华等，目前仍然在流动站作为博士后指导教师。曾经指导国内外访问学者的研究工作。

主要学术思想观点

张庆福先生在长期的研究过程中，对宪法学的一些问题形成了自己的看法，提出了自己的观点。有的观点产生了一定的社会效益，有的引起了同行的注意并产生了一定影响。这主要有：

第一，1979 年根据党的十一届三中全会精神，在《人民日报》上发表《修改选举法使民主制度化》，提出了完善我国选举制度的七点建议，即（1）坚持普遍平等的选举原则；（2）废除用举手表决代替投票的方法，一律实行无记名投票；（3）健全候选人制度；（4）用差额选举代替等额选举；（5）改变过去只按选民居住状况划分选区的办法，同时也要考虑按选民所在单位划分选区；（6）完善选民对代表监督和罢免的种种程序；（7）扩大直接选举的范围。该文当时在国内外产生了巨大影响，不仅国内报刊作了报道，国外报刊也作了许多报导。这七点建议都被后来颁布的选举法采用了。

第二，关于宪法的根本法地位。张庆福先生提出，宪法所以与其他法不同，是国家的根本大法，最根本的是由宪法的内容决定的观点。由于宪法规定国家和社会生活中的最根本的问题，体现了统治阶级的最根本的利益，这就决定它在国家法律体系中处于最高的、根本的地位，具有最高的法律效力和特殊的修改程序，成为国家立法的基础和整个国家活动的根本准则（参见《宪法学基本理论》）。

第三，张庆福先生认为，宪法实施保障有广义和狭义之分。就广义说，宪法的贯彻实施与整个国家的政治、经济、科学、文化、教育的发展，人民群众的法制水平，以及历史文化传统等有密切的联系。国家各方面的发展，有利于宪法的实施，宪法的贯彻实施促进了国家各方面的发展。就狭义说，宪法实施保障的内容包括：（1）宪法自身保障；（2）立法保障；（3）国家机关及工作人员的保障；（4）公民的保障；（5）政党与社会团体的保障（参见《中国宪法概论》及相关论文）。

第四，在张庆福先生的著作和文章中，对整个宪法学发展的趋势作了比较全面的有科学根据的展望，提出随着人类社会的不断进步和各国政治、经济和科学、教育、文化的发展，宪法不仅在形式上不断完备，而且在内容上也发生了重大变化，在对原有的内容进行改造的同时，还不断地增加了新的内容和观点,并从十个方面分别论述了宪法发展的趋势(参见《宪法学研究述略》)。

第五,在加强和完善我国宪法监督的问题上,张庆福先生认为,当前亟待解决的问题有两个:一是制定宪法监督法、宪法修改法和宪法解释法;二是加强和完善以全国人大为主体的宪法监督主体机构,在人大体制内设立专门监督机关。

第六,现在的宪法学体系极不一致,可以说是五花八门。张庆福先生认为,宪法学应由四个基本部分组成,即宪法基本理论、宪法的历史、宪法实体(有的叫规范)和宪法的实施构成(参见《宪法学基本理论》)。

第七,实行宪政,完备法制首要任务是要有一个适合国情的好宪法(参见《完备法制首先要制定一部好宪法》和相关论文)。

第八,宪法与宪政的关系。《论宪法与宪政》是在1992年3月北京市法学会召开的《张友渔宪法学思想讨论会》上的发言的基础上形成的。新中国成立以来,宪政问题研究甚少,对宪法与宪政关系的研究并不多见。该文就宪法的概念及宪法与宪政的关系问题提出了作者的看法。论文在分析国外各种宪政概念的基础上指出,宪政就是宪法政治,就是用宪法治理国家,宪政的基本特征就是用宪法这种根本大法的形式把民主事实、民主制度确定下来,以便保护、不断完善和发展这种民主事实和民主制度。对于宪法与宪政的关系,作者认为是形式与内容的关系,是辩证统一的关系。一方面,宪法必须以宪政为前提、为内容,没有宪政就不可能有宪法。另一方面,宪法表现宪政,是宪政的形式。但是,宪法一旦颁布实施,就又成为宪政的依据,指导宪政建设。同时在宪政建设过程中又会不断丰富和发展宪法的内容。该文受到国内外学者的重视。

第九,对宪法监督的发展趋势问题,张庆福先生认为,宪法监督是随着宪法产生、实施而出现的,迄今为止已经过了两三百年的历史。在此期间,世界发生了翻天覆地的变化,政治、经济、社会制度乃至各种具体的体制也经历了许多重大变化。宪法监督制度也不例外,同样也出现了许多革故鼎新的事件。总括宪法监督发展的历史,主要呈现出以下趋势:监督机构的专门化、监督制度的完善化和监督的司法化(参见《宪法监督发展趋势》和其他相关著作)。

第十,关于宪法对经济关系的调整问题,张庆福先生认为,宪法是社会经济发展的产物,宪法和经济不可分割。宪法调整经济关系是无疑的。但是,宪法的特性和经济因素的活跃性决定宪法调整经济关系的适当性。宪法如何调整规范经济才适当呢？规范到何种程度才合适呢？张庆福先生认为，从总的来说，宪法对经济问题的规范要比对其他问题更概括更原则，要留给法律更大的空间。同时也要突出重点。具体说，一是重点规定公民的经济权利，尤其要详细规定对公民财产的保护。不仅明确规定对公民财产权的保护原则，而且要规定保护措施。二是在国家机关职权中要突出立法机关的经济职权。因为行政机关是执行机关，是执行立法机关的法律和决定的。三是在总纲或总则中只简要概括规定国家的基本经济政策，主要规定国家的基本经济制度，其他发展国民经济的方针政策，都留给一般法律去调整（参见《论宪法对经济关系的调整》及相关著作）。

第十一，制宪权与修宪权的关系。张庆福先生认为，制宪权与修宪权两者既有联系，又有区别。制宪权是制宪主体根据制宪的指导思想和基本原则，依照预先设定的程序创制整个宪法的权力。修宪权则是在宪法实施过程中，遵循宪法的基本精神和基本原则，按照宪法规定的程序，废除、变更或增补宪法部分条款的权力。制宪权是国家的最高权力，其他权力包括修宪权都是由制宪权派生的。制宪权创制宪法，宪法创制包括修宪权在内的其他权力（参见《简析制宪权》）。

代表作简介

著作

1.《宪法学基本理论》（主编），社会科学文献出版社1994年初版，1999年9月第2版

《宪法学基本理论》是一部论点确切、结构新颖、内容广博、资料翔实、文笔流畅的宪法学著作，也是我国宪法学界20世纪90年代的代表作。全书除导论外，共有7篇、33章、99节，共计62万字。1999年再版时增加到78万字。它的出版具有重要的理论意义和实际意义，对推动、提高我国宪法学基本理论的研究与教学，产生了深远的影响。该书的主要特点是：首先，在体系安排上，从发展的观点和各国宪政实践出发，将宪法学研究归纳为四个方面，即理论、历史、实体、实施；由于实体内容较多，分量重，又将其划分为国家基本政治制度、社会经济文化制度、公民的基本权利与义务、国家机构等四篇。其次，在问题的阐述上，以马列主义宪法观为指导，在着重对宪法学基本理论进行论述的同时，还十分重视对宪法学理论研究中有争议的问题和涉及较少的问题予以探讨。再次，在研究的范围方面，不仅涉及国内与国外、发达国家和发展中国家的宪法理论与实践，也涉及了关于

成文宪法、宪法判例、宪法习惯、宪法规范及其实施的研究；以及宪法学的一般规律与各国宪法的特点等。最后，作者还注意对国内外宪政实践的研究，并从学术研究的角度提出了加强和完善我国社会主义宪政实践研究的新鲜见解。该书的具体特点是：作者在基本理论的阐述上，一改过去有的宪法学论著中缺乏创见和教条式文风的缺陷，增强了理论联系实际的学风。（1）对宪法渊源、概念、种类的分析简明透彻，并与有关国家的宪法和实施情况结合得自然、紧密；（2）关于宪法的主要内容不一定都规定在宪法或宪法性文件中，以及宪法或宪法性文件的规定也未必都是宪法重要内容的论点，则分别以美国、瑞士的宪法及其实施作了有力的论证，得出了"宪法渊源不是单一的而是多种多样的"结论；（3）关于宪法规范的主要特点，在吸收了一些专家、学者的见解之后，归纳为：广泛性、根本性、最高性、原则性等10个方面，并对每个方面分别以有关国家宪法的指导思想、宪法条文的规定及其演变为依据，作出能令人接受的解释。

作者从第二编宪法史部分开始，到第七编为止，在结构上均采用外国宪法与我国宪法分别论证的表述方法，不仅在理论阐述上层次清楚，而且便于比较研究。尤为突出的是，第三编至第七编共20章，均分别由对特定问题的概述、外国宪法的规定、我国宪法的规定三部分组成；论证中，使读者深感体例清楚，从而对每个问题均能得到明确的、全面的、系统的知识，便于理解、掌握、运用。

作者把社会经济制度和上层建筑中的文化制度、意识形态集中于第四编，体现了马克思主义关于经济基础对上层建筑的决定作用和上层建筑对经济基础反作用的关系。作者还参照一些国家宪法上的规定和宪法学者的论述证明各国宪法关于经济、文化、意识形态的规范，均有不同程度的规定，并非社会主义国家所独有。例如：作者以1919年德国《魏玛宪法》为例，其经济制度的规定，反映了从自由资本主义向垄断资本主义过渡的各种特征。并且，将目前世界各国宪法确立的经济制度概括为8个方面：（1）生产资料的所有制形式；（2）国家的经济发展方针；（3）国家对国民经济的管理方式；（4）生产资料的经营形式；（5）生活资料的分配原则；（6）物权关系；（7）知识产权及其他经济权利；（8）有关经济制度的其他方面的规定。此外，作者还把各国宪法所规定的文化制度，分为文化政策等十个方面进行比较，并对52个国家宪法中关于社会意识形态的基本原则等内容，用图表的形式作了比较，从而为读者进行比较研究奠定了基础。

作者关于公民基本权利和义务的概念、本质、主体、分类及权利的绝对性与相对性等，进行了系统的、历史的分析，与有关论著相比，也有突出的发展；作者不仅对外国公民权利、义务的价值模式的宪法建构、演进及发展趋势进行了颇有见地的探讨，还把我国现行宪法公民基本权利与义务的特点概括为两个方面：（1）体现了权利与义务价值并重的倾向；（2）把《公民的基本权利和义务》一章放在宪法结构中突出的位置上，这也是具有独到之处的见解。

作者从理论上和实践上，对中外宪法关于元首制度、代表机关、最高国家行政机关、地方国家机关、司法机关在宪法上的规定及其活动，作了比较研究。将使读者体会到：由于各国国情千差万别，宪法在国家机构方面的规定，也不可能有完全统一的、固定不变的模式，而是处于不断的渐变中；随着各国国家性质及其任务的变化，国家机构也必将依照历史发展的规律，从量到质发生渐进的、细微的转变。而我国的国家机构在党的领导下，在不断地总结历史经验的基础上，必将日益完善、健康发展。所有这些，都是在客观演变中，不以人的意志为转移地进行着。

宪法监督也是该书探讨的重要课题之一，宪法学界对此予以特别关注。值得注意的是，作者提出传统的宪法监督（即资本主义宪法监督）和新型的宪法监督（即社会主义宪法监督）的学说，并分别作出分析与评价。传统的宪法监督仍有其现实的意义，某些合理之处也可以借鉴；但新型的宪法监督，由于其历史较短，且有一些代表性的国家发生了质的变化，故对其发展趋势还应继续予以观察和分析，现在作出结论性判断，尚为时过早。

关于我国宪法监督制度，由于其历史较短且走过曲折的道路，现行宪法虽作出完善的规定，但全国人大及其常委会的宪法监督作用尚未充分发挥出来，也缺乏有力的措施和必要的制度纠正违宪行为的发生。为此，作者从组织上提出加强与完善我国宪法监督制度的具体建议，比如在全国人大内设专门机关，成为行使宪法监督职权的工作机关；或在最高国家权力机关内设立"人民监督委员会"，把国家监督、社会监督、群众监督结合起来；以及赋予地方国家权力机关在本行政区域内相应的宪法监督权，建立有限的宪法诉讼制度等。

为了完整地表述宪法学体系内部的各种要素，作者在理论分析中指出宪法学的综合性特点，提倡不同学科之间的学术对话，积极引进新的研究方法，该书采用的价值分析（宪法哲学）方法，使宪法理论研究进入到新的领域，其理论分析具有深度。

宪法学的理论价值与实践价值的统一是该书作者始终关注的问题。在宪法学体系的建立与制度的分析中，作者注意从社会变迁中评价宪法理论的价值，认为"研究宪法时，决不能仅仅拘泥于纸上的宪法，更要注意研究纸上的宪法与实际生活中的宪法关系，注意使宪法发生变化的各种因素的影响"。从某种意义上说，研究纸上的宪法与实际生活中的宪法的统一是宪法的基本使命。我们既不能为了宪法的稳定性而牺牲社会变革的正当需求，同时也不能盲目地满足社会变革的需求而损害宪法规范应有的价值。在论述宪法与宪政关系时，作者指出，宪政是宪法的内容和实践，宪法是宪政的表现和依据。由于宪政是宪法的实施，制定一部好的宪法是非常关键的一个问题，但好的宪法并不能自动地发挥其作用，它需要一种保障其实施的有效机制。关注宪法与社会生活的关系，重视宪法的实践功能是该书的特色之一。

2.《宪法学研究述略》（主编），天津教育出版社1989年7月版

《宪法学研究概述》一书比较系统地阐述了资产阶级的、社会主义的和我国的宪法学思想的产生与发展，这在新中国宪法学研究上还是少有的。该书还对我国宪法学研究中争论的主要问题作了概括并提出了自己的见解，特别是对整个宪法学的发展趋势作了比较全面的有科学根据的展望，提出随着人类社会的不断发展和各国政治、经济及教育科学文化的发展，宪法不仅在形式上不断完备，而且在内容上也发生了重大变化。在对原有内容进行改造的同时，还不断增加新的内容，并从八个方面分别论述了宪法发展的趋势。该书受到了宪法学界的好评，认为该书"从指导思想到书中内容编排"，"都有它的科学性和新意"，"本书的出版无疑对宪法学教学和科研具有重要参考价值，对推动宪法学理论和实践的发展会起到应有的作用"。该书被外国学者在国外刊物上作了详细介绍。

3.《行政执法中的问题及对策研究》（主编），中国人民公安大学出版社1996年版

《行政执法中的问题及对策研究》一书，是目前国内比较全面地分析研究我国行政执法问题的著作，该书以马克思主义的基本理论为指导，在深入调查研究的基础上，对当前我国行政执法中的主要问题，包括影响行政执法的各种思想，行政执法体制中的问题，行政法律、法规中的问题，行政执法的无序状态，行政执法监督检查中的问题，行政执法手段不力问题，行政执法主体违法行为，行政执法主体的不当行为，行政执法主体的违法责任以及行政执法中效率与民主的关系等十方面的问题进行了深入系统的论述，分析了这十个方面存在的问题及产生问题的原因，在此基础上，分别提出了解决问题的对策，对问题的分析深刻、全面，提出的对策切实可行，对于改善当

前我国行政执法的落后、混乱状况，完善行政执法制度，促进整个行政法制建设有重要的理论和实践意义。

代表论文

1.《论毛泽东的宪法思想》，载《法学杂志》1994年第2期

《论毛泽东的宪法思想》一文探讨了毛泽东的宪法思想。包括：（1）宪法的概念。毛泽东提出："一个团体要有一个章程，一个国家也要有一个章程，宪法就是一个总章程，是根本大法。"这一概念揭示了宪法的特性、地位和作用。（2）宪法的产生。对于这个问题学界存在着不同的看法，毛泽东明确指出，宪法不是从来就有的，是资产阶级革命时期搞起来的。（3）制定宪法的原则。毛泽东提出制定宪法要遵循领导机关的意见与广大群众相结合的原则、正确地恰当地总结国内外经验的原则和原则性与灵活性相结合的原则等。（4）制定宪法目的和宪法的实行与遵守。毛泽东明确指出，我们制定宪法的目的是为了把我国建设成为一个伟大的社会主义国家。因此，我们的宪法是得到全国人民拥护的，所以，我们的宪法也是完全可以实行的，是必须要实行的。该文选入《中国八五科技成果选集》。

2.《加强文化法制建设》，载《法学杂志》1998年第9期

《加强文化法制建设》一文选入《21世纪中国社会发展战略文集》。该文认为，目前我国的文化领域法制建设比较薄弱，因此，在加强文化法制建设方面应当大力强化以下五个方面的工作：（1）准确地把握文化法的实质，保证文化法制建设沿着为人民服务、为社会主义服务的方向健康发展。（2）加快文化基本法律和法律的制定工作，建立和健全文化法律体系，保证文化领域有法可依。（3）理顺文化管理体制，保证文化法制统一。（4）完善文化执法和监督检查机制，保证文化法律、法规的实施。（5）准确地把握党的政策与国家法律的关系，保证党的文化政策与国家文化法律的实施。

3.《清除思想障碍，保证法律实施》，载《我们当前法律实施的问题与对策论文集》，民主与法制出版社1997年版

作者在该文中认为，在我国要实现依法治国，一个最关键的问题就是清除封建主义的影响。我国是一个具有两千多年封建社会的国家，缺乏民主传统，封建专制主义的影响根深蒂固。新中国建立后，虽然经过多种改革，封建主义受到了批判，但这是远远不够的。在现实生活中，人们还自觉不自觉地受着这种思想束缚和影响，特别是以人治为核心，以"官本位"和特权思想为特征的落后的文化，还渗透到社会生活的各个角落。因此，要实现依法治国、建设社会主义法治国家的伟大目标，必须不断清除封建主义影响，

不断增强法律至上的观念。

4. 《加强基层政权的建设》，载《红旗》1982 年第 12 期

该文主要围绕当时全国人大公布的宪法修改草案中的基层政权建设部分展开论述，作者分析了当时建设基层政权的重要性和基层建设采取的具体做法。同时针对当时思想界关于"农村基层政权从人民公社中分出来，会不会削弱党的领导？"这一疑问，张庆福做出了回应。他指出，基层政权从人民公社中分离出来正是为了加强和改善党对农村基层政权组织的领导。他进一步指出，党对国家政权的领导主要是实行政治领导，而不是包办具体的行政工作和管理工作。在该文中，张庆福指出"政社分开的改革是大势所趋，但是改革要有计划、有步骤、有秩序进行，不能搞一刀切"，同时还提出了具体的改革方案。

5. 《论加强农村基层政权建设》，载《法学研究》1984 年第 4 期

在 1982 年《加强基层政权的建设》一文的基础上，张庆福又撰写了《论加强农村基层政权建设》。该文对农村基层政权的建设提出了许多具体的方法和步骤。该文根据宪法规定，结合当时的实际，就加强农村基层政权建设的重要意义，以及如何健全基层组织，正确行使农村基层政权的职权、健全村民委员会，充分发挥基层自治组织的作用等问题进行了充分的论述。该文对后来我国基层自治组织的立法产生了深远的影响。

张庆福主要著作目录

著作

《学习新宪法讲话》（合著），群众出版社 1978 年版。

《中华人民共和国宪法讲话》（合著），湖北人民出版社 1979 年版。

《新婚姻法讲话》（合著），河南人民出版社 1980 年版。

《宪法分解资料》（合著），法律出版社 1982 年 3 月版。

《新时期的根本大法》（合著），河南人民出版社 1983 年版。

《我国公民的基本权利和义务》（合著），四川人民出版社 1983 年版。

《宪法讲话》（合著），湖北教育出版社 1984 年版。

《宪法》（合著），律师函授学院教材 1985 年 7 月版。

《中华人民共和国宪法讲话》（合著），湖北人民出版社 1986 年 9 月版。

《中国社会主义建设》（合著），辽宁人民出版社 1986 年版。

《我国公民的基本权利和义务》（合著），群众出版社 1987 年版。

《中国宪法概论》（主编），河北教育出版社 1988 年 2 月版。

《法制建设十年》（主编），旅游教育出版社 1988 年 10 月版。

《中国法学——过去、现在与未来》（合著），南京大学出版社 1988 年 10 月版。

《世界知识大辞典》（撰稿人），世界知识出版社 1988 年版。

《宪法学研究述略》（主编），天津教育出版社 1989 年 7 月版。

《中华人民共和国法律通解》（合著），吉林人民出版社 1993 年 10 月版。

《宪法学基本理论》（主编），社会科学文献出版社 1994 年初版，1999 年 9 月第 2 版。

《乡镇人大建设的理论与实践》（合著），中国人民公安大学出版社 1995 年 6 月版。

《行政执法中的问题及对策》（主编），中国人民公安大学出版社 1996 年版。

《我国当前法律实施的问题和对策》（合著），中国民主法制出版社 1997 年 4 月版。

《现代中国法入门》（合著），日本劲草书房 1997 年 5 月版。

《人民当家作主的法律保障》（合著），法律出版社 1998 年 2 月版。

《宪政论丛》第 1 卷（主编），法律出版社 1998 年 4 月版。

《宪法比较研究》（合著），法律出版社 1998 年 11 月版。

《北京大学法学百科全书》宪法行政法卷（撰稿人），北京大学出版社 1999 年版。

《宪法与国家机构改革》（合著），电子科技大学出版社 1999 年 9 月版。

《宪政论丛》第 2 卷（主编），法律出版社 1999 年 12 月版。

《宪法学》（合著），高等教育出版社 2000 年 7 月版。

《宪政论丛》第 3 卷（主编），法律出版社 2003 年 2 月版。

《宪政论丛》第 4 卷（主编），法律出版社 2004 年 6 月版。

《宪政论丛》第 5 卷（主编），法律出版社 2006 年 6 月版。

论文

《国家机关工作人员应该成为遵守宪法和法律的模范》，载《天津日报》1978 年 4 月 5 日。

《加强法制，维护二个秩序》，载《山西日报》1979 年 3 月 29 日。

《一定要有法制观念》，载《河南日报》1979 年 4 月 7 日。

《正确行使权利，忠实履行义务》，载《工人日报》1979 年 5 月 3 日。

《修改选举法，使民主制度化》（合作），载《人民日报》1979 年 5 月

22 日。

《选举法是人民当家作主的重要保障》，载《民主与法制》1979 年第 1 期创刊号。

《发扬社会主义民主的重要措施》，载《实践》1979 年第 10 期。

《法制是民主的重要保障》，载《河南师大学报》1980 年第 2 期。

《选举制度的变迁》，载《百科知识》1980 年第 5 期，《人民日报》1980 年 6 月 9 日（部分转载）。

《论我国选举制度》，载《法学研究》1980 年第 6 期。

《资产阶级国家的弹劾制度》，载《西南政法学院学报》1981 年第 2 期。

《完备法制首先要制定一部好宪法》，载《东岳论丛》1981 年第 4 期。

《加强基层政权建设》，载《红旗》1982 年第 12 期。

《一次意义深远的改革》（合作），《人民日报》1982 年 7 月 9 日。

《论我国宪法实施的法律保障》，载《宪法论文集》，群众出版社 1982 年 7 月版。

《国家领导制度的一次重要改革》（合作），载《宪法论文集》（续编），群众出版社 1982 年版。

《论宪法的实施》（合作），载《宪法论文集》（续编），群众出版社 1982 年版。

《公民必须维护祖国的安全、荣誉和利益》，载《河北日报》1982 年 8 月 23 日。

《论宪法的尊严》（合作），载《东岳论丛》1982 年第 5 期。

《国外审计制度简介》，载《百科知识》1982 年第 9 期。

《公检法三机关的关系》，载《河北日报》1982 年 9 月 6 日。

《维护宪法尊严》，载《法学季刊》1982 年第 4 期。

《社会主义民主的新发展》，载《北京日报》1982 年 12 月 10 日。

《社会主义民主和法制建设的新阶段》（合作），载《法学研究》1982 年第 6 期。

《我国的国体和政体》，载《学理论》1983 年第 1 期。

《国家为什么要维护社会主义法制的统一和尊严》，载《学理论》1983 年第 1 期。

《加强基层政权的建设》，载《治国安邦的总章程》，红旗出版社 1983 年 9 月版。

《关键是健全各项制度》（合作），载《法学研究》1983年第6期。

《论加强农村基层政权建设》，载《法学研究》1984年第4期。

《比利时选举制度》，载《法学译丛》1984年第6期。

《论毛泽东同志的制宪思想》（合作），载《法学研究》1985年第1期。

《论宪法的发展趋势》，载《政法论坛》1986年第3、4期合刊。

《论我国人民群众在宪法实施中的作用》，《宪法与改革》论文集，群众出版社1986年版。

《法制改革必须以宪制改革为前提》，载《法学研究》1989年第2期。

《论我国的政府职能》（合作），载《学术交流》1989年第2期。

《论我国人民代表大会制度的优越性》（合作），载《法学研究》1989年第5期。

《我国公民的基本权利和义务》，载《函授通讯》1989年第15期。

《英国公法中行政法的发展》，载《法学译丛》1989年第6期。

《论马克思主义的权利义务观》，载《法律科学》1991年第6期。

《完善宪法制度，促进改革开放》，载《法学研究》1992年第5期。

《完善宪法监督体制，保障宪法实施》，载《人民检察》1992年第12期。

《论宪法与宪政》，载《保障公民基本权利与维护社会稳定》论文集，中国人民公安大学出版社1992年12月版。

《完善人大组织体制的几个问题》，载《青海人大》1993年第1期。

《宪法解释之比较》，载《外国法译评》1993年第2期。

《宪法学研究述评》（合作），载《中国法学研究年鉴》（1991年卷），中国政法大学出版社1993年5月版。

《行政法学研究述评》（合作），《中国法学研究年鉴》（1991年卷），中国政法大学出版社1993年5月版。

《〈香港特别行政区基本法导论〉评介》，载《中国法学研究年鉴》（1991年卷），中国政法大学出版社1993年5月版。

《〈国家监督制度〉评介》，载《中国法学研究年鉴》（1991年卷），中国政法大学出版社1993年5月版。

《宪法结构与宪法内容的比较研究》，载《宪法比较研究文集》（1），南京大学出版社1993年6月版。

《宪法解释模式及主要原则》（合作），《宪法比较研究文集》（1），南京大学出版社1993年6月版。

《宪法修改的比较研究》，载《宪法比较研究文集》（2），中国民主与法制出版社 1993 年 7 月版。

《论毛泽东的宪法思想》，载《法学杂志》1994 年第 2 期。

《关于我国的宪法监督制度》，载《全国人大工作通讯》1994 年第 2 期。

《论加强和完善我国的宪法监督制度》（合作），载《法制日报》1994 年 12 月 8 日。

《完善人大制度，保证人民当家作主》，载《福建法学》1994 年第 3、4 期合刊。

《宪法与宪政》，载《宪法与民主政治论文集》，中国检察出版社 1994 年版。

《关于宪法本质的理论》，载《外国法译评》1995 年第 1 期。

《提高全民族的宪政精神，保证宪法实施》，载《群言》1995 年第 3 期。

《文化市场法制建设的几项任务》（合作），载《法制日报》1995 年 5 月 11 日。

《简析宪法修改的两种学说》，载《法学研究》1995 年第 4 期。

《论加强和完善我国宪法监督制度》（合作），载《人民代表大会的理论与实践》论文集，中国人民公安大学出版社 1995 年 10 月版。

《现代行政程序在法治行政中的作用》（合作），载《法学研究》1996 年第 4 期。

《论法律实施》，载《法学杂志》1996 年第 4 期。

《现代行政程序在依法行政中的作用》（合作），载《楚天主人》1996 年第 12 期。

《论现代行政程序在法治行政中的作用》，载《依法治国建设社会主义法治国家》文集，中国法制出版社 1996 年版。

《依法行政与对行政权的立法控制》（合作），载《群言》1997 年第 3 期。

《我国行政程序存在的问题与对策》（合作），载《楚天主人》1997 年第 4 期。

《清除思想障碍，保证法律实施》，《载我们当前法律实施的问题与对策》论文集，民主法制出版社 1997 年版。

《宪法监督发展趋势简论》（合作），《外国法译评》1998 年第 1 期。

《中国宪法100年：回顾与展望》，载《宪政论丛》第1卷，法律出版社1998年4月版。

《加强文化法制建设》，载《法学杂志》1998年第4期。

《政务公开在反腐败斗争中的作用及实现机制》（合作），《依法治国与廉政建设》，中国法制出版社1999年1月版。

《树立宪法权威，实行依法治国》（合作），载《群言》1999年第5期。

《改革开放：中国宪法修改的核心精神》（合作），载《中国法律》1999年第2期。

《论政务公开在反腐败斗争中的作用及其实现机制》（合作），载《政治学研究》1999年第3期。

《论文化法的基本原则》，载《宪政论丛》第2卷，法律出版社1999年12月版。

《关于人大立法的思考》，载《北京人大》2000年第2期。

《关于人大监督的思考》，载《北京人大》2000年第5期。

《宪法监督——新千年之始宪法学面临的一个重要课题》，载《法学家》2000年第3期。

《新中国宪法的发展历程及其基本经验》（合作），2000年宪法学研究会年会论文。

《比较宪法学的新发展》，载《民主与法制》2001年第8期。

《论知情权》（合作），载《江苏行政学院学报》2002年第1期。

《司法机关与宪法适用》（合作），载《公法》第3卷，2002年7月版。

《论宪法对经济关系的调整》，载《中国法学》2002年特刊，2002年12月出版。

《健全宪法平稳发展机制，保证宪法贯彻实施》，载《法学杂志》2003年第1期。

《论宪法制定》，载《宪政论丛》第3卷，中国民航出版社2003年2月版。

《简析制宪权》，载《宪法论坛》第1卷，中国民航出版社2003年11月版。

《论政治文明与宪政发展》（合作），载《法学杂志》2004年第3期。

《论公民基本权利宪法保障制度的加强和完善》（合作），载《辽宁大学学报》2004年第4期。

《论公民财产权宪法保障制度》（合作），载《法学家》2004年第4期。

夏勇研究员个人简介

夏勇，字同人，教授，研究员，宪法学博士生导师。曾于1998年9月任我所副所长兼中国社会科学院研究生院法学系主任，主管所务。2002年3月—2005年8月任所长，2002年10月—2005年8月兼任国际法研究中心主任，2003年4月至2005年8月兼任法学研究所和国际法研究中心联合党委书记。

曾任学术社会职务：第十届全国人大常委会香港基本法委员会委员，国务院学科评议组成员，国家社科基金会专家组成员，第九届、第十届全国青联常委，中国法律史学会会长，中国法学会副会长，东方公益诉讼与法律援助律师事务所理事长，中国与欧盟人权学术对话交流机制中方主席等。

主要学术著作

个人著作

《人权概念起源——权利的历史哲学》，中国政法大学出版社1992年第1版，1993年、1994年、1995年、1997年重印，2001年修订版。

《朝夕问道——政治法律学札》，上海三联书店2003年版。

《中国民权哲学》，生活·读书·新知三联书店2004年版。

《法治源流——东方与西方》（"法治论要"丛书），社会科学文献出版社2004年版。

《依法治国——国家与社会》（"法治论要"丛书），社会科学文献出版社2004年版。

《宪政建设——政权与人民》（"法治论要"丛书），社会科学文献出版社2004年版。

主编著作

《走向权利的时代——中国公民权利发展研究》（主编之一），中国政法大学出版社 1995 年第 1 版，1996 年重印，1999 年修订版。

《中国社会主义民主与法制》（"科学社会主义丛书"）（两人合著），江西人民出版社 1994 年版。

《人权与世界》（主编之一），人民法院出版社 1994 年版。

《人权百科全书》（副主编，编辑部主任），大百科全书出版社 1997 年版。

《公法》（第 1 卷，主编），法律出版社 1999 年版。

《公法》（第 2 卷，主编），法律出版社 2000 年版。

《如何根除酷刑——中国与丹麦酷刑合作研究》（"中国法治论坛"丛书）（中英文本，主编之一），社会科学文献出版社 2003 年版。

《法治与 21 世纪——中国与瑞士法治合作研究》（"中国法治论坛"丛书）（中英文本，主编之一），社会科学文献出版社 2003 年版

《中国法治发展报告（蓝皮书）2003 年卷》（主编之一），社会科学文献出版社 2004 年版。

《民权译丛》（主编），生活・读书・新知三联书店 2003 年版。

学术译作

《英国法渊源》（沃克著，两人合译），1984 年西南政法学院印行。

《法律与革命——西方法律传统的形成》（伯尔曼著，四人合译），中国大百科全书出版社 1993 年版。

《人的权利与人的多样性——人权哲学》（米尔恩著，两人合译），中国大百科全书出版社 1994 年版。

《民权约法评注——联合国〈公民与政治权利国际公约〉》（诺瓦克著，审校），三联书店 2003 年版。

学术论文

《西方新闻自由初探——兼论自由理想与法律秩序》（1986），载《中国社会科学》1988 年第 5 期。

《汉穆拉比法典与古东方的法治》（1987），载《法治源流——东方与西方》，社会科学文献出版社 2004 年版。

《孔子与柏拉图》（1987），载《比较法研究》1989 年第 1 期。

《人权与马克思——一个道德与逻辑的理解》（1989），载《民主、法制、权利、义务》，辽宁人民出版社 1990 年版，复载于《人权概念起源》

附录。

《人权道德基础初论》（1990），载《当代人权》，中国社会科学出版社1992年版；修改版载于《人权概念起源》附录。

《人权哲学三题》（1991），载《中国社会科学季刊》1993年春季号。

《权利发展说》（1993），采自《走向权利的时代》绪论，载《当代中国研究》（1996年第4期）等。

《社会主义法制与法治》（1993），载《中国社会主义民主与法制》（"科学社会主义研究系列"），江西人民出版社1994年版。

《监督机制》（1993），载《宪政建设——政权与人民》第3章，社会科学文献出版社2004年版。

《廉政建设》（1993），载《宪政建设——政权与人民》第4章，社会科学文献出版社2004年版。

《乡民公法权利的生成》（1994），载《走向权利的时代》。

《中国法理学的历史发展》（1994），载研究生院教材《法理学》，经济科学出版社2000年版。

《权利与德性》（1996，英文），载《法哲学与法社会学论丛》创刊号。

《海南省的人民代表大会制度建设》（1997），载《"小政府、大社会"理论与实践》，社会科学文献出版社1997年版。

《法治是什么？——渊源、规诫与价值》，载《中国社会科学》1999年第4期。

《论和女士及其与德、赛先生之关系——写在"五四"运动八十周年》，载《公法》第1卷，法律出版社1999年版，另载《东方》1999年第5期。

《迪庆藏区基层的依法治理与民间法》（2001），载《后发地区的发展路径选择——云南藏区案例研究》，经济管理出版社2002年版，全文载于《依法治国——国家与社会》，社会科学文献出版社2004年版。

《深圳的社会阶层结构与政治参与、财产安全》（2001），载《宪政建设——政权与人民》，社会科学文献出版社2004年版。

《哈哈镜前的端详——哲学权利与本土主义》，载《读书》2002年第6期。

《酷刑与功利主义》（2002），载《公法》第4卷，法律出版社2003年版。

《繁荣法学研究，推进依法治国》（2003），载《依法治国——国家与社会》，社会科学文献出版社2004年版。

《中国宪法改革的几个基本理论问题》，载《中国社会科学》2003年第2期。

《权利哲学的基本问题》，载《法学研究》2004年第3期。

《民本与民权——中国权利话语的历史基础》，载《中国社会科学》2004年第5期。

《飘忽的法治——清末民初中国的变法思想与法治》，载《比较法研究》2005年第1期。

《舍法求法与媒体正义——从敬一丹的〈声音〉说起》，载《环球法律评论》2005年第1期。

李林研究员个人简介

李林，中国社会科学院法学研究所所长、研究员、法学博士、博士生导师，中国社会科学院研究生院法学系主任。

1955年11月出生于云南省昆明市五华区，1970年初中毕业后进入云南省医疗器械厂从事汽车驾驶员工作；1972年12月应征入伍，在原昆明军区11军31师高炮营服役，1979年参加对越自卫还击战（荣立三等功）后退伍，1980年1月—8月在云南省参事室工作。

1980年9月考入西南政法大学法律系，1984年7月毕业并获法学学士学位；1984年8月考入中国社会科学院研究生院法学系法理学专业硕士学位研究生，师从吴大英教授学习，1987年7月毕业并获法学硕士学位；1987年研究生毕业进入中国社会科学院法学研究所法理学研究室工作，同年9月考入中国社会科学院研究生院法学系法理学专业成为在职博士学位研究生，导师仍是吴大英教授，1990年8月获得法理学博士学位；1993年8月—1995年3月，在美国哥伦比亚大学法学院做访问学者，并在哥大国际关系学院的东亚研究所完成博士后研究项目。

1990年担任助理研究员，1992年晋升为副研究员，1997年晋升为研究员，1999年担任法学研究所学术委员会委员，2000年担任宪法与行政法专业博士生导师，享受国务院政府津贴。1999年2月担任中国社会科学院法学研究所、政治学研究所所长助理兼科研处长，2001年1月调任中国社会科学杂志社副总编辑。2004年7月调回法学研究所任副所长，2005年12月担任法学研究所所长至今，同时担任法学研究所、国际法研究中心学术委员会主任，法学研究所聘任委员会主任，中国社会科学院社会政法学部高级职称评审委员会委员，中国社会科学院研究生院法学系主任等。

主要社会兼职：中国社会科学院民主问题研究中心办公室副主任，中国法学会常务理事，中国法学会法理学研究会副会长，中国人权研究会常务理事，中宣部、司法部中高级领导干部学法讲师团成员，建设部法律顾问，中央国家机关宣传教育工作团宣教员，马克思主义理论研究与建设工程首席专家（宪法学）、"法治浙江"建设顾问等。

2003年9月十六届中央政治局第八次集体学习主讲人之一；十届全国政协2005年第六次集体学习主讲人之一；1997年中央政治局法制讲座"一国两制与香港基本法"撰稿人之一；2000年中央政治局法制讲座"西部大开发与中西部发展的法治保障"课题组成员；十六届中央政治局第一次集体学习"认真贯彻实施宪法，全面建设小康社会"、第十二次集体学习"法制建设与完善社会主义市场经济体制"课题组成员和主要撰稿人之一；1999年全国人大常委会法制学习讲座"法学理论的几个基本问题"课题组成员。

20多年来，共出版论著、译著等30余部，发表论文130余篇，内部研究报告60余篇。

代表论文

《应当统一理解法的阶级性和社会性》，载《中国社会科学院研究生院学报》1985年第3期。

《试论合法行为》，载《法学研究》1987年第4期。

《关于法的本质的思考》，载《中国社会科学院研究生院学报》1987年第3期。

《坚持马克思主义关于法的根本观点》，载《社会科学》（上海）1987年第3期。

《论我国社会主义初级阶段的法制》，载《法学研究》1988年第6期。

《立法助理制　强化立法专门化的保障》，载《法学》1990年第5期。

《质询制度比较研究》，载《法学研究》1990年第3期。

《立法听证制度的理论与实践》，载《中外法学》1991年第6期。

《立法修正案比较研究》，载《法学研究》1991年第6期。

《马克思主义人权观初论》，载《中国法学》1991年第4期。

《国际人权与国家主权》，载《中国法学》1993年第1期。

《发展社会主义民主，实行依法治国》，载《政治学研究》1997年第1期。

《坚持和发展社会主义民主》（合著），载《中国社会科学》（中文版）1997年第2期，英文版1998年第2期。

《论依法治国与精神文明建设》，载《马克思主义与现时代》1998年第1期。

《关于我国立法权限划分的理论与实践》，载《法学研究》1998年第5期。

《实施依法治国的特点和需要解决的问题》，载《法学》1998年第9期。

《立法权与立法的民主化》，载《法治论衡》第1辑，清华大学出版社2000年11月版。

《民主政治建设要从国情出发》，载《求是》2000年第20期。

《从领导党向执政党转变的宪政阐释》，载《学术界》2002年第3期。

《全球化时代的中国立法发展》（上、中、下），载《法治论丛》2002年第5、6期，2003年第1期。

《如何看待联合国政治权利公约？》（上、下），载《学习时报》2003年3月31日、4月7日。

《论中国特色社会主义民主政治优越性》，载《政治学研究》2004年第4期。

《坚持和完善全国人大的会期制度》，载《当代法学》2004年第5期。

《统筹经济社会协调发展的几个立法问题》，载《法学》2005年第8期。

《人权的普遍性与相对性：一种国际的视角》，载《学习与探索》2006年第1期。

《当代中国语境下的民主与法治》，载《法学研究》2007年第5期。

主要学术著作

《立法机关比较研究》，人民日报出版社1991年版。

《法制的理念与行为》，社会科学文献出版社1993年版。

《比较立法制度》（合著），群众出版社1992年版。

《政治体制改革与法制建设》（合著），社会科学文献出版社1991年版。

《依法行政论》（合著），社会科学文献出版社1992年版。

《当代人权理论与实践》（主编），吉林大学出版社1995年版。

《依法治国建设社会主义法治国家》（主编之一），中国法制出版社1996年版。

《人权与宪政》（主编之一），中国法制出版社1999年版。

《依法治国与法律体系建构》（主编之一），中国法制出版社2001年版。

《走向宪政的立法》，法律出版社2003年版。
《法治与党的执政方式研究》（合著），法律出版社2004年版。
《法治与宪政的变迁》，中国社会科学出版社2005年版。
《立法理论与制度》，中国法制出版社2005年版。
《依法治国与和谐社会建设》（主编），中国法制出版社2007年版。
《依法治国十年回顾与展望》（主编之一），中国法制出版社2007年版。

主要研究报告

《关于完善我国立法工作的若干建议》，载中国社科院《要报》1991年第33期。

《我应高举社会主义人权旗帜》（合著），载中国社科院《要报》1991年第48期。

《如何划分中央和地方的立法权限》，载中国社科院《要报》增刊1996年第14期。

《什么是"依法治国"》，载中国社科院《要报》1996年第29期。

《法制观念的革新与法律制度的改革》，载中国社科院《要报》1996年第30期。

《建议采用"建设社会主义法治国家"的提法》，载中国社科院《要报》信息专报1997年第6期。

《切实做好对香港立法机关制定的法律的备案审查工作》，载中国社科院《要报》信息专报1997年第27期。

《应当重视对香港基本法的解释》，载中国社科院《要报》信息专报1997年第28期。

《关于妥善处理两个国际人权公约继续适用于香港特别行政区而引起的"报告"问题》（合著），载中国社科院《要报》信息专报1997年第34期。

《建设社会主义法治国家应坚持的五项原则》，载中国社科院《要报》2001年第78期。

《关于宪法修改的研究报告》，载中国社科院《要报》专题研究报告之一，2003年6月。

《关于充分重视和正确理解社会主义宪政的建议》，载中国社科院《要报》信息专报2007年第27期。

冯军研究员个人简介

冯军，法学博士，法学所研究员、教授、博士生导师。现任中国社会科学院法学研究所副所长兼传媒与信息法研究室主任。兼任中国法学会行政法学研究会副会长。

曾在香港大学法学院、荷兰莱顿大学法学院、瑞典隆德大学瓦伦堡人权研究所访问研究。

专业行政法学，近年来研究重点是：行政法学基础理论、行政处罚、国家赔偿、国家行政权力的法律控制、传媒信息法制建设等。

主要著作有：《行政处罚法新论》、《国家赔偿法释论》、《中国行政法的理论与实务》、《"平衡论"的疏漏问题》和《现代行政程序在行政法治中的作用》等。

周汉华研究员个人简介

一 学历及工作简历

1996—2000 年中国社会科学院研究生院在职法学博士

1986—1989 年中国社会科学院研究生院法学硕士

1982—1986 年武汉大学法律系法学学士

2002 年— 中国社会科学院法学研究所研究员、宪法行政法研究室主任、博士生导师

1997—2002 年中国社会科学院法学研究所副研究员、公法研究中心副主任

1989—1997 年中国社会科学院法学研究所研究实习员、助理研究员

2000 年 9 月美国耶鲁大学法学院高级访问学者

1998 年 6 月挪威人权研究所访问学者（2000—2002 年，连续三年夏天在挪威奥斯陆大学以英文主讲"中国法律制度及其改革"强化短训课，参加学习人员包括在校学生、政府官员、研究人员与商界人士）

1997—1999 年北京君合律师事务所律师

1993—1995 年美国密执安大学法学院访问学者

二 负责主持或参加的主要课题

1. 主持福特基金会资助之"电子政务与行政改革"课题。
2. 主持国家能源领导小组办公室委托之"《能源法》法律责任及实施保障机制研究"，并负责起草监督检查与法律责任二章。
3. 主持国务院信息办委托之"地方信息公开实践评估"课题。
4. 承担国家电力监管委员会委托之"监管制度的法律基础"研究课题。
5. 主持上海市信息委委托之"信息服务业中的个人信息保护"课题。
6. 承担中国联通公司委托之"3G 时代的政府电信监管政策研究"

课题。

7. 主持国务院信息办委托之"电子政务法研究及草拟专家建议稿"课题。

8. 主持科技部火炬中心委托之"国家高新技术产业开发区的立法研究",并负责起草《国家高新技术产业开发区条例》(专家建议稿)及立法说明。

9. 主持国家信息化专家咨询委员会"信息化与改革同行"政策研究之"信息化法律体系分课题"研究。

10. 主持国务院信息办委托之"《个人数据保护法》比较研究课题",负责起草《个人信息保护法》专家建议稿。

11. 主持福特基金会资助之"中国行政复议制度司法化研究"课题。

12. 主持挪威奥斯陆大学人权研究所资助之"信息社会与中国信息公开制度研究"课题。

13. 主持国务院信息办委托之"中国政府信息公开条例草案、说明、理由及立法例"立法软课题,主持起草条例讨论稿。

14. 主持国家烟草专卖局委托之"烟草行业行政审批制度改革研究"课题。

15. 参加国务院体改办"中国基础设施产业政府监管体制改革研究"课题。

16. 参加国务院体改办、亚洲开发银行"电力监管体制研究"课题,参与设立国家电力监管委员会"三定"方案的起草、讨论工作。最终成果载《中国电力监管机构建设研究报告》,中国财政经济出版社 2004 年 12 月版。

17. 被亚洲开发银行技术援助项目"建立国家电力监管委员会"(TA No. 3931-PRC/Establishing the National Electricity Regulatory Commission)聘为国内咨询专家,聘期自 2002 年 10 月—2003 年 6 月。

18. 被世界银行聘任为短期咨询专家(short term consultant),研究中国电力监管体制改革问题,聘期自 2006 年 6 月 21 日—2006 年 7 月 30 日。

19. 参加国家电力监管委员会"电力监管分支机构组建试点方案"课题研究。

20. 参加国家电力监管委员会"电力执法体制研究课题"

21. 参加福特基金会资助之"中国宪法监督制度研究"课题。

22. 参加本所"建设有中国特色社会主义法律体系研究"课题。

23. 参加 International Task Force on Transparency, sponsored by the Initia-

tive for Policy Dialogue at Columbia University. The Initiative for Policy Dialogue (IPD), headed by economist Joseph Stiglitz, is a global network of social scientists working together to help developing and transition countries explore policy alternatives.

三 主要实践活动

1. 国家信息化领导小组聘任之"国家信息化专家咨询委员会委员"。国务院信息化工作办公室、国家信息化专家咨询委员会授予"国家信息化专家咨询工作2002年度突出贡献奖";国家信息化专家咨询委员会授予"国家信息化专家咨询委员会2007年度工作突出贡献奖"。

2. 国务院行政审批制度改革工作领导小组办公室聘任之"行政审批制度改革专家咨询组成员"。

3. 国务院法制办聘请之"《行政许可法》起草小组成员"。

4. 国务院学位委员会办公室聘之"《学位法》工作小组成员"。

5. 担任中国法学会信息法学研究会副会长。

6. 担任中国法学会行政法学研究会常务理事。

7. 国家计委（发展改革委）、中国价格协会聘任之"政府价格工作专家咨询委员会委员"。

8. 信息产业部聘任之"《电信法》起草专家咨询委员会委员"。

9. 信息产业部聘任之"信息产业部通信科技委员会委员"。

10. 信息产业部聘任之"信息产业部电信经济专家委员会委员"。

11. 信息产业部聘任之"信息产业科技发展'十一五'计划和2020年中长期规划（纲要）研究与编制工作战略指导组组员"。

12. 铁道部聘任之"铁道部特邀专家顾问"。

13. 铁道部聘任之"《铁路法》修改专家咨询组成员"。

14. 交通部法律专家咨询委员会委员。

15. 人事部第三届人事人才高级专业技术职务评审委员会委员。

16. 中宣部、司法部、中国法学会聘之"五五"普法国家中高级干部学法讲师团成员。

17. 国家民委《国务院清真食品管理条例》起草工作领导小组顾问。

18. 商务部世界贸易组织司聘任之"商务部新一轮多边贸易谈判（多哈发展议程）贸易与竞争政策议题谈判专家咨询组成员"。

19. 国家保密局聘任之"保密法制建设顾问"（1998—2003）。

20. 国家海事局聘任之"《海上交通安全法》修订工作专家组成员"。
21. 中国警察协会聘任之"中国警察协会学术委员会委员"。
22. 北京市信息化领导小组聘任之"北京市信息化专家咨询委员会委员"。
23. 北京市人民政府聘任之"第一届北京市人民政府行政复议委员会"非常任委员（聘期两年：2007年11月—2009年11月）。
24. 石家庄市人民政府聘任之"市政府首届专家咨询委员会成员"。
25. 北京大学公法研究中心聘任之客座研究员。
26. 中国人民大学宪政与行政法治研究中心中国行政法研究所聘任之研究员。
27. 中央民族大学法治政府与地方制度研究中心聘任之客座教授。
28. 北京天则经济研究所聘任之特约研究员。
29. 天则经济研究所公用事业研究中心常务理事，特邀研究员。
30. 中国联合通信有限公司聘任之"中国联合通信有限公司发展战略咨询委员会委员"（2003—2009）。
31. 上海法律与经济研究所聘任之特约研究员。
32. 江西财经大学聘任之"江西财经大学产业组织与政府规制研究中心兼职研究员"。
33. 中国银联股份有限公司聘任之"银行卡产业联合咨询委员会"委员（聘期自2005年8月—2008年8月）。
34. 中国经济体制改革研究会聘之特约研究员（2006年12月—2009年12月）。
35. 中国经济体制改革研究会公共政策研究中心聘任之高级研究员。
36. 中国人权研究会聘之"中国人权研究会第三届全国理事会理事"。
37. 中国科学技术名词审定委员会聘之"法学名词审定委员会委员"。

莫纪宏研究员个人简介

莫纪宏，男，1965年5月生，汉族，江苏靖江市人，博士毕业，现为中国社会科学院法学研究所研究员，中国社会科学院研究生院教授，博士和硕士生导师，专业方向为宪法学、行政法学、国际人权法学，重点研究领域是宪法监督与宪法诉讼、宪政与人权、紧急状态、灾害法、文化法等。

莫纪宏教授目前担任的主要社会职务和兼职有：国际宪法学协会执行委员，中国法学会宪法学研究会常务副会长，中国法学会理事，北京市法学会副会长，全国人大常委会研究室特邀研究员，最高人民检察院专家咨询委员会委员，北京市人民代表大会法制顾问，北京市人民政府应急专家小组顾问等等。

莫纪宏教授1986年毕业于北京大学法律系，1989年在中国社会科学院研究生院取得硕士学位，1994年在中国社会科学院研究生院获得博士学位。1989年至1990年在中国社会科学院政治学研究所工作，1991年至今在中国社会科学院法学研究所工作。1993年被破格晋升为副研究员，2001年晋升研究员，2004年被聘为国际人权法方向博士生指导老师，1999年获得中国法学会"杰出中青年法学家提名奖"，2005年获得中国法学会"全国十大杰出青年法学家"称号。

莫纪宏教授曾长期在国外著名大学和研究机构担任客座教授和访问学者。1995年在日本东京大学法学部做客座研究员，1998年在挪威人权研究所做访问学者，2001年在瑞典隆德大学做访问学者，2002年在瑞士佛里堡大学做访问学者，2002年和2004年在香港城市大学做访问学者等。

莫纪宏教授目前指导的博士生有三名，博士后四名。

科研活动与贡献

在近二十年的科研工作中，莫纪宏教授参加了所内外和院内外组织的许多重大课题的论证和研究工作，并且亲自主持了若干重要科研课题的研究工作，积极参与国家立法活动，先后参与了近五十余部法律、法规和规章的起草、论证和咨询过程，他参加的许多重大课题先后获得了部级以上的奖励，撰写的许多重要的内部研究报告得到了党和国家领导人的肯定，主要科研成绩包括以下五个方面：

（一）积极地参与或者是组织国家重点课题和社科院重点项目的研究工作，并取得了一批比较有分量的学术成果，参加的国家重点课题和社科院重点项目比较有影响的包括：

1. 参加了王家福、刘海年、刘翰和吴大英先生组织的"八五"国家社科基金重点项目"社会主义民主与法制建设研究"的研究工作，并参与了该课题最终成果《完善人大组织体制的几个问题》、《地方人大监督的若干情况和建议》等研究报告的撰写工作，担任该课题最终成果的责任编辑。该课题的最终成果获得了社科院最优秀的课题成果的鉴定结论。

2. 参加了张庆福先生组织的社科院重点项目"宪法学基本理论"的研究工作，该课题最终成果《宪法学基本理论》专著被法学所和政治学所评为1992年至1994年度优秀成果。

3. 组织和参加了张庆福先生主持的社科院重点项目"社会主义文化市场法制建设研究"，由他参与写作的该项目的阶段性成果社科院要报《关于我国文化市场法制建设的思考与建议》获得了社科院颁发的1995年度优秀对策和信息二等奖。

4. 与张明杰教授合作完成了社科院青年基金项目"市场经济与行政立法"的研究工作，该课题最终成果是专著《行政法的新理念》。

除了上述重要课题和项目之外，他还参与了刘翰先生主持的社科院重点项目"人民当家作主的法律保障"、张庆福先生主持的国家社科基金项目"行政执法的问题与对策"、张庆福先生主持的国家社科基金项目"文化法制建设研究"以及王叔文先生主持的国家社科基金项目"市场经济与宪政建设"等重点课题和重要项目的研究工作和最终成果的写作。

（二）积极地参加国家立法活动，许多重要的立法建议被立法所采纳，结合立法活动所编著和出版的一些著作成为立法活动重要的参考资料。

1. 参加了防震减灾立法工作和我国防震减灾法律体系的构建工作，先后担任《破坏性地震应急条例》立法起草小组副组长，《中华人民共和国防震减灾法》立法起草小组成员，《发布地震预报的规定》、《抗震设防要求管理条例》和《地震重点监视防御区条例》立法起草小组顾问。为配合防震减灾立法工作，编著了《外国紧急状态法律制度》，该著作成为防震减灾立法确立地震应急制度的重要法律依据。

2. 参与了《戒严法》、《国防法》、《立法法》、《人口与计划生育法》、《原子能法》等法律的立法论证及咨询工作，撰写了《戒严法律制度概要》一书，该著作成为《戒严法》、《国防法》规定戒严制度的重要参考资料。

3. 参与了《突发事件应对法》和《国防动员法》的立法起草工作，同时，还积极地参与了1999年和2004年宪法修改的咨询和宣传工作。

4. 参与制定了一大批行政法规和行政规章的起草工作，如科技部《科学数据共享条例》、人事部《专业技术人员条例》、民政部《行政区划管理条例》和《彩票管理条例》等等，在这些法规和规章的起草过程中发挥了重要的参谋作用。

（三）积极响应院领导提出的"精品工程"的号召，在理论结合实践的基础上，尤其是结合参加国家立法活动的实践经验，及时地就我国法制建设中的重大问题撰写内部报告，其中多篇报告引起了党和国家领导人的关注，胡锦涛、朱镕基、尉健行、李岚清、王汉斌、罗干、宋健等领导同志先后在他撰写的内部报告上批示，多篇报告获得了社科院颁发的优秀信息和优秀对策成果奖以及其他类型的省部级奖励，产生了广泛的社会影响。主要有：

1. 发表在1996年《信息专报》第95期的《关于制定减轻地震灾害法和出台"抗震设防国家标准"的建议》被评为中国社会科学院1996年度"优秀对策研究成果优秀信息"二等奖，1999年被评为中国社会科学院第三届青年优秀成果研究报告类二等奖。

2. 发表在1997年《信息专报》第29期的《"戒严法"能否在香港特别行政区适用的几个政策界限问题》被评为1997年度中国社会科学院优秀信息。

3. 发表在1997年《信息专报》第35期的《应当注意法律的合宪问题》被评为1997年度中国社会科学院优秀信息。

4. 发表在1997年《信息专报》第43期的《依法管理"基因工程"的对外合作研究、维护国家利益》受到卫生部副部长彭玉的关注，并评为中国社会科学院1997年受表扬的信息。

5. 发表在1998年《信息专报》第65期的《关于制定住房改革配套法律、法规的几点建议》已经国务院专报、国内动态清样以及新华社、《中国改革报》、《中国日报》等十几家新闻单位转载，国务院主要领导同志对该报告都作了批示，产生了巨大的社会影响，获1998年度中国社会科学院优秀信息奖。

6. 任起草小组副组长时起草的《破坏性地震应急条例》获中国地震局颁发的"科学技术进步二等奖"。

7. 1999年，针对我国驻南使馆遭北约飞机轰炸以及"法轮功"等紧急危机事件，结合他自己对紧急状态法律制度所进行的长期研究成果，写出了《建立国家紧急事务预警反映机制》的内部报告，刊登在第558期人民日报编印的《情况汇编》上。该内部报告受到了党和国家领导人的高度重视。李岚清同志批示：请镕基、锦涛、健行、罗干同志参阅；尉健行同志批示：罗干同志，可考虑请政法委和公安部商有关部门研讨此事，请酌。罗干同志批示：因涉及建立一个政府协调机构，建议中编办也提出意见。目前，公安部正在组织人员研究落实他在上述内部报告中所提出的建议。深圳市人民政府派人专程来京，希望他给予深圳市人民政府在全国率先建立紧急事务预警反映机制提供具体的咨询意见，并表示愿意与理论工作者就深圳市法制建设中的重大课题进行合作攻关。

8. 莫纪宏教授撰写的《面向二十一世纪中国宪政理论及其实践的发展方向》一文获得北京市法学会颁发的2001年纪念建党80周年推进依法治国进程优秀论文一等奖，发表在2001年第6期《中国社会科学》杂志上的"审视应然性——一种宪法逻辑学的视野"一文获得中国社会科学院法学研究所2001年至2002年度优秀论文二等奖等。

（四）加强对宪法基础理论的研究，出版了个人专著十部。其中，《宪政新论》是国内宪法学界系统论述社会主义宪政问题的第一本学术专著；《宪法审判制度概要》是国内宪法学界系统研究宪法审判制度的第一本学术著作；《表达自由的法律界限》通过全面介绍挪威最高法院对"羞示"案件所作出的判决，系统地分析了现代宪法审判制度在保障基本人权方面的功能，在研究宪法审判案例方面做了有益的尝试；《政府与公民宪法必读》详细地介绍了1999年宪法修正案产生背景、内容、意义、理论和实践上的价值等，是全面理解1982年现行宪法及其修正案的最全面的参考书目；《现代宪法的逻辑基础》第一次以逻辑学的方法阐述了现代宪法的基本原理，将宪法定位为价值法，并详细地探讨了宪法的正当性、确定性、有效性等价值特性，指出了宪法制度的设计必须以宪法价值为基础。《"非典"时期的非常法治》比较系统地介绍我国灾害法和紧急状态法的立法状况以及有关"非典"防治的法律对策。《国际人权公约与中国》一书系统地探讨了国际人权公约与中国国内人权保障法之间的关系。《实践中的宪法学原理》集中反映了作者近年来对实践中所产生的宪法问题的研究心得，该书比较系统地探讨了宪法学的基本问题，特别是基本权利的宪法保护问题。《为立法辩护》汇集了作者近二十年参加国家立法工作的经验，并附录了由作者本人亲自起草的若干法律、法规专家建议稿。《宪法学原理》是中国社会科学院研究生重点教材，该书以对宪法关系的论述为重心，全面和系统地阐述了有关宪法学的基本原理，具有较大的创新性。

另外，莫纪宏教授还积极地参加与宪法和行政法有关的理论问题和实践问题的研究，主编了十几本专著，担任了《宪政论丛》第1—5卷的执行主编，参加了由罗豪才教授主编的《行政法学》、许崇德教授主编的《宪法》等三十几本专著的写作，在《求是》、《外国法译评》、《法学研究》、《中国法学》、《中国社会科学》、《长白论丛》、《法学杂志》、《社会科学战线》以及《法制日报》、《中国青年报》、《人民日报》、《光明日报》、《解放军报》等数十个报纸杂志上发表各类论文和文章四百余篇。发表各类学术成果400万字左右。其中，《外国紧急状态法律制度》一书中"紧急抵抗"一章被日本著名中国法专家铃木敬夫先生翻译成日文，刊登在《札幌学院法学》1995年9月第12卷第1号上；《行政法》由日本熊本大学法学部助教授叶陵陵翻译成日文，发表在由王家福先生、加藤雅信先生编的《现代中国法入门》第三章上。

（五）莫纪宏教授曾经主持和目前正在主持承担的课题达30项，主要包括：1. 违宪主体研究，中国法学会课题；2. 宪法在司法审判中的适用性研究，中国社会科学院重点课题；3. 法律、法规立法权限的合宪性研究，天则研究所课题；4. 宪政与全球化，阿登纳基金会课题；5. 法律、法规的合宪性研究，福特基金会课题；6. 和谐社会中宪法与部门法的关系，司法部课题；7. 法规、司法解释的合法性审查，国家社科基金课题；8. 违宪审查的理论与实践，阿登纳基金会课题；9. 中华人民共和国人权保障法立法论证，阿登纳基金会课题；10. 县乡两级同步选举的理论与实践，中国社会科学院课题；11. 党的领导、人民当家作主与依法治国有机统一研究，全国社科规划办重大课题等等。

主要学术思想观点

莫纪宏教授在以下五个方面为我国宪法学理论研究的完善作出了自己独特的贡献,这些在学术界产生重大影响的学术观点主要有:

(一) 依法治国的实质就是依宪治国

在《依宪治国是依法治国的重要保障》等论文中,在法学界最早明确提出了"依法治国的实质就是依宪治国"的观点。认为,贯彻"依法治国"的精神不仅要求在一个法治社会中,所有的社会关系都必须接受法律规则的评价,做到"有法可依";更重要的是应当保障"依法治国"的前提是法律自身的问题必须用法治的手段加以解决。要解决法律自身存在的矛盾必须通过实施宪法加以实现。因此,强调依法治国,如果不突出宪法在依法治国中的核心地位,依法治国在实践中就有可能演变成人治的规范化或者是人治的新形式。

(二) 法律与道德的二元化是"人治"的产物

在《社会自治与现代宪政》等论著中,最早提出道德与法律的二元化是"人治"的产物的观点。认为,在"人治"情况下,由于统治者与被统治者分离,统治者按照自己的意志行事,制定法律约束被统治者。对于统治者而言,法律和道德是合一的;但对于被统治者来说,法律和道德就是分离的。因为法律体现的是统治者的意志,这种意志可能不符合被统治者的要求。被统治者的意志又不能成为法律,这样,就产生了被统治者对统治者的一种主观要求,这种要求来源于被统治者,约束的对象是统治者。因此,道德的理念是约束统治者的,不是约束被统治者的。故在"人治"形式下,社会中就存在两种统治理念:一种是统治者的"法治"理念,另一种就是被统治者的"德治"理念。

(三) 宪法权利在国内法上其法律效力上高于国际人权公约中的普遍人权

在《论国际人权公约中的基本人权与国内宪法中宪法权利的关系》等论著中,作者认为,对于一个国际人权公约的参加国而言,承担有关国际人权公约下的义务的前提是《维也纳条约法公约》的有关规定,也就是说,国际人权公约中的普遍人权不能直接对公约参加国产生法律上的拘束力,必须通过国际人权公约本身所具有的国际法性质对公约参加国产生国际法上的效力。由于公约参加国大多数以议会通过的有关法律予以批准,所以,国际人权公约在国内法上的法律效力只能相当于议会制定的法律。从法律效力上来看,经过议会批准的国际人权公约中的普遍人权在其重要性上只能确定为一般法律权利，这种权利在国内法中所受到的保护不得超过宪法权利所受到的保护。只有议会经过特定程序，通过修改宪法的方式才能将已经批准的国际人权公约中的普遍人权上升到宪法权利的水平予以保护。

（四）人权是权利制度辩证发展的产物

在《表达自由的法律界限》等论著中，最早提出"人权是权利制度辩证发展的产物"的观点。作者认为，人权与权利是两个具有独立价值的哲学范畴。权利旨在设定一种实现利益的资格，权利制度存在的目的就是为了最大限度地实现利益。人权强调人的尊严和人自身的价值，它是权利制度发展过程中产生的概念，目的是为了限制滥用权利制度将人自身也作为一种利益进行交换和分配，因此，人权制度是权利制度辩证否定的产物，是为了纠正权利制度在实现利益方面的弊病，使权利制度更好地为人类服务。

（五）宪法解释和宪法审判是实现现代宪政不可缺少的两项基本技术手段

在《宪政新论》等论著中，主张频繁的宪法修改活动不仅会影响到宪法的稳定性和权威形象，而且还容易破坏法治。因此，对于仅仅涉及对宪法本身条文的理解以及国家重要政策是否合宪等事项完全可以采用宪法解释的方式来解决宪法的适应性问题。在控制和纠正违宪现象的方面，作者认为，只有建立宪法审判制度，利用宪法的可诉性和宪法权益受害者主动寻求法律救济的特性，才能实现对宪法实施的情况进行有效的动态跟踪监督。在我国，要解决法律、法规之间的矛盾和重大的违宪问题，必须通过建立具有中国特色的社会主义宪法审判制度来保障"依法治国"具有最基本的合宪环境。

代表作简介

著作

《现代宪法的逻辑基础》，法律出版社2001年12月出版。

莫纪宏教授在该书中运用宪法逻辑学的分析方法，对目前我国宪法学界所探讨的一系列最前沿的基础性理论问题发表了自己独特的见解。具体来说，该书具有以下两个方面的重要特征：（1）在方法论上具有创新意义。作者提出，宪法属于价值现象，因此，分析宪法现象的基本方法必须体现价值的基本特性，即应当将宪法放在手段与目的的因果关系逻辑链中，通过探讨宪法的正当性（合法性）、合理性、确定性和有效性等基本价值属性来认识宪法现象的基本特征。作者将上述分析方法贯穿于全书的始终，旨在通过宪法逻辑学的方法论来发现那些长期隐藏着宪法现象背后因为没有恰当的方法论而未被发现的价值规律。在作者看来，宪法学是历史学与逻辑学的统一，宪法逻辑学是人类理性的最高体现，因为它的方法论是采用最有效的方法来解决最复杂的社会问题。宪法逻辑学的建立对于推进道义逻辑学的逻辑形式和逻辑规律的发展具有非常重要的意义。（2）对一些重要的宪法理论问题作了全新的法理解释，如结合《立法法草案》，作者着重分析了制宪权与立法权的本质界限，指出忽视制宪权在构建宪法制度中的基础性作用，就无法克服由于缺少制宪权而产生的各种价值矛盾。作者提出，制宪权、主权、全民公决权以及社会权利等都属于价值概念，它们的存在是为了解决宪法的正当性问题，是不应随意加以抛弃的重要的宪法范畴。此外，作者还提出了宪法学理论研究应当加以重视的新的宪法学范畴，如国际民主原则、国际法治原则、宪法责任、宪法程序等等，这些新的宪法学范畴的建立有利于从整体上推进宪法学理论研究向深度和广度发展，具有开拓性的作用。

论文

1.《审视应然性——一种宪法逻辑学的视野》，载《中国社会科学》2001 年第 6 期。

莫纪宏教授在该论文中第一次从认识论的角度就法学理论界长期争论的法的"应然性"问题提出了自己独特的见解。

该论文运用宪法逻辑学的方法，从本体论、认识论和价值论三个角度探讨了"应然性"的内涵，指出在价值论意义上的"应该"的逻辑形式表现为确定性和不确定性两个价值区域。传统法学理论中的"应该"受到了价值判断主体的主体性的过度影响，因此，在逻辑形态上表现为不确定的"应该"，以此为基础很难形成具有普遍主义价值的"应然性"命题。作为确定性的"应该"表现为以认识论为基础而产生的"不得不"。"不得不"作为一种能力判断是被传统的法哲学所遗忘的范畴，它可以避免"假设"理论给应然性所造成的过度不确定性，因此，应当将"不得不"作为考察具有最低限度确定性的"应该"的逻辑准则。作者在该文中指出了传统法学理论在分析"事实问题"与"价值问题"上的根本缺陷就是将"事实问题"与"价值问题"相混淆或者是没有发现两者之间的差异。为了解决"事实问题"与"价值问题"之间的逻辑过度，应当以认识论为基础，在"事实判断"与"价值判断"之间引入"能力判断"的分析方法，实现本体论、认识论和价值论三种分析方法上的统一。作者基于对应然性的逻辑分析，指出宪法的价值属性分为应然的宪法和宪法的应然性两个当面，两者属于不同的价值范畴，民主、人权等价值都属于应然的宪法，是宪法正当性的来源，而不应当将这些价值完全视为"合宪性"的产物，并由此区分了"前宪法现象"与"宪法现象"在构建宪法价值体系中的不同功能，强调现代宪法的价值核心是一种"法治法"。

2.《论宪法原则》，载《中国法学》2001年第4期。

在该论文中，莫纪宏教授对确定宪法原则的标准作了新的探索。作者认为，宪法原则的功能在于"反对特权现象"，宪法制度必须以"反对特权"为目的来设计相应的手段性措施。这是宪法制度构造的逻辑起点。由此可以产生"目的性的宪法原则"与"手段性的宪法原则"两类互为因果的宪法原则体系。作为"目的性的宪法原则"，它要求所有的宪法制度设计必须服务于"反对特殊的权力原则"、"反对特殊的权利原则"和"反对特殊的权势原则"。只要是不符合这三个"目的性的宪法原则"要求的宪法制度都不具有正当性。作为"手段性的宪法原则"，它要求在设计国家权力体系、公民权利体系以及国家权力与公民权利之间的关系体系时至少从逻辑上应该解决各种特权现象产生的制度可能性问题。可以分两个层次来设计"手段性的宪法原则"，即首要性宪法原则和辅助性宪法原则。首要性宪法原则是以突出宪法的权威为核心的，包括人民主权原则、宪法至上原则、剩余权力原则和剩余权利原则。辅助性宪法原则以突出立法机关制定的法律的权威为核心，包括法律优先原则、法律保留原则、依宪授权原则、依法行政原则和人权的司法最终性救济原则。

莫纪宏教授主要著作目录

个人独著

《宪政新论》，中国方正出版社1997年3月版。
《宪法审判制度概要》，中国人民公安大学出版社1998年11月版。
《表达自由的法律界限》，中国人民公安大学出版社1998年11月版。
《政府与公民宪法必读——中华人民共和国宪法修正案全景透析》，中国人民公安大学出版社1999年4月版。
《现代宪法的逻辑基础》，法律出版社2001年12月版。
《"非典"时期的非常法治》，法律出版社2003年6月版。
《国际人权公约与中国》，世界知识出版社2005年9月版。
《实践中的宪法学原理》，中国人民大学出版社2007年2月版。
《为立法辩护》，武汉大学出版社2007年4月版。

《宪法学原理》，中国社会科学出版社 2008 年 10 月版。

合著或合译

《紧急状态法学》（与徐高合著），中国人民公安大学出版社 1992 年 6 月版。

《行政法的新理念》（与张明杰合著），中国人民公安大学出版社 1997 年 7 月版。

《外国紧急状态法律制度》（与徐高合著），法律出版社 1994 年 11 月版。

《戒严法律制度概要》（与徐高合著），法律出版社 1996 年 6 月版。

担任主编或者副主编的著作

《行政执法问题及对策》（副主编），中国人民公安大学出版社 1996 年 10 月版。

《宪政论丛》第 1 卷（执行主编），法律出版社 1998 年 4 月版。

《宪政论丛》第 2 卷（执行主编），法律出版社 1999 年 12 月版。

《宪政论丛》第 3 卷（执行主编），法律出版社 2003 年 2 月版。

《宪政论丛》第 4 卷（执行主编），法律出版社 2004 年 6 月版。

《宪政论丛》第 5 卷（执行主编），法律出版社 2006 年 6 月版。

《宪法学》（主编），社会科学文献出版社 2004 年 10 月版。

《全球化与宪政》（主编），法律出版社 2005 年 9 月版。

《违宪审查的理论与实践》（主编），法律出版社 2006 年 8 月版。

《纳税人的权利》（主编），群众出版社 2006 年 8 月版。

《世界宪法研究》（第一辑）（主编），群众出版社 2007 年 6 月版。

《人权法与中国》（主编），法律出版社 2008 年 4 月版。

《案例宪法研究》（第一卷）（主编），群众出版社 2008 年 6 月版。

参与写作的主要著作

《宪法学基本理论》（张庆福主编），社会科学文献出版社 1994 年 3 月版。

《宪法比较研究》（李步云主编），法律出版社 1998 年 11 月版。

《人民当家作主的法律保障》（刘翰主编），法律出版社 1998 年 2 月版。

《现代中国法入门》（日文），王家福，加藤雅信编，叶陵陵翻译，劲草书房 1997 年 5 月版。

《行政法学》，罗豪才主编，北京大学出版社 1996 年 12 月版。

《宪法》，许崇德、胡锦光主编，中国人民大学出版社 1999 年 10 月版。

《外国宪法》，韩大元主编，中国人民大学出版社 1999 年 12 月版。

《新中国宪法简史》，韩大元主编，河北人民教育出版社 1999 年 12 月版。

《宪法教学案例》，焦宏昌、李树忠主编，中国政法大学出版社 1999 年 8 月版。

《美国宪法释义》，徐卫东、吴新平、莫纪宏等译，华夏出版社 1989 年 10 月版。

《市场经济与宪政建设》，王叔文主编，中国社会科学出版社 2001 年版。

《宪法学基本理论》，徐秀义、韩大元主编，中国人民公安大学出版社 2001 年版。

参与编写的辞典和立法释义

《中国人权百科全书》，王家福、刘海年主编，中国大百科全书出版社 1998 年 5 月版。

《灾害大百科》，山西人民出版社 1996 年 4 月版，担任"灾害总论"副主编。

《〈破坏性地震应急条例〉讲话》，地震出版社 1996 年 5 月版。

《中华人民共和国防震减灾法释义》，法律出版社 1998 年 6 月版。

主要学术论文和译作

《法律行为的几重透析》，载《中国社会科学院研究生院学报》1988 年第 3 期。

《法律评价的过程及其标准》，载《中国社会科学院研究生院学报》1989 年第 6 期。

《合法行为的含义及其意义》，载《中国社会科学院研究生院学报》1991 年第 6 期。

《选民选举意向结构甄析》，载《中国法学》1992 年第 3 期。

《紧急状态程序研究》，载《宪法比较研究文集》（第 1 卷），南京大学出版社 1993 年 6 月版。

《拉丁美洲宪政特点比较》，载《宪法比较研究文集》（第 1 卷），南京大学出版社 1993 年 6 月版。

《完善地方人大组织体制的几个问题》，载《民主宪政十年》，红旗出版社 1993 年 2 月版。

《坚持宪法原则、发展市场经济》，载《民主宪政十年》，红旗出版社1993年2月版。

《加大执法监督力度、提高执法监督水平》，载《求是》1996年第7期。

《〈日本国家赔偿法〉的几个问题》，载《外国法译评》1996年第1期。

《宪法学研究评述》，载《法学研究》1996年第1期。

《论自己决定权》（［日］松井茂记著，莫纪宏译），载《外国法译评》1996年第3期。

《走向二十一世纪的宪法学》，载《长白论丛》1996年第6期。

《依宪治国是依法治国的重要保证》，载《依法治国、建设社会主义法治国家》，中国法制出版社1996年8月版，王家福等主编。

《加强有关人民监督的立法工作》，载《群言》1997年第4期。

《司法权与违宪审查制论的50年》（［日］户波江二著，莫纪宏译），载《外国法译评》1997年第1期。

《作为"文明"法治的逻辑基础》，载刘海年等主编《依法治国与精神文明建设》，中国法制出版社1997年9月版。

《社会自治与现代宪政》，载《宪政论丛》第1卷，法律出版社1998年4月版。

《法国的"法治国家论"与宪法法院》，（［日］中村义孝著，莫纪宏译），载《外国法译评》1998年第1期。

《宪法与国家机构改革》，载《中国法学》1998年第6期。

《依宪治国是依法治国的核心》，载《法学杂志》1998年第3期。

《论国际人权公约与国内宪法的关系》，载《中国法学》1999年第3期。

《改革开放：宪法修改的核心精神》，载《中国法律》1999年第2期。

《非公有制经济的宪法基础》，载《中华儿女》1999年第3期。

《加强宪法保障制度》，载《宪法与国家机构改革》，电子科技出版社1999年10月版。

《建立宪法审判制度在司法改革中的作用》，载《依法治国与司法改革》，中国法制出版社1999年10月版。

《宪政、普遍主义与民主》，载《外国法译评》2000年第1期。

《以普遍主义为基础构造面向二十一世纪的宪法学》，载《法学杂志》2000年第2期。

《法律体系构建的非法治化倾向》,载《社会科学战线》2000年第8期。

《宪政是宪法逻辑运动的状态》,载《法律科学》2000年第5期。

《论国际法与国内法关系的新动向》,载《世界经济与政治》2000年第9期。

《论人权的司法最终救济性》,载《法学家》2001年第3期。

《论宪法原则》,载《中国法学》2001年第4期。

《审视应然性——一种宪法逻辑学的视野》,载《中国社会科学》2001年第6期。

《论公民的宪法意识》,载《求是》2002年第6期。

《诉权是现代法治社会第一制度性人权》,载《法学杂志》2002年第4期。

《两个国际人权公约下的义务与中国》,载《世界经济与政治》2002年第8期。

《先法与宗教》,载《宪政论丛》第3卷。

《基层民主建设中的几个问题》,载《民主与法制》2002年第8期。

《论宪法争议的性质及范围》,载《中国法学》2002年特刊。

《"非典"防治凸现法律适用的困境》,载《法律适用》2003年第7期。

《依法防治"非典"应当注意三个方面的问题》,载《法学杂志》2003年第4期。

《受教育权宪法保护的内涵》,载《法学家》2003年第3期。

《中国紧急状态立法的状况及特征》,载《法学论坛》2003年第4期。

《Legal Protection for Rights to Cultural Heritage》,载《中国社会科学》(英文版)2003年春季刊。

《论宪法关系》,载《法学研究》2003年第1期。

《宪法程序的类型以及功能》,载《政法论坛》2003年第2期。

《正确认识宪法的社会作用》,载《群言》2003年第5期。

《日本违宪审查制度的基本特征》,载《新疆人大》2003年第5期。

《"后非典时期"政府防治工作的主要任务》,载《法制建设》2003年第3期。

《宪法是一般形式的法逻辑运动的产物》,载《宪法论坛》(第1卷),中国民航出版社2003年11月版。

《论检察权的宪法地位》,载《中国检察》(第3卷),中国检察出版社

2003年7月第1版。

《法律、法规能轻易地被视为违宪吗?》,载《法学前言》第5辑,法律出版社2003年10月版。

《论毛泽东宪政思想的特征》,载《社科党建》2004年第1期。

《紧急状态入宪的意义》,载《法学家》2004年第4期。

《建立中国违宪审查制度的几个理论问题》,载《法治与21世纪》,社会科学文献出版社2004年8月第1版。

《立法权限划分的合宪性研究》,载《首次经济特区授权立法联席会议文集》,海南出版社2004年6月第1版。

《论私有财产限制的方式和标准》,载《宪政论丛》(第4卷),法律出版社2004年6月第1版。

《宪政:老概念、新世界》,载《宪政论丛》(第4卷),法律出版社2004年6月第1版。

《与时俱进话修宪》,载《前线》2004年第3期。

《规范政府行为,保障公民权利》,载《前线》2004年第4期。

《新中国第一部宪法在人权保障中的特点及作用》,载《东吴法学》2004年卷总第9卷。

《人权概念的制度分析》,载《法学杂志》2005年第1期。

《1978年宪法在人权保障中的主要特征及其作用》,载《河南省政法管理干部学院学报》2005年第2期。

《违宪主体论》,载《法学杂志》2006年第1期。

《保安服务法律制度研究》(上),载《法学杂志》2006年第6期。

《推动宪法实施,健全人大监督机制》,载《北京人大》2006年第10期。

《保安服务法律制度研究》(下),载《法学杂志》2007年第1期。

《国内外宪法学界关于"宪政"理论的研究动态》,载《中国社会科学内刊》2007年第2期。

《宪法在司法审判中的适用性研究》,载《北方法学》2007年第3期。

《论"违宪审查的基准"及其学术价值》,载《南阳师范学院学报》2007年11期。

《论宪法与其他法律形式的关系》,载《上海政法学院学报》2007年第6期。

《批准公民权利和政治权利国际公约的两种思考进路——关于法治与人

权价值次序的选择标准》,载《首都师范大学学报(社会科学版)》2007年第6期。

《宪法学与公法学的关系》,载《江汉大学学报》2008年第1期。

《科学制定预案、依法防灾减灾》,载《中华英才》2008年第6期。

张明杰研究员个人简介

张明杰，女，法学博士，曾任中国社会科学院法学研究所宪法行政法研究室研究员。1985年获北京大学法学学士学位。1988年获法学硕士学位后，在中国社会科学院法学研究所工作。期间曾赴美国明尼苏达大学、英国诺丁汉大学等院校进修。

主要社会兼职包括中国行政法学会理事、中国信息法学会常务理事、中国行政管理学会理事、中国青少年法律研究会常务理事、中国企业联合会、中国企业家协会维护企业和企业家合法权益工作委员会顾问、中国法律咨询中心咨询专家等。

主要著作

《改革司法——中国司法改革的回顾与前瞻》（主编），社会科学出版社2005年8月第1版。

《开放的政府——政府信息公开法律制度研究》，中国政法大学出版社2003年第1版。

《行政法的新理念——市场经济条件下行政立法的新动向》（与莫纪宏合著），中国人民公安大学出版社1997年第1版。

《行政执法中的问题与对策》（合著），中国人民公安大学出版社1996年第1版。

《依法行政论》（合著），社会科学文献出版社1993年第1版。

《能动的行政——行政自由裁量权及其控制理论》，载《外国法译评》1997年第3期。

《依法行政：海南行政执法改革的实践》，载汝信主编《小政府大社会的理论与实践》，社会科学文献出版社1998年第1版。

《论权利与利益及中国之权利之旨趣》（译文），载《公法》第 1 卷，1999 年。

《关于行政法理论基础的对话》（与江必新合著），载《公法》第 2 卷，2000 年。

《关于行政自由裁量问题的对话》（与江必新合著），载《行政法论丛》第 3 卷，2000 年。

《政府管理互联网应当遵循的原则》，载《环球法律评论》2001 年春季号。

《英国政府信息公开法律制度研究》，载周汉华主编《外国政府信息公开制度比较》，中国法制出版社 2003 年第 1 版。

张焕光研究员个人简介

张焕光，男，汉族，法学研究所宪法行政法研究室研究员。1931年12月29日出生于广东省兴宁市的一个贫苦农家，1955年毕业于东北人民大学（现吉林大学）法律系本科。1957年于中国人民大学法律系行政法专业研究生毕业，是新中国最早培养的行政法研究生。1958年至1979年先后在北京市的农村、工厂劳动锻炼和市局党校任教。1979年至今在中国社会科学院法学研究所宪法行政法研究室从事行政法学研究工作。1983年4月加入中国共产党，并先后担任支部组织委员和支部书记。1987年被评为副研究员。1991年底退休。退休后被评为特约研究员，一直返聘至1999年底。是本单位博士后流动站导师组导师。

社会兼职方面：曾兼任中国法学会行政法学研究会数届副会长；全国人大常委会法工委行政立法研究组成员；北京大学和广西大学兼职教授；中国行政管理学会理事；北京市诉讼法学会理事等。1979年至1980年期间，曾参加了选举法的修改工作和全国县级直接选举办公室的工作；参与修改和制定1982年宪法的资料收集和部分条文的草拟工作；1984年至1985年，中央组织部成立国家工作人员法（后来的《国家公务员暂行条例》和现在的《公务员法》）立法组，由15人组成，当时的中组部副部长曹志任组长，吸收五名学者参加，张焕光研究员为其中之一。1986年至1988年，参加全国人大常委会法工委主持的立法法研究和行政诉讼法的起草工作等等。此外，还先后在北京、济南、郑州、太原、南昌等地举行的全国性的人事、组织、监察及大学师资等研讨班（会）上授课，受到各方面的好评。值得一提的是1989年7月27日应邀到中共中央党校讲课时，突然晕倒，经诊断是患急性脑出血。后经中国人民解放军309医院抢救医治，才脱离危险。一年后完全康复，其后继续在法学理论研究战线上为党和人民勤奋工作。

著述方面，先后出版专著和大型辞书等 23 部，发表论文 58 篇。其中《行政法学原理》（劳动人事出版社 1989 年 7 月版）被出版部门推荐，经中共中央宣传部批准，列为国庆 40 周年的重点图书。《行政法学原理》曾参加 1989 年在欧洲举行的世界性博览会——法兰克福博览会展出，并荣获浙江省 1991 年法学科研成果一等奖。由罗豪才主编、张焕光等人合写的大学本科教科书《行政法学》（中国政法大学出版社 1989 年 7 月版）荣获 1992 年司法部优秀统编教材一等奖。由曹志主编、张焕光等人合写的《中华人民共和国人事制度概要》（北京大学出版社 1985 年 9 月版）荣获 1993 年中国行政管理学会优秀成果一等奖。在报刊上发表的论文，如：《论宪法修改草案对完善国家行政管理制度的重要意义》（载《光明日报》1982 年 5 月 19 日）、《略论我国的行政区划》（载《百科知识杂志》1982 年第 3 期）、《要抓紧制定国家工作人员法》（载《人民日报》1985 年 5 月 28 日）、《精简机构与合理分工》（载《人民日报》1985 年 9 月 6 日）、《改革与人事立法》（载《中国人事管理杂志》1986 年第 2 期）、《谈谈我国行政诉讼的特征》（载《人民日报》1988 年 12 月 4 日）、《国家赔偿法——完整、系统、科学的国家赔偿制度》（《光明日报》1994 年 6 月 8 日发表并刊登个人照片和简历）、《论勤政的含义、本质及意义》（载《行政法学研究杂志》1994 年第 4 期）、《〈行政复议法〉浮出水面，公民当如何面对》（载《北京青年报》1999 年 5 月 10 日）、《在市场经济体制下公民、组织必须有"了解权"》（载《法制日报》1993 年 4 月 11 日），等等。

陈云生研究员个人简介

陈云生，男，北京市平谷县人，1942年生，中共党员，汉族。

1966年北京政法学院（现中国政法大学）法律系毕业，毕业后在广西从事过司法、教育、行政工作；1978年考入中国社会科学院研究生院法学系深造，师从著名法学家张友渔教授攻读宪法学专业，1981年和1987年先后获得法学硕士和法学博士学位（是中国本土培养的第一个法学博士，也是张友渔教授的唯一博士生）。1981年至今在中国社会科学院法学研究所从事宪法学、行政法学、法哲学等学科的研究工作。先后出版著作多部，发表论文、文章多篇。

代表作有《民主宪政新潮——宪法监督的理论和实践》，人民出版社1988年版；《成文宪法的比较研究》（译著），华夏出版社1987年版；《权利相对论——权利和义务价值模式的建构》，人民出版社1994年版；《反酷刑——当代中国的法制与人权保护》，中国社会科学出版社2000年版；《超越时空——加拿大多元文化主义》，河北人民出版社2000年版；《中国民族区域自制制度》，经济管理出版社2001年版；《宪法人类学》，三卷本约100万字，已完稿，正联系出版；《宪法监督司法化》，北京大学出版社（即出）；《宪法学基本理论》，中国社会科学文献出版社1994年第1版，1999年第2版。

1991年1月—1993年1月先后在美国露易斯·克拉克西北法学院、加州大学伯克利法学院、哈佛大学法学院和荷兰的鹿特丹依拉斯模大学法学院从事进修和讲学等学术交流活动；1998年9月—1999年3月在丹麦首都哥本哈根人权研究中心从事专题研究，期间多次在丹麦、瑞典从事讲学和出席学术会议等活动。1990年被选派出席在北京举行的世界法律大会；1995年被选派出席在北京举行的第七届世界反贪大会，是分组专题报告人；1995年被选派出席在北京举行的第十四届亚太法律协会代表大会，是中国唯一的大会专题报告人。现为中国法学会会员，宪法研究会理事，曾任中国社会科学院法学研究所宪法行政法研究室副主任，现为该所研究员，中国社会科学院研究生院法学系教授，博士生导师，博士后流动站导师组成员；国务院特殊津贴享受者；被收入多部当代文化名人或知名学者辞典。

吴新平研究员个人简介

吴新平，1951年10月14日出生，祖籍陕西汉中；1981年毕业于中国社科院研究生院法学系，取得硕士学位；1981年至今一直在中国社会科学院法学研究所工作；现任中国社会科学院法学研究所研究员、中国社会科学院研究生院教授、博士生导师；曾任法学研究所《外国法译评》杂志主编、美国法研究中心主任、公法研究中心主任；与王叔文、吴建璠、谢怀栻、郑成思等合著有《香港特别行政区基本法导论》，已经再版了两次，并由全国人大常委会法工委翻译室翻译出版了英文版，《澳门特别行政区基本法导论》再版了一次；与王叔文等合著有《我国的人民代表大会制度》和《市场经济与宪政建设》；独著有《中国宪法和行政法》，译著有《美国宪法释义》，主编有《美国法典》（中文版）和《美国法学著作竞选丛书》。目前的研究方向是中国宪法和港澳台宪制。

李忠研究员个人简介

1968年8月生于四川省崇庆县，1991年就读于华东政法学院，1994年就读于中国社会科学院研究生院，先后获得法学硕士、法学博士学位。现为中国社会科学院法学研究所副研究员，宪法行政法研究室副主任。曾经在英国伦敦国王学院、美国耶鲁大学、哥伦比亚大学做访问学者。专业研究方向为宪法学、媒体法。

代表著作

专著：《宪法监督论》，社会科学文献出版社1999年版。

主持：《中国当代宪政与人权热点》，昆仑出版社2001年版。

论文：《司法机关与宪法适用》，载《公法》第3卷，法律出版社2002年版。

论文：《因特网与言论自由的保护》，载《法学》2002年第2期。

论文：《论少数人权利》，载《公法》第2期，法律出版社2000年版。

论文：《国家机关行为的形式合宪性问题》，载《法商研究》1999年第3期。

论文：《从系统论观点看我国的宪法修改》，载《法学研究》1999年第3期。

论文：《论复合宪法监督模式》，载《宪政论丛》第2期，法律出版社1999年版。

论文：《中国宪法一百年：回顾与展望》（合作），载《宪政论丛》第1期，法律出版社1998年版。

论文：《关于建立宪法监督制度的几个理论问题》，载《河北法学》1998年第2期。

王德祥副研究员个人简介

  曾任宪法研究室副主任，研究方向为宪法学。1979年9月，中国社会科学院召开庆祝中华人民共和国成立30周年学术讨论会，王德祥和李步云、陈春龙共同撰写的1.8万字的《论依法治国》参加会议。9月30日上午，李步云在会议上发言，从理论与实践的结合上就以法治国做了全面、系统论述。这篇文章被认为是自党的十一届三中全会以来，学术界第一次明确提出我国应实行依法治国的方针。

周延瑞副研究员个人简介

1977年到法学研究所宪法行政法研究室工作,代表论文有《人民代表大会制度的新发展》等。曾参加《全国人民代表大会议事规则》等法律文件的起草工作。

吕艳滨副研究员个人简介

吕艳滨，男，1976年出生，山东省临清市人。

1998年毕业于山东大学外国语学院日语专业，2001年毕业于中国政法大学研究生院（硕士研究生），同年，到中国社会科学院法学研究所宪法与行政法研究室工作。2002年，到日本早稻田大学比较法研究所进修，研究行政复议制度。2003年至2006年，在中国社会科学院研究生院攻读博士学位。现为中国社会科学院法学研究所副研究员、宪法与行政法研究室副主任、亚洲法研究中心秘书长。

主要研究领域：行政法、信息法（政府信息公开、个人信息保护等）。

参与的主要学术活动

2007年，参与中国—欧盟信息社会项目"中欧政府信息公开"研究活动，担任中方专家。

2006年2—8月，在国务院信息化办公室参与《政府信息公开条例》立法工作。

2006年6月，担任中国—欧盟知识产权合作项目最终评估中方专家。

2004年4月—2005年3月 主持日本住友财团资助的"个人信息保护法律制度比较研究"项目等。

主要研究成果

《亚洲信息化研究》（专著、副主编），中国人民公安大学出版社2007年4月版。

《行政法学的结构性变革》（译著），中国人民大学出版社2008年2月版。

《西方主要国家议会监督手段之比较》，载《环球法律评论》2003年夏季号。

《韩国的行政审判法》，载《行政法学研究》2002年第4期。

《知情权》（合著），载《江苏行政学院学报》2001年第4期。

《政府信息公开法研究》（合著），载《政法论坛》2003年第2期。

《日本、韩国的行政复议制度——行政复议司法化的若干实例》，载《环球法律评论》2004年春季号。

《论完善个人信息保护法制的几个问题》，载《当代法学》2006年第一期。

《外国人的权利保障》，载莫纪宏主编《宪政与全球化》，法律出版社2005年9月版。

李洪雷副研究员个人简介

李洪雷，男，江苏盱眙人，1976年生。2003年7月开始供职于中国社会科学院法学研究所，现为副研究员，中国社会科学院研究生院副教授、硕士生导师。伦敦经济政治学院访问学者（2007），中国社会科学院应用经济学博士后研究人员（2004—2007），北京大学法学博士（2003），中国政法大学法学硕士（2000）、法学学士（1997）。

兼任北京大学法学院软法研究中心研究员、中国人民大学宪政与行政法治研究中心中国行政法研究所研究员、上海金融与法律研究院研究员、北京市政治文明建设研究中心特邀研究员兼学术委员、人民代表大会制度研究所（北京）特邀研究员，《法学译丛·公法》丛书（中国人民大学出版社）执行主编，《法治蓝皮书：中国法制发展报告》编委会成员，中国法学会宪法学研究会理事。

曾借调于全国人大常委会法制工作委员会国家法室工作（2004年6月—2005年5月），参加中共中央办公厅组织的重大课题调研工作（2006年10—12月），在最高人民法院行政庭协助办理行政申诉案件（1999年4—8），担任澳门科技大学助理教授（2002年9—11月），《北大法律评论》编辑（2001—2003），《行政法论丛》执行编辑（2003）。主持有国家社科基金"公法人与中国公共组织变革"、司法部法治建设与法学理论"公务主体的法律型态"、中国法学会课题"行政决策咨询体制研究"和荷兰外交部机构资助课题"律师职业行为规范研究"等，参与十多项省部级或国际合作课题的研究。参与《公务员法》、《监督法》和《反分裂国家法》、《地方组织法》等多部法律的立（修）法调研与咨询工作。

曾获中国社会科学院优秀决策信息二等奖、中国社会科学院法学研究所十佳教师、北京大学笹川良一优秀青年研究基金、中国政法大学校庆论文评比一等奖、中国政法大学优秀实习生等。

在《法学研究》、《环球法律评论》、《法哲学与法社会学论丛》、《学海》、《行政法学研究》、《行政法学论丛》、《法大评论》、《公法研究》、《立法研究》、《领导参阅》、《法制日报》、《人民法院报》等发表论著多篇，内容涉及信赖保护原则、法律解释、行政主体、行政裁量、行政立法、行政复议和行政诉讼等。主编《行政法与行政诉讼法教学案例》、副主编《行政复议司法化：理论、实践与改革》和《〈最高人民法院关于行政诉讼证据若干问题的规定〉释评》、参编《当代中国行政法》、《宪法学》、《行政法学》、《行政执法研究》、《行政程序立法研究》、《从古典思想到现代政制——关于法律、政治与哲学的讲演》等。参译《规制及其改革》（布雷耶著）等。

近期主要关注领域：比较行政法、行政改革与行政组织法、公民共和主义等。

刘海波副研究员个人简介

刘海波，男，山东烟台人，1969年12月生。2001年毕业于北京大学，获法学博士学位，专业为政治学理论。2001年至2005年在中国人民大学国际关系学院任教。2005年至2007年8月在中国社会科学院法学研究所从事博士后工作，并获聘法学所副研究员岗位，2007年8月博士后出站后在中国社会科学院法学研究所宪法行政法室工作，任副研究员。出版专著《政体初论》，在《法学研究》等杂志发表数十篇论文。研究领域包括宪法学、法理学、政治学、行政管理学等。

主要科研成果清单（截至2007年8月）

著作

专著：《政体初论》，北京大学出版社2005年版。

主编：黄东黎和刘海波共同主编《法的界限——丽江"纳西古乐"引发名誉侵权的法律思考》，人民出版社2006年6月版。

论文（全部为唯一作者）

《利益结构视角下的中央与地方关系》，载《北京行政学院学报》2006年第1期。

《美国有关判例对我国户籍制度改革的启示》，载《判例与研究》2006年第2期。

《批评性言论的法律界限——宣科诉吴学源、〈艺术评论〉名誉侵权案评论》，载《法的界限——丽江"纳西古乐"引发名誉侵权的法律思考》，人民出版社2006年6月版。

《法律技术与户籍制度困局》，载《浙江学刊》2006年第5期。《高等学校文科学报文摘》2006年第6期摘要转载,《中国人民大学复印报刊资料 宪法学、行政法学》2006年第12期全文转载。

《联邦主义与司法——兼对美国联邦主义的一种解读》,载《华东法律评论》第3卷,法律出版社2005年12月版。

《中国党和人大制度的一种宪法阐释》,载中央党校《法政论丛》第1期。

《联邦主义与邦联主义的混合——欧盟政制结构的特点与问题》(12000字),载《中国人民大学学报》2004年第6期。

《中央与地方政府间关系的司法调节》,载《法学研究》2004年第5期。

《欧洲宪法的起源、特点、问题及对中国的启示》,载《欧洲宪法研究》,北京大学出版社2005年版。

《中央与地方政府间关系的司法调节》,论文摘要,载《中国社会科学文摘》2005年第2期。

《政体科学与大国》,载《大国》第1辑,北京人学出版社2004年版。

《哈耶克与普通法:我们如何选择?》,载《博览群书》2004年第4期。

《美国地方政府中的特区》,载《国家行政学院学报》2004年第1期。

《"规则与秩序"的研究方法——兼谈基本政治制度选择问题》,载人大复印报刊资料《政治学》2003年第4期。

《考研也存在寻租》,载《探索与争鸣》2003年第2期。

《"规则与秩序"和中国政治改革的关键》,载山东大学法学院《宪政文本》2003年6月。

《政治科学与宪政政体》,载《宪政主义与现代国家》,三联书店2003年版。

《政体科学与当代中国政体分析》,载《中共宁波市委党校学报》2005年第1期。

《中国国有企业法人的概念》,中国社会科学院法学研究所中国法学网站。

《古典政治科学(政体科学)研究的特征》,2005年6月广州"中国社会变化与政治学研究"国际学术研讨会。

《省级政府中央化,地方自治化——我国中央与地方政制结构的问题与改进》,载《改革内参》2007年第6期。

《实事求是与例证推理》,载《学习时报》第375期。

研究报告

《中国国有企业改革与发展与之昆钢案例》，6万字，提交企业并在专门为此召开的研讨会上宣读。博士后报告《中央与地方关系的法治化研究》，17万字。应中央有关部门要求，撰写提交内部研究报告7万多字。

评论文章

在《南方周末》、《中国经营报》、《21世纪经济报道》、《东方瞭望周刊》、《经济学消息报》、《法制早报》、《新青年权衡》等发表数十篇政治、经济、法律、文化评论文章，多篇引起反响，被各网站广泛转载。

A Look at China and the Challenges it Faces（1500英文词），2003年2月应美国ATLAS基金会邀请撰写，在www.atlasusa.org发表。

李霞助理研究员个人简介

李霞，女，1979年11月出生，湖南郴州人。

1997年9月—2001年7月，北京大学法学院学士。

2001年9月—2004年6月，北京大学法学院宪法行政法学专业硕士。

2007年5月—8月，赴台湾"中央研究院法律所筹备处"访问，研究主题为"台湾政府资讯公开法"。

2007年8月—2008年4月，美国哥伦比亚大学法学院访问学者，研究主题为"行政公益诉讼制度的发展"。

现为中国社科院法学研究所宪法与行政法研究室助理研究员，北京东方公益与法律援助律师事务所律师，中国社科院研究生院宪法学专业博士研究生。

曾参加课题

"统一行政程序法立法研究"（全国人大法工委委托）

"信息化法律体系建设"（国家信息化专家咨询委员会委托）

"政务公开相关法律问题研究"（中国社科院廉政研究课题）

"电子政务法的起草"（国务院信息化办公室委托）

"上海市信息服务业中的个人信息保护"（上海市信息委委托）

"国家高新技术产业开发区立法研究"（科技部火炬中心委托）

"突发性群体事件的防治对策研究"（中国法学会委托）

"通过法定途径解决纠纷问题研究"（中央交办课题）

已发表之学术成果

《推进政务公开,深化行政管理体制改革》,载《中国监察》2007 年第 1 期。

《霍姆斯法哲学思想的历史地位及影响》,载《国外社会科学》2007 年第 1 期。

《2004 年人民代表大会制度发展状况》,载《中国法治发展报告(2005 年)》,社会科学文献出版社 2006 年版。

《2005 年人民代表大会制度发展状况》,载《中国法治发展报告(2006 年)》,社会科学文献出版社 2006 年版。

《2006 年人民代表大会制度发展状况》,载《中国法治发展报告(2007 年)》,社会科学文献出版社 2007 年版。

《印度联邦制:特征与进路》,载《亚洲法论坛》(第 1 卷),中国人民公安大学出版社 2006 年版。

《2006 年司法考试考前冲刺系列》(合著),法律出版社 2006 年版。

《当前我国若干群体性事件的调研及对策》,载《2004 国情调研》,山东人民出版社 2005 年版。

《〈公证法〉的亮点》,载《中国社会科学院院报》2005 年 10 月版。

《医院的法律风险:医疗事故法律责任处理》(合著),法律出版社 2004 年版。

《行政法案例》(合著),北京大学出版社 2003 年版。

翟国强助理研究员个人简介

翟国强，河南焦作人，法学博士，助理研究员。研究方向为宪法学，近来研究兴趣为基本权利理论、宪法审查理论。2001年7月毕业于中南财经政法大学法学院法学专业；2004年7月获中南财经政法大学宪法学与行政法学专业硕士学位；2007年6月获浙江大学法学院宪法学与行政法学专业博士学位；2007年7月到法学所工作，现任宪法行政法研究室助理研究员。

代表作品

1. 《论基本权利的竞合》（合著），载《法学家》2006年第5期。
2. 《有关社会科学方法论的反思——来自法学立场的发言》（合著），载《浙江社会科学》2006年第5期。
3. 《宪法学思考中的事实与价值——有关宪法学的一个哲学话题》（合著），载《四川大学学报》2007年第3期。
4. 《司法者的宪法？人民的宪法？》，载《中外法学》2007年第3期。

刘小妹博士后个人简介

刘小妹，女，1977年生，宪法行政法研究室博士后。1995—1999年，中南财经政法大学法学学士；1999—2001年，广州市中山大学附属中学，二级教师；2001—2007年，中国政法大学法学硕士、博士学位。参与多项课题研究，发表《中国现行信访制度存在的必然性与适当性——传统文化与法治建设的对弈和转换》、《公民参与行政立法的理论思考》、《户口制度与利益分配体系》、《物权法不能承受之重——浅析物权法在宪政法律体系中的"越位"》等论文。代表作为《中国近代宪政理论的特质研究》。

宪法与行政法研究室历届获得硕士学位人员名单

1981 届
　　陈云生　贵立义

1982 届
　　吴新平

1986 届
　　张建华　李义

1987 届
　　鲁卫平　郭林茂

1988 届
　　孙建立　田培炎　宋雅芳

1989 届
　　周汉华　莫纪宏　张宏辉

2003 届
　　刘静伦　胡延广

2004 届
　　陈山知　金丽娜　窦哗　万建武

2005 届
　　聂秀时　奥托·马耿

宪法与行政法研究室历届获得博士学位人员名单

1987 届
　陈云生　骆伟建

1990 届
　刘笑君

1992 届
　田培炎

1993 届
　陈端洪

1994 届
　莫纪宏

1996 届
　杨临萍　高克强

1998 届
　李忠

1999 届
　崔智友　张弢　甄树青

2002 届
　聂露　林广华　王雅琴

2003 届

范亚峰　王峰　冯仑　吕芳　孟唯　张明杰

2004 届

肖君拥　李英才　王修达　黄宗问（韩）

2005 届

崔英楠　蒋劲松　王柱国　李岩　何鸣

2006 届

崔皓旭　万利平　马英娟　吕艳滨　杨俊锋　郭曰君　俞家栋　王振宇　任毅　刘向晖　李相洙　张小琦

第二部分

宪法与行政法研究室往事追忆

张友渔倡导学术宽容

李步云

张友渔教授离开我们已有 15 年了。张友渔教授在学术上留给我们后人的，不仅是 500 多万字著作中所包含的非常丰富的思想与智慧，而且还有他十分鲜明的治学经验和为人风范。他的治学经验和为人风范是高度统一的，它们可以用以下八个字予以概括：求实、创新、严谨、宽容。这里谈谈他的创新与宽容。

他发表言论、写东西，不抄袭，不盲从，也不迎合时尚。

创新是张友渔教授治学理念中很重要的一条。他说："我发表言论、写东西，都是讲自己的话，不抄袭，不盲从，反对教条主义，也不迎合时尚。绝不大家都这么说，或者哪个有权威的人说了，我就跟着说。经过我自己考虑了，研究了，认为是对的，我才说。""我主编《政法研究》时曾说过：整段整段地照抄马列主义经典著作不给稿费。因此，在'文化大革命'中被戴上反对马列主义的帽子。"认真多读一点张友渔教授著作的人都能发现，他的文章很少引经据典或引用别人的东西，讲的都是自己的话，并且具有文字平实、逻辑清晰而又充分说理的鲜明风格。自 20 世纪 30 年代到他辞世，张友渔教授始终站在时代的前列，参与马克思主义法律观、政治观、新闻观在中国的传播，各个历史时期常有自己独到的建树。"是法大？还是党委大？"他明确回答："法大。"

张友渔教授说："党对国家机关的领导，应当是政治上的领导，而不是组织领导。""党与人大的关系，就是党在政治上领导人大，而不是组织上成为人大的上级机关。""党对司法机关的领导主要是指方针、路线、政策的领导，是指监督司法机关依法办案和配备好干部，不是指包办代替政法机关的具体业务。"

由于他在政治上所处的地位，能发表这些见解需要有很大的理论勇气，而他的创造性思维对推进法学观念的进步和法律制度的改革，作用更大。

他在任何困难条件下，都能坚持学术宽容理念。

学术宽容也是张友渔教授从事研究工作和领导学术活动的一大特色。他一贯倡导学术自由，切实贯彻"双百"方针，坚持真理面前人人平等。他待人谦和，从不以学术权威自居。他对待在自己领导下的研究人员，对待整个学术界的人，从来没有出现过乱扣帽子、抓辫子、打棍子的事情。他的儒雅风范和民主精神，在法学界有口皆碑。这方面我举两个例子。他在原学部担任副主任时，曾负责《新建设》的领导与管理。经他同意，曾发表过原北京政法学院一位教授写的文章，题目是《论无罪推定》。他这样做是要有很大勇气和魄力的。因为当时一位负责政法工作的中央领导同志曾明确表示过不同意"无罪推定"这一概念和原则，他说，我们反对封建社会的"有罪推定"，也反对资产阶级的"无罪推定"；而且这位中央领导还是张友渔教授的亲密战友和顶头上司。后来他曾对我说："其实我个人也不完全同意那位教授的观点，但我们必须贯彻双百方针，才能繁荣学术研究。"每当我回忆起这件事情的时候，总把张老同西方一位哲人联系在一起。那位哲人说过：我不赞成你的观点，但坚决捍卫你发表观点的权利。另一个例子同我有关。我在1979年10月31日《人民日报》发表《论我国罪犯的法律地位》一文，当时在国内曾引起一场不小的风波。全国各地很多监狱的服刑人员纷纷拿着那张报纸要求监狱当局保护自己这样或那样的权利。人民日报社、全国人大法工委、公安部劳改局和我本人，都收到过大量信件，有支持的，也有反对的。最高司法机关的一份正式文件曾列举并批判搞"资产阶级自由化"的两篇代表作，其中之一就是我的那篇文章。1981年"清理精神污染"时，法学所上报了两篇文章，其中一篇就是我的。社科院社会政法学科片在讨论时，主持会议的张友渔教授说："李步云这篇文章的观点没有错，如果有什么不足，顶多是说早了点，现在我们这些干部的权利还得不到充分保障呢！"这事后来也就不了了之。我想他这样做，倒不是因为他同我是师生关系，而是他在任何困难条件下，都能坚持学术宽容理念。后来实践也证明，那篇文章的内容是正确的，两个基本观点都被立法机关采纳。

张友渔教授的学术宽容理念，同他的政治宽容理念和博大胸怀是分不开的。"文化大革命"期间，他遭受过错误批判甚至隔离审查的冤屈。每次接受"中央专案组"几个钟头的提问后，他回到住处吃完饭，倒在床上马上便能入睡。他对十年"文化大革命"痛心疾首，但对个人所受委屈，从无怨言，也很少提及。不少杂志曾请他谈长寿秘诀，他总是回答："我是没有养生之道的养生之道，即一切顺其自然。"有一次我对他说，你也有自己的养生之道。他问"是什么"，我说："你的心胸十分宽阔。"他想了想说，你讲得对。

（原文发表于《刊授党校》2008年第1期）

十年京兆一书生

——张友渔与法学所

张 群[*]

走进位于北京故宫东北角沙滩北街 15 号的中国社科院法学所，首先映入眼帘的是一位老者的铜像。铜像栩栩如生，甚至连老人家的一颗虎牙也惟妙惟肖。让人颇感亲切。这位老人就是我国著名法学家、法学研究所的第一任所长张友渔先生（1899—1992）。

在中国社会科学院（其前身为中国科学院哲学社会科学部）的早期历史上，张友渔是一位很独特的所长。其他研究所如历史所陈垣、范文澜，经济所陈翰笙等，都是术业有专攻的饱学之士，有不少先生还是国民党时期中央研究院的院士，但张友渔没有这些头衔。虽然在中国共产党内，张友渔是极少数接受了正规法学教育的人才之一（张友渔 1923 年考入国立北京政法大学学习），并且是中国共产党在法律问题上（如国民大会、五五宪章、宪政等法律问题）与国民党进行斗争的主要干将，但他在学术界的声誉更多的是由于他著名报人的身份。就法学而言——无论是对反动的国民党旧法，还是落后的资产阶级法——张友渔大概很难说得上造诣精深，见识卓越。这当然是和当时共产党内法律人才极端贫乏的状况密切相关的。作为后人，我们理应予以历史同情和理解。

张友渔第二个特殊的地方是在党内的政治地位很高。在担任法学所所长之前，张曾担任长达十年的北京市常务副市长（1949—1959）。这是当时中国政界最为重要的职位之一。在张友渔担任北京市副市长的期间，恰好也是北京市建设最为重要、影响最大而现在颇受非议的一个时期。特别是当时拆除旧城墙、旧牌楼等的城市改造（2004 年初三联书店出版了一本《城记》专门讨论此事），这些实际上都是张友渔主持的。

中共中央挑选这样一位重量级的党政领导人物担任法学研究所的所长，和当时对于法律阶级性的定性有着莫大的关系。既然法律是阶级统治的工具，当然要选择一位政治上非常可靠而且地位不低、又有一定专业素养的党

---

[*] 法学博士，法学研究所图书馆副馆长。

员来担当这一工作。

但是今天回过头来看，应该说，此举更多显示的还是当时的中国共产党对于法学的重视。检阅当时的相关文献，我认为这一任命确实有着深刻的政治内涵。

熟悉法制史的读者大概都知道，无论是1948年"左"派王明起草发布的废除六法全书的通知，还是1954年董必武主持的司法改革，对于国民党的司法人员都是没有多少好感——至少是不信任和有待改造的。前者毋庸多言，后者则有《董必武文选》可以佐证。还有一个重要证据是：在1957年出版的《政法界右派分子谬论汇集》里，所谓的右派人士——其实多是旧法人员——对于1954年的司法改革多心存不满，特别是对于1949年以来旧法人员所受到的不公正待遇，愤愤不平。这从另一个方面证明了当时对待旧法人员的态度。

实际上，当时大部分旧法人员特别是其中三十出头的年轻人，他们多认为自己是可以改造好，是不应该遭到冷遇的。在中国新法学研究院里，沈宗灵、谢怀栻都有不错的表现。在1956年中共中央开始筹划建立法学研究所的时候，对于吸收旧法人员进入法学研究所，也并没有划清界限，起码也还是一个可以考虑的问题。但是经过1957年的风波，不但旧法人员自己不敢再说一个"不"字，即使共产党内怕也无人敢再提了吧。

因此，我以为，从某种意义上说，1958年法学研究所的成立，是对1949年以来旧法人员的"不合作"特别是1957年鸣放的一个回应：要通过建立法学研究所的方式，培养我们自己的法律人才，建立我们自己的法学，建立我们自己的"法统"！

在1957年的鸣放中，曾经有许多旧法人员纷纷建言要在中国科学院内建立法学研究所。但他们大概没有料到：法学研究所的成立，实质是宣告了他们在新中国法学生命的暂时终结（有的则是永远终结）。

这一点首先反映在法学研究所人员的调配上。首先是所领导。在当时中国科学院哲学社会科学部的四个六级干部中，法学所占了两位：一位是所长张友渔，另一位是副所长周新民。其次，进所的大部分工作人员都是政治上十分可靠的年轻人，其中的研究人员主要是留学苏联回国的法学专业毕业的大学生或者副博士，以及中国人民大学的法学研究生，旧法人员一个都没有，我们现在知道的谢怀栻先生是1978年之后才调入的。

作为法学研究所的第一任所长——实际上也是未来中国法学事业的奠基人——张友渔，其一言一行，都会深刻地影响着新中国的法学研究和法制建设。他究竟发挥了怎样的作用呢？拉开历史的焦距，我们或许可以看得更加清楚一些：法学研究所的建设，张友渔对于大政方针其实并无多少发言权。这是来自中央的最高决策。研究方向以及用人的标准，无疑也是中央确定的。

但作为一位有着丰富政治经验的革命家，张友渔又绝对不会在这样一个重要的职位上无所作为。何况，他还是一位虔诚的读书人。在法学所的图书馆里，安放着张友渔赠送的一个专门收藏《古今图书集成》的书柜。据张友渔自己说，他从小就是个书迷，并且自己买了许多书。虽然家境不是很好，但他的父亲从来没有因为他置书过多批评他。解放后，他的藏书有数万册。1976年粉碎"四人帮"以后，张友渔将其中的清代文史和法律类线装古籍28种4045册赠送给法学所图书馆。这样一位经历丰富、风格独特、对学术很有兴趣且有一定素养的政治家做一个学术机构的领导，会呈现出什么样的风采呢？

应该说，张友渔是一个富有远见的学术机构的领导者，也是一个真正的知识分子。我们从一些老同志的回忆里，可以约略知道一些当时的情况。张友渔深刻地认识到法学研究所和北京市政府的巨大差异。还在筹备阶段，张友渔就指出法学研究所要抓两件大事：一是人才，二是图书资料。前者如当时进所的王家福、刘海年、韩延龙、刘楠来先生等，才是二十出头的年轻人，经过十多年的磨炼，他们都成了中国最为出色的法学家，为改革开放后的法治建设作出了重要的贡献（据老同志回忆，张友渔进人的时候基本上只考虑年轻人）。而法学所当时"抢收"的图书资料，随着时间的流逝，越来越看出其巨大意义。

在法学所的图书馆，收藏有来自清华大学（1958年接收）、北京铁道学院（今北京交通大学，1959年接收）、中央人民政府法制工作委员会、国务院法制局和法律出版社（1959年撤销前）等机构的法学藏书。其中，法制工作委员会和法制局的藏书继承自国民政府的立法院和司法院图书馆，收藏的国民政府法律文献甚为丰富。清华由于有美国退还的庚子赔款作为支持，采购了数量极为丰富的英文法学藏书，许多国内罕见的20世纪上半叶的法学名著，均有收藏。最珍贵的是法学所图书馆还收藏有中国近代著名法学家沈家本的手稿39种98册。其中包括十余种未刻作品的手稿。从1996年开始，法学所组织研究人员陆续整理出版。这批藏书不但极其珍贵，而且数量也极为庞大，达30多万册。因此在很长的一段时间里，法学所图书馆的一大任务就是整理这些接收的图书。在短短的一两年工夫里（1958—1960），法学研究所的资料文献基础从一穷二白，到迅速发展至在国内名列前茅。可以说，这直接决定了法学研究所在国内学术界的领先地位。

但我们似乎很少想到张友渔为此付出的努力，更不思考其对法学所历史地位的重大意义。我们许多人直觉地认为这完全是出于中央的行政命令，同当时高校合并一样，党要求所有的法学藏书都归到法学所。事实上，这大都是张友渔自己争取来的，并非上面的安排或指示。比如清华的法学藏书，在1952年院校改革之后，一直存放在清华图书馆里，无人问津。国务院的法制工作委员会撤销时，许多部门想的都是去占房产，并没有几个机构想去"抢"那些破旧和反动的古书。按理说，当时的中央政法学校也是完全有资格去接收的，但是都被张友渔抢占了先机。这不禁让人想起汉初的萧何。

张友渔作为法学所的第一任领导，在这些事情上的敏感，几乎注定了法学所五十年来的命运。许多人都知道法学所的法律史学科主要是依托这些藏书才建立起来的。其实，其他学科也受惠于此。据梁慧星先生回忆，他在法学所读研究生的时候（1980年前后），谢怀栻先生曾经亲自带着他，到地下书库找民国时期的民法论著研读。在2003年接受《私法》主编易继明的访问时，梁先生更坦言，他的知识结构里有很重要的一块是民国时期的法学知识。这一块民国法学知识至少有一大部分是来源于法学所的古籍书库。受惠于此的其他部门法学者当不在少数。我们也许可以说：法学所收藏的国民党时期的旧法学著作，是80年代初期法学所的学术研究能够迅速恢复并领先国内的一个重要条件。

实际上，还有好大一部分馆藏没有得到应有的充分的利用，比如来自清华的庞德、霍利菲尔德等的著作，在我们的法学所书库里都有着很好的收藏，而且多是第一版。最近徐国栋先生在"罗马法教研室"网站上谈到的伪满洲国民法典，法学所图书馆均有收藏，包括所有六法全书和地方例规。

张友渔是一个读书人，更是一个高明的领导者。他看到了建立一个研究机构的关键在哪儿，重点在何处。在人才上，他没有力量越雷池一步，去吸收旧法人员进法学研究所，但是在图书资料方面，在他力所能及的范围之内，则极其充分地发挥了"主观能动性"，大胆地兼收并蓄。他积极收藏的各类法学藏书，奠定了法学所的研究基础，可谓功德无量。

毛泽东的四大秘书之一的田家英曾经有诗说自己是"十年京兆一书生"。他其实是有许多不得志的感慨在里面的，嗣后，他的书更被康生、陈伯达等霸占，没有发挥什么作用。我现在借这句诗，概括张友渔在法学所的经历（张任职有20年，其实真正办事的不过10年左右），却是反其意而用之，希望也是合适的吧。

谨以此纪念张友渔先生！

张友渔与八十年代中国法制建设

王志强[*]

张友渔同志是我国已故著名法学家、新闻学家、政治学家、国际问题专家以及社会活动家，同时也是非常资深的老一辈革命家。他一生为了党和国家的解放事业以及建设事业做出了重要的贡献。特别是在晚年，为我国的立法工作以及我国社会主义法制建设做出了巨大贡献。他为党为人民贡献了自己的毕生精力。

张友渔同志早年就读于北平国立法政大学并投身革命事业，积极参与民主宪政运动，并用各种方式同国民党的法西斯暴行进行"合法"斗争。建国前夕，他主持起草了《中华人民共和国中央人民政府组织法》。解放后参与了我国第一部宪法的制定工作。1958年后，董必武同志亲自点将，把张友渔同志从北京市调到中国科学院社会哲学部，即现在的社会科学院，并筹建中国法学研究所，负责国家法学理论研究工作。"文革"后，他又在彭真委员长的领导下投身于我国的立法工作并一直到他人生尽头。

我于1984年从北京大学法律系毕业后分配到全国人大法工委从事立法调研工作。1986年起调任张老秘书，一直工作到张老去世。我有幸成为张老身边最年轻且最后一任秘书。在张老身边工作的这段日子，成为我一生巨大的财富，我不仅为他的精湛学识所折服，也为他的工作热情和工作态度所折服。特别是张老博大的胸怀和人格魅力更是让我深深折服。

张老出来参与主持全国人大立法工作已是80多岁高龄了，在之后的十几年中，他的主要心血和精力几乎全都倾注在了国家的法律事业上。可以说，我国法律制度的建立健全和完善，以及我国从"无法可依"到"有法可依"的巨大变化是与张友渔同志的巨大贡献分不开的。我仅举《村民委员会组织法》制定通过过程中的一个小例，让大家了解张老在立法中的作用和魅力。

《村民委员会组织法》是80年代中期提到立法日程上来的，该法的制

---

[*] 王志强，1984年北京大学法律系毕业，获法学学士学位。1986年担任全国人大常委会张友渔同志秘书。现任北京百瑞律师事务所主任。

定得到彭真委员长的高度重视。彭真委员长是我国法制建设的主要奠基人之一，他十分重视我国民主与法制建设。而《村民委员会组织法》是涉及加强基层民主建设的大问题。长期以来，农村集体组织始终是政府的"腿子"，担负着许多本属政府应做的工作，这与宪法所确立的"自治"性质是相悖的。为了制定好这部法，我随张老到重庆等地进行了大量的实地调研，不仅向政府部门征求意见，同时也深入到群众中去征询老百姓的看法和意见。1987年全国人大常委会讨论该法时，绝大多数同志不赞成村民委员会自治性质。他们认为，村民委员会"自治"后，政府的许多实际工作就无法落实了。比如：征兵、征粮、计划生育等许多重要的工作就会受到严重影响。当时是众口一词一片反对声。张老碰巧生病住院，未参加会议。我上午参加了该次会议后，感觉按当时情形该法根本无法通过。而我深知彭真委员长和张老对该法的重视以及它深远的意义。于是趁中午我赶往北京医院向张老紧急报告会议讨论情况，并告知如张老不表态该法肯定通不过。张老认真听取了我的汇报，问得很仔细，包括反对的理由等等。听了我的汇报，张老拿出纸笔，当即在病床上亲自致函全国人大常委会并彭冲、汉斌同志，他指出，村民委员会本不属于一级政府，这是宪法所确定的。更重要的是这是关系到加强社会主义民主建设的大事，而民主建设又必须从基层做起。持反对意见或存有疑虑的同志只是从方便乡（镇）政府工作着想，而未从发扬人民民主、实现村民自治着想，更未考虑到遵守宪法和增强法制观念的问题。他还指出，乡（镇）政府下面没有了"腿"，工作遇到困难，这是如何整顿和加强乡（镇）政权建设的问题，应当另行解决。比如：政府设立派出机构或者因临时任务如征兵、征粮、计划生育而成立专门的临时工作组，但政府与村委会不可以变成上下级领导关系。对政府的行政事务，村委会应在一定范围内协助，但政府不能对其强制。如果现在的机制无法正常运行，甚至宁可修改宪法另设村级政权也不能因此而不要或放弃村民自治。张老最后指出，如果大家还是不能取得共识达成一致意见，那么该法宁可不上会也决不能改变村委会自治性质，因为这是该法的灵魂所在。张老写完这个函件后嘱咐我立即用特急件形式交与彭冲和汉斌同志。等到下午继续开会时，常委会各位委员手里多了一份张老对该法的"意见"。我记得黄华副委员长第一个发言附议支持张老的意见，常务副委员长陈丕显同志接着发言支持、赞成张老的意见，他告诉大家张老在医院住院深知大家对村委会自治性质有看法和不同意见，专门致函提出个人意见，希望大家认真考虑。接着又有许多同志发言支持。最后竟基本无人明确反对。可以这么说，没有张老的坚决支持和在关键时刻提出意见，这部法当时是很难通过的。从这件事大家可以看出，张老对于国家立法工作是多么专注、多么重视、多么认真。同时，也充分反映出张老对立法工作的影响力。他不愧为我国法学的泰山北斗。

张老在参与主持全国人大立法工作的同时，还担任着中国社会科学院副院长、中国法学会会长、名誉会长、中国政治学会会长等职，肩负着指导社会科学特别是中国法学理论研究工作的重任。在他主持工作以来，在团结全国法学、法律工作者开展法学研究和发展我国法学界同许多国家和地区的法学、法律界人士的合作与学术交流活动方面都做出了重大贡献。他除了主持上述机构的日常工作外，就连有些国家级法学刊物中的一些重要文章也常常要送达张老亲自审批和把关。充分体现了老一辈法学家对法学理论研究的高度关注。张老在繁忙的公务之外还撰写了大量的学术论文和专著，如《关于发扬社会主义民主加强社会主义法制的几个问题》、《建立和发展具有中国特点的社会主义政治学》、《关于民事诉讼法的若干问题》、《为开创政治学研究工作的新局面而努力》、《理论联系实际，开展法学研究》、《论民族区域自治法》、《关于人民代表大会代表的任务、地位、职权和活动方式的问题》、《有关法学理论的一些问题》、《积极推进中国政治学的发展》、《关于我国法律的立法程序和起草工作》、《谈新闻立法》、《宪政论丛》、《关于体制改革问题》、《关于社会主义法制的若干问题》、《学习新宪法》等。

张老特别关心我国司法审判的实践和人民群众的困难。80年代中期我担任张老秘书后，每天收到大量群众来信，这成了我的一项比较费时的工作。开始我尽量报告张老，张老只要看到群众来信涉及审判方面的，就批转最高法院或郑天翔院长依法核处。后来实在太多，我就要求人大机关把把关，把必要的信件送来。其他的由机关专门的信访部门处理。郑天翔院长与张老是老相识、老战友，也算张老的老部下，在解放初期张老担任北京市常务副市长时，郑天翔同志任市委政策研究室主任。郑天翔同志与张老都算是老北京的干部。因此，郑天翔同志对张老尊重有加，对张老的批示也是格外的重视。加之，郑天翔同志出了名的果敢作风，这与他在省里担任主要领导职务有关吧，只要见到张老的批示就交代速办，并指示庭领导带承办法官向张老当面汇报。后来张老指示我明确告知最高法院不必来人汇报，他本人对具体案件不发表意见，也不干扰司法审判权，只要依法公正处理就好。从他认真对待普通百姓反映问题的态度上可以看出一个老一辈革命家关心群众和密切联系群众的优良作风。他是既关心群众又关心国家的法制建设。他常常教导我要关心普通百姓的疾苦，不要犯官僚主义，不要不把老百姓的事当回事。

　　80年代末，我随张老到北戴河疗养，恰逢时任最高法院院长的任建新同志和时任最高检察院检察长的刘复之同志都在北戴河疗养。于是张老带着我去分别看望刘复之同志和任建新同志。对于刘复之同志和任建新同志来说，张老不仅是法学界权威，更重要的是长辈。刘复之同志担任过小平同志的秘书，而张老的年龄比小平同志还要长好几岁。任建新同志则担任过董必武同志的秘书，而张老在解放前后几度在董老的领导下工作。因此，某种意义上说是有一定渊源的。会谈中，张老十分关注我国的司法实践，对当时普遍存在的如有法不依、执法不严以及执行难等问题表示担忧，并提出意见。几年以后，张老不幸辞世。我作为《神州画报》总编在采访任建新院长时，任建新同志特别回忆起那次张老去看望他的事。他无限感慨地说，他没想到张老那么高龄还去看他，他把张老的看望看成是一个老一辈革命家对晚辈的期望，看成是对我国法制建设的期望，同时也是对他本人的激励。建新同志说他当时很受教育也很感动。建新同志还专门问我是否保留了当时的合影，如果有务必送他一张。我当时也特感动，回来后立即放大并装到镜框里专门送给他作为纪念。作为法律界最高领导的任建新同志，在任何时候说到张老都表示出无限的敬重和怀念。这也从一个侧面反映出张老的为人。

　　张老一生为党为人民辛勤工作，从不计较个人得失和个人恩怨，崇尚一切顺其自然。了解张老的人都知道，张老一生在党内德高望重，在学术界享誉甚高，在人格上更是高风亮节。他从来都是严于律己宽以待人。在人们的眼里，张老不仅是一位老资格的革命前辈，也不仅是一位学界领袖，更是一位可敬和蔼的长者。1986年在张老九十寿辰时，他的老战友、老朋友廖沫沙、赵凡送他一副裱好的诗对他作了十分中肯的评价："恬静无私罕与人争
　敏而好学今古贯通　文章精锐牛鬼心惊　笃志马列陷阵冲锋　赤诚待人情深意重　棋艺卓著出奇制胜　功高德厚谦虚从容　老犹奋发健哉渔翁"。

　　我在张老身边工作的7年里，所见所闻甚多，感触也很深，限于篇幅，不多赘述。张老作为一代法学大师泰斗巨匠，离开我们已整15年了，但他光辉的一生将永远铭刻在我的心中。我谨以此文作为对张老的深深的追思和深切的怀念吧！

光明磊落 风范长存
——怀念著名宪法学家王叔文研究员

聂秀时[*]

聂秀时：莫老师，你是王叔文先生的嫡传弟子，你为什么会选择做王叔文先生的学生呢？王先生身上有哪些东西吸引了你呢？

莫纪宏[①]：记得最早熟悉先生的洪名是在北大法律系学习期间，当时在图书馆阅读了先生在《法学研究》上发表的《论宪法的最高法律效力》一文，感觉到先生文章逻辑性强，语言朴实，说理很透，从内心产生一种崇拜感。到后来考研究生的时候，尽管当年我对刑事法律制度很感兴趣，但一看到法学所招生简章中刊登了先生招收3名硕士生的信息，就义无反顾地报考了法学所。其实当时作这样的考虑多少是有点小算计的。一来先生一次招收3名宪法硕士生，考起来把握性大一点；二来法学所历来门槛很高，考上了很是值得同学们羡慕的。记得在上行政法课的时候，罗豪才先生还问起我准备考哪儿的研究生，我说想考法学所王叔文先生的硕士生，罗先生在惋惜之余表示了赞许，这着实让我自负了一把。后来如愿以偿地来到西八间房学习。

聂秀时：从你师从王叔文先生20年的学术经历来看，你觉得王叔文先生为人和为学方面最大的特点是什么？

莫纪宏：我觉得王叔文先生为人最大的特点就是光明磊落、待人真诚、严于律己、以身作则，在为学方面最大的特点就是认真执著、踏踏实实、实事求是、一丝不苟。这些都是我自己切身的体会。我印象最深的是王老师对我个人学风的关心，特别是在我撰写硕士论文时，可以说，王老师的认真求实的治学态度让我终身难忘。

我那时受到社会时尚的影响颇深，喜欢赶热闹、说大话，想什么问题都是空洞不切合实际，动辄就是要搞体系，从宏观战略、哲学高度出发，思想

---

[*] 中国社会科学院法学研究所助理研究员。

[①] 中国社会科学院法学研究所研究员，王叔文先生的硕士研究生（1986—1989）和博士研究生（1991—1994）。

火花是层出不穷,但缺少实证精神。所以,刚开始选题的时候,我就想着要搞一个一鸣惊人的举动,希望自己的硕士论文一炮打响。当时的气氛是,谁都在谈改革,以改革为时尚,所以,我就异想天开地想了一个很宏大的论文题目,"展望中国宪法未来的改革方向"。自己对这个题目很有几分得意,凭着几年中在研究生院耳濡目染得来的闲散知识,勾画了一个庞大的写作提纲,只等获得先生的赞许了。没想到提纲送上去半个月,先生也没有回音。好像其他两位同门师兄弟妹先生都找去谈话了,我这时在屋里整天坐立不安,不知是福是祸。好不容易先生让师兄弟传话,让到他办公室里谈话,也不说谈论文提纲的事情,听到消息后着实惶恐不安。果不其然,那天一进先生的办公室就觉得气氛不对。先生也没有正眼看我,只顾低头忙着自己的事情。等了好半天,他也不说话。我坐在沙发上是六神无主,心里跟小猫抓痒一样。不过仍然在幻想着先生看了我的提纲后,是不是很高兴地发现了一个人才。不过看那气氛不对,先生脸上没有笑容。凭着在研究生院练就的几分小聪明,我私下在寻思自己的提纲好像没有什么纰漏。而且即便有挂一漏万的地方,凭着自己的三寸不烂之舌,一定会说服先生接收我的创意和观点。一阵沉默的气氛过后,先生若有若无地冲我说道:"小莫,你这几年没有好好学习吧?""啊哟,先生要是说点别的,也许我还能接受,说我没有好好学习,这不是冤枉我吗?我这几年在研究生院好歹勤奋用功是有点小名气的,而且我的各课成绩都是数一数二的,先生怎么会得出这么个印象呢?完了,彻底完了!先生真是葫芦里卖啥药猜不透啊!"我自己内心本能地思忖着,极力排斥先生刚才的话语。"唉唉,老师,看了一点书,但看得不多!"我只能语无伦次地搪塞一下。先生表情显得有点愠怒,若有所思地说道:"你这个提纲好高骛远,太不扎实。你应当向你师兄弟学习,找点前几届写的论文看看,文章要有内容,不要空说,立论要扎实,要做你能做的事情。你这个论文不行,回去重新写吧!"先生说完,又低头处理自己的事务了,我自知无趣,本来想好的那些狡辩词此时都已经忘记,脚上像注了铅似的,满脸通红,嗓子略带嘶哑的低声跟先生打了个招呼:"先生,那我就回去了,我把提纲修改好了再给你。"说完,就慌不择路地退出先生的办公室。回来的路上,只觉得心里堵得慌,有点觉得委屈,自己好不容易倾全力弄出的得意之作,没有想到先生连说都没有说就给退回来,自己连辩解的机会都没有。回到宿舍又将论文提纲琢磨了一下,还是觉得没有什么纰漏,一时间陷入了彷徨和巨大的困惑之中。接下来的一个月,许多同学的论文提纲都已通过,而且有的已经完成。而自己的论文确实陷入了困境,因为先生连一句指导性的意见都没有发表，真是让人着急。无奈，我只能屈尊向已经毕业的师兄借来他们的毕业论文。一看他们的论文，心里简直就是乐开了花。论文选题都很窄，层次也不多，主要都是引经据典写出来的，只要认真地查资料，很快就会完成的。根本不像我拟制的论文提纲，我费了九牛二虎之力杜撰出来的，自以为可以像产生惊天动地的影响，其实就是好高骛远。发现了问题的症结之后，我很快抛弃了原来的选题，尽管花费了我很长的时间，但是，还是忍痛割爱了。选了一个资料比较丰富的"代表制度研究"的选题。我很快列出提纲，依照几位师兄的论文模式，列出了非常简明清晰的章节，并且详细注明了相关的参考资料。然后送到法学所转交先生。这次交上提纲后，心里不像上次那么激动了，也踏实了不少。估计先生肯定会表扬两句。虽说论文选题太平淡，不可能产生轰动效应了，但至少通过论文没问题。事实上正如我想象的那样，先生第二天就打电话告诉系里的老师，让我扎扎实实地把论文写出来。当系里老师转告先生的吩咐时，我那高兴的劲儿就不用提了。先生这次连一句反对意见也没有就让我好好写论文了，说明这次脉把得很对。后来，为了保险起见，我花两个星期的工夫泡在图书馆里，查阅了能查到的所有资料，花了一个星期时间就完成了三万字论文的写作。等到将论文交给先生后，先生什么话也没有说，就让参加答辩了。答辩时，我记得先生说了一句，"小莫的论文资料比较丰富，层次清楚，观点鲜明，符合硕士学位论文的要求"。虽然没有太多的表扬之词，但是比起第一次到先生办公室里汇报论文提纲时的尴尬之情，着实心里舒坦多了。从此事可以看出，先生对弟子的关爱是非常实在的，既不喜形于色，也不会恨铁不成钢，先生不希望弟子成为好高骛远、夸夸其谈的人，而是能够脚踏实地，一步一个脚印，真正能干出点实事的人。所谓"大爱无痕"，也莫过于先生所具有的这种境界。记得跟随先生20年间，从来没有看见先生有什么矫揉造作、无病呻吟的追思、回忆或感想什么的，先生的心境是那种特平和的，从来没有想拔高或者是突出过自己。

聂秀时：我注意到你硕士毕业后去了政治学研究所工作，后来为什么又回到法学所跟随王叔文老师念博士呢？

莫纪宏：硕士研究生毕业后，我跟着吴大英老师去了政治学所。吴老师也是一位使我终生受益、终生难忘的老师。可惜他去世以后好几天我才知道消息，更不用说跟他告别了，我想吴先生在天之灵也会对我有意见的。1990年底我从陕西锻炼回来后，面临一个人生的十字路口。当时发展势头正好，可是回想起自己学识太浅，还是坚定了回法学所念博士的信心。我把这个想法跟吴先生说了，他显得很理解，支持我回法学所读书。我找到先生谈了自己的想法，先生显得很高兴，结果在回所半年后如愿地考上了博士生，又荣幸地投到先生门下。不过这次与以前不太一样了，先生已经离开法学所去了中国法学会。看得出来先生对法学所是很有感情的。先生做什么事情都很投入，而且从来都是亲自动手，从来没有让我们弟子替他写过一篇文章，只是用自己的勤奋精神潜移默化地影响着我们。在跟随先生攻读博士学位期间，先生对我在事业上的成长和进步是很关心的。从1991年开始，我就跟随先生参加中国法学会宪法学研究会的学术活动。先生对我们几个弟子要求都很严，寄予了很大的希望。记得只要一开学术研讨会，就让我们几个负责整理会议材料，写综述，并且手把手地给我们改稿。这样不知不觉地我和其他几个师兄弟妹对宪法学的学术研究情况都有了很好的把握。在写博士论文时，我接受了上次写硕士论文的教训，在对论文选题进行构思时，就选了一个比较稳妥的题目"论宪法解释"。因为事先下了一些工夫去查询资料，加上平时对这个问题也有些研究，所以，从提纲到论文，先生基本上没有提出太多意见，只是听到先生说应当进一步提高论文的质量，争取对自己所研究的问题有全面和深入的研究，成为这一领域的专家。由于有先生的把关，我的博士论文还获得了研究生院当年颁发的"优秀论文"奖，自己的虚荣心获得了不少满足。

聂秀时：你在跟随王叔文老师学习和研究宪法学期间，你对王叔文老师的治学态度和方法有什么看法？

莫纪宏：王叔文先生对我们弟子的学习和研究工作一直抓得很紧。记得研究生刚入学的时候。那时先生还在担任法学所所长，整天公务繁忙，我们做学生的诚惶诚恐的，也不敢随意去找先生。好歹之前我见过先生一面，是在复试的时候，先生对我多少有点印象，所以，仗着这点胆量，其他师兄弟妹们就鼓动我去找先生，问问何时给我们上课。我也就当仁不让，去法学所等了几天，终于找到先生。那天见到先生，尽管他一边低头忙着处理公务，还是很有耐心地听我语无伦次地汇报学习情况。临走时，先生关照一句，"小莫，搞宪法，应当认真地看一看马克思主义的原著"。我也不知道当时是否听明白了，只是一个劲儿地点头称是。

后来，先生让我们每周五去上宪法课。先生上宪法课确实让我们这些初出茅庐的后生开了眼界。记得在大学的时候，大多数老师都是照本宣科，而先生上课连讲义也没有，而是滔滔不绝地给我们从历史到现实，引经据典，深入浅出，两个小时的课常常是不知不觉就过去了。我们几个师兄弟妹听得都很投入。在回宿舍的路上交流学习心得时，大家心里都暖洋洋的，对先生的几分莫名崇拜和崇敬使得我们几个都觉得有一些满足和得意。不过，那时，包括我在内的几位师兄弟们，尽管在心里对先生佩服得五体投地，但是，要说面对面地去跟先生交流，心里还是打鼓的，主要是害怕学识粗浅，没有好好看书，一旦被先生识破，可能就会处于尴尬和不利的境地。事实上，我们有这种感觉是非常正常的。

先生晚年患了比较重的疾病，许多事情都交给我来办理。随着我与先生交往的深入，我越发觉得他性格中纯真的一面。他是一个爱憎分明的好人，跟他相处，你不需要任何设防，只需要敞开心扉，真诚相待就行了。先生早年留学苏联，养成了非常独立自主的性格，所以，但凡自己能做的事情，从来不去麻烦别人，这也就让我们这些做弟子的轻松多了，少了有些同学那种代捉笔刀的烦恼。先生做事很认真，一旦认定了一件事情，非要把事情做好才松口气。那种对事业执著的精神常常令我们做弟子的汗颜。先生是一个很公道的人，从来不去做损人利己的事情。公私界限分明，凡事能从大局着想，正因为先生所具有的这种正直的品格，所以，先生在日常生活中就更容易遭受挫折和干扰。先生在世的时候，从来没有用职务和工作便利为弟子们谋求过特殊利益，他总是鼓励我们要凭真才实学获得自己应有的社会地位和实现自己的人格价值。先生在关键的时候总是能为弟子们助力，不是那种明哲保身的人，这一点同门兄弟陈端洪最有体会了。其他几位师兄弟受到先生的鼎力相助的事情也是很令人感动的。

聂秀时：听说王叔文先生临去世前，你在帮助他整理一生的文稿，准备出版《王叔文法学文集》，当前是出于什么考虑呢？先生对此事态度如何？

莫纪宏：今年是王叔文先生诞辰80周年。王叔文先生一生从事宪法学研究，是新中国宪法学的开拓者和奠基者，他的学术思想反映了新中国宪法学理论的发展和演变线索，所以，全面和系统地将王叔文先生的宪法学著作整理出版，对于推动我国宪法学理论研究事业具有非常重要的意义。正是基于上述考虑，我在征得了王叔文先生的同意后，从去年5月份就开始着手准备。王叔文先生也非常投入，自己亲自审定了全部文稿。可惜，他在世时没有看到自己的著作的出版。因为去年底着手为先生准备文集的事情，经常与先生见面。原本与出版社的两位年轻人约好在11月24日上午去先生家正式签合同的，因为无名的缘故没有去成，而是去了天津。但人还未到天津，周汉华兄就发来短信，告知王老师已经谢世。这一噩耗实在是令人难以置信的。因为仅仅一周前，我与先生还在彼此交杯畅饮，先生在得意之余还一个劲儿地说"知我者，弟子也"，想不到那一次欢聚竟成永诀。没有任何事前征兆，这样的事情怎能不让人心酸呢？因为事发突然，先生追悼会没有赶上，只能在异国他乡为先生默默祈祷了。吴新平、周汉华和陈端洪三位同门兄弟在法学所网站上都撰写了纪念小文，其情切切，令局外人都受感动。

有一件事情令我非常感动。为了编好自己的法学文集，王叔文先生坚持自己要再写一篇关于"一国两制与和谐社会"的论文收进文集，临去世前的头一天晚上，他还在伏案疾书，可惜，没有完成此稿，成了先生生前的最大遗憾了。

先生已经离去4个多月。在过去的4个多月中，每当翻阅先生的文稿，心里总是难以平静。作为一个学者，他是成功的。作为一个教育家，他也是成功的。他是一面镜子，是一个在平凡岗位上作出了巨大成绩的人。他从不居功自傲，而是平实待人，他像一首悠扬的牧歌，更是一盏在弟子心中永不泯灭的长明之灯！他的平实、执著、勤奋、精进，永远是我们弟子取之不尽的精神和力量源泉！

聂秀时：陈教授，听说你在王叔文老师去世后，在法学所网站上写了一篇纪念文章《2006年第一场雪》，在文章里，你情真意切地表达了对王老师的思念和感激之情，你能谈谈你写这篇纪念文章的感受吗？

陈端洪[①]：那是2006年11月24日晚，临睡觉前。我习惯性地准备关闭手机，发现一条新的短信，漫不经心地打开。王叔文老师去世了！这是莫纪宏老兄发来的。我立马打回去，但是没人接听，大概是太晚的缘故。我没有再拨打，转手关闭了手机。

我一个人坐在椅子上发呆，遗憾和悲伤充满了我的心胸。这段时间我内心里一直在念叨王老师，想找个机会去看看他。每一年我都有这个念头，但是自从1999年在他原来的住处看过他，2000年回国后听说他搬了家，很远，也就再没有去看望过他。他病了，我是听别人说的，给同学莫纪宏打电话，问到新地址和电话，准备去看看。老莫说，王老师最近不想见人，需要休息，最好等一阵子再说。这一等，就无限期地拖下去了，这一拖，我便永远没有机会了。

这些年中，我在法学所的一个研讨会上见过王老师一次，他没有发言，就提前离会。他由人扶着，走起来颤颤巍巍的。我赶紧过去打了个招呼，没有时间多说几句。这就是我与王老师最后一次匆匆的照面。

---

① 北京大学法学院副教授，王叔文先生的博士研究生（1990—1993）。

"过去的五六年里,我为什么没有去看望王老师呢?""我不是每一年都想到了吗?"我一遍又一遍地问自己。不爱交际,尤其不爱去人家里拜访?是的,我有这个习惯。不喜欢礼节,不给自己和其他人过生日(小孩过生日也是应付),过年过节基本上不给人道贺,特别是不给位高权重的人(除非朋友)道贺?但是这些坏习惯并不能让我原谅自己,因为王老师生病已经五六年了,他也不再位高权重了。是王老师有什么对我不好吗?凭良心说,仅就在校读书期间而言,王老师对我算是最好的了。他给我一个人(曹叠云和我一起去听课,但他是吴大英老师的学生,而且比我高一级)讲过香港基本法的课,一共八次,按照法学所当时的习惯,他可以不上课。每次上课地点不定,有时在法学会;有时在开会的地方,他抽空给我讲课;有时在他家里。在校期间,有一年过年,我还和女朋友(现在的夫人)一起在王老师家吃饭喝酒,他全无架子。1992 年,为了让我去山东参加年会,他从自己的课题费中为我报销了差旅费。一直到毕业找工作,他还帮过我。毕业后,我没有和王老师经常联系,但是 1999 年出国之前,我和夫人去看他,他一点没有怪罪我的意思,仍旧是那样亲切。那么,难道是因为王老师"失势"了?这绝对不是我没有去看老师的原因。我不是那种趋炎附势的人。我不但不巴结得势的人,反而同情那些失势的人。我夫人说:"你就是懒,光说不做!"懒惰耽误不少事情,因为懒惰,这些年一事无成。越是一事无成,越是无脸见老师。然而这次的耽误却永远无法弥补了。

诚实地说,在学术上,我是王老师的学生中最不守"正道"的人,算不上邪道,但多少可算是奇门。在安身立命方面,我也丝毫未得尊师之风,至今还是无党无派。我尊敬他的学术和为人,但我行我素。这造成了我和王老师之间的心理距离。本来我计划以宪政主义为题写博士论文,先写了一篇文章提交给王老师,让他看看我是否具有做研究的资格。王老师专门把我叫到家里,严肃地批评了一番。记得他当时气得在家里走了几圈,说不出话来。最后指着我说,"你想做中国的孟德斯鸠?"最后,我听从了王老师的意见,改题为地方立法。我是极不情愿地应付完的,一个字也不想多写。我原来的文章被退回来之后,仍然不甘心,就偷偷地投给了《比较法研究》。稿子被采用了,但我已经放弃了继续研究宪政的计划。王老师尽管在选题上对我要求严格,但是在后来的论文审查、答辩、毕业找工作等事情上,他待我并无成见,反而处处帮衬着我。

反思起来,也许我在心里,或者在潜意识里,因为这件事产生了隔膜。我的这种隔膜后来因为工作上的安排不尽如人意而加深了。来到北大,是我这种性格的人当时最佳的出路。但是，北大没有让我教宪法，多亏姜明安老师好心，以行政法的名义接受了我。一直过了好几年，我才又回到宪政研究上来，而且是以开选修课的名义。后来的事情，也不是王老师期望的。他本来希望我从事宪法教学，但是宪法不成，行政法也未尝不可，他同样帮我联系。

在我这一代人中，我是最早集中关注宪政理论的，但是我却一事无成。我对自己深深地不满。正是因为自己不满意自己，所以我才一直害怕见到老师。可是现在，我永远没有机会再见到老师了，即便我做好了挨批评的心理准备也没有机会了。因为我的懒惰和自责，我在五六年里都丧失了看望王老师的机会，我成了一个不孝的人，成了一个有辱师道的人！我无法原谅自己！

25日早晨起来，给莫纪宏兄打电话，得知他和其他同事一起去王老师家慰问师母。我马上出门，赶往师母家。

令我惊奇的是，昨天晚上，下了今年的第一场雪。不是很厚，但大地一片肃穆、安详。王老师，您走了，没来得及让我见您一面。我满心的遗憾和忏悔，您却给大地洒满白雪。我在白雪里寻觅，多想再看到您的身影！

我的纪念短文《2006年第一场雪》就是在当时的情景下自然而然有感而发的，表达了我对王先生的敬意和深深的谢意。

聂秀时：周老师，你也曾经跟随王叔文先生念过硕士研究生，就你个人的经历来说，你对王叔文老师最大的印象是什么？

周汉华[①]：我虽然是王老师的学生，毕业后一直留在法学所工作，但说实话，我与王老师的接触并不算多。记得那是1986年，我与莫纪宏、张宏辉一起，考入社科院研究生院法学系，成为王老师招收的最后一届硕士生。不过，由于王老师当时担任法学所所长，社会活动很多，我几乎没有机会单独见到他，只能在他给我们几个人上课的时候，才有机会简单交谈几句。并且，在很长一段时间里，因为害怕被王老师在大庭广众之下叫错名字（有位同门师兄因为有过这种经历，郁闷了很久，后来还被我们笑话过很多次），不论是在法学所还是在社会上，每次见到他都要主动先说明师承，自报姓名。

毕业留所以后，我选择了行政法作为研究方向，很少再有机会与王老师进行专业交流。王老师1988年后，也不再担任法学所领导，主要精力都放

---

① 中国社会科学院法学研究所研究员，王叔文老师的硕士研究生（1986—1989）。

到了全国人大和中国法学会，甚至很少回法学所。法学所这边有什么事，都是由吴新平、莫纪宏、李忠等几位同门代为处理。这样，这么多年来，我难得有机会与他深入接触。我印象中时间最长的一次交谈还是今年春节的时候，我们研究室的几位同志一起到王老师家拜年，当时，王老师谈兴甚浓，足足聊了两个多小时。

王老师给我印象最深的是他的法律规范尤其是宪法规范的分析能力。记得当年考研之前选择学校和导师时，就被王老师的一系列宪法文章所吸引，并为此决定投考到王老师门下。入学后，王老师每次给我们几个人讲课，从来都不用讲义，只事先准备一页纸的提纲。每次上课，王老师都是滔滔不绝，用他那浓重的四川普通话，为我们讲授中国宪法的基本制度。我感觉，王老师对宪法文本的熟悉程度，一般宪法学者可能很难企及。不管我们提出什么问题，他都可以结合宪法文本，给出自成体系的解释和回答。王老师教给我们的这种规范分析的基本功，至今仍使我受益匪浅。我想，不论法学以后如何发展，规范分析都是最为基本的，没有规范分析，引入再多研究方法，引注再多资料，都不全面。

王老师对于规范、文本的重视，有时候甚至到了很难为我们所理解和接受的程度。记得硕士论文选题时，我准备从个人权利角度切入，写一篇自治理论对中国政治改革启示意义的论文（在此之前，我的一篇类似论文已经在一次全国性征文评比活动中得过奖）。然而，当我就选题向他汇报时，他很坚决地表示反对，并对论文的研究范围划出了界限。王老师认为，由于我国宪法所规定的自治只有三种，分别是民族区域自治、特别行政区高度自治以及基层群众自治，因此，我的论文应该以这三种制度为研究对象，不要在一般意义上讨论自治问题。尽管我后来屡次尝试，想说服他，但终究没有成功。应该说，在这个问题上，我至今仍然坚持我原来的看法。并且，后来我在指导自己的学生做论文时，一直坚持放手的原则，只要能够自圆其说，我对选题从来都不过多地干预。

文以载道，文如其人，用来形容王老师，最恰当不过。只有进一步了解王老师的为人，才可以理解他对规范、文本的执著。王老师对于规范的重视并不仅仅只是在学术上，可以说已经深入到了他生活的每一个方面。在法学界，有王老师这样丰富经历的学者并不多，他先后担任法学所所长、中国法学会专职副会长、中国法学会宪法学研究会会长、全国人大法律委副主任委员、清华大学法律系主任、人事部批准的终身研究员等职务，参与1982年宪法、香港特别行政区基本法、澳门特别行政区基本法等法律的起草。在一般人看来，有这么多的经历和光环，胳膊肘稍微往里拐一拐，身边的人一定可以得到照顾和提携，甚至可以趁在位的时候建立山头，变成学阀或者学霸。但是，在我印象中，王老师好像只知道规规矩矩地做事，对于别人都很熟悉的"人情世故"，他从来都不会去花心思。可以说，王老师是把他学术上对于规则的尊崇完全搬到了现实生活中，并完全按照规则办事，哪怕伤到自己。所以，每一次当他从一个职位上退下来，都退得特别彻底、干净、迅速，好像突然消失了一样，不留下半点痕迹。其实，按照他的身体条件和经验，退下来以后本来还应该可以继续为法制建设和法学发展作出更多的贡献。

不过，王老师对于自己退下来以后的平凡生活好像已经适应，并没有什么怨言。记得春节去拜年的时候，他事先做好了准备，穿得整整齐齐，兴致颇高地向我们介绍他的退休生活。那天，他特别健谈，讲了许多许多。当他讲到以近80高龄挤上公共汽车并与不懂事的小年轻叫板，大家既为他喝彩，更为他担心；当他讲到与师母幸福、宁静、有规律的晚年生活，我们纷纷为他们祝福、祈祷；当他如数家珍般回忆起在前苏联留学的美好时光，我们仿佛被他带入到了另外一个世界；当他特意为我们拿出在全国人大工作期间办理的副部级干部就医小本本时，他对于生活的感恩和知足之情就已经溢于言表；最后，当他不经意间指着法学所分配给他的那套120多平方米、每天只有几个小时阳光照射时间的塔楼住房，安详、满足地说起这是他工作几十年最大的家当时，我被眼前的场景深深地感动和刺痛了，好像心里在不住地滴血。也就是在那一刻，我突然觉得比以往任何时候都更了解自己的老师。

王老师的一生，既平凡又不平凡。不过，能在一生中实现知行的统一，作一个简单、纯粹的人，光明磊落，信奉并遵守规则，哪怕伤到自己，何尝不是人生的至高境界。正是因为有这样的文人，才使知识之火代代相传，生生不息。多一些这样认真对待规则的法律人，乃中国法制之大幸，中华民族之大幸！

聂秀时：吴老师，你是王叔文老师的开门弟子，也是社科院研究生院被称为"黄埔一期"的学生，近30年的时间，你与王叔文老师的关系非常密切。作为嫡传大弟子，你对王老师感情最深了，你能谈谈自己对王老师的那份令人难以割舍的师生之情吗？

吴新平[①]：我与王叔文老师的缘分很深。王老师对我恩重如山！作为王

---

① 中国社会科学院法学研究所研究员，王叔文老师指导的第一届硕士研究生（1978—1981）。

老师的开门弟子，王老师在生活上、学业上和工作上对我的关心、教导、爱护和帮助，用语言很难完全表达出来。王老师对我，就如同对他自己的儿子一样。而在我的心里，也是把王老师视为父执。我的老母亲在北京的时候见过王老师。老母亲在世的时候，我每一次回家见到老母亲，她老人家都要问我："你们王老师还好吗？"王老师的离去，我心里的悲痛完全就像失去了父母一样！老母亲和姐姐走得都是那么急，那么突然。王老师走得也是这么急，也是这么突然。这教我心里实在难以接受！悲痛万分！

王老师啊！您可知道，我当年做您的学生的时候，就跟您心有灵犀。您给我们三个学生讲课，您讲上半句，我心里就已经知道了您的下半句，常常就脱口而出。可是，我虽然继承了您正统、严谨的学风，却没有您那么刻苦！您对我国宪法学的贡献，历史会永远记住！

王老师啊！您没有生病的时候，我每次到你家吃饭，您都亲自下厨。您的厨艺我虽然永远也赶不上，可是我的酒量后来一定已经超过您了。遗憾的是，当我恢复喝酒以后，您的身体就不好了，再也没有与您一起畅饮的机会了。这就只能是永远的遗憾了！

王老师啊！您这一生已经很辉煌了。您在世的时候，我也这么对您说过。就职位来说，您曾经长期担任我们法学研究所的所长、中国法学会的副会长、中国宪法学研究会的会长和名誉会长、全国人大代表、全国人大法律委员会副主任等重要职务；就工作来说，您参与起草了在我国历史上具有重要地位的1982年宪法，参与起草了香港基本法和澳门基本法和其他许多重要法律，参与了香港特别行政区的筹备工作；就学术研究来说，你出版了《香港特别行政区基本法导论》、《澳门特别行政区基本法导论》等许多权威著作；就学术地位来说，您是我们法学所的终身研究员，是我们中国社会科学院的学部委员。您在宪法学领域内的许多重要学术思想，对于建立和发展我国宪法学，在过去、现在和将来都具有重大价值。

王老师啊！您对国家和人民的忠诚和对社会的责任感，决定了您的学术思想总是与国家的正统指导思想保持一致，代表了我国宪法学界当时的主流学术观点。您为人处世的原则性和学术研究的严谨性是一脉相承的。您人如其文，文如其人，在为人处世和学术研究两个方面都给我们留下了宝贵财富。我们也许不会有您那样的历史机遇，但是您的品格和治学精神将会永远激励我们！

王老师啊！如果在这个宇宙中真的存在着一个如有些科学家所宣称的那个与物质世界相伴并存在于同一空间的非物质世界，请您不要走远！请您继续留在我们身边,在冥冥中继续指导和帮助您的学生!

　　王老师啊!离开身体的您也许可以随意去任何地方。但是,您的亲人、学生和朋友们将永远怀念您,还需要您的关照。请您不要走远!

　　王老师啊!我们的社会和国家将来会非常辉煌伟大。这一切您现在也许已经知道,您将来也还要与我们共享。为了所有这一切,请您不要走远!请您不要走远!

寓平凡之中的不平凡

——访院优秀共产党员冯军

李延枫

在庆祝中国共产党建党 80 周年，我院表彰的 10 名优秀共产党员中，年仅 34 岁的法学所科研处处长冯军榜上有名。冯军 1965 年生，1987 年入党，1993 年毕业于中国人民大学，获博士学位，因德才出众，被留校任教。次年被法学研究所选入博士后流动站，开始博士后研究工作，现已是法学所、政治所科研处处长，副研究员。我想，他应该是一位锋芒毕露、意气风发的青年学者吧。

带着好奇，我敲开法学所科研处的办公室，一位年轻人应声迎出，他的年轻超乎我的想象，中等个儿，平头，厚厚的眼镜后透着几分学生气，淡淡的笑意里带着一丝腼腆。我不敢置信地又询问一遍，才确信眼前这位青年正是我的采访对象——冯军。

冯军是研究宪法、行政法学科的。从事法学专业研究的人都知道，宪法、行政法学科在法学研究领域中，是相对不易出成果的专业，尤其在经济转型时期，该学科所涉及的问题许多仍在探索当中，许多法律学生从实用主义出发，选择与丰厚经济利益直接挂钩的学科作为研究领域，而品学兼优的冯军为何对这一领域情有独钟？问及这一问题时，他笑着说，当时没考虑太多，只因一次行政法考试，老师给的分很高，激发了他对行政法的兴趣。很坦诚，没有豪言壮语，让我也忍不住笑起来。

也许对行政法的兴趣是偶然的，但他对行政法学的钻研却是执著的，在他博士后出站后，曾谆谆教导他的导师和培育过他的母校以优厚的条件极力邀请他返校任教，但为了能全心投入科学研究，他毅然选择留在条件比较艰苦的法学所继续从事研究工作。由于刻苦钻研，他取得了丰硕的学术成果。1994 年进入法学所博士后流动站以来，已主编、合著和参加编著 10 余部专业书籍，在《中国法学》、《法学研究》等刊物上发表学术论文近 20 篇。其中《中国行政法理论与实际》一书由日本成文堂出版发行；另有《国际公务员国际惯例》一书 1994 年获海南优秀作品奖。冯军与中国人民大学法学院教授皮纯协合作撰写的《关于"平衡论"疏漏问题的几点思考》（发表在

《中国法学》1997 年第 2 期上）一文，对我国有关行政法学理论基础的研究进行了总结，重点评析了"平衡论"的理论价值及其存在的问题，并且研究了该理论学说今后的发展方向。该文发表后在行政法学界引起了很大反响，在同行间获得很高的评价，被认为是行政法学理论基础研究领域内的深具启发性的一篇力作，是迄今在评价平衡论方面最为全面、最具代表性的一篇佳作。

冯军还在行政法学界较早提出应以"行政法治"或"法治行政"取代"依法行政"的概念的观点。认为依法行政不能等同于行政法治或法治行政，前者有利于提倡和加强行政法制建设，但未突出指明行政法制建设的法治方向，在我国行政法体系已经基本形成，行政法需要进一步深化对行政权的规范和约束的社会背景下，"依法行政"这一提法的历史使命已经完成，应当更新为"行政法治"或"法治行政"。此观点一提出，立即引起行政法学界的广泛关注。

作为研究人员，冯军不但时刻关注着自己的学术领域，还十分关心法学所的建设。在他还是一般研究人员的时候，就已积极参与研究所发展规划和人事制度改革实施方案的论证工作。1999 年 10 月，当法学所召开所务会，决定作为我院"评聘分开试点单位"后，他作为评聘分开课题组的成员，接受了起草评聘分开改革方案的任务。在认真听取课题组成员意见的基础上，他加班加点，甚至牺牲周末休息日，起草了改革方案的第一稿并提出许多建设性意见。他提出，现行制度重点放在高级职称职数的总量控制与名额分配上，在评聘的实际操作中，很少从专业（岗位）实际需要的视野考虑问题，导致学科之间发展的不平衡以及弱化了职称评聘在规划学科布局，引导学科发展方面所起的作用。如实行"按需设岗，按岗择人"的原则，则可较为有效地解决上述问题与矛盾。他的意见得到了领导的高度重视。经课题组修改后形成的第二稿，上报院人事教育局后，受到院有关领导的好评。

在原两所科研处处长调离后，所领导征求他的意见，想让他担任科研处处长工作，这对冯军来说，无疑是他科研道路上面临的新的挑战。对于一名科研人员来说，科研时间就是他的生命，科研处长的日常事务性工作繁多，这意味着他从事个人科研工作的时间将所剩无几。但面对党组织的重托，他考虑的不是个人的得失，而是自己作为党员的责任，是党组织的需要。他没有推托，而且以自己独特的方式，巧妙地处理两者的矛盾。他说："两种工作在时间上是冲突的，但我更把科研处处长的工作看作科研事业的又一驱动力，只有在研究领域中有所建树，才能从思想上与科研人员进行沟通，真正了解他们的需要，从而做好相关的管理工作。"其中的艰辛他没有说，却也是不言自明的。独特的处理方式加上勤奋的工作，他已经能游刃有余地处理两者的关系。他接手科研处工作后，出色地完成了科研组织、学术活动、外事接待的任务，多次成功组织重大国际学术研讨会。

1996年，所领导敏锐地看到，我国公民的社会参与意识越来越强烈，而相关的法律规定却相对滞后，经过研究，领导果断决定在公法研究中心下设立传媒法研究项目，专门组织传媒法的研究，冯军在担任科研处处长后，继续推进这一项目的研究。冯军认为，传媒法领域虽然已经注意引入法治的观念，但在法学界仍存在分歧，立法的进度缓慢，尚需做大量的科研工作，组织这方面的科学研究可以统一思想、开拓思路、集思广益，从而极大促进国家有关传媒立法及相关工作的开展，为传媒传播提供法律上和制度上的保障。为此，他协助组织和参与了多部国外传媒法名著的翻译工作，组织建立与澳大利亚、美国、英国等传媒大国的国际合作关系，大胆借鉴外国传媒法的成功经验。同时注重宣传中国传媒法的优势与特点，他还积极协助副所长夏勇组织了国内互联网法制建设研讨会，为了保证研讨会的顺利举行，他和同事们通宵达旦地工作，整理稿子，安排会务，一直到研讨会召开的前夜。由于准备充分，组织得力，研讨会取得了圆满成功，根据研讨会整理出的论文稿件，全国各地法学报刊争相转载。经过努力，我院传媒法研究项目一直在全国处于领先地位，并多次获得中央有关部门的赞许。对待成绩他很冷静，他说："中国入世，有关传媒的法律制度将面临改革，而怎样改革，还需要科研工作者做大量的前期准备工作，我们要走的路还很长。"

在采访的整个过程中，他如数家珍地给我讲述科研处里默默奉献的同志，他凝视着旁边一位埋头工作的中年同志说："这位同志1983年大学毕业就来法学所，为科研人员服务了近20年，兢兢业业，毫无怨言，他才是我们的榜样。"没有故作姿态的谦虚，话语中饱含的是深深的敬意。在他看来，他所做的一切都是自然而然，毋庸置疑的。

暮色将至，我起身告辞，回头望着依旧微笑相送的冯军，不免感慨万千，也许他没干出轰轰烈烈的大事，但他恪尽党员的职责，时刻以党的利益为重，也许他的工作"润物细无声"，一些人不屑于做这样的工作，但正是有千千万万这样忘我奉献的党员，我们党才能不断取得辉煌的成就。

忆王珉灿同志

曾庆敏

法学研究所成立已经 45 周年了。眼看今日之法学所与时代同步前进，学科齐全，人才济济，硕果累累，为振兴丰富法学、完善国家的法律体系等事业中，作出了不可磨灭的贡献，可以预见，今后法学所的业绩将更加红火。显然，今日法学所的工作业绩已非昔日之法学所可比拟。

当我们欢庆今日的成绩的时候，不禁想起了古人的一句话，就是"落其实者思其树，饮其流者怀其源"。这是中国人民的传统美德。可以说今日的法学所是在前辈法学家艰苦建业的基础上发展起来的。没有董老、彭真等中央领导同志的关怀，没有张友渔、周新民等老一辈法学家领导当年的一批"小伙子"奋斗创业，很难有今天欣欣向荣的法学所。

法学所老一辈的领导人有许多，在我接触最多的领导人中就有王珉灿（即王珉）同志。尽管他已经故去 8 年，但每当我作出一些小小的成绩时，总是要想起他来，值此欢度所庆之际，借机追忆王珉灿同志的为人及其对法学事业的贡献。

我和珉灿同志相识于 1959 年在法学研究所工作期间。珉灿同志是 1937 年入党的老党员，自中央政法干校调来法学研究所任所领导小组成员、研究组的负责人。对于我们当时还是年轻的研究人员来说，都把他看成是一个职务很高的领导同志。但是在相处一段时间之后，发现他是那么平易近人，谦虚朴实，而且为人正派。他作为研究组的负责人，不仅自己夜以继日地从事研究并写作，而且充分发动研究人员的力量，组织大家共同探讨，共同写作。在对某个问题共同切磋时，他能够倾听来自不同角度的各种意见，又能坚持以马克思主义毛泽东思想为指导的立论。由于他在学术上的谦逊态度以及原则立场，使他负责的课题组的学术空气和研究气氛总是浓浓的。参加写作的同志总是能够畅所欲言，各抒己见，真正起到了集思广益，发挥集体力量的作用。

在珉灿同志的领导下，研究组的成员注重调查研究，勤奋笔耕，因而成果颇丰。但是在当时我国出版事业尚不发达的情况下，许多研究成果难以发表，而珉灿同志总是千方百计地帮助年轻研究人员经过辛勤劳动所得的成果能有所作用，他或积极联系出版，或内部印刷，或专辟展室展览大家的成果，使人们的劳动不至于仅限于"自我欣赏"。他的这些做法出于这样一种指导思想，即"大家的辛勤劳动，应当尊重"。鉴于他的这种思想，许多年轻人愿意与他共事，而且觉得心情舒畅，认为他的这种尊重他人劳动的精神是一种高尚的品德。这种品德能激发他人无怨无悔地工作，能培养他人奋发向上的精神。

珉灿同志具有极强的政治敏锐性。他自1977年恢复工作以后，深感法制建设工作遭受林彪、"四人帮"为期十年的干扰破坏，极"左"路线流毒深广，使法学领域禁区林立，研究法学一度被视为畏途。但是，人心思治、人心思法是当时中国亿万人民的强烈愿望，法学研究必须尽快加强。于是，他着手做三件事情：

第一件事就是派员到各地政法院校做些人才资源调查工作，旨在团结法学界更多的精英共图发展法学大业。

第二件事就是在法学研究所筹备《法学研究》杂志的刊行，作为法学理论研究的阵地。经过1978年的几期试刊，即行正式发行，成为当时在"文化大革命"后最先早发行的期刊，给全国法学界提供发表研究成果的一块阵地。其后经过几批人的努力，使《法学研究》成为全国第一流法学刊物。每当我们看到现在这本杂志的兴旺发达的状况，不能不想到他的创始人——王珉灿同志。

第三件事就是他直接向当时的中国社会科学院院长胡乔木同志建议，编写一部中型的综合性法学词典，以适应广大干部群众学习法学的迫切要求。此项建议得到了胡乔木同志的支持。但是，由一项动议要变成现实将是何等的艰巨。在当时尚无基本法律的条件下，在启动这项工程时他遇到了各种主观和客观的困扰。珉灿同志邀我协助他工作，我明知此项工作的艰巨，但为他那种高尚的"为民"意识所倾倒，为他那种执著精神所折服。

珉灿同志建议编写一部综合性的法学专科词典的另一层意思，是想通过编写工作，把全国有造诣的专家组织起来，团结起来，为进一步开展法学研究工作铺平道路。于是，他不辞辛苦地到北京一些高校以及全国各地的一些有关单位，座谈粉碎"四人帮"后的法制建设形势，邀请一些专家，包括当时尚未落实政策但确有真才实学的专家，参加本部词典的编写工作。事实证明，这些专家都是以后一个时期内法学研究领域中各学科的带头人。由此可见珉灿同志在政治上的高瞻远瞩和高屋建瓴。

1978年8月以后，珉灿同志虽然离开了法学研究所，但他仍然是我们编撰法学词典的精神支柱。由于他的支持使得本词典的各项工作得以顺利进展。直至1979年的10月间，该词典已进入统稿阶段，珉灿同志仍与我们众多的常务编委一起做出版前的最后冲刺，共同讨论和解决一些疑难问题。从经他手审改过的稿子，可以看出他的敬业精神。为了按计划完成统稿工作，他常常工作到深夜，但它的工作仍然是那么细致入微，一丝不苟，哪怕是个标点符号，也从不放过。1980年6月，作为中华人民共和国第一部法学专科词典问世了。它的出版，其效应轰动国内外。在国内，第一次印刷即达13万册，很快销售一空。以后经过修订、再版，累计印刷8次，计近120万册。这样的印刷量，在专科词典中是名列前茅的。在国外，同样也得到了各界的好评。一位美国教授专门撰文评价这部词典，称它为世界一流的（当然，由于当时在中国还没有这样的法学书籍）。记得有一位本词典的编委在美国参加一个听证会遇到了阻挠，但当他出示本法学词典，并说明是该词典的编委后，一切矛盾解决了。当我们谈到本词典的这些社会效应时，总要说这是珉灿同志在文化大革命后为社会、为人民做的一件功德无量的、实实在在的好事情。然而珉灿同志总是谦逊地一笑了之。

珉灿同志具有极强的开拓精神。1979年他到司法部教育司任职，曾同我说过，新华书店的法律书籍太少了，只有几本小薄册子。他要在几年内，使新华书店设专柜陈列法律书籍。他是这样想的，也是这样实践的。在他的领导下，司法部成立了法学教材编辑部。于是他全身心地投入此项既伟大、又艰巨的统编系列教材工程中去了。从此他又与一大批献身法学建设事业的同志们一起夜以继日、废寝忘食地工作着，甚至以办公室为家，直至一大批统编教材问世，摆在了新华书店的法律书籍专柜上，实现了他的诺言。

在珉灿同志全力以赴地从事法学教材的同时，在其他法学建设上也作出了不可多得的贡献。比如他以相当大的精力参加了中国大百科全书法学卷的组织、编审工作；他又参加了中国法学会、中国政法大学的筹建工作。即使在他离休后，仍不遗余力地到广州大学筹建法学系。所有这些事业、这些单位有今天蓬勃发展的状况，不能不想到珉灿同志是这些事业的铺路人，不能不钦佩珉灿同志一往无前的开拓精神，这种精神使他的革命精力永远旺盛，使人感到他永远年轻，使人真正感受到他为法学建设事业所作出的"卓越贡献"不是一种空泛的褒扬，而是看得见、摸得着、实实在在地体现在具体的业绩中的、能够传之于后世的一种革命精神。更值得一提的是，珉灿同志一生不计名利，清正廉洁，具有很强的党性。在那个时代，从理论上讲，各项工作在共产党的领导下，一个革命者可以充分发挥自己的才能为党做许多的工作。但是在实践中，由于每位具体掌权者的思想品质的差异，不是在所有的情况下都给人、尤其是具有开拓精神的人以一种良好的工作环境。然而珉灿同志从不计较这些。他不计较自己的官阶有多高，不计较收入有多少，不计较对他有什么谣传，也不计较个别心术不正的权欲者为他设置的障碍。他的目标只有一个，就是发展法学事业，千方百计地克服一切困难，包括人为的障碍，米实现一个真正共产党员的品格，这种品格是我党兴旺发达的宝贵财富。

如今，故人已去，但留下的却是美好的东西，可以为我们无穷的思念，成为人们学习的榜样。一个共产党员的一生，如此足矣！

法学所宪法行政法研究室琐记

——张庆福研究员访谈

张庆福，1937年生，河南省禹州市人，法学硕士。1957年由河南许昌市高中考入北京大学法律系，1964年毕业后考入中国社会科学院法学研究所研究生，毕业后在法学所国家法研究室工作。历任中国社会科学院法学研究所宪法行政法研究室副主任、主任，所学术委员会委员，公法研究中心名誉主任，中国社会科学院研究生院教授、博士生指导老师。

法学所筹建

据张庆福先生回忆，当时是董必武亲自点将要张友渔先生从事法学研究所的筹备工作，张友渔先生到任后将一批留学苏联的学者召集起来，成为法学所乃至中国法学界的法学前辈，这其中包括吴大英、吴建璠、任允正等。法学所筹建之初，并没有设立研究室，而是设立四个研究组，名称依次为第一研究组、第二研究组……且行政色彩浓厚，组长都是级别不低的领导兼任。宪法、法理研究人员都属于第一组，先生尤为印象深刻的是研究法理的某位前辈喜欢抽烟，睿智的法学思想时常伴随着烟雾在研究室里弥漫。

法学所成立之初到后来很长一段时间内，并非是单纯的学术研究机构，更多的是承担中央书记处交办的各项应急性的任务，除此之外还承担法律基础知识的宣传和普及工作，当时的国家的法律制度并不十分健全，许多领域法律意识也比较淡薄，法治建设的许多基础性工作仍有待完成。法学所当时编著的普及性法学读物中就有诸如《婚姻法基础知识讲话》等书籍，现在看来这些知识许多都是常识性的，然而当时所处的历史阶段这些读物的作用不可小视，而且后来出版的法学教科书中仍然依稀可见这些读物的影响。

关于现行宪法的制定

1964年开始，在"文革"的大背景下，法学研究所的研究工作和当时全国的政治气候一样处于变动不安的状态之中。十一届三中全会以后，法学研究逐步走向正轨，特别是1982年以后，法学研究所逐步成为。

谈话中先生回忆当年宪法制定工作，法学所国家法研究室共有三人参加，张友渔、王叔文、张庆福。其中，张友渔先生是宪法修改委员会秘书处副秘书长，其学术观点对宪法草案影响较大，王叔文先生在秘书处负责起草公民基本权利和义务部分内容。当时法学研究所是秘书处制定的专门负责宪法修改的资料收集工作的单位，接受秘书处委托后，大家夜以继日地工作，一共收集整理了超过百万字的资料，受到了彭真同志的多次表扬。当时这些资料多数是问题导向的专题性资料，比如其中一个课题就是"请查找世界各国宪法中有没有非国家元首可以统率武装力量的？"。这些资料的一部分后来被编辑为《宪法分类资料》出版。先生还透露了宪法修改时候的一些重要的历史素材：当时胡乔木负责秘书处工作，曾将宪法委员会作为专门的一节，交给法学所起草。但是由于时代久远，先生已经无法回忆起草案具体的内容，颇令人有些遗憾。根据参加宪法修改委员会秘书处工作的中国人民大学教授许崇德先生的《中华人民共和国宪法史》一书记载，该说法获得了印证。1981 年，宪法修改委员会秘书处的讨论意见中提道："为了保障宪法实施，可以考虑规定设立全国人民代表大会宪法委员会，单独作为一节。"而 1981 年 4 月 21 日，宪法修改委员会秘书处意见中指出："关于全国人大常委会宪法委员会，可以作为国家机构第三节，放在第二节全国人大常务委员会的后面，如果采用则应对本稿有关的条文做相应修改。"[①] 至于该节草案的内容，我们经多方查找，仍然无法得知其具体的条款内容。这或许是留给中国宪法史研究的学者们一个有待完成的课题吧。

承担立法起草工作

1979 年至今，张庆福先生先后担任《选举法》、《监督法》起草小组成员，并参加了人大组织法、立法法、语言文字法、行政监察法、戒严法、防空法、文物保护法等法律的制定和修改工作。根据程湘清《在宪法学研究工作中我所亲历的三件事》一文的介绍，张庆福时任监督法起草班子成员，而为该法起草提供专家意见的学者有：张友渔、王叔文、许崇德、萧蔚云、江平、吴家麟、王家福、罗豪才、高放、龚祥瑞、高铭暄、陈光中、吴大英、吴杰、董璠舆、赵宝煦、王向明、皮纯协、刘翰、李步云、崔敏、陈云生、周延瑞、樊凤林、王德洋、甘藏春等数十位教授（研究员）、副教授（副研究员）。这其中，仅法学研究所宪法行政法研究室学者就有 5 位参加。

[①] 许崇德：《中华人民共和国宪法史》，福建人民出版社 2003 年版，第 383—384 页。

淡泊名利

由于张庆福先生在法学界的声望,在退休后仍有许多团体、期刊发出邀约,要聘请他为委员、编委,甚至许多法学院提出要聘请张庆福先生为院长或教授,但都被婉言拒绝了。先生坦言,自己不过是一个学者,不擅长处理行政事务,特别是对于社会上复杂的人际关系,作为学者自己无法胜任。对于他过去曾参加宪法修改、立法起草的工作,他只是轻描淡写地说道:"那不算什么。"若不是被追问,先生从不愿意主动提及。如今张庆福先生在家时常以书画怡情,时而感慨当今的书画界的"泡沫"较之于学术界的泡沫更是有过之而无不及。先生常感言道:做学问者,需有"板凳甘坐十年冷,文章不写一句空"的精神,方能成为学者。

改革开放三十年的回顾与展望

罗耀培[*]

改革开放30年,中国人民坚持贯彻解放思想、实事求是的思想路线,在政治、经济文化和社会生活各方面,都发生了前所未有的伟大变革,取得了划时代的伟大成就。如今,中国经济总量已从世界第十一位跃升至第四位,中国人民生活已从昔日温饱不足,上升到总体小康水平。中国人民正为全面贯彻落实科学发展观,继续解放思想,坚持改革开放,建设中国特色的社会主义法治国家,夺取全面建设小康社会的新胜利而努力奋斗!中国社会科学院作为中央的助手和智囊团,在我国近30年的改革创新中,建立了不朽的丰功伟绩。

至于我个人,可以说是"渺沧海之一粟"。像我这样,解放前从事党的青年工作的学法的团干部,解放后在中国青年出版社担任过系列宣传"五四"宪法专著的编辑出版工作;57年反右因坚持"健全法制",险些被打成"极右"(后内定为"中右");60年代才跻身对外宣传。70年代耀邦同志纠正"四人帮"极左干部路线后,才厕身社科院的科研队伍。如今要谈近30年的历程,确实有些惶汗。这里只是作为一个早年的法学工作者的反思和展望,也是对自己的一种鞭策。

我是1978年春,经50年代组织宣传"五四"宪法的老战友、人民大学法律系主任、知名教授杨化南介绍来法学研究所筹办《法学研究》的。到任后,当时主管《法学研究》筹备工作的王珉灿同志即表示欢迎,并说:"你来很好!法学专家给我解危了!"据他事后告我,因他没有学过法律专业,在政法干校当教员前是新闻记者。来所后,工作受到刁难。我

---

[*] 法学研究所研究员,作为宪法学研究会副秘书长曾协助王叔文组织宪法学研究会的筹备和成立工作。

也比较自觉。为了便于开展工作，特商请主管所长解铁光同意，邀请休闲在家的前政法干校教研室主任、延安时期老干部金默生同志来编辑部主持工作。因金在50年代，曾应本人之约为青年出版社写作专著《资产阶级国家议会》一书，有过成功合作的经历。来编辑部后，彼此合作十分默契。创刊工作，进展顺利。在院领导的直接关心和支持下，本刊不仅旗帜鲜明地参加和支持了真理标准的大讨论，全面宣传贯彻了党的政法工作方针、政策，而且结合政法界这当年极"左"思潮泛滥的重灾区的特点，还多次以编辑部名义组织和发动了北京和全国反对法律虚无主义、反对人治、实行法治的学术讨论。在刊物上发表了系列有关依法治国和专项立法建议等较高质量的专论，还组织出版过成套的论文集和专著。不仅为中央制定"依法治国，建设社会主义法治国家"的战略决策，制造舆论，提供了权威资料，而且为国家单项立法，如青少年立法提供过及时的建言和倡议。举目今日之中国，不仅将"依法治国，建设社会主义法治国家"写进了宪法，未成年人保护法也颁布实施，而且中国特色社会主义法律体系也已基本成形。辗转反思，草成短句：

上下求索乐经年，风雨坎坷只等闲。
法治阳光照华夏，科学发展开新篇！

回想当年，在那极"左"思潮横行、教条主义泛滥的法学界，要谈保障人权，实行法治，谈何容易！万事开头难，1978年春，我受命筹办《法学研究》，既面临开展真理标准讨论的重任，又肩负全面宣传贯彻党的政法工作方针政策的重担。"心有灵犀一点通！"恰在此时，耀邦同志亲自筹划审定的《实践是检验真理的标准》一文在中央党校《理论动态》上发表。5月11日，《光明日报》以特约评论员名义公开刊载。这也为中国法学界的解放思想、冲破禁区吹响了进军号。实践证明，当年法学界的专家学者主张健全法制，实行民主法治是完全正确的。董老在八大强调"有法可依"，"有法必依"，是切实可行的。为何受到责难和冷遇？不平则鸣！于是与默生同志商议，联系当年中央政法委，特别是当年董必武同志办公室的老专家、在京政法院校（主要是北大、人大）的知名教授、学者，便开展了系列坚持真理标准，冲破禁区，反对极"左"思潮和教条主义的学术讨论活动。当时大家一致认为，结合中国法界这极"左"思潮泛滥的重灾区的特点和实际，《法学研究》不仅要组织讨论实践是检验真理标准的思想路线问题，还应冲破禁区，旗帜鲜明地批判极"左"思潮、教条主义和法律虚无主义，突出宣传董必武同志的法律思想，进一步开展反对人治、实行法治的专栏讨论，然后进入"依法治国"的探索。从《法学研究》1978年的试刊，到1979年的正式创刊，公开发行，进一步推动法学科研和国家民主法治进程等等，便是这样按部就班，循序渐进的。

在十一届三中全会前的试刊中，不仅登载了系列坚持实践是检验真理标准的专论，而且还突出刊登了董老强调执政党、领导干部要重视法律，带头遵守法律的三篇专论。特别是这篇题为《关于党在政治法律方面的思想工作》的文章，批评有些干部认为："天下是他打下来的，国家是他创造的，国家的法律是管别人的，对他没有关系，他可以逍遥法外，不遵守法律"①，反映特别强烈。在1979年3月，默生同志和我借时任北师大党委书记聂菊荪同志寓所，召开了纪念董老逝世三周年的座谈会，约请了原董办法学专家陈守一、吴大羽、郭纶等与会，由我记录整理，以《典范犹存》专文发表。在正式创刊以后，不仅在发刊词中明确谴责法律虚无主义的危害，而且还连登数篇批判法律虚无主义的专文。时任北大法律系主任的赵震江教授在《五四精神与法学研究》的专论中，还明确指出："由于法律虚无主义者和林彪'四人帮'的长期干扰和破坏，法学领域禁区之多，耸人听闻"，致使我国"法制建设和法学研究工作一直处于落后或停滞状态"。1979年第2期，更进一步发表了罗世英教授的《批判法律虚无主义，加强法学研究》的论文。

以后，本刊便陆续出现了明确提出反对人治、主张法治的专论。这年5月，在全国人大常委会法制委员会副主任陶希晋同志等的支持下，本刊编辑部又在公安部礼堂召开了在京公、检、法机关、政法院校等专家学者和新闻单位40余人参加的法学座谈会，就解放思想、突破禁区、发扬民主、健全法制的问题进行了讨论。刚"流放"返京的最高人民检察院研究室主任王桂五同志即席发言。他认为："实行社会主义法治，这是我国社会主义民主制度发展中提出的历史任务。"② 陶希晋同志在书面发言中也指出："要建设一个高度文明的现代化的社会主义强国，不切实实行社会主义法治是不可能的。"③ 1979年第5期，发表了人民大学教授谷春德、吕世伦、刘新等的主

---

① 《董必武选集》，人民出版社1985年版，第337—362页。
② 《法治与人治问题讨论集》，群众出版社1980年11月版，第256页。
③ 同上书，第4页。

张法治的《论人治和法治》专文，认为："我们一定要为不断加强社会主义法治而斗争。"为了进一步开展主张法治反对人治的深入讨论，我与默生同志商定，从这期起即正式开辟"关于法治与人治的讨论专栏"。当即引起中国法学界的热烈响应，来稿十分踊跃。限于篇幅，我们便决定出版《法治与人治问题讨论集》，将有关的 31 篇、约 26 万字的论文，于 1980 年 11 月交群众出版社公开出版。针对有人对"法治"概念的议论，我们又在 1982 年第 2 期，发表了李步云研究员的《法治概念的科学性》一文。1988 年第 3 期，又发表本人的《社会主义民主政治建设初探》专论，强调要"实行真正的社会主义法治"。当年我与默生同志支持这场讨论，也不是只当来稿照登的"收发室"，我们要有所选择。提倡什么，反对什么，我们都要承担一定的政治责任。记得本刊批判"法律虚无主义"时，就曾引起所内"左"派的议论。当赵震江教授在《五四精神与法学研究》文中，狠批法律虚无主义以后，一位当时主管政法工作的负责干部，就曾去北大法律系主任陈守一同志处质问。守一后来告诉我，他毫不含糊地回答："苏联建国初期，列宁就批判过。"对方才悻悻然，勉强作罢。岁月催人，1989 年我离休了！胡绳院长又专函返聘。雁过留影！我对当年筹办的刊物，也不无影响。有的重要学术讨论，特别是关于"依法治国"问题的讨论，我还是坚持与会。

随着关于法治问题讨论的深入发展，全国法学界便进入"依法治国，建设社会主义法治国家"讨论的新阶段。当年不仅北京法学界展开了反对人治，实行法治的热烈讨论。全国人大法工委办公室主任张春生同志也撰文支持实行法治。他说："法治是人民当家作主的制度化、法律化。"[①] 上海、武汉、重庆等省市的法学家，武大、西南政法大学的教授何华辉、马克昌、张泉林、俞荣根、张警等也积极支持。这时"实行社会主义法治"，"依法治国"，"建设社会主义法治国家"，不仅成为法学界热烈支持的学术观点，而且被中央肯定，写进了 1979 年的六十四号文件中，还成为中国社会科学院王家福研究员等 1996 年的重点课题——《关于依法治国，建设社会主义法治国家的理论和实践》。后以《依法治国》为题，并发表于 1996 年《法学研究》第 2 期。1996 年 2 月 8 日，王家福同志还向以江泽民同志为核心的党中央讲课。以后，又写进党的十五大文件中。1997 年 3 月，又根据中共中央建议，将"中华人民共和国实行依法治国，

---

① 《中国法学》1988 年第 5 期。

建设社会主义法治国家",写进了现行宪法,成为建设中国特色社会主义国家的战略目标。党的十七大,不仅将"依法治国基本方略深入落实,全社会法制观念进一步增强,法治政府建设取得新成效",作为实现"全面建设小康社会奋斗目标"的新要求,而且还将"全面落实依法治国基本方略,加快建设社会主义法治国家"作为"坚定不移发展社会主义民主政治","保证人民当家作主"的一项重要内容。道路崎岖,终结硕果。使人感慨系之:

法律虚无种祸殃,"文革"灾难举国丧!
极"左"教条尽横扫,依法治国颂良方!

回顾改革开放30年,在中央和社科院的领导关怀和支持下,默生同志和我作为法学工作者,也曾为我国的宪法和单行法规的制定,尽过绵薄。记得那是1979年4月,《法学研究》创刊之初的一个春光明媚的上午。默生同志向我推荐新华社《内部参考资料》一篇重要报道:由于上海等省市青少年犯罪的上升,基层政法部门出现了"惩办主义"的迹象等问题。作为早年从事青年工作的团干部和法学工作者,自己感到有立即向中央建言的必要。当即结合编辑部平时的读者来信和有关资料,以金默生同志和我两人的名义,向中央写了注意采取标本兼治的对策,防止出现简单的惩办主义倾向的"内参"。建议中,还特别引用当年4月13日××市公安局一位负责人向中央政法委的报告:"我认为要彻底解决青少年流氓犯罪问题,中央应考虑集中一定时间,全党动员,发动各方面的力量,造成像镇反一样的声势,狠狠打击流氓和刑事犯罪活动,坚决打下这股反动势力。"当即引起中央重视,并将报告摘要批转最高人民法院、最高人民检察院、公安部党组。同年5月。又再次向时任中央秘书长的胡耀邦同志反映,建议:"制定全面培养保护青少年的法规,建立青少年法庭和青少年研究机构。"中央办公厅研究室6月16日复函称:"你给耀邦同志的两封信,他已看过。这两封信的主要内容,已由我们摘要报送有关同志。"

于是,在时任团中央第一书记的胡启立同志的支持下,在1979年10月出版的《青年研究》第5期正式发表了本人的《青少年犯罪初探》论文。文章比较全面地论述了青少年犯罪的状况、根源,以及借鉴国外经验,制定保护青少年法规、条例,建立青少年法庭的对策等等。接着在全国人大常委会法制委员会的支持下,由团中央研究室主任钟沛璋同志操办,于1979年

3月20日至25日，在北京海淀区中央团校内，召开了首创的全国青少年保护法座谈会。到会有全国人大常会法制委员会、中央公、检、法、司、教育、工会、妇联和京津沪有关院校的干部、教授、专家60余人。会议由胡启立同志主持，讲述了会议宗旨。本人陈述了青少年立法的理由。与会同志踊跃发言，各抒己见。一致认为："制定保护青少年的法规的条件已经具备，时机已完全成熟了。"除通过了《关于建立青少年保护法起草小组的建议》外，还建议成立全国性的青少年科研机构。希望由全国人大常委会法制委员会、司法部、团中央共同筹备商借有关人员，尽快成立起草小组，开始起草工作。团中央书记处当即接受建议，商借中国社科院和北京有关院校从事青少年犯罪研究的专家学者组成起草小组，开始起草工作。会后，根据座谈会建议制定简单条例的要求，团中央书记处研究室建议本人先起草一份初稿，以供参考。我便根据平时研究心得，参考法学所掌握的有关国外青少年立法的资料，昼夜兼程，起草了一份共26条的《青少年保护条例》（草稿）。当即受到团中央书记处的重视。于4月19日以青少年保护法座谈会第15期《简报》形式，送交有关方面参考。

1980年5月上旬，团中央商借的有关专家学者到齐，便正式开始起草工作。当年商借的起草人员，计有：北大储槐植教授、康树华教授，人大力康泰教授、阴家宝教授，北京政法学院郭翔教授、姜文赞教授等。由本人作召集人，负责日常起草工作。根据团中央书记处的安排，书记处研究室主管全部的起草工作。本人为召集人，负责主持日常会议和全部起草汇报工作。加夜班时，可暂住大楼办公室。重要事情，由本人直接向胡启立第一书记请示汇报。经过起草小组日夜紧张工作，参考本人所拟草稿，5月22日，便形成了《青少年保护条例》（初稿）。送团中央书记处审定后，即报送全国人大常委会法制委员会。然后，分三步进行征求意见，反复推敲修改。改定后，再交书记处审议。因为首先考虑政法专业部门的审查意见。所以每稿审议，都是：第一步，邀请最高人民法院、最高人民检察院、公安部、司法部及有关政法院校专家座谈。第二步，请教育部、劳动总局、工会、妇联等文教机关和群众团体座谈。第三步，才向京津沪所属团的基层单位和街道职工群众代表征求意见。循序渐进，在5月底，即形成第一稿，6月便形第二稿，7月便形成第三稿，9月形成第四稿。后由团中央书记处定名为：《中华人民共和国青少年保护法》（讨论稿）。当年起草审议工作，也是十分细致严肃认真的。我还记得在1980年5月30日，起草小组召开第二次政法部门的专家座谈会的盛况。当时到会的有公安部研究室刘春和、最高人民检察院荣礼瑾、最高人民法院罗平、司法部刘克境、北京最高人民法院陈建国、北京市人民检察院胡石友、北京市监狱黄宝山、北京政法学院时伟超等专家、教授共九人。都是朝气蓬勃、年轻有为的专家学者，济济一堂，各抒所见。与会同志都对团中央这一关心青少年的创举，赞许有加。公安部刘春和等同志认为，建议制定青少年保护法的座谈会三月底刚开完，不到两月，就拿出了比较成型的初稿，确实不易！

当年，团中央书记处的审议也是认真负责，反复推敲的。记得这年7月3日，由胡启立同志主持召开了一次较大的审查会。到会的有当年书记处韩英、李瑞环、刘崇文、周鹏程、李传华、李海峰、苟德元等同志。我汇报了起草经过和修改进展情况后，韩英同志即代表书记处对起草工作进行了充分肯定。他说：你们高速度、高效率，起草质量也不错。你们第二次修改稿，又突出了保护思想，这很好！还有一个问题就是与现行政策关系，应尽量避免发生矛盾。李瑞环同志提出："要与国家实际、现行政策结合。"他说："法律要注意稳定性，要注意现行政策，统战政策。"文中有些"必须"、"拥护"等规定，应再斟酌。"教育"、"引导"的政策应加"为主"二字。"处分"问题不要分写，可以集中写。奖励规定也不要太具体，如"国际旅游"等，组织起来就要注意政策规定。李传华同志认为：应增加对生理有缺陷的青少年的保护，对青少年和科技工作者可以考虑增设科技基金，以资鼓励。对子女遗弃父母也应有相应规定禁止。韩英同志建议：可以将法规名称改为《青少年保护法》。与会同志都发表了许多宝贵意见。会后我们认真进行了修改。还陆续召开了武汉、西安、广州、上海、青岛、北京、沈阳、成都等省市，来京开会的政法干部座谈会，听取了上海调研汇报，收到了上海市、广州市、常州市等地团委的来信反映的宝贵意见。经过这样反复修改审议，最后才形成9月的讨论稿。可惜，好景不长！当年9月讨论稿送审以后，一直杳无音讯，形成中断。事有凑巧，当年8月以后，因为修改宪法，全国人大常委会成立了宪法修改委员会，张友渔同志担任该委员会的副秘书长。所领导面谈，要我回所协助张老参加宪法修改工作，其他工作便无暇过问。团中央起草工作，只是在事后了解。可能在人事变动后，有其他原因，造成实际上的停顿。直到1985年10月4日中央再次发通知："建议立法机关会同有关部门，根据宪法精神，加紧制定保护青少年的有关法律，用法律手段来保障青少年的合法权利不受侵犯。"但以后一年多，仍然杳无音讯。到了1987年8月12日，时任团中央第一书记的宋德福同志便急起批示：

"我们已经谈了几年了,现在看来等有关部门不行,还是我们自己动手吧!"那时的团中央常委、书记处书记的刘延东同志也表示:"此事已与几位书记商议,决定以研究室为主,抽调有关同志成立起草班子,与人大法工委等有关部门一起,还可参考 1980 年的草稿和综合近几年的成果,争取早日写出。"① 于是,在同年 9 月 23 日,团中央书记处研究决定成立团中央青少年保护法起草工作领导小组,刘延东同志任组长,郝英杰同志任起草小组组长,1988 年再度起草工作开始,本人受聘为青少年立法咨询组成员。1988 年 9 月 1 日至 10 日在北戴河召开专家改稿会议,由我担任"总则"部分的修改定稿工作。1989 年 12 月,团中央、国家教委向国务院报送《未成年人保护法(送审稿)》。1991 年 6 月,国务院报送《中华人民共和国未成年人保护法(草案)》。直到 1991 年 9 月 4 日,第七届人大常委会才正式通过制定《中华人民共和国未成年人保护法》,1992 年 1 月 1 日起施行。辗转 12 年,终以未成年人保护法通过施行。为此,国务院于 1992 年 10 月 1 日,为了表彰本人在坚持制定青少年保护法的艰辛努力,为发展我国社会科学做出的"突出贡献",特颁发证书并给予特殊津贴,予以奖励。本人感慨万端,不胜惶汗,乃为短句:

> 十年磨剑路坎坷,保护立法少年歌。
> 突出贡献愧报颜,中华崛起平生乐。

在改革开放 30 年的实践中,本人在筹办《法学研究》,开展专题研究和学术讨论活动之余,还编写出版了一系列有关中国法学发展的丛书、文集和专著 30 余种。包括:1985 年筹建中国宪法研究会第一次成立大会精选的 48 篇论文集,《宪法与改革》;1983 年,参加在上海举行的全国法学理论讨论会,选编的《法学理论论文集》;1982 年,配合《中华人民共和国宪法修改草案》的全民讨论,选编的《宪法论文集》、《宪法论文集》(续编)等等,以上皆由群众出版社出版,受到读者称道。为了反映法学所的科研成就,还编选出版了一套国内仅有的中国法学丛书,包括《宪法》、《行政法概论》、《刑法》、《民法》、《刑事诉讼法》、《民事诉讼法》、《婚姻法》、《经济法》、《环保法》和《知识产权法》等,共 11 种,皆交由四川人民出版社 1988 年出版,反映较好。1989 年、1990 年又先后

---

① 《十年磨一剑》,法律出版社 1992 年版,第 338 页。

再版发行。特别引人注目的是，经社科院汝信副院长批准，我在1991年7月赴日本早稻田大学讲学一年。在早大、东大等知名大学宣讲了中国民主法制建设的成就，澄清了"六四"以后西方对我国的误解，加强了中日法学交流。以后早大比较法研究所所长大须贺明、东大校长平野龙一先后来访。1998年以后，早大比较法研究所又拨专款支援在中国出版一套《日本法学丛书》（中译本），包括《比较法》、《行政法》、《环保法》、《物权法》、《刑法总论》、《民事诉讼法》、《刑事诉讼法》、《生存权论》、《证券交易法概论》、《担保物权法》10种，对我国法制建设和中日法学交流颇有裨益。人大、北大学者交相称道。2004年3月又由法律出版社出版本人专著《民主法治的反思和展望》，2007年荣获中国社科院离退休人员优秀科研成果奖。院老干部局又拨发专款支持本人第二本专著《中国青少年保护法概论》近期出版。岁月蹉跎，转瞬已近暮年。深有所感，因成短句：

依法治国硕果鲜，精心保护青少年。
以人为本根基固，全面小康唱和谐！

中国社会科学院周汉华谈政府信息公开化

人民日报记者　裴智勇

中国社会科学院周汉华研究员呼吁，当务之急是通过制定政府信息公开条例为制度创新奠定法律基础。

"政府信息公开有 N 个理由。"日前，中国社会科学院周汉华研究员在接受记者采访时笑着说。他是《政府信息公开条例专家建议稿》起草课题组的负责人。他呼吁，当务之急是通过制定政府信息公开条例为制度创新奠定法律基础。

政府信息如同银行货币，只有加速其流动，才能创造巨大的效益。

记者：商场上，一个有用的信息是商机，是财富。怎么看待政府信息公开对经济发展的作用呢？

周汉华：信息化与信息社会要求政府信息资源的自由流动，以促进经济增长。在所有国家，政府是最大的信息所有者和控制者，国家信息化或者信息社会的前提是政府信息化。据有关方面统计，我国有用信息的 80% 由政府所掌握，但这些信息大多处于不对外公开状态，严重地制约了经济发展。政府信息如同银行货币，只有加速其流动，才能创造巨大的效益。

记者：信息公开对维护市场秩序有什么作用？

周汉华：信用缺失、市场秩序混乱、交易成本过高，一直是制约我国经济发展的一个重要因素。各种欺诈现象的存在，一个重要的原因就在于民众无法获得正确的政府信息，一旦真实的政府信息对民众公开，各种欺诈现象也就失去了藏身之所。政府信息公开可以有助于解决这个问题。

政府信息公开有利于依法行政、保障民主、反对腐败、维护稳定。

记者：您能谈谈信息公开对于建设社会主义民主政治的作用吗？

周汉华：信息公开是实现人民当家作主民主权利的需要。人民要行使这些管理国家事务和社会事务的权力，其前提条件是要让人民知情。政府信息公开制度具有规范性强、成本低廉、参与面广、效果明显等特点。

政府信息公开是推进依法行政和改革政府管理方式的必然要求。推进政府信息公开制度，将行政机关的办事制度与程序告知民众，使政府行为处于广大群众的监督之下，必然会促使政府机关及其工作人员增强法制观念，依法办事，提高行政管理的水平。政府信息公开是防止腐败的治本之策，有利于维护社会稳定。权力的行使缺少透明度，容易搞暗箱操作或权钱交易。

实践的呼唤与履行世界贸易组织协定的要求。

记者： 近年来，各种形式的政务公开制度在实践中得到了长足的发展，今后要着力改进些什么呢？

周汉华： 实践中推行的各种形式的政务公开制度仍然存在着一定的局限，往往具有各自为政的特点，相互之间缺少统一性和协调性。比如对于信息安全管理和执法，也涉及多个部门，如国家密码管理委员会、公安部、国家安全部等。由于缺少综合协调机构，对于信息时代的信息公开问题缺少全盘规划和部署，各种改革仍然停留在渐进性改革的思路上。

另外，政府信息公开是 WTO 对政府透明度的基本要求。几乎所有的 WTO 法律文件都规定和贯彻了政府透明度的原则。我国加入世界贸易组织，必须遵守这些法律文件。

在宪法的天空中翱翔

——访第四届十大杰出青年法学家、中国社会科学院法学所研究员莫纪宏

法制日报记者　谢　庆

从默默无闻到星光闪烁，对于一个法学研究者来说，绝非一夜成名的奇迹出现。他一定是一个在寂寞的学术之路上长久劳作的人。当他积累的果实拥有了价值，他必然会脱颖而出，成为人们心目中明星式的人物。

莫纪宏，这位"骨子里还散发着泥土芳香"的宪法学家，在宪法的广阔田野上，辛勤耕耘了近20个春秋。先后出版个人专著7部，发表各类学术成果累计350万字，获得省部级以上科研成果奖10项。他在宪法学理论、宪法诉讼、灾害法和紧急状态法和文化法等领域的研究，均具有开拓创新的价值。

2005年1月，莫纪宏荣获第四届十大杰出青年法学家的称号。没有人会怀疑，作为国际宪法学协会理事、中国法学会宪法学研究会副会长，莫纪宏正在成为新一代宪法学者的领军人物。

面对以往的成就和荣誉，他一笑而过。谦虚的笑容中，他的目光已经锁定下一个新的目标。

慢慢走上学术之路

莫纪宏来自扬子江畔江苏省靖江市的新桥镇，父母都是勤劳朴实的农民。1982年，17岁的莫纪宏以扬州地区文科第三名的成绩考入北京大学法律系。也许，他根本没有意识到，自己从此开始了通向法学家的人生之旅。而他曾经的理想是当一名伟大的作家。

"大学期间，我的刑法和刑诉法是全年级学得最好的，考过97分、98分的成绩。"后来，由于特别追捧当时的宪法学泰斗、中国社会科学院法学所宪法室王叔文先生"文辞简约、逻辑性强"的写作风格，莫纪宏对宪法产生了兴趣，并立志报考王叔文的研究生。1986年，莫纪宏如愿以偿。1991年又师从王叔文攻读宪法学博士。

那是一段充满激情的岁月。莫纪宏怀着满腔热情投入到读书、讨论和写作当中。渐渐地，一些报纸、杂志上出现了他的署名文章。就这样，莫纪宏慢慢地走上了治学的道路。

"在学习期间收获最大的，应该是1986年到1987年那段时间。当时，中国社会科学院研究生院有一个英语培训班，我学了一年，收获非常大。通过对外语的学习增强了自信心，学问也逐渐走上了轨道。"

莫纪宏精通英语，熟练掌握日语和法语。他的体会是，"除了英语之外，还要多学几门外语，这样才能提高获得第一手资料的学术能力。"

一个人起点的高低，往往决定着他未来人生的走向。一开始就占领了制高点的莫纪宏28岁被破格提拔为副研究员，36岁晋升研究员。但他至今勤奋不已，他永远会记得，大学毕业典礼时，丁石孙校长送给即将奔赴祖国各地的莘莘学子的那一席话，"人生成败，关键在于律己"。他坚信，"少说多做，不怨天尤人，把自己的能力发挥出来，一切就会水到渠成"。

从关注细节寻求突破

紧急状态法是我国2004年主要立法项目之一，莫纪宏是立法课题小组的成员。此前，他对紧急状态法已经进行了长达十几年的研究。

莫纪宏最早关注紧急状态法，源于1989年北京的"戒严"。他认为其中有很多法学问题需要认真思考，并由此感到这是一个值得深入研究的新领域。1991年，他与徐高合作出版了《紧急状态法学》。此后，又接连发表了《中国紧急状态法的立法状况及特征》等一系列文章。然而，他当时的呼吁并没有引起更多人的响应。

直到1999年，莫纪宏针对我国驻南使馆遭北约飞机轰炸以及"法轮功"等紧急危机事件，结合自己对紧急状态法律制度的研究成果，写出了《建立国家紧急事务预警反映机制》的报告，刊登在人民日报社的《情况汇编》上。该报告受到了党和国家领导人的高度重视。

莫纪宏认为，起草紧急状态法是实施宪法的要求。宪法中已经将"戒严"改为"紧急状态"，要使宪法规定的"紧急状态"落到实处，使国家机关在紧急状态下行使权力于法有据，同时保障公民的合法权利，就要用相关法律将宪法的规定具体化。

莫纪宏同时强调，紧急状态法应尽量少用。紧急状态中公民要承担比平时更多的义务，正常的权利会受到一定的限制。因此，即使在紧急状态中，也有一些权利是不能够被限制的，比如公民的人格平等、宗教信仰等自由和权利等。所以，预防各种危急状态，必须完善公共安全方面的法律，加强危急管理，建立灾害预防制度，提高公众的安全意识。

灾害法是莫纪宏研究的又一个重要领域。从1991年开始，他先后参加了我国防震减灾立法工作和防震减灾法律体系的构建工作，对《破坏性地震应急条例》和《中华人民共和国防震减灾法》的出台功不可没。

莫纪宏最主要的贡献是，在《破坏性地震应急条例》中第一次创设了我国的行政紧急权制度，即在严重破坏性地震发生后，国务院和省级人民政府有权在地震灾区采取特别管制措施；在《中华人民共和国防震减灾法》中明确了地震紧急应急措施的内容。

努力开阔宪法的空间

观察莫纪宏的学术研究轨迹，可以看出，以宪法基础理论为核心，向各个方向呈放射状延伸是他追求的理想状态。他力争在理论研究上创新，并将理论与实践紧密结合。他更想证明，"宪法不是空洞无物的"。

"要想为国家的法治建设提出有价值的立法建议，就必须有扎实的理论基础。"多年潜心研究，莫纪宏已经出版个人专著7本，在宪法基础理论研究方面出手不凡，可圈可点。其中，《宪政新论》是国内宪法学界系统论述、研究社会主义宪政问题和宪法审判制度的第一本学术著作。更值得关注的是莫纪宏的《现代宪法的逻辑基础》一书，他运用宪法逻辑学的分析方法，对我国宪法学界所探讨的一系列最前沿的基础性理论问题发表了个人独特的见解。他提出，宪法属于价值现象，分析宪法现象的基本方法必须体现价值的基本特性，即应当将宪法放在手段与目的的因果关系逻辑链中，通过探讨宪法的正当性、合理性、确定性和有效性等基本价值属性来认识宪法现象的基本特征，通过这种方法论来发现隐藏在宪法现象背后未被发现的价值规律。

有人将宪法诉讼的理论研究比喻成法学领域中的"哥德巴赫猜想"。莫纪宏正致力于这方面的研究并充满信心。他认为，宪法的根本法性质在我国司法审判领域一直没有获得应有的关注，大量的公民宪法权利受到侵犯的案件在人民法院无法得到审理，以致对于普通公民来说，宪法只不过是高高在上的"根本大法"，而不是与其切身法律权益相关的维权武器。宪法的本质是"人民的法律"，当公民的基本权利受到侵犯时，宪法应当成为公民维护自己合法权益的法律武器，因此，宪法应当进入司法审判领域。在发达的法治国家中，目前都建立了比较健全和完善的宪法审判制度，公民的宪法权利受到非法侵犯，可以通过宪法诉讼的途径请求宪法审判机构的保护。

令莫纪宏欣喜的是，最高人民法院于 2001 年 8 月 13 日公布的《关于以侵犯姓名权的手段侵犯宪法保护的公民受教育的基本权利是否应当承担民事责任的批复》"打破了长期以来公民的宪法权利得不到司法救济的坚冰，第一次以司法解释的形式来明确保护公民的宪法权利，在中国宪政建设的历史上具有彪炳史册的深远意义，将极大地推动我国宪法学理论研究的发展"。

他认为，我国宪法学正在从理论设计阶段逐步走向司法适用阶段，宪法学的理论研究正在日益为社会主义法治建设的具体实践服务。由于没有出现关于宪法适用的具体事例，特别是有法律效力的宪法争议，宪法学理论研究的实用性和针对性比较差，宪法理论还比较陈旧，闭门造车和无的放矢的现象比较严重，与宪法的价值不协调。

莫纪宏希望能通过自己及更多宪法学者的努力尽快改变这一现状，他在抓紧撰写《宪法学的概念和范围》、《人权理念的逻辑基础》、《宪法诉讼原理》等几部新作，他还在积极申请和推动国际宪法大会早日在中国举行。

在宪法的广阔天地里，莫纪宏，脚步匆匆。

骆伟建学友为法学研究所
50周年庆典发来的贺电

法学研究所宪法室的老师、先生们：

你们好！

时值法学所建所50周年的喜庆日子里，请允许我致以衷心地祝贺。

我曾在法学所学习三年，得益于老师们的教诲，有许多值得记忆和留念的美好往事。其中，尤其要怀念我的恩师王叔文导师，他不仅给予我知识的栽培，而且为我的人生成长和事业发展提供了良好的条件。想当初，刚进入法学院学习时，恩师给我创造了非常好的学习环境，在住房极其紧张的条件下，腾出房间让我住在法学所，让我可以与老师们一起使用法学所的图书资料，这在当时是令学子们羡慕不已的。而更令我兴奋的是，恩师给了一个绝佳的让理论和实践相结合的难得机会，让我参与了香港基本法的起草工作。从此，引领我进入研究"一国两制"和港澳基本法的领域，也奠定了我代表13亿中国同胞，直接从事国家统一，港澳回归祖国，建设特别行政区的事业。时至今日，我依然清晰记得，我的同时代人，我的一些同学对恩师给予学生的关怀、培养，赞不绝口，他们用梦寐以求来形容这种机会。所以，我是幸运的。回首往事，我今日之事业，离不开恩师的教诲，离不开法学所的栽培，我怀着感恩的心，说一声谢谢恩师，谢谢法学所。祝愿法学所越办越好，祝愿老师和先进身体健康。

在此，我真诚地欢迎老师和先进们来澳门做客。

骆伟建
2008年4月30日

注：骆伟建先生为宪法行政法研究室王叔文先生的弟子，现供职于澳门大学法学院。

骆伟建教授个人简历

一 法律实务工作方面

1985年5月至1988年10月，作为香港特别行政区基本法起草委员会秘书处成员，参与香港特别行政区基本法的起草工作。

1988年3月进入国务院港澳事务办公室工作，同年5月，出任澳门处处长，至1993年3月，具体负责澳门特别行政区基本法起草委员会秘书处工作并参与澳门特别行政区基本法的起草工作，为澳门基本法制定提供了意见和建议。

1993年5月至2000年6月，出任国务院港澳事务办公室澳门司副司长，负责澳门过渡时期有关问题的磋商工作。1994年2月至1998年4月，出任中葡联合联络小组中方代表，直接与葡方的代表和专家就澳门的法律本地化进行磋商，包括对澳门原有法律的清理、法律的修改，其中主要的有澳门的刑法典、刑事诉讼法典、民法典、民事诉讼法典、商法典。此外，还处理了需要与澳门特别行政区基本法衔接的原有法律修改和新的法律制定的磋商工作。

1998年5月至2000年1月，被全国人民代表大会常务委员会任命为澳门特别行政区筹备委员会委员，参与澳门特别行政区成立的筹备工作。作为澳门特别行政区筹备委员会法律小组的委员，参与了澳门原有法律过渡为特别行政区法律的审查工作。对哪些原澳门的法律可以过渡为特别行政区的法律，哪些法律可以部分过渡，哪些法律不能过渡，提出了处理的意见。

2001年2月至今，受聘澳门大学法学院，任职教授。在澳门大学法学院主要从事宪法学和基本法的教学研究工作。

2002年4月，经行政长官批示，担任澳门特别行政区法律和司法培训中心的导师，为入职司法官教授基本法课程。

2005年4月至今，经行政长官批示，担任澳门特别行政区政府法律改革咨询委员会副主席。

二 学术活动方面

1990年参与王叔文等著名教授合著的《香港特别行政区基本法导论》一书。

1994年参与王叔文等著名教授合著的《澳门特别行政区基本法导论》一书。

2000年12月，完成了《澳门特别行政区基本法概论》的专著。

2001年5月至2008年5月，发表了《论循序渐进发展民主的条件》、《论澳门公共行政改革与基本法第62条的衔接》、《论"一国"与"两制"的关系》、《澳门公务人员纳税不违反基本法》、《关于特别行政区公务人员的资格问题》、《澳门基本法与澳门法律制度的发展》、《中国单一制国家结构下的中央与地方关系》、《对澳门基本法的研究现状评述与未来研究的展望》、《中国宪法中的"一国两制"》、《论澳门基本法中的财产保护与公益征用》、《论澳门法律制度中的司法审查》、《对澳门特区立法体制的反思》、《构建澳门和谐社会的若干问题——从基本法的视角谈社会和谐》、《论基本法实施中的法律争议及解决途径》、《论行政主导的权力设定、结构设计及其他条件》、《"一国两制"应该成为特别行政区的核心价值》、《论澳门基本法的科学精神》、《论"一国两制"在澳门成功实施的基本因素》、《论特别行政区行政主导》、《依法治澳与法律改革》、《论基本法的解释问题》、《关于基本法第23条立法的思考》、《论澳门特别行政区法律与行政法规调整社会关系的范围》、《论澳门特别行政区行政法规的性质和地位》、《行政主导与公务员廉洁守法》、《论澳门基本法对澳门法律观念的影响》等20多篇论文。

第三部分

宪法与行政法研究室研究人员
发表的重要学术论文选编

资产阶级议会民主的虚伪性

张友渔

资产阶级议会制度，在历史上是资产阶级革命胜利的产物。资产阶级实行议会制度，标榜"主权在民"、"议会至上"、"自由平等"等资产阶级的民主原则。在资本主义国家的法律上一般都规定，议会是由有公民权的公民选举产生的，是"表达公民意志的机关"。资产阶级的这种民主制度，同封建地主阶级的等级制度相比较，无疑是一个进步。但是，资产阶级推翻封建地主阶级，只是用一个剥削阶级的统治代替了另一个剥削阶级的统治，这就决定了资产阶级的议会民主，只能是资产阶级的民主。资产阶级议会制度是资产阶级对广大劳动人民实行专政的一种工具。可是，资产阶级总是掩盖议会的阶级性，他们一贯把议会装扮成全体人民的代议机关，制造"全民民主"的假象。适应着资产阶级的要求，修正主义者也把资产阶级的议会民主吹捧为"纯粹的民主"。例如，老修正主义者考茨基说，包括议会制度在内的资产阶级民主制，能够"使国家的全体成年成员……具有完全的平等权利"和"保护国家的反对派"。资产阶级和修正主义者的谎言，显然是经不起历史事实的驳斥的。

从自由资本主义时期到帝国主义时期，资产阶级议会所具有的权力和所起的作用，发生了很大的变化。

在自由资本主义时期，由于无产阶级还没有形成一个强大的有组织的政治力量，资产阶级曾较多地利用虚伪的议会民主来对劳动人民进行统治。同时，自由竞争要求在资产阶级内部实行民主制，议会当时在解决资产阶级内部的利害冲突方面也起着重要的作用。因此，资产阶级议会在这个时期的权力和作用比在帝国主义时期要大。恩格斯在考察了英国国家制度后指出，英国"实际上下院在颁布法律，并通过内阁大臣们（他们只不过是下院的执行委员会）来管理国政"[①]。这一句话真实地描述了资产阶级议会在当时的权力和作用。

到了帝国主义时期，资本主义国家的权力逐渐集中到政府手里，议会的

---

① 《马克思恩格斯全集》第 1 卷，第 684 页。

权力被削弱了，它实际上处于从属于政府的地位。这是因为帝国主义时期，垄断代替了自由竞争，经济上的垄断，必然要求国家权力的高度集中和政治上的垄断。控制着巨大财富的垄断资本集团，就愈来愈大地扩大军事官僚机构的权力，不断地降低议会的作用，使议会从属于垄断资产阶级的需要。同时，垄断资产阶级为要攫取最大限度的利润，加紧了对本国劳动人民和殖民地半殖民地国家人民的剥削和压榨，这就使得无产阶级和资产阶级之间、帝国主义和殖民地半殖民地人民之间的矛盾日益尖锐化，资本主义国家人民和殖民地半殖民地国家人民的反抗越来越强烈。在这种情况下，垄断资产阶级为了更有效地对外加紧推行侵略政策和战争政策，镇压民族解放运动，并且镇压国内人民群众日益强烈的反抗，绞杀无产阶级革命运动，也必须扩大军事官僚机构，加强政府的权力。列宁指出："垄断资本主义（帝国主义就是垄断资本主义）的政治上层建筑，就是从民主制转向政治反动。自由竞争要求民主制。垄断则要求政治反动。"① 在这个时期，资产阶级议会虽然在形式上仍享有立法和监督政府的职权，但实际上，议会的立法权却往往被政府通过所谓"委托立法"和紧急命令权等等所代替。所谓议会监督政府，也由于政府控制了议会中的多数党而有名无实。正如列宁所说："任何一个议会制的国家，从美国到瑞士，从法国到英国和挪威等等，那里真正的'国家'工作是在后台决定而由各部、官厅和司令部来执行的。"② 这已不像恩格斯所说的那样，内阁"只不过是下院的执行委员会"了。就是资产阶级学者也并不否认这一点，英国资产阶级法学家詹宁斯就曾露骨地说，议会对政府的"控制成分实在是微不足道的。……虽然从某种观点上说，下议院控制了政府，但是从另一种更为实际的观点说来，却是政府控制了下议院"。

　　议会民主的虚伪性在帝国主义时期是更加显露了。有些帝国主义国家的垄断资产阶级，在有些时候，采取公开的法西斯化的形式实行专政，抛弃掉了议会民主的形式。在还保存着议会民主形式的帝国主义国家里，议会也只是垄断资产阶级为了在一定程度上解决他们各个集团之间的矛盾，为了欺骗劳动人民，为了在国内和国外推行反动政策制造所谓法律根据而利用的一个工具。

　　资产阶级用两党制、多党制和三权分立制来掩盖资产阶级议会民主的虚

---

① 《列宁全集》第 23 卷，第 34 页。
② 《列宁全集》第 25 卷，第 410 页。

伪性。他们说，两党或多党轮流在议会里控制多数就能够反映人民的意志，三权分立就可以使议会制约住行政和司法的专横，这样，资产阶级议会似乎真是什么"全民"的民主组织了。

资产阶级政党通过竞选方式，争夺议会席位，并使得议员有所更替。从表面上看来，似乎他们据有议会席位，是经过人民选择了的。实际上，这些不同名目的资产阶级政党，谁占有议会的席位，对于劳动人民来说，都是换汤不换药。美国是两党制的国家。可是，共和党和民主党都是美国垄断资本家的忠实走卒，它们无论哪一个在议会中占多数，都执行着美国垄断资本集团的政策。法国实行多党制。第二次世界大战后，法国议会中资产阶级政党的力量经历了很多变动，但是法国议会始终为资产阶级所控制。资产阶级议会制度的本质，正如列宁所说的，不过是"每隔几年决定一次究竟由统治阶级中的什么人在议会里代表和压迫人民"[①]。

资产阶级特别把资产阶级各个政党之间的争吵，吹嘘为民主的表现。各个资产阶级政党在竞选期间，往往对它的竞争对手进行谩骂、攻击，对选民许下许多诺言；在议会开会期间，他们也进行着无休止的清谈和争吵，有时甚至吵得很激烈。而实际上，他们之间的种种争吵，归根到底，只是各个垄断资本集团经济上的竞争和倾轧在政治上的反映，只是他们对劳动人民实行专政和对外进行侵略扩张的具体做法上的意见分歧。至于资产阶级政党在竞选中对劳动人民许下的诺言，不管多么动听，都是一文不值的，只要选举一过，他们就把这些诺言置诸脑后，他们的所作所为，往往完全违反自己的诺言。

资产阶级标榜所谓立法、行政、司法三权分立，议会、政府、法院互相制约，这也无法掩盖资产阶级议会的阶级实质。三权分立的学说，是在资产阶级反对封建专制制度的斗争中产生的。这种学说的主要内容是，国家权力应分为立法权、行政权和司法权，这三种权力分别由议会、政府和法院行使。那时的资产阶级企图由他们所控制的议会来限制还在封建势力手里的行政机关的权力，使它不致过于专横。三权分立的学说，在反对封建制度的时候，有一定的进步意义。但在资产阶级掌握了国家政权以后，立法、行政、司法三权都被资产阶级所掌握，用来为资产阶级的利益服务，因此，就谈不上什么权力的分立。资产阶级的议会和资产阶级的政府、法院，只不过是进行着分工以实现资产阶级的统治罢了。

---

① 《列宁全集》第25卷，第409页。

资产阶级议会民主的虚伪性，明显地表现在资产阶级议会的全部选举活动中。资产阶级为了达到控制议会的目的，千方百计地阻止无产阶级政党和其他劳动人民的代表进入议会。

资产阶级首先是利用法律对选民的资格规定种种限制。例如，法国1791年宪法规定：公民按财产多少分为"积极公民"和"消极公民"，只有"积极公民"才有选举权，而"积极公民"的主要条件是交纳一定的直接税。当时法国2600万人口中，"积极公民"只有400万人。到了19世纪中叶以后，由于劳动人民长期斗争的结果，资产阶级在选民资格问题上作了某些让步。例如法国（1848年）、德国（1871年）先后在法律上宣布了男子的普遍选举权，英国（1884年）也进一步缩小了直接的财产的限制。但是，在西欧大多数国家，到19世纪末，还只有近5%的居民参加了选举。在1900年，英国选民的数目只相当于居民总数的11%。

从19世纪末、20世纪初以来，资本主义国家的法律虽然大都先后取消了对选民资格的直接的财产的限制，但是，间接的财产的限制还是很多。有些国家规定，公民要取得选举权，必须在一定的选区内居住不少于法定的期限，具有一定教育程度，缴纳一定赋税等。例如，美国很多州和地方的法律都规定了居住一年至两年的限制，不少州要求选民通晓英语并能"正确地讲解宪法"。美国南部有七个州的法律规定，选民必须缴纳一定赋税后才能投票。许多劳动者经常处在失业半失业的状态中，到处颠沛流离，很多人不可能有固定的居住地点；他们受不起教育，自然大多数人没有能达到所要求的教育程度；他们收入微薄，不得温饱，或者没有工作，没有收入，当然缴不起税。因此，劳动人民仍然由于财产的限制而被剥夺了选举权。资产阶级借助间接的财产的限制来排除劳动人民参加选举，是一种更加狡猾的手法。它比直接的财产的限制容易欺骗人，而收到的效果却一样。据《纽约时报》报道，在美国1960年选举中，就有800万人因为居住资格的限制，1200万人因为教育程度和选举税等等限制，而被排斥在选举之外。

有些资本主义国家还采取了种族限制的办法。在美国，对黑人选举权的限制十分突出。美国统治集团使用很多方法阻止黑人进行选民登记。例如，美国南方各州主管选举的官员，经常向黑人提出一些只有学法律的大学毕业生才能回答的问题，当他们回答不出，或者只因为有一个拗口的字念得不对就要被剥夺投票权。据美国民权委员会1960年的报告，在美国南方各州，已达到投票年龄的黑人中，只有25%的人进行了选民登记。

上面说的种种选举资格的限制，实际上否定了资产阶级宪法和选举法形式上宣布的普遍选举权,使大多数劳动人民的选举权遭到剥夺,对无产阶级和其他劳动人民代表进入议会设下了第一重围墙。

其次,资产阶级还规定了许多限制无产阶级和其他劳动人民提出候选人的办法。例如,美国有些州规定,民主党和共和党以外的任何第三个党,如在上一次选举中未取得一定数量的票数,它们在提出候选人时,就必须有一定数量的选民签名表示支持,才能参加竞选;对签名人数的规定,有的竟多到几万人。但事实上,签名支持美国共产党候选人的人,就有遭到严重迫害或丧失职业的危险;签名人的家属和亲友,甚至也要受到联邦调查局等特务机关的追究。这样,美国共产党实际上被剥夺了提出自己的候选人参加竞选的权利。同时,根据一般资本主义国家选举法的规定,候选人必须缴纳巨额的保证金。在英国,候选人须缴纳 150 英镑的保证金,如果候选人所获选票不到投票总数的 1/8,保证金就要被没收。在法国,根据选举法规定,候选人必须缴纳 10 万法郎作保证金。这种保证金对于无产阶级及其政党来说,是一个沉重的负担,它在很大程度上限制了他们提出自己的候选人。这样,即使一部分劳动人民取得了投票的权利,但是由于他们不可能或者难以提出自己的候选人,这种投票权利也变得毫无意义。

第三,资产阶级还运用修改选举制度和重新划分选区等措施,使议员的选举获得有利于他们的结果。

资产阶级总是根据自己的利益和阶级力量的对比关系来运用选举制度。在资产阶级力量较强的资本主义国家里,一般都采取多数选举制。由于他们在各个选区大都能有把握获得较多选票,采取这种制度,就使他们能攫取绝大多数甚至全部议席。如美、英等国就是采取这种选举制度的。在意大利,1951 年 2 月,以基督教民主党为首的右翼集团在议会通过的关于市政委员会选举法,也是采用的多数代表制。对于这样一个反动的选举法,意大利当时的内政部长谢尔巴曾毫不隐讳地宣称,它的唯一目的,就是"要削弱共产党通过市政委员会操纵国家生活的那种势力"。在资产阶级政党较多、资产阶级力量比较分散的国家里,他们可能采取比例选举制。这种制度是按照各政党所获选票的多少为比例来分配议会的席位,它可以使林立的资产阶级政党都在议会中获得一定席位,同时,还可以防止获得较多选票的无产阶级政党得到更多的议席。

但是,当资产阶级看到共产党的影响扩大,现行选举制度不利于他们的时候,就要对选举制度加以修改,采取更加反动的选举制度,以保证得到有利于他们的选举结果。例如,1951 年法国国民议会就通过了选举制改革法,

以 "一轮多数联盟制" 代替了原来的比例选举制。根据这一制度，各政党可以结成联盟参加选举，如某一政党或政党联盟获得某选区 50% 以上的选票，即可独占该选区的全部议席；如都得不到 50% 以上的选票，该选区议席即按各党所得票数比例分配。法国在 1951 年的选举中，由于法国政府使用这一选举制度，使得法国共产党虽然获得了 500 多万张选票，但只能在议会中获得 94 个席位。1958 年的选举中，戴高乐政府又采用了 "单一报名二轮多数制"。根据这一制度，在每一个选区中只选出一名议员，在首轮投票中候选人必须获得绝对多数选票才能当选，如果没有一个候选人获得绝对多数选票，即进行第二轮投票。在第二轮投票中，参加竞选的政党获得相对多数就可以当选。这样，资产阶级政党就可以结成联盟争取相对多数来对付共产党。因此，在 1958 年的选举中，共产党虽然在第一轮投票中获得了 388 万余票，占投票总数的 18.9%，在第二轮投票中获得了 374 万余票，占投票总数的 20.76%，但总共只得到十个议席，还不到议席总数的 2%；而在第一轮投票中，得票少于共产党的极右政党 "保卫新共和联盟" 却窃取了 188 席。

资产阶级为了保证能选出他们的代表，还采取了重新划分选区的办法，以削弱共产党的力量。他们在重新划分选区时，把无产阶级力量占优势或直接控制的地区，不划为一个选区，而把它分成若干块，分别并到保守力量占优势的选区里；或者在无产阶级人口占优势的工业区减少选区，而在保守势力有较大力量的农业区增设选区。前一办法使无产阶级政党无法集中选票，选出自己的代表；后一办法则使无产阶级不能按照票数的比例选出自己应有的代表。

由于资产阶级采取了反民主的选举制度和重新划分选区的办法，即使无产阶级和其他劳动人民提出了自己的候选人，也难以当选。

第四，资产阶级还通过政治、经济、军事的力量，操纵和控制选举，用种种卑鄙手段阻止人民正确表达自己的意志和歪曲选举的结果。

资产阶级往往在进行竞选活动时，使用大批金钱，动员所有的宣传工具，向选民进行欺骗宣传，同时，雇用一批流氓骗子为他们张罗选票，或者直接收买选票。1953 年意大利议会选举中，资产阶级右翼政党花了几十亿里拉（意货币名）来进行竞选活动。他们对乡村和其他居民区中的选民赠送通心粉，有些地方送给选民一只左脚穿的鞋，同时告诉这些选民，如果他们的候选人当选，还会得到那只右脚穿的鞋。选民有时还得到半张 1000 里拉的纸币，如果给他们钱的候选人当选，他们就可以得到另外半张纸币。收买选票的情况，在其他资本主义国家中同样是十分惊人的。在金钱收买的同时，资产阶级还兼施政治威胁。西德在1961年大选时，仅仅在7月底8月初的一个星期中，西德警察和司法部在北莱茵—威斯特伐利亚就逮捕了6名以个人身份作为联邦议院候选人的德国共产党员。

资产阶级在选举中营私舞弊的行为是不胜枚举的。他们有的在进行选民登记时，故意不把一些具有选举资格的劳动人民列入选民名册；有的把已死或已迁出的人登记进选民名册，然后用这些人的选民证投资产阶级政党的票；还有的用造假票和换票等方法来使自己的候选人当选。

在无产阶级和其他劳动人民力量强大的情况下，资产阶级如果靠上述那些办法还达不到目的时，他们就派出军队、警察、特务、打手，用反革命的暴力和血腥的镇压，来保证他们的候选人当选。他们或者杀害、迫害共产党和其他进步党派的候选人，或者采取各种野蛮的暴力行为，阻挠替进步候选人进行选举鼓动，或者在选举日出动大批军警，镇压选民。日本1960年众议院的选举中，池田政府除了颁布反动法令，剥夺人民集会、游行的权利，限制人民的选举自由以外，还专门召开了全国警察头目会议，调动了18000名刑事警察和5万名便衣警察，加强对民主力量的镇压，特别是采取了最残暴的手段破坏日本共产党的竞选活动，当时，共同社也不得不承认这次选举是"严重破坏公正选举的金钱和权力的选举"。

第五，即使共产党和其他劳动人民的代表通过重重障碍当选为议员，资产阶级还可以采取种种手段来否定选举结果。资产阶级可以宣布全国或部分地区选举"非法"，重新进行选举；可以利用资格审查，确认某些议员不具备当选条件；可以借口维护议院秩序，将议员加以"扰乱秩序"的罪名予以开除。资产阶级用种种办法剥夺已经当选的共产党和其他劳动人民代表的代表权，把他们排斥在议会之外。甚至当共产党所支持的某个资产阶级政党在选举中获胜，不利于整个资产阶级的统治时，他们也要否定选举的结果。这里可以举一个很明显的例子。在阿根廷，由于亲美卖国的执政党（不妥协激进公民联盟）在1962年3月18日的选举中失去12个省的席位和众议院的绝对多数，而共产党所支持的庇隆主义党却获得8个省长的职位和众议院中的43个席位，阿根廷统治集团竟于3月20日下令取消庇隆主义党在5个省赢得的选举结果。4月24日进而取消1961年12月以来的所有省市选举结果（实际上是取消了庇隆主义党在11个省当选省长的结果），4月25日又取消了1962年3月18日的联邦选举的结果。5月20日阿根廷统治集团进一步悍然地宣布停止议会工作，命令改组政党。

大量事实表明，资产阶级总是能够使用各种伎俩，甚至采用实际上把共产党置于非法地位的办法和采取暴力行动，阻挠共产党的代表进入议会，使共产党难以在选举中获得资产阶级议会中的多数席位，或者使共产党一个议席也得不到。在美国国会中，第二次世界大战以后，一直都是民主党和共和党分据了国会的议席（从1945至1946年的第七十九届国会到1953至1954年的第八十三届国会，只有进步党和美国劳工党各占有一个或两个议席，从八十四届到现在的第八十七届国会，议席则完全为民主党和共和党所占有），国会中根本没有一个共产党的议席。西德1961年选出的联邦议院，全部议席为三个资产阶级政党所瓜分。其中基督教民主联盟占241个议席，社会民主党占190个议席，自由民主党占66个议席。在英国，共产党在第二次世界大战后，只是在1945年的议会选举中有过两个议席，在这以后的五届选举中，资产阶级一直没有让共产党获得一个议席。

在第二次世界大战后，由于反法西斯战争的胜利，各国人民的革命力量有了很大的发展，因而战后最初几年，在一些资本主义国家的议会中，共产党的议席一度有了增长。但是，这并没有也不可能改变资产阶级议会的本质。而且资产阶级总是能够设法削弱共产党在议会中的地位。很明显的事实是，法国共产党在第二次世界大战后，虽曾一度争得较多的议席，但是资产阶级却不让它能够稳定地保持住这些席位。法国共产党1956年在国民议会的596个议席中占了151个议席，可是，1958年由于戴高乐政府采取了有利于资产阶级的选举法，就使法国共产党在国民议会中的议席，骤降为十个议席。法国共产党是法国第一大党，但目前它在议会中却是少数派，即使在戴高乐上台以前，资产阶级也没有让它在议会中占过绝对多数。在意大利，共产党在议会中占有的议席，比其他资本主义国家的共产党是多一些，但是，意大利资产阶级政党在议会中仍然拥有多数议席，而共产党在众议院的596个议席中只有140个席位，在参议院的246个议席中只有59个席位。

资产阶级除了在选举中限制共产党的活动以外，还运用各种手段来限制共产党的代表在议会中发生作用，以致剥夺他们的发言权和人身自由。因此，共产党即使在议会中获得一定数量的议席，他们的活动仍然会由于资产阶级的破坏而发生种种困难。

资产阶级仅仅是通过他们所谓"合法"的手段，就可以大大地限制共产党的代表在议会中对国内外的重大问题发生影响。他们首先是操纵议会的表决机器，通过有利于他们的决定，而对于带有进步意义的提案，往往运用议会的常设机构加以搁置，或者玩弄烦琐的立法程序和多数表决等手段加以否决。

当资产阶级感到议会这个工具有些运用不灵时，他们还可以公开修改宪法，扩大行政机构的权力，以进一步削弱议会的作用。法国1958年通过的戴高乐的宪法就规定，总统有权任免总理、政府其他成员和军事人员；在所谓非常时期，总统还有"根据形势的需要采取必要的措施"的全权。这样，大权实际上集于总统一身，议会立法权则削弱到仅限于对十几种事项作原则的讨论和规定，具体立法则由政府制定，而且政府还可以要求议会将这点有限的立法权的一部或全部委托政府代行。同时，议会通过的法律，还必须由政府操纵的宪法委员会审查后，才能公布生效。凡是宪法委员会认为不合宪法的法律，就可以不予公布。至于议会组织政府的权力，实际上也取消了，因为按照宪法规定，总统任命总理和政府其他成员，不需要议会以绝对多数通过信任案。在这样的情况下，共产党即令在议会中占有相当多的议席，对于资本主义国家政府的决策和活动，不仅不可能起任何决定性作用，甚至不可能起多大的牵制作用。

资产阶级为了限制共产党在议会中的作用，甚至连自己制定的宪法也不惜任意践踏。他们可以违反宪法，破坏议会的法定职权。资产阶级往往还运用暴力手段对反对党派议员的人身进行迫害，强制通过他们的法案。1960年5月20日，日本岸信介内阁用700名法西斯暴徒、500名警察殴打反对党议员，并用三个到六个警察绑架一个议员的野蛮手段，把共产党和社会党议员赶走，然后由自由民主党议员单独通过了《日美共同合作和安全条约》，就是一个显著的例子。

如前所述，资产阶级为了保持对无产阶级和广大劳动人民的统治，不但要利用议会这个工具进行政治欺骗，而且越来越凭借军事官僚机构对无产阶级和广大人民群众进行压迫和剥削。无产阶级要想求得自身和全体劳动人民的彻底解放，就必须采取革命手段打碎资产阶级的国家机器，包括资产阶级的议会制度，建立无产阶级的革命专政，以保障最广大的人民得到真正的民主。但是，在革命时机还没有成熟的时候，无产阶级政党仍有必要尽可能利用资产阶级议会的讲坛开展斗争，揭露资产阶级的欺骗，并以具体事实来教育人民群众，提高他们的政治觉悟。共产党人如果不懂得或者否定利用一切机会在议会内加强对资产阶级的斗争，这是不对的。在开展议会斗争方面，各资本主义国家的共产党进行过不少的工作，它们在揭露帝国主义的侵略政策和战争政策，捍卫劳动人民起码的民主权利和经济利益等方面，迫使资产阶级作过某些让步，取得了一定的胜利。但是，这些胜利的取得，也是同共产党领导无产阶级和其他劳动人民在议会外对资产阶级进行的斗争分不开的。事实证明，议会中的斗争必须同群众斗争结合起来，而组织广泛的、深入的群众斗争在任何时候都是最重要的。议会斗争只能是无产阶级革命政党同资产阶级进行斗争的一种手段，而不是唯一的斗争手段。列宁说得好："为了通过选举和各种党派在议会中的斗争达到教育群众的目的，参加资产阶级的议会活动对革命无产阶级的政党来说是必要的。但是，如果把阶级斗争局限于议会斗争，或者认为议会斗争是最高的、决定性的、支配着其余一切斗争形式的斗争，那就是实际上转到资产阶级方面去而反对无产阶级。"[①]

（原载《红旗》1962 年第 13 期）

[①] 《列宁全集》第 30 卷，第 241 页。

关于修改宪法的几个问题

张友渔

1982年4月26日，第五届全国人民代表大会常务委员会第二十三次会议通过决议公布了宪法委员会提请议决公布的《中华人民共和国宪法修改草案》（简称《修改草案》），交付全国各族人民讨论。全国各级国家机关、军队、政党组织、人民团体以及学校、企业事业等组织和街道农村社队等基层组织，都将从五月到八月期间，进行讨论。现在我就修改宪法中，大家关注的几个问题发表一些个人看法，供讨论参考。

一 关于修改宪法的基本指导思想问题

在党的十一届六中全会的决议里，曾经特别提到，"逐步建设高度民主的社会主义政治制度，是社会主义革命的根本任务之一"。"必须根据民主集中制的原则加强各级国家机关的建设，使各级人民代表大会及其常设机构成为有权威的人民权力机关，在基层政权和基层社会生活中，逐步实现人民的直接民主，特别要着重努力发展各城乡企业中劳动群众对于企业事务的民主管理。必须巩固人民民主专政，完善国家的宪法和法律并使之成为任何人都必须严格遵守的不可侵犯的力量。"根据六中全会决议精神，宪法修改委员会副主任彭真同志也曾指示该会秘书处，在修改宪法时，一定要理直气壮地坚持四项基本原则，坚持人民民主专政，坚持民主集中制，坚持民族区域自治制度。《修改草案》可以说是体现了这个指导思想的。所以能体现这个指导思想，主要由于采取了从实际出发，而不是从空想出发的做法。毛泽东同志关于1954年宪法草案曾经说过："现在能实行的我们就写，不能实行的就不写。"这次的《修改草案》也是这样做的。

要从实际出发，就要总结过去的经验，针对当前现实并考虑最近将来可能发展的情况。总之，不能离开中国的实际去空想。1975年宪法就是典型的空想的东西，极"左"路线的产物。1978年宪法尽管对它有所纠正，但不彻底，还是受了1975年宪法的影响。所以我们要修改1978年宪法，而把1954年宪法作为修改的基础。当然，现在的情况同1954年不同了，不能无选择地沿用1954年宪法的规定。

二 关于坚持四项基本原则的问题

邓小平同志早就说过：社会主义道路、人民民主专政即无产阶级专政、党的领导、马克思列宁主义、毛泽东思想，这四项基本原则必须坚持，决不允许任何人加以动摇，并且要用适当的法律形式加以确定。宪法是国家的根本法，在修改中就要首先体现四项基本原则的精神。

在我们国家必须坚持社会主义道路本来是不成问题的。要走社会主义道路，建设和巩固社会主义制度，就必须要有无产阶级专政。不论在理论上，在历史的实践上，都证明实现社会主义必须经过无产阶级革命斗争和无产阶级专政。当然，无产阶级专政所采取的形式是可以多种多样的，情况不同，形式也不同。在我国，由于历史的和现实的特点，采用了人民民主专政的形式，但实质上就是无产阶级专政，因为这个专政是以无产阶级为领导的，也包含团结一切劳动人民和革命力量的意思在内。因此，把它理解为无产阶级对其他一切阶级专政是过去极左思想造成的误解，不足为据。

要实行无产阶级专政，就必须有共产党的领导。事实上，在任何国家，任何阶级专政，都是通过统治阶级的政党来实现的。我国是无产阶级专政的社会主义国家，理所当然应当由作为无产阶级先锋队的共产党来领导。坚持四项基本原则的核心是坚持党的领导。在我国，没有共产党的领导，不可能取得革命胜利，也不可能坚持社会主义。没有共产党就没有新中国。任何反对党的领导的言论和行为都是错误的。现在的问题不应当是要不要党的领导的问题，而是党如何领导的问题。

共产党的领导必须以马克思列宁主义、毛泽东思想为指导。资产阶级政党也有他们的指导思想，这便是资产阶级的各种观点、学说。

总之，在宪法中，必须坚持四项基本原则。这里存在一个问题，需要说清楚。坚持走社会主义道路，在《修改草案》的条文里写得很清楚。《总纲》第一条规定："中华人民共和国是工人阶级领导的、以工农联盟为基础的人民民主专政的社会主义国家。"同条第二款规定"社会主义制度是中华人民共和国的根本制度"，接着下面有很多条文作了关于建立和巩固社会主义制度，发展社会主义经济的规定。但是，草案把1978年宪法第一条中的"无产阶级专政"改为"人民民主专政"，删去了第二条："中国共产党是全国人民的领导核心。工人阶级经过自己的先锋队中国共产党实现对国家的领导。中华人民共和国的指导思想是马克思主义、列宁主义、毛泽东思想"；第十九条："中华人民共和国的武装力量由中国共产党中央委员会主席统率"，第二十二条："根据中国共产党中央委员会的提议，决定国务院总理的人选"；第五十六条："公民必须拥护中国共产党的领导"。这是不是意味着不要无产阶级专政，不要党的领导，不要马克思列宁主义、毛泽东思想的指导了呢？是不是不完全坚持四项基本原则呢？不是。

这是因为：第一，如上所述，人民民主专政实质上就是无产阶级专政。现在用人民民主专政一词并不改变无产阶级专政的实质，在现在的情况下，用人民民主专政一词比用无产阶级专政一词更适宜，因为作为阶级的资产阶级已不再存在了。但是，这同1954年宪法所说的"人民民主国家"的含义也有不同，当时资产阶级作为一个阶级还存在，现在已不存在了。那时以资产阶级代表的身份参加政治活动的人，现在是以拥护社会主义的爱国者或拥护祖国统一的爱国者的身份参加政治活动。第二，党的领导是依靠正确的路线、方针、政策和党的工作，特别是密切联系群众，做好思想政治工作以及党员的模范作用来实现的，这是毛泽东同志早已讲过的，而绝不是依靠强迫命令这种简单的方法来领导。也就是说，党对国家的领导主要是政治上的领导，而不是组织上的领导。1978年宪法的规定沿袭了1975年宪法的规定，是"左"倾思想的产物。现在删掉了这些条文，并不是放弃党的领导，恰恰相反，这才有助于改善和加强党的领导，更好地发挥党的领导作用。第三，马克思列宁主义、毛泽东思想是我们国家的指导思想，这是不成问题的，因为前面说过，我们国家是共产党领导的，而党的领导是以马克思列宁主义、毛泽东思想为指导的。但是解决思想问题，不能用强制手段，所以不宜在宪法条文中作硬性规定。总之，坚持四项基本原则应当在宪法里确定下来，但作为一个总的原则性的规定，可以写在《序言》中，而不必写在条文中。《修改草案》就是这样做的。

这表明了我们不论过去、现在或将来，都坚持四项基本原则，并且在整个《修改草案》的条文里，贯彻了四项基本原则的精神，而不是规定一些空洞的口号式的条文。当然，在四项基本原则里，社会主义道路，人民民主专政等属于社会制度，属于国家政权，怎么实现，也应当在条文里作具体的规定。至于党的领导，马克思列宁主义、毛泽东思想的指导，主要是把精神贯穿在条文里边，而不必作具体的规定。

三 关于中国人民政治协商会议的地位和作用问题

《修改草案》在序言中肯定了中国人民政治协商会议（简称政协）的性质、地位和作用，即明确了政协是"统一战线的重要组织"，肯定了它在过去发挥的重要的历史作用，今后在国家的政治生活、社会生活和对外友好活动中，在进行社会主义现代化的建设，维护国家团结和统一的斗争中，将进一步发挥重要作用。因为政协是以共产党为核心领导的统一战线组织，不是国家机构，它的任务和作用，是事先共同协商国家的重大方针、政策，建议国家权力机关、行政机关等采纳，并对国家机关的工作提出批评建议，起着监督的作用，而不是执行国家机关的职权。因此，不宜写在宪法条文中。曾经设想把政协作为全国人大的第二院，但那样，它的地位并不比现在的地位高，它的作用也不比现在的作用大。现在，政协实际上可起影响人大的作用。也曾设想过，在总纲中，专列政党、团体一节，把政协的地位和作用写进去，但那样就把政协等同于各民主党派、人民团体了，也不恰当。至于政协本身的具体任务、工作，可由政协的章程规定。有人主张在这里写上"政治协商、民主监督"的作用。就政协来说，这样提是正确的。但作为对政府机关行使的一种权力，写在宪法条文里则与全国人大、国务院之间的关系就发生了问题。是不是国务院要对全国人大、政协都负责报告工作？同时，全国人大的决定是否具有最高权力，是否全国人大、政协成为两个最高权力机关？总之，写在宪法条文里，使政协成为权力机关，则不恰当。宪法条文主要是规定国家机关的职能和公民的权利义务，不能什么都写。

四　关于加强人民民主的问题

关于这个问题，从总纲的第一条起，就有许多条文作了规定，下面我只谈大家所注意的几点：

第一点，《修改草案》第三十二条第二款规定："公民的权利和义务不可分离。任何公民享有宪法和法律规定的权利，同时有遵守宪法和法律的义务。"权利和义务不可分离，这是马克思在第一国际的章程里提出来的观点。这就是说，没有无权利的义务，也没有无义务的权利。这一点在四十八条里还作了专门的规定："中华人民共和国公民在行使自由和权利的时候，不得损害国家的、社会的、集体的利益和其他公民的合法的自由和权利。"这就是说自由权利不能理解为没有限度的权利，行使自由权利不是为所欲为，毫无限制。有权利就有义务，要行使权利，就要履行义务。

第二点，关于"罢工自由"的问题。1978年宪法里的"罢工自由"是从1975年宪法里抄来的。《修改草案》把"罢工自由"删掉了。原来有，现在删掉了，这好不好呢？我认为应该删掉。1975年宪法规定的"罢工自由"是极"左"思想的产物，是不符合社会主义发展的利益的，是不符合我们国家的具体情况的。我们国家的企业属于人民，不像资本主义国家的企业属于资本家、资产阶级，生产成果也为资本家、资产阶级所有，工人阶级受到残酷的压迫和剥削。他们为了争取政治上、经济上的利益而起来罢工，停止生产，使资本家、资产阶级受到损失，这是一种有效的斗争手段，采用它是完全必要的。而在我国，罢工后停止生产，是对包括工人阶级在内的全体人民利益的一种破坏。有人说这是对官僚主义的惩罚。不对。对付官僚主义的办法，可以通过正常的途径，如揭发、检举、控告、申诉等方法去求得解决，而不应该采用罢工的方式。况且我们国营企业的职工有权参加企业管理，集体经济组织的全体劳动者还有权选举和罢免管理人员，有什么必要采取罢工方式来对付官僚主义呢？

第三点，关于宗教信仰问题。这是一个比较复杂的问题。《修改草案》第三十五条第一款恢复了1954年宪法的规定，即"中华人民共和国公民有宗教信仰的自由"，而把1975年宪法、1978年宪法中的公民有"不信仰宗教、宣扬无神论的自由"删掉了。因为在宗教信仰自由的概念中，就包含有不信仰宗教的自由的意思。有人提出应做这样的补充，就是一方面是非教徒不能干涉教徒的自由，另一方面教徒也不能干涉非教徒的自由，因为目前，从这两方面来的干涉都还存在。所以增加了"任何国家机关、社会团体和个人不得强制公民信仰宗教或者不信仰宗教，不得歧视信仰宗教的公民和不信仰宗教的公民"的规定。本条新加的第三款："国家保护正常的宗教活动。任何人不得利用宗教进行反革命活动，或者进行破坏社会秩序、损害公民身体健康、妨碍国家教育制度的活动"；第四款："宗教不受外国的支配"，这都是针对当前存在或者可能发生的问题所作的必要的规定。

第四点，关于劳动的权利和义务的问题。过去的几部宪法都只规定公民有劳动的权利，这次不仅把劳动规定为权利，而且规定为义务。这一点在《修改草案》第四十一条里反映了出来。它首先规定："中华人民共和国公民有劳动的权利和义务"，同时规定了解决劳动就业问题的措施。

这些规定，是否能办到，有没有根据呢？劳动就业问题现在还没有完全解决，但是宪法是规定国家的根本制度，不受暂时的因素所支配。在有些情况下，暂时不能完全做到，但正在创造条件，不能因还不能完全做到而不做出这个规定。

待业青年的存在，绝不是社会主义制度本身产生的问题，而是由于生产力不发达而产生的问题。相反，只有社会主义社会，才能解决这个问题，资本主义社会不可能解决这个问题。我们相信，只要我们把生产搞上去了，这个问题是可以解决的。据统计,1981年12月份,美国的失业人数为950万,日本为120万,英国为300多万,欧洲共同体为1000多万,失业率低的为8%,高的为11%。这个问题是他们永远无法解决的,我们要相信社会主义的前途是光明的。

第五点,第四十四条规定,受教育不但是公民的权利,而且是公民的义务。与此相适应,在总纲第二十条中规定了:"国家有计划地发展社会主义的教育事业、科学事业、卫生体育事业、文艺事业、出版发行事业、新闻广播电视事业、图书馆博物馆文化馆事业和其他文化事业。""国家举办并鼓励社会力量举办各种学校,扫除文盲,普及初级教育,发展中等教育、职业教育和高等教育。""国家发展各种文化教育设施,对工人、农民和其他劳动者进行政治、文化、科学、技术、业务教育。""国家推行全国通用的普通话,以利于文化教育事业的发展。"所以作第二款的规定是因为我国地广人多,由国家完全办学有困难。但私人办学须遵照法律制度,并受教育行政机关的指导、监督。初级教育本来应当普及,由于过去一个时期重视不够,特别是近来农村退学的多,所以要在宪法中特别强调。草案作第三款的规定,是因为除小学、中学的青少年教育外,还必须广泛进行对成年劳动者的教育,包括扫除文盲在内。(现在还有文盲。)第四款的规定也很重要。因为没有全国通用的普通话,就不可能提高全民族的文化,建立高度的文明国家。但不宜把汉语定为"国语",实际上普通话就是汉语,没有必要规定汉语是"国语"。这些规定,也存在一个是否能够实现的问题。但是这是国家的根本规定,必须努力做到。世界上文化教育最普及的国家如美国、日本也不能百分之百地消灭文盲。我们不能因为事实上存在着短时期不能克服的、局部地区存在的困难,而动摇国家在全国范围内对公民提出受教育的义务和给予受教育的权利。

五　关于扩大人大常委会权力的问题

《修改草案》扩大了人大常委会的权力。我国人民代表大会制度已有28年的历史,在我国民主化方面起了巨大的作用。我国有10亿人口,50多个民族,两千多个县。人大代表人数不可能太少,少了不容易反映群众意见,不便于与群众联系。但代表人数太多了,也有许多不便,首先,是不便经常开会,其次不便讨论问题。特别是现在国家迫切需要制定一些必要的法律,都要由全国人民代表大会来讨论、制定很困难。如何解决这个问题,曾考虑过一些办法,但往往顾此失彼。比方说,要把代表人数减少,但因像上面所说，人数太少不行，并且已有长期的传统，要改变，确有困难。还有，减少人数后，代表如何产生？多少人产生一个？代表同他所代表的选举单位和选区如何联系？这些问题都很难解决。

《修改草案》是要在人民代表大会传统的现有的基础上使人大常委会能够作更多的工作，发挥更大的作用，以弥补人民代表大会人数多，开会时间短，不便讨论的缺点。这个草案有五个特点：

第一，规定全国人民代表大会和全国人民代表大会常务委员会都是行使国家立法权的机关。过去人大常委会只能制定法令，不能制定法律，只能经人民代表大会授权，在人民代表大会闭会期间，对有的不适合的法律迫切需要修改或补充的情况下，人大常委会才可以修改法律或作补充。现在的规定和过去不同了，人民代表大会和人大常委会都有权"制定法律和法令"，把人民代表大会的立法权大部分分给了人大常委会。这样，在行使立法权方面，人民代表大会除"修改宪法"，"制定和修改刑事、民事、国家机构的和其他的基本法律"外；其他法律都由人大常委会制定和修改。这样就可以及时制定法律解决问题。这里顺便提一下，"法令"一词从1954年宪法以来，一直使用着，但没有明确的解释。"法令"这个词在中国历史上本来是法律和命令的统称，现在的用法是指国家机关在职务范围内规定的带有规范性的、法律性的个别文书。但它究竟和法律如何区别呢？《修改草案》作了规定。第五十五条规定："全国人民代表大会和全国人民代表大会常务委员会行使国家立法权，制定法律和法令。全国人民代表大会和全国人民代表大会常务委员会通过的除了法律以外的决定、决议统称法令，法令具有同法律同等的约束力。"如对国务院总理的任命这项决定就是法令，又如通过1982年的年度计划或预算的决议也是法令，它在一定范围内有法律效力。当然这样含义的"法令"是不是需要保留还可以讨论。

第二，划分了人民代表大会和人大常委会的职权范围，扩大了人大常委会的职权。人大常委会的职权1954年宪法中有十九项，1975年宪法只笼统地规定为一条，其中包括五六项。现在的《修改草案》则增加到了二十二项。人民代表大会和人大常委会的职权最主要的是立法权。它们之间如何分工呢？第六十条对于人民代表大会的立法权作了规定：（一）修改宪法；（二）制定和修改刑事、民事，国家机构的和其他的基本法律。而人大常委会则"制定和修改除应由全国人民代表大会制定的法律以外的其他法律"（《修改草案》第六十五条）。这样大量的立法工作将由人大常委会来承担，人大常委会负有极重要的立法责任。当然，我们的国家不能制定太多的法律，像美国、日本那样，法律多得成了灾难。我们当然要从实际出发，根据需要和可能，制定必要的法律，但是我们今天的情况是法令太少，应有的还没有，还应当抓紧立法工作。

另外，全国人民代表大会还有其他重要的职权，如选举国家主席、最高人民法院院长、最高人民检察院检察长，选举中央军事委员会主席，根据主席的提名，决定国务院总理的人选；根据国务院总理的提名，决定国务院副总理、国务委员，各部部长、各委员会主任、审计长、国务院秘书长的人选等等。而人大常委会"在全国人民代表大会闭会期间"，也有权"根据国务院总理的提名，决定各部部长、各委员会主任、审计长、国务院秘书长的任免"（不限于个别的）。这也是总结过去历史经验才制定的。因为国务院所设的部和部长人选，在两次人民代表大会中间，总是有许多变动。这使人大常委会和国务院常处于被动状态，只能先改动，然后提交人民代表大会再次召开时追认。

人大常委会有权"决定全国总动员或者局部动员"，"决定全国或者个别省"、"自治区、直辖市的戒严"。从这些规定可以看出，人大常委会的权力大大提高了，类似外国经常工作的议会。除此之外，原来人民代表大会的权力，如"监督宪法的实施"等权力也都归人大常委会来担负，这也是根据实际情况制定的。因为监督宪法的实施是经常性的工作，人民代表大会不经常召开，不可能行使这种职权。曾经设想设置宪法委员会，同常委会并列，后来，考虑还是以常委会行使这种权力为宜。由于人大常委会职权的扩大，人大常委委员一般以专职为宜，至少不宜兼任行政机关、司法机关的职务。这样便于集中精力行使职权，并能有效地"监督国务院、中央军事委员会，最高人民法院和最高人民检察院的工作"。所以《修改草案》第六十三条，作了如下规定："全国人民代表大会常务委员会的组成人员不得担任国家行政机关、审判机关和检察机关的职务。"

第三，在《修改草案》中规定："全国人民代表大会常务委员会委员长主持全国人民代表大会常务委员会的工作，召集全国人民代表大会常务委员会会议。"同时规定，在人大设立民族、法律、财政经济、教育科学、外事和其他需要设立的专门委员会，在人大闭会期间受人大常委会领导。它们并不是国家权力机关，主要任务是审议和拟订有关议案。这有助于加强人大常委会的工作。

第四，关于"提案"和"质询"问题。《修改草案》第七十一条规定，人大代表和人大常委会委员"有权依照法律规定的程序提出属于全国人民代表大会和全国人民代表大会常务委员会职权范围内的立法性议案"。作这样规定的含义是：（1）人大代表和人大常务委员有权提出"议案"；（2）提出议案必须经过法定程序；（3）必须是立法性的议案。过去有许多提案，大部分都不是立法性质的，这种提案应该提到国务院各部委或地方行政机关去解决。人民代表大会不是大小事情都要讨论的机关，也没有办法都去处理，所以它不能受理不属于立法性的提案，这些提案不能成为提交的议案，只是一种建议。对于这类提案人大秘书处有向其他机关转交的义务，但没有处理和报告处理结果的义务，否则，人大秘书处将会变成第二个国务院。

关于"质询"问题，第七十二条规定："全国人民代表大会代表在全国人民代表大会开会期间，全国人民代表大会常务委员会委员在常务委员会开会期间，有权依照法律规定的程序，向国务院，最高人民法院、最高人民检察院和国务院各部、各委员会提出质询案。受质询的机关必须负责答复。"这条关于质询规定的意思是：（1）人大代表和人大常委委员在开会期间有权提出；（2）必须经过法定程序；（3）受质询的机关必须答复。过去由于没有明确规定，人大的一个小组会就可以把国务院的副总理或者部长找去质询，这就把人民代表大会变得不严肃了。因为小组会不是权力机关，大会才是权力机关。按照法律程序的质询才是有效的，被质询的机关必须答复，不答复是不行的。当然，小组会可以请有关部门派人解答问题，但那不是质询，没有质询的效力。

第五，《修改草案》第七十三条规定："全国人民代表大会代表，非经全国人民代表大会会议主席团许可，在全国人民代表大会闭会期间非经全国人民代表大会常务委员会许可，不受逮捕或者刑事审判。"这是保证人大代表行使权力的必要的规定。有人提出，这和"法律面前，人人平等"有矛盾，其实是不矛盾的。"法律面前，人人平等"是指已制定的法律，在适用时应当人人平等，而在制定法律时，是可以对不同的人、不同的情况有所区别的。如选举法规定，18岁以上的人才有选举权，那么对于17岁的人是不是就不平等了？当然不是。又如规定有政治权利的人才有选举权，是不是对于被剥夺了政治权利的人不给予选举权就不平等？当然不是。所以，保护人大代表的规定，不涉及"法律面前人人平等"或不平等的问题，而是因为他是人民的代表，需要加以保护，使他能够充分行使职权，不致由于触及某个行政机构或某个人，而遭到报复。如果某个代表真的犯了罪还是会受到逮捕和审判的，但要经过人大主席团或常委会的批准。当然批准是根据查明确实有犯罪事实，然后才予以批准逮捕。但如果是现行犯罪怎么办？不及时抓起来就会跑掉。那也有办法，公安部门可以暂时拘留，报请人大常委会批准，再正式逮捕。

六　关于恢复国家主席问题

　　1954年宪法规定设立国家主席，一直到1966年。以后在一种十分不正常的情况下，剥夺了国家主席的权力，1975年宪法取消了设立国家主席的规定。现在我国各方面都恢复了正常，国家主席的设立也应该恢复，这表明国家的稳定和正常化，所以《修改草案》规定："中华人民共和国主席对内对外代表国家。"它对内代表国家，行使向全国人大提名国务院总理人选，根据全国人民代表大会的决定和全国人民代表大会常务委员会的决定，公布法律，任免国务院组成人员，批准和废除同外国缔结的条约和重要协定等职权，对外代表国家，从事国际交往和友好往来，有利于更好地实现我国的和平外交政策和加强与各国人民的友谊。事实证明，国家主席的设置是符合我国各族人民的习惯和愿望的。但《修改草案》中规定的国家主席的职权同1954年宪法有所不同，他不再召开最高国务会议，也不再统率全国武装力量，这是为了加强国务院总理和中央军委主席的职责，使主席在行政、军事的具体事务方面，处于比较超脱的地位。这是符合我国的实际情况的。

七　关于国务院职权的问题

　　关于国务院的职权，1954年宪法规定了17项，1975年宪法只在一条中笼统地说了一句，1978年宪法恢复为九项，现在《修改草案》又增加到17项，就是说，职权较1978年宪法扩大了。特别是增加了"决定省、自治区、直辖市范围内部分地区的戒严"这样一项重要的职权。此外，为了提高国务院的行政工作效率，《修改草案》规定："国务院实行总理负责制。各部、各委员会实行部长，主任负责制"。副总理的人数规定为两人至四人，设置国务委员，由"总理、副总理、国务委员、秘书长组成国务院常务会议。总理召集和主持国务院常务会议和国务院全体会议"。需要特别提到的是第九十二条的规定："国务院设立审计机关，对各级政府和它们所属的财政金融机构、企业事业组织的财政、财务收支活动进行审计监督。审计机关依照法律规定独立行使审计监督权，不受其它行政机关、团体和个人的干涉。"建国以来我们没有设立审计机构，以至于财政上发生了很多混乱现象。国务院设立这个机构是十分重要的，这种机构大多数国家都有，有的属于议会，有的属于行政机关，但都对于审计机构在法律上保证它有独立行使职权的权力。否则，领导人可以随便干涉它、支配它。有了法律保证则在财政开支上对国务院总理也可以实行监督。尽管国务院总理是领导审计机构的，但依照法律办事，总理也不能干涉它。审计机构在我国国内革命时期，在根据地就曾经设立过，现在应当予以恢复和发展。

八 关于设立中央军事委员会的问题

《修改草案》在国家机构章中，增设了第四节，作了关于中央军事委员会的规定，共四条（从第九十四条到第九十七条），主要规定，"中华人民共和国设立中央军事委员会，领导全国武装力量"，"中央军事委员会实行主席负责制"，"中央军事委员会主席对全国人民代表大会负责，在全国人民代表大会闭会期间，对全国人民代表大会常务委员会负责"。另外，在人大职权中，还规定中央军委主席由人大选举和罢免。这样明确了军队在国家体制中的地位，就是说全国武装力量由中央军事委员会领导。至于武装力量的建设还是由国务院管。这有利于加强武装力量的革命化、现代化、正规化的建设，同时，也便于应付当前世界动荡不定的局势。这是符合我国当前的实际情况的。

九 关于地方政权和民族区域自治制度的问题

《修改草案》第三章第五节中，关于地方各级人民政府和民族区域自治制度有一些新的规定。

1. 按照1975年和1978年宪法，人民公社是政社合一的组织，既是集体经济组织，又是基层政权组织。实践证明这对于加强农村基层政权、健全农村集体经济，没有起积极的作用。现在《修改草案》规定人民公社只是集体经济组织，还要另外建立乡政权作为基层政权。规定设立乡政权，保留人民公社作为集体经济组织，这既有利于改进和加强政权工作，密切政权同群众的联系，也有利于集体经济组织的发展。政社分开，只是把政权那一部分职权分出去，公社、大队、生产队的企业和其他一切财产的所有权，仍然不变。这一点，要向广大农民群众和社队干部讲清楚，以免引起不必要的思想混乱，造成经济、生产上的损失。至于如何实施，各地要从自己的实际情况出发，有领导、有计划、有秩序地进行，不要草率行事和"一刀切"。

2. 城市居民委员会和农村村民委员会是群众的自治性组织，这一方面扩大了群众的自治权，另一方面也明确了它不是政权机关。实践证明，它在调解民间纠纷，维护社会秩序，办好公共事务和公益事业，搞好卫生等方面都起了很大作用。

　　3. 关于民族区域自治的问题。1954年宪法规定的民族自治的权力很多，1975年宪法大部分删去了。1978年宪法又恢复了一些，但不完全。《修改草案》中恢复了1954年宪法的一些规定，并有所增加（详见第三章第六节的第一百一十四条至第一百二十四条）。我个人认为《修改草案》的规定是适当的。

　　以上讲的是我的一些不成熟的意见，只供讨论时参考。还有些问题如法院依法独立行使审判权，检察院依法独立行使检察权等等，限于篇幅，这里就不多讲了。

（原载《法学研究》1982年第3期）

马克思的无产阶级专政理论和中国的实践

张友渔

无产阶级专政的理论是马克思主义的重要组成部分。正如列宁所说："只有承认阶级斗争、同时也承认无产阶级专政的人，才是马克思主义者。""一个阶级专政，不仅一般阶级社会需要，不仅推翻资产阶级的无产阶级需要，而且，从资本主义过渡到'无阶级社会'、过渡到共产主义的整个历史时期都需要，只有了解这一点的人，才算领会了马克思国家学说的实质。"① 马克思本人在 1852 年 3 月《致约·魏德迈的信》中就曾说："无论是发现现代社会中有阶级存在或发现各阶级间的斗争，都不是我的功劳。""我的新贡献就是证明了下列三点，1. 阶级的存在仅仅同生产发展的一定历史阶段相联系；2. 阶级斗争必然要导致无产阶级专政；3. 这个专政不过是达到消灭一切阶级和进入无阶级社会的过渡。"② 马克思在 1850 年所写的《一八四八年至一八五〇年的法兰西阶级斗争》一书中，总结了法国革命的经验，第一次提出了"无产阶级专政"的口号，他指出，革命的社会主义"就是宣布不断革命，就是无产阶级的阶级专政，这种专政是达到消灭一切阶级差别，达到消灭这些差别所产生的一切生产关系，达到消灭和这些生产关系相适应的一切社会关系，达到改变由这些社会关系产生出来的一切观念的必然的过渡阶段"③。后来，马克思总结了巴黎公社的经验教训，于 1975 年 4 月在《哥达纲领批判》中，特别明确地提出了下述论断："在资本主义社会和共产主义社会之间，有一个从前者变为后者的革命转变时期。同这个时期相适应的也有一个政治上的过渡时期，这个时期的国家只能是无产阶级的革命专政。"④ 这一论断，不是马克思自己造出来的，而是科学地总结了历史上历次大革命的经验，特别是吸取了巴黎公社的经验、教训所得出的结论。马克思在这里，第一次极其明确地提出了在资本主义社会和共产主义社会之

---

① 《列宁全集》第 25 卷，第 399、400 页。
② 《马克思恩格斯书信选集》，第 63 页。
③ 《马克思恩格斯选集》第 1 卷，第 479、480 页。
④ 《马克思恩格斯全集》第 19 卷，第 31 页。

间，有一个政治上的过渡时期的理论，并论证了过渡时期的国家只能是无产阶级的革命专政，从而丰富和发展了无产阶级专政的理论。马克思逝世后，恩格斯同第二国际修正主义进行了坚决的斗争。为了捍卫无产阶级专政理论，恩格斯在 1891 年公开发表了马克思的《哥达纲领批判》这一光辉著作，并为马克思的《法兰西内战》一书写了《导言》。马克思和恩格斯一生中，亲身经历了两次重大的革命运动，即 1848 年欧洲革命和 1871 年的巴黎公社运动。1848 年革命对马克思、恩格斯的思想发展有重要意义。列宁曾指出："马克思和恩格斯参加一八四八——一八四九年的群众革命斗争的时期，是他们生平事业的突出的中心点。"① 马克思正是在总结这次革命运动经验的著作《一八四八年至一八五〇年的法兰西阶级斗争》中，首次提出了"无产阶级专政"的口号。《哥达纲领批判》提出：过渡时期的国家"只能是无产阶级的革命专政"的论断，则是吸收了巴黎公社的经验教训。不经过这两次革命，马克思未必能提出无产阶级专政的理论。所以列宁说："历次革命中这个有历史意义的经验，这个有全世界历史意义的——经济的和政治的——教训，马克思把它总结了，给了一个简单、严格、准确、明显的公式：无产阶级专政。"② 列宁捍卫和发展了，并在俄国实现了马克思的无产阶级专政的理论。他在理论方面，做了非常精辟的阐述，同反对无产阶级专政的错误思想和言论进行了坚决的斗争，在事实方面，采取了十分正确的措施，证明无产阶级专政的必要和正确。所以斯大林说："列宁主义的基本问题，列宁主义的出发点，列宁主义的根基，就是无产阶级专政问题。"③

一

为什么需要有无产阶级专政？什么是无产阶级专政？为了巩固无产阶级革命已经取得的成果，彻底完成无产阶级革命的任务，实现建立共产主义社会的最终目的，需要有无产阶级专政。恩格斯曾说："马克思和我从一八四五年起就持有这样的观点：未来无产阶级革命的最终结果之一，将是称为国家的政治组织逐步消亡和最后消失。这个组织的主要目的，从来就是依靠武装力量保证富有的少数人对劳动者多数的经济压迫。随着富有的少数人的消失，武装压迫力量或国家权力的必要性也就消失了。但是同时，我们始终认

---

① 《列宁选集》第 1 卷，第 729 页。
② 《列宁选集》第 3 卷，第 517 页。
③ 《斯大林全集》第 8 卷，第 17 页。

为，为了达到未来社会革命的这一目的以及其他更重要得多的目的，工人阶级应当首先掌握有组织的国家政权并依靠这个政权镇压资本家阶级的反抗和按新的方式组织社会。"① 列宁作了更详尽、更明确、更进一步的阐述。他说："无产阶级专政不是阶级斗争的结束，而是阶级斗争在新形式中的继续。无产阶级专政是取得胜利、夺取政权的无产阶级进行阶级斗争，来反对已被打败但还没有被消灭、没有绝迹、没有停止反抗、反而加紧反抗的资产阶级。"② 又说："向前发展，即向共产主义发展，必须经过无产阶级专政，决不能走别的道路，因为再没有其他人也没有其他道路能够粉碎剥削者资本家的反抗。"③ 他除阐述了无产阶级专政在镇压资产阶级反抗方面的必要性外，还阐述了在领导和团结劳动群众，争取和改造小生产者等，以进行社会主义建设方面，无产阶级专政的必要性。他肯定地说："人类只有经过无产阶级专政，才能达到社会主义。"④ "社会主义不经过无产阶级专政是不能实现的。"⑤ 斯大林也说："无产阶级专政是无产阶级革命的工具，是这个革命的机关，是这个革命的最重要的据点，它的使命是：第一，镇压已被推翻的剥削者的反抗，巩固自己的成绩；第二，把无产阶级革命进行到底，使革命达到社会主义的完全胜利。没有无产阶级专政，革命也能战胜资产阶级，推翻资产阶级政权。可是，如果革命不在自己发展的一定阶段上建立无产阶级专政这个特设机关作为自己的基本支柱，那末它就不能镇压资产阶级的反抗，不能保持胜利并向前进展到社会主义的最后胜利。"⑥

总之，从资本主义到共产主义的革命转变时期，必须有无产阶级专政，没有无产阶级专政，就不可能实现社会主义。无产阶级专政的内容，首先是镇压被推翻的剥削阶级的反抗，特别是在它的初期。没有这一条就不成其为无产阶级专政。但是不仅限于这一条。总的来说，像列宁所指出的："无产阶级专政的实质不仅在于暴力，而且主要不在于暴力。它的主要实质在于劳动者的先进部队、先锋队，唯一领导者即无产阶级的组织性和纪律性。"⑦ 列宁把无产阶级专政的任务概括为两个方面，他说："为了取得胜利，为了

---

① 《马克思恩格斯选集》第4卷，第438页。
② 《列宁全集》第29卷，第343页。
③ 《列宁全集》第25卷，第448页。
④ 《列宁全集》第29卷，第3118、319页。
⑤ 《列宁全集》第23卷，第14页。
⑥ 《斯大林全集》第6卷，第96页。
⑦ 《列宁选集》第3卷，第857页。

建立和巩固社会主义,无产阶级应当解决双重的或二位一体的任务:第一,用反对资本的革命斗争的无限英勇精神吸引全体被剥削劳动群众,吸引他们,组织他们,领导他们去推翻资产阶级和完全粉碎资产阶级的一切反抗;第二,把全体被剥削劳动群众以及所有小资产者阶层引上新的经济建设的道路,引上建立新的社会联系、新的劳动纪律,新的劳动组织的道路,这种劳动组织把科学和资本主义技术的最新成果同创造社会主义大生产的自觉工作者大规模的联合结合起来。"① 斯大林做了进一步的阐述。他说:"有些同志断定说,无产阶级专政的概念只限于暴力的概念,这是不正确的。无产阶级专政不只是暴力,而且是对非无产阶级的劳动群众实行领导,是建设比资本主义经济类型更高的、具有比资本主义经济更高的劳动生产率的社会主义经济。"② 他指出:"无产阶级专政有三个主要方面:(1)利用无产阶级政权来镇压剥削者,保卫国家,巩固和其他各国无产者之间的联系,促进世界各国革命的发展和胜利。(2)利用无产阶级政权来使被剥削劳动群众完全脱离资产阶级,巩固无产阶级和这些群众的联盟,吸引这些群众参加社会主义建设事业,保证无产阶级对这些群众实行国家领导。(3)利用无产阶级政权来组织社会主义,消灭阶级,过渡到无阶级的社会,即过渡到社会主义社会。无产阶级专政就是所有这三方面的结合。其中无论哪一方面都不能提出来作为无产阶级专政的唯一特征,反之,只要缺少其中一个特征,就足以使处在资本主义包围环境中的无产阶级专政不成其为专政。因此,无论除去这三方面中的哪一方面,都不免有曲解无产阶级专政的概念的危险。只有把所有这三方面综合起来,我们才能得到一个完整的无产阶级专政的概念。"他并指出:"无产阶级专政有其各个时期、各种特别形式和各种不同的工作方法。在国内战争时期最明显的是:专政的暴力方面。可是决不能由此得出结论,说在国内战争时期不进行任何建设工作。不进行建设工作就无法进行国内战争。反之,在社会主义建设时期最明显的是专政的和平工作、组织工作、文化工作、革命法制等等。可是同样决不能由此得出结论,说在建设时期专政的暴力方面已经消失或可以消失。现在,在建设时期中,也像在国内战争时期一样,镇压机关、军队和其他组织都是必要的。没有这些机关,专政就不可能稍微有保证地进行建设工作。"③

---

① 《列宁选集》第 4 卷,第 12 页。
② 《斯大林选集》上,第 375 页。
③ 同上书,第 410 页。

为了完成无产阶级专政的任务，应当采取什么样的形式呢？马克思曾指出无产阶级专政的国家必须建立"社会民主主义的红色共和国"，它同农民的剥削者联合实行专政的"立宪共和国"不同，"是农民的同盟者的专政"，即无产阶级专政。马克思还认为，"手持武器夺得了共和国的无产阶级，在共和国上面盖上了自己的印记，并把它宣布为社会共和国。这样就拟定了现代革命的总的内容"①。1871年爆发的巴黎公社革命是无产阶级专政的第一次实践。同1848年法国2月革命建立起来的政权不同，巴黎公社的政权是工人阶级凭借革命暴力独占的政权。由于公社存在的历史极为短促，严格地说，它还没有来得及建立起一整套无产阶级专政的阶级统治的政权形式。但马克思还是认为，巴黎公社正是无产阶级专政的国家——社会共和国的一定形式。

马克思关于无产阶级专政的政权形式的思想后来得到恩格斯的进一步阐述和发展，1891年，恩格斯在《一八九一年社会民主党纲领草案批判》中明确指出："如果说有什么是毋庸置疑的，那就是，我们的党和工人阶级只有在民主共和国这种政治形式下，才能取得统治。民主共和国甚至是无产阶级专政的特殊形式，法国大革命已经证明了这一点。"② 1917年俄国革命的伟大胜利，揭开了人类历史上无产阶级专政的新的一页。在这一时期，列宁领导俄国无产阶级和广大劳动人民，为建立和巩固无产阶级专政的国家，进行了艰巨复杂的斗争。根据革命实践的发展，1917年，列宁写了《国家与革命》一书，系统地论述了马克思主义的国家学说。进一步发展了马克思恩格斯的无产阶级专政理论。在俄国革命的实践中，根据列宁的这一观点，建立了苏维埃制度。列宁在《苏维埃政权的当前任务》中指出，苏维埃是俄国革命正确地实现无产阶级专政任务，所建立的最恰当的政权组织形式。列宁认为苏维埃是新型的国家机构，"它保证能够把议会制的长处和直接民主制的长处结合起来"，"同资产阶级议会制比较起来，这是在民主发展过程中具有全世界历史意义的一大进步"③。斯大林在论述苏维埃是新型的国家时，也指出，"列宁说得对：自从出现了苏维埃政权，'资产阶级民主的议会制度的时代已经终结。世界历史的新的一章，即无产阶级专政的时代已

---

① 《马克思恩格斯选集》第1卷，第609页。
② 《马克思恩格斯全集》第22卷，第274页。
③ 《列宁选集》第3卷，第309页。

经开始'"①。

马克思、恩格斯、列宁、斯大林关于无产阶级专政的论断是有着无可批驳的充分理由的,无产阶级斗争的历史,巴黎公社的经验教训,特别是十月革命以来,苏联无产阶级专政的实践都证明无产阶级专政的理论是颠扑不破的真理。从资本主义过渡到共产主义,必须经过无产阶级专政。这是人类社会发展的客观规律,是适用于一切民族、一切国家的普遍原理,中国也不例外。但是,各民族、各国家具有各自不同的具体情况,在具体适用这个普遍原理时,就必须根据各自不同的具体情况,采取不同的形式和做法,而不能千篇一律。列宁曾经说过:"一切民族都将走到社会主义,这是不可避免的,但是一切民族的走法却不完全一样,在民主的这种或那种形式上,在无产阶级专政的这种或那种类型上,在社会生活各方面的社会主义改造的速度上,每个民族都会有自己的特点。"② 中国要走社会主义道路,当然也必须坚持无产阶级专政,这是不可动摇的。一切反对无产阶级专政的言论和行动都是错误的,不能容许的。但是,由于历史的原因、现实的条件,在中国实行无产阶级专政,必然具有中国自己的特点,而不能搬用别国的模式。

马克思的无产阶级专政理论在中国的实践中,是采取了具有中国特点的人民民主专政的形式。这种人民民主专政,如刘少奇同志在中共"八大"会议上所作政治报告中就已指出的,"实质上只能是无产阶级专政"。后来,毛泽东同志在1962年扩大的中央工作会议上,曾经明确地说过:"在人民内部实行民主,对人民的敌人实行专政,这两个方面是分不开的,把这两个方面结合起来,就是无产阶级专政,或者叫人民民主专政。"③ 无产阶级专政的概念,就有人民民主专政的含义。无产阶级是人民的先锋队,是代表全体人民的利益,组织人民、领导人民、依靠人民去实行镇压被推翻的剥削阶级的反抗的专政职能,而不是脱离人民群众,单枪匹马,去实行专政职能。可以说,无产阶级专政也就是真正的人民专政。所以马克思在评价巴黎公社时,说它"是法国社会的一切健全成分的真正代表,也就是真正的国民政府"。在无产阶级专政的概念中,专政同民主并不矛盾。相反,二者是相辅相成,统一而不可分割的。列宁曾经说过:无产阶级专政"是新型民主的

---

① 《斯大林选集》上,第223页。
② 《列宁全集》第23卷,第64、65页。
③ 毛泽东:《在扩大的中央工作会议上的讲话》,第12页。

（对无产者和一般穷人是民主的）国家和新型专政的（对资产阶级是专政的）国家"①。这就是说，没有新型的专政，不成其为无产阶级专政，没有新型的民主也不成其为无产阶级专政。列宁曾强调：（1）"不实现民主，社会主义就不能实现，这包括两个意思：无产阶级如果不在民主斗争中为社会主义革命做好准备，它就不能实现这个革命；（2）胜利了的社会主义如果不实行充分的民主，它就不能保持它所取得的胜利"②。毛泽东同志也曾说："没有广泛的人民民主，无产阶级专政不能巩固，政权会不稳。没有民主，没有把群众发动起来，没有群众的监督，就不可能对反动分子和坏分子实行有效的专政，也不可能对他们进行有效的改造，他们就会继续捣乱，还有复辟的可能。"③ 无产阶级同人民是一体，民主同专政不可分，所以说，无产阶级专政的概念中，本来就有人民民主专政的含义，而人民民主专政，实质上就是无产阶级专政。在苏联曾经有人提出：关于无产阶级专政的含义问题，"列宁的第一个公式说：'无产阶级专政是一个阶级的政权。'而第二个公式说：'无产阶级专政是劳动者的先锋队无产阶级与人数众多的非无产阶级的劳动阶层（小资产阶级、小业主、农民、知识分子等等）所结成的特种形式的阶级联盟。'这两个公式有没有矛盾？"斯大林的答复是"当然没有"。"在阶级联盟的情况下，譬如说在和基本农民群众结成阶级联盟的情况下，又怎样实现一个阶级（无产阶级）的政权呢？办法就是实现执政的无产阶级（'劳动者的先锋队'）在这个联盟中的领导作用。一个阶级即无产阶级的政权是借助于这个阶级和基本农民群众的联盟并对后者实行国家领导而实现的，——这就是这两个公式的基本思想。这里有什么矛盾呢？"④ "专政就是领导。"⑤ "无产阶级专政就是无产阶级对政策的领导。"⑥ 只要是在无产阶级领导下，为实现社会主义而斗争，就是无产阶级专政。脱离无产阶级领导，就不是无产阶级专政。我国采用的人民民主专政制度是"工人阶级领导的，以工农联盟为基础的人民民主专政"，因此它在实质上是无产阶级专政。

---

① 《列宁选集》第 3 卷，第 200 页。
② 《列宁全集》第 23 卷，第 70 页。
③ 毛泽东：《在扩大的中央工作会议上的讲话》，第 14 页。
④ 《斯大林全集》第 9 卷，第 168 页。
⑤ 《列宁全集》第 30 卷，第 364 页。
⑥ 《列宁全集》第 32 卷，第 332 页。

二

我国的人民民主专政,具有中国特点,那就是把民族资产阶级列入人民的范围,而不作为专政的对象。这是完全适合中国实际情况、符合客观发展规律的,是马克思列宁主义的普遍原理和中国的革命具体实践相结合的产物,是毛泽东同志对无产阶级专政理论的创造性发展。所以具有这样的特点,是由于近代中国的社会性质、阶级关系、历史条件决定了"民族资产阶级有两面性。在资产阶级民主革命时期,它有革命性的一面,又有妥协性的一面。在社会主义革命时期,它有剥削工人阶级取得利润的一面,又有拥护宪法、愿意接受社会主义改造的一面"[①]。正因为有革命性的一面,所以在资产阶级民主革命时期,即新民主主义革命时期,有可能也必然会在无产阶级的正确领导下,站在人民的阵营内,进行反封建主义、反帝国主义、反官僚资本主义的革命斗争;正因为有愿意接受社会主义改造的一面,所以在社会主义革命时期,还有可能列入人民的范围,参加人民民主专政的政权。当然,"民族资产阶级不能充当革命的领导者,也不应当在国家政权中占主要的地位"[②]。

最早提出"人民民主专政"是在1948年12月毛泽东同志的《将革命进行到底》一文中。毛泽东同志要求"在全国范围内建立无产阶级领导的以工农联盟为主体的人民民主专政的共和国"[③]。后来,在党的七届中央委员会第二次全体会议上的报告中,毛泽东同志明确指出:"人民民主专政"的内容包括团结民族资产阶级。他说:"无产阶级领导的以工农联盟为基础的人民民主专政,要求我们党去认真地团结全体工人阶级、全体农民阶级和广大的革命知识分子,这些是这个专政的领导力量和基础力量。没有这种团结,这个专政就不能巩固。同时也要求我们党去团结尽可能多的能够同我们合作的城市小资产阶级和民族资产阶级的代表人物,它们的知识分子和政治派别……"[④] 在全国解放的前夕,毛泽东同志发表了《论人民民主专政》一文,对"人民民主专政",作了进一步的阐述。他说:"中国人民在几十年中积累起来的一切经验,都叫我们实行人民民主专政。""总结我们的经验,

---

[①] 《毛泽东选集》第5卷,第365页。
[②] 同上书,第1484页。
[③] 同上书,第1380页。
[④] 同上书,第1488页。

集中到一点，就是工人阶级（经过共产党）领导的以工农联盟为基础的人民民主专政。"① 并明确肯定了"人民"包括民族资产阶级。他说："人民是什么？在中国，在现阶段，是工人阶级，农民阶级，城市小资产阶级和民族资产阶级。这些阶级在工人阶级和共产党的领导之下，团结起来，组成自己的国家，选举自己的政府，向着帝国主义的走狗即地主阶级和官僚资产阶级以及代表这些阶级的国民党反动派及其帮凶们实行专政。""对于人民内部，则实行民主制度。""这两方面，对人民内部的民主方面和对反动派的专政方面，互相结合起来，就是人民民主专政。"② 毛泽东同志提出人民民主专政的理论，并不是偶然的。人民民主专政是长期革命斗争的科学总结，有着它逐步形成的过程。我们从1948年以前的毛泽东同志的一系列著作中，可以看出他在第一次明确地提出人民民主专政前，已经有了丰富的理论准备和思想积累。毛泽东同志早在1935年《论反对日本帝国主义的策略》一文中第一次明确提出了"人民共和国"的口号。当时由于日本帝国主义企图吞并中国，日本侵略影响了中国的阶级关系的变动，因而毛泽东同志科学地估计到不但小资产阶级，而且民族资产阶级，也有了参加抗日斗争的可能性，所以要把"工农民主共和国"的口号改变为"人民共和国"。他指出："如果说，我们过去的政府是工人、农民和城市小资产阶级联盟的政府，那末，从现在起，应当改变为除了工人、农民和城市小资产阶级以外，还要加上一切其他阶级中愿意参加民族革命的分子。"③ 毛泽东同志指出，把"工农共和国"改变为"人民共和国"后，这个共和国的政府仍然"首先代表工人和农民的利益"，但是不仅代表工人、农民的利益，也代表全民族的利益。"人民共和国是代表反帝国主义反封建势力的各阶层人民的利益的。人民共和国的政府以工农为主体，同时容纳其他反帝国主义反封建势力的阶级。""革命的动力，基本上依然是工人、农民和城市小资产阶级，现在则可能增加一个民族资产阶级。"当然，"人民共和国不代表敌对阶级的利益。相反，人民共和国同帝国主义的走狗豪绅买办阶级是处在正相反对的地位，它不把那些成份放在所谓人民之列"④。所以它是最广泛的人民民主和对敌对阶级的专政的政权。毛泽东同志提出的"人民共和国"的口号和由此产

---

① 《毛泽东选集》第4卷，第1480、1485页。
② 同上书，第1480页。
③ 《毛泽东选集》第1卷，第151页。
④ 同上书，第154、155、153页。

生的各项政策,在后来的抗日根据地得到了实现,所以我们党能够在敌后战场领导人民,胜利地进行抗日战争。1940年毛泽东同志在《新民主主义论》中,进一步指出:"现在所要建立的中华民主共和国,只能是在无产阶级领导下的一切反帝反封建的人们联合专政的民主共和国,这就是新民主主义的共和国。""这是一定历史时期的形式,因而是过渡的形式,但是不可移易的必要的形式。"① 所以必须采取这种过渡的形式,乃是由半殖民地、半封建的社会性质决定的。毛泽东同志并指出:人民共和国的政权构成的形式"现在可以采取全国人民代表大会、省人民代表大会、县人民代表大会、区人民代表大会直到乡人民代表大会的系统,并由各级代表大会选举政府"②。这是毛泽东同志对马列主义关于无产阶级专政的政权形式问题的理论的发展。人民代表大会制度是巴黎公社和苏维埃制度在中国的具体条件下的运用。抗日战争胜利的前夕,毛泽东同志在1945年题为《论联合政府》的"七大"政治报告中,更进一步宣称:"我们主张在彻底地打败日本侵略者之后,建立一个以全国绝大多数人民为基础而在工人阶级领导之下的统一战线的民主联盟的国家制度。"并指出:"这是一个真正适合中国人口中最大多数的要求的国家制度,它不仅取得了和可能取得工人、农民的同意,也取得了和可能取得广大的城市小资产阶级、民族资产阶级、开明士绅及其他爱国分子的同意。"③ 毛泽东同志1948年开始提出,后来在七届二中全会上的报告和《论人民民主专政》中做了进一步阐述的"人民民主专政"的理论是在上述这些基础上形成的。中华人民共和国成立后,我们的国家政权就是根据"人民民主专政"的原理组成的。起着临时宪法作用的《中国人民政治协商会议共同纲领》,在《序言》中指出:"中国人民民主专政是中国工人阶级、农民阶级、小资产阶级、民族资产阶级及其它爱国民主分子的人民民主统一战线的政权,而以工农联盟为基础,以工人阶级为领导。"1954年9月第一届全国人民代表大会第一次会议通过的我国第一部宪法,在《总纲》第一条明确规定:"中华人民共和国是工人阶级领导的、以工农联盟为基础的人民民主国家。"接着在第二条规定:"中华人民共和国的一切权力属于人民。人民行使权力的机关是全国人民代表大会和地方各级人民代表大会。"这样就在国家根本法上,确立了在我国实行实质上是无产阶级专政的

---

① 《毛泽东选集》第2卷,第668页。
② 同上书,第670页。
③ 《毛泽东选集》第3卷,第1056、1057页。

人民民主专政制度，是不可动摇的原则。"文化大革命"十年动乱期间，破坏了这个原则，对国家造成了严重的危害。党的十一届三中全会以来，拨乱反正，恢复并发展了人民民主专政制度。在1982年12月，由五届全国人民代表大会第五次会议通过，公布施行的新的《中华人民共和国宪法总纲》第一条规定："中华人民共和国是工人阶级领导的、以工农联盟为基础的人民民主专政的社会主义国家。"并在《序言》中强调说明："今后国家的根本任务是集中力量进行社会主义现代化建设。中国各族人民将继续在中国共产党领导下，在马克思列宁主义、毛泽东思想指引下，坚持人民民主专政，坚持社会主义道路。"这就是说，不仅在过去和现在，必须实行人民民主专政制度，而且在今后，也必须继续坚持人民民主专政制度。

三

人民民主专政的任务是什么呢？由于人民民主专政实质上就是无产阶级专政，所以它的任务同上述无产阶级专政的任务基本是一致的。总的说来，就是团结人民、领导人民镇压反动阶级，建设社会主义。所不同的，像前面所说过的，只是人民的范围不同，镇压的对象不同。像毛泽东同志所指出的："我们的国家是工人阶级领导的以工农联盟为基础的人民民主专政的国家。这个专政是干什么的呢？专政的第一个作用，就是压迫国家内部的反动阶级、反动派和反抗社会主义革命的剥削者，压迫那些对于社会主义建设的破坏者。""专政还有第二个作用，就是防御国家外部敌人的颠覆活动和可能的侵略。""专政的目的是为了保卫全体人民进行和平劳动，将我国建设成为一个具有现代工业、现代农业和现代科学文化的社会主义国家。""专政的制度不适用于人民内部。人民自己不能向自己专政，不能由一部分人民去压迫另一部分人民。""在人民内部是实行民主集中制。"[①] 当然，像斯大林所说的无产阶级专政有各个时期，各种特别形式和各种不同的工作方法那样，人民民主专政也由于发展阶段的不同，而在具体内容、具体形式和具体工作方法等方面，也会有所不同。主要的是：（1）我们的"人民民主专政"的特点，是在"人民"的概念中，包括"民族资产阶级"。但在1956年，生产资料私有制的社会主义改造基本完成后，民族资产阶级作为一个阶级已不再存在，只存在曾经作为民族资产阶级的成员的一些人，而他们中间的大多数已经被改造成为自食其力的劳动者，过去，以民族资产阶级代表的身份

---

① 《毛泽东选集》第5卷，第366页。

参加人民民主政权的人，现在是以拥护社会主义的爱国者和拥护祖国统一的爱国者的身份参加政治活动了。这是一个变化。但这并不意味着把"民族资产阶级"排斥于"人民"之外，更不是把"民族资产阶级"当做专政的对象，因此，并不根本改变我们的人民民主专政所具有的特点。（2）建国初期，我们也曾致力于经济、文化等方面的建设工作，并取得了很大的成绩。但人民民主专政的任务还不能不着重在"压迫国家内部的反动阶级、反动派和反抗社会主义革命的剥削者"；"防御国家外部敌人的颠覆活动和可能的侵略"。我们曾有效地进行了清匪反霸、肃反镇反、"三反"、"五反"等工作，接着完成了对生产资料私有制的社会主义改造工作。其后，人民民主专政的任务，像党的第八次全国代表大会所指出的，已经是在新的生产关系下面，保护和发展社会生产力，革命的暴风雨时期已经过去了。不幸的是1966年发生的"文化大革命"，在具有"一个阶级推翻一个阶级"的特定含义的所谓"无产阶级专政下继续革命"的口号下，大搞歪曲无产阶级专政、破坏人民民主专政的所谓的阶级斗争。十一届三中全会以来，纠正了"文化大革命"的错误，进行了拨乱反正的工作，使人民民主专政恢复到正常的轨道上来。今后的任务当是实现党的十二大所提出的："全面开创社会主义现代化建设的新局面"。当然，由于"剥削阶级作为阶级消灭以后，阶级斗争已经不是主要矛盾"。但是"由于国内的因素和国际的影响，阶级斗争还将在一定范围内长期存在，在某种条件下还有可能激化"。"对敌视社会主义的分子在政治上、经济上、思想文化上、社会生活上进行的各种破坏活动，必须保持高度警惕和进行有效的斗争。"① 国家的专政职能还不能取消，只是由于阶级斗争的内容不同了，斗争的方法也应当不同，主要应当是运用法律这个工具来进行斗争。（3）作为人民民主专政的具体政权组织形式是人民代表大会制，《中华人民共和国宪法总纲》第二条规定："人民行使国家权力的机关是全国人民代表大会和地方各级人民代表大会。"但同条又规定："人民依照法律规定，通过各种途径和形式，管理国家事务，管理经济和文化事业，管理社会事务。"这就是说我们的民主，"要扩展到政治生活、经济生活、文化生活和社会生活的各个方面，发展各个企业事业单位的民主管理，发展基层社会生活的群众自治"②。也就是说，在基层政权和

---

① 《中国共产党中央委员会关于建国以来党的若干历史问题的决议》单行本，第56页。
② 胡耀邦：《全面开创社会主义现代化建设的新局面》，《中国共产党第十二次全国代表大会文件汇编》，第37页。

基层社会生活中，将由间接民主逐步发展到直接民主。（4）人民代表大会的本身也有一个随着社会的发展而发展的过程。例如：县人民代表大会代表原是间接选举，从1979年起，改为直接选举了。这是由于人民的政治、文化水平都有所提高，交通条件等情况也大有改善了。将来，随着社会情况的进一步发展，省级人民代表大会以至全国人民代表大会也不是没有可能逐渐实行直接选举。

总之，人民民主专政实质上就是无产阶级专政，这是马克思的无产阶级专政理论在中国的实践，是符合我国实际情况，适应我国革命和建设的需要的，是完成新民主主义革命，实现社会主义的必要步骤。事实证明人民民主专政的理论，是马克思列宁主义普遍原理和中国革命和建设的具体实践相结合的典型，是对于马克思列宁主义的创造性的发展。有些人认为人民民主专政不是无产阶级专政，而是对无产阶级专政的修正，是属于资产阶级民主的类型，因而或者从"左"的观点出发来反对它，或者从右的观点出发来颂扬它，都是完全错误的。

四

最后，必须指出的是无产阶级专政和实质上是无产阶级专政的人民民主专政，必须有无产阶级的先锋队——共产党的领导。这是因为像列宁所说的："无产阶级专政是无产阶级为反对旧社会的势力和传统而进行的顽强斗争，即流血的与不流血的，强力的与和平的，军事的与经济的，教育的与行政的斗争。千百万人的习惯势力是最可怕的势力。没有在斗争中百炼成钢的党，没有为本阶级全体忠实的人所信赖的党，没有善于考察群众情绪和影响群众情绪的党，要顺利地进行这种斗争是不可能的。"[①] 他还说："只有工人阶级的政党，即共产党，才能团结、教育和组织成无产阶级和全体劳动群众的先锋队，也只有这个先锋队才能抵制这些群众中不可避免的小资产阶级动摇性，抵制无产阶级中不可避免的种种行会狭隘性或行会偏见的传统和恶习，并领导全体无产阶级的一切联合行动，也就是说在政治上领导无产阶级，并且通过无产阶级领导全体劳动群众。不这样，便不能实现无产阶级专政。"[②] 斯大林也说："无产阶级所以需要党，就是为了争得和保持专政。党

[①] 《列宁全集》第31卷，第26页。
[②] 《列宁全集》第32卷，第233页。

是无产阶级专政的工具。"① 又说："能够统一并指导无产阶级群众组织的工作的，只有无产阶级的先锋队，无产阶级的党。只有无产阶级的党，只有共产党，才能在无产阶级专政体系中起这种主要领导者的作用。"② 他还肯定地说："无产阶级专政并不是自流地实行的，它首先是依靠党的力量，在党的领导下实行的。在现今资本主义包围的情况下，要是没有党的领导，无产阶级专政就不可能实行。"③ 在中国也是一样，实行人民民主专政没有中国共产党的领导是不行的。中国共产党是工人阶级的先锋队，是中国人民的领导核心。事实已充分证明，没有共产党的领导，不可能实行和巩固人民民主专政，也就不可能实现社会主义，正像人们所公认的："没有共产党就没有新中国，就不会有现代化的社会主义中国"，如果只承认"无产阶级专政"，"人民民主专政"，而不承认"党的领导"，那就和只承认阶级斗争而不承认无产阶级专政一样，还不能算是一个马克思主义者。

(原载《法学研究》1983 年第 2 期)

---

① 《斯大林全集》第 6 卷，第 158 页。
② 《斯大林全集》第 8 卷，第 34 页。
③ 《斯大林全集》第 7 卷，第 284 页。

进一步研究新宪法，实施新宪法

张友渔[1]

新宪法是以四项基本原则为指导思想，理论联系实际，从我国实际出发，既适应当前全面开创社会主义现代化建设新局面需要，又考虑到我国发展前景的一部具有中国特色的社会主义宪法。人们称之为建国以来的一部最好的宪法。自从颁布实施以后，一直得到中国各族人民和全世界被压迫民族、被剥削人民以及进步人士的拥护和称赞。

新宪法是一部中国型的社会主义宪法。就是说，它既是社会主义的，又不是一般的社会主义的，而是中国型的社会主义的，适应新时期所需要的宪法，它并不是一成不变的。人们称赞它是一部最好的宪法，也只是说，到现在为止它是中国最好的一部宪法，并不是今后就不会有更好的宪法。当然，我们在一定时期内，必须保持宪法的稳定性。但从整个社会的发展进程来说，社会是在不断发展着的。我国现在还处于社会主义的初级发展阶段，是向着未来共产主义高级阶段不断前进的。法律是以社会为基础的。社会进入了新的发展阶段，也就会有适应这一发展的新的更好的宪法。所以，宪法并不是永恒不变的，它还要不断地向前发展。

再一点，就是我国新宪法的国际意义。它是举世公认的我国的一部最好的宪法，这是人所共知的事实。由于我国还是一个发展中的社会主义国家，同大多数第三世界国家具有相似的苦难经历，面临着共同的问题和任务。我国新宪法的规定，对第三世界国家有一定的借鉴意义，但也不是完全适用的。正如列宁讲的："一切民族都将走到社会主义，这是不可避免的，但是一切民族的走法却不完全一样，在民主的这种或那种形式上，在无产阶级专政的这种或那种类型上，在社会生活各方面的社会主义改造的速度上，每个民族都会有自己的特点。"[2]

当然，在这一片赞扬声中，我们务必要冷静，绝不可被"捧场"冲昏

---

[1] 本文系作者1983年12月在中国法学会、中国政法学会、北京市法学会、北京宪法学研究会联合举行的纪念新宪法公布一周年报告会上的讲话摘要。

[2]《列宁全集》第23卷，第64、65页。

了头脑。必须清楚地看到，对于我国这部社会主义的宪法，并不是任何人都拥护的。资产阶级等剥削阶级是不会真心拥护的，国内外的敌对势力以及一些搞资产阶级自由化的人，都是要反对的。如果他们也真正拥护，也鼓掌、喝彩，那反倒奇怪了。不是他们在"灌迷汤"，就是我们的宪法确实是投其所好了，我们的宪法可能就有毛病了。从一些反映材料看，有的就是对我国改革和新宪法规定的有意歪曲。例如有的人说：解放后我们国家机关的设置，是盲目效法苏联 1936 年宪法。经过这场"文革"的教训，为了防止权力集中，对分权学说和监督制衡的原则已有让步。就是说，我们要转向资产阶级自由化了。如果真是那样，那就不成其为好宪法了。所以，我们一定要保持清醒的头脑，保持谦虚谨慎的态度，不要别人一鼓掌就头昏脑热，甚至被人牵着鼻子走！

上面说，我们的新宪法是一部最好的宪法。这是不可否认的事实。但是有了一部最好的宪法，如果不能贯彻实施，那么这部宪法就等于一纸空文，不起任何作用。现在的主要问题是怎样贯彻实施新宪法的问题。这里我想着重谈两个问题：一个是一年来新宪法实施的情况和问题，特别是全国人大、全国人大常委认真贯彻实施新宪法的情况和今后的主要工作问题；一个是为了保证正确地贯彻实施，对新宪法一些重要规定的正确理解问题。

一

一年来，新宪法贯彻得很好。从中央到地方的各个部门、各个方面，在宣传宪法，实施宪法中，都做了大量的工作，取得了显著的成绩，在保障社会主义现代化建设，发扬社会主义民主，加强社会主义法制，坚持人民民主专政，严厉打击刑事犯罪，维护社会安定，清除精神污染，建设社会主义精神文明等方面，新宪法日益发挥出作为治国安邦的总章程的重要作用。

新宪法颁布实施后，为了宣传新宪法，我们不仅在全国报刊上发表了论文多篇，并出版了一些小册子，而且还举办了各种广播讲座、专题报告会、讨论会、座谈会和纪念会等活动。通过这些宣传，已使新宪法逐渐深入人心，逐步贯彻实施。

一年来，通过制定法律以贯彻实施宪法，我们积极而又稳步地进行了立法工作，以新宪法为立法工作基础，制定和修改了许多重要的法律。如《中华人民共和国全国人民代表大会组织法》、《中华人民共和国国务院组织法》、《中华人民共和国地方各级人民代表大会和地方各级人民政府组织法》、《中华人民共和国全国人民代表大会和地方各级人民代表大会选举法》、《中华人民共和国海上交通安全法》、《中华人民共和国统计法》等。全国人大常委会还作出了《关于县级以下人民代表大会代表直接选举的若干规定》、《关于地区和市合并后市人民代表大会提前换届问题的决定》和《关于县乡两级人民代表大会代表选举时间的决定》。为了严厉打击刑事犯罪活动，全国人大常委又作出了《关于严惩严重危害社会治安的犯罪分子的决定》、《关于迅速审判严重危害社会治安的犯罪分子的程序的决定》、《关于修改〈中华人民共和国人民法院组织法〉的决定》、《关于修改〈中华人民共和国人民检察院组织法〉的决定》、《关于国家安全机关行使公安机关的侦查、拘留、预审和执行逮捕的职权的决定》，等等。这些决定在加强社会主义民主和法制，打击刑事犯罪，保障四化建设各方面，都起到了积极的作用。

当然，要贯彻实施宪法，首先就要求有权制定宪法、修改宪法、解释宪法、监督宪法实施的作为最高国家权力机关的全国人大及其常委会，严格按照宪法办事，否则就不可能要求全国人民遵守宪法，更不可能监督宪法的实施，因而新宪法也就不可能贯彻实施。六届全国人大第一次会议，在贯彻新宪法方面，就为全国做出了很好的示范。这次会议主要议程有两个：一是审议政府工作报告，审查和批准国民经济和社会发展计划，国家决算；二是选举、决定新一届国家领导人，组成新一届国家领导机构。会议进行完全是符合宪法的，有力地贯彻实施了新宪法。例如，全国人大常委已基本上实行了专职制。这是本届全国人大常委的一项很重要的改革，过去几部宪法都没有这方面的规定。为了进一步加强全国人大常委和宪法的实施保障，总结历史的教训，新宪法特别规定：全国人大常委会的组成人员"不得担任国家行政机关、审判机关和检察机关的职务"（第六十五条）。本届全国人大认真执行了这一规定，常委委员已不再兼任行政机关、审判机关、检察机关的职务，而且实现了年轻化。老年减少，80岁以上的只有15人，平均年龄69.3岁。60岁以下的19人，61至70岁的61人，71—80岁的60人。突出的是办事机构年轻化了，工作人员一般都在60岁以下，秘书长、副秘书长中只有一人超过60岁，其余的都在60岁以下。因此，全国人大常委的工作大大加强了。六届全国人大常委会第二次会议就及时作出了严厉打击刑事犯罪的决定，修改了有关法律，通过了海上交通安全法，修改了中外合资经营企业所得税法，等等。六届全国人大常委会第三次会议着重讨论了精神污染问题，通过了统计法。会议还认真地审议了兵役法修改草案和专利法草案，委员们提出了重要修改意见，草案已交法律委员会审议。

另外，还设立了专门委员会。这也是根据新宪法设置的。新宪法第七十条规定：全国人大设民族委员会、法律委员会、财政经济委员会、教育科学文化卫生委员会、外事委员会、华侨委员会和其他需要设立的委员会。各专门委员会在全国人大及其常委会的领导下，研究、审议和拟订有关议案。设立后，即已积极工作。这次常委会上，法律委员会、财政经济委员会、教育科学文化卫生委员会都分别就六届人大一次会议代表提出的三十三件议案进行了审议。常委会通过的谴责美国国会制造"两个中国"严重事件的决议，就是由外事委员会拟订的；统计法是根据法律委员会的审议报告通过的。实践证明，新宪法关于加强全国人大常委会和设立专门委员会的规定，是很有必要的，已在保证宪法实施方面起到了重要的作用。

此外，地方各级人大和人民政府以及基层群众性自治组织，还有工会、共青团、妇联等人民团体，在宣传宪法，动员人民群众遵守和维护宪法，揭露和批判各种违法行为等方面都做了很多工作。最近，北京市首先成立了宪法学研究会。不久，中国法学会和全国各省、市、自治区也将建立起自己的宪法学研究会。这些，对进一步推动新宪法的学习、研究、宣传和实施工作，都已经而且还将继续起到积极的促进作用。

总之，一年来我们贯彻实施新宪法的情况是好的。但是，仅一年时间，成绩再好也不可能是很大的。也还存在着一些问题。按照中央要求做到"家喻户晓"，"人人皆知"，"人人掌握"，"人人遵守"，"人人运用"，还是有很大的差距。目前，除进一步加强新宪法的宣传、教育工作外，首先需要解决以下两个问题。

（1）进一步加强立法工作，把有关贯彻实施新宪法的重要的迫切需要的法律制定出来。

我们都知道，宪法是国家的根本法，不是法律大全，不能把什么都规定进去。它的贯彻实施，需要通过相应的法律。正如斯大林所说："宪法是根本法，而且仅仅是根本法。宪法并不排除将来立法机关的日常立法工作，而且要求有这种工作。宪法给这种机关将来的立法工作以法律基础。"[①] 在新宪法的一些条文中，就曾明确提出要"依照法律规定"来实施，明确说要"依法"保护"合法"权益，不许"非法"如何如何。如第二条第三款："人民依照法律规定，通过各种途径和形式，管理国家事务，管理经济和文化事业，管理社会事务。"第十条第三、四款规定："国家为了公共利益的

---

① 《列宁主义问题》，第618页。

需要，可以依照法律规定对土地实行征用。任何组织或者个人不得侵占、买卖、出租或者以其他形式非法转让土地。"第十三条第二款规定："国家依照法律规定保护公民的私有财产的继承权"，等等。这些需要"依照"的法律，有的已经制定了，如《国家建设征用土地条例》等。有的还没有制定，如《继承法》等。根据新宪法条文需要制定的特定法律就有29种，现已制定13种，还有16种尚待制定。由于没有制定相应的法律，以致在贯彻实施宪法的实际工作中，往往发生无所依据的困难，或者各行其是，出现了一些混乱现象。因此，必须进一步加强立法工作。现在通过的法律，都曾经过多次反复研究。另有许多法律正在草拟中，如《继承法》等；有的已提交全国人大常委进行过多次审议，如兵役法修改草案、专利法草案，有的正在试行中，如《森林法》。我们制定法律，既要积极，又要稳妥，成熟一个制定一个。要多、快、好，不能多、快、坏。既不能做懒汉，光是等待；也不能一哄而起，为制定而制定。事实上，要制定确实行之有效的法律，不是可以一天早上就搞出来的，必须经过调查研究、反复讨论的长期过程。我们必须依法办事，但在有关的法律没有制定出来以前，怎么办？那就要依靠政策办事，不能随意乱搞。所以，一方面要加强法制教育，另一方面也要加强政策教育。既使有了法，在运用中也还要依靠政策，不懂得政策，也就不可能很好地执行法律。当然，这不是说只靠政策，不要法律。法律体现政策，是政策的具体化，政策通过法律实现，二者是统一的，并不是对立的。有了法律，就要坚决依法办事。立法工作主要是全国人大常委和有关机关的任务，法学家特别是宪法学家也要参加，认真研究，提出自己的意见。事实上也已经参加，今后更应努力在这方面做出贡献。

（2）对新宪法的内容、条文作出准确解释。

当前，对新宪法的有些内容和具体条文的规定，甚至某些很重要的内容和规定，还存在不同的认识和理解，以致在某些场合引起思想混乱，妨碍对新宪法的正确宣传和贯彻执行。因此，迫切需要全国人大常委作出标准解释。在全国人大常委没有作出解释的情况下，在执行中或学术上难免有不同的解释，但一经全国人大作出解释，就应以它的解释为准。因为新宪法规定，解释宪法和法律的权是属于全国人大常委的。

这里，我想就有关六届人大一次会议的有些事实真相和问题，根据自己的看法作些澄清和解答。有人认为六届人大一次会议没有完全按照宪法办事，不民主。有的是出于误解，有的则是恶意攻击。如说：候选名单是共产党包办的。这不符合事实。候选名单是各方面民主协商的结果，不是共产党包办的。事先，由中共中央召集各方面代表人物举行会议，进行了民主协商，确定了这个名单。不能因协商会议是共产党领导的，就说是共产党包办。任何会议总得有个领导核心，作为领导核心的共产党并不是自拟名单强加于人的。名单的提出，是经过协商取得一致的。所以能够协商一致，是因为在我们社会主义国家，整个人民的利益基本上是一致的，不存在不可调和的矛盾。而在资本主义国家，是不可能真正协商一致的。因为统治阶级和被统治阶级之间的斗争，根本上是不可调和的。在作为统治阶级的资产阶级内部派别、集团之间，为了争权夺利，也是进行着尔虞我诈，甚至你死我活的斗争；很难经过民主协商，取得真正的一致。在这次会上，共产党作为参加协商的各方面的代表提出的名单，是向大会主席团建议的，不是直接提交大会讨论的正式名单。主席团可以接受，也可以不接受，可以只有这个名单，也可以另提名单。主席团接受不是被迫的。因为这个名单是经过各方面协商一致的，而主席团成员大都是参加协商的各方面的代表人物，当然不会拒绝这个建议。主席团经过讨论，发给各代表团征求意见，吸收大家意见，然后作为正式名单提交大会表决。这是完全符合宪法程序的，怎么能说是"违宪"？有人说：为什么候选名单只提一个，没有提两个，国家主席只提一人，没有提二人，没有采取差额选举呢？我们的回答，也是由于协商一致的结果，并没有发生不民主或违宪的问题。只提一个名单，一个人，是经过大家协商，认为没有另提的必要，不是不许另提。关于人大代表候选人的提出，《全国人民代表大会和地方各级人民代表大会选举法》第二十六条曾规定："中国共产党、各民主党派、各人民团体，可以联合或者单独推荐代表候选人。任何选民或者代表，有三人以上附议，也可以推荐代表候选人。"不过推荐后，也还要经过"民主协商"，再"确定正式代表候选人名单"（第二十八条）。这个原则，也适用于国家领导人的选举。至于差额选举，一般地说比等额选举更有选择余地。但选举法并没有明确规定只能这样做。选举法第二十八条规定："如果所提候选人名额过多，可以进行预选，根据较多数选民的意见，确定正式代表候选人名单。"（同条另一款规定："根据较多数代表的意见，确定正式代表候选人名单。"）这就是说，经过预选确定的正式代表候选人名单，可以是等额的。其次，地方各级人民代表大会和地方各级人民政府组织法第十六条，对地方国家机关领导人的选举，也作了同样的规定。但宪法，全国人民代表大会组织法，选举法，都没有明文规定对国家领导人进行差额选举。因此，不采取差额选举不是违宪。更主要的是经过协商一致，没有另外的人被推荐为候选人，根本不存在差额的问题。并且等额选举也不是只能对候选人名单上的人投赞成票。按照选举法第三十四条规定:"选举人对于代表候选人可以投赞成票,可以投反对票,可以另选其他任何选民,也可以弃权。"怎么能说,不采取差额选举就是不民主呢?

有人说,总理不应列入候选人名单,这次主席提名总理是形式。这不对。协商一致的名单是建议全国人大主席团参考的整个国家领导人的名单,可以也应当包括总理在内。主席团接受这个建议名单后,发给各代表团,只是征求意见,不是作为正式名单提出。主席团正式提交大会的名单,不包括总理。总理是主席向大会提名的。这里也不存在违宪的问题。有人说,主席刚刚选出十几分钟就提名总理,"这不是形式主义吗"?是早已预定的,"提名只是走过场"。不错,是早已预定了的,但不是形式主义。在各方面民主协商时,早已一致商定什么人做总理,列在给主席团的建议名单中。李先念是主持协商会议的中国共产党的中央领导人之一,他被选为国家主席,当然可以立即根据协商预定的名单,提名总理人选,不需要另有所考虑。

有的人认为,会议议程未安排大会发言,是不民主。这种看法也不对。大会发言形式上好像民主,实际上,各代表团分组讨论更民主。大会发言不可能普遍,发言时间又有严格限制,不可能讲得深透。分组发言,可以避免这些缺点。虽然全体代表不能都直接听到发言,但通过向主席团汇报,及时发简报等渠道,大家很快就能知道各代表团开会情况和发言内容,并不因为没有直接听到发言,而影响对问题的考虑和表决。因此,不必一定要安排大会发言。而且不安排大会发言,并不是不许在大会发言。实际上,每次在提交大会表决时,执行主席都先征求大家有无意见,有意见的人,是可以发言的。

有人认为六届人大常委会二次会议作出《关于严惩严重危害社会治安的犯罪分子的决定》是不按刑法办事,破坏了法制,也就是违宪。有的人甚至说,"这么搞,刚刚建立起来的法制又毁于一旦了"。这也不对。第一,法律不是永恒不变的,任何法律都是可以修改的。当然,法律应当有稳定性,不宜轻易修改。但这种稳定性是相对的,不是绝对的。它应当随着现实的社会关系和形势的发展变化而发展变化。按照马克思主义的观点,"法律应该以社会为基础。法律应该是社会共同的由一定物质生产方式所产生的利益和需要的表现"[1]。当社会的实际形势有了新的发展变化,社会关系必须进行新的调整时,原有的法律也必须作相应的修改,我们的刑法也不例外。

---

[1] 《马克思恩格斯全集》第6卷,第292页。

第二，在全国人大闭会期间，人大常委有权对人大制定的法律进行部分补充和修改，这是新宪法第六十七条（三）款明确规定的。补充、修改的方法可以是就原法律本身补充、修改，也可以像别的国家提修正案的办法另作"决定"，怎么能说是违宪？

有人说，人大常委固然有权作出修改决定，但新宪法同条规定是限制补充、修改，"不得同该法律的基本原则相抵触"。人大常委的"决定"，是同刑法量刑从轻，特别是少用死刑的基本原则相抵触的，因而是违宪的。我认为，这种说法不对，是对刑法基本原则的片面解释。第一，量刑从轻从重要适应客观形势，根据实际需要，不能一般化。应当是该重的重，该轻的轻。本来，新宪法第二十八条就明文规定："国家维护社会秩序，镇压叛国和其他反革命的活动，制裁危害社会治安、破坏社会主义经济和其他犯罪的活动，惩办和改造犯罪分子。"刑法第二条也清楚地规定："中华人民共和国刑法的任务，是用刑罚同一切反革命和其他刑事犯罪行为作斗争。""决定"根据中央"依法从重从快"的方针，严惩严重危害社会治安的犯罪分子，正是为了实现新宪法的要求，完成刑法的任务。过去，由于我们对封建残余的影响，资产阶级思想的腐蚀估计不足，甚至完全忽视，发生工作失误，一方面是没有做好教育青少年，预防犯罪的思想政治工作；另一方面是对严重犯罪活动打击不力。不严厉打击就不能震慑犯罪分子，打击他们的嚣张气焰，保护广大人民的生命财产的安全，争取社会治安的根本好转，保障社会主义现代化建设的顺利进行。就是说，不打击严重犯罪活动，才是违反刑法的基本原则。相反，人大常委决定正是体现了刑法的基本原则，而不是同刑法的基本原则相抵触。第二，对一般犯罪不轻易用死刑，这是我国社会主义刑法的基本原则之一，但绝不是在任何时期，对任何人，对任何犯罪都不使用死刑。因此，我们的刑法没有废止死刑。我们应当运用辩证唯物论、历史唯物论的观点看问题。处在刑事犯罪分子气焰嚣张，严重危害社会治安的现在这样的时期，正如列宁讲的："对人民的这些敌人，社会主义的敌人，劳动者的敌人不能有任何宽恕"。"在这方面任何软弱、动摇和怜悯的表现，都是对社会主义的极大罪过。"[①] 因此，"决定"对刑法作了补充、修改。六种严重犯罪是：第一，流氓犯罪集团的首要分子或者携带凶器进行流氓犯罪活动，情节严重的，或者进行流氓犯罪活动，危害特别严重的；第二，故意伤害他人身体，致人重伤或者死亡，情节恶劣的，或者对检举、揭发、拘捕

[①] 《列宁选集》第3卷，第397页。

犯罪分子和制止犯罪行为的国家工作人员和公民行凶伤害的；第三，拐卖人口集团的首要分子，或者拐卖人口情节特别严重的；第四，非法制造、买卖、运输或者盗窃、抢夺枪支、弹药、爆炸物，情节特别严重的，或者造成严重后果的；第五，组织反动会道门，利用封建迷信，进行反革命活动，严重危害社会治安的；第六，引诱、容留、强迫妇女卖淫，情节特别严重的。"决定"规定对这六种严重犯罪，"可以在刑法规定的最高刑以上处刑，直到判处死刑"。对传授犯罪方法，情节较轻的，处五年以下有期徒刑，情节严重的，处五年以上有期徒刑，情节特别严重的，处无期徒刑或者死刑。这些同刑法的基本原则并不抵触。并且"决定"说是"可以"，也不是一定都要判处死刑。中央指示强调依法从重，要以事实为依据，以法律为准绳，重证据，绝不轻信口供。当杀者杀，但一定不能错杀。对那些有轻微违法犯罪行为的青少年，如彭真同志所说的，要像父母对待子女，老师对待学生，医生对待病人一样，还是要着重教育、感化、改造，把他们挽救过来。这些，都充分说明，"决定"并不是像别有用心的人所攻击的那样，大开杀戒，违反少用死刑的原则。

二

前面说过，关于新宪法的一些内容和条文，还存在不同的认识和理解。这里只摆出一些争论较多的问题，有的也提出自己的看法。这完全是个人的看法，不代表其他任何方面的意见。可能是错误的，不足为据。标准解释有待全国人大常委来作出。

第一，四项基本原则是不是新宪法的基本原则的问题。四项基本原则是立国之本，也是新宪法的指导思想，这是人所公认的。正如彭真同志在宪法修改草案报告中所说："四项基本原则既反映了不以人们的意志为转移的历史发展规律，又是中国亿万人民在长期斗争中作出的决定性选择。"四项基本原则既是整个国家的基本原则，总的原则，因而也可以说是新宪法的基本原则。宪法是不能违背这些原则的。但是，作为新宪法的具体的基本原则，也可以像毛主席在关于1954年宪法所说的那样，是社会主义原则和民主原则。这两个原则也就是四项基本原则的前两项，而四项基本原则的后两项的精神，也贯彻在新宪法有关条文里面。因此，四项基本原则就包含1954年宪法的两个原则，二者并不矛盾。当然，在如何贯彻四项基本原则的具体做法上是有差别的。四项基本原则的前两项必须写在宪法正文的条款中，四项基本原则的后两项，即坚持党的领导、坚持马列主义、毛泽东思想，则宜写在序言里。不能像1975年宪法、1978年宪法那样，口号式地硬性地把它们写进宪法正文的条款中，只是把精神贯彻到有关的条文里面。例如新宪法第二十四条的规定，主要是说国家在加强精神文明建设中应当怎么做，而不是强制人民群众必须立刻做到，做不到就是违宪，就要受法律制裁。因为坚持党的领导和马列主义、毛泽东思想，都不是依靠法律的强制力所能真正做到的。

第二，关于序言的法律效力问题。不少国家的宪法有序言，或叫前言，有的比较长，有的比较短，有的只有三言两语。也有的国家的宪法没有序言，一开始就是条文。序言的内容一般是叙述性、宣言性或纲领性的，主要是叙述制定宪法的历史过程和现实情况，宣布制宪的目的，宪法的基本原则和要求，前进的方向和方针、政策等，不像宪法的正文的具体条文，具有法律的规范性、强制性，也就是一般的法律效力。也有的国家的宪法序言，具有同正文条文一样的法律效力，例如南斯拉夫宪法。还有的国家的宪法的整个序言不具有一般的法律效力，只对某些问题的某些语句，被认为具有法律效力。所以很难说，序言就一定有法律效力或没有法律效力，这在国际上也有各种不同的意见。

就我国新宪法的序言来说，我认为不具有一般的"法律效力"。它的内容主要是叙述革命和建设的历史和现实的情况，指出今后的方向和遵循的基本原则，规定了国家的根本制度，提出了国家的任务和方针政策。只是最后一段说，本宪法"是国家的根本法，具有最高的法律效力。全国各族人民、一切国家机关和武装力量，各政党和各社会团体，各企业事业组织，都必须以宪法为根本的活动准则，并且负有维护宪法尊严、保证宪法实施的职责"。这里用了"必须"，但没有作出更具体的规定，也没有作制裁规定，同一般的"法律效力"有所不同，试同新宪法总纲第五条的规定一比较就可以看出来了。第五条是处理遵守宪法和违宪问题的直接根据，具有直接的"法律效力"。序言不是直接根据，没有序言的规定，也不是不能处理这类问题。所以说，序言不具有一般的法律效力。党的领导和马列主义、毛泽东思想的指导，1975年、1978年两部宪法都分别写在总纲第二条里面，而新宪法把它删掉了，写在序言里，用叙述的方式说："今后国家的根本任务是集中力量进行社会主义现代化建设。中国各族人民将继续在中国共产党领导下，在马克思列宁主义、毛泽东思想指引下，坚持人民民主专政，坚持社会主义道路"，"把我国建设成为高度文明，高度民主的社会主义国家"。这样做，按我的理解，也就表明写在序言里和写在总纲里不具有同样的法律效力。

　　第三，关于全国人民代表大会的组织和活动原则问题。对这个问题，有两种不同意见。一种意见认为，新宪法是实行巴黎公社的"议行合一"的原则；另一种意见认为新宪法是体现"三权分立"的"制衡原则"，或者说是走向"三权分立"的"制衡原则"。我倾向第一种意见。因为：（1）新宪法第二条规定，"中华人民共和国的一切权力属于人民。人民行使国家权力的机关是全国人民代表大会和地方各级人民代表大会"。说是"行使国家权力的机关"，当然就不是像"三权分立"国家的议会那样，主要是行使立法权了。（2）新宪法第三条规定："国家行政机关、审判机关、检察机关都由人民代表大会产生，对它负责，受它监督。"第六十三条规定，"全国人民代表大会有权罢免下列人员：（一）中华人民共和国主席、副主席。（二）国务院总理、副总理、国务委员、各部部长、各委员会主任、审计长、秘书长"，等等。不像"三权分立"国家的议会只是质询、弹劾、提不信任案。而我们的政府也不像典型的"三权分立"国家那样，有解散国会的权力，国务院没有权力解散人民代表大会。（3）第八十条规定：国家主席只是根据全国人大和全国人大常委的决定，公布法律，不像实行总统制的"三权分立"国家，总统可以否决议会的法案。（4）第六十七条规定：解释宪法、解释法律是属于全国人大常委的职权，不像"三权分立"的国家，如美国，解释宪法的权属于法院，法院可以根据对宪法的解释，认为某一法律违宪而不予适用，变相宣布无效。由此可见，人大同行政和司法机关之间，不存在"三权分立"的"制衡原则"，全国人大常委同行政、司法机关之间也不存在"三权分立"、"制衡原则"。新宪法第五十七条规定："中华人民共和国全国人民代表大会是最高国家权力机关。它的常设机关是全国人民代表大会常务委员会。"就是说全国人大常委会是最高国家权力机关的常设机关，是根据宪法的规定行使国家权力机关的一些职权，也不是像议会制国家那样，实行的是分权制衡原则。它和行政、司法机关的关系，除上述各条外，第六十七条还规定："监督国务院、中央军事委员会、最高人民法院和最高人民检察院的工作"，"撤销国务院制定的同宪法、法律相抵触的行政法规、决定和命令"。第九十二条规定：国务院"在全国人民代表大会闭会期间，对全国人民代表大会常务委员会负责并报告工作"。第一百二十八、一百三十三条规定，最高人民法院、最高人民检察院都对全国人大和人大常委负责。

　　只是由于我国地域广阔，人口众多，是统一的多民族国家。各地区政治、经济、文化发展不平衡，情况复杂，事务繁多。与巴黎公社当时的情况不同，不可能由全国人大或全国人大常委会直接处理行政事务，需要另设国务院这样一个对它负责、受它监督的执行机关。新宪法明确规定：国务院即中央人民政府，是最高国家行政机关，但也是最高国家权力机关的执行机关。不是独立于全国人大和全国人大常委之外，同它们并列的机关。这是具体工作分工，不是分权，不是制衡。国务院对全国人大和全国人大常委，没有制衡的作用。

上面是说全国人大、全国人大常委同行政机关、审判机关、检察机关等国家机关的关系。至于各部门、各机关相互之间，在具体工作上，由于业务关系，有的需要互相配合，互相制约。例如新宪法第一百三十五条规定："人民法院、人民检察院和公安机关办理刑事案件，应当分工负责，互相配合，互相制约，以保证准确有效地执行法律。"那是另外一回事，不是"三权分立"或"议行合一"的问题。

与此相连的一个问题，有人问扩大全国人大常委会职权，特别是给予立法权，监督宪法的实施，监督国务院、中央军事委员会、最高人民法院、最高人民检察院等国家机关的工作等职权，是不是削弱了人大职权，或者成为"二元"的最高国家权力机关？就是说形成了两个最高国家权力机关？不会，它是全国人大便于即时处理问题的常设机关。人大一年开一次会，召开临时会议，实际上有困难。扩大常委会职权可以及时处理问题，是为了加强全国人大工作，发挥全国人大作用，而不是削弱全国人大职权。如果常委会搞错了，全国人大可以纠正，以至罢免常委会成员。新宪法第六十二条规定：全国人大有权"改变或者撤销全国人民代表大会常务委员会不适当的决定"。第六十五条规定："全国人民代表大会选举并有权罢免全国人民代表大会常务委员会的组成人员。"第六十九条规定："全国人民代表大会常务委员会对全国人民代表大会负责并报告工作。"全国人大常委会不是同全国人大并列或凌驾于人大之上的独立王国，不发生两个最高国家权力机关的问题。

又有人认为，全国人大常委会是立法机关，由它解释宪法、监督宪法的实施，不可能有效纠正自己制定违宪的法律。这不要紧。如上所说，全国人大常委会是全国人大的常设机关，对全国人大负责并报告工作；全国人大有权改变或者撤销全国人大常委会不适当的决定。监督宪法实施，本属全国人大的职权。因全国人大每年开会一次，不可能经常行使，所以要同时给予全国人大常委会这个职权。常委会是常设机关，可以经常进行监督工作。解释宪法也是一种经常工作，全国人大不可能直接做这项工作，需要由作为常设机关的常委会来做。如果常委会自己制定了违宪的法律，或者对法律作了违宪的解释，全国人大可以纠正。有人说，全国人大职权中没有规定全国人大常委会职权中的"撤销国务院制定的同宪法、法律相抵触的行政法规、决定和命令"，"撤销省、自治区、直辖市国家权力机关制定的同宪法、法律和行政法规相抵触的地方性法规和决议"。好像这种职权只能由全国人大常委会行使，全国人大不能行使。不能这样解释。前面说过，全国人大常委会行使的是作为全国人大常设机关的职权。它的不适当决定，全国人大当然可以改变或者撤销。它应当处理而没有处理，或处理不当的问题，全国人大当然可以直接处理。

第四，关于民主与专政的关系问题。新宪法第一条规定："中华人民共和国是工人阶级领导的、以工农联盟为基础的人民民主专政的社会主义国家。"人民民主专政也就是毛主席讲过的："对人民内部的民主方面和对反动派的专政方面，互相结合起来，就是人民民主专政。"[①] 专政和民主分不开，是统一的。本来不成问题。有人提出，这几年一会儿说过去讲专政多、讲民主少了，一会儿又说专政强调得不够，究竟民主与专政的关系该怎么理解？如果用形而上学的观点看问题，以为要么是专政，要么是民主，就会有此无彼，不能并存。如果用辩证唯物主义、历史唯物主义看问题，就能够理解。事实上，民主与专政是统一的，不可分的，没有民主不能巩固专政，没有专政不能保障民主，二者不可偏废。同时，又不能不因时因地在运用上有所侧重。由于历史的发展阶段的不同，具体情况的不同，民主和专政运用起来也就应当有所侧重。新宪法序言说："今后国家的根本任务是集中力量进行社会主义现代化建设。""把我国建设成为高度文明，高度民主的社会主义国家。"接着就说："中国人民对敌视和破坏我国社会主义制度的国内外的敌对势力和敌对分子，必须进行斗争。"总纲第二十八条也规定：国家维护社会秩序，镇压叛国和其他反革命的活动，制裁危害社会治安、破坏社会主义经济和其他犯罪的活动，惩办和改造犯罪分子。这就是说，民主与专政是不可分的。不能因为要建设"高度民主"的社会主义国家，就削弱以至放弃对敌人的专政。只是随着客观形势的变化，而运用有所不同。根据现在的形势，就应当着重严厉打击严重犯罪活动。否则，就不利于建设"高度民主"的社会主义国家。这个不是变，不是今天喊民主、明天喊专政。提出这个问题的人，实际上是认为不宜强调对敌专政，只应空喊抽象民主。这在

---

① 《毛泽东选集》第4卷，第1480页。

理论上是错误的，在实际上是有害的。

　　第五，关于立法权的问题。新宪法第五十八条规定："全国人民代表大会和全国人民代表大会常务委员会行使国家立法权。"这就是说，国家立法权属于全国人大和全国人大常委会，即属于最高国家权力机关，别的机关没有这个权，这个权属于中央，地方没有这个权。国务院只能"根据宪法和法律，规定行政措施，制定行政法规，发布决定和命令"（第八十九条）。这里说要制定的是"法规"，而不是"法律"。"法规"制定的前提是"根据宪法和法律"，它是施行细则性质。"省、直辖市的人民代表大会和它们的常务委员会，在不同宪法、法律、行政法规相抵触的前提下，可以制定地方性法规，报全国人民代表大会常务委员会备案"（第一百条）。前提是"不同宪法、法律、行政法规相抵触"。制定的是"地方性法规"，不仅不能同宪法和法律相抵触，而且不能同行政法规相抵触，并要报全国人大常委备案。很明显，不是行使"立法权"。"民族自治地方的人民代表大会有权依照当地民族的政治、经济和文化的特点，制定自治条例和单行条例"（第一百一十六条）。这里说是依照"特点"制定，没有写不同宪法等抵触这个前提，就是可以有同宪法、法律不完全一致的例外规定。这与行政法规、地方性法规不同，好像有点立法权。但是，"自治区的自治条例和单行条例"，要"报全国人民代表大会常务委员会批准后生效"。"自治州、自治县的自治条例和单行条例"，要"报省或者自治区的人民代表大会常务委员会批准后生效，并报全国人民代表大会常务委员会备案"（第一百一十六条）。要"批准"，要"备案"，最后决定权在全国人大常委会。民族自治地方，也不是享有立法权。从各国的情况看，一般地说，单一制国家立法权属于中央，联邦制国家各邦也有立法权，还可以有自己的宪法，它制定的法律可以同中央的法律不同。例如美国联邦法律保留死刑，但纽约等四个州，原则上废除死刑，只对叛国罪、杀害警察罪仍保留死刑（根据1978年材料）。我国是单一制国家，立法权只属于中央一级，不能是二级立法体制，更不能是什么多级立法体制。不能因为民族自治地方可以制定自治条例和单行条例，就说我国立法体制是多级制。新宪法第五条规定："国家维护社会主义法制的统一和尊严。"所谓"法制统一"，应当包括"统一立法"在内。

　　顺便解释一下，新宪法关于"行政法规"、"地方性法规"、"自治条例和单行条例"条文的规定有什么不同，为什么有这些不同？主要的不同是，民族自治地方的自治条例和单行条例要经过全国人大常委会批准或者备案。省、直辖市的地方性法规要报全国人大常委会备案，国务院的行政法规既不要批准，也不要备案。这是不是像有些人所说的，国务院的"立法权"大于省、市、省、市的"立法权"大于民族自治地方呢？或者说对于民族自治地方的限制大于对省、市的限制，对省、市的限制又大于对国务院的限制呢？不是，正相反。前面说过，国务院也好，省、市也好，民族自治地方也好，都没有立法权，因而也不存在"立法权"大小或限制大小的问题。宪法所以做不同的规定，是在维护社会主义法制的统一，立法权属中央一级的前提下，根据不同情况作出的规定。（1）新宪法明确规定，国务院"是最高国家权力机关的执行机关"，也就是说它是全国人大的执行机关。它所制定的"行政法规"是根据宪法和法律制定的，是贯彻实施宪法和法律的具体做法，是施行细则的性质，不仅不能同宪法和法律相抵触，而且不能背离宪法和法律的规定，另搞一套。因此，不需要事前批准，也不需要备案。如果全国人大常委会发现它同宪法、法律相抵触，可以撤销。这不是给它的权大，对它的限制小的问题。这里说的是制定行政法规的问题。至于国务院有权向全国人大或全国人大常委会提出立法性质的议案，那是另一问题，须经法律规定的一定程序，也不是"批准"、"备案"的问题。（2）由于我国是大国，各地政治、经济、文化情况不同，在保证宪法、法律和行政法规的遵守和执行方面，允许采取因地制宜的具体措施，但以"不同宪法、法律、行政法规相抵触"为前提。就是说，地方性法规的制定，不都是根据宪法和法律，只要不相抵触就可以了。这类法规所要解决的具体问题，是地方性的，不是全国性的，作为最高国家权力机关的全国人大和它的常设机关全国人大常委会不可能了解得比地方更好，并且这种法规就全国范围来说，可能很多，不可能都要经全国人大常委会批准才生效。但必须备案，使全国人大常委会知道这件事，发现有同宪法、法律相抵触的，可以撤销。所以，不必经过批准，只备案就行了。这是同国务院制定行政法规的不同之点。（3）民族自治地方的自治条例和单行条例，是"依照当地民族的政治、经济、文化的特点"制定的，就是说允许在一些具体问题上"有权"作不同于宪法、法律一般规定的"例外"规定。省、市没有这种权，怎么能说权小、限制大呢？但"例外"不能随意搞，应当"例外"，必须"例外"的，才能搞，所以需要"批准"。从形式上看，好像对民族自治地方太严了，对国务院太宽了。实际上正相反，允许"例外"，只有民族自治地方才有这个权，国务院没有这个权，难道还不是宽？

第六，关于法院、检察院独立行使审判、检察权的问题。新宪法规定："人民法院依照法律规定独立行使审判权，不受行政机关、社会团体和个人的干涉。"（第一百二十六条）"人民检察院依照法律规定独立行使检察权，不受行政机关、社会团体和个人的干涉。"（第一百三十一条）这些都是完全正确的。需要说明的是，独立行使审判权、检察权是依法律规定，不是为所欲为，而且行使这种权的是法院、检察院，而不是审判员、检察员个人。就法院说：（1）除"简单的民事案件、轻微的刑事案件和法律另有规定的案件，可以由审判员一人独任审判"外，"审理案件，实行合议制"，设立有合议庭。第一审案件，"由审判员组成合议庭或者由审判员和人民陪审员组成合议庭进行"，"人民法院审判上诉和抗诉的案件，由审判员组成合议庭进行"（《人民法院组织法》第十条）。作出判决是经过共同评议，少数服从多数，不是审判长或哪一个审判员可以独自决定的（《刑事诉讼法》第一百零五、一百零六条）。（2）重大的或者疑难的案件，须提交审判委员会决定。审判委员会实行民主集中制，它的决定合议庭必须执行（《人民法院组织法》第十一条、《刑事诉讼法》第一百零七条、《民事诉讼法》第三十九条）。（3）法院院长虽然不能指挥审判工作，但他"对本院已经发生法律效力的判决和裁定，如果发现在认定事实上或者在适用法律上确有错误，必须提交审判委员会处理"（《人民法院组织法》第十四条）。而审判委员会，对此是可以改变的。这说明不是一个审判员独立行使审判权，院长、审判委员会就不能过问了。因此，很明确，新宪法所说的独立行使审判权不是审判员个人，而是法院这个审判机关。检察院，也是这样的情况。"对于刑事案件提起公诉，支持公诉，对于人民法院的审判活动是否合法，实行监督。"都是"以国家公诉人的身份出席法庭"（《人民检察院组织法》第十五条）。只有一点不同于法院，就是各级人民检察院的检察委员会实行民主集中制，在讨论决定重大案件和其他重大问题时，"如果检察长在重大问题上不同意多数人的决定，可以报请本级人民代表大会常务委员会决定"（《人民检察院组织法》第三条）。如果常委会同意多数人的决定，他当然还得执行。至于检察员，那就连不同意的权力也没有。

　　独立行使审判权、检察权不受干涉，是不是不要党的领导？不是。党是领导一切的，司法机关也不例外。近来有一种人大谈抽象民主，不要党的领导，那是不对的。但党的领导主要是政治上的领导，不是业务上的领导，是依靠政策的正确，党组织和党员的工作来实现领导，不能靠发号施令，更不能包办代替。这与"党政分开"是一个道理。党委应当管方针、政策、干部配备，而不必去分管具体业务。分管具体业务的结果，一方面是陷入繁杂的事务中，影响集中力量抓党委本身的工作，这是削弱党的领导，而不是加强党的领导。另一方面，党委一般对具体业务也不可能比业务部门了解得更清楚，只能对典型、重点问题组织力量去抓，一般的案件要靠业务部门去处理，不能不相信业务部门，自己包办代替。1979年中央取消党委审批案件的办法，是很正确的。不然的话，就会减弱业务部门的积极性和责任心，什么都向上推，搞错了是党委负责。这样，既不利于加强司法部门的工作，又妨碍党委集中力量抓方针、政策和组织建设。当然，党委对有关方针、政策问题和重大案件不是不可以过问，而是应当过问。新宪法规定：人民对国家机关都有监督权，何况执政党呢？（第二十七条、第四十一条）但是党委对作为国家审判机关、法律监督机关的法院、检察院的领导，是政治领导，不是上级对下级的领导，不能发号施令，强制执行。应当是采取"建议"、"协商"、"开会讨论"等方式，或者采取通过人大和人大常委的法律程序，更主要的是通过法院、检察院的党组织和担任领导工作的党员去进行工作。党委对法院、检察院这些国家机关，不能发号施令，但对党员则可以发号施令，党员必须服从党的领导，执行党的决定。但也必须依法办事，根据自己的职权办事。不能违法，不能越权。如果党委的决定不恰当，党员可以向党委提出意见，根据党章、党规去解决。

有人说，不管具体业务、脱离实践，怎么制定和执行方针、政策？这不成问题。当然要使领导有效，需要了解业务，要调查研究、典型实验，但不能细大不捐，一切都抓。制定方针和执行政策也不需要根据一件件具体案件。

独立行使审判权、检察权，不受干涉，是不是人大常委也不能过问呢？不是。人大是国家权力机关，人大常委是人大的常设机关，不是"三权分立"的"议会"。法院、检察院不是同人大和人大常委并列，而是对它们负责、受它们的监督。新宪法明确规定，人大常委监督法院、检察院的工作（第六十七条、一百零四条、一百二十八条、一百三十三条），只是不去管它们的具体业务。因此，人大常委的决定，法院、检察院必须执行。有的职权的行使，如逮捕、审判全国人大代表，还要经过全国人大会议主席团或全国人大常委会许可。法院、检察院的工作有错误，人大常委会可以指出，可以纠正。不能把"不受干涉"解释为人大常委也不能过问。比如"两案"，就是全国人大常委决定设立特别法庭审理的。但怎么审理，怎样判决，人大常委就不去具体管了。再如，打击经济犯罪和严重刑事犯罪等，人大常委也作出了决定，但具体案件的处理，就不去管了。新宪法说"不受行政机关"的干涉，没有说"不受国家机关的干涉"，这就含有人大常委可以"过问"

的意思。

第七，关于公民在法律面前一律平等的问题。有人说："公民在法律面前一律平等"，不限于在运用法律时要平等，也包括立法平等。作为学术问题、理论问题，这是可以讨论的。但就新宪法的条文来看，我认为主要是适用法律，不包括制定法律。说"法律面前"就是已经有了"法律"。因而，在法律面前一律平等，应当是指适用法律，而不包括制定法律。新宪法没有把它作为立法原则写在总纲和第三章国家机构第一节内，而是把它作为公民的权利写在第二章内，显然讲的不是立法问题。第五条规定："任何组织或者个人都不得有超越宪法和法律的特权。"这里说的"超越宪法和法律"，很明显就是指"超越"已经有的"法律"，也就是"适用"问题，不是"制定"问题。第二章第三十三条在规定"中华人民共和国公民在法律面前一律平等"之后，接着就规定："任何公民享有宪法和法律规定的权利，同时必须履行宪法和法律规定的义务。"显然也是适用法律的问题，而不是制定法律的问题。因此，《人民法院组织法》第五条、《人民检察院组织法》第八条都明确规定：对于任何公民"在适用法律上一律平等，不允许有任何特权"。

制定法律时是不是对任何人适用一律平等的原则呢？作为学术问题、理论问题可以讨论，但不能用以解释新宪法的规定。我的意见，对于不同情况的人，可以乃至必须区别对待，给予不完全平等的待遇。首先，法律是统治工具，对人民和人民的敌人，当然应作待遇不同的规定。其次，对人民，也有个根据情况不同而区别对待的问题。例如新宪法第三十四条规定：年满18岁的公民都有选举权和被选举权，"但是依照法律被剥夺政治权利的人除外"。又如第七十四条规定：全国人大代表，非经全国人大会议主席团或者人大常委会许可不受逮捕或者刑事审判。不是全国人大代表就没有这种权利。我们能说新宪法本身的这些规定就违反"法律面前一律平等"原则吗？

第八，关于个体经济的性质的问题。新宪法第十一条规定："在法律规定范围内的城乡劳动者个体经济，是社会主义公有制经济的补充。"我国是社会主义国家，社会主义经济制度的基础只能是"生产资料的社会主义公有制，即全民所有制和劳动群众集体所有制"。这是明确写进了宪法第六条的，不能有任何动摇。为什么又允许城乡劳动者的个体经济作为它的补充而存在呢？胡耀邦同志在党的十二大报告中讲得很清楚，"由于我国生产力发展水平总的说来还比较低，又很不平衡，在很长时期内需要多种经济形式的同时并存"。在农村和城市，都要鼓励劳动者个体经济在国家规定的范围内和工商行政管理下，适当发展，作为公有制经济的必要的、有益的补充。只有多种经济形式的合理配置和发展，才能繁荣城乡经济，方便人民生活。彭真同志在关于宪法修改草案的报告中也讲："总起来说，国营、集体和个体这三种经济，各在一定范围内有其优越性，虽然它们的地位和作用不同，但都是不可缺少的。个体经济在整个国民经济中所占比重不大，它的存在并不妨碍社会主义公有制是我国社会主义经济制度的基础和它的顺利发展。我们要在坚持国营经济占主导地位的前提下，发展多种形式的经济，以利于整个国民经济的繁荣"。由此可见，城乡劳动者的个体经济，今后在一个相当长的时期内，还将作为社会主义的两种公有制经济的补充。在我国，这三种经济形式长期并存，是肯定的。称之为"社会主义公有制经济的补充"，不能因此就认为不具有长期性。至于认为不应当允许个体经济存在或者要很快消灭个体经济，那又是错误的"左"的思想。当然，允许个体经济长期存在，不能任其泛滥。国家要通过行政管理，去指导、帮助和监督个体经济。现在的问题是这种个体经济的性质问题。有人认为：既然作为"补充"，就应当是被补充的社会主义公有制经济的构成部分，它的性质也同两种公有制经济一样，是社会主义经济。

我认为：个体经济不应是具有社会主义经济性质的。就"补充"这个词来说，可以解释成为被"补充"的东西的一部分，也可以解释成为只对被"补充"的东西起辅助作用，而不成为它的一部分。这里只能作后一种解释。因为就社会主义的本来含义说，非生产资料公有制的个体经济，不应是社会主义经济的性质。马克思、恩格斯当年对科学社会主义的描述曾说："工人革命的第一步就是使无产阶级上升为统治阶级，争取民主。无产阶级将利用自己的政治统治，一步一步地夺取资产阶级的全部资本，把一切生产工具集中在国家即组织成统治阶级的无产阶级手里，并且尽可能快地增加生产力的总量。"[1] 列宁在解释：共产主义时也说："共产主义社会就是土地、工厂都是公共的，实行共同劳动——这就是共产主义。"[2] 毛泽东同志更明确指出："分散的个体经济——家庭农业与家庭手工业是封建社会的基础，不是民主社会（旧民主、新民主、社会主义，一概在内）的基础，这是马克思主义区别于民粹主义的地方。"[3] 所以，新宪法第六条规定；全民所有

---

[1] 《共产党宣言》，人民出版社1964年版，第44页。
[2] 《列宁选集》第4卷，第356页。
[3] 毛泽东：《致秦邦宪》，《毛泽东书信选集》，第238、239页。

制和劳动群众集体所有制是社会主义经济制度的基础。接着在第七条、第八条又明确规定：国营经济、合作社经济是社会主义性质的经济，并强调"国家保障国营经济的巩固和发展"，"鼓励、指导和帮助集体经济的发展"。而对个体经济，没有说是社会主义的，只说是社会主义经济的"补充"，并且还限于"在法律规定范围内"的，不是一切个体经济都是"社会主义经济的补充"。而第十一条第二款还进一步规定："国家通过行政管理，指导、帮助和监督个体经济。"没有像对待社会主义经济那样强调帮助发展。胡耀邦同志在十二大报告中也只说要"适当发展"，并且还强调"在国家规定的范围内和工商行政管理下"。根据这些来解释新宪法关于个体经济的规定，应当说并不是把它当做社会主义公有制经济的构成部分，具有社会主义经济性质。

第九，关于公民的言论、出版、集会、结社、游行、示威的自由问题。新宪法第三十五条庄严规定："中华人民共和国公民有言论、出版、集会、结社、游行、示威的自由。"这是对人民自由权利的确实保障，是为广大人民所拥护的。但是，有人却说：这条规定事实上不能实行，是摆样子的。如有人真去游行、示威，就要受处分。还胡说什么，在资产阶级国家比较随便。我想说什么，就说什么，想干什么，就干什么。如美国，只要不超出白宫界限就可以游行示威，不受干涉。讲这种话的人，有的是别有用心，进行恶毒诽谤；有的是不了解实际情况，存在着一些糊涂观念。因此，我们必须采取摆事实讲道理的办法，予以澄清和驳斥。

我们认为，世界上从来就没有抽象的绝对的自由。在阶级社会里，它是具有阶级内容的。有奴隶主的自由、封建地主的自由、资产阶级的自由和与之根本对立的无产阶级的自由。对自由要做历史唯物主义的分析。在资产阶级民主革命时期，适应资本主义的自由竞争的需要，主张保护有产者的个人权利，以资本的自由来反对中世纪的封建专制，曾经有着进步的意义。但对无产阶级来说，也是具有欺骗性和虚伪性的。后来随着资本的积聚和集中，进入垄断的发展阶段，就更加暴露其虚伪性和欺骗性。只有在社会主义社会，无产阶级的自由，才日益显示其真实性和进步性。但对反对社会主义的人来说，是被限制或剥夺了自由的。纵观世界各国政治生活的历史和现实，自由权利从来就不是没有限制的。资产阶级的自由更不是像有些人说的那样，想干什么就干什么，想说什么就说什么。1789年的《人权宣言》就宣告："自由就是指有权从事一切无害于他人的行为。""但在法律所规定的情况下，应对滥用此项自由负担责任。"资本主义国家的宪法和法律都是遵循这个原则，规定着"依法"享有自由权利，不得"非法"滥用自由权利。马克思在《路易·波拿巴的雾月十八日》一书中，就曾指出：在资本主义社会里，"人身、出版、言论、结社、集会、教育和信教等等的自由，都穿上宪法制服而成为不可侵犯的了。这些自由的每一种都被宣布为法国公民的绝对权利，然而总是加上一个附带条件，说明它只有在不受'他人的同等权利和公共安全'或'法律'限制时才是无限的"①。这就是说"自由"是受"他人权利"、"公共安全"和"法律"限制的，不是什么"绝对权利"。现在资本主义国家的实际情况也完全是这样，甚至变本加厉，限制更严。

关于游行、示威，不是没有限制，一般都规定有复杂的申报制度。例如法国，就规定必须事先向当局申报，内容包括：负责人姓名、住址、目的、日期、时间、参加的组织、经过路线等等。没有申报的，当局可用武装驱散，对参加人给予处罚。申报后，当局认为此种游行，具有扰乱社会秩序的性质，可予以禁止。

关于集会，结社也不例外。例如意大利宪法第十七条曾规定："在公共场所集会时，须通知当局"。联邦德国基本法第八条规定："露天集会权利得基于法律规定进行或依法予以限制"。英国是被称为可以自由集会的国家，但公共秩序法规定："在公众集会上使用恫吓、谩骂、侮辱性的语言或行为以图挑起对和平的破坏或有可能引起和平的破坏，应定为有罪。"结社的限制更严。联邦德国基本法第九条规定："凡结社的目的和活动与国家刑法相抵触，或导致违反宪法，或违反国民间协商精神，得予以禁止。"意大利宪法十八条规定结社目的"应以未为刑事法律所禁止者为限"。"秘密结社及借助军事性组织、即使间接追求政治之目的，皆得禁止之。"在被许多人称颂为人民有绝对自由的美国，对这项权利的限制更严。联邦刑法、刑事诉讼法和国内安全法规定：凡从事政治、军事活动的组织都必须登记。每六个月还要重新登记。内容包括，组织的名称和地址；负责人的姓名、住址，参加组织的资格；组织的目的、意图和采取的手段；开会地址、时间，向它捐助经费者的姓名、地址、财产、收入和取得的方法；活动详情；职员或成员的制服、徽章等；出版物样本，作者姓名，出版社名称、地址，有关系的外国、外国人，与在外国控制的组织的情况，组织的纲领、细则、章程、条例、协议、决议以及一切有关文件（司法部长可以随时要求提供上述有关情况的文件），等等。还规定：凡违反上述规定，虚报或隐瞒应报情节的，

---

① 《马克思恩格斯选集》第1卷，第615页。

要受到处罚（包括徒刑和罚金）。1950年的国内安全法还特别规定：共产党组织和它的外围组织的一般成员都要详细登记姓名、曾用名、住址。并规定共产党组织必须作年度报告，经济收支要有详细账目，包括收入来源，支出意图等。最严厉的是规定共产党组织的成员不得在政府和防务部门担任职务，对该组织捐助基金或提供劳务的，都将被认为犯罪。1951年美国联邦最高法院对丹尼斯案的判决就说："在爆炸性的国际环境中，丹尼斯组织共产党，鼓吹暴力推翻政府，即使当时还没有推翻政府的真实意图，也已构成了明显的当前危险，因而触犯了刑法。"以后，由于广大进步人士的反对和斗争，最高法院在1961年的共产党诉颠覆活动管制局案和1965年的艾伯森诉颠覆活动管制局案中，才不得不宣布：强令共产党组织的成员登记无效，但强令共产党组织登记在宪法上是有效的。1967年国会修改了原法案，取消了强令登记的规定，而改由颠覆活动管制局自行登记。

　　关于言论、出版自由，资本主义国家也不是没有限制。它们采取预防制和追惩制，双管齐下。前者是事先限制，如建立检察制度、批准发行制度和交付保证金制度，等等。后者是事先不需登记、不受审查，事后对违法言论追究责任；依法惩处。例如联邦德国基本法第十八条规定：将褫夺"凡以攻击自由、民主之基本秩序为目的，而滥用自由表达的权利，特别是出版自由……"意大利宪法第二十一条也曾规定："违反善良风俗之出版物、曲艺演出和其他一切表演，均予禁止。"在美国，尽管它的宪法第一条修正案规定："国会不得制订限制言论出版自由的法律。"但实际上，其他法案和判例对这种自由的限制还是很多的。例如，（1）不得诽谤和侮辱他人。美国的刑法就曾规定：不准在别人面前发表辱骂他人的言论或作出令人讨厌的粗鲁的言谈和姿态。（2）不得扰乱社会。美国刑法不仅限制异常的喧闹和噪声，特别对引起暴乱的煽动性言论限制甚严。美国最高法院法官霍尔姆斯1919年在《申克诉美国》一案的判决书中就说：只要言辞具有"产生明确与现实的危险，以致将引起实际的罪恶"的性质的，"国会皆有权予以防止"。联邦刑法曾明确规定："任何人印刷、出版、编辑、发行、传播、出售、分派或公开展览任何手写或印刷的物件，鼓动、劝导、教唆以武力、暴力颠覆或摧毁美国任何一政府，判处两万美元以下罚金，二十年以下徒刑，或二者并罚。"（3）不得唆使他人犯罪。包括煽惑、挑动或用下流淫秽的东西引诱犯罪。这方面限制也很多。美国联邦刑法规定：任何以促成犯罪为目的的命令、鼓吹或要求他人实行犯罪的行为，皆为该罪的教唆罪。1957年《罗斯诉美国》案的判决声称："淫秽、下流的东西，不在宪法保护的言论和出版的范围之中。"凡属引起"低级下流情趣"和"明显对社会没有裨益价值"的东西，皆在禁止之例。1973 年美国联邦最高法院的判决，又进一步加以扩大，宣布：凡属缺乏"真正的文学、艺术、政治或科学价值"的东西，都是"淫秽下流"的。（4）报刊的报导，如对某案件企图影响法官、陪审员的审判，报社社长将会受到"藐视法庭"罪的惩罚。事实证明，在任何国家，都不存在什么抽象的绝对自由，自由都是受到法律限制的。所不同的，只是在于是什么样的自由？怎样行使自由？什么人享有自由？什么人被剥夺自由？

我国是社会主义国家，人民享有的自由权利是建立在社会主义经济基础之上的，它要受到经济条件和其他社会条件的制约，它应当而且必须为社会主义的经济基础服务。列宁曾说过："你们责备我们破坏自由。而我们认为，任何自由，如果它不服从于劳动摆脱资本压迫的利益，那就是骗人的东西。"在我国，公民享有和行使自由权利要为开创社会主义建设新局面，为巩固人民民主专政，实现社会主义现代化建设服务。为了保障这种自由权利，建国以来，我们曾制定了一些有关言论、出版、集会、结社、游行、示威的法规。今后，为了进一步发扬社会主义民主，健全社会主义法制，保障全体公民充分享有和行使新宪法规定的这些自由权利，有必要在此基础上，进一步制定更完善的统一的《新闻出版法》、《集会、结社法》，等等。总之，新宪法规定的我国公民的这些自由权利是已经得到保障的，今后将进一步得到保障。但也不是毫无限制的。宪法第五十一条规定："中华人民共和国公民在行使自由和权利的时候，不得损害国家的、社会的、集体的利益和其他公民的合法的自由和权利。"不能因为有这条限制就说我国人民没有自由权利。

此外，还有一些问题，如总理负责制问题、中央军委与国务院关系问题、地市合并问题、政社分开问题、民族区域自治问题、特别行政区问题，等等。因时间关系，今天来不及谈了，容后再议。

最后，谈谈新宪法的实施保障问题。为了保障新宪法的实施，除了前面所说的以外，主要是依靠人民、依靠干部，特别是必须依靠党的领导。我们是人民民主专政的社会主义国家，人民是国家的主人。我们制定宪法是为了人民，实施宪法也是为了人民，要坚决相信和依靠人民。邓小平同志曾说："真正使人人懂得法律，使越来越多的人不仅不犯法，而且能积极维护法律。"新宪法是反映人民的意志，保护人民的利益的，应当是得到人民拥护的。人民中间有的做了违反宪法的事，主要是由于不懂得新宪法，不知道新宪法的好处，有的是由于旧的轻视法制的习惯势力在起作用。只要我们加强在广大人民群众中的宣传教育工作，使广大人民真正懂得宪法的内容，掌握宪法的精神，就一定能够自觉地遵守宪法，并为新宪法的贯彻实施而努力。这样，新宪法的贯彻实施也就得到强有力的保证。至于广大干部，对于新宪法的贯彻实施也是有重要关系，甚至可以说是起关键性的作用。因为正确的政治路线确定后，要依靠干部来正确执行。同样，完善的法律制定后，也要依靠干部来正确执行。我们制定了一部好宪法，但如何贯彻执行，就要依靠广大的干部。马克思曾说："要运用法律就需要法官。"[①] 斯大林也说过："在制定了经过实践检验的正确的政治路线以后，党的干部就成为党的领导和国家领导的决定力量。"[②] 如果我们的广大干部都懂得新宪法，遵守新宪法，执行新宪法，新宪法的贯彻实施，就有了切实保证。否则就会阻碍新宪法的贯彻实施。事实上在这方面还存在不小差距，有一些地方出现了干部违反宪法的现象。这一方面是由于过去长期存在的不重视法制的旧习惯作祟。另一方面，也是由于过去对广大干部的宪法宣传和教育工作做得不够。例如在陕西省的一个县，曾对干部进行过一次法制测验。县直机关行政干部19人中，没有一个能准确回答我们人民民主专政国家的性质。对公民的基本义务回答也是花样百出，有一个供销社主任说："有上级分配各项任务必须坚决完成的义务。"因此，对干部违反宪法的行为必须坚决纠正，以至给予必要的制裁。但同时，对广大干部，特别是基层干部，还必须进行宪法和法制宣传教育的补课。当然，最根本的保证是党的领导。由于我党处于执政党的地位，是领导我国社会主义事业的核心力量，是领导一切的。没行党的领导，就没有一切，就没有社会主义中国，更谈不上制定和实施新宪法。有人把"党能不能真正遵守宪法？"作为疑问提出来，如果不是恶意攻击，就是昧于事实的过滤。党领导人民制定新宪法，也领导人民实施新宪法。胡耀邦同志在党的十二大报告中就曾指出："这部宪法的通过，将使我国社会主义民主的发展和法制建设进入一个新的阶段。""今后，我们党要领导人民继续制订和完备各种法律，加强党对政法工作的领导，从各方面保证政法部门严格执行法律。"党要领导人民遵守新宪法，执行新宪法，就必须先从自身做起，以身作则，成为模范。胡耀邦同志在上述报告中曾强调地说："特别要教育和监督广大党员带头遵守宪法和法律。新党章关于'党必须在宪法

---

① 《马克思恩格斯全集》第 1 卷，第 76 页。
② 《列宁主义问题》，第 779 页。

和法律的范围内活动'的规定,是一项极其重要的原则。从中央到基层,一切党组织和党员的活动都不能同国家的宪法和法律相抵触。党是人民的一部分。党领导人民制定宪法和法律,一经国家权力机关通过,全党必须严格遵守。"这次整党,中央又把宪法作为必读文件。今冬明春,又将在全国进行一次宪法和法制教育。我相信,在党中央的坚强领导下,新宪法一定能够得到进一步的贯彻实施,这是没有任何疑问的。

(原载《中国法学》1984年第1期)

论民族区域自治法

张友渔

第六届全国人大第二次会议庄严地通过了《中华人民共和国民族区域自治法》，这是我国政治生活中又一件大事。认真贯彻这个法律，对于加强民族团结和国家的统一，为实现国家的社会主义现代化和各民族的共同繁荣，都具有深远的意义。下面谈谈个人的几点看法。

一　民族区域自治制度是具有中国特色的政治制度

在多民族国家，各民族的相互关系是否良好，民族问题的处理是否恰当，是影响国家盛衰兴亡的一个重要因素。我国是全国各族人民共同缔造的统一的多民族的社会主义国家，必须确立和巩固"平等、团结、互助的社会主义民族关系"。在各少数民族聚居的地方实行民族区域自治制度，就是这种民族关系的体现，是这种关系的具体形式。它和苏联的联盟制不同。联盟制下的加盟共和国，可以说是"国中之国"，有权制定自己的宪法和法律，有的如乌克兰、白俄罗斯还有外交权，甚至宪法还规定加盟共和国有自由退出苏联之权。我国民族区域自治制度下的民族自治地方没有制宪权、立法权、外交权，更没有自由同祖国分离的权，宪法明确规定："各民族自治的地方都是中华人民共和国不可分离的部分。"（第四条）我国的民族区域自治制度具有中国自己的特色，它和省、直辖市、县、市、区等一样，是中央统一领导下的地方政权，同时行使适应民族特点、保护民族利益、处理民族内部事务的自治权。我们所以采用这种制度，主要是因为：第一，在我国的长期的历史发展过程中，各族人民早就形成了密切的联系，两千多年来，各族人民共同生活在基本上是统一的祖国大家庭内，各民族之间虽曾有过矛盾和斗争，但并不是汉族一个民族始终处于统治地位，压迫各少数民族，有的少数民族像蒙古族、满族就曾统治过整个中国，特别是华北和西北更是长期由各少数民族交替统治。不像十月革命前的俄国那样，一直是大俄罗斯族对各少数民族进行着残酷的剥削和压迫，造成了你死我活和不可调和的矛盾。在近代中国沦为半殖民地半封建社会后，共同的命运和一致的利害使整个国家各个民族都濒于灭亡的境地。合则存，分则亡，各族人民更加紧密地联系在一起。在社会主义革命和建设过程中，又进一步加深了各族人民之间的团结和友谊，建设社会主义现代化国家成了各族人民共同奋斗的目标。生活在中央统一下的中华人民共和国内是历史发展的必然趋势和各族人民的共同愿望。第二，这是由我国各族人口现状和分布状况决定的。各民族人口发展极不平衡，在全国56个民族中，汉族人口最多，各少数民族人口总数就比较少，而其中较大的少数民族又比较少，最多的壮族也只有1300多万人，最少的民族只有1000多人，人口在5万以下的民族竟有20多个。从分布来说，各族人民在长期的发展过程中形成了大杂居、小聚居的状况，即使是较大的少数民族也是聚居的少，分散杂居的多，形成了"你中有我，我中有你"的局面。这样的人口比例和分布状况，根本不存在建立独立的民族共和国，然后再把这些民族共和国组织成联邦国家的条件。历史的发展只给了我们在统一的共和国内实行民族区域自治的条件，而不宜也无法实行像苏联那样的联盟制。

在我们这样一个多民族的大国，通过民族区域自治这一正确的途径和形式，成功地解决了我国民族问题。这在世界民族发展史和国家发展史中，都是创举，是我们党和国家运用马克思列宁主义理论和我国实际密切结合起来的光辉范例，民族区域自治制度不仅得到我国各族人民的赞同和拥护，而且实行所取得的成就，也是世界上公认的。事实表明，民族区域自治制度是适合我国情况的，具有中国特色的政治制度。

二　制定民族区域自治法的必要性

国家的任何重要制度都需要用法律来保障，民族区域自治这个制度也不例外。党的十一届三中全会以来，加强和健全社会主义法制是党和国家坚定不移的方针，全国人民代表大会和它的常委会已陆续制定了不少必要的法律，民族区域自治法也是迫切需要制定的。本来，民族区域自治制度，早在起临时性宪法作用的《共同纲领》中就作了规定。1952年颁布的《民族区域自治实施纲要》，依据《共同纲领》作了具体的规定，对这个制度的确立和推行，起了巨大的作用。1954年颁布的我国第一部宪法肯定了这个制度，明确规定"各少数民族聚居的地方实行区域自治"（第三条）。1975年宪法、1978年宪法也都沿袭了这样的规定。1982年宪法，又对民族区域自治制度从各方面作了大力加强的规定，使这一制度在国家的政治体制中稳固地确立了自己的地位，得到了进一步的完善和发展。30多年来，国家在建立、巩固和发展民族区域自治制度方面取得了巨大的成就。首先，我国现已建成民族自治地方 116 个，包括 5 个自治区、31 个自治州、80 个自治县。这些民族自治地方的总面积约 610 万平方公里，占全国总面积的 60% 以上，总人口为 12000 多万，其中各少数民族人口为 5000 多万。这就基本上保证了绝大多数居住在或大或小地区的少数民族都获得区域自治的权利。其次，通过实施这一制度，平等、团结、互助的社会主义民族关系已在我国确立起来，各族人民友好和睦相处，共同为建设社会主义现代化国家而团结奋斗。再次，通过实施这一制度，发挥了少数民族的积极性，国家并从财政、物资、技术等方面，给予了大力帮助，使得少数民族地区的经济、文化、教育等建设事业都得到了发展，在很大程度上改变了历史上遗留下来的落后面貌，也大大有助于全国范围内的经济建设和生产的发展。总之，在我们这个统一的多民族的国家内实行区域自治，既能保障各少数民族自主地管理本民族内部事务的权利，又能保障民族的团结和国家的统一，抵御外来的侵略和颠覆活动。认真总结这些成功的经验，在此基础上制定一部正式的民族区域自治法，以保障民族区域自治制度得到巩固和发展，这是全国各族人民和各民族自治地方的迫切愿望和要求。可见，民族区域自治法的制定和颁布，既是我国民族工作历史发展的必然结果，又是开创社会主义现代化建设新局面的必然要求。总之，在今天，制定民族区域自治法这个基本法律是必要的，适时的，也是可能的。

　　宪法肯定了民族区域自治制度并专列一节作了一些必要的规定。那么，还有什么必要制定民族区域自治法呢？这是因为：从国家的法律制度来说，一般都分为若干层次。宪法是国家的根本法，无疑处于最高的层次。其次是一般法律，是为了把宪法的原则的规定具体化而制定的。民族区域自治法是由全国人民代表大会制定的基本法律，是仅次于宪法的有关民族问题的比较重要的法律。它是根据宪法制定的，宪法是国家的根本法，是全国各族人民意志的最集中最全面的体现，代表了国家和各族人民的根本利益。在关于民族问题的规定上，更是直接反映了我国民族工作的巨大成就和平等、团结、互助的社会主义民族关系已经确立的事实。为了维护各民族的平等地位，保障各少数民族的合法的权力和利益，维护和发展各民族的平等、团结、互助关系，宪法在《序言》和《总纲》中明确规定：在维护民族团结的斗争中，要反对大民族主义，主要是大汉族主义，也要反对地方民族主义。禁止对任何民族的歧视和压迫，禁止破坏民族团结和制造民族分裂的行为。国家尽一切努力促进全国各民族的共同繁荣。帮助各少数民族地区加速经济和文化的发展。实行民族区域自治制度。保障各民族都有使用和发展自己的语言文字的自由，都有保持或者改革自己的风俗习惯的自由。这些都是我国民族工作必须遵循的基本原则、方针、政策和制度。在《民族自治地方的自治机关》一节中，对自治机关的性质、组成作了必要的规定，其中特别规定自治区、自治州、自治县的人大常委会中应当有实行区域自治的民族的公民担任主任或者副主任。自治区主席、自治州州长、自治县县长由实行区域自治的民族的公民担任。宪法还对自治机关的自治权作了较前扩大的许多规定。自治机关除行使相应的地方国家机关的职权外，还依法行使自治权，根据本地方实际情况贯彻执行国家的法律、政策，有权依照当地民族的政治、经济和文化的特点，制定自治条例和单行条例，有管理地方财政的自治权，在国家计划的指导下，自主地安排和管理地方性的经济建设事业；自主地管理本地方的教育、科学、文化、卫生、体育事业；依照国家的军事制度和当地的实际需要，经国务院批准，可以组织本地方维护社会治安的公安部队；在执行职务时，依照自治条例的规定，使用当地通用的一种或者几种语言文字。此外，对民族自治地方的帮助也作了必要的规定。但是宪法只能作原则的、基本的和一些必要的具体规定，而不可能作更多、更详、更细、更具体的规定。因此，还需要制定民族区域自治法这样的法律。宪法第一百一十五条就规定着自治机关依照宪法、民族区域自治法和其他法律规定的权限行使自治权。宪法所作的上述规定是制定民族区域自治法的基础。可以说，没有这些规定，就不会制定出现在这样的民族区域自治法。民族区域自治法是为了保障宪法的上述规定实施的基本法律。当然，它的内容要比宪法详细得多，具体得多。但它必须以宪法为基础，不能同宪法的这些规定相抵触。应当指出，民族区域自治法也不能太具体、太详细，因为它是针对全国民族自治地方的一般情况制定的，不可能把每个民族自治地方存在的特殊问题和解决问题采取的具体措施，以及有关民族区域自治制度的所有细节和一切方面都规定进去。各民族自治地方的情况不尽相同，各有自己的特点，不可能也不应当呆板地适用一种规定，搞"一刀切"。所以民族区域自治法比宪法规定详细、具体是必要的，但也不宜太具体、太详细。太具体、太详细了反而不利于它的贯彻执行。具体的规定可以也应当留给各民族自治地方的自治机关依照当地特点制定的自治条例或单行条例去规定。当然，自治条例或单行条例关于民族区域自治的规定，是为了具体实施民族区域自治法，必须以民族区域自治法为基础。没有现在这样一部在内容上适合我国国情，在形式上也比较完备的民族区域自治法，自治条例和单行条例就无从制定。所以从我们进一步健全社会主义法制的需要看，制定这部民族区域自治法，是很有必要的。

三　有关民族区域自治法的几个认识问题

在民族区域自治法的贯彻实施过程中，可能有不同认识的几个问题，需要说明一下。

第一，关于消除历史上遗留下来的各民族间事实上的不平等问题。

消除历史上遗留下来的民族间事实上的不平等这个提法，作为理论，作为政策并没有错。由于历史的原因，这种事实上的不平等是存在的，应当消除。建国以来，党和国家在这方面做了大量工作，今后还要继续加强这一工作。问题是在民族区域自治法中，是否必须写。民族区域自治法没有这样规定，这是因为：

首先，我们党和国家一贯奉行民族平等的政策，坚决反对任何民族歧视和压迫。人民民主专政政权的建立，就使各民族在政治上，法律上的平等地位有了根本的保障，并且在政治权利方面还给予少数民族以较多的照顾。我国的宪法和选举法，以及各级国家权力机关的有关决议、决定，都规定在选举方面，对少数民族予以特殊照顾，以保障少数民族在各级人民代表大会中都有适当名额的代表。他们不是受着不平等的待遇，而是享有更多的优待。在这方面，正如宪法序言所叙述的，在我国，"平等、团结、互助的社会主义民族关系已经确立，并将继续加强"。如果在民族区域自治法中，笼统地写上消除事实上的不平等，不仅无助于问题的解决，而且容易引起误解，似乎我国各民族在政治上、法律上还没有实现平等，但事实恰好相反，我们已经实现了有史以来最彻底的民族间政治上、法律上的平等。

其次，由于历史上的原因，少数民族地区经济、文化一般比较落后，这种历史遗留下来的民族间事实上的不平等是存在的。对历史上造成的这种不平等的原因和解决问题的办法，从理论方面、政策方面，进行研究探讨是必要的，但写在法律上则未必恰当。消除民族间事实上不平等的关键在于消除经济、文化方面事实上的不平等，这要经过长期、艰巨的工作，不是在几年、十几年以至几十年内就能实现的，可能要更长的时间才能做到。法律是为解决实际问题而制定的，不是谈理论、写文章，在现阶段办不到的就不应当写上。

如果从绝对意义上的平等来说，不仅各民族间在事实上不平等，在汉族地区也由于各地经济、文化发展的不平衡，存在着事实上的不平等，甚至属于同一民族、同一地区的人，人与人之间的实际生活也不可能绝对平等。我们的法律是社会主义阶段的法律，它要解决的问题是社会主义阶段的问题，它的规定是现阶段就需要和可能办到的。办不到的就不规定。如缩小三大差别、为共产主义奋斗、国家消亡等，从理论上讲都是对的，但因为现阶段办不到，所以在宪法中就没有写。逐步消除历史上遗留下来的民族间事实上的不平等问题，1952年制定的民族区域自治实施纲要，1954年宪法都没有这样写，现行宪法也没有这样写。我们党的十一届六中全会决议、十二大报告和党章也没有这样写。所以民族区域自治法也以不写为宜。

要清除历史上遗留下来的民族间事实上的不平等，关键是要大力帮助少数民族加速经济、文化的发展。经济发展了，生产上去了，文化发展了，教育普及了，少数民族相对落后的面貌就会从根本上改观，历史上遗留下来的民族间事实上的不平等，就会逐步得到解决。因此，民族区域自治法不宜空喊没有实际作用的口号，而应按照现行宪法的规定，从正面写，强调地提到加速各少数民族经济、文化的发展，缩小各民族之间的差距，并从实际出发，把宪法的规定，进一步具体化，作出行之有效的规定。民族区域自治法就是这样做的。它在总的方面规定，自治机关除了可以制定自治条例和单行条例外，在不违背宪法和法律的原则下，有权采取特殊政策和灵活措施，加速民族自治地方经济、文化建设事业的发展。上级国家机关的决议、决定、命令和指示，如有不适合民族自治地方实际情况的，自治机关可以报经上级国家机关批准，变通执行或者停止执行。这些规定赋予了自治地方很大的自主权，使它们根据本地区的实际情况发展各项社会主义事业和管理好本民族的内部事务。在经济建设方面，规定自治机关在国家计划的指导下，根据本地方的特点和需要，制定经济建设的方针、政策和计划；在坚持社会主义原则的前提下，根据法律规定和本地方经济发展的特点，合理调整生产关系，改革经济管理体制，根据民族自治地方的财力、物力和其他具体条件，自主地安排地方性的基本建设项目；自主地管理隶属于本地方的企业、事业，非经自治机关的同意，上级国家机关不得变更这种隶属关系；管理和保护本地方的自然资源，确定本地方内草场和森林的所有权和使用权，对可以由地方开发的自然资源，优先合理开发利用；采取特殊措施，优待、鼓励各种专业人员参加自治地方各项建设事业；自主地安排利用完成国家计划收购、上调任务以外的工农业产品和其他土特产品；经国务院批准，可以开辟对外贸易口岸，与外国接壤的地区可以开展边境贸易，在外汇留成等方面享受国家的优待。在财政方面，除了重申宪法的有关规定外，还特别规定地方财政收入不敷支出的，由上级财政机关补助；民族自治地方享受国家拨给的各项专用资金和临时性的民族补助专款，按照国家规定设机动资金，预算中预备费所占的比例高于一般地区，在执行国家税法时，除应由国家统一审批的减免税收项目以外，对属于地方财政收入的某些税收，经自治区（省）决定或批准，自治地方可以实行减税或免税。在教育方面，规定自治机关自主地发展民族教育，根据国家教育方针，决定本地方的教育规划，学校的设置、学制、办学形式、教学内容、教学用语和招生办法，为少数民族牧区和经济困难、居住分散的少数民族山区，设立以寄宿为主和助学金为主的公办民族小学和民族中学；招收少数民族学生为主的学校，有条件的应当采用少数民族文字的课本，并用少数民族语言讲课。为了促进文化交流和提高少数民族的文化科学水平，同时还规定小学高年级或者中学设汉文课程，推广全国通用的普通话。在文化方面规定，自治机关自主地发展具有民族形式和民族特点的文学、艺术、新闻、出版、电影、广播等民族文化事业；自主地决定本地方的医疗卫生事业的发展规划，发展现代医药和民族传统医药，开展民族传统体育活动，以继承和发展少数民族的优良文化传统。以上这些规定，目的是通过充分保障自治机关的自治权，使少数民族地区的经济、文化等事业得到较快的发展，尽快改变落后面貌，为逐步消除历史上遗留下来的民族间事实上的不平等创造必要的条件。

除了少数民族自力更生、发愤图强之外，民族区域自治法还对上级国家机关对民族自治地方的帮助作了较为详尽的规定，主要是：上级国家机关在制定国民经济和社会发展计划时，应当照顾民族自治地方的特点和需要；国家设立扶助民族自治地方的各项专用资金，对民族自治地方的商业、供销、医药企业，给予照顾；在分配生产资料和生活资料时，照顾民族自治地方的需要，在投资、贷款、税收以及生产、供应、运输、销售等方面，扶持民族自治地方合理利用本地资源发展地方工业，发展交通、能源，发展和改进民族特需商品和传统手工业品的生产；组织和支持经济发达地区与民族自治地方开展经济、技术协作；在民族自治地方开发资源，进行建设的时候，应当照顾民族自治地方的利益，作出有利于民族自治地方经济建设的安排，照顾当地少数民族的生产和生活；根据民族自治地方的需要，采取多种形式调派适当数量的教师、医生、科学技术和经营管理人员，帮助少数民族地区发展经济文化教育事业。这些规定对于改变少数民族经济文化比较落后的状况，逐步消除历史上遗留下来的民族间事实上的不平等，具有重要的意义。在民族区域自治法中，不写消除历史上遗留下来的民族间事实上的不平等，并不是否认这种不平等的事实，反对消除它的提法，而是要采取切合实际的、更有效的办法。

第二，关于由谁行使自治权问题。

由于我国各民族基本上处于杂居状况，在少数民族聚居的地方，往往不是一个民族，而是除处于主要地位的民族外，还居住着其他少数民族和汉族，有的地方汉族还占它的总人口的大多数。所谓某民族自治区，如宁夏回族自治区，只是说回族是这个地方处于主要地位的民族，实行区域自治主要是照顾它的特点，而不是说这个自治区只有回族，只有回族人民行使自治权。实际上，很少可能建立单一民族的自治地方，即使在西藏自治区，也还居住着藏族以外的少数民族。为此，民族区域自治法第十三条规定："少数民族聚居的地方，根据当地民族关系、经济发展等条件，并参酌历史情况，可以建立以一个或者几个少数民族聚居区为基础的自治地方。""民族自治地方依据本地方的实际情况，可以包括一部分汉族或者其他民族的居民区和城镇。"这就是说，建立自治地方的不限于一个少数民族，而是居住着多种民族。既然自治地方是由居住在这个地方的各族人民建立的，那就各族人民都应当是这个地方的主人，都应当参与行使自治权，不能是处于主要地位的民族是主人，而其他民族是奴隶，被剥夺了行使自治权的权利。这样，不符合各民族平等、团结、互助的原则，不利于加强本地方的民族团结，不利于调动本地方各族人民的积极性，共同致力于改变本地方经济、文化落后状态，集中力量进行社会主义现代化建设。在民族关系上，我们要反对大民族主义；就全国范围来说，是反对大汉族主义；就自治地方范围来说，也要防止处于主要地位的民族的大民族主义。自治地方的自治权属于该地方的全体各族人民，人民行使自治权的机关是自治机关，正如国家的一切权力属于人民，人民行使权力的机关是人民代表大会一样。1954年宪法就规定由自治机关行使自治权。现行宪法再次肯定了这个原则，第四条第三款规定："各少数民族聚居的地方实行区域自治，设立自治机关，行使自治权。"第一百一十五条规定：自治区、自治州、自治县的自治机关行使自治权。第一百一十六条至一百二十一条关于自治地方经济、文化等方面的六条自治权，也都规定由"自治机关"行使。虽然现行宪法中也有三处关于"实行区域自治的民族"的提法，一处是第一百一十三条第一款："自治区、自治州、自治县的人民代表大会中，除实行区域自治的民族的代表外，其他居住在本行政区域内的民族也应当有适当名额的代表。"另一处是同条第二款："自治区、自治州、自治县的人民代表大会常务委员会中应当有实行区域自治的民族的公民担任主任或者副主任。"再就是第一百一十四条："自治区主席、自治州州长、自治县县长由实行区域自治的民族的公民担任。"但是这三处讲的都是自治机关如何组成的问题，而不是行使自治权的问题。凡讲到自治权的地方，都是很明确的，就是由自治机关行使。民族区域自治法只能根据宪法这个原则写，而不能规定由"实行区域自治的民族"行使自治权。不规定由实行区域自治的民族行使自治权，并不妨碍处于主要地位的民族行使自治权。由于它在各级人民代表大会中一般都拥有比较多数的代表，只要它的主张正确，在具体行使自治权方面，必能起到重要的作用。何况作为执行机关的各级人民政府的领导人都是由"实行区域自治的民族的公民"担任呢！

第三，关于自治机关配备少数民族干部问题。

实行民族区域自治的自治地方的自治机关中，尽量配备当地少数民族人员，这是当然的。现在有些自治地方的自治机关中，少数民族干部太少，这种情况必然要改变。民族区域自治法规定自治地方人民政府的其他组成人员，自治机关所属工作部门的干部中，"要尽量配备实行区域自治的民族和其他少数民族的人员"（第十七、十八条）。这是改变这种情况的原则。各地方应当遵照这个原则，根据当地具体情况予以解决。"尽量配备"这个原则，包括两方面的意思，一是条件相同或者条件稍差一些，都要优先配备少数民族干部；二是干部的培养需要有个过程，因而在目前民族干部的情况下只能是"尽量配备"，而不能是完全"民族化"或硬性规定一定的比例，把完全没有条件的人也硬性配备上去，这并不利于自治权的行使，也不利于民族自治地方各方面工作的开展。

要尽量配备少数民族干部，必须首先解决大量培养少数民族干部的问题，培养的目的是为了使用。民族区域自治法第二十三条规定："民族自治地方的自治机关根据社会主义建设的需要，采取各种措施从当地民族中大量培养各级干部，各种科学技术、经营管理等专业人才和技术工人，充分发挥他们的作用，并且注意在少数民族妇女中培养各级干部和各种专业技术人才。"第二十三条规定，"民族自治地方的企业、事业单位在招收人员的时候，要优先招收少数民族人员，并且可以从农村和牧区少数民族人口中招收。"第六十四条规定："上级国家机关帮助民族自治地方从当地民族中大量培养各级干部、各种专业人才和技术工人。"第六十五条规定："上级国家机关帮助民族自治地方加速发展教育事业，提高当地各民族人民的科学文化水平。国家举办民族学院，在高等学校举办民族班、民族预科，专门招收少数民族学生，并且可以采取定向招生，定向分配的办法。高等学校和中等专业学校招收新生的时候，对少数民族考生适当放宽录取标准和条件。"以上这些都是从实际上着眼于少数民族干部的培养、教育的，体现了"尽量配备"的原则，这比硬性规定一定的比例更为妥当。

第四，关于大学、中专招收少数民族学生的问题。

现在民族自治地方大学生、中专生太少，有的自治地方，甚至没有一个大学生。为了提高自治地方的文化水平，促进建设事业的发展，必须大量培养大学生、中专生。这就要使少数民族考生有较多的机会到大学、中等专业学校学习、深造。因而大学、中专学校在招生时，对少数民族考生给予照顾是必要的，但是不宜硬性规定少数民族考生在录取总额中所占的一定比例。录取分数过于悬殊，学生基础知识水平差距太大，学校教学不好办，学生学习也困难，并不能真正为自治地方培养出名副其实的大学生、中专生。

现在民族区域自治法第六十五条规定"高等学校和中等专业招收新生的时候，对少数民族考生适当放宽录取标准和条件"，学校包括降低录取分数线、放宽年龄限制等，这就很好地体现了对少数民族考生的照顾。同时，本条还规定，"国家举办民族学院，在高等学校举办民族班、民族预科，专门招收少数民族学生，并且可以采取定向招生，定向分配的办法。"这些规定可以从实际上解决问题，更好地体现了国家帮助民族自治地方加速发展教育事业，提高各少数民族人民的科学文化水平，培养更多的民族干部和各种专业人员的精神，这比硬性规定录取比例更有实际意义。

总之，民族区域自治法是一部具有中国特色的重要基本法律。它的制定和公布，受到全国各族人民的拥护。我们必须认真学习、研究和宣传它，使各族人民进一步了解和掌握它的基本精神和重要规定，自觉地遵守和维护。我们相信，随着民族区域自治法的全面贯彻和实施，必将进一步发挥我国民族区域自治制度的优越性，将我国的平等、团结、互助的社会主义民族关系发展到一个新的阶段，调动各族人民当家作主的积极性，为加强民族团结，巩固国家统一，为开展社会主义现代化建设事业和促进各民族人民的共同繁荣而努力奋斗。

（原载《法学研究》1984年第4期）

新中国制宪工作回顾

——纪念中华人民共和国成立三十五周年

张友渔

伟大的中华人民共和国成立已经35年了。在这35年中,我们坚持了社会主义民主制度,大大加强了社会主义法制,在社会主义革命和社会主义建设中都取得了巨大的成就。在如何制定一部完善的、从中国实际出发的社会主义宪法方面,我们积累了正反两个方面的丰富经验。在纪念中华人民共和国成立35周年的时候,认真回顾这一历史过程,总结这方面的经验和教训,对我国的法制建设将是十分有意义的。

一

1949年9月30日,在中华人民共和国成立的前一天,中国人民政治协商会议第一届全体会议通过了一个历史性的文件,这就是《中国人民政治协商会议共同纲领》。这个纲领是参加政协会议的中国共产党、各民主党派、各人民团体和其他各方面的代表人物经过认真、严肃的讨论,一致通过的。这个纲领所确定的内容是中华人民共和国成立后,我国所要实行的政治制度、经济制度、军事制度、外交政策以及公民的基本权利和义务等等。它无论在形式上、内容上或在制定程序上都具有国家根本法的性质,是当时各政党、各国家机关以及全体公民进行活动的重要基础,具有最高的权威性和根本大法的效力。在中华人民共和国宪法颁布前,起着临时宪法的作用。这个纲领颁布后,由于全国人民坚决贯彻执行了它的各项基本原则和具体规定,在很短的时间内,我们解放了除台湾等岛屿以外的我国全部领土,还进行了土地改革、抗美援朝、镇压反革命和其他民主改革,很快恢复了国民经济,1953年开始了有计划地进行社会主义经济建设工作。在法制建设上,根据《共同纲领》所规定的基本原则,我们先后制定了中央人民政府组织法、地方各级人民政府组织通则、司法机关的组织通则、工会法、婚姻法、土地改革法、惩治反革命条例、惩治贪污条例以及有关劳动保护,民族区域自治、公私企业管理等等法律、条例,使法制建设有了一个良好的开端。

《共同纲领》实施后经过5年的时间,我国的政治、经济形势迅速发生了变化。人民民主专政进一步巩固；国民经济不仅得到恢复，而且大大发展了；人民的政治觉悟普遍提高，社会主义劳动热情空前高涨，物质文化生活水平也有所提高。这时，社会主义道路明确、具体地摆在全国人民面前。为了保障社会主义革命和社会主义建设持续地、更迅速地向前发展，必须不失时机地制定一部完善的、从中国实际国情出发的社会主义类型的宪法。这项工作于1954年9月15日，在第一届全国人民代表大会第一次会议上完成了。这就是我国的1954年宪法。

1954年宪法是在《共同纲领》的基础上制定的，又是对《共同纲领》的发展。它坚持了人民民主专政的国体和人民代表大会制度的政体，坚持民主集中制的组织原则；在经济政策上，仍然承认四种所有制并存的现状，这些都是继续了《共同纲领》规定的基本原则。但是，《共同纲领》中没有规定建设社会主义的目标、道路和方法，没有明确规定对民族资本主义工商业进行社会主义改造，没有规定发展我国国民经济的基本方针是实行社会主义的计划经济，所有这些都在1954年宪法中作了明确的规定。此外，在国家政权的组织形式上，改变了在全国人民代表大会闭会期间中央人民政府为行使国家政权的最高机关的规定，设立了全国人大常委会为全国人大的常设机关，改变了中央人民政府主席为国家元首的规定，设立中华人民共和国主席为国家元首，改变了中央人民政府委员会下设政务院的规定，设立国务院为中央人民政府，这些都大大发展了《共同纲领》，使我国的国家制度更加完善。

1954年宪法是一部较为完善的宪法，主要是用国家根本法的形式，把人民民主和社会主义两个原则固定下来，给全国人民指出了明确的方向，具体表现在三个方面：（1）这部宪法适合当时历史发展阶段的实际和建设社会主义的需要，它既规定了建设社会主义的目标，又规定了四种所有制的并存，既规定了保护资本家的生产资料所有权和其他资本所有权，又规定了国家对资本主义工商业实行利用、限制、改造的政策；这些规定都与当时我国正处在社会主义革命和社会主义建设刚刚开始的阶段分不开的。（2）这部宪法坚持了社会主义方向，又采取了从实际出发灵活运用的方针，在《总纲》中，一方面明确规定了国家"保证逐步消灭剥削制度，建立社会主义社会"的原则，另一方面又规定了通过各种不同形式，"逐步以全民所有制代替资本家所有制"的国家资本主义。（3）这部宪法健全了人民民主专政的国家制度，奠定了加强社会主义法制的基础。在宪法的基础上我们制定了《中华人民共和国全国人民代表大会组织法》、《中华人民共和国国务院组织法》、《中华人民共和国人民法院组织法》、《中华人民共和国人民检察院组织法》、《中华人民共和国地方各级人民代表大会和地方各级人民委员会组织法》等一系列国家机构的基本法律以及其他各项法律、法令、条例等，从而大大加强了我国社会主义法制。但是，1957年以后，由于"左"的指导思想的干扰，社会主义法制建设遭到削弱，特别是"文化大革命"十年内乱中，这部宪法被公开抛弃，变成了一纸空文，从根本上破坏了社会主义法制。

1975年颁布了代替1954年宪法的我国第二部宪法，这部宪法是"左"的思想的产物，是理论上错误，实践上有害的东西。本来，1954年宪法颁布以后，我国的政治、经济形势发生了很大变化，1954年宪法的有些规定已经不适合新的客观情况，应当修改，但是1975年宪法在当时"左"的思想的指导下所进行的修改，不是改好，而是改坏了。它肯定了造成十年动乱、严重危害国家的"文化大革命"，肯定了所谓"全面专政"的理论，肯定了"左"倾错误思想的理论基础，即有特定含义的所谓"在无产阶级专政下继续革命"的理论。在政治制度方面，它大大削弱了人民代表大会制度，肯定了党政不分的所谓"革命委员会"制度；在法律制度方面，它大大削弱了立法工作，破坏了司法制度，甚至撤销了人民检察院，把它的职权交由公安机关行使，在公民权利和义务方面，它取消了1954年宪法中规定的许多公民权利，而在第十三条却增加了所谓"四大"即"大鸣、大放、大辩论、大字报"的权利。它的根本错误在于，完全脱离了我国社会主义社会的实际，歪曲和违背了马列主义关于科学社会主义的理论，脱离了社会主义宪法所应遵循的基本原则。

粉碎"四人帮"后，1978年颁布了我国第三部宪法。这部宪法对1975年宪法作了一些修改，但由于当时的历史条件，没有能够彻底纠正1975年宪法中的错误，还受到"左"的思想的一定影响，肯定了"第一次'文化大革命'的胜利"，肯定了要坚持所谓"无产阶级专政下继续革命"的理论等等。这就必然使这部宪法不能充分地起拨乱反正的作用，不能适应社会发展的客观形势，不能解决当时社会主义革命和建设中的一系列重大问题。

1978年12月中共中央召开了十一届三中全会，纠正了"左"的错误，重新确立了马克思主义的思想路线、政治路线和组织路线，制定了正确的路线、方针、政策，着重地提出了健全社会主义民主和加强社会主义法制的任务。1982年9月中国共产党召开了第十二次全国代表大会，大会号召全党和全国人民全力投入开创建设社会主义新局面的伟大实践，提出了新的历史时期的总任务和完成总任务的具体要求和方针、政策。为了使党的十一届三中全会和十二大所确定的重大决策及各项方针、政策制度化、法制化，修改1978年宪法，制定一部适应新的历史时期需要的新宪法就十分必要了。宪法的修改工作从1980年9月10日五届全国人大三次会议开始，到1982年公布，共用了两年的时间，工作是十分认真、慎重和周密的。这部宪法很好地总结了建国以来我国制宪工作中正反两个方面的经验和教训，继承和发展了1954年宪法中的一系列正确原则，贯彻了十一届三中全会和十二大的基本精神，鲜明地坚持了四项基本原则，完善了我国的政治制度、经济制度和法律制度，是一部顺乎民心，合乎国情的宪法，在实践中受到了全国人民的拥护。

二

宪法是国家的根本法，是法制建设的基础。1982年宪法根据新时期的需要，在社会主义法制建设方面做了许多具有重大历史意义的新规定，使我国的法制建设进入了一个新阶段。

第一，1982年宪法为我国的立法工作奠定了基础。斯大林说："宪法并不是法律汇编。宪法是根本法，而且仅仅是根本法。宪法并不排除将来立法机关的日常立法工作，而要求有这种工作。宪法给这种机关将来的立法工作以法律基础。"[①] 宪法与其他部门法不同。它调整国家生活中的基本问题，而其他法只分别调整国家生活中某一方面的问题。宪法规定国家的社会制度和国家制度的基本原则，国家机关的组织与活动的基本原则以及公民的基本权利和义务等国家生活中的重大问题，其他法律只规定国家生活中某个方面的问题。如刑法主要规定犯罪和刑罚方面的问题，诉讼法主要规定诉讼程序方面的问题，婚姻法主要规定婚姻家庭方面的问题等。宪法规定的内容是国家立法机关进行立法活动的基础。

1982年宪法根据新的历史时期的需要，对我国的根本制度和根本任务，对国家政治生活、经济生活、文化生活和社会生活各方面带根本性的问题都做了明确的规定，是我国新的历史时期治国安邦的总章程，也为我国的立法工作提供了依据。全国人大及其常委会进行立法时必须遵循宪法规定的原则。例如，1982年宪法关于我国经济制度的一系列规定为经济方面的立法提供了基本原则，第三章和《总纲》中的有关条款为国家机关组织方面的

[①] 《斯大林文选》上，第101页。

立法提供了基本原则,第二章和《总纲》中的有关条款为保卫人民民主权利方面的立法提供了基本原则,第一、五、二十八条为我国刑事方面的立法提供了基本原则,第二十五、四十八和四十九条为婚姻家庭和计划生育方面的立法提供了基本原则等等。全国人大及其常委会的立法活动都不能违背这些原则。1982年宪法颁布以来,我们根据它的规定,积极而又稳妥地开展了立法工作,制定和修改了许多重要法律,使我国的法制建设有了很大的发展。

第二,1982年宪法确立了维护法制的统一和尊严的原则。第五条规定:"国家维护社会主义法制的统一和尊严。"这是过去几部宪法没有的一项新规定,是加强法制建设的总的原则。法制是体现代表统治阶级的国家意志,是进行和巩固其统治的工具,统一和尊严是它本身的一个重要特性。如果失去了这种特性,那就不成其为法制,法制建设也就毫无意义。列宁十分重视维护法制的统一和尊严。在《论"双重"领导和法制》一文中,严厉批评了分散主义错误,指出:"法制应当是统一的。"① 如果没有法制的统一和尊严,而是政出多门,各立其法,各行其是,国家就不成其为国家。我们要集中力量进行社会主义现代化建设,把我国建设成高度文明、高度民主的社会主义国家,就必须建立统一的法制,使全国各方面有一个共同活动的准则,就必须维护法制的尊严,使任何组织和个人都必须严格遵守。

维护法制的统一和尊严,核心问题是维护宪法的权威。宪法是国家的根本大法,如果失去权威,立法活动就很难进行,法制建设就很难开展,法制就无从统一。法制统一要以宪法为基础,为核心,就是一切统一于宪法。1982年宪法《序言》特别强调说:"全国各族人民、一切国家机关和武装力量,各政党和各社会团体,各企业事业组织,都必须以宪法为根本的活动准则,并且负有维护宪法尊严,保证宪法实施的职责。"第五条又明确规定:"一切法律、行政法规和地方性法规都不得同宪法相抵触。"国家生活中的一切活动都不能违背宪法。

第三,1982年宪法对我国立法体制进行了重大改革,大大加强了立法工作。这主要表现在:(1)扩大了全国人大常委会的职权,给予它立法权。1954年宪法明确规定:全国人大是行使国家立法权的唯一机关,它的常委会只有权制定法令。1975年宪法和1978年宪法也都规定全国人大常委会只有制定法令的权,没有制定法律的权。1982年宪法打破了这个旧框框,明

---

① 《列宁全集》第33卷,第326页。

确规定:"全国人民代表大会和全国人民代表大会常务委员会行使国家立法权。"人大常委会有权"制定和修改除应当由全国人民代表大会制定的法律以外的其他法律",并"在全国人民代表大会闭会期间,对全国人民代表大会制定的法律进行部分补充和修改",只是"不得同该法律的基本原则相抵触"。给予全国人大常委会立法权是新的历史时期的需要,在全面开创社会主义现代化建设新局面的伟大斗争中,立法的任务将会越来越繁重,单靠一年一度的全国人民代表大会会议来制定法律是不可能完成任务的。把全国人大的一部分立法权交由作为它的常设机关的常委会来行使,就可以弥补全国人大不能经常开会的缺陷,从而保证更好地发挥作为国家立法机关的作用,加强社会主义的立法工作。(2)加强了全国人大及其常委会组织机构。1982年宪法规定,由全国人大常委会委员长、副委员长、秘书长组成委员长会议,处理人大常委会的重要日常工作,全国人大设立各种专门委员会,在全国人大及其常委会的领导下,研究、审议和拟定有关议案;全国人大常委会的组成人员不但任国家行政机关、审判机关和检察机关的职务等。这些规定,有利于充分发挥全国人大及其常委会的作用,加强国家的立法工作。

第四,1982年宪法加强了保证法律实施的规定。法制建设不仅要加强立法工作,制定完善的法律,做到"有法可依",而且必须加强执法和守法工作,保证法律的实施,做到"有法必依,执法必严,违法必究"。固然,没有法律就不可能有法制建设,但是,有了法律不去实行,也谈不上法制建设。1982年宪法根据我国的实际需要,在法律的实施方面也做了许多新的重要规定。这主要是:(1)恢复了1954年宪法关于公民在法律面前一律平等的规定。这是社会主义法制的一项基本原则。恢复这个原则对于保证社会主义民主,健全社会主义法制有重要作用。(2)加强了司法机关的建设。司法机关是专门执行法律的机关。为了保证法律的实施,1982年宪法参照1954年宪法,增写了人民法院和人民检察院依法独立行使审判权和检察权,不受行政机关、社会团体和个人的干涉,增写了公检法三机关分工负责,互相配合,互相制约的原则等。这些规定,有利于保证准确有效地执行法律。(3)着重强调了必须守法。1982年宪法除了把遵守宪法和法律规定为公民的一项基本义务外,《总纲》第五条还特别新增加了"一切国家机关和武装力量、各政党和各社会团体,各企业事业组织都必须遵守宪法和法律"的规定。(4)新增加了对公民进行法制教育的内容。第二十四条规定,国家要通过纪律和法制教育,加强社会主义精神文明的建设。这对于增强广大干部和群众的法制观念,保证法律的实施是完全必要的。

总之，1982年宪法在社会主义法制建设方面，从基本原则到具体措施都做了比较全面的规定，为我国的法制建设奠定了坚实的基础。

三

回顾35年来的制宪工作中我们取得的主要经验是：

第一，必须坚持从马克思主义的历史唯物论，从社会发展阶段的实际情况出发，把马克思主义的普遍原理同中国革命和建设的具体实践相结合。具体地说就是，（1）在现代各国，无论哪一种类型的国家，统治阶级都必须制定反映本阶级意志，维护本阶级利益的宪法，工人阶级建立自己的国家政权后，也需要制定社会主义的宪法。如列宁所说，"像任何阶级一样，也要通过改变所有制和实行新宪法来掌握和保持政权，巩固政权"[①]。（2）制定社会主义宪法必须以马列主义为指导思想，必须从当时当地的具体情况出发，在不同的国家、不同的历史发展阶段，作某些不同的规定，以适应实际需要，保证宪法对现实生活的指导作用。中国是社会主义国家，中国要制定的宪法是社会主义的宪法，这种宪法当然必须以马克思主义的原理为指导思想，但是，不能教条主义地运用马克思主义，而必须结合中国的实际，适应中国历史发展的每一阶段的需要。新中国成立后，包括《共同纲领》在内，我们共制定过五部宪法，其中《共同纲领》、1954年宪法和1982年宪法普遍受到人民群众的欢迎和拥护，其原因就在于这几部宪法都坚持了马克思主义的历史唯物论，实现了马克思主义原理同中国的具体实践相结合。例如1982年宪法，在经济制度上既规定了社会主义公有制经济是我国经济制度的基础，又规定了保护个体经济的合法权利和利益，把它作为社会主义公有制经济的补充，这正是从我国当前需要繁荣市场，搞活经济，以发展生产力和满足人民生活需求的实际情况出发。个体经济的存在，并不妨碍社会主义经济的发展，反而起着必要的，有益的补充作用。又如关于保障宪法的实施，这部宪法没有像一些国家那样，设立宪法委员会等保障宪法实施的机构，而把监督宪法实施的职权赋予全国人大及其常委会。这也是从我国的实际情况出发，因为我国不是三权分立制的国家，全国人大是最高国家权力机关，在我国不应当有凌驾于它的其他保障宪法实施的机关。宪法实施的最关键性一环是审查各种法律。行政法规、地方性法规是否与宪法相抵触，这一职权也只能由制定宪法并有权修改宪法的全国人大或有权解释宪法的人大常

[①] 《列宁全集》第30卷，第433页。

委会行使，才合法合理，也才具有权威性。这样做完全符合我国的实际情况，有利于加强我国的社会主义法制。外国的经验我们不能照搬。

第二，必须坚持原则性与灵活性相结合的方针。这个方针是毛泽东同志在总结制定1954年宪法的时候提出来的。所谓原则性主要是指两条：一条是民主原则，一条是社会主义原则。所谓灵活性是指："一时办不到的事，必须允许逐步去办"，"现在能实行的我们就写，不能实行的就不写"。① 这一方针不仅体现在1954年宪法中，也体现在1982年宪法中。例如在1954年宪法中，一方面明确规定了坚持社会主义方向，优先发展社会主义全民所有制经济即国营经济的原则，另一方面又规定了对资本主义工商业实行社会主义改造，通过国家资本主义的各种不同形式，并且是"逐步"实行的，这就是灵活性。在1982年宪法中，也同样注意了恰当地结合原则性和灵活性。例如关于农村经济的基层组织形式，在坚持社会主义集体所有制的原则下，既规定了人民公社可以作为农业集体经济的一种生产组织形式，否定了"政社合一"的原则，又规定了可以建立农业生产合作社及其他生产、供销、信用、消费等各种形式的合作经济。这样就既坚持了社会主义方向的原则性，又坚持了组织形式多样化的灵活性。又如关于国营企业中实行民主管理的问题，宪法规定了实行民主管理的原则，没有像对集体经济组织那样，规定具体内容，管理形式也不限于职工代表大会，还可以通过其他各种形式。这就是说，参加企业的民主管理，是作为国家主人的职工的权利，也是义务，这是不可动摇的原则，必须实行；但参加哪些管理，怎样进行管理，可以根据实际情况有所不同，这是灵活性。此外，关于计划经济为主、市场调节为辅，实行对外开放，设立特别行政区等等规定，都体现了原则性和灵活性相结合的方针。不坚持原则性，就会失去我国宪法的本质特征，而不坚持灵活性，宪法的一些规定就可能行不通，甚至会遭到失败。为了保障宪法的有效实施，坚持原则性与灵活性相结合的方针，是一项十分重要，十分成功的经验。

第三，必须发扬民主，走群众路线。民主原则是社会主义宪法的一项基本原则。不仅宪法的内容必须体现这个原则，宪法的制定过程也必须遵循这个原则，走群众路线就是贯彻民主原则。正如列宁说的："民主组织原则……意味着使每一个群众代表、每一个公民都能参加国家法律的讨论，都

---

① 《毛泽东选集》第5卷，第128页。

能选举自己的代表和执行国家的法律。"①

我国的宪法是全国各族人民在中国共产党领导下长期斗争经验的总结。只有走群众路线,才能把那些成熟的、带规律性的东西总结起来,才能科学地反映群众的斗争实践,为将来指出正确的方向。因此,它的制定和修改必须坚持走群众路线。制宪工作如果脱离广大群众,靠少数人闭门造车,制定出来的宪法就会脱离实际,违背客观规律,就不可能反映群众的利益。

制宪工作走群众路线绝不是说可以不要国家领导机关的领导,不要经过国家立法机关面由群众自己立法。我们制宪的方法是领导机关和群众结合的方法。走群众路线和充分发挥领导机关的作用是统一的。只有把两者结合起来,才能使我们制定出一部适合我国国情、正确反映全国各族人民意志的社会主义宪法。

新中国成立35年来的制宪实践表明,走群众路线,实行领导与群众相结合的方法是完全正确的、行之有效的。我国的第一部宪法是1954年颁布的。1953年1月成立了以毛泽东同志为首的宪法起草委员会。委员会在同年3月接受了中共中央提出的宪法草案初稿。接着组织了各方面的广泛讨论。同年6月中央人民政府公布了经过修改的草案,交付全民讨论,全国有15000多万人参加,历时两个多月。最后由第一届全国人大审议通过。事实证明,这是一部适合当时实际情况、得到全国各族人民拥护的好宪法。它所以能够成为一部好宪法,就是由于在制定过程中,充分发扬民主,贯彻群众路线,实行领导与群众相结合的方法。1982年宪法的制定,也是实行了这个方法。1980年9月10日,五届人大三次会议接受中共中央建议,决定成立宪法修改委员会,主持宪法修改工作。委员会和它的秘书处成立后,经过广泛征求意见,于1982年8月提出宪法修改草案讨论稿。以后,宪法修改委员会根据各方面的意见又进行了两次认真的讨论和修改,由全国人大常委会公布,交付全民讨论。这次讨论无论在时间上、还是在参加的人数上,都是空前的。根据全民讨论的意见,宪法修改委员会又进行了修改,最后由五届人大五次会议通过。正是由于这样做,所以能够成为真正集中全国各族人民意志,适应新时期社会主义现代化建设需要的好宪法。

四

最后应当强调指出,制定了宪法一定要保证它能够实施。保证宪法实

---

① 《列宁全集》第27卷,第194页。

施,当然首先要求宪法本身能够正确反映客观实际,适应当时需要,同时,也要作出保证宪法实施的一些必要的规定。在这方面,1982年宪法是不成问题的。前面说过它是一部顺乎民心,合乎国情,适应新的历史时期开展社会主义现代化建设需要的好宪法。同时,它还明确规定它是国家的根本法,具有最高的法律效力。任何组织和个人都必须以宪法为根本的活动准则,把修改宪法的职权赋予全国人大,并规定了修改宪法的严格程序,把解释宪法的职权赋予全国人大常委会,把监督宪法实施的职权赋予全国人大及其常委会等。但是,宪法的实施,主要的是通过国家的行政机关、司法机关等来执行,来贯彻。因此,必须加强这些国家机关,使其能真正做到"以宪法为根本的活动准则",并负责"保证宪法的实施"。现在我们正在大力进行体制改革,整顿机构,实行干部的革命化、年轻化、知识化和专业化的方针,逐步建立各种规章制度,增强各级干部的业务水平和法制观念,这对保证宪法的实施,将起重大作用。再就是对广大人民群众进行宪法的宣传教育工作。人民是国家的主人,宪法的实施必须依靠人民。如前所述,1982年宪法是一部好宪法。只要我们加强宣传教育工作,使广大人民群众真正懂得宪法的内容,掌握宪法的精神,就必然能够自觉地遵守宪法,并为宪法的贯彻实施而努力。这样,宪法的实施就有了极巩固的基础,最可靠的保证。最重要的是保证党的领导。我们党是执政党,是领导社会主义建设事业的核心力量。没有党的领导,就没有社会主义中国,也就谈不上制定和实施宪法。1982年宪法是党根据人民的意志,领导人民制定的,它的实施必须依靠党的领导。党的正确领导是宪法能够贯彻实施的根本保证。为了实现党的正确领导,党的各级组织和党员就必须以身作则,带头遵守宪法,以宪法为根本的活动准则,用行动来保证宪法的实施。新党章对此作了明确的规定:"党必须在宪法和法律的范围内活动。"胡耀邦同志在党的十二大报告中更强调地作了阐释。他说,党章的这个规定"是一项极其重要的原则。从中央到基层,一切党组织和党员的活动都不能同国家的宪法和法律相抵触。"我们坚信,在党中央的正确领导下,全国人民共同努力,我们的1982年宪法的贯彻实施,一定能够得到充分的保证。

(原载《法学研究》1984年第5期)

论人民代表大会代表的任务、职权和活动方式问题

张友渔

我国宪法开宗明义第一条就庄严地规定:"中华人民共和国是工人阶级领导的、以工农联盟为基础的人民民主专政的社会主义国家。"民主这个词来源于希腊,一般是意味着"大多数人的统治"。列宁曾经指出:"民主是一种形式,一种国家形态。因此,它同任何国家一样,也是有组织有系统地对人民使用暴力,这是一方面。但另一方面,民主意味着承认公民一律平等,承认大家都有决定国家制度和管理国家的平等权利。"[①] 我国宪法所说的人民民主专政就是人民统治着国家,对敌对势力实行专政,在人民内部实行民主。也就是我国宪法第二条所规定的:"中华人民共和国的一切权力属于人民。""人民行使国家权力的机关是全国人民代表大会和地方各级人民代表大会。"人民行使国家权力从理论上说可以采取两种形式,一种是直接民主制,就是人民直接行使权力,另一种是间接民主制,就是人民选举代表行使权力。但事实上,现在世界各国,绝大多数都采取后一种形式,就是一般所说的"代议制"或者"代表制",由选民选举代表组成代议机关或者代表机关行使国家权力。我国采取的是人民代表大会制。人民代表大会制是我国根本的政治制度。它不是直接民主制,人民的权力要通过人民代表大会来行使,不是人民自己来直接行使,所以说它不是直接民主制。我国地广人多,不仅在全国,即使在地方、在基层也不可能有效地实行直接民主制,勉强实行,只不过是徒有形式,实际上反而不利于真正实现人民民主。但是我们的间接民主制也不同于一般资本主义国家的"代议制",而是具有中国特色的一种"代表制"。全国人民代表大会是最高国家权力机关,地方各级人民代表大会是地方国家权力机关,国家和地方的重大问题都要由它们分别来决定。它们有权监督行政机关、司法机关的工作,这和资本主义国家的"代议机关"——"议会"不一样。资本主义国家的议会实际上只起"清谈馆"、"讨论会"的作用,我们跟它们是根本不同的,我们的全国人民代表

---

① 《列宁选集》第 3 卷,第 257 页。

大会是最高权力机关,不是三权分立的那种议会。人民代表大会工作的好坏,对国家、人民的命运起着决定性的作用。而人民代表大会是由人民代表大会代表组成的,人民代表大会的决定是经过表决得到多数以至全体代表同意的,是他们的意志的表现。所以,人民代表大会工作的好坏又是由人民代表大会代表工作的好坏决定的。因此,当选为人民代表大会代表的人,是担负着非常光荣,也是非常艰巨的任务的,必须正确认识自己的任务、地位和职权,正确进行自己的活动,做好自己的工作。我现在就人民代表大会代表的任务、地位、职权和活动方式的问题,谈一点自己的体会和意见。

一 人民代表大会代表的任务和地位

前面说过,我国人民通过人民代表大会行使国家权力,而人民代表大会是由人民代表大会代表组成的,所以实际上是人民通过所选出的代表行使国家权力。人民中各个人的意见是分散的,每个人的意见可能有不同,只有通过人民代表大会代表的活动才能把分散的意志集中成为全体人民共同的意志,成为国家意志并通过国家的强制力贯彻这一意志。也就是说,人民只有通过他们选出的、能够代表他们的代表所组成的国家权力机关,进行集体讨论,决定国家大事,才能真正实现人民管理国家的权力。有的人对这点认识不足,他们说:"选举,选举,多此一举","代表,代表,代而不表"!这种说法是不对的。正因为人民行使国家权力要通过人民代表大会代表,所以人民代表大会代表才有存在的必要,反过来说人民代表大会代表的存在,也正是为了人民行使国家权力。因此,人民代表大会代表的任务主要是根据全体人民的意志,通过在国家权力机关中的活动,保卫国家、人民、社会的利益,促进社会主义现代化建设事业。就全国人民代表大会代表来说,主要是考虑涉及全国人民、整个国家的重大问题。这是因为他们虽是某个选区、某些选民选出的,但他们是全国人民代表大会代表,所以性质上是代表全国人民的,因而不能只为选出自己的选区和这个选区所在的行政区域的利益着想,而要想着全国的利益。当然,也要考虑到自己选区的利益,但主要不是解决一般地方性的问题,而是要解决全国性的问题。在实行两院制的资本主义国家,上议院代表地方或民族,有的代表贵族等特殊阶层(如英国),下议院的议员则是代表全国,不是代表他那个选区。就地方各级人民代表大会代表来说,主要是在遵守国家的宪法、法律、方针、政策,不违反全体人民、整个国家的利益的前提下,考虑本行政区域内的重要问题,而不能只为选出自己的选区的利益着想。因为作为地方国家权力机关的一个成员,性质上是代表全行政区域的人民，而不是只代表自己的选区。当然，也要考虑到本选区的利益，但不是最主要的。由于人民代表大会代表是人民选出的代表，负担着代表人民行使国家权力的任务，他们所处的地位应当受到尊重，他们所进行的工作，应当受到保护。但就他们同人民的关系来说，他们是人民中的一员，不是"特殊公民"。在我们社会主义国家，公民在法律面前一律平等，不存在"特殊公民"。相反，作为人民选出的代表是人民的公仆，不是人民的老爷，所以当了代表不能觉得高人一等。我国宪法明确规定："全国人民代表大会代表应当同原选举单位和人民保持密切的联系，听取和反映人民的意见和要求，努力为人民服务。"《地方各级人民代表大会和地方各级人民政府组织法》也规定：地方各级人民代表大会代表向人民代表大会和它的常务委员会、人民政府反映群众的意见和要求。所以人民代表大会代表只有勤勤恳恳为人民服务的义务，没有利用职权谋取私利的权利。我国宪法规定："全国人民代表大会代表，非经全国人民代表大会会议主席团许可，在全国人民代表大会闭会期间非经全国人民代表大会常务委员会许可，不受逮捕或者刑事审判。"这是不是把代表作为"特殊公民"了呢？不是！这是为了保障人民代表能够行使他们的职权。在资本主义国家，如果没有这样的规定，议员在议会里做了对政府不利的事，比如对政府提出不信任案，或者发表了不利于政府的言论，政府就可能利用他们手中的权力，行政的或者司法机关的权力，来进行报复和打击。所以需要明确规定，非经议会允许，议员不受逮捕和审判，这样才能保障他们行使权力。至于他们的确犯了法，那议会也应该同意逮捕。对我们国家来说，一般不会有上述情况，但也应该保障代表行使职权。要是真正犯了法怎么办？如是现行犯，那就可以由公安机关暂时拘留，报人大常委会许可，然后依法逮捕、审判。就是说不是绝对不能逮捕、审判，只是需要经过一定的手续，需要经过人大常委会许可。这一条在我们国家虽然不是重要的，但是也应该有，以防止这种个别事情发生。在资本主义国家就是很需要的。这是由英国初创的，以后世界各国都逐渐采用了。

二 人民代表大会代表的职权

就世界各国的情况看，虽然规定不完全相同，但一般来讲，国会的议员或代表机关的代表的职权主要有以下几项：

（1）出席议会会议或者代表机关会议；

（2）参加议会或者代表机关及其常设委员会的工作；

（3）向议会或者代表机关提出议案或建议，包括对政府的弹劾案和不信任案；

（4）向政府提出质询或者建议；

（5）参加对国家机关工作的调查。

这些都是各国宪法或法律明确规定的职权。另外，作为人民选出的代表，本来还应当紧密联系选民，对选民负责，为选民的合法利益和本地区的公共利益进行活动，同时，必须协助对宪法和法律、法规，对国家的方针、政策的贯彻执行、积极宣传，同违法乱纪的行为作斗争。但这在资本主义国家实际上是办不到的。

我国全国人民代表大会代表的职权，宪法和《全国人民代表大会组织法》有明确的规定。关于提出议案权，我国宪法第七十二条规定：全国人民代表大会代表有权依照法律规定的程序提出属于全国人民代表大会职权范围内的议案。《全国人民代表大会组织法》第十条作了更具体的规定："一个代表团或者三十名以上的代表，可以向全国人民代表大会提出属于全国人民代表人会职权范围内的议案。"关于提出质询案，宪法第七十三条规定，全国人民代表大会代表在全国人民代表大会开会期间，有权依照法律规定的程序提出对国务院或者国务院各部、各委员会的质询案。受质询的机关必须负责答复。《全国人民代表大会组织法》第十六条更具体规定："在全国人民代表大会会议期间，一个代表团或者三十名以上的代表，可以书面提出对国务院和国务院各部、各委员会的质询案，由主席团决定交受质询机关书面答复，或者由受质询机关的领导人在主席团会议上或者在有关的专门委员会会议上或者有关的代表团会议上口头答复。"此外，《全国人民代表大会组织法》还规定代表有权提出罢免案，即第十五条规定："全国人民代表大会三个以上的代表团或者十分之一以上的代表，可以提出对于全国人民代表大会常务委员会的组成人员，中华人民共和国主席、副主席、国务院和中央军事委员会的组成人员，最高人民法院院长和最高人民检察院检察长的罢免案，由主席团提请大会审议。"关于联系群众，贯彻执行宪法、法律、方针、政策等，宪法第七十六条也规定："全国人民代表大会代表必须模范地遵守宪法和法律，保守国家秘密，并且在自己参加的生产、工作和社会活动中，协助宪法和法律的实施"，"全国人民代表大会代表应当同原选举单位和人民保持密切的联系，听取和反映人民的意见和要求，努力为人民服务"。这是义务，也是职责。作为地方国家权力机关成员的地方各级人民代表大会的代表也有提出议案、提出质询、提出罢免案等权。《地方各级人民代表大会和地方各级人民政府组织法》第十四条规定:"地方各级人民代表大会举行会议的时候,主席团、常务委员会、本级人民政府和代表(有三人以上附议),都可以提出议案。"第十八条规定:"地方各级人民代表大会举行会议的时候,代表向本级人民政府和它所属各工作部门以及人民法院、人民检察院提出的质询,经过主席团提交受质询的机关。受质询的机关必须在会议中负责答复。"此外,关于联系群众、贯彻实施宪法、法律、方针、政策等,在第二十一条也作了规定,即:"地方各级人民代表大会代表应当和原选举单位或者选民保持密切联系,宣传法律、法令和政策,协助本级人民政府推行工作,并向人民代表大会和它的常务委员会、人民政府反映群众的意见和要求。"

三 人民代表大会代表的活动方式

前面说过,我国的国家权力机关是人民代表大会,它的工作的好坏,决定国家的命运。而全国人民代表大会是由人民代表大会代表组成的,人民代表大会的决定是经过代表大会的会议讨论、表决的,所以代表的主要活动方式就是出席会议,围绕着宪法规定的人民代表大会的职权,进行讨论和决定问题,行使提出议案、提出质询以至提出罢免案等权。出席会议、行使职权,这是决定国家或地方大事的活动,是作为人民代表的主要活动,不参加会议,谈不到行使职权,不在会议中正确行使职权,就不能算做真正的人民的代表。因此,首先要参加会议,不要轻视会议,以为可参加可不参加,不参加就是失职。要认真参加会议、认真行使自己的职权,不能把很严肃的人民代表大会会议变成了一种漫谈会、座谈会。在会议期间,要根据人民的利益,人民的委托,无所顾忌地发表言论、进行表决,这是宪法所保护的。宪法第七十五条就曾明确规定:"全国人民代表大会代表在全国人民代表大会各种会议上的发言和表决,不受法律追究。"即使话说得过火了,对政府某些官员批评过分了,也不受法律追究,所以不应该有所顾忌。这个规定应当也适用于地方各级人民代表大会代表。本来这是各国对于议员或代表所适用的通例,这是为了保证议员或代表敢于行使他的职权。资本主义国家也是这样规定的,至于实际上,是不是都这样做,那是另一个问题。当然,代表本身应当自觉守法,像宪法第七十六条所要求的"必须模范地遵守宪法和法律",还要遵守会议规则,不是毫无拘束,可以为所欲为。所以一方面应当无所顾忌,另一方面发言、表决都必须实事求是,一切为公,不是为私。不称职的代表,原选举单位或选民可以罢免。至于党员代表,那就必须遵守党的纪律，发言、表决都不能违反党的方针、政策、决议、指示。你是代表，但首先是党员，不能因为当了代表就可以不遵守党纪。党当然不能对所有代表发号施令，但作为党员，不管你是代表也好，政府组成人员也好，都是按党的方针政策办事。在资本主义国家也一样，资产阶级政党的党员议员在议会的活动也不能违反本党的方针、政策，有重大问题也得拿到党内去讨论，也不是说当了议员就可以不服从党的组织。我们共产党员更应当如此。而且我们党的方针政策同国家利益是一致的，代表大会要通过的决议是代表人民利益的，我们党不会不同意，一般不存在这样的问题，另一方面假使代表大会有的人提出错误的东西，是党所反对的，党员代表当然也必须反对，不能同党唱反调。也可能有个别的人产生误解，以为对党员代表党也不应当干涉。不对，党对一般代表不应该干涉，对党员来说，错的就要干涉，不错的当然用不着干涉。这一点要搞清楚。资产阶级政党有时党员违反党的利益，也是要受到批评以至处分的，只不过党的纪律不像无产阶级政党那样严格罢了。

参加会议、行使职权是代表的主要活动，但不是说会议以外就没有工作可做，或不需要做什么工作了，像人们所说的"开会是代表，会后就算了"。像前面已经谈到的，在会议外，还要做联系群众，了解情况，宣传推行宪法、法律、方针、政策以及为人民服务的其他工作。这不仅是代表应当做的工作，而且是会议内活动的基础和保证，也可以说是会议内活动的延续。因为你不做联系群众这类工作，你在会议上发言就无所依据，就不知道什么对，什么不对。所以说会外活动是会内活动的基础，也可以说是准备工作。另外，会议有所决定，会外你不来推行它，那会议的决定也就可能流于形式。所以代表要在自己的工作里、自己的行动中做宣传推行法律这样的工作。这是对会内工作的保证，也可以说是会内工作的延续，会内工作的继续执行。应该说会内会外工作是相辅相成的，当然最主要的是会内。

人民代表大会代表来自人民，同人民有着血肉不可分的联系。在会议外，经常同选民联系，为人民服务，是人民代表大会代表的本分，并且，要在会议中真正做到代表人民的意志和利益，完成作为人民的代表的任务，就必须在会前调查研究，了解情况，在会后拥护会议决定，使之贯彻实行。

关于人民代表大会代表的这些活动，宪法和有关法律有原则性的规定，除前面已经说过的以外，还规定"省、自治区、直辖市，自治州，设区的市的人民代表大会代表可以列席原选举单位的人民代表大会会议。县、自治县，不设区的市、市辖区、乡、民族乡、镇的人民代表大会代表分工联系选民，有代表三人以上的居民地区或者生产单位可以组织代表小组，协助本级人民政府推行工作"。

从这些规定可以看出，我国人民代表大会代表在会议外的活动方式主要有"联系群众"，"模范地遵守宪法和法律"，"协助宪法和法律的实施"，"协助人民政府推行工作"，"反映群众的意见和要求"。两年来全国人民代表大会代表和地方各级人民代表大会代表都积极进行了这些活动，实现了对人民负责，为人民服务的任务，这是值得高度赞扬的。有的代表不满足于现状，想要更多地做一些工作，要求直接干预人民政府、人民法院、人民检察院的工作，或者直接处理人民群众的申诉、控告和建议等，以实现选民的委托，解决选民所提出的实际问题，作为人民的代表提出这种要求是可以理解的。但是，按照我国宪法和有关法律的规定，人民代表大会代表无权这样做，也不宜这样做。

第一，我国的国家权力机关是由人民代表大会代表所组成的人民代表大会，而不是代表个人。代表在国家政治生活中的地位和作用所以重要，不在于他个人有权单独处理问题，而在于他所组成的集体，就是在国家权力机关中起着作用，通过国家权力机关处理问题，是国家权力机关集体讨论和决定国家和地方的一切重大事务，并不是代表个人就可以直接处理任何问题。

第二，我国不是三权分立的国家，国家权力集中于人民代表大会，由人民代表大会统一行使。但在这个前提下，工作还是要有分工，设立行政、审判、检察等机关，在具体工作方面分别行使国家的行政权、审判权、检察权等。行政、审判、检察机关都是人民代表大会产生的，向人民代表大会负责，受人民代表大会监督，在各自的职权范围内进行活动。这样，才能使行政、审判、检察等工作有效地进行，有助于人民代表大会行使国家权力。所以没有必要也不可能由人民代表大会直接处理这些方面的具体问题，干涉行政、审判、检察等机关的具体业务。只能是监督这些机关的工作，听取它们的工作报告，对它们的工作好坏、成绩大小作出评价，表扬好的，批评差的，对于那些不称职的，或违法乱纪的各机关领导人，有权依照一定的程序罢免他们，还有权撤销它们不适当的决定和命令。彭真同志曾经多次讲过："人大和人大常委会当然要注意实际工作，但不能代替政府和司法部门职权范围内的工作。宪法规定人大和人大常委会有监督宪法和法律实施的职责，但并不是可以乱干涉政府和司法部门的工作。否则工作就搞乱了。政出多门，谁都要管，实际无人负责，势必误事。"人民代表大会尚且是这样，人民代表大会代表个人怎么能够有权干预政府、法院、检察院的工作，甚至抛开它们，直接处理有关的具体问题呢？假如代表握有这种权力，不能想象行政、审判、检察机关还能完全正常地开展工作，有效地完成任务，因而国家权力在这方面，也就很难完全得到贯彻实行。因为对一些具体问题，各个代表的意见不一定能够完全一致，各自代表的个别选民的要求也不一定都正确，假如这个代表认为应该这样做，那个代表认为应该那样做，甚至有的代表认为应当这样做，有关当事人以至群众认为不应当这样做，这些机关究竟听谁的？无法办！特别是应当由这些机关处理的事，而抛开这些机关，直接由代表处理，那还讲什么社会主义法制？还有什么必要设立行政、审判、检察三机关？对这些机关的监督权也就不属于人民代表大会本身而属于代表个人了！表面看来，代表握有这项权力似乎加强了国家权力机关的作用，实际上会削弱国家权力机关的作用。

第三，有些问题很复杂，涉及各方面的因素，不是代表所能完全了解的。以申诉控告为例，代表很容易听到一面之词，要是不只听一面之词，就需要做大量的调查研究，有些还涉及法律、政策问题，需要认真研究，这些都不是代表个人能够完全做到的，直接处理很难保证恰当，有时还会犯错误，无助于问题的解决。

总之，人民代表大会代表的主要活动是通过参加会议行使职权，不宜直接干预国家行政、审判、检察等机关的工作，也不宜直接处理人民的申诉、控告等案件。

这样说来，是不是人民代表大会代表在这方面就无所作为呢？不是。经常关心各机关的工作，向它们提出必要的意见和建议，"反映人民的意见和要求"，"协助政府推行工作"，这是代表应当做也有权做的事。作为人民的代表不能不关心人民群众的利益，表达人民群众的意见。应当替人民群众说话，这是他们的责任，但是只能向有关国家机关积极地、负责地反映情况、提出意见，不能强制它们必须怎么办。如果它办错了，可以由人大常委会纠正它，但代表个人不能强制它一定按自己的意见办，代表没有这个权。"协助"不等于直接干预和处理。有些事情关系重大，非管不可的，可以依法向人民代表大会或它的常务委员会提出议案和建议，通过人大常委会去干预和解决。对于人民之间的纠纷，根据政策法律进行说服教育，排难解纷，这不只是可以的，而且是应当的。但不能发号施令，所作结论没有法律的强制力。

外国的议员或者代表一般也是通过在议会或代表机关中的活动行使职权，而不能以议员或者代表个人身份直接处理问题。例如联邦德国基本法第三十八条规定:"德意志联邦议院的议员……是全体人民的代表,不受选民的委托和指示的约束。"意大利宪法第六十七条规定:"议会的每个议员都代表国家,并在履行其职务时不受强制性命令的拘束。"这些国家的议员都不能直接处理问题。苏联的规定从文字上看略有不同。苏联1977年宪法规定:"代表在自己的活动中,遵照整个国家的利益,照顾本选区居民的要求,力求实现选民的委托。"《苏维埃社会主义共和国联盟人民代表地位法》第七条规定:"代表应当参加组织居民执行选民委托的工作和监督企业、机关和团体实施选民委托的工作,做到使选民委托付诸实施。"第十九条规定:"代表对他所收到的建议、声明和申诉应当进行处理,采取措施使其得到正确而及时的解决,接待公民,研究提出申诉的原因,并向苏维埃,其他国家机关和社会机关、企业、事业和组织提出自己的建议。代表有权对他转交给苏维埃管辖地区的国家机关、企业、事业和组织建议、声明和申诉的处理情况进行监督,并亲自参加处理上述建议、声明和申诉。"这里说的是"参加"而不是直接处理。第二十五条规定:"作为国家权力的代表,在发现侵犯公民的权利及其受法律保护的利益或其他违反法制的行为时,有权制止这些违法行为,在必要时,有权请求相应的国家机关和公职人员制止这些违法行为。"这些规定从文字上看,好像是代表能干预行政、审判、检察等国家机关的工作和直接处理问题,实际上并不是这样,所谓"处理"都不具有强制性,所谓"监督"也不是行使国家权力机关的监督权,而是像人民对国家机关的监督那样的监督。

像前面所说的,人民代表大会代表的主要活动是参加会议,行使建议、提案、质询等职权,决定国家和地方的大事,但同时,也还要在会议外,进行联系群众等经常活动,没有会议外的经常活动,就不可能保证做好会议内的活动,也不可能保证会议的决定贯彻执行。所以说会议外的活动是会议内的活动的基础、保证和延续,也有助于人民代表大会行使职权,完成任务。因此,人民代表大会常务委员会必须给予支持、帮助和必要的指导。人大常委会同代表不是领导关系,也不能是指导关系,但人大常委会是代表选出来的,所以常委会对代表的活动应该给予必要的支持和帮助。不应当只管会议内的活动,不关心会议外的活动。具体地说,必须做好下面几件事:

第一,同代表经常联系,最好还能定期接见,并设置机构,专办这件事。

第二,尽可能吸收代表参加专门委员会、特设委员会或者某些工作组的工作。外国议会的议员,都参加一个委员会,我们国家大,全国人大代表人数太多，又不是专职代表，所以很难做到每个代表都参加委员会的工作，但这在地方人民代表大会特别是市、区、县人民代表大会是可能做到的，对本职工作不会发生很大影响。参加委员会的工作更能了解情况，更能了解方针政策，如果不影响本职工作，本单位又同意，能参加的还是要参加。

第三，有计划地组织报告会、座谈会，请有关部门，有关人员或专家就当前的重要问题作报告，进行讨论。一般以按地区或者按职业分别举行为宜，对一些全局性的重要问题，也可以召集全体代表开会，分组进行讨论。

第四，有计划地组织代表进行参观调查，就是所谓"视察"。"视察"是为了研究实际问题，解决实际问题，不只是为了参观、欣赏，如到外地的话，不是为了游山玩水。因此，以由少数代表分别组成小组为宜，不宜大队人马一拥而上。

第五，经常编印有关"资料"和"通讯"一类的刊物，发给代表，使他们能了解实际情况和动态。

做好以上这些工作，有助于代表掌握政策，了解情况，正确地、有效地进行活动。

第六，给代表进行会外活动提供必要的条件，要求有关国家机关、企业、事业单位都要协助代表工作，如提供资料，解答问题等，不得妨碍代表进行工作。

此外，最重要的，也是最基本的，是要由全国人民代表大会或它的常务委员会制定有关人民代表大会代表活动方式的法律或规则，使代表进行活动有章可循，如苏联的《人民代表地位法》等。地方各级人民代表大会或者它的常务委员会可根据法律制定适合本地情况的实施细则。在全国人大对这种法律、规则没有制定前，省、直辖市人民代表大会和它的常务委员会在同宪法、《全国人民代表大会组织法》和《地方各级人民代表大会和地方各级人民政府组织法》不相抵触的前提下，可以根据本行政区域内的具体情况，制定地方性法规，报全国人民代表大会常务委员会备案后实施。这几件事是人大常委会必须做的。

就人大代表本身来说，要做好会议外活动，必须注意下面几点，有些前面已经谈到过，这里再强调一下：

第一，要把代表的活动作为应尽的义务，不要作为应享受的权利，因为作为权利可以放弃，可做可不做，但作为义务就不能放弃，必须做到。作为权利着重要求别人尊重，作为义务着重要求自己实行，要求自己做得妥当、有效。

第二，要认识到自己是为人民服务的，是人民的公仆，不是管理人民的"老爷"。应当倾听人民的意见，不能强制人民服从自己的"命令"。

第三，要认识到为人民服务，首先是为全体人民服务，也就是为整个国家、社会的利益着想，而不只为本地区、本选区或者某些选民以至个别选民的利益着想，更不能为个人利害打算，个人利益要服从全体利益，局部利益要服从全局利益。当然这不是不要照顾本地区、本选区和选民的利益，而是不应当有地方主义、本位主义。比如有个别人，他的要求并不恰当，但因为有某些关系，代表就替他找政府，这样做是不应该的。

第四，联系群众、处理问题，一是要采取民主协商、说服教育的方法，而不能采取发号施令、强迫命令的办法。对违法乱纪、不可理喻的人，也只能交由有关部门处理，而不能自行处理。可以参与处理工作，但没有决定权。二是要在联系的方式和时间上做妥善安排，尽量做到不影响群众和有关单位的生活、生产和工作，不要只求自己方便，不给别人方便。比如我们要访问或接见一个选民，就要考虑到他究竟有没有时间？是我们去访问他还是找他来？是定期接见多数选民还是个别接见？这些都要根据具体情况来定。对一些单位也是这样，不能每天都有人到单位去了解情况，要事先征求意见，否则不但影响别人工作，而且他也无心接待你，只好敷衍了事，变成形式主义，这对我们自己也不利。

最后一点，也是最主要的一点，就是要依照宪法和法律办事。不仅在实质上，而且在程序上都不能违反。宪法和法律是人民代表大会制定的，全国人民都必须遵守的，作为人民代表大会的组成人员，自身参与法律的制定，当然首先应当遵守，并且还有责任宣传它、维护它，同违法的行为作斗争。如果人民代表大会代表自己不守法，还怎么能要求人民守法？还怎么能做到健全社会主义法制？社会主义法制不健全，也就谈不到会议内外活动做得好坏了。

我们在进行会议外活动时，真正违反法律的可能不会有，但是违反程序也是违反法律，这一点我们可能不大注意。我们做好事，但是违反了法律程序，好事也可能变成坏事。所以，人大代表一定要守法，包括遵守法律程序。要守法，首先要懂法，要懂法就要学习法。这件事至为重要。

（原载《法学研究》1985年第2期）

关于中国的地方分权问题

张友渔

现在世界各国的国家结构形式，主要有单一制和联邦制。但是无论哪一种形式的国家，都有一个如何处理中央与地方分权的问题。这一问题的妥善解决，有利于发展本国的政治、经济和文化。从各国发展的趋势来看，有些国家日益重视并扩大了地方分权，国际宪法学协会专门召开圆桌会议来讨论这一问题是非常适宜的，现在我想谈谈中国的地方分权问题。

一 中国国家结构形式与地方分权的特点

从自己的历史情况和现状出发，中国采取了在单一制国家中建立民族区域自治制度的形式，它不同于联邦制国家，没有联邦制国家中的邦、州或共和国等组成部分，也不同于一般单一制国家，在这些国家中没有实行民族区域自治的地方。在中国，在中央政府领导下既有一般的地方行政区域，又有特殊的民族区域自治地方。中国这一国家结构形式的特点使中国的地方分权也具有自己的特点。

中国的地方分权既包括中央与一般地方行政区域的分权，又包括中央与民族区域自治地方的分权。一般地方行政区域依照宪法和法律享有管理本地区的政治、经济和文化等事务的权利。民族区域自治地方既享有一般的地方行政区域所享有的权利，是中国的地方行政区域的一部分，同时它又享有一般地方行政区域所不能享有的民族自治地方的自治权利，它享有比一般地方行政区域更为广泛的权利。在中国基本上是这两种地方分权的并存，构成了中国地方分权的特点。

还应当指出，根据我国的具体情况，中国宪法规定："国家在必要时得设立特别行政区。在特别行政区内的制度按照具体情况由全国人民代表大会以法律规定。"特别行政区依法享有的权利比民族区域自治地方享有的自治权利还要广泛，这也是我国宪法的一个创举。

二 中国实行地方分权的目的

总结我国建国以来的经验，宪法规定我国中央与地方分权的基本原则是：在中央的统一领导下，充分发挥地方的主动性、积极性。也就是要发挥中央和地方两个方面的积极性。

中国采取现在的地方分权制，和它的具体历史情况是分不开的，它的主要的目的是：

(1) 为了促进经济的发展。经济是国家赖以存在和发展的基础，是国家政权能否巩固的关键。只有经济发展了，文化才能发展，国家才能巩固和发展，才能逐步满足人民的物质和文化生活的需要。我国地域辽阔，经济还不发达，各地的发展又不平衡，情况非常复杂。这一特点决定要发展经济，就需要发挥中央和地方两方面的积极性，正确处理中央和地方的关系，正确划分中央和地方国家机关之间的职权。没有中央对经济的统一领导，经济的发展就会迷失方向，缺乏统筹安排，不能互相协作，没有一定的地方分权，经济的发展就不能因地因事制宜，发挥地方的特点和积极性，就会有碍于经济的发展。只注意中央的统一领导或地方分权的一个方面，而忽视另一方面，都是不对的。现在在经济方面划给地方以更大的权力是适当的。

(2) 为了解决民族问题。在多民族国家如何利用国家结构形式解决民族问题，是一个重要的问题，为此有些国家采取了联邦制的形式。除汉族外，中国有 55 个民族，这些少数民族多数是小聚居、大分散，和汉族交错住在一起。中国历史上长期是一个集中统一的国家，汉族和各少数民族人民共同创造了光辉灿烂的文化，1840 年以后又共同进行了反对帝国主义和封建主义的斗争，这些情况决定汉族和各少数民族人民同命运、共呼吸，只能联合而不能分离。因此新中国采取了在单一制国家中实行民族区域自治的制度，以解决民族问题，民族区域自治是在国家统一领导下，各少数民族聚居的地方实行区域自治，设立自治机关，行使自治权。新中国成立后，结束了民族压迫的历史，形成了平等、团结、互助的社会主义民族关系，使各少数民族地区的经济、文化有了很大的发展。事实证明了实行民族区域自治制度的正确性。

(3) 充分发挥广大人民的积极性，提高国家机关的工作效能。我国地域辽阔，人口众多，各地区经济、政治、文化发展又极不平衡，千差万别，不可能也不必要都由中央统一管理，"一刀切"。实行地方分权，扩大地方国家机关管理本地方事务的权利，这就能更充分地发挥广大人民管理国家、管理经济和文化、管理社会事务的积极性。应当下放给地方行使的权力下放了，才能使中央避免机构臃肿、人浮于事和官僚主义的作风。官僚主义的根源来自旧社会，现在仍能存在的一个重要原因是由于有些权力过多地集中在中央机关,特别是经济管理方面的某些权力过多地集中在中央行政机关,因此必须进行机构改革,精简机构,政企分开,适当放权,才能提高工作效率。

此外,由于历史的原因,香港、台湾等我国的部分领土还没有统一于祖国,统一后也还不可能完全实行大陆的制度。需要根据"一个国家、两种制度"的构想,在这些地方设立特别行政区,给予不同于一般地方的高度自治权。这是我国实行地方分权的一种特殊形式。

三 中国实行地方分权的内容

首先是在全国建立各级地方行政区域和分权机构。根据宪法规定:(1)全国分为省、自治区、直辖市;(2)省、自治区分为自治州、县、自治县、市;(3)县、自治县分为乡、民族乡、镇。直辖市和较大的市分为区、县。自治州分为县、自治县、市。在这些地方行政区域内相应地建立地方各级人民代表大会和人民政府,即地方各级国家权力机关和行政机关,行政机关由权力机关选举产生,并对权力机关负责。县以上的各级人民代表大会还设有常设机构——常务委员会。这些地方国家机关是实行地方分权的组织。

其次,各级地方国家权力机关和行政机关享有管理本地方事务的权力,并且在不同宪法、法律、行政法规相抵触的前提下,可以制定地方性法规。各级国家权力机关不是上下级领导关系,各级行政机关则是上下级领导关系,而行政机关又必须受同级国家权力机关的监督、对它负责、并报告工作。我国宪法明确规定各级地方国家权力机关的职权是:(1)在本行政区域内依照法律规定的权限,通过和发布决议,审查和决定地方的经济建设、文化建设和公共事业建设的计划,县级以上的人大有权审查和批准本行政区内的国民经济和社会发展计划、预算以及它们的执行情况的报告,改变或者撤销本级人大常委会不适当的决定。(2)选举并有权罢免本级常设机关即人大常委会的组成人员和本级的负责人。县级以上的人大选举并有权罢免它的地方国家行政机关、审判机关和检察机关的负责人。(3)省、直辖市人大和它们的常务委员会在不同宪法、法律、行政法规相抵触的前提下,有权制定地方性法规。(4)县以上地方各级人大常委会讨论、决定本行政区域内各方面工作的重大事项,监督本级人民政府、法院和检察院的工作,撤销本级人民政府不适当的决定和命令,撤销下一级人大不适当的决议。宪法还规定:县以上地方各级国家行政机关是国家权力机关的执行机关,依法管理本行政区域内的经济、教育、科学、文化、卫生、体育事业、城乡建设事业和财政、民政、公安、民族事务、司法行政、监察和计划生育等工作,发布决定和命令,任免、培训、考核和奖惩行政工作人员,以上这些规定说明了我国各级地方国家机关权力的广泛性。

再次,民族自治地方享有比一般行政区域更大的自治权力。宪法规定:"自治区、自治州、自治县的自治机关行使宪法第三章第五节规定的地方国家机关的职权,同时依照宪法、民族区域自治法和其他法律规定的权限行使自治权。"就是说,在制定条例、执行法律、任用国家工作人员、管理经济建设、管理财政、管理教育文化等方面都比一般地方国家机关享有更广泛的权利。它们的具体内容主要是:(1)有权制定自治条例和单行条例,可根据本地方实际情况贯彻执行国家的法律、政策,在不违背宪法和法律的原则下,有权采取特殊政策和灵活措施以加速经济文化的发展,对不适合民族自治地方实际情况的上级国家机关的决议、决定、命令和指示,可报经该上级国家机关批准,变通执行或者停止执行。(2)民族自治地方的人大常委会中应有实行区域自治的民族的公民担任主任或者副主任,自治区主席、自治州州长、自治县县长由实行区域自治的民族的公民担任,民族自治地方的人民政府的其他组成人员和自治机关所属工作部门的干部中,要尽量配备实行区域自治的民族和其他少数民族的人员。(3)民族自治地方的自治机关在国家计划的指导下,自主地安排和管理地方性的经济建设事业,自主地安排地方基本建设项目,自主地管理隶属本地方的企业和教育、科学、文化、卫生、体育等事业。(4)民族自治地方的自治机关有管理地方财政的自治权,凡是依照国家财政体制属于民族自治地方的财政收入,都应该由民族自治地方的自治机关自主地安排使用。(5)民族自治地方的自治机关依照国家的军事制度和当地的实际需要,经国务院批准,可以组织本地方维护社会治安的公安部队。(6)民族自治地方的自治机关在执行职务的时候,依照本民族自治地方自治条例的规定,使用当地通用的一种或几种语言文字。

至于1997年即将设立的香港特别行政区,根据中英联合声明,它直辖于中华人民共和国中央人民政府,除外交和国防事务属中央人民政府管理外,享有高度的自治权。享有行政管理权、立法权、独立的司法权和终审权,现行法律基本不变,香港特别行政区政府由当地人组成,行政长官在当地通过选举或协商产生,由中央人民政府任命,现行的社会、经济制度和生活方式不变,保持其自由港、独立关税地区和国际金融中心的地位,保持财政独立,可同各国建立互利的经济关系,可以以"中国香港"的名义单独地同各国、各地区及有关国际组织保持和发展经济、文化关系,负责维持社会治安等。

四 中国作出地方分权决定的机关与法律程序

在中国有权作出地方分权决定的是全国人民代表大会，它是最高国家权力机关，也是制宪机关、立法机关，全国人民代表大会主要是通过制定宪法、法律和通过决议来作出分权的决定。例如，宪法第三十条规定了我国的行政区划，宪法第三章中的有关条文规定了地方各级国家权力机关、行政机关和民族自治地方自治机关的职权，特别是第六十二条明确规定着：全国人大行使"批准省、自治区和直辖市的建置"、"决定特别行政区的设立及其制度"的职权，以上这些规定和宪法的其他条文的规定，还有地方各级人民代表大会和地方各级人民政府组织法，民族区域自治法的规定，都充分说明全国人民代表大会是我国能够作出地方分权决定的机关。根据宪法，国务院只有权规定中央和省、自治区、直辖市的国家行政机关的职权的具体划分，而无权过问地方国家权力机关的职权，对国家行政机关的职权，也是规定它的具体划分，而不是规定职权的本身。国务院还有权批准自治州、县、自治县、市的建置和区域划分，但对省、自治区、直辖市，则无权批准它的建置，只能批准它的区域划分。

我国的民族自治地方的情况则略有不同。即涉及本民族自治地方的建立和区域界线的划分时，该民族自治地方有关民族代表有参与协商的权利。上级国家机关不能忽视民族自治地方有关民族的代表的意见。《中华人民共和国民族区域自治法》第十四条规定："民族自治地方的建立、区域界线的划分、名称的组成，由上级国家机关会同有关地方的国家机关，和有关民族的代表充分协商拟定，按照法律规定的程序报请批准。民族自治地方的区域界线一经确定，不得轻易变动，需要变动的时候，由上级国家机关的有关部门和民族自治地方的自治机关充分协商拟定，报国务院批准。"

全国人民代表大会在修改宪法、制定法律和通过决议以作出关于中央与地方分权的决定时，它的程序和一般修改宪法、通过法律相同，即全国人大修改宪法由全国人大常委会或1/5以上的全国人大代表提议，并由全国人大以全体代表2/3以上的多数通过。法律和其他议案由全国人大以全体代表的过半数通过。

中国宪法还规定，审查法律是否符合宪法的权力属于全国人民代表大会及其常委会。当然，地方分权的决定是否合宪的审查权也属于全国人大及其常委会，中国不实行司法审查制度。人民法院没有审查法律是否符合宪法的权力,在中国也没有专门审查法律是否违宪的宪法法院。因此,关于地方分权的决定也不受法院审查。全国人大及其常委会有权审查国务院关于中央与省、自治区、直辖市的国家行政机关的职权的具体划分是否合宪。这也是我们在审查法律、法规是否合宪同一些国家的不同之处。

  总之,在关于地方分权的问题上,中国与其他国家有相同之处,但由于中国的具体历史情况不同,政治经济情况不同,又有它的不同的特色。我国不能完全照抄其他国家的制度,我们也不认为其他国家可以完全采用我国的做法,只能是互相借鉴,互相参考。

(原载《中国法学》1985年第2期)

关于我国法律的立法程序和起草工作

张友渔

根据我国宪法规定，中华人民共和国全国人民代表大会是最高国家权力机关。它的常设机关是全国人民代表大会常务委员会。全国人民代表大会和全国人民代表大会常务委员会行使国家立法权。所以，立法权属于全国人民代表大会和它的常委会，其他国家机关和地方国家权力机关都没有立法权。行使立法权要经过一定的立法程序，而起草工作则是立法程序的基础，因此，我们有必要研究这个问题。

这里所说的立法权就是制定法律的权。法这个词，广义地说是统治阶级意志的表现，是由国家制定或认可，并依靠国家的强制力保证实施的行为规范的总和，它包括的范围不限于法律。狭义地说就是法律。法不仅具有上述广义的法的实质，而且具有它的特定的表现形式。法律必须是拥有立法权的国家权力机关依照立法程序制定的规范性文件，而不是其他机关制定的规范性文件。这是现代国家的通例。在三权分立的国家，必须是议会制定的规范性文件才是法律。在我国，只有全国人民代表大会和它的常委会依照立法程序制定的规范性文件才称为法律。具体地说，就是基本法律由全国人大制定；其他法律由全国人大常委会制定。没有立法权的其他国家机关制定的规范性文件，如行政机关的命令、条例、章程、规则等，虽也包括在广义的法的范围内，但不是法律，它不得同法律相抵触。

当然，我们说只有全国人大和它的常委会享有立法权，也就是制定法律的权力，这并不意味着除法律外，不需要其他规范性文件，也不是说所有规范性文件都必须由全国人民代表大会和它的常委会来制定。事实上，作为我国最高国家权力机关的执行机关，即最高国家行政机关的国务院和地方各级国家权力机关，为了实施宪法、法律和行使自己的职权，都有权在自己的管辖范围内，制定各种不同形式，具有不同效力的规范性文件。例如，宪法第八十九条规定：国务院有权根据宪法和法律，制定行政法规，发布决定和命令。第九十条规定：国务院各部、各委员会有权根据法律和国务院的行政法规、决定、命令，在本部门的权限内，发布命令、指示和规章。又如《中华人民共和国地方各级人民代表大会和地方各级人民政府组织法》规定：

省、自治区、直辖市的人民代表大会，根据本行政区域的具体情况和实际需要，在和国家宪法、法律、政策、法令、政令不抵触的前提下，可以制定和颁布地方性法规，并报全国人民代表大会常务委员会和国务院备案（在大会闭会期间，它的常务委员会也可以这样做），省、自治区的人民政府所在地的市和经国务院批准的较大的市的人民代表大会常务委员会，可以拟订本市需要的地方性法规草案，提请省、自治区的人民代表大会常务委员会审议制定，并报全国人民代表大会常务委员会和国务院备案。但是这些规范性文件都属于法规性质，而不是法律。作为例外，宪法第一百一十六条还规定，民族自治地方的人民代表大会有权依照当地民族的政治、经济和文化的特点，制定自治条例和单行条例。这些条例的制定，不是以必须同法律不相抵触为前提，但是必须报经全国人大常委会批准或备案，并且只适用于本民族自治地方，所以也还不是法律，而是属于法规的性质，至多只能说是具有半法律的性质。此外，在中英两国政府《关于香港问题的联合声明》中，曾表明香港特别行政区享有立法权，就是说它有权制定法律。但是作为联合声明的附件，同联合声明具有同等约束力的《中华人民共和国政府对香港基本方针政策的具体说明》对这个问题解释得很清楚，香港立法机关是根据基本法的规定制定法律，凡符合基本法的均属有效，反过来说，不符合基本法的就无效。而基本法本身按照宪法第三十一条的规定，它是全国人民代表大会制定的法律。因此，必须符合基本法的香港立法机关制定的法律，也像一般地方权力机关制定的法规一样须报全国人大常委会备案，它虽叫做法律，实质上是低于法律一级的，只适用于香港一地的法规。总之，我们这里所说的法律是专指全国人大和它的常委会制定的法律，不包括各种法规，以及民族自治地方的自治条例、单行条例和特别行政区的所谓法律。因而，本文所谈的立法程序和起草工作也不涉及它们。

立法程序是指立法机关制定法律的程序。法律的制定一般分四个阶段：（1）法律案的提出；（2）法律的审议、讨论；（3）法律案的表决和通过；（4）法律案的公布。而在提出法律案前，必先起草法律草案。

法律案的提出是整个立法活动的第一个阶段。根据《全国人民代表大会组织法》规定，全国人大主席团、全国人大常委会、全国人大各专门委员会、国务院、中央军委、最高人民法院、最高人民检察院都可以向全国人民代表大会提出属于全国人民代表大会职权范围内的议案。全国人大各专门委员会、国务院、中央军委、最高人民法院、最高人民检察院都可以向人大常委会提出属于人大常委会职权范围内的议案。由此可见，全国人大、国务院、中央军委和最高法院、最高检察院都有权提出议案。但实际上，主要是全国人大和国务院这两个系统提出的，特别是法律案的提出更是如此。

提出法律案的第一个系统是全国人大系统。实际上一些最重要的法律案都是全国人大及其常委会提出的。

全国人民代表大会设有民族委员会、法律委员会、财政经济委员会、教育科学文化卫生委员会、外事委员会、华侨委员会和全国人民代表大会认为需要建立的其他专门委员会。各专门委员会受全国人民代表大会领导，在全国人大闭会期间，受全国人大常委会领导。各专门委员会的任务主要是研究、审议和拟订包括法律案在内的有关议案，并且有权向全国人民代表大会主席团或全国人民代表大会常务委员会提出属于全国人大或人大常委会职权范围内同本委员会有关的议案。它们的具体工作是：审议全国人民代表大会主席团或人大常委会交付的议案、质询案，审议全国人大常委会交付的被认为同宪法、法律相抵触的国务院的行政法规、决定和命令，国务院各部、各委员会的命令、指示和规章，省、自治区、直辖市的人民代表大会和它的常务委员会的地方性法规和决议，以及省、自治区、直辖市的人民政府的决定、命令和规章，并提出报告，对属于全国人民代表大会或其常务委员会职权范围内同本委员会有关的问题，进行调查研究，提出建议。特别是法律委员会，有责任统一审议向全国人大或其常委会提出的法律草案，其他专门委员会则就有关的法律草案向法律委员会提出意见。

除各专门委员会外，全国人大常委会可以根据需要设立工作委员会，如法制工作委员会。法制工作委员会不同于法律委员会，法律委员会是直属全国人大的机构，而法制工作委员会是人大常委会设立的工作机构，它没有直接向全国人大或人大常委会提出议案的权，只是接受人大常委会交给的任务，在它直接指导下，进行有关法律案的研究、拟订工作，并在法律的起草、审议过程中，同有关方面联系协商。

除以上两种委员会外，全国人大或人大常委会在必要时还可以设置有关制定法律的临时性特定委员会。最近成立的香港特别行政区基本法起草委员会就属于这种类型。这种委员会的任务，只是起草法律草案，没有提案权。

总之，全国人大系统提出的法律案，是由各专门委员会，法制工作委员会或临时性的特定委员会起草的。例如，《民族区域自治法》是民族委员会会同有关部门起草的；《继承法》是法制工作委员会会同有关部门起草的；《香港特别行政区基本法》是由香港特别行政区基本法起草委员会进行起草工作。

本来按照宪法规定，全国人大代表和全国人大常委会成员有权提出议案。《全国人民代表大会组织法》更具体规定，全国人大会议期间，一个代表团或者30名以上的代表，可以向全国人民代表大会提出属于全国人民代表大会职权范围内的议案，在全国人大常务委员会会议期间，常委会组成人员10人以上，可以向常委会提出属于常委会职权范围内的议案。但是，从实际情况来看，他们很少提出立法性的提案，提出来的这类提案，也只是提出立法的要求和原则，而不是提出法律草案。法律草案是在提案通过后，再交有关部门起草的。

以上所说的是提出法律案和起草工作的第一个主要系统。

第二个主要系统是国务院系统。根据宪法规定，我国最高权力机关的执行机关，即最高国家行政机关的国务院，有权向全国人民代表大会或者全国人民代表大会常务委员会提出议案。这些法律案由全国人民代表大会常务委员会审议通过，其中属于基本法律的重要法律还须由全国人民代表大会通过。国务院提出的法律案的起草工作，一般由主管部门会同有关方面来搞。例如，森林法是以林业部为主起草的，会计法是以财政部为主起草的，矿产资源法是以地质矿产部为主起草的，等等。国务院主管部门起草的法律草案，由国务院讨论通过后，作为议案，由国务院总理提请全国人大或其常委会审议。到目前为止，全国人大或其常委会通过的法律案中，绝大多数是由国务院主管部门起草的。

除上述法律起草的两个主要系统外，中央军委、最高人民法院、最高人民检察院也有权向全国人民代表大会或者全国人民代表大会常务委员会提出议案。他们提出的法律案的草案是他们自己起草的，事实上这些机关提出的法律案很少。

审议、讨论是立法程序的第二个阶段，按照《全国人民代表大会组织法》规定，不论哪个系统提出的法律案，人大会议主席团或者人大常务委员会委员长会议可以决定提交会议审议讨论，或者先交法律委员会审议，再交会议讨论，也可以决定不列入议程。列入议程的，经全国人大或者全国人大常委会审议讨论后，提交大会表决通过，这是第三个阶段。最后一个阶段是由国家主席发布命令，公布实施。

这是我国法律的立法程序和起草工作的情况。应当强调指出的是，我国法律在起草过程中都坚持理论联系实际和走群众路线的方针，深入群众，调查研究，客观地、民主地把各种情况、矛盾、问题都摆出来，多方面征求意见，认真讨论，反复修改，有些草案还直接交给广大人民群众讨论。因此可以说，我们所有制定的法律基本上体现了人民的意志和利益，具有真正的权威。同时，还应当强调指出的是，既然我们制定的法律体现了人民的意志和利益，那么，我们每个人就都应当自觉地遵守它，就都应当知法守法，依法办事，"执法必严，违法必究"。这样，才能发挥法律应有的效力，维护法律的尊严，健全社会主义法制，才能为维护社会安定，人民团结，集中精力搞好社会主义经济建设，提供有力的法律保障。

（原载《政治学研究》1985年第3期）

论宪法实施的保障

王叔文

宪法作为国家的根本大法，肩负着新时期治国安邦的重任。多年来在保障宪法实施方面，虽已取得了显著的成绩，但也存在着一些薄弱环节，宪法监督便是其中之一。为了保障宪法的实施，作者认为，只有建立起一个专门的宪法监督机构，只有对违反宪法的一切行为进行追究，才有利于保证宪法真正成为一切组织和公民的根本活动准则，才有利于强化宪法的权威和作用，并对此提出了两种具体方案。

今年是现行宪法制定和颁布的十周年。宪法颁布十年来，在党中央的领导下，举国上下对宪法的宣传和贯彻实施，做了大量的工作，取得了显著的成绩，使宪法发挥了巨大的作用。同时，我们也清楚地看到，宪法的宣传教育还不够深入，相当数量的干部和群众的宪法观念还不够强，对宪法的重要性缺乏应有认识，保障宪法的实施有大量的工作需要做，违宪的情况也时有发生。因此，在纪念宪法颁布十周年的时候，有必要进一步强调保障宪法的实施，强化宪法的权威和作用。本文仅就保障宪法实施的重大意义、基本原则、基本制度以及设立专门的宪法监督机构，谈谈个人的一些认识。

保障宪法实施的重大意义和基本原则

我国现行宪法以党的十一届三中全会以来的一系列文件为依据，科学、全面地总结了我国人民长期革命和建设的经验，从社会主义初级阶段的实际情况出发，规定了我们国家的根本制度和根本任务，是新时期治国安邦的总章程。宪法正确地体现了党的以经济建设为中心、坚持四项基本原则和坚持改革开放的基本路线，是建设有中国特色的社会主义经济、政治和文化的根本法律保障，是加强社会主义法制建设的根本。因此，保障宪法的进一步实施，对于贯彻党的基本路线，把我国建设成为有中国特色的社会主义现代化强国，具有十分重要的意义。

当前，全国各族人民正在认真学习和贯彻邓小平同志南方重要谈话的精神，坚持以经济建设为中心，加快改革开放和经济建设的步伐，为国民经济发展上新台阶而努力奋斗，这是摆在我们面前的首要任务和中心任务。宪法关于新时期根本任务的规定，正是强调了"集中力量进行社会主义现代化建设"，坚持以经济建设为中心，逐步实现四个现代化，强调了不断完善社会主义的各项制度，坚持改革开放的总方针。宪法针对经济体制改革和政治体制改革，作了一系列原则规定。同时，宪法规定必须坚持四项基本原则，以巩固和发展安定团结的政治局面，这是加快改革开放和经济建设的根本前提和保证。

值得指出的是，邓小平同志一贯重视法制在经济建设和改革开放中的作用，强调必须两手抓，即一手抓建设和改革，一手抓法制。在南巡重要讲话中再一次强调，还是要靠法制，搞法制靠得住些。而保障宪法实施则是加强社会主义法制建设的根本。现在，有的同志提出，既然要加快改革开放的步伐，就必须突破宪法、法律，这是一种误解。为了保证国家的安定团结和长治久安，用法律规范经济关系和经济活动，维护正常的社会秩序，巩固改革开放的成果，必须把政治、经济、文化和社会生活的各项活动纳入法制轨道。由于改革开放的形势发展很快，原来的一些法律不适应形势发展的需要，可以进行修改。但是，绝不能有法律而不执行和遵守。如果宪法和法律可以违反，那还谈得上什么维护宪法、法律的权威和尊严，还谈得上什么加强法制。没有健全的法制，缺乏良好的法律环境，改革开放也无法顺利进行。

正是这样，为了保证改革开放和经济建设的顺利进行，必须大力加强社会主义法制建设，一个国家的法制能否加强，从根本上讲取决于宪制[①]的加强，也就是取决于宪法本身的完善及其实施的情况。我国现行宪法是一部具有中国特色的、适应社会主义现代化建设需要的好宪法，现在的关键在于切实保障宪法的实施。现行宪法对切实保障自身的实施给予了高度的重视，除了规定依靠我们的社会主义社会制度和人民民主专政国家制度保障宪法实施外，还规定了一系列保障宪法实施的基本原则。这些基本原则是：

（一）宪法具有最高法律地位的原则

宪法序言明确规定，本宪法以法律形式确认了中国各族人民奋斗的成果，规定了国家的根本制度和根本任务，是国家的根本法，具有最高法律效力。这一规定，揭示了宪法的特征和基本内容，明确了宪法的根本大法的地位和作用，对于维护宪法的权威和尊严，保证宪法的实施，十分重要。

[①] 对宪制问题，我在《论强化宪法的权威和作用》一文中作了专门论述，见《中国社会科学院研究生院学报》1991年第4期。

（二）宪法是社会主义法律体系基础的原则

宪法是制定我国一般法律的依据和基础，宪法的各项条文规定，预定要制定大量的法律和其他规范性文件。同时，宪法还明确规定，一切法律、行政法规和地方性法规都不得同宪法相抵触。这些规定，显示了宪法在日常立法中的指导作用、核心作用和基础作用，通过建立完整的社会主义法律体系，来保证宪法的实施。

（三）宪法具有直接法律效力的原则

宪法序言规定，全国各族人民和一切组织，都必须以宪法为根本的活动准则，并且负有维护宪法尊严、保证宪法实施的职责。这一规定表明，宪法不仅是国家日常立法的法律基础，而且是一切组织和个人所必须遵守的根本活动准则。这就是说，宪法具有既是最高的又是直接的法律效力，对人们具有直接的约束力和强制力。这一明确的规定，是我国现行宪法的一个重要特点，对于保证宪法的执行和遵守，具有特别重要的意义。

（四）国家维护社会主义法制的统一和尊严的原则

社会主义法制的统一，是指社会主义国家必须制定统一的宪法和法律，并保证它们在全国范围内和全体公民中得到统一的执行和遵守。社会主义法制的尊严，表现在它的权威性和不可侵犯性，任何组织和个人都必须严格遵守。正如恩格斯指出的："所有通过革命取得政权的政党和阶级，就其本性说，都要求由革命创造的新的法制基本得到绝对承认，并被奉为神圣的东西。"只有认真贯彻维护社会主义法制的统一和尊严的原则，才能保障宪法的实施。

（五）一切组织和公民都必须遵守宪法的原则

宪法明确规定，一切国家机关和武装力量、各政党和各社会团体、各企业事业组织都必须遵守宪法和法律，在遵守宪法和法律方面，共产党的领导作用是十分重要的。我们党领导人民制定宪法和法律，也领导人民遵守宪法和法律。遵守宪法和法律与实现党的领导是完全一致的。同时，宪法把遵守宪法和法律作为公民的一项基本义务，要求所有公民都必须维护宪法和法律的实施。

（六）对违宪行为必须予以追究的原则

宪法规定，"一切违反宪法和法律的行为，必须予以追究"。这就明确指出了对一切违反宪法的行为，即违宪行为，都是必须予以追究的。当然，对违宪行为的追究，根据我国宪法和法律的规定，可以通过各种途径，采取各种手段和措施。这一规定，有利于广大干部和群众运用宪法武器，同一切违反宪法和法律的行为进行斗争。

（七）法律面前一律平等的原则

宪法规定，任何组织和个人都不得有超越宪法和法律的特权。同时，宪法还在《公民的基本权利和义务》一章中，明确规定了"公民在法律面前一律平等"的原则。这些规定，要求把宪法和法律作为同一尺度适用于一切组织和公民，不允许有超越宪法和法律之外的特权。一切公民必须严格守法，各级领导干部更要以身作则，带头遵守宪法和法律。

（八）权利和义务紧密结合的原则

宪法规定，任何公民享有宪法和法律规定的权利，同时必须履行宪法和法律规定的义务。宪法还规定，公民在行使自由和权利的时候，不得损害国家的、社会的、集体的利益和其他公民的合法的自由和权利。在社会主义制度下，公民的权利和义务必须一致，这是马克思主义的一个基本观点，也是社会主义宪法的一条重要原则。我们的国家制度和社会制度从法律上和事实上保证公民享有广泛的、真实的权利，同时，宪法和法律也要求公民忠实地履行义务。公民只有正确地行使权利，忠实地履行义务，才能保证宪法的贯彻实施，也才能以主人翁的态度，管理好、建设好我们伟大的社会主义国家。

这样，宪法通过对以上八项基本原则的规定，明确了宪法的根本大法的地位和作用，规定了必须维护社会主义法制的统一和尊严，要求一切组织和公民平等地毫无例外地遵守宪法和法律，并强调了一切违反宪法和法律的行为必须予以追究。十分明显，这些原则不仅对保障宪法的实施至关紧要，而且对加强社会主义法制建设，也具有十分重要的意义。

保障宪法实施的基本制度

现行宪法在规定一系列保障宪法实施的基本原则的同时，还规定了保障宪法实施的基本制度，这就是宪法监督制度和宪法解释制度。关于宪法监督制度，根据现行宪法的规定，监督宪法实施权属于全国人大及其常委会。宪法在规定全国人大有权监督宪法实施的同时，还增写了全国人大常委会也有权监督宪法的实施，目的在于加强对宪法实施的经常性监督。此外，宪法还规定：地方各级人大在本行政区域内，保证宪法的遵守和执行。关于宪法解释制度，宪法明确规定，解释宪法权属于全国人大常委会。宪法规定的这两项制度，对于保障宪法的实施，十分重要。

值得指出的是，宪法规定的宪法监督制度和宪法解释制度，既是保障宪法实施的两项基本制度,也是加强社会主义法制建设的两个至关重要的环节。根据宪法和法律的规定,在我国宪法监督、人大监督、行政监督、司法监督和社会监督等的监督体系中,宪法监督居于首要的地位。在我国宪法解释、立法解释、司法解释、行政解释与地方政权机关的解释等法律解释体系中,宪法解释也居于首要的地位。因此,宪法监督和宪法解释工作的加强,直接关系到我国整个监督工作和法律解释工作的加强,关系到宪法和法律的贯彻实施,关系到以宪法为根本的社会主义法制建设的加强。

我国的人民代表大会制度是实施宪法的有力保证,对维护宪法的权威和尊严,起到了十分重要的作用。我国的各级人大和其他国家机关在保障宪法的实施方面,做了大量的工作,取得了显著的成绩。但是,也存在一些薄弱环节,宪法监督和宪法解释便是其中的两个薄弱环节。

首先,在监督宪法的实施方面。

自宪法颁布以来,虽然在全国人大常委会每次向全国人大会议的工作报告中,都反复强调要加强宪法监督,但这方面的工作还是未认真抓起来,直至1990年全国人大常委会在向七届人大三次会议的工作报告中,还强调"这方面的工作还是薄弱环节。要认真改进和加强"。

从宪法实施的实践来看,违宪行为一般分为两种。一种是具体违宪行为,即国家机关和个人违反宪法的具体行为。例如,有的地方把依法应由人大免职的干部,不经人大而由人大常委会免职;有的地方对依法应由人大选举或人大常委会任免的干部,未经履行法定程序就由上级机关直接任免或对外公布;有的单位侵犯人大代表享有的豁免权,非法加以逮捕;有的单位领导竟然强迫选民选举或不选举这个那个人,或者拒绝将选民依法提出的候选人列入选举名单等等。对这些具体违宪行为,有些作了处理,而有些则未认真处理和纠正。另一种是抽象违宪行为,即国务院制定的行政法规或省级人大及其常委会制定的地方性法规存在与宪法、法律相抵触的情况。根据宪法的规定,全国人大常委会有权撤销国务院制定的同宪法、法律相抵触的行政法规,撤销省、自治区、直辖市国家权力机关制定的同宪法、法律和行政法规相抵触的地方性法规。但是迄今为止,全国人大常委会未能对行政法规和地方性法规进行应有的审查,更未能撤销过与宪法、法律相抵触的任何法规。这样的情况,对于监督宪法的实施,维护社会主义法制的统一和尊严,显然不利。对全国人大工作中的这一薄弱环节,已引起了全国人大常委会领导的重视。万里委员长在前不久的一次讲话中强调指出:"当前群众反映最强烈的是,有法不依,执法不严,违法不究,甚至以言代法,以权压法的问题在一些地方和部门还相当严重。对所有法律的实施情况,都要实行检查监督,特别是要加强对宪法实施的检查监督。"全国人大常委会在向七届全国人大五次会议的工作报告中,也强调要"把对法律执行情况的监督和制定法律放在同等重要的地位"。但是,要真正做好监督宪法实施的工作,使所有违反宪法的行为,包括具体违宪行为和抽象违宪行为都得到纠正,并非易事,需要采取切实有效的措施。

其次,在宪法的解释方面。

全国人大常委会对宪法的解释工作,也是一个相当薄弱的环节。从实践来看,全国人大常委会在一些决定中,对某些特定问题所作出的解释,可以视作对宪法的解释。例如,1983年9月全国人大常委会在关于国家安全机关职权的决定中指出:它"是国家公安机关的性质,因而国家安全机关可以行使宪法和法律规定的公安机关的侦查、拘留、预审和执行逮捕的职权。"但是,全国人大常委会这样的解释是不多的。根据1981年全国人大常委会《关于加强法律解释工作的决议》,全国人大常委会对于法律本身需要进一步明确界限的,有权作出立法解释。全国人大常委会也作过一些立法解释。例如,1983年3月全国人大常委会通过的《关于县级以下人民代表大会代表直接选举的若干规定》,对犯罪分子在服刑期间能否行使选举权的问题,对《选举法》的有关规定作了立法解释。由于法律是宪法的具体化和补充,因此,对法律的解释往往也涉及对宪法的解释。但是,全国人大常委会所作的立法解释,也是不多的。不错,全国人大常委会法工委和办公厅也对许多法律问题作出答复,这些答复对于保证宪法和法律的实施,起了一定的积极作用。但这些答复无论就其权威性和法律效力,都远不及全国人大常委会对宪法所作的解释。更为重要的是,全国人大常委会的宪法解释工作,到现在为止还未做到制度化、法制化。

为了保障宪法的实施,强化宪法的权威和作用,全国人大常委会急需加强宪法解释工作,并使其制度化、法制化,明确宪法解释工作的范围、原则和程序等。加强宪法解释工作对保障宪法实施的重要性和必要性,主要表现在以下几个方面。

第一,加强宪法解释是由宪法本身的地位和作用所决定的。由于宪法是国家根本法,对国家生活中的根本性问题作原则规定,宪法规定的内容有待具体化、补充和明确界限。其中有许多内容可以通过立法加以具体化和补充,而有些内容则不需要专门立法,可以通过宪法解释明确其界限,以保障其实施。例如,宪法序言有无法律效力的问题,在实践中争论很大,多数认为宪法序言有法律效力,但也有的认为序言只有一部分有法律效力,还有的认为序言没有法律效力。如果全国人大常委会对宪法序言的法律效力问题作出解释,对于发挥宪法序言规定的各项基本原则在国家经济、政治、文化和法制建设中的作用,是大有好处的。又如宪法规定,省级人大及其常委会在不同宪法、法律、行政法规相抵触的前提下,可以制定地方性法规,报全国人大常委会备案。但什么是"抵触",它和"不一致"有无区别,如有区别,区分的界限是什么,在实践中存在不同认识,因此,也有必要通过宪法解释加以明确。

第二,加强宪法解释是维护宪法稳定性和适应性的需要。为了维护宪法的权威和尊严,宪法应具有相对的稳定性,但是为了使宪法适应社会主义现代化建设的需要,特别是适应加快改革开放和经济建设步伐的需要,必须正确处理宪法的稳定性和适应性的关系。列宁把宪法分为"成文的宪法"和"现实的宪法",前者是指由国家制定的宪法文件,后者是指现实的经济、政治关系。一方面,"现实的宪法"决定"成文的宪法"的性质、内容和特点。另一方面,"成文的宪法"必须真实反映"现实的宪法",即反映现实经济、政治关系的发展,才能适应客观实际的需要。列宁关于"成文的宪法"和"现实的宪法"的区分及其相互关系的论述,鲜明地体现了上层建筑和经济基础之间的辩证关系,为我们正确处理宪法的稳定性和适应性提供了强大的思想武器。随着经济、政治形势的不断发展变化,需要及时对宪法进行修改,以适应新形势的需要,否则不利于改革和建设事业的发展。正是这样,1988年七届全国人大一次会议通过了宪法修正案,规定了国家允许私营经济在法律规定的范围内存在和发展,私营经济是社会主义公有制经济的补充,土地的使用权可以依照法律的规定转让。但是,由于宪法是国家的根本大法,是日常立法的基础,它的修改往往不仅涉及国家体制的改变,而且涉及一般法律的修改和废除,因此必须采取慎重的态度。这样,加强宪法解释便成为维护宪法稳定性和适应性的有效途径。例如,宪法关于经济体制改革的有些规定,随着经济体制改革的不断深化,现在的情况已有了相当大的发展,如果与宪法规定的原则不相抵触,可由全国人大常委会根据新的发展作出宪法解释,不修改宪法也是可以的。

第三,加强宪法解释有利于维护宪法的权威和尊严,同违反宪法的行为进行斗争。例如,宪法在总纲中规定,一切违反宪法和法律的行为,必须予以追究。但什么是违反宪法的行为,什么是违宪,在宪法学界争论颇多,众说纷纭。一种意见认为违宪是一切组织（包括国家机关）和公民的违反宪法的行为，另一种意见认为是指国家机关和公民的违反宪法的行为，第三种意见认为是指国家机关制定的与宪法抵触的规范性文件和国家领导人的违反宪法的行为。从全国人大及其常委会的文件中看，往往把违宪、违法并提，没有对违宪的概念及如何处理作出专门的解释和规定。因此，什么是违宪行为，违宪行为由什么机关处理，依照什么法定程序处理，这些问题都有赖于通过法制化、规范化加以明确，以利于同违宪行为进行斗争，维护宪法的权威和尊严。

最高国家权力机关需要设立专门的宪法监督机构

为了加强宪法监督和宪法解释，需要采取一系列有效措施，包括健全宪法监督制度和宪法解释制度，设立专门的宪法监督和解释机构，以及制定监督法等。由于本文篇幅的限制，下面着重谈谈设立专门的宪法监督和解释机构的问题。

纵观世界各国宪法的发展史，自有宪法以来，统治阶级历来注意保障宪法的实施，以维护其赖以存在的根本制度。在西方资产阶级国家，有的由司法机关（如美国、日本），有的由宪法法院（如意大利），有的由宪法委员会（如法国），对是否违宪进行审查和解释。我国是以人民代表大会制度为政体的社会主义国家，由全国人大及其常委会行使宪法监督权和解释权，这是十分正确的和必要的，也是我国的特点和优势。但是，由于全国人大常委会的立法工作任务十分繁重，不可能有很多精力从事监督和解释宪法的具体工作。至于全国人大的各专门委员会，由于需要根据宪法规定，集中精力研究、审议和拟订有关议案，也不可能集中很多精力去从事监督和解释宪法的工作。因此，设立专门的宪法监督机构，在最高权力机关的领导下，协助全国人大及其常委会做好监督和解释宪法的工作，实属必要。

首先，只有设立这样一个专门的宪法监督机构，才有利于建设以宪法为基础的中国特色的社会主义法律体系。我国的社会主义法律体系必须建立在全部法律规范调整的社会关系的基础上，而社会关系是十分广泛的、复杂的和多层次的。宪法对我国社会关系中的根本性问题，都作了原则性的规定，为日常立法提供了法律基础。围绕宪法的各项规定，能够不断完善各部门法，逐步建立起调整各方面社会关系的多部门的多层次的法律体系。但是，这一法律体系必须是完整的、相互协调、和谐一致的。正如恩格斯指出的："在现代国家中，法不仅必须适应于总的经济状况，不仅必须是它的表现，而且还必须是不因内在矛盾而自己推翻自己的内部和谐一致的表现。"① 只有建立专门的监督宪法实施机构，才有利于对宪法作出统一的解释，使我国的社会主义法律体系能成为由部门法相互区分又相互联系的和谐一致的统一体。

同时，也只有建立这样一个专门的宪法监督机构，才有利于保证宪法真正成为一切组织和公民的根本活动准则。现在，有的单位和个人对宪法不重视，认为宪法可有可无，可遵守可不遵守，民刑法是硬法，宪法是软法，存在一种"违反民刑法是违法犯罪，违反宪法无所谓"的心态。从宪法观念来剖析，这与对宪法是人们的根本活动准则，具有直接的法律效力，缺乏认识有关。正如前面已经论及的，宪法在序言中明确规定，一切组织和公民都必须以宪法为根本的活动准则。当人们在谈到宪法的最高法律效力时，往往只强调它是日常立法的基础，而忽视了它是人们的根本活动准则。必须明确，宪法的法律效力既是最高的，又是直接的，宪法作为最高行为准则，是人们活动的依据和基础。只有建立专门的宪法监督机构，对一切组织和个人的违宪行为，根据不同的情况，作出不同的处理。对重大的违宪行为，建议由全国人大及其常委会直接追究和处理；对绝大多数违宪行为，则督促有关机关去处理，真正做到一切违反宪法的行为都受到追究。这样，使广大干部和群众清楚地认识到，宪法的确是人们的根本活动准则，具有直接的法律效力，任何人不得违反。也只有这样，才有利于强化宪法的权威和作用。

正是基于以上对设立专门的宪法监督机构的重要性和必要性的认识，宪法学界比较一致的意见，都希望能在最高国家权力机关下面设立专门的宪法监督机构，协助全国人大及其常委会对宪法的实施进行监督和解释。但是，在设立什么样的宪法监督机构上，则意见颇不一致。有的意见建议设立与全国人大常委会平行的宪法委员会，这一意见不符合宪法关于由全国人大及其常委会行使宪法监督权和解释权的规定，显然是不可取的。对最高国家权力机关下面设立专门的宪法监督机构，可以考虑以下两种方案。

一种方案是，在全国人大下面设立宪法委员会，作为协助全国人大及其常委会监督宪法实施的专门委员会。宪法委员会的职权是，根据宪法和全国人大组织法的有关规定，在全国人大及其常委会的领导下，研究、审议和拟订有关监督宪法实施的议案。其工作的特点就是协助全国人大及其常委会，严格按照宪法的有关规定，行使宪法监督权，以保证宪法从精神到内容的贯彻实施。根据宪法的规定，由全国人大及其常委会直接追究和处理的只是重

---

① 《马克思恩格斯选集》第 4 卷，第 483 页。

大的违宪行为，包括：（1）全国人大有权改变或者撤销全国人大常委会的不适当的决定；（2）全国人大有权罢免国家主席、副主席，国务院组成人员，中央军委组成人员，最高人民法院院长和最高人民检察院检察长；（3）全国人大常委会有权监督国务院、中央军事委员会、最高人民法院和最高人民检察院的工作；（4）全国人大常委会有权撤销国务院制定的同宪法、法律相抵触的行政法规、决定和命令；（5）全国人大常委会有权撤销省、自治区、直辖市国家权力机关制定的同宪法、法律和行政法规相抵触的地方性法规和决议等。宪法委员会的主要精力，应放在协助全国人大及其常委会对以上重大违宪行为的处理上，至于其他违宪行为，则建议由有关机关去处理。同时，宪法委员会还协助全国人大常委会对宪法进行解释。笔者在七届全国人大二次会议上曾提出过此议案，并得到许多代表的支持，但由于当时存在不同意见，未能设立。[①]

另一种方案是，在全国人大常委会下面设立协助监督宪法实施和解释宪法的工作委员会。理由主要是：（1）随着香港和澳门两个特别行政区基本法的制定，在全国人大常委会下面将设立香港和澳门两个特别行政区基本法委员会，其任务主要是协助全国人大常委会行使对特别行政区立法会通过的法律的审查权和基本法的解释权。在全国人大常委会下面设立宪法委员会或宪法监督委员会作为工作委员会，其职能与两个基本法委员会的职能比较一致，联系密切。（2）由于全国人大常委会是经常监督宪法实施的机构，并对宪法进行解释，在全国人大常委会下面设立这样一个机构，便于在它的直接领导下，履行其职责。（3）全国人大法工委作为工作委员会，现在也有负责研究解答法律问题的职能。但是由于法工委起草、研究法律草案的任务十分繁重，也不可能集中很大精力协助全国人大常委会行使宪法监督权和解释权。因此，在全国人大常委会下面设立一个专门的宪法监督机构，协助全国人大及其常委会行使宪法监督权和解释权，是可以考虑的。

对以上两个方案进行比较，看来以在全国人大下面设立宪法委员会较好。这是因为：宪法委员会作为全国人大的专门委员会，它的设置、法律地位和职权都是宪法明确规定了的，而且其成员是全国人大代表，有许多还是全国人大常委会委员。因此，无论从其权威性、代表性来讲，作为协助全国人大及其常委会监督宪法实施和解释宪法的专门机构，是比较合适的。

（原载《中国法学》1992年第6期）

[①]《中华人民共和国全国人民代表大会常务委员会公报》1989年第5号。

论澳门特别行政区基本法的特点

王叔文

第八届全国人大第一次会议庄严地通过了《中华人民共和国澳门特别行政区基本法》，这是我国国家生活中的一件大事。澳门基本法是根据"一国两制"的基本方针，在全国人民、特别是澳门同胞的关心和参与下，经过起草委员会历时四年半努力的产物。在起草基本法的过程中，起草委员会根据我国宪法的规定，从澳门的历史和现实情况出发，把我国政府在中葡联合声明中关于"一国两制"的基本方针政策，用法律形式规定下来。澳门基本法与香港基本法一样，都是体现"一国两制"方针的全国性法律。澳门基本法的首要特点，就在于它以"一国两制"的方针为指导，把维护国家主权、统一和领土完整与授权澳门特别行政区实行高度自治，保持澳门的繁荣和稳定紧密结合起来。同时，澳门基本法的特点还在于，它充分反映了澳门的特点。下面将澳门基本法在这两方面的特点作扼要的分析和阐述。

具有"一国两制"的特点

澳门基本法最根本的特点在于，它把"一国两制"的总方针和我国对澳门的基本方针政策以法律的形式规定下来，从法律上保证"一国两制"的伟大构想在澳门的实现。

（一）"一国两制"是实现祖国统一的基本国策

"一国两制"是我们党和国家提出的实现祖国统一的基本国策，是设立澳门特别行政区，制定澳门基本法的指导方针。邓小平同志对"一国两制"的构想作了科学的完整的论述，这些论述构成了建设有中国特色的社会主义理论的重要内容，是我们党和国家处理香港、澳门、台湾问题的根本指导思想。澳门基本法正是把"一国两制"这一基本国策以法律的形式肯定下来。

（二）坚持实事求是的原则

我们党的辩证唯物主义的思想路线是：一切从实际出发，实事求是，理论联系实际。这条思想路线是我们党制定各项方针政策的基础，也是我们制定各项法律的基础。我们党和国家提出"一国两制"的基本方针，正是根据我国的实际情况，既从维护我国国家主权、统一和领土完整的原则立场出发,又适应我国有关地区的特殊情况和稳定繁荣的需要,充分代表包括这些地区同胞在内的我国人民的共同愿望和根本利益。澳门基本法是一个充分体现"一国两制"方针的全国性法律,充分反映了我国和澳门的实际情况,它的制定对于实现国家统一,维护国家的主权和领土完整,对促进社会主义现代化事业的发展,对于维持澳门的稳定和繁荣,对于维护世界和平,都有着重要的意义。

(三) 维护国家的主权、统一和领土完整

邓小平同志对在实行"一国两制"的方针中,必须坚持维护国家的主权、统一和领土完整的原则,作了完整的论述:他强调指出:"制度可以不同,但在国际上代表中国的,只能是中华人民共和国。"[①] 这就是说,只能是中华人民共和国作为国家的代表,只能由中央人民政府统一行使国家主权。

邓小平同志关于维护国家主权、统一和领土完整的思想,在澳门基本法中得到充分体现。主要表现在:(1) 基本法在序言中规定了我国政府于1999年恢复对澳门行使主权,强调了设立澳门特别行政区的出发点是维护国家的统一和领土完整。(2) 基本法明确规定,澳门特别行政区是中华人民共和国不可分离的部分,是一个享有高度自治权的地方行政区域,直辖于中央人民政府。(3) 中央人民政府负责管理澳门特别行政区的外交和国防事务,经任澳门特别行政区行政长官,政府主要官员和检察长。(4) 全国人大常委会对澳门特别行政区行使监督权。(5) 有关国防、外交和不属于澳门特别行政区自治范围的全国性法律要在澳门特别行政区公布或立法实施。(6) 澳门特别行政区应自行立法禁止任何叛国、分裂国家、煽动叛乱、颠覆中央人民政府及窃取国家机密的行为等。

(四) 授予特别行政区高度自治权

在坚持维护国家主权、统一和领土完整的前提下,邓小平同志反复强调中央要授予特别行政区高度的自治权,澳门基本法正是规定了澳门特别行政区享有高度的自治权。根据基本法的规定,全国人大授予澳门特别行政区自治权的范围是十分广泛的,包括行政管理权、立法权、独立的司法权和终审权。澳门原有法律基本保留。澳门特别行政区保持财政独立。其财政收入全部自行支配,中央人民政府不在澳门特别行政区征税,实行独立的税收制度,将保持其自由港、单独关税地区的地位。澳门特别行政区

---

① 邓小平:《中国大陆和台湾和平统一的设想》1983年6月26日。

可自行制定经济、贸易和科学、教育、文化方面的政策。根据中央人民政府授权,依照基本法的规定自行处理有关的对外事务,以及负责特别行政区的社会治安等。此外,基本法还规定,澳门特别行政区可享有全国人大及其常委会和中央人民政府授予的其他权力。澳门特别行政区享有的上述自治权,无论与我国一般地方政权的权力,民族自治地方自治机关的自治权比较,与其他实行单一制的国家的地方政权比较,都更为广泛。即便与实行联邦制的国家的成员,单位(州)享有的权利比较,在某些方面(如货币发行权、司法方面的终审权等),澳门特别行政区享有更为广泛的自治权。

(五)基本法是实现"一国两制"的重要保证

邓小平同志对起草基本法的工作十分重视。他强调起草基本法具有十分重要的意义,指出它是一个具有历史意义和国际意义的法律文件,是一个具有创造性的杰作。邓小平同志关于基本法的一系列指示,在起草澳门基本法时也得到了认真的贯彻,从而使澳门基本法充分体现了"一国两制"的特点。

充分反映澳门的特点

从以上的分析可以看出,澳门基本法与香港基本法一样,都具有"一国两制"的特点。它们都反映了建设有中国特色的社会主义理论关于用"一国两制"来实现国家统一的观点。由于我们党和国家对香港和澳门的基本方针政策是一致的,因此,在起草中注意了就澳门基本法在总体结构、基本原则上同香港基本法大体一致。同时,又充分注意了澳门的实际情况,充分反映了澳门的特点,主要表现在以下12个方面。

(一)关于澳门土地问题规定的特点

由于澳门还存在一小部分私有土地,根据这一情况,基本法第七条规定,澳门境内的土地,除在澳门特别行政区成立前已依法确认的私有土地外,属于国家所有。这一规定,是澳门基本法的一个显著特点,也是我国土地所有制度的一个例外。我国宪法规定:"城市的土地属于国家所有。农村和城市郊区的土地,除由法律规定属于国家所有的以外,属于集体所有,宅基地和自留地、自留山,也属于集体所有"(第十条第一、二款)。这就是说,根据我国宪法规定,土地属于国家所有或集体所有。香港基本法第七条也规定,香港特别行政区境内的土地属于国家所有。但澳门的情况略有不同,存在一小部分私有土地。这部分私有土地大致有三种情况:一是已经由澳葡政府认可的,即于1901年按葡萄牙法律办理了登记手续并获得业权司法证明的私有土地,这部分土地面积约为150公顷。二是政府按照现行土地法的规定,把一些零碎地段售予私人,平均每年只有200平方米。三是"纱纸契"土地,这部分土地也很少,但土地的所有权有争议,土地占有者认为是自己的私有地,但没有获得政府的承认。前两种情况的土地私有权已依法受到了确认,而后一种情况则还有一个依法确认的问题。因此,本条规定有两方面的含义,一是确认了澳门存在的一小部分私有土地,作为国有土地的例外情况;二是对还没有依法确认的土地,需要在澳门特别行政区成立前加以解决。

(二) 关于驻军问题的规定

防务是国家主权的重要标志,因此,香港基本法与澳门基本法都明确规定,中央人民政府负责管理特别行政区的防务,因此,两个基本法在防务问题上的基本精神是相同的,但在规定上略有不同。香港基本法第十五条作了以下五款规定:"中央人民政府负责管理香港特别行政区的防务";"香港特别行政区政府负责维持香港特别行政区的社会治安";"中央人民政府派驻香港特别行政区负责防务的军队不干预香港特别行政区的地方事务。香港特别行政区政府在必要时,可向中央人民政府请求驻军协助维持社会治安和救助灾害";"驻军人员除遵守全国性的法律外,还须遵守香港特别行政区的法律";"驻军费用由中央人民政府负担"。澳门基本法第十四条对香港基本法前两款的内容作了明确规定,但对后三款的内容,即对在澳门驻军的问题,未作明确规定。在起草基本法条文过程中,经征询澳门各界人士意见,大致有两种:一种意见是主张不写驻军,因为一是澳门周围都是中国的领土领海,中央可以通过邻近地区的驻军来兼管澳门的防务;二是自1976年葡军撤离澳门后,现只设保安司令部,负责澳门的治安。另一种意见主张像香港基本法那样,写明驻军,因为防务和驻军有密切联系,明确规定驻军的作用、守法和驻军费用等,有必要。经起草委员会研究,由于中葡联合声明对驻军问题未作明文规定,因此,没有像香港基本法第十四条后三款那样规定驻军问题。当然,由于防务与驻军密切相关,中央负责管理防务,就有权根据情况的需要派驻军队。如派驻军队,其作用、守法和驻军费用,自应与香港基本法的有关规定相同。

(三) 关于居民权利和自由的特殊规定

澳门基本法第三章关于澳门居民的一些权利和自由的规定,在香港基本法中是没有的。这些规定包括:(1) 澳门居民对任意或非法的拘留、监禁、居民有权向法院申请颁发人身保护令（第二十八条第二款）。关于人身保护令的规定，最早出现在 17 世纪英国法律，是作为审查非法拘禁的程序而确定的。根据 1640 年的《人身保护法》和 1679 年的《人身保护修正法》等的规定，除非证明犯有刑事罪或负有民事债务，任何公民如遭拘禁，都有权请求法院向监狱长颁发人身保护令，命其交出被拘禁者，并说明被拘禁的理由，以便法院裁决其拘禁的理由是否充分，确定将被拘禁者或者送回监狱或准许保释或予以释放。后来的一些国家的宪法也规定了人身保护令，例如美国 1787 年宪法第一条第九款规定，人身保护令状的特权不得停止之，唯遇内乱或外患，在公共治安上必须停止时，不在此限。葡萄牙宪法除规定人身保护令外，还具体规定：人身保护措施可由本人或任何享有政治权利的公民申请采取，法官应在 8 日内在双方当事人均到场的听讯中对申请人身保护令的要求作出裁决。在澳门基本法中，参照一些国家宪法和法律的规定，写进了人身保护令的内容，对于防止和制止滥用权力，保障居民不受任意或非法的拘留、监禁，保障居民的人身自由，有着重要的意义。（2）澳门居民除其行为依照当时法律明文规定为犯罪和应受惩处外，不受刑罚处罚（第二十九条第一款）。这一规定意味着，什么行为是犯罪，需要处以什么刑罚，都必须有法律明文规定，而且这种法律必须是行为当时的现行法律，如果当时的现行法律没有明文规定其行为是犯罪和应受处罚，则既不构成犯罪，也不应受刑罚处罚。由此可见，这一规定体现了罪刑法定的原则，对于保证法院严格依照法律的规定，正确审理刑事案件，保障澳门居民的权利和自由，也有着重要的意义。（3）澳门居民的人格尊严不受侵犯，禁止用任何方法对居民进行侮辱、诽谤和诬告陷害。并规定，澳门居民享有个人的名誉权、私人生活和家庭生活的隐私权（第三十条）。（4）妇女的合法权益受澳门特别行政区的保护，未成年人、老年人和残疾人受澳门特别行政区的关怀和保护（第三十八条第二、三款）。（5）在澳门的葡萄牙后裔居民的利益依法受澳门特别行政区的保护，他们的习俗和文化传统应受尊重（第四十二条）。以上这些规定，都是从澳门的实际情况和需要出发制定的，对于保障澳门居民的权利和自由，是十分重要的和必要的。

（四）关于是否规定设立死刑的问题

关于是否在基本法中明确规定"不设死刑"的问题，在起草澳门基本法中一直存在两种不同意见，一种意见认为，在基本法中应明确规定不设死刑，理由主要是：（1）在澳门已经有 100 多年不实行死刑。（2）现在适用于澳门的葡萄牙宪法也明确规定不设死刑。（3）生命权是人的基本权利，不能被剥夺。（4）死刑残酷，不符合人道主义原则。（5）死刑一经判决执行，人死不可复生，如果错判，造成了不可挽回的生命损失，无法补救。这种意见在报纸上发表的文章中论述较多，另一种意见则认为在基本法中不宜明确规定"不设死刑"，理由主要是：（1）死刑是防止犯罪的有效威慑手段，有利于维护社会治安，保护人民的生命安全。（2）死刑的存废，对于维护澳门地区的社会稳定和经济发展，是一个重大的问题，需要慎重对待，基本法规定的一些基本政策长期不变，如果在基本法中明确规定"不设死刑"，在将来如果客观需要实行死刑，修改起来就很困难。是否实行死刑的问题，留待将来澳门特别行政区立法机关根据当时的实际情况作出规定，这样既能体现在澳门特别行政区实行高度自治的原则，也更为灵活些。（3）生命权既是人的基本权利，被害人的生命权也应受到法律保护，不能随便被剥夺。（4）对凶狠残暴剥夺别人生命的罪犯判处死刑，正是为了保护广大群众的生命，保障人类的生存和发展，因此是符合人道主义原则的。（5）关于死刑错判难以纠正的问题，可以通过严格审判程序和对死刑采取慎重态度加以解决。在劳工界和社区的群众中，发表这种意见的较少。

在起草基本法第二十八条的过程中，由于考虑到从世界上关于死刑存废的理论和实践来看，死刑是一个十分复杂和重大的问题，从澳门地区的实际情况出发，照顾澳门各界人士的意见，因此对是否设立死刑的问题未作规定。一方面，在条文中既未明确规定设死刑，也没有像香港基本法关于禁止"任意或非法剥夺居民的生命"那样的表述；另一方面，也没有明确规定在澳门不设死刑。这正是澳门基本法在是否实行死刑问题上规定的特点，其基本精神可以概括为以下三个方面：（1）可以继续保留不实行死刑的制度，由于澳门现行的法律规定不实行死刑，根据基本法第八条关于澳门原有法律除与基本法相抵触者外予以保留的规定，1999年以后仍可继续不实行死刑。由于基本法并未明确规定将来在澳门特别行政区实行死刑，因此，保留澳门原有的不实行死刑的制度，与基本法并不抵触。（2）如果将来澳门客观需要实行死刑，澳门特别行政区立法机关修改原有的不实行死刑的制度，规定实行死刑，也是符合基本法的，因为基本法并未明确规定在澳门特别行政区不设死刑。（3）有的意见提出，是否可以在澳门现行的立法中规定"在任何时候均不得设立死刑"，这不可以。如果作这样的规定，那显然是与基本法相抵触的，在澳门特别行政区成立时，根据第一百四十四条的规定，由于与基本法相抵触而不能保留。由此可见，澳门基本法对是否设立死刑的问题，采取了十分慎重的态度，考虑得相当周到和全面。

（五）关于外国居留权的规定

澳门基本法关于"在外国无居留权"的规定，与香港基本法在范围和内容上都有所不同。香港基本法关于"在外国无居留权"的规定，是基本法起草委员会第九次全体会议新增加的，在第七次全体会议公布的基本法（草案）征求意见稿和第八次全体会议通过的基本法（草案）中都没有这些规定。增加关于"在外国无居留权"的规定，是由于存在一些客观原因，特别是与英国单方面决定改变部分香港居民国籍有关。1989年12月20日，英国政府单方面宣布决定给予5万户（计22.5万人）香港居民以包括在联合王国居留权在内的完全英国公民地位。英方宣称，他们将在上述5万户中保留相当数额，以便在临近1997年稍后的年代中，给"那些可能在香港进入关键岗位的人以机会"，并号召英国的"伙伴和盟国"紧随其后，如法炮制，公然企图将香港的中国居民"国际化"。对此我国外交部发言人发表谈话，指出英方的这一做法，严重违反了它自己的承诺和业已达成的协议。由此可见，在香港基本法有关条文中，增加了香港特别行政区行政长官、行政会议成员、立法会主席、政府主要官员、终审法院和高等法院首席法官及基本法委员会香港委员都必须在外国无居留权的规定，是十分必要的。这既体现了国家主权的需要，也是体现由香港当地人管理香港的原则的需要。只有这样，才能使香港特别行政区的行政机关和立法机关认真贯彻执行基本法的规定，切实对国家、对香港特别行政区以及香港居民，担负起应负的职责，保证香港特别行政区的长期稳定和繁荣。起草澳门基本法中的情况有所不同，没有发生上述情况，因此，对"在外国无居留权"的问题，作出了与香港基本法不同的规定。首先，只对澳门特别行政区行政长官作了规定，而且规定只"在任职期内不得具有外国居留权"（第四十九条），不像香港基本法规定的那样把在外国无居留权作为担任行政长官必须具备的前提条件。其次，对于行政会委员、立法会主席、政府主要官员、终审法院院长都没有"在外国无居留权"的规定。当然，由于澳门特别行政区基本法委员会是全国人大常委会下设的工作委员会，因此，基本法委员会澳门委员仍必须由在外国无居留权的澳门特别行政区永久性居民中的中国公民担任。

（六）关于立法会的组成和产生办法

在立法会组成方面的规定有所不同，香港基本法规定非中国籍的香港永久性居民可以当选为立法会议员，但所占比例不得超过立法会全体议员的20%。而澳门基本法只规定"澳门特别行政区立法会议员由澳门特别行政区永久性居民担任"（第六十三条第一款），没有对非中国籍的永久性居民作所占比例不得超过20%的规定。在立法会的产生办法方面的规定也有所不同。香港基本法规定,"香港特别行政区立法会由选举产生"(第六十八条),而澳门基本法规定,"立法会多数议员由选举产生"(第六十八条第二款)。根据澳门基本法附件的规定,除多数由选举产生的议员外,还有少数委任的议员,这也是从澳门的实际情况出发的。

(七) 关于司法机关的组织

首先,在法院的组织方面有所不同。香港基本法规定,香港特别行政区设立终审法院、高等法院、区域法院、裁判法庭和其他专门法庭。而澳门基本法规定:澳门特别行政区设立初级法院、中级法院和终审法院,并规定设立行政法院管辖行政诉讼和税务诉讼。其次,在检察机关的设置方面也有所不同。香港基本法规定:"香港特别行政区律政司主管刑事检察工作,不受任何干涉"(第六十三条)。根据这一规定,香港特别行政区,刑事检察工作由政府的一个部门负责。而澳门基本法则把检察院作为司法机关的一个组成部分,在"司法机关"一节中规定:"澳门特别行政区检察院独立行使法律赋予的检察职能,不受任何干涉"(第九十二条)。

(八) 关于宣誓效忠的规定

澳门基本法与香港基本法关于宣誓效忠的规定,不完全相同。首先,在结构方面,香港基本法只作为一条,规定在公务人员一节中。而澳门基本法则作为单独一节,规定在政治体制一章中。这样规定较为合理,因为宣誓效忠的不完全是公务人员,例如立法会议员就不属于公务人员。其次,在宣誓效忠的人员的范围和内容上略有不同,香港基本法规定香港特别行政区行政长官、主要官员、行政会议成员、立法会议员、各级法院法官和其他司法人员在就职时必须依法宣誓拥护中华人民共和国香港特别行政区基本法,效忠中华人民共和国香港特别行政区。而澳门基本法规定,澳门特别行政区行政长官、主要官员、行政会委员、立法会议员、法官和检察官,必须拥护中华人民共和国澳门特别行政区基本法,尽忠职守;廉洁奉公,效忠中华人民共和国澳门特别行政区,并依法宣誓。同时还规定,澳门特别行政区行政长官、主要官员、立法会主席、终审法院院长、检察长在就职时,除按上述规定宣誓外,还必须宣誓效忠中华人民共和国。值得着重指出的是,两个基本法虽然在宣誓效忠的规定上有以上的不同,但坚持国家主权和避免双重效忠的精神和要求是一致的。

(九) 关于咨询性的协调组织

澳门基本法根据澳门的实际情况,在经济一章中规定:"澳门特别行政区设立由政府、雇主团体、雇员团体的代表组成的咨询性的协调组织"（第一百一十五条）。这是由于目前在澳门存在有政府、资方、劳方三方组成的社会协调组织，对协调劳资间的矛盾，起到一定的积极作用。

（十）关于旅游娱乐业的规定

澳门基本法经济一章中的一个重要特点，就是设专条规定了澳门的旅游娱乐业。基本法第一百一十八条规定："澳门特别行政区根据本地整体利益自行制定旅游娱乐业的政策。"旅游业在澳门经济中占重要的地位，而旅游业的特征则是靠以博彩业为主的多项娱乐事业的支持。以1989年为例，入境游客人数达560多万人，超过本地人口的10倍，旅游创造的收入占当年本地生产总值的28%，博彩税收一项即占当年政府税收的61%，占财政总收入的37%。为了对博彩业等各项娱乐活动进行管理，澳门政府制定了一些有关法律。基本法规定澳门特别行政区可以自行制定旅游娱乐的政策，但要考虑澳门的整体利益，这对维护澳门的繁荣与稳定，有着重要的意义。

（十一）关于文化规定的特点

澳门基本法文化和社会事务一章的规定主要有两个特点。一是明确规定了"澳门特别行政区政府依法推行义务教育"（第一百二十一条第二款）。二是对文化政策的规定比香港基本法具体些。除对澳门特别行政区自行制定文化政策作原则规定外，还明确规定包括文学艺术、广播、电影、电视等政策；并对澳门特别行政区政府自行制定新闻、出版政策作了专条规定。

（十二）关于全国性法律的规定

澳门基本法和香港基本法一样，都在附件之中列举了在特别行政区实施的全国性法律。但香港基本法只列举了六项法律，而澳门基本法列举了八项法律。这是因为在1990年香港基本法通过后，我国又通过《国旗法》、《国徽法》和《领海及毗连区法》，因此在澳门基本法附件之中增加了这三个全国性的法律，另一方面，《领海及毗连区法》已包含了《关于领海的声明》的内容，所以删去了后一项法律。关于附件所列的全国性法律，两个基本法第十八条都作了明确的规定，将来全国人大常委会在征询其所属的特别行政区基本法委员会和特别行政区政府的意见后，还可以作必要的增减。总的原则是，列入附件中的法律应限于有关国防、外交和其他依照基本法不属于特别行政区自治范围的法律。

（原载《中国法学》1993年第2期）

新宪法的伟大实践

王叔文

我国新宪法的制定和公布,已经一年多了。新宪法实施一年多来的伟大实践,充分证明了新宪法是一部很好的社会主义宪法,深受全国人民的热烈拥护,得到了认真贯彻和切实遵守,在我国国家生活中发挥了巨大的作用。

一年多来实施新宪法取得的伟大成就

新宪法是在中国共产党领导下,经过广泛征求各方面的意见和全民讨论,进行反复研究、讨论和修改,最后由五届全国人大五次会议通过公布施行的。它是全党智慧和全国人民智慧的结晶,代表了广大人民的根本利益,顺乎民心,合乎国情。一年多来,举国上下,广泛深入地学习和宣传了宪法,对保证宪法的实施做了大量的工作,使宪法为亿万人民所掌握,从而变成巨大的物质力量,保证和促进了我国社会主义物质文明和精神文明建设的胜利发展。新宪法实施以来,它在我国政治、经济、文化和社会生活中的作用,主要表现在以下几个方面:

第一,进一步巩固和加强了人民民主专政的国家制度。

在发展社会主义民主方面,新宪法明确规定:"中华人民共和国的一切权力属于人民。"(第二条第一款)这是我国人民民主专政的国家制度的核心内容和根本准则。同时,还规定从以下两个根本方面,来保证人民行使当家作主的权力。首先,新宪法规定:"人民行使国家权力的机关是全国人民代表大会和地方各级人民代表大会。"(第二条第二款)并根据民主集中制的原则和建国以来政权建设的经验,对健全人民代表大会制度,作了许多新的重要规定。一年多来,国家根据新宪法的以上规定,大力健全了我国人民代表大会制度。选举六届全国人大代表,召开六届全国人大,是健全我国人民代表大会制度,完善我国国家机构的一件大事。六届人大的代表有着广泛的代表性,在2978名代表中,[①] 有各方面的代表人物,同时,工人、农民仍占26.6%,妇女占21.2%。全国55个少数民族,至少都有一名本民族的

---

① 见《人民日报》1983年6月5日。

代表。这标志着我国人民大团结的进一步加强,爱国统一战线更加巩固壮大。六届人大一次会议还依照宪法的规定,通过设立民族、法律、财政经济、教育科学文化卫生、外事、华侨等六个专门委员会,这对于加强最高国家权力机关的工作,有着重要的意义。六届人大一次会议还选举了国家主席、全国人大常委会委员长,决定了国务院总理,选举了中央军事委员会主席等新的一届国家领导人,设立了新的国家领导机构,这对于完善我国国家领导体制,十分重要。与此同时,还在中央的统一领导下,加强了地方政权的建设,特别是地方各级人大及其常委会的建设,扩大了民族自治地方的自治权。全国各省、自治区、直辖市的机构改革已基本完成,县和基层两级政权的机构改革也在逐步展开。人民公社政社分开,建立乡人民政府的工作正在全国各地顺利进行,迄至1984年2月,已建立22897个乡人民政府。① 此外,国务院根据新宪法关于设立审计机关的规定,成立了审计署,全国各级审计机关正在积极组建,至1984年2月底,已建县级以上审计机构1872个,占应建总数的61%,这对于加强国家的财经管理,促进社会主义经济的发展,有着重要的意义。② 所有这些,都保证了人民能够更好地行使国家权力,使国家机关能够更有效地领导和组织社会主义现代化建设。

其次,新宪法还规定:"人民依照法律规定,通过各种途径和形式,管理国家事务,管理经济和文化事业,管理社会事务。"(第二条第三款)以保证在基层政权和基层社会生活中实行人民的直接民主。在一切基层单位,认真地实行有广大群众参加的民主管理,这是保障人民当家作主的一个极为重要的环节。正如列宁指出的:"人民需要共和国,为的是教育群众走向民主。需要的不仅仅是民主形式的代表机关,而且要建立由群众自己从下面来管理整个国家的制度,让群众实际地参加各方面的生活,让群众在管理国家中起积极的作用。"③ 新宪法对在基层单位中实行民主管理,主要规定了两种根本途径和形式:(1)规定城市和农村居民居住地区设立居民委员会和村民委员会,作为基层群众性自治组织。(2)规定国营企业依照法律规定,通过职工代表大会和其他形式,实行民主管理;集体经济组织依照法律规定实行民主管理,由它的全体劳动者选举和罢免管理人员,决定经营管理的重大问题。一年多来,根据新宪法的这些规定,大力加强了村民委员会和居民

---

① 见《人民日报》1984年2月15日。
② 见《中国法制报》1984年8月19日。
③ 《列宁全集》第24卷,第153、154页。

委员会的建立和建设工作,到 1984 年 2 月,全国已建立村民委员会 17.1 万多个;① 到去年年底,全国居民委员会、村民委员会已建人民调解委员会 92.7 万多个,人民调解员达 555.7 万多人,去年调解各类民间纠纷 697 万多起。② 同时,加强了国营企业和集体经济组织的民主管理,据 1983 年 10 月的统计,全国已有 20 万个企业事业单位建立了职工代表大会制度,1.5 万多个企业民主选举了厂长和经理。③ 这样,有利于把社会主义民主扩展到政治生活、经济生活、文化生活和社会生活各方面,充分发挥广大群众管理和建设整个国家的主人翁的积极性和主动精神。

新宪法在规定加强社会主义民主建设的同时,规定了全体人民对极少数敌人实行专政。民主和专政是不可分割的两个方面,两者必须紧密结合起来。新宪法在序言中指出:在我国,剥削阶级作为阶级已经消灭,但是阶级斗争还将在一定范围内长期存在。中国人民对敌视和破坏我国社会主义制度的国内外的敌对势力和敌对分子,必须进行斗争。同时,还在总纲中规定:"国家维护社会秩序,镇压叛国和其他反革命的活动,制裁危害社会治安、破坏社会主义经济和其他犯罪的活动,惩办和改造犯罪分子。"(第二十八条)这一规定,是对 1954 年宪法的继承和发展。1954 年宪法规定:"中华人民共和国保卫人民民主制度,镇压一切叛国的和反革命的活动,惩办一切卖国贼和反革命分子。"(第十九条第一款)新宪法坚持了这一原则。1954 年宪法还规定:"国家依照法律在一定时期内剥夺封建地主和官僚资本家的政治权利,同时给以生活出路,使他们在劳动中改造成为自食其力的公民。"(第十九条第二款)由于剥削阶级作为阶级已经不再存在,他们中的绝大多数已经改造成为自食其力的劳动者,因此,新宪法没有必要再作这方面的专门规定,而是根据新时期的形势和需要,增写了国家制裁各种犯罪活动,惩办和改造犯罪分子,特别强调了制裁危害社会治安和破坏社会主义经济的犯罪活动。根据新宪法的这些规定,我们坚决镇压了反革命活动,有力地打击了危害社会治安,破坏社会主义经济和其他严重的犯罪分子,有效地维护了社会治安和社会主义经济秩序,进一步巩固和加强了人民民主专政。

第二,进一步维护和发展了社会主义经济制度。

新宪法规定了我国社会主义的经济制度,这就是生产资料的社会主义公

---

① 见《人民日报》1984 年 2 月 15 日。
② 见《中国法制报》1984 年 4 月 2 日。
③ 见《人民日报》1984 年 10 月 12 日。

有制是我国社会主义经济制度的基础,社会主义的公共财产神圣不可侵犯;实行各尽所能,按劳分配的原则;实行计划经济等,这些都是社会主义制度优越于资本主义制度的根本标志。同时,根据我国当前生产力的实际水平和发展的需要,总结了我国经济体制改革的成果,对经济体制改革作了许多重要的原则性的规定。这就是,在坚持国营经济占整个国民经济主导地位的前提下,发展多种经济形式;确定了贯彻计划经济为主,市场调节为辅的原则;确定了国营企业、集体经济组织的自主权,实行多种形式的社会主义责任制等。一年多来,随着四化建设取得的巨大成就,我国全民所有制经济和劳动群众集体所有制经济得到了迅速发展。并且,根据宪法和法律的规定,打击了经济犯罪活动,各级人民检察院仅1983年1—9月共办理了各种经济犯罪案件17027件,[①] 维护了社会主义公有制,保卫了社会主义公共财产。与此同时,经济体制改革也取得了明显的成效。在农村,由于社会主义责任制得到宪法的确认,广大农民更加坚信党的生产责任制的政策长期稳定不变,因而以家庭经营为主的联产承包制在全国迅速推广,已占农户总数的90%以上,充分调动了广大农民的积极性,使农业进一步出现了大好形势。在城镇,对发展多种经济形式,扩大工商企业的自主权,进行了一系列的改革;经国务院批准财政部制定的《关于国营企业利改税试行办法》,进一步完善了利改税的制度,并在国营企业中普遍推行。所有这些,对于调动企业和劳动者的积极性、主动性,解决劳动就业,活跃城乡经济,方便人民生活,提高经济效益,促进社会主义经济的全面高涨,都具有十分重要的意义。例如,由于发展多种经济形式,集体经济和个体经济已成为解决城镇待业青年就业的重要渠道,大多数省、市、自治区1982年以前积累下来需要就业的人员已作了安置,去年一年就安置了386万人的工作,其中58%到集体单位就业或从事个体经营。由于正确贯彻党的方针、政策和新宪法的各项规定,1983年我国社会主义现代化建设取得了巨大的成就,国家规定的生产任务超额完成。去年工业总产值达6147亿元,比1982年增长10.2%,[②] 农业战胜严重自然灾害,夺取粮棉双丰收,粮食总产量达7600亿斤,比去年增长7%以上;棉花产量达9000万担,比去年增长25%。[③] 我国第六个五年计划规定的1985年的工农业总产值指标已经提前两年达到。

---

① 见《中国法制报》1984年1月2日。
② 见《人民日报》1984年1月15日。
③ 见《人民日报》1984年2月11日。

这充分表明了新宪法规定的我国社会主义经济制度的优越性和经济体制改革的各项原则的正确性,也充分显示了新宪法作为社会主义上层建筑的重要组成部分,对维护和发展社会主义经济基础,促进生产力发展的能动作用。

第三,促进了社会主义精神文明的建设。

新宪法把建设高度的社会主义精神文明,作为全国人民的根本任务和奋斗目标加以规定,这在社会主义宪法中还是首创,是建设具有中国特色的社会主义的重要方面,是对马列主义宪法理论的新发展。同时,还对如何建设社会主义精神文明,从文化建设和思想建设两方面作了明确具体的规定。一年多来,我国教育、科学、卫生体育和文化事业等各方面,都取得了显著的成绩。以教育为例,为了大力发展教育事业,国家和各省、自治区、直辖市增加了教育经费。1984年我国普通高等学校将招收42万名新生,比历史上最多的1983年增加4万人,增长10%;中专今年将招收50万名新生,比去年增加3万人,都提前一年达到了"六五"计划规定的招生招标,[①] 普及初等义务教育的工作也在大力进行,教育部草拟了《普及初等义务教育法》,准备提请全国人大常委会通过施行。有的大城市,如上海市城乡已普及了初中和小学教育。除了正规的学校教育外,还大力举办各种形式的业余教育,1983年,我国70%的全民所有制企业事业单位开展职工培训工作,参加比较系统的政治、文化、技术业务知识学习的职工近3000万人,约占全国职工总数的1/3,全国已有职工大、中专学校2800多所,初步形成了一个职工初等教育、中专教育和高等教育的办学体系。[②] 同时,振兴中华职工读书活动迅速开展,全国有1000多万名职工参加读书活动,广大青年也普遍出现了"自学热",坚持自学成才。国家在大力举办教育事业的同时,又发动了各种社会力量举办各种教育事业,例如,至1983年,北京市民主党派和工商联所办学校已达44所(班),已结业的学员共4万多人,在校学生2万多人,[③] 辽宁省铁岭县发动农民筹资办学,共办学校10多所。[④] 所有这些,充分证明了新宪法规定的发展社会主义教育事业的各项基本原则和基本措施,是十分正确的。在进行文化建设的同时,我们国家大力开展了以共产主义思想教育为核心的思想建设。"五讲四美"的活动,无论从深度和广度上

①　见《人民日报》1984年1月19日。
②　见《人民日报》1984年2月21日。
③　见《光明日报》1984年1月20日。
④　见《光明日报》1984年1月13日。

都比过去两年更为广泛、深入和富有成效。同时，增加了"三热爱"，即热爱祖国、热爱社会主义、热爱党的内容，使整个活动提高到一个新的水平。在"五讲四美三热爱"的活动中，通过开展"文明礼貌月"，学习雷锋，学习先进，制定和执行各种守则，文明公约、乡规民约，广泛开展建设文明企业、文明村、文明街道、五好家庭等活动，在广大人民群众中进行了理想教育、道德教育、文化教育、纪律教育、法制教育，进行了共产主义、爱国主义和集体主义的教育。建设社会主义精神文明，既要提高人们的科学文化水平和思想、道德水平，又要抵制和反对形形色色的资产阶级和其他剥削阶级腐朽思想的影响，新宪法明确规定，必须"反对资本主义的、封建主义的和其他腐朽思想"（第二十四条第二款）。十分明显，由于认真贯彻新宪法关于建设精神文明的各项规定，进一步提高了全国人民的科学文化水平，共产主义思想和共产主义精神振奋起广大群众四化建设的巨大热情，有力地推动了社会主义物质文明的建设。

第四，加强了社会主义法制的建设。

新宪法对健全社会主义法制，作了一系列新的重要原则规定，包括宪法是国家的根本法，具有最高的法律效力，切实保证宪法的实施，维护社会主义法制的统一和尊严，公民在法律面前一律平等，权利和义务一致等。一年多来，我国的社会主义法制建设也取得巨大的成绩。首先，在新宪法的基础上，大大加强和完善了立法工作，努力做到有法可依。五届人大五次会议通过了新宪法的同时，即根据新宪法的规定，对有关国家机构的四个基本法律，包括全国人大组织法、国务院组织法、地方各级人大和地方各级人民政府组织法、选举法等，作了相应的修改或者重新修订。全国人大常委会的立法作用大大加强了，先后通过一系列法律，包括关于修改刑法、刑事诉讼法、人民法院组织法、人民检察院组织法等的决定，有关选举问题的决定，以及《海上交通安全法》、《统计法》、《专利法》等。国务院也制定了一系列的行政法规，加强了经济、政治和其他社会生活的民主管理，据统计，1983年公布的法律、行政法规共有110多件。[①] 此外，各省、自治区、直辖市还制定了大量的地方性法规。其次，1983年9月以来，政法机关根据宪法和全国人大常委会通过的《关于严惩严重危害社会治安的犯罪分子的决定》、《关于迅速审判严重危害社会治安的犯罪分子的程序的决定》等，在全国各地从重从快地严惩了严重危害社会治安的犯罪分子，有效地维护了社

---

① 见《中国法制报》1984年1月2日。

会治安，刑事案件发案率大幅度下降，与 1982 年同时期相比，9 月份下降了 39.8%，10 月份下降了 45.7%，11 月份下降了 42.1%。[①] 社会秩序明显好转，保障了人民的生命和财产的安全，加强了社会主义法制。最后，加强了社会主义法制的宣传和教育，提高了守法观念，通过对新宪法的学习和宣传，使宪法逐步深入人心，遵守宪法，维护宪法的权威和尊严，日益成为亿万人民的自觉行动。广大干部和群众逐步树立了宪法观念和法制观念，养成了遵守宪法和法律的依法办事的观念和习惯。十分明显，新宪法的制定和实施，使我国社会主义法制的建设进入了一个新的阶段。

四项基本原则为立国之本

新宪法实施以来的实践表明，它之所以有强大的生命力，在国家生活中所以发挥巨大的作用，最根本的原因在于以四项基本原则为总的指导思想，把四项基本原则作为立国之本，指导思想决定着宪法的性质、原则、方向和目的，新宪法的总的指导思想，是坚持四项基本原则，即坚持社会主义道路，坚持人民民主专政，坚持中国共产党的领导，坚持马列主义、毛泽东思想。四项基本原则反映了中国历史发展的客观规律，是社会主义现代化建设胜利进行的根本保证，是全国人民的根本利益所在。一年多来实施新宪法的伟大胜利，也就是坚持四项基本原则的伟大胜利。坚持四项基本原则，是我国宪法属于社会主义类型宪法的根本标志，是区别于资产阶级类型宪法的根本不同点。资产阶级宪法以根本大法的形式，规定了资产阶级国家的经济制度和政治制度，这在反对封建专制的斗争中，曾起过一定的进步作用。但是，资产阶级宪法总的指导思想是维护资本主义剥削制度和资产阶级专政，维护资产阶级在经济上和政治上的政治地位。我国新宪法坚持四项基本原则，在指导思想上是同资产阶级宪法根本对立的。早在 1871 年，马克思在《法兰西内战》的光辉著作中，在总结巴黎公社的历史经验时，即指出了"公社就是帝国的直接对立物"[②]，并详细地论述了巴黎公社实行的各项原则的正确性和资产阶级国家政权的反动性和腐朽性。100 多年来，世界形势发生了巨大变化，国际共产主义运动正以雷霆万钧之力向前发展，社会主义宪法所维护的社会主义制度，更显示出生气勃勃，战无不胜，而资产阶级宪法所维护的资本主义制度，则愈益走向没落和腐朽。在坚持社会主义道路方

---

① 见《中国法制报》1984 年 1 月 2 日。
② 《马克思恩格斯选集》第 2 卷，第 374 页。

面，新宪法明确规定社会主义制度是我们国家的根本制度，禁止任何组织或者个人破坏社会主义制度。任何背离社会主义制度的言行，都是违反宪法原则的，是错误的。只有社会主义才能救中国，这是中国各族人民从长期的切身经验中得出的不可动摇的结论。社会主义公有制消灭了人剥削人的制度，生产是为了最大限度地满足人民的物质文化需要，而不是为了剥削。同时，新宪法还规定了国家努力建设高度的社会主义精神文明，使越来越多的社会成员成为有理想、有道德、有文化、守纪律的劳动者，这也是社会主义的重要特征。我国社会主义革命和建设的伟大成就，充分显示了社会主义制度的无比优越性。与此相反，资产阶级宪法宣布"私有财产神圣不可侵犯"原则，以维护资产阶级的私有制。正如列宁指出的："以前所有一切宪法，以至最民主共和的宪法的精神和基本内容都归结在一个私有制上。"[1] 在资本主义社会，生产资料掌握在资产阶级手中，无产阶级和广大劳动人民只能出卖劳动力，过着被剥削、被压迫的生活，而资产阶级宪法正是为维护这种资本主义剥削制度服务。到了帝国主义时代，垄断资本家的垄断和追求高额垄断利润，严重的经济危机，犯罪猖獗，社会风气和道德败坏，使资本主义社会固有的矛盾更加尖锐化。

在坚持人民民主专政方面，新宪法明确确定了我国是人民民主专政的社会主义国家，国家努力建设高度的社会主义民主。人民民主专政是新型民主和新型专政的国家，它保证在人民内部实行社会主义民主，这种民主是切实保障广大人民当家作主的民主，是任何资产阶级国家所不可能有的最广泛的民主，因而是高度的民主、新型的民主。同时，必须把对人民的民主和对敌人的专政结合起来，把民主和集中、民主和法制结合起来。

如果抽象地空谈民主，否定对敌专政，否定民主集中制和社会主义法制，那就必然会造成资产阶级的极端民主化和无政府主义的严重泛滥，破坏安定团结和四化建设。坚持人民民主专政，是我国社会主义现代化建设事业的可靠保证。资产阶级宪法虽然标榜资产阶级国家是"主权在民"的国家，是"民有、民享、民治"的国家，但实际上是维护资产阶级对无产阶级和广大劳动人民的专政。资产阶级国家建立的庞大国家机器，就是用来统治和压迫劳动人民的。在帝国主义时代，随着经济上的垄断，国内阶级矛盾的加深，帝国主义国家的政权也愈益成为垄断寡头手中镇压劳动人民反抗的工具。

---

[1] 《列宁选集》第4卷，第168页。

在坚持共产党的领导方面，新宪法在序言中对此作了明确规定，中国共产党是中国工人阶级的先锋队，是中国各族人民利益的忠实代表，是社会主义事业的领导核心。历史经验证明，没有中国共产党的领导就没有社会主义的新中国。我们的社会主义事业的一切胜利，都是在中国共产党的领导下取得的。也只有在党的领导下，才能建设高度的社会主义民主。把民主和党的领导对立起来，不要党的领导的民主，绝不是什么社会主义民主。任何削弱、摆脱和破坏党的领导，都会给社会主义现代化建设事业带来莫大的危害。尽管资产阶级宪法一般不规定资产阶级政党的领导地位，但是整个宪法规定的资产阶级的经济制度和政治制度，都在于保证资产阶级的政党（"两党制"或者多党制）掌握国家政权，正如列宁指出的："一切资产阶级政党，甚至最民主的和'革命民主的'政党，也必须加强高压手段来反对革命的无产阶级，巩固高压机构，也就是巩固那个国家机器。"[①] 资产阶级正是利用它们之间的虚张声势的毫无多大实质内容的斗争来欺骗人民，粉饰民主。事实上，无论哪一个资产阶级政党上台执政，执行的都是资产阶级的政策，劳动人民的被剥削、被压迫的地位丝毫也没有得到改变。

在坚持马列主义、毛泽东思想的指导方面，新宪法在序言中也作了明确的规定。马列主义、毛泽东思想是经过实践反复证明了的科学真理。马列主义的国家学说和法的理论，以历史唯物主义为基础，科学地阐明了国家和法与一定生产关系和阶级斗争的辩证关系，揭示了国家和法的阶级实质，指明了社会主义的国家和法在建设社会主义中的积极作用，我国新宪法能够在国家生活中发挥巨大的作用，正是把马列主义的普遍真理和我国具体实践相结合的结果。资产阶级虽然标榜资产阶级宪法是"人类理性的表现"，但实际上是以资产阶级的超阶级的唯心主义的思想为指导的。例如美国《独立宣言》宣称："一切的人从来就是平等的，他们均享有不可侵犯的天赋人权——生命、自由，追求幸福。"法国《人权宣言》也规定："任何政治结合的目的都在于保存人的自然的和不可动摇的权利。"这些资产阶级宪法的基本原则，显然是把资产阶级思想家、法学家孟德斯鸠和卢梭等所主张的天赋人权，社会契约论作为思想武器的。他们的理论把国家、法和权利描绘成脱离现实的社会关系，脱离阶级斗争，因而是超阶级的，唯心主义的。国家和法是阶级矛盾不可调和的产物，根本不是全体国民订立契约的结果；在阶级社会中，人是有阶级性的，权利也是有阶级性的，根本不存在什么天赋人

[①]《列宁选集》第 3 卷，第 198 页。

权。实际上他们所理想的国家和法，无非是资产阶级的国家和法，他们所主张的天赋人权，无非是资产阶级的特权，正如恩格斯指出的："这个理性的王国不过是资产阶级理想化的王国……被宣布为最主要的人权之一的是资产阶级的所有权；而理性的国家、卢梭的社会契约在实践中表现为而且也只能表现为资产阶级的民主共和国。"① 这是对资产阶级的天赋人权论和社会契约论的最本质、最深刻的揭露和批判。

有比较才能有鉴别。通过以上的分析可以看出，我国新宪法所以能在国家生活中发挥巨大的积极的作用，正是因为它以四项基本原则为指导思想，规定了我们国家的社会主义的经济制度和政治制度，具有强大的生命力。对资产阶级宪法，我们需要运用马克思主义的立场、观点、方法，去研究和有分析，有批判地借鉴其中对劳动人民有益的东西，但是绝不能引进资本主义制度。正如邓小平同志指出的："我们要有计划、有选择地引进资本主义国家的先进技术和其他对我们有益的东西，但是我们决不学习和引进资本主义制度，决不学习引进各种丑恶颓废的东西。"② 如果否认和反对四项基本原则，想把资产阶级宪法中规定的资本主义制度引进到我们国家来，那只能是历史的大倒退，倒退到半殖民地半封建的道路上去。

四项基本原则是我们党一贯坚持的。但是，我国宪法以四项基本原则作为指导思想，也走过一段曲折的道路。我国 1954 年宪法以四项基本原则为指导原则，对动员全国人民进行社会主义改造和社会主义建设，发挥了巨大的作用。1975 年宪法在指导思想上偏离了四项基本原则，把贯彻所谓"无产阶级专政下继续革命"作为宪法的主要任务，使社会主义事业遭到不应有的损害。1978 年宪法，在指导思想，没有完全摆脱"无产阶级专政下继续革命"的影响，因此，不能适应我国社会主义现代化建设的需要。新宪法科学地总结了我国社会主义革命和建设的经验，特别是党的十一届三中全会以来的新经验，反映了我们的党在指导思想上的拨乱反正，不仅恢复了四项基本原则的本来面目，而且在新的历史条件下，坚持发展了四项基本原则。这突出地表现在它明确规定了国家在新时期的根本任务是："集中力量进行社会主义现代化建设"，"逐步实现工业、农业、国防和科学技术的现代化，把我国建设成为高度文明、高度民主的社会主义国家"。这一规定，体现了把国家的工作重点坚决转移到社会主义现代化经济建设上来，同时需

---

① 《马克思恩格斯选集》第 3 卷，第 405 页。
② 《邓小平文选》（1975—1982 年），第 154 页。

要努力建设高度的社会主义精神文明和社会主义民主的伟大战略方针，为我国人民指明了前进的方向和道路，确定了我国人民必须实现的法定目标。为了保证实现这一根本任务，新宪法还对完善我国社会主义的经济制度、政治制度和文化制度等，作了许多新的重要规定。由于新宪法坚持以四项基本原则为总的指导思想，因而是我国治国安邦的总章程，完全适应新时期社会主义现代化建设的需要。

"成文的宪法"和"现实的宪法"的高度一致

新宪法实施一年来的伟大实践还表明，它所以具有强大的生命力，还由于在其制定和执行中，坚持了我们党的实事求是的思想路线。我们在新宪法的制定中，坚持了实事求是的科学态度，从我国的现实情况出发，即从我国的现实的经济、政治情况出发，并且在执行中做到了理论联系实际，保证其贯彻执行，这是新宪法能在国家立法中发挥巨大作用的另一根本原因。

根据马克思主义的法学理论，法律必须以一定的社会为基础，必须适应统治阶级在经济上和政治上统治的需要。马克思曾指出："法律应该以社会为基础，法律应该是社会共同的、由一定物质生产方式所产生的利益和需要的表现。"马克思接着在谈到拿破仑法典时指出："这一法典一旦不再适应社会关系，它就会变成一叠不值钱的废纸。"[1] 列宁把马克思主义的上述法学理论运用到宪法问题上，十分形象地把"宪法"分为"成文的宪法"和"现实的宪法"，前者是指国家制定的宪法文件，后者是指客观存在的经济、政治关系，"现实的宪法"决定"成文的宪法"的性质、内容和特点。另一方面，"成文的宪法"必须真实地反映"现实的宪法"，即真实地反映一定的社会关系和阶级力量的对比关系，才能适应客观实际的需要。列宁在对资产阶级宪法作长期的、深入的考察后，对宪法的实质作出了如下的科学论断："宪法的实质在于，国家的一切基本法律和关于选举代议机关的选举权以及代议机关的权限等等的法律，都表现了阶级斗争中各种力量的实际对比关系。当法律同现实脱节的时候，宪法是虚假的。当它们是一致的时候，宪法便不是虚假的。"[2] 这就清楚地告诉我们，宪法是否能真正发挥根本大法的作用，首先不是看文字上的规定，而是看它所规定的内容是否和现实脱

---

[1] 《马克思恩格斯全集》第6卷，第292页。
[2] 《列宁全集》第15卷，第309页。

节,是否适应社会发展的需要。列宁关于"成文的宪法"和"现实的宪法"的区分及其相互关系的论述,鲜明地体现了上层建筑和经济基础之间的辩证关系,闪烁着辩证唯物主义和历史唯物主义的光辉,为我们研究宪法的本质和作用,提供了强大的思想武器。资产阶级宪法从维护少数剥削者的立场和唯心主义的观点出发,用"自由"、"平等"等冠冕堂皇的词句来掩盖对广大劳动人民的剥削和压迫,没有真实反映资本主义的客观实际情况,与"现实的宪法"严重脱节,具有很大的虚伪性。与此相反,我国新宪法代表工人阶级领导的广大人民的意志和利益,完全不需要隐瞒自己的阶级本质,并且坚持辩证唯物主义和历史唯物主义的观点,按照客观规律办事,以"现实的宪法"为依据,即以我国现实的经济、政治关系为依据。正是由于我国新宪法与现实的高度一致,"成文的宪法"与"现实的宪法"的高度一致,因而能在国家生活中发挥巨大的威力。这种一致性主要表现在以下几个方面。

第一,新宪法完全适应我国新时期社会主义现代化建设的需要。

新宪法关于我国国家生活的根本性问题的规定,具有两个基本特点。一是具有中国特色。新宪法注意吸取了国际经验,但不照搬别国经验、别国模式,而主要是总结我国社会主义发展的丰富经验,坚持从我国的实际情况出发,走一条具有中国特色的社会主义道路。二是具有时代的特点。它在新的历史条件下,继承和发展了1954年宪法的基本原则,确认和巩固了这个宪法制定以来我国社会主义事业所取得的胜利成果,特别是党的十一届三中全会以来我国的历史性伟大转变,各条战线取得的新胜利,经济体制和政治体制改革的新成果,党的十一届三中全会以来制定的路线、方针和政策,是纠正"左"的错误,反对右的错误,适应社会主义现代化建设的需要,把四项基本原则同新时期的具体实践相结合的产物。正如邓小平同志在党的十二大开幕词中提出的:"和八大的时候比较,现在我们党对我国社会主义建设规律的认识深刻得多了,经验丰富得多了,贯彻执行我们的正确方针的自觉性和坚定性大大加强了。"[①] 新宪法以反映我国历史发展规律的四项基本原则为总的指导思想,科学地、全面地总结了我国社会主义革命和建设的经验,坚持从我国的实际情况出发,从新时期的现实情况出发,因而是我国建国以来最好、最完善的一部社会主义宪法,是一部具有中国特色的、适应新时期社会主义现代化建设需要的宪法。

---

① 《邓小平文选》(1975—1982年),第371页。

新宪法适应我国新时期社会主义现代化建设的需要，首先表现在它适应社会生产力发展的需要。在我国，剥削阶级作为阶级消灭以后，阶级斗争已经不再是我国社会的主要矛盾。新时期我国所需要解决的主要矛盾，是人民日益增长的物质文化需要同落后的社会生产之间的矛盾。国家工作的重点必须转移到以经济建设为中心的社会主义现代化建设上来，大大发展社会生产力，并在这个基础上逐步改善人民的物质文化生活，这是社会主义客观规律的根本要求，新宪法为了适应这一客观规律的要求。（1）在序言规定的根本任务中，明确指出了国家工作的重点必须转移到社会主义现代化经济建设上来，逐步实现社会主义的四个现代化。（2）在总纲中规定了发展社会生产力的根本途径，这就是：提高劳动者的积极性和技术水平，推广先进的科学技术，完善经济管理体制和企业经营管理制度等。（3）规定了通过正确处理积累和消费的关系，国家、集体和个人利益的关系，在发展生产的基础上，逐步改善人民的物质生活和文化生活。（4）为了适应发展社会生产力的需要，新宪法在坚持四项基本原则的前提下，对改革和完善社会主义的生产关系和上层建筑，作了许多新的重要规定，这些规定反映了我国经济体制和政治体制改革的方针和成果，并将推动这些方面的改革继续前进。新宪法的以上规定，对于发展社会生产力，解决我国新时期的主要矛盾，十分必要。

同时，新宪法还充分适应我国新时期全面开创社会主义现代化建设新局面的需要，在全面开创社会主义现代化建设新局面的各项任务中，我们面临的首要任务是把经济建设继续推向前进。新宪法不仅明确规定了以经济建设为中心，而且根据实现社会主义四个现代化的需求，规定了完善和发展我国的社会主义经济制度。同时规定了在建设高度的物质文明的同时，还需要建设高度的社会主义精神文明。社会主义精神文明对物质文明不但起巨大的推动作用，而且保证它的正确发展方向。新宪法不仅把建设高度的社会主义精神文明作为伟大目标和根本任务，而且对建设社会主义精神文明的基本方面和基本措施，作了完整的规定。社会主义的物质文明和精神文明的建设，都要靠继续发展社会主义民主来保证和支持。新宪法把建设高度的社会主义民主作为根本目标和根本任务之一，并对发展社会主义民主的基本方面，包括健全我国的人民代表大会制度，发展人民的直接民主，发展国内各民族之间的平等、团结、互助的社会主义民主关系，巩固和加强爱国统一战线等，都作了许多新的重要规定。同时，新宪法把社会主义民主同社会主义法制的建设紧密结合起来，它既是社会主义民主制度化、法制化的基础，也是健全社会主义法制的法律基础，对于保障人民民主，对于维护社会秩序，对于我们国家的长治久安，十分重要、十分明显。新宪法真实反映了我国新时期的现实情况和要求，与"现实的宪法"高度一致，充分适应我国新时期经济建设、政治建设、思想文化建设和法制建设各方面的需要，是把我国建设成为现代化的、高度文明、高度民主的社会主义国家的强大武器。

第二，新宪法集中体现了我国广大人民的意志和利益。

根据历史唯物主义的观点，人民是创造世界历史的动力。在我国，人民是"现实的宪法"的创造者，同时，又是"成文的宪法"的创造者。新宪法是党领导全国人民制定的。党是代表中国人民利益，执行人民意志的工人阶级政党。党十分重视这次宪法的修改，不仅提出了关于修改宪法和成立宪法修改委员会的建议，而且自始至终领导了这一工作。同时，全国各族人民还对新宪法进行了四个月的全民讨论，参加的人数约占成年公民的80%—90%，参加人数之多，时间之长，都是空前的。因此，新宪法充分代表了我国工人阶级领导的广大人民的意志，从而保证了"成文的宪法"和"现实的宪法"的高度一致。

新宪法不仅在制定中依靠人民，而且把人民是历史的创造者这一基本原理系统地运用到全部规定中去。首先，新宪法在序言中热情地歌颂了中国各族人民共同创造了光辉灿烂的文化，具有光荣的革命传统，特别是1840年以来，为国家独立、民族解放和民主自由进行了前仆后继的英勇奋斗。在中国共产党的领导下，中国人民于1949年建立了中华人民共和国，从此掌握了国家的权力，成为国家的主人，并继续前进，取得了社会主义革命和建设的巨大成就。其次，反复强调了必须依靠人民，相信人民，全心全意为人民服务。新宪法明确规定，社会主义的建设事业必须依靠工人、农民和知识分子，团结一切可以团结的力量。各级人民代表大会由民主选举产生，对人民负责，受人民监督。一切国家机关和国家工作人员必须依靠人民的支持，经常保持同人民的密切联系，倾听人民的意见和建议，接受人民的监督，努力为人民服务。最后，新宪法关于我国根本任务和根本制度的各项规定，都是顺应人民的要求，符合人民的愿望，为了人民的利益。新宪法关于根本任务的规定，正是反映了人民渴望安定团结地进行社会主义现代化建设，提高社会主义物质文明和精神文明的要求。新宪法规定的我国社会主义经济制度，是人民提高物质文化生活的物质基础；关于建设社会主义精神文明的规定，是人民提高思想觉悟和科学文化水平的重要保证；关于发展社会主义民主的规定，能切实保证人民当家作主；关于健全社会主义法制的规定，能维护人民的权利和安全，等等。新宪法所有以上这些规定，都有利于激发亿万人民的主人翁责任感和首创精神，管理好和建设好我们伟大的社会主义国家。列宁在谈到苏维埃宪法的优越性时指出："我们公开宣布了被剥削的劳动人民的统治，——这就是我们的力量，这就是我们不可战胜的根源。"① 由于我国新宪法充分代表了我国广大人民的意志和利益，真正保证我国人民成为国家和社会的主人，因而它深受广大人民的拥护，这正是新宪法能发挥巨大作用的力量源泉。

第三，我们党和我国人民对实施新宪法的高度重视。

社会主义宪法和现实的一致性，不仅表现在它真实地反映了社会现实生活，而且还表现在它能在实际生活中得到认真的贯彻实施，能真正解决现实生活中的问题。因此，宪法制定后，必须在实际生活中保证其贯彻执行，才能发挥它的作用，否则就会成为一纸空文。我们党和我国人民通过总结过去宪法实施的经验教训，深知宪法的权威关系到政治的安定和国家的命运，必须坚决维护宪法的权威和尊严，保证宪法的实施。在宪法序言中明确规定："全国各族人民，一切国家机关和武装力量，各政党和各社会团体，各企业事业组织，都必须以宪法为根本的活动准则，并且负有维护宪法尊严、保证宪法实施的职责。"

在保证宪法实施中，党的领导作用是十分重要的。我们党领导人民制定宪法，也领导人民遵守宪法。在新宪法通过前不久，党的十二大报告即指出："特别要教育和监督广大党员带头遵守宪法和法律。新党章关于党必须在宪法和法律的范围内活动的规定是一项极其重要的原则。从中央到基层，一切党组织和党员的活动都不能同国家的宪法和法律相抵触。"② 这次整党又把新宪法作为党员的必读文件，这充分表明我们党对实施新宪法的高度重视，对于增强全体党员的宪法和法制观念，提高执行宪法和法律的自觉性，有着十分重要的意义。

国家机关在实施宪法中负有很重要的职责，宪法的许多规定主要靠国家机关去贯彻执行。首先，各级人大对贯彻执行宪法十分重视。例如，新宪法经过五届人大五次会议通过公布后生效，但宪法关于国家主席的职权的规定，在六届全国人大一次会议选出国家主席、副主席以前，还不能施行。为

---

① 《列宁全集》第28卷，第69页。
② 《中国共产党第十一届全国代表大会文件汇编》，第39页。

此，五届人大五次会议专门通过决议，在六届人大一次会议根据新宪法选出国家主席、副主席和下届全国人大常委会以前，五届全国人大常委会及其委员长、副委员长继续分别按照1978年宪法第二十五条和第二十六条的规定行使职权。这一决议，充分表明了全国人大极为严格地按照宪法的规定办事，高度重视宪法的实施。全国人大常委在大力加强立法工作以保证宪法实施的同时，还在六届一次会议的《政府工作报告》中，强调指出：遵守宪法，维护宪法尊严，是全国各族人民的神圣义务。各省、自治区、直辖市的人民代表大会也先后通过关于深入宣传新宪法、保证新宪法贯彻实施的决议。同时，各级人民政府也很重视宪法的实施。六届人大一次会议的《政府工作报告》中强调指出，各级政府及其工作人员，必须以身作则，坚决维护宪法的尊严，成为执行宪法的模范。此外，政法部门也分别发出学习、宣传、贯彻新宪法的通知。

全国人民对于宪法的制定、学习、宣传和贯彻也很重视。宪法修改草案的全民讨论，实际上是一次全国范围的群众性的学习宪法、宣传宪法的热潮。新宪法通过以后，又通过报刊、广播讲座、宣传性小册子、各种座谈会、报告会等多种形式，对新宪法的指导思想、基本原则、基本内容以及它的重要意义，进行了广泛深入的宣传，努力使广大人民懂得宪法，充分认识实施宪法同他们的根本利益和切身利益的密切关系，自觉地遵守宪法，并且同违反宪法的行为进行坚决的斗争。

在党的领导下，全国各族人民，一切国家机关、团体和组织，共同遵守宪法，维护宪法，严格按照宪法的规定办事，这是保证新宪法实施，发挥其作用的最伟大的力量。

一年多来实施新宪法的实践表明，它充分适应社会主义现代化建设的需要，并且得到了认真地贯彻和切实遵守，"成文的宪法"和"现实的宪法"高度一致，这是总的情况，是主流。同时，我们也要看到，新宪法公布以后，并不意味着宪法规定的各项条文就自然而然地实现，违反宪法和法律的现象也不会自行消灭，正如党的十二大报告中指出的："现在的问题是，不但有相当数量的群众，而且有相当数量的党员，包括一些负责干部，对法制建设的重要性还认识不足，有法不依、执法不严的现象在一些方面仍然存在，已经制定的法律还没有得到充分的遵守和执行。"[①] 为了

[①] 胡耀邦：《全面开创社会主义现代化建设的新局面》，载《中国共产党第十二次全国代表大会文件汇编》，第38页。

保证新宪法的进一步实施，同违反宪法和法律的行为进行斗争，需要在宪法的基础上进一步加强立法工作，需要有关国家机关从各方面来保证宪法的严格执行。同时，需要采取多种形式，紧密联系实际，继续普遍地、经常地、深入地进行宪法的宣传和教育，努力做到家喻户晓，使广大干部和群众掌握宪法，严格按照宪法的规定办事。法学研究工作在创造性地研究新宪法及其实施过程中提出的重大理论和实际问题的同时，还必须积极参加宣传宪法的工作，使新宪法在保障和促进社会主义现代化的伟大实践中，发出更加灿烂的光辉！

（原载《中国法学》1984年第2期）

学习毛泽东思想关于民主和法制的理论

王叔文

毛泽东思想关于民主和法制的理论是对马列主义国家学说的坚持、丰富和发展，是我国社会主义民主和法制建设的根本指导思想和理论基础。本文对于毛泽东思想关于民主和法制的科学理论观点和理论原则，作了概括性的论述。学习毛泽东思想关于民主和法制的理论，对于加强我国社会主义民主和法制建设，推进我国社会的稳定发展和改革开放的顺利进行，以及推进我国法学进一步繁荣和发展，具有十分重要的意义。

党的十三届四中全会以来，党和国家反复强调指出，随着社会主义现代化建设的发展和改革的深入，必须在坚持"一个中心，两个基本点"的前提下，大力加强社会主义民主和法制的建设，为了适应这一任务的需要，中国法学会选编了《毛泽东思想关于民主和法制的理论》一书。毛泽东思想关于民主和法制的理论，是马克思主义在中国的运用和发展，是中国共产党集体智慧的结晶，它体现在党和国家制定的文献和法律中，也体现在党和国家领导人的有关论述中。它是我国社会主义民主和法制建设的根本指导思想和理论基础，也是我们进行法学研究的强大思想理论武器。学习毛泽东思想关于民主和法制的理论，对于加强社会主义民主和法制的建设，促进我国政治、经济、社会的进一步持续稳定发展，推进治理整顿，深化改革的顺利进行，维护国家的长治久安，具有重大的现实意义和深远的历史意义。同时，对于在法学领域坚持以马克思主义为指导，正本清源，推进我国法学的进一步繁荣和发展，也具有十分重要的意义。下面谈谈个人学习毛泽东思想关于民主和法制理论的几点体会和认识。

马列主义国家学说的坚持、丰富和发展

中国共产党在领导中国革命和建设中，把马克思主义的基本原理，同我国的民主和法制建设的具体实践紧密地结合起来，在这方面所阐明的正确理论原则和观点，是对马列主义国家学说的丰富和发展，这些原则与观点主要是：

(1) 关于社会主义条件下国家的根本任务是集中力量进行社会主义现

代化建设的观点。（2）关于坚持四项基本原则是立国之本的观点。（3）关于坚持改革开放是强国之路的观点。（4）关于人民民主专政的观点。（5）关于在社会主义条件下，剥削阶级作为阶级已经消灭，但是阶级斗争还将在一定范围内长期存在的观点。（6）关于大力加强社会主义民主和法制建设，有领导有步骤地推进政治体制改革的观点。（7）关于坚持和完善人民代表大会制度的观点。（8）关于坚持和完善共产党领导的多党合作与政治协商制度的观点。（9）关于社会主义精神文明是社会主义的重要特征，是社会主义民主和法制的重要目标的观点。（10）关于用"一国两制"的构想来实现国家统一的观点。（11）关于宪法是社会主义法律体系的基础的观点。（12）关于维护社会主义法制的统一和尊严的观点。以上这些理论概括和理论观点，构成了建设有中国特色的社会主义民主和法制理论的轮廓，规划了我国法学繁荣和发展的科学轨道。

在毛泽东思想关于民主和法制理论中，最为重要的理论原则是，党的社会主义初级阶段的基本路线是加强社会主义民主和法制建设的根本指导思想，中国共产党是加强我国民主和法制建设的领导核心，人民民主专政的国家制度，包括人民民主专政的国体，人民代表大会制的政体，单一制的社会主义国家结构形式，是加强我国民主和法制建设的根本保证。下面分别对这些理论原则，作简要的论述。

（一）坚持"一个中心，两个基本点"的基本路线

社会主义民主和法制建设必须以党的基本路线为指导。首先，必须坚持以经济建设为中心，这是我们党对我国长期社会主义建设经验的科学总结。早在制定1954年宪法中，从我们党的指导思想上讲，即把民主法制与建设社会主义结合了起来。正如毛泽东同志在《关于中华人民共和国宪法草案》的讲话中指出的："我们现在要团结全国人民，要团结一切可以团结和应当团结的力量，为建设一个伟大的社会主义国家而奋斗。这个宪法就是为这个目的而写的。"[①] 1956年召开的党的第八次全国代表大会进一步指出，在我国，社会主义制度已经基本建立起来，全国人民的主要任务是集中力量发展社会生产力，实现国家工业化，逐步满足人民日益增长的物质文化需要，与此相适应，我们国家必须进一步加强人民民主法制。正如董必武同志在这次大会的讲话中指出的，"目前我们党和国家的中心任务，……就是要依靠已经获得解放和已经组织起来的几亿劳动人民，团结国内外一切可能团结的力

[①] 《毛泽东选集》第5卷，第131页。

量,充分利用一切对我们有利的条件,尽可能迅速地把我国建设成为一个伟大的社会主义国家。在这样任务面前,党必须采取积极措施,健全我们的人民民主法制"[1]。这就把民主法制建设与经济建设这一中心任务进一步结合了起来。但是,后来随着"左"的错误的产生和发展,在经济建设上没有坚定不移地实现战略转移,在政治上则把阶级斗争扩大化的迷误当成保卫马克思主义的纯洁性,民主法制建设不是得到加强,而是受到轻视和削弱。党的十一届三中全会以来,我们党果断地停止使用"阶级斗争为纲"这个不适用于社会主义社会的口号,作出了把工作重点转移到社会主义现代化建设上来的伟大战略决策,同时,还着重提出了加强社会主义民主和法制建设的任务。历史经验充分证明,我国的社会主义民主和法制建设必须紧紧围绕经济建设这个中心,为这个中心服务,才能沿着正确的道路胜利地发展。

同时,我国的社会主义民主法制建设必须把坚持四项基本原则同坚持改革开放紧密地结合起来。社会主义民主和法制建设必须适应改革开放的需要,适应经济体制改革和政治体制改革的需要。社会主义是在改革中前进的社会,改革是社会主义生产关系和上层建筑的自我完善,是社会主义社会发展的重要动力,如果不改革开放,就不可能更好地发挥社会主义的优越性和吸引力。但是,我国的改革开放,是坚持四项基本原则的改革开放。四项基本原则是全国各族人民团结的共同的政治基础,也是社会主义现代化建设事业顺利进行的根本保证。正是这样,我国宪法把四项基本原则作为宪法总的指导思想。我国的社会主义民主和法制建设也必须在坚持四项基本原则的前提下进行。搞资产阶级自由化的人反对宪法规定的四项基本原则,其目的是要否定我们国家的根本制度,照搬西方资本主义国家的政治经济制度。

(二) 坚持中国共产党的领导

坚持党的领导,是坚持四项基本原则的核心,也只有在党的领导下,才能建设高度的社会主义民主和完备的社会主义法制。有的人把民主和党的领导对立起来,否认党对民主的领导,这是十分错误的。不要党的领导的民主,绝不是什么社会主义民主。正如邓小平同志强调指出的:"改革党和国家的领导制度,不是要削弱党的领导,涣散党的纪律,而正是为了坚持和加强党的领导,坚持和加强党的纪律。"[2] 政治体制改革的关键首先是党政分开,即党政职能分开。早在《井冈山的斗争》一文中,毛泽东同志即提出

---

[1] 《董必武选集》,第 418 页。
[2] 《邓小平文选》(1975—1982 年),第 300—301 页。

了党政要分开，党的主张办法，除宣传外，执行的时候必须通过政府的组织。1956年，董必武同志进一步指出："我们党领导人民建立了中华人民共和国，党是国家的领导核心，但是我们党从来是把党组织和国家机关严格划分清楚的，党是通过自己的党员和党组织领导国家机关，而不是包办代替国家机关的工作，这是我们一贯坚持的原则。"[①] 党的十一届三中全会以后，邓小平同志反复强调了必须改革党和国家的领导制度，解决权力过分集中的现象，并把它与社会主义民主和法制建设紧密结合起来。他指出："有些属于法律范围的问题，由党管不合适。党干预太多，就会妨碍在全体人民中树立法制观念。党要管党内纪律的问题，法律范围的问题应该由国家和政府管。主要是这么一个党和政府的关系问题，是一个政治体制的问题，这个问题还可以再考虑一下，我看明年党的十三大可以先把这个关系理顺。"[②] 根据邓小平同志的这一思想，党的十三大强调了政治体制改革的关键首先是党政分开，并制定了党政分开的基本政策和措施，这对于坚持和完善党的领导，具有十分重要的意义。

(三) 坚持人民民主专政

人民民主专政是中国共产党领导中国人民，运用马列主义国家学说与中国国情相结合，在政权建设上的主要经验和主要纲领。毛泽东思想关于人民民主专政的理论，概括起来，有以下基本点：（1）我国是工人阶级领导的，以工农联盟为基础的人民民主专政的社会主义国家，这是我国的国家性质和国体。（2）人民民主专政是在最广大的人民内部实行民主，只对极少数破坏社会主义的敌对分子实行专政，并把二者紧密地结合起来。（3）人民民主专政经历了资产阶级民主革命时期和社会主义革命时期，建国以后，我国的人民民主专政又经历了两个发展阶段。建国初期，人民民主专政是同过渡时期的情况和任务相适应的。在社会主义制度确立以后。人民民主专政的国家政权的任务，主要是保卫社会主义制度，组织和领导社会主义建设。（4）正确认识和处理在社会主义条件下仍然存在的阶级斗争，是保障最广大人民的民主权利，对极少数敌对分子实行有效专政的一个关键。在剥削阶级作为阶级消灭以后，我国社会存在的矛盾大多数不具有阶级斗争的性质，阶级斗争已经不再是我国社会的主要矛盾。但是，阶级斗争还将在我国社会的一定范围内长期存在，并且在某种条件下还有可能激化。因此，人民民主

---

① 《董必武选集》，第413页。
② 邓小平：《建设有中国特色的社会主义》（增订本），第135页。

专政不能削弱。(5) 在人民民主专政下面，必须正确区分和处理两类不同性质的矛盾。正是在这些理论原则的指导下，我国的人民民主专政得到不断地巩固和发展。有的人把人民民主专政攻击为"专制主义"，这是对人民民主专政的极大歪曲，其目的在于否定人民民主专政。

(四) 坚持人民代表大会制度

人民代表大会制度是我国人民在中国共产党领导下，从革命根据地的政权建设中创造出来的，是具有中国特色，符合我国国情，适合我国人民民主专政和社会主义现代化建设需要的政权组织形式。正如刘少奇同志指出的："人民代表大会制度所以能够成为我国适宜的政治制度，就是因为它能够便利人民行使自己的权利，能够便利人民群众经常经过这样的政治组织参加国家的管理，从而得以充分发挥人民群众的积极性和创造性。"[①] 正是这样，党的十三大强调指出："人民代表大会制度，共产党领导下的多党合作和政治协商，按照民主集中制的原则办事，是我们的特点和优势，决不能丢掉这些特点和优势，照搬西方的'三权分立'和多党轮流执政。"有的人鼓吹照搬西方资本主义国家的"三权分立"和多党制，其实质在于否定我国的人民代表大会制度和民主集中制，否定共产党对代表机关的领导。

(五) 坚持单一制的社会主义国家结构形式

马克思主义关于社会主义国家结构形式的基本观点是，必须有利于保护和发展社会主义经济，有利于巩固无产阶级专政，有利于实现各民族的平等、团结和共同繁荣，并且，原则上主张在无产阶级革命胜利取得政权后，建立单一制的社会主义国家，而不主张建立联邦制国家。我国自古以来，就是一个统一的多民族国家。建立统一的多民族的社会主义国家，是我国各族人民长期共同斗争的成果，对于维护国家的独立和安全，进行社会主义现代化建设，发展社会主义的民族关系，都十分重要。正是这样，我国采用单一制的社会主义国家结构形式，并规定在我国的宪法中。正如周恩来同志指出的："中华人民共和国是单一体的多民族的国家，而不是联邦国家，也无法采取联邦制度。"[②] 毛泽东思想关于我国单一制的社会主义国家结构形式的理论，概括起来，主要有以下几个方面：(1) 中华人民共和国是我国各族人民共同缔造的多民族国家，实现各民族平等、团结和共同繁荣是我们党和

---

① 《刘少奇选集》下，第156页。
② 《周恩来选集》下，第260页。

国家奉行的基本原则。（2）中央和地方的关系是，遵循在中央的统一领导下，充分发挥地方的主动性、积极性。（3）各少数民族聚居的地方实行区域自治，各民族自治地方都是中华人民共和国不可分离的部分。（4）根据"一国两制"的方针，国家在必要时得设立特别行政区。在维护国家主权，统一和领土完整的前提下，特别行政区不实行社会主义制度和政策，享有高度的自治权。特别行政区是中华人民共和国不可分离的部分，是中央统一领导下的地方行政区域，不带有联邦制下的任何独立的政治实体的性质。有的人鼓吹在我国实行联邦制，这是违背毛泽东思想关于我国国家结构的理论，违背我国宪法，民族区域自治政策和"一国两制"方针，也是违背我国国情，违背我国各族人民的根本利益和愿望的。

发展我国社会主义民主的指导思想

社会主义民主即人民民主的实质和核心，是人民当家作主，我国宪法明确规定国家的一切权力属于人民，这是我国社会主义民主政治最本质的特征，但是，我国社会主义发展中的主要教训，一是没有集中力量发展经济，二是没有切实建设社会主义民主政治。党的十一届三中全会以后，对加强社会主义民主建设给予了高度的重视，强调了民主是社会主义的本质特征，发展社会主义民主，对社会主义现代化建设十分重要。正如邓小平同志指出的，"没有民主就没有社会主义，就没有社会主义的现代化"[①]。正是这样，我们党把建设高度的社会主义民主作为社会主义现代化建设的一个重要目标和任务，指出社会主义的物质文明和精神文明建设，都要靠继续发展社会主义民主来保证和支持。

同时，我们党历来强调，社会主义民主建设必须从我国实际出发，有领导、有秩序地逐步进行。正如党的十三大指出的："社会主义民主政治的建设，既因为封建专制主义影响很深而具有迫切性，又因为受到历史的社会的条件限制，只能有秩序有步骤地进行。"从历史条件讲，我们这个国家有几千年封建社会的历史，因此在建设社会主义民主方面，面临一个肃清封建主义残余影响的问题，这是需要有领导地逐步地加以解决的。正如邓小平同志指出的："肃清封建主义残余影响，重点是切实改革并完善党和国家的制度，从制度上保证党和国家政治生活的民主化，经济管理的民主化，整个社会生活的民主化，促进现代化建设事业的顺利发展，这需要认真调查研究，

[①] 《邓小平文选》（1975—1982年），第154页。

比较各国的经验，集思广益，提出切实可行的方案和措施。不能认为只要破字当头，立就在其中了。"从社会条件讲，发展社会主义民主也受到经济、政治和文化水平等方面的限制。在经济方面，我国是发展中的社会主义国家，尚处于社会主义初级阶段，社会主义民主作为社会主义经济基础的上层建筑，必须随着经济的发展而发展。发展社会主义民主同进行经济建设一样，不能用"大跃进"的方法，而只能逐步地发展。在政治方面，我们的现代化建设面临着复杂的社会矛盾，需要安定的社会政治环境，社会主义民主政治建设，人民代表大会制度的完善，也有一个逐步发展的过程。在文化方面，我们的文化水平还比较落后，需要逐步提高，以适应建设高度社会主义民主的需要。所有这些，都决定了我国的社会主义民主建设，必须从我国国情出发，有领导有秩序地逐步进行，不可能一天早上就能实现高度的民主，更不能搞破坏社会安定的"大民主"，否则，只能给社会的安定造成危害，给社会主义现代化事业造成危害，1989年的动乱就是一个明显的教训。

为了有领导、有秩序地逐步发展社会主义民主，当前最为重要的是要继续完善我国的人民代表大会制度和中国共产党领导的多党合作与政治协商制度，这也是我国政治体制改革的主要内容。

为了完善人民代表大会制度，首先，需要加强人大的立法工作，特别是全国人大及其常委会需要抓紧制定对全局有影响的法律，以适应稳定和改革开放的需要。其次，进一步完善各级人大对"一府两院"的监督制度，包括制定监督法，以加强代表机关的监督，特别是要加强全国人大及其常委会的宪法和法律监督。再次，需要完善各级人大的组织建设，包括制定代表法，以进一步密切人大与群众的联系，使人大能更好地代表人民。最后，需要加强人大的工作程序和制度建设，以保证人大决策的民主化和科学化。

中国共产党领导的多党合作和政治协商制度，是在长期革命和建设中形成和发展起来的，是符合中国国情的社会主义政党制度，也是我国社会主义政治制度的一个特点和优点。它根本不同于西方资本主义的多党制或两党制，也有别于一些社会主义国家实行的一党制。在我国，中国共产党是社会主义事业的领导核心，是执政党。各民主党派是各自所联系的一部分社会主义劳动者和一部分拥护社会主义爱国者的政治联盟，是与共产党亲密合作的友党，是参政党，不是在野党，更不是反对党。我国的多党合作必须坚持中国共产党的领导，必须坚持四项基本原则，这是合作的政治基础。民主党派参政的基本点是：参加国家政权，参与国家大政方针和国家领导人选的协商，参与国家事务的管理，参与国家方针、政策、法律、法规的制定执行。

坚持和完善中国共产党领导的多党合作和政治协商制度，对于巩固和扩大爱国统一战线，发展社会主义民主，加强全国人民的大团结，实现党的基本路线，十分重要。

在推进社会主义民主政治建设中，我们必须划清社会主义民主和资产阶级民主的原则界限。我们可以借鉴资本主义国家的某些做法，但绝对不能照搬。正如邓小平同志强调指出的："我们在宣传民主的时候，一定要把社会主义民主同资产阶级民主，个人主义民主严格区别开来，一定要把对人民的民主和对敌人的专政结合起来，把民主和集中、民主和法制、民主和纪律、民主和党的领导结合起来。"① 有的人抹杀民主的阶级性，鼓吹"民主无东西方之分"，实际上是主张照搬资产阶级民主。1989 年的动乱和暴乱清楚地表明，如果离开社会主义的方向和轨道，抽象地空谈民主，那就会造成极端民主化和无政府主义的泛滥，其结果必然会导致严重破坏社会主义法制，危害安定团结的政治局面。

健全我国社会主义法制的理论基础和原则

我们党在领导中国人民进行革命和建设的过程中，把马克思主义及其法学理论同中国的具体实践结合起来，在法制建设方面积累了丰富的经验，但也有一些教训。在民主革命时期，我们党反复强调了必须废除国民党政府的旧法制，建立人民的革命法制。建国以后，我们党又强调了建立和健全人民民主法制的重要性。正如董必武同志指出的："法律是一种上层建筑，这种上层建筑的形成和发展，对摧毁旧基础，巩固新基础有巨大的作用。不知道运用法律这个武器，无形中就会削弱国家权力的作用。"② 50 年代初期和中期，我国人民民主法制的建设得到重视和加强，对社会主义革命和建设所起的重大作用，同以后由于"左"倾错误的影响而受到轻视和削弱以致破坏，造成社会主义政治和经济的巨大损失，就从正反两方面证明了这一点。

党的十一届三中全会以后，为了适应国家工作的重点转移到社会主义现代化建设上来的需要，我们党把大力加强社会主义法制建设作为坚定不移的基本方针，并阐明了以下一系列科学理论观点：

（1）强调"为了保障人民民主，必须加强社会主义法制，使民主制度化，法制化，使这种制度和法律具有稳定性、连续性和极大的权威，做到有

---

① 《邓小平文选》（1975—1982 年），第 162 页。
② 《董必武选集》，第 350 页。

法可依，有法必依，执法必严，违法必究"①。社会主义民主是社会主义法制的前提和基础，社会主义法制是社会主义民主的体现和保障。不要社会主义民主的法制，绝不是社会主义法制，不要社会主义法制的民主，决不是社会主义民主。因此，社会主义民主的建设必须同社会主义法制建设紧密地结合起来。

（2）强调完善国家的宪法，法律和法律制度，是健全社会主义的法制的前提，制度的改革和完善，比个人的思想、作风、责任，更带有根本性、全局性、稳定性和长期性。只有健全社会主义的法律制度，才能彻底克服那种"依人不依法"、"依言不依法"的情况。

（3）提出了"一手抓建设和改革，一手抓法制"的思想。这一思想，指明了建设、改革和法制的辩证关系，法制在建设和改革中的重要作用，法制与建设、改革必须同步发展，这是对马克思主义法学理论的创造性发展。

（4）强调了国家维护社会主义法制的统一和尊严。一切组织和公民都必须遵守宪法和法律，以宪法为根本的活动准则，一切违反宪法和法律的行为，必须予以追究。

（5）强调了法制建设必须与社会主义精神文明建设紧密地结合起来。我国宪法把建设社会主义精神文明作为一项根本任务，并从文化建设和思想建设全面地、明确地规定国家建设社会主义精神文明的基本政策和措施，纵观世界各国宪法，是绝无仅有的。

除了上述的结论观点外，我们党还在总结社会主义法制建设经验的基础上，在法的制定、执行和遵守方面，确定了一系列必须遵循的理论原则。

在法的制定方面，首先必须坚持党的一切从实际出发，实事求是，理论联系实际的思想路线，认真进行调查研究和总结经验，正如彭真同志指出的："立法必须从中国的实际出发，调查研究现实的实际和历史的实际。"②同时，提出在立法中要注意把原则性和灵活性结合起来：以最大多数人的最大利益为标准，立足全局，统筹兼顾；采取领导机关和广大群众的意见相结合的方法，以及研究、借鉴历史和国外的有益经验等。

在法律的执行和遵守方面，我们党强调必须依法办事。早在50年代董必武同志即指出："党中央号召公安、检察、法院和一切国家机关，都必须

---

① 中国共产党第十一届三中全会公报。
② 彭真：《新时期的社会主义民主和法制建设》，第95页。

依法办事，我认为依法办事，是我们进一步加强人民民主法制的中心环节。"[1] 他指出既要严格按照实体法办事，也要严格按照程序法规定的程序办事，并批评了那些不重视国家法制的人们有一种颇为流行的理由，不是说国家法制是形式，就是说国家法制太麻烦，施行起来妨碍工作，实际上这种理由是牵强的，经不起一驳的。依法办事只会把工作做得好些、顺利些。党的十一届三中全会以后，党中央更是反复强调严格依照宪法和法律规定办事，同时，还强调必须坚持公民在法律面前一律平等的原则。正如彭真同志指出的："不管什么单位，不管什么人，党内党外，干部群众，只要犯了法，依法该怎么处理就怎么处理。不这么办，还有什么社会主义法制！"[2] 加强社会主义民主和法制的建设，根本问题是教育人。为了使广大干部和群众熟悉和掌握宪法和法律，做到知法、守法，并且运用法律武器同一切违反宪法和法律的行为作斗争，需要大力加强法制的宣传教育。

党的十二届六中全会的决议指出："近来中央着重提出政治体制改革，就是要在坚持党的领导和人民民主专政的基础上，改革和完善党和国家的领导制度，进一步扩大社会主义民主，健全社会主义法制，以适应社会主义现代化建设的需要。"摆在我们法学法律工作者面前的任务，是要在马克思主义的指导下，从我国的基本国情出发，在认真总结经验的基础上，对我国社会主义民主和法制的本质、特点及发展规律，进行总体的和战略性的研究，从而对加强有中国特色的社会主义民主和法制建设提出对策，供党和国家进行决策参考。学习毛泽东思想关于民主和法制建设的理论，对完成这一光荣艰巨的任务，有十分重要的指导意义。

（原载《中国法学》1991年第1期）

---

[1] 《董必武选集》，第410页。
[2] 彭真：《论新时期的社会主义民主和法制》，第209页。

党的十四大以来我国宪法学的新成就

王叔文

自党的十四大召开以来，在邓小平同志建设有中国特色的社会主义理论和党的"一个中心，两个基本点"的基本路线的指导下，我国宪法学的专家学者，进一步研究了在社会主义民主和法制建设方面，宪法学所面临的重大理论和实际问题，发表了许多学术论文和著作，取得了一系列新的研究成果，并在宪法教学、研究和实际工作中积极开展各项业务活动，对我国的社会主义民主和法制建设，起了积极的促进作用。

一、努力学习和阐述邓小平同志的宪法理论。党的十四大对邓小平同志建设有中国特色的社会主义理论，作了全面的、系统的、科学的论述，1993年全国人大通过的宪法修正案，在《序言》中还着重增写了"根据建设有中国特色的社会主义理论"，把这一理论作为我国宪法的根本指导思想。我国宪法学的专家学者对邓小平同志的有中国特色的宪法理论进行了认真的学习和阐述。在许多文章和著作中，论述了邓小平同志的宪法理论是建设有中国特色的社会主义的重要组成部分，是对马克思主义宪法理论的坚持和发展。我国现行宪法是以邓小平同志的宪法理论为指导制定的。它科学地总结了我国长期革命和建设的经验，以根本大法的形式，规定了我们国家的根本制度和根本任务，充分代表了全国各族人民的共同意志和根本利益，是一个建设有中国特色的社会主义的宪法，是新时期治国安邦的总章程。宪法颁布十多年来，在加强社会主义民主和法制建设，维护社会政治稳定，保障改革开放和现代化建设的胜利进行等方面都发挥了巨大的作用。

我国宪法学的专家学者还强调指出，邓小平同志作为我国改革开放和现代化建设的总设计师，对建设有中国特色的社会主义经济、政治和文化，作了一系列精辟论述。这些论述，是建设有中国特色的社会主义的理论基础，也是我国宪法建设的理论基础。具体说来，邓小平同志的宪法理论，主要表现在对以下几个方面的论述：（1）社会主义的根本任务是解放和发展生产力，宪政建设必须以经济建设为中心。（2）宪政建设必须坚持四项基本原则为立国之本。（3）宪政建设必须坚持改革开放是解放和发展生产力之必由之路。（4）坚持和完善社会主义的经济制度。（5）坚持人民民主专政的国家制度。

(6) 坚持和完善人民代表大会制度，坚持和完善共产党领导的多党合作和政治协商制度。(7) 建设社会主义精神文明是我国宪政建设的重要内容。(8) 一手抓建设和改革，一手抓法制。(9) 用"一国两制"来实现国家的统一。这些论述，明确了我国宪政建设的指导思想、原则、任务和内容，构成了有中国特色的宪法理论，是对马克思主义宪法理论的坚持、丰富和发展。

二、认真阐释和宣传宪法修正案。八届全国人大一次会议，审议并通过了对宪法部分内容的修改，这是我们国家政治生活中的一件大事。在宪法修正案通过前，我国宪法学的专家学者根据党的十四大精神，对宪法的修改提出了意见和建议，并参加了宪法修正案草案的讨论。宪法修正案通过后，宪法学的专家学者积极阐明了修改宪法的必要性，指出现行宪法是一部适应建设有中国特色的社会主义需要的好宪法，同时也要看到，宪法制定以来的十多年中，我国的形势发生了很大的变化，改革开放和现代化建设有了很大的发展，因此，需要对宪法进行及时的修改，以适应新形势、新任务的需要。同时，还阐述了宪法修正案的基本精神，它突出了有中国特色的社会主义理论和党的基本路线，是宪法制定十多年来我国改革开放成果的科学总结，修改的内容也主要是改革开放的规定。其中特别是把实行社会主义市场经济作为我国经济体制改革的目标模式用根本大法的形式确立下来，意义十分重大。此外，还对修改宪法的意义作了阐述，它有利于进一步提高宪法的权威，使宪法更加适应建设有中国特色的社会主义的需要，有利于在宪法基础上加强我国社会主义法制建设。

三、阐明了宪法是建设社会主义市场经济法律体系的基础。党的十四届三中全会强调指出，社会主义市场经济体制的建立和完善必须有完备的法制来规范和保障，并提出了法制建设的目标，是要在20世纪末初步建立适应社会主义市场经济的法律体系。我国宪法学的专家学者十分注意研究宪法在建立与市场经济相适应的法律体系中的作用，指出，它只有以宪法为依据和基础才能建立起来。首先，在民法、经济法方面，宪法规定了我国现阶段以公有制为主体，个体、私营和外资经济为补充，多种经济成分长期共同发展的所有制结构，规定了以按劳分配为主体，其他分配方式为补充的分配制度。同时规定，国家完善经济管理体制和企业经营管理制度，实行多种形式的社会主义责任制，以不断提高劳动生产率和经济效益，发展社会生产力；国家实行社会主义市场经济；国有企业有经营管理自主权，实行民主管理等。这些规定，是调整我国经济关系的基本原则和基本措施，为我国民主立法、经济立法提供了法律基础。此外，宪法还规定了我国的国家法、行政法、刑法、诉讼法，以及教育、科学、文化等立法的基本原则,为制定这些法律提供了依据和基础。

四、宪法在依法治国中的作用。八届全国人大一次会议根据党中央的建议,在通过的"九五"计划中强调指出,要依法治国,建设社会主义法治国家。我国宪法学的专家学者十分重视对这一问题的研究和宪法在依法治国中的作用。大家指出,依法治国,建设社会主义法治国家,是我们党和国家的治国方针,是邓小平同志建设有中国特色的社会主义理论的重要组成部分。坚持和实行依法治国,对于加强我国的社会主义民主和法制建设,维护国家的长治久安,保障和促进改革开放的顺利进行,把我国建设成为自强、民主、文明的社会主义国家,具有十分重大的现实意义和深远的历史意义。同时,大家还指出,宪法是依法治国的总章程,它为依法治国规定了基本原则,是一切组织和公民的根本活动准则,国家维护社会主义法制的统一和尊严,对违宪违法行为必须予以追究,公民在法律面前一律平等,权利和义务必须紧密结合,以及立法、行政、司法等国家机构的组织和活动的基本原则等。这些基本原则,对于加强立法工作,加强和改善行政执法和司法工作,实行依法治国,都具有十分重要的意义。

五、积极参加香港回归的工作。在香港回归祖国的工作中。一些专家学者从1985年开始一直到1997年的十多年中,一直参加了这项工作。在起草香港基本法中,他们参加草案的草拟、讨论和修改,为香港基本法的制定作出了努力。香港基本法通过后,他们通过写书、写文章和作报告等形式,论述宣传"一国两制"的基本方针和香港基本法的特点和内容。指出了香港基本法最根本的特点在于,它体现了"一国两制"的伟大构想,把维护国家的主权、统一和领土完整与授权香港特别行政区实行高度自治,"港人治港",保持香港的长期稳定和繁荣紧密结合起来。党的十四大召开以后,随着我国恢复对香港行使主权的时间日益临近,我国政府坚持以香港基本法和全国人大及其党委会的有关决议为依据,先后成立了香港特别行政区预委会和筹委会,抓紧特别行政区成立的各项准备工作。我国宪法学的专家学者积极参加了预委会和筹委会的工作,为香港政权的顺利交接和平稳过渡作出了贡献。

最近胜利召开的党的十五大,对加强社会主义民主和法制建设,提出了新的任务和要求,我国宪法学的专家学者一定要认真学习和贯彻党的十五大精神,在新的形势下,加倍努力,研究如何进一步保障宪法的实施,加强宪法的监督,坚持和完善人民代表大会制度,为进一步加强社会主义民主和法制建设,维护社会政治稳定,保障改革开放和现代化建设的胜利进行,作出新的贡献。

(原载《中国法学》1997年第5期)

为"九七"香港法律的顺利过渡做好准备

吴建璠

从现在到"九七"只剩下 700 多天了。当前，人们普遍关心的问题是香港的平稳过渡。"九七"香港法律如何过渡，关系到香港平稳过渡的大局，值得我们认真研究。

香港现行法律基本不变，是中国政府在中英联合声明里宣布的一项基本方针政策。中国政府采取此项政策，不是偶然的。法律是调节社会关系的手段，它同社会、经济制度和生活方式相互关联，密不可分。有什么样的社会、经济制度和生活方式，就要存在与之相适应的法律来规范人们的行为。依照"一国两制"方针，我们要在香港保持原来的资本主义社会、经济制度和生活方式五十年不变，那么保持香港原有法律基本不变就是必不可少的了。从历史上看，在主权更迭之际，新政权保留旧政权原来的法律，本是常见的事情。法国大革命以后，帝制与共和几番易手，除宪法有所变更外，其他法律始终沿用。美国独立后，在相当长的一个时期里继续沿用英国法律。英联邦国家独立后，通常也是沿用英国法律。不过，历史上的事例也表明，新政权保留旧法律，往往是作为权宜之计。政权初建，新政府来不及制定一套完整的法律，而要保持一个有秩序的社会，又不能允许"法律真空"的存在，于是只好暂时保留原来的法律作为过渡，等到有条件时，再用自己的法律替换旧法律。中国政府在对香港恢复行使主权后基本保留香港原有法律，与历史上的那些事例不同，不是权宜之计，不是用原有法律来过渡，而是要长远保留它。今后香港特别行政区实行的法律制度，就是今天香港现行的法律制度。今后香港特别行政区实行的法律，除基本法和列入基本法附件三的少数全国性法律外，就是被保留的香港原有法律，再加上香港特别行政区立法机关制定的法律。联合声明和基本法虽然规定有一个 50 年的期限，但是正如我国领导人指出的那样，50 年后也不一定要变。如果有什么要变，一定会变得更好，更有利于香港的繁荣和发展，而不会损害香港人的利益。

基本法以法律的形式肯定了香港法律基本不变的原则。基本法第八条规定："香港原有法律，即普通法、衡平法、条例、附属立法和习惯法，除同本法相抵触或经香港特别行政区立法机关作出修改者外，予以保留。"依照本条规定，香港原有法律"九七"以后将予以保留，但有两个除外，一个是同基本法相抵触者除外，另一个是经香港特别行政区立法机关作出修改者除外。第二个除外其实是说，香港特别行政区立法机关对保留下来的香港原有法律有权作出修改。在香港特别行政区成立时，衡量香港原有法律是否能够保留的标准只有一个，就是看它同基本法是否抵触，同基本法不抵触的法律保留，抵触的法律不予保留。

在香港特别行政区成立时，由谁来决定香港原有法律哪些同基本法抵触，哪些不抵触；哪些采用为香港特别行政区法律，哪些不采用呢？依照基本法第一百六十条的规定，行使此项权力的国家机关是全国人大常委会。尽管第一百六十条只说了一面，即由全国人大常委会宣布哪些原有法律同基本法抵触，不采用为香港特别行政区法律，没有说另一面，即由谁来宣布哪些原有法律同基本法不抵触，采用为香港特别行政区法律，但由于这是一件事的两个方面，在解释上应该说都由全国人大常委会作决定。全国人大常委会是国家最高权力机关——全国人民代表大会的常设机关，在全国人大闭会期间代行全国人大的职权。由全国人大常委会来决定香港原有法律哪些保留哪些不保留，这是完全正确的。有一种说法，似乎香港原有法律可以自动过渡到"九七"以后。我不能同意这种说法。没有全国人大常委会的决定采用，香港原有法律不能成为香港特别行政区法律。考虑到在全国人大常委会决定采用后，仍有可能发现有的原有法律同基本法抵触的情况，第一百六十条特作如下规定："如以后发现有的法律与本法抵触，可依照本法规定的程序修改或停止生效。"显然，对以后发现的同基本法抵触的法律，不采用由全国人大常委会作决定的办法处理，而是将它纳入基本法规定的一般立法程序加以解决。

基本法的规定为"九七"香港原有法律的顺利过渡提供了法律保证，但要实现此项过渡，还要靠我们的工作。准备越充足，原有法律的顺利过渡就越有希望。那么，在过渡期中有哪些准备工作我们要做呢？

一　做好香港原有法律的审查工作

为了弄清香港原有法律哪些同基本法抵触，必须对原有法律作认真的审查。香港原有法律数量很大，单是条例就近600章，附属立法比条例还多。普通法、衡平法和习惯法都是判例法，包含在历年英国和香港法院的案例之中，而案例之多，更是难以数计。原有法律如此之多，应该从何处下手呢？好在香港法律在适用上有条原则：制定法优先于判例法，而制定法之中，条例又优先于附属立法。在五大类法律中，条例最具有关键意义，只要管住条例，使其不同基本法抵触，其他四大类法律也就随之而定。因此，审查原有法律，应当有重点，不必平均用力。采取以条例为重点，旁及相关附属立法的方法进行审查，可以收到事半功倍的效果。

最近几年，港英当局不同中方磋商，甚至不顾中方反对，按照自己的意图，有计划、有步骤地对香港现行法律进行了大面积的修改。有一些法律同基本法本不抵触，经过修改，反而同基本法有了抵触。《社团条例》是一个突出的例子。这个条例本有禁止本地社团同海外政治团体发生联系和海外政治性团体不得在香港设立分会的规定，这同基本法第二十三条关于禁止外国的政治性组织或团体在香港特别行政区进行政治性活动和禁止香港特别行政区的政治性组织或团体与外国的政治性组织或团体建立联系的规定是一致的。修改《社团条例》时，港英当局公然无视基本法，把这个极其重要的规定删掉了。《社团条例》同基本法本不抵触，经过修改，显然是有抵触了。

中国政府在中英联合声明里作出了香港现行法律基本不变的庄严承诺。基本不变的含义是，在香港现行法律中，只有那些同中国对香港恢复行使主权，同香港特别行政区的性质和地位不相容的东西要变，此外一概保留。英国政府在联合声明上签了字，同样负有保持香港现行法律基本不变的义务。基本不变当然不是说在过渡期对现行法律不能进行修改。如果确有必要，在同中方磋商后，对现行法律作某些重大修改，也是可以的。然而像现在这样撇开基本法，对现行法律大改而特改，乘机塞进许多自己所需要的东西的做法，肯定是违反联合声明关于现行法律基本不变的规定和精神的。早在中英关于香港问题谈判的时候就出现一种"十二年大变，五十年不变"的论调，意思是在过渡期十二年间要对香港法律大作改变，然后在"九七"交给中国，五十年不变。当时，我们曾对此种论调表示异议，因为中国政府在联合声明中承诺基本不变的法律是当时现行有效的法律，不是开张空白支票，由你在上面写进自己需要的数字。遗憾的是，最近几年香港修改法律，走的仍是"十二年大变，五十年不变"的路子，这是违反联合声明的。最近几年修改或重新制定的法律中问题比较多，应该作为审查的重点。我们要严格把关，绝不能让那些违反联合声明关于原有法律基本不变的规定、同基本法抵触的法律过渡到"九七"以后。

预委会法律专题小组过去两年一直在抓原有法律的审查工作。到今年3月第11次小组会为止，已经审查了400多章条例和相当数量的附属立法。

小组得出的初步结论是：绝大部分条例同基本法不抵触，"九七"以后都可以作为香港特别行政区法律保留下来；同基本法抵触的条例是少数，其中整个同基本法抵触、到了"九七"不能采用的条例更是极少数。较多的情况是，条例的部分内容同基本法抵触。如果同基本法抵触的条文不多，同其余的条文又牵连不大，可以删除此种条文而保留条例。如果同基本法抵触的条文占的比重较大，或者在条例中占关键地位，恐怕就只有责成特别行政区对条例作出修改后再行采用。部分内容有抵触的条例情况比较复杂，究竟如何处理为好，尚待进一步研究。

二　处理好原有法律在特别行政区的条件下如何适用的问题

香港原有法律是香港处于英国的管治下，由港英当局按照自己的立法程序制定出来的法律，它不可避免地要反映英国与香港以及香港各政府部门相互间的权力关系。香港原有法律使用的一套名词、术语，如"英女王"、"王室"、"联合王国政府"、"枢密院"、"国务大臣"、"总督"、"行政局"、"立法局"等等，无一不体现这种关系。"九七"以后，香港的政治地位发生了根本性变化，英国的管治连同行使管治的机构、官职将不复存在，取而代之的是中国对香港的主权和香港特别行政区的高度自治。因此"九七"以后，香港原有法律有个在新的政治条件下如何适用的问题需要解决。前面提到的"英女王"、"王室"、"联合王国政府"等等字眼，从严格意义上说，同基本法也是抵触的，只不过我们不把这种字眼上的抵触作为是否保留原有法律的标准，因为如果那样做，保留原有法律就会成为不可能了。在过渡期能不能将这类反映英国管治的字眼去掉，换成同基本法不抵触的字眼呢？在有些情况下，这是不难做到的。例如，"皇家香港警察"、"皇家香港辅助警察"，拿掉皇家两字，变作"香港警察"、"香港辅助警察"，就不会抵触了。但在绝大部分情况下，"九七"以前进行此项修改是办不到的。"九七"以前香港仍由英国管治，港英政府不可能把这类字眼从法律上拿掉，也不可能用基本法上的相应名词取代这类字眼。他们想出了一个"午夜立法"的解决方案，就是由港英现在的立法局把法律改好，放在那里，到1997年7月1日零时起正式生效。"午夜立法"的办法是我们无法接受的。"九七"以后，如何对香港法律进行修改，完全是中国的内政，无须港英立法局代劳。"午夜立法"是违反主权原则的，如果接受这种办法，岂不是丧失原则立场？！

"九七"以前，由全国人大常委会或筹委会来修改是否可行呢？也不行。依照基本法的规定,立法权由香港特别行政区立法机关行使,无论全国人大常委会还是筹委会都不应越俎代庖,因此原有法律只有到"九七"以后香港特别行政区的立法机关开始运作时才谈得到修改。但是一过"九七",原有法律就要继续生效,中间不能有任何停顿。在这种情况下,只有一个解决办法,就是由全国人大常委会在保留原有法律的同时,规定几条原有法律如何适用的原则让政府各部门遵照执行。从历史上看,新政权保留旧法律,一般都不是修改旧法律,而只规定适用旧法律所应遵循的原则。在这里可以举出新加坡作为例子。新加坡 1965 年从马来西亚联邦独立出来时,保留了马来西亚的法律,同时规定原有法律必须符合新加坡共和国独立法及新加坡从马来西亚分离后的独立地位,为此在解释时应对法律做必要的修订、适应、限制和排除。新加坡以及其他许多保留原有法律的国家的实践,可以供我们处理香港原有法律时参考。

三　解决好法律本地化的问题

联合声明和基本法说的香港原有法律,是指普通法、衡平法、条例、附属立法和习惯法,不包括英国为香港制定的法律和延伸适用于香港的英国法律。英国法律随着英国管治的终结而终止在香港适用,但是这类法律中有相当一部分,"九七"以后仍然是需要的。这类法律要经过一个本地化程序,首先变成香港法律,然后才能加以保留,过渡到"九七"以后。中英联合联络小组已就法律本地化的问题进行了磋商,并已取得不少成果。据估计,此项工作可望在"九七"以前完成。

香港由它目前的地位过渡成为中华人民共和国的一个特别行政区,是一个伟大的转折。有人问,在此转折关头,香港会不会出现法律的脱节现象或者说"法律真空"?我认为,这种担心是不必要的。香港特别行政区的建立,是由中央主持,在广大港人参与下进行的。每走一步,都是经过周密筹划,并有妥善安排的。在法律的过渡上也是如此。到了 1997 年 7 月 1 日,基本法即开始实施。全国人大常委会也将根据基本法第一百六十条的规定行使权力,使同基本法不抵触的香港原有法律被采用为香港特别行政区法律。因此,到"九七"时,香港特别行政区就会有基本法和被保留的香港原有法律作为调节社会关系的准则进行运作。在这种情况下,即使缺少某些迫切需要的法律,拟议中准备成立的临时立法会也可以作应急处理。所以"法律真空"是不会出现的。香港法律界人士也承认基本法本身就有保持法律连续性的机制,不用担心出现"法律真空"。

钱其琛主任在预委会第三次全体会议上致闭幕词时说:"保证香港特别行政区成立时香港法律体系的完整性、连续性,以利于特区政府的正常运用,是有关法律准备工作的主要任务。"钱主任这里说的保证香港法律体系的完整性和连续性,应该是我们努力的方向。让我们大家对如何做好香港原有法律"九七"过渡的准备工作献计献策,群策群力,一道去迎接平稳过渡的到来!

(原载《法学研究》1995年第3期)

现代行政程序在法治行政中的作用

张庆福　冯　军

众所周知，国家行政机关在社会生活中扮演着组织、指挥、监督、协调和引导者的角色，因此，要完善和发展社会主义民主政治，建立和健全社会主义市场经济体制，实现全社会的法治化，首先就必须将国家行政机关的管理活动置于宪法、法律的控制和约束之下，大力倡导和切实实行以政府平等守法及承担法律责任为核心内容的法治行政。党的十一届三中全会以来，特别是十四大提出建立社会主义市场经济体制的目标以来，党和国家在依法行政的口号下为推动我国行政管理活动的法治化做了大量工作，突出表现为在有关国家行政活动的立法方面取得了有目共睹的成就，建成了一套比较完整的行政法体系，基本上改变了行政活动无法可依的状况，而行政诉讼法和国家赔偿法的颁布则奠定了政府法律责任及其追究制度的基础。但是这些成绩并不能说明我国行政管理活动的法治化已经达到令人满意的水平，因为在立法上取得显著成果的同时，行政执法和司法活动滞后，行政实践中有法不依、执法不严、违法不究的问题也得到充分暴露，普遍为人们所诟病。出现这种情况的原因固然是多方面的，但是，前一阶段行政法治建设在立法层次上过分偏重于规定各种静态的行政制度，忽略和轻视通过现代行政程序对行政法的实施过程进行有效的动态调整，不能不说是一个值得引起高度重视的原因。笔者以为，下一阶段我国行政法治建设除了对已经取得的成果继续予以巩固和深化外，应将重点转向长期为人们忽视的现代行政程序的建设，在行政法的各个实施环节上建立各种行之有效的事前、事中和事后保障机制，以解决目前行政法治建设过程中存在的立法与法的实施相脱节的问题，消除我国行政管理法治化过程中的头重脚轻现象。期望现代行政程序问题引起广泛关注，并对我国行政法治的未来发展方向提出思考正是本文的目的所在。

一　行政法治必须依靠行政程序的保障和推动

程序，是指人们为完成某项任务或达到某个目标而预先设定好的方式、方法和步骤。程序在实际操作时表现为人的行为过程或者某种事物（如计算机）按照人的事先设计而运动的过程，但是程序与人的行为或者事物运动的自然过程是不同的。人与事物运动的自然过程是随机的，而程序则是预先设计好的，无论实际运动过程是否出现，都不影响程序的存在，具有预定性是程序的基本特征，如果人的活动不是按照某种预定的方式、方法和步骤进行的，那么，这种活动即属无程序的活动，尽管它也必然要表现为某种客观过程。

程序和依程序所做之事之间的关系是手段与目的的关系。一般说来，达到某一目的的手段很少是唯一的，为达到同一目的，在多数情形下，可以通过不同途径选择多种手段，但这些手段对于实现目的所起到的效果是不一样的。有的手段有助于迅捷地实现目的，有的手段虽然对于实现目的所需的时间较长，但综合成本较低，或者有利于维护和实现程序目标以外的其他目的或价值标准，如有利于实现公平正义、维护社会伦理道德、风习良俗或者统治阶级的意识形态、政治法律秩序等。在这种情况下，程序并非实现程序目标本身所需要的步骤，设定这种程序的目的旨在以效率换取某种价值的实现。由于程序具有预定性，所以程序的基本功能就是限制甚至取消当事人选择目的实现之手段的自由，将实现目的之手段规范化和标准化。

程序的预订者可以借助程序的功能达到以下目的：

1. 限制程序义务人的主观随意性。由于程序的设置，当事人（程序义务人）没有选择行为手段的自由，当程序所预先确定的要件成就时，程序义务人必须按照程序的规定作出既定的行为，而无法利用手段选择的自由随意加速或者阻挠程序目标的实现。由于程序具有限制义务人主观随意性的特性，因而它常被用于规范程序义务人的行为，防止程序义务人滥用或越出他所拥有的权力或权利。

2. 保证选择效率最优的手段。当事人为实现某种目的所选择的手段在效率上有高下优劣之分，这取决于当事人的知识、能力、经验等。如经过总结、比较和筛选，事先运用程序将最具效率的手段固定下来普遍推行，则即便当事人的知识、能力和经验有欠缺，也能保证选择效率最佳的方案，多快好省地达到程序目标。

3. 维护和促进手段的正当性，为达目的不择手段的做法贻害无穷，为此，程序的预定者需要综合考虑公平与效率的关系，将体现了必要正当性的手段（在效率上可能并非最优）上升为程序，使之成为标准化和规范化的手段，从而排斥其他正当性不充分或者不正当手段的适用，以期通过程序的正当性来保证结果的正确性。如禁止使用非法取得的证据即为通过程序规则维护调查手段的正当性而不惜牺牲调查效率的一个例子。

4. 运用程序阻碍程序目标的实现。程序是一把"双刃剑",既可用来促进程序目标的实现,又可起到阻碍程序目标实现的作用。程序设计者如将成本高、难度大、耗时长的手段上升为规范化的程序即可为实体目标的实现设置一道程序壁垒,阻碍程序目标的实现。

程序壁垒现象在现实生活中并不鲜见。通常设置程序壁垒的原因有:(1)当利益或资源较少,而试图获取利益或资源的人员或组织较多时,需要以程序壁垒作为分配利益、配置资源的手段。由于程序壁垒的存在,当事人若要通过程序壁垒须具备一定的实力基础并付出较高的代价,这样就可以缩小和限制竞争者范围,为少数利益或资源的配置创造条件;(2)以程序壁垒限制某种权力或权利的行使,以防止权力或权利的滥用。如游行示威对社会秩序有较大的破坏作用,故许多国家对公民行使游行示威权规定了复杂的申请程序,又如为防止公民滥讼、缠讼,规定一事不再审以及收取一定数量的诉讼费等皆属此类程序壁垒;(3)统治者出于某种考虑或迫于某种压力不得不在法律上确认某种权利,然后设置程序壁垒使之难以行使,实际上收回或取消该种权利;(4)程序设定者推卸责任,将自己应尽的职责转化为他人的程序义务,从而形成了程序壁垒。如本应由管理机关内部协调的事项却不合理地要求相对人分头申请,结果申办一个项目需要在五花八门的批文上盖上数十个公章,事情还不一定能够办成。

对于程序壁垒现象应作一分为二的分析,有些程序壁垒的动机合理,限度适当,仍不失其正当性,而那些动机不良、限制失度的程序壁垒[如上述(3)、(4)两类],则显属不当,缺乏起码的程序正义。

行政程序是诸种程序中的一种。所谓行政程序,顾名思义是国家行政机关及其工作人员以及其他行政主体实施行政管理的程序。在法治国家,行政程序即为行政法律关系主体行使其实体行政法权力(利),履行其实体行政法义务依法所必须经过的步骤以及必须采用的方式和方法。

法治行政的要害在于保持法律对行政的控制,而这一目标只有借助行政程序的作用才能实现。我们能否找到一种无须借助行政程序而可使实体行政法规范直接控制行政行为的方法呢?答案是否定的。因为假如要实现实体行政法规范对行政行为的直接控制,就必须将行政活动方方面面的所有细节,包括其即将发生的变化都规定得一清二楚,不能给行政机关留下任何选择的余地,行政机关必须像机器人那样严格按照法律给它的指令活动。显而易见,这是不可能做到的。由于行政事务的复杂性和多变性,行政法的大多数规范只能制定得较为抽象和原则,除此之外,行政法还必须给行政机关留下足够的行政法所不涉足、不介入的空间，以保持行政的活力，这样，实体行政法规范就必须借助程序的中介作用对行政行为予以约束和控制。否则，行政法的规定只能是可望而不可即的空中楼阁或海市蜃楼。试想，如果没有行政程序，行政机关可以随意选择实施行政法的时机、方式、方法和步骤，行政机关就可以通过滥设程序壁垒的方法或者采用拖延执法的方法取消行政法赋予公民、组织的权益，同时也可以通过选择欠缺正当性和科学性的执法方法加重公民、组织的行政法义务。在这种情况下，行政机关可以轻而易举地摆脱法律对它的控制和约束，从而使行政法蜕变为单方面管制公民、组织的专制工具。难怪西方的法学家认为："自由的历史基本上是奉行程序保障的历史"①，"权利法案的大多数规定都是程序性条款，这一事实决不是无意义的，正是程序决定了法治与恣意的人治之间的基本区别"②。在我国，近年来也有学者认为，"所谓的依法行政，是指依行政程序法行政，离开行政程序法无以言依法行政"③。这些论断充分说明了行政程序对于维护和促进法治行政所起的作用。

二 行政法治需要的是现代行政程序

行政程序古已有之，但奴隶社会和封建社会的行政程序是维护君主专制统治的工具，不符合法治行政的要求。法治行政所要求的行政程序是资产阶级民主制度确立以后逐渐丰富和发展起来、体现民主和政府守法精神的现代行政程序制度。为方便比较，本文将奴隶社会和封建社会等专制社会的行政程序统称为传统行政程序。

在奴隶制和封建制社会，保障君主专制政体的巩固和发展是国家的头等大事，而君主专制政体的巩固和发展又以治官为要，因此，奴隶制和封建制王朝对官吏采取了实体法控制与程序法控制双管齐下的管理办法，传统行政程序法的控制功能在内部行政管理，也即在官治方面得到充分发挥。我国古代有关官吏选拔、任用、考核、奖惩、升降、监察的行政程序就非常详密，这类程序在保证官吏对王朝的忠诚、职业能力以及恪尽职守和廉洁奉公方面起到了应有的作用。此外，公文往来方面的管理程序也十分明细，这类程序

---

① 见 Felix Frankfurter, United States Supreme Court Report (87 Law. Ed. Oct. 1942 Term), The Lawyers Cooperative Publishing Compsny, 1943, pp. 827—828。

② 见 William O. Douglas, United States Supreme Court Report (95 Law. Ed. Oct. 1950 Term), The Lawyers Cooperative Publishing Compsny, 1951, p. 858。

③ 崔卓兰：《依法行政与行政程序法》，载《中国法学》1994 年第 4 期。

基本上是业务性、技术性的，目的在于保障行政效率。与内部管理程序相对发达形成对照的是，传统行政程序在外部行政管理，也即行政机关对社会上的公民和组织的管理方面总地说来比较薄弱，除了有一些以被管理者为约束对象的行政申请程序外，其他以行政机关和行政官员为约束对象的程序为数甚少，而且也多是为统治阶级检查、约束其行政官吏服务的（如规定行政行为须以书面形式作出，以便留下证据，为行政监察创造条件等），并非以保护民权为目的。出现这种情况的原因在于，在奴隶制和封建制下，行政程序完全是行政管理的工具，不具有制约国家行政权以保护民权的功能。奴隶制和封建制国家对外部行政行为主要采取目标管理的方法（即规定行政任务、职责权限、法律责任等实体规范）加以控制，以促进行政官员勤政、廉政，防止其越权和滥用职权，以至于行政行为的方式、方法和步骤则多交由行政官员便宜行事，以期收取高效行政之效，由此造成了奴隶制国家和封建制国家外部行政程序稀疏粗漏的现象。

　　由于传统行政程序是行政权与行政目标的附庸，不具有对抗行政权的独立性的缘故，在奴隶社会和封建社会，实用主义的程序观非常流行，人们普遍认为，只要行政决定的实质内容正确，即使在法定形式和程序上有缺陷也无关紧要。官吏对重要程序的违反是要受到上级责罚的，甚至会受到非常严厉的制裁，然而，违反程序的行为并不能自然导致行政决定无效，经过行政程序认定的事实也没有排斥对该事实重新认定的效力。所以，"重实体，轻程序"是奴隶社会和封建社会国家管理的普遍特点，尤以外部行政管理为甚。

　　现代行政程序与传统行政程序之间当然不能截然割裂开来。现代行政程序是在传统行政程序的基础上发展起来的，传统行政程序中的一些人事管理程序以及那些纯以提高管理效率为目的的技术性程序至今仍不失其借鉴意义，然而，现代行政程序毕竟是在近现代民主政治的背景下产生和发展起来的，它不仅要为国家行政管理服务，而且更要体现民主主义精神，为国家民主政治服务。我们知道，在行政实体法律关系中，行政主体与相对人（被管理者）的地位是不对等的，行政主体拥有单方面的、不以对方意志为转移的命令权、处罚权和强制权等实体权力，这些权力如不加以制约随时都可能对民权构成威胁，民主政治不容许出现这样的情况，而程序的控制功能恰好可以有效地防止上述威胁。于是，现代行政程序充当了制约行政权、保护民权的角色，它通过设置大量以行政主体为程序义务人，以相对人为程序权利人的方法对行政主体进行反向控制，行政程序的控制目标与行政权的指向不再完全一致，并且行政权对民权的威胁越大，行政程序与行政权之间的反向性就越明显。现代行政程序不再是行政管理的附庸和工具，它相对独立于行政管理之外，成为对行政权实施监控的有力武器，人民民主与国家权力、公平与效率、人权与行政权、个人利益与社会公益等一系列国家管理过程中的基本矛盾通过现代行政程序找到了平衡，获得了统一。

与传统行政程序相比，现代行政程序具有以下几点显著特征：

第一，现代行政程序的基本目标是对强大的行政权予以控制和约束，以防止行政权不适当地侵犯民权以及向实际受到分割的民权提供救济渠道，传统行政程序虽对行政官吏的权力也有制约作用，但其目的是为了维护统治阶级内部的管理程序而不是为了保护民权，因此，传统行政程序的重点在于行政机关内部的选官、治官程序，而现代行政程序的重点在于外部行政管理程序中的民主参与程序和救济程序。

第二，现代行政程序是由制约行政权的民主参与和行政救济程序、服务于政府机关内部控制需要的管理程序，以及纯粹为了保障行政效率的业务性、技术性程序三类程序组成的集合体。其中，第一类程序体现了现代行政程序的基本特征，因而是现代行政程序的核心所在。后两类程序体现了对传统行政程序的继承性，但它们在民主和法治思想的要求和影响下也表现出了许多不同于传统行政程序的特点。如在公务员管理程序中增加公务员的参与程序。以公务员考核程序为例，我国法律规定，对公务员的年度考核应由公务员先做个人总结，然后在听取群众意见的基础上进行，[①] 有的国家（如法国）甚至规定对公务员考核的具体工作应由一个人数相等的公务员代表和行政首长指定人员组成的委员会进行，行政首长在决定考核结果时必须听取该委员会的建议。[②] 又如许多国家（特别是美国）为确保行政管理的高效能，在一些比较重要的决策程序中规定了成本—效益分析程序，这些都是传统行政程序中所没有的内容。因此，现代行政程序不仅是行政行为合法、公开、公正的保障，而且也比传统行政程序更具效率。

第三，现代行政程序最初是由英国、美国、德国等发达资本主义国家在"自然正义"、"法律的正当程序"、"法治国及民主主义"等判例法和宪法原则的基础上通过一系列成文法和判例法确立和发展起来的。尽管"自然

---

① 参见《国家公务员暂行条例》，第二十四条第一款。
② 参见皮纯协等《国家公务员国际惯例》，载《国际惯例书库》第 5 卷，海南出版社 1993 年版，第 76 页。

正义"、"法律的正当程序"、"法治国及民主主义"等原则的解释具有较大的弹性,各国通过这些原则发展起来的行政程序制度也不尽相同,但对于现代行政程序所应具备的基本内容和应达到的起码要求却已形成共识,这就是:(1)现代行政程序的基本规则必须由法律加以规定,而不得由行政部门自行设定,变更和撤销;(2)程序的内容须向利害关系人公开,要设置适当的程序规则(如告知、说明理由等,保障利害关系人对可能影响其合法权益的一切行政行为的知情权、了解权);(3)公民的权利义务将因为某一行政行为而受到影响时,在该行政行为作出之前,须有适当的程序规则保障他获得陈述意见和提供证据的公正机会,为此,还必须设置必要的程序规则保证利害关系人的意见和证据能够得到行政部门的充分尊重;(4)具有体现中立性原则的程序规则。"中立性原则是现代程序的基础。"[1] 体现"中立性原则"的程序规则包括:任何人不得充当与己有关的案件的审理者和决定者,保障行政审判人员的独立性,建立回避制度,引入分权制衡机制等;(5)凡可能损害相对人合法权益的行政行为都必须设有有效的救济程序,并预先告知相对人寻求救济的渠道和方式;(6)须充分体现合理原则,程序的设置能使程序的使用者以尽可能小的成本(代价)取得尽可能大的收益,多快好省地实现通过程序所要达到的目标。现代行政程序不应有因程序设置不合理而产生的程序壁垒现象。

第四,现代行政程序具有高度的权威性和约束力。现代行政程序对于保障行政权沿着民主、法治、科学的轨道健康运行发挥着重要作用,因而现代行政程序不容违反。为此当代西方发达国家均赋予其行政程序相当高的权威性和约束力,如经行政程序认定的事实不得轻易推翻,违反行政程序规定的时效可以导致实体权利义务的消灭,以及当事人可以行政主体违反强制性行政程序为由主张实体行政行为无效等。

三 我国行政法治建设的重点应转向现代行政程序

"文革"以前的相当长时期内我国的行政管理活动基本上处于无法可依的人治状态,因而"文革"之后国家恢复和重建行政法治的首要任务自然是加速行政立法[2]的速度,扩大行政立法的规模,以便建成一套较为完整的

---

[1] 见季卫东《程序比较论》,《比较法研究》1993年第1期。
[2] 这里的行政立法是一个广义的概念,包括所有有关国家行政管理的立法活动,与行政法学上通常所指的行政立法(行政机关的立法活动)有所不同。

行政法体系，使得各个领域的行政管理活动有法可依。在这种情况下，行政立法的重点集中于实体行政法规范的制定是可以理解的。进入90年代以后，应该说我国构筑行政法体系，尤其是实体行政法规则体系的任务已经基本完成。而且针对在相当大的范围内存在的执法滞后现象，甚至可以说我国的行政立法在某种程序上已经超前了。行政法治不仅要求法律为行政主体的行政活动提供各种规则和标准，而且更要求这些规则和标准能够得到行政主体的高度尊重和切实执行。有法不依对法的权威的损害是相当严重的。因此，今后行政法治建设的重点应当转向行政法的实施环节，而不是继续片面追求立法的速度、规模和数量。由于行政法的实施问题主要是执法程序方面的问题，所以，如何制定出一套能够有效督促和保障行政机关依法办事的现代行政程序，将是未来一段时期内我国行政法治发展的焦点。

综观我国现有的行政程序法规范，可以发现我国行政程序法律规范在数量上虽有一定的规模，但立法质量并不高，特别是体现民主和法治精神的现代行政程序的立法水平相对说来比较落后。归纳起来，我国行政程序法制建设方面存在的问题主要有：

第一，大多数行政程序法规范具有十分浓厚的管理色彩，它们主要是单方面地规定行政管理相对人在程序上应负的义务及不履行义务的后果。少数行政程序虽也体现了民主参与、行政公开的精神，规定了行政主体的程序义务，但这些程序较为零散，更主要的是通常缺乏行政主体违反程序义务应负何责的规定，以致未能树立起必要的法律权威，并基于这种权威切实发挥出规范和制约行政主体的作用。

第二，宪法和法律中缺少有关现代行政程序基本原则的一般性规定，致使我国的行政程序立法未能在明确的法律原则的指导下进行，现代化的程度不高。

在西方发达国家，宪法或专门的行政程序法中通常都有关于现代行政程序基本原则的规定，如美国宪法修正案第5、14条规定了"正当法律程序"（dueprocess）原则，即未经正当的法律程序，不得剥夺任何人的生命、自由和财产，其中，第5条修正案的规定适用于联邦政府机关，第14条修正案的规定适用于各州的政府机关。按照美国法院的解释，"正当法律程序"包括两方面的含义[①]：（1）正当法律程序是一个实体法的规则，称为实质的正当活动程序。这种意义上的正当法律程序要求国会所制定的法律必须符合公

---

① 参见王名扬《美国行政法》上，中国法制出版社1995年版，第383页。

平与正义。(2)正当法律程序是一个程序法的规则,称为程序上的正当法律程序。这种意义上的正当法律程序要求政府机关行使公权力剥夺私人的生命、自由或财产时必须听取当事人的意见,当事人享有要求听证的权利。可见听证是正当法律程序的核心内容。所谓听证,即依照一定的程序规则听取当事人意见和陈述的活动。

在美国,正式的、标准的听证必须保证当事人有下述权利[1]:由无偏见的官员作为主持人的权利,得到通知的权利,通知中必须适当地说明听证所涉及的主要事项和问题;提出证据和进行辩护的权利,通过互相质问及其他正当手段驳斥不利证据的权利;请律师陪同出席的权利,只能根据听证案卷中记载的证据作出裁决的权利,取得全部案卷副本的权利。除正式听证外,还有各种非正式的听证形式。它们可以省去正式听证中的某些环节,以期提高行政效率。然而,任何一种听证形式都必须包含正当法律程序的核心内容,当事人有得到通知后提出辩护的权利。是否具备这两种权利是区别公正程序和不公正程序的分水岭。[2] 英国没有成文宪法,法律程序的最高原则自然正义(natural justice)原则[3]是通过普通法确立的。与美国正当法律程序不同的是,自然正义原则完全是一个程序性原则。英国的自然正义原则包含两个主要内容,即听取对方意见(altereral jartem)和任何人不得作与己有关案件的法官(nemojudexincausasua)。[4] 其中,听取对方意见的原则又包含了三方面的内容,公民有在合理时间以前得到通知的权利,公民有了解行政机关的论点和依据的权利,公民有为自己辩护的权利。[5] 除了少数例外情形,行政程序必然符合自然正义原则的要求,即行政程序中必须含有事先告知和听取相对人意见的内容。

以上两例充分说明了确立现代行政程序的基本原则对于现代行政程序法律制度的形成和发展所起的作用。

我国宪法和基本法律中既没有出现"正当法律程序"或"自然正义"之类的提法,也没有反映"正当法律程序"和"自然正义"基本要求的规定。现行宪法中有关民主和法制的规定,特别是第二十七条关于"一切国

---

[1] 王名扬:《美国行政法》,第384页。
[2] 同上书,第410页。
[3] 又译作"自然公正原则"。
[4] Drewry, Gavin, Law, Justice and Politics, Second Edition, England, Longman, 1984, Chapter. 5.
[5] 参见王名扬《英国行政法》,中国政法大学出版社1987年版,第153页。

家机关和国家工作人员必须依靠人民的支持，经常保持同人民的密切联系，倾听人民的意见和建议，接受人民的监督，努力为人民服务"的规定，虽然经过必要的宪法解释可以成为我国建立现代行政程序法律制度的宪法基础，但这毕竟是一种没有成为现实的可能性，因而对我国现代行政程序制度的建立和发展还未能发挥强有力的促进和指导作用。

第三，缺乏统一的行政程序法立法规划，立法内容散乱，不成体系，许多重要的行政程序制度至今没有建立起来，而已有的程序法规范通常比较原则，操作性不够强，严重削弱了行政程序的控制、约束作用，造成了行政活动的混乱和无序。

第四，全国人大及其常委会通过法律确定的行政程序规则很少，行政程序绝大多数由行政机关自行设定，由此引发了一系列弊端：

其一，现代行政程序的基本功能是规范和制约行政行为。行政程序由执法机关自行制定则严重削弱了行政程序对执法机关的制约作用，从而使行政程序降低到普通办事手续的层次，受部门利益的驱动，立法者总是希望将约束自己的规范减少到最低限度，而将限制他人自由和利益的规范扩张到最大限度，行政执法机关在制定行政程序规则时当然不会例外。这就是我国行政程序中约束行政机关自身的那部分内容既少且又不甚具体明确的一个重要原因。

其二，约束公民、组织的行政程序烦琐、重叠、不协调。行政执法机关视行政程序为管理相对人的手段，为图自身方便，往往把行政程序设置得非常烦琐，而不同的机关各自制定自己行使职权的程序又造成了行政程序之间的重叠和不协调。这种状况既是官僚主义的反映，又助长了官僚主义，严重影响了行政效率和效益，导致人民群众的不满。据有关资料披露，江南某县引进一套外国生产线，为办手续盖了 800 个公章，用坏了一台复印机，跑坏了一辆面包车，花了一年时间，结果事情还没有办成。① 这个事例相当典型地说明了由行政执法机关自定行政程序的不良后果。

其三，行政程序的透明度低。行政程序的透明度与行政机关受监督的程度是成正比的，透明度高意味着行政机关受公众监督的程度高，并且必须依公开的程序办事，而不能随意违反程序，或者随意改变和增减程序规则（在程序不公开的条件下，这是很容易做到而且是经常发生的）。由于我国绝大多数行政程序是行政机关制定的，因而，程序的透明度不高，相对人常

---

① 参见黄达强、许文惠主编《中外行政管理案例选》，中国人民大学出版社 1988 年版，第 35 页。

因不了解程序规则以及程序规则的变化而不得不反复多次才能把事情办成。实践中某些执法人员利用不公开的程序规则刁难当事人的现象也时有发生。

第五，在时效上的规定不对等。对相对人往往规定有明确而严格的时效，相对人违反时效的规定，将失去其本可得到的权益，或者将受到行政处罚（如未在一定的期限内缴纳税、费等）。相反，行政执法机关自己在外部行政法律关系中却很少受到时效的限制。以行政处罚为例，除《治安管理处罚条例》第 18 条规定"违反治安管理行为在 6 个月内公安机关没有发现的，不再处罚"外，其他有关行政处罚的法律规定中基本上没有处罚时效的规定，即使是《治安管理处罚条例》在规定治安管理行为的时效时也采取了从宽的态度，在旧的《治安管理处罚条例》中原来还有执行时效的规定（自裁决之日起，过了三个月没有执行的，免予执行），而新的《治安管理处罚条例》，则将有关执行时效的规定取消了。行政行为不受时效的制约，不仅仅是一个影响行政效率的问题，而且极易通过行政行为的怠延制造不当的程序壁垒，严重妨碍公民组织行政法权益的合法和及时实现。

第六，一些程序规范在立法时考虑不周或因立法没有及时根据形势变化作适当调整而欠缺合理性，例如，《中华人民共和国国家赔偿法》第 32 条规定："赔偿请求人请求国家赔偿的时效为两年，自国家机关及其工作人员行使职权时的行为被依法确认为违法之日起计算，但被羁押期间不计算在内。"这一规定一反损害赔偿时效从受害人知道或应当知道损害发生之日起计算的惯例，改由国家机关及其工作人员的职权行为被依法确认为违法之日起计算，然而，对受害人依法请求确认国家职权行为违法的时效，《中华人民共和国国家赔偿法》未作规定，只要受害人不请求有关部门确认侵权行为违法，赔偿时效就不会起算，在这种情况下，国家赔偿程序中关于时效的规定就显得意义不大，起不到督促受害人尽快行使索赔权、以免法律关系长期处于不稳定状态的作用。再如，根据行政诉讼法及有关司法解释的规定，治安行政案件中的受害人如对公安机关处罚加害人的裁决不服也可以提起治安行政诉讼，而《治安管理处罚条例》规定的处罚程序中却不要求公安机关将书面的治安处罚裁决发给受害人，这种不合理状况至今也没有从立法上消除。

以上六个方面的问题是我国行政程序立法中存在的主要问题。革新和完善我国行政程序立法必须在解决这些问题上取得重大突破。

四 建立、健全我国现代行政程序法的基本思路

针对我国现有行政程序制度的弊端和我国的国情条件，我们认为，消除

我国行政执法的无序状态，建立、健全现代行政程序制度，实现行政执法过程法治化的基本方法和途径是：

第一，明确和严格行政程序的设定主体。今后应当明确主要行政程序必须由国家最高立法机关规定，从而彻底改变行政程序主要由行政机关自行设定的状况。由于行政活动的复杂性，所有行政程序均由国家最高立法机关制定是不现实的。可以考虑将行政程序分作三类：一类是体现程序正当性或公正性的那些程序，如听证程序、回避程序、辩护程序等，一类是外部行政事务管理程序，再一类是行政机关的内部工作程序。对第一类程序必须由最高国家立法机关通过法律加以规定，任何涉及相对人合法权益的行政活动都必须遵守此类程序，非有法律的特别规定不得简化和取消，对第二类程序则应由最高国家立法机关统一规定对于确保行政效率所不可缺少的基本程序，如统一规定行政法律关系当事人双方在行政过程中的活动时效等，以及判断程序是否合理，是否繁简得当的原则性标准，除此之外的具体事务性程序可由行政机关自行设定，原则上如法律规定的程序不具体，决定采取实体行政行为的机关有权依法自定程序，对第三类程序原则上由行政机关按其内部的等级体系自行设定，少数可能影响外部行政活动的效率以及公民、组织合法权益的程序则由法律作出统一规定。

第二，早日制定统一的《行政程序法》，集中规定各类行政行为所应当遵守的行政程序以及行政机关自行设定行政程序所应当遵守的各种原则和规则。如果目前尚感制定一部系统完整的行政程序法典的时机和条件不成熟的话，也可以考虑采取制定"行政程序法通则"的过渡办法。"通则"中规定正当程序和合理程序的一般条件及其运用范围，借此统一各类行政程序的立法、设定活动，以及为司法机关和行政准司法机关对行政主体的程序行为实施监督提供依据和标准。待实践中积累了充足的经验时，再将"通则"上升为法典。除制定"通则"外，还应当考虑分别通过法律明确规定行政立法、行政征收、行政强制执行等可能严重影响当事人合法权益的行政行为的程序，加强对这些行为的程序控制。[①]

第三，通过法律明确规定凡行政行为涉及公民、国家公务人员以及社会组织的合法权益时，该行为的程序应当：（1）对当事人公开；（2）具有规

[①] 在这方面，刚刚通过的《中华人民共和国行政处罚法》已迈出可喜的第一步。该法在规定行政处罚程序时首次运用现代行政程序的基本原理规定了听证程序，表明我国行政程序立法正在进入一个以创建和发展现代行政程序为主旨的新阶段。

定提前若干合理时间将行政行为的内容、理由和法律依据告知当事人的内容；（3）具有规定听取利害关系人陈述意见，接受其提交证据的内容。对于那些将对当事人的合法权益造成重大损害行为，还应当规定给予当事人一个以准司法形式公开进行的正式听审的机会，听审（证）会由相对独立并与行政行为没有牵连的官员主持，行政行为的策划者与利害关系人各自陈述其意见、理由，出示证据并当面对质，利害关系人可以委托代理人代为辩护；（4）具有规定对当事人陈述的意见和证据如何处理的合理内容；（5）当作出实施行政行为正式决定时必须具有行政主体有义务告知当事人寻求行政或司法救济的渠道和期限的内容；（6）明确规定行政法律关系主体双方行为的时效，尤其应当具体规定行政主体采取行政行为的时效，包括作出行政决定的时效和行政决定的执行时效。

第四，建立有效的行政程序的监督机制。以往对行政程序实行内部监督实施的办法经实践证明具有很大的缺陷，基本上不能使行政程序受到应有的尊重，为此，必须在严格内部监督的基础上，建立和健全行政程序的外部监督机制。在此方面，发达国家的经验值得我们借鉴，即不管行政行为的实体内容正确与否，只要违反行政程序即可导致整个行为无效，当事人可向法院或行政准司法机构请求撤销该行政行为。当然，行政程序的内容有主次之分，如规定对一般性事务程序，甚至工作程序的违反也导致行政行为无效，未免过于苛刻。比较适中的做法是，违反体现正当程序要求的程序规则将导致行政行为无效，违反一般性事务程序或工作程序由于只涉及管理效率问题而不直接影响当事人的合法权益，则不会发生导致行政行为无效的后果，但对违反程序者应给予内部惩戒处分。

无程序即无权利。无现代行政程序即无法律对行政的有效制约。鉴于现代行政程序在行政法治化过程中所起的不可替代的作用，我们有理由相信，我国的行政法治建设将迎来一个繁荣现代行政程序法的新时代。

（原载《法学研究》1996年第4期）

宪法视野和宪政界域中的公益诉讼

陈云生

针对20世纪80年代中后期以来公益诉讼在我国日益兴起的现象，宪法学界表现出一定程度的"失语"。然而，公益诉讼在观念、建制、诉讼原告的适格性、司法制度的构建等方面，都关系到宪法和宪政问题，甚至毋宁说，公益诉讼本身就是一个宪法和宪政问题。很难想象，没有相应宪法学说和宪政理论的支撑和相应的宪政建制，现代型的公益诉讼能够得到规范和健康的发展。

一　公益诉讼的宪法基础

自20世纪20年代以来，许多国家的宪法在立宪宗旨、宪法规范内容方面都发生了显著的变化。

在立宪宗旨上，发生了从个人本位向社会本位的重大转变。20世纪20年代起，特别是西方世界各国经历了30年代的经济大萧条以后，人们普遍认识到，单靠限制和约束政府的权力以保护公民权和人权不受侵犯，并不能应对重大的社会危机以及其他诸如就业、劳动保护、社会保险和救济等全社会所共同面对和需要解决的社会窘迫问题，立宪宗旨随之从个人本位转向社会本位。

从宪法规范的内容上看，为适应上述立宪宗旨的转变，宪法在内容规定上进行了重大的、必要的调整。过去一向不屑一顾的社会、经济等内容，在体现社会本位的宪法中都作出详尽不等的规定。其中最重大的变化是增加关于公共利益、集体利益或一般利益的规定。20世纪70年代以前制定的142部成文宪法中，有96部宪法对此作出了规定，占总数的67.6%。为适应福利社会的构造，有85部宪法加强了关于公共福利的规定，占总数的59.9%。此外，为了保护私人权益，有75部宪法规定为保护私人权益可以对行政行为提起诉讼，占总数的52.8%。①

---

① ［荷］亨克·范·马尔赛文、格尔·范·德·唐著，陈云生译：《成文宪法的比较研究》，华夏出版社1987年版，第129、133页。

上述宪法改造，为公益诉讼制度的建构打下了宪法基础。毕竟，在实行宪治和法治的当代，包括公益诉讼在内的一切重大的政治法律建制，都应当而且必须从国家的根本大法中求得合法性。

二　公益诉讼的宪政建制

公益诉讼尽管是现代社会和法治发展所必需，但它不是自发建制的，其建制也并不仅仅是一个简单的诉讼法和诉讼制度的扩展或完善的问题。公益诉讼关涉到一些重大的宪治、法治理念与实践问题，应当而且必须首先从宪政上予以建制。根据其他国家的宪政经验，这种建制主要是从以下几个方面展开的。

1. 基于矫正因"社会结构变化"引起的公共利益分配失衡的社会正义立场来建构公益诉讼制度。现代社会是不断改革和发展的社会，这一不间断的过程，势必引起社会结构性变化，而这一变化又必然引起公共利益分配方面的不平衡，从而使基于社会利益分配平衡的社会正义受到侵害。意大利就是基于此种立场建构公益诉讼制度的，该国重点在劳动灾难、产品责任、交通事故、公共住房条件不当等领域建立和实行了公益诉讼制度。

2. 确立公共权利的宪政保护原则。在宪法转向社会本位以后，公共利益受到了高度重视和保护。特别是在福利制度兴起以后，个人利益与公共利益更是紧密地结合在一起。为了适应这一变化，原来由宪法和宪政重点保护的个人权利也在宪政理论上和宪政制度上扩展成为公共权利或集体权利。这一权利体系的确认至关重要，按照传统的"有权利必有救济"的宪治、法治原则，公众享受公共利益的权利，也应当和必须予以宪法和法律上的保护。

3. 重新定义和扩展诉讼原告的适格性，以适应公益诉讼的需要。传统诉讼有关诉讼资格和诉讼利益等有关"享有诉讼权的一般条件"，由于受到法律上的严格限制，显然并不适合公益诉讼对诉讼原告的资格放宽的要求。就西方国家的经验来说，通常是通过判例和单项制定法这两种方式解决的。通过判例，英国逐步确立了"相关人诉讼"原告资格，美国在20世纪40年代初发展出"私人检察总长"的制度。在单项立法方面，美国除较早的谢尔曼法和克莱顿法（1914年）外，80年代以后的反欺骗政府法和联邦采购法等，都规定受害人、检察官、任何个人和组织都有资格提起对公共性违法行为的公益诉讼。法国的新民事诉讼法典明确规定任何协会和个人都有权以保护公益为目的提起公益诉讼。

4. 建立和发展了一些全新的公益诉讼形式或模式：（1）集团诉讼；（2）相关人诉讼；（3）抽象行政行为的行政诉讼；（4）宪法诉讼；（5）实行亲民、便利和有利于节约司法资源的诉讼程序原则；（6）倡导和鼓励司法能动主义。

三　中国宪法和宪政语境下的公益诉讼

在中国的宪法和宪政语境下，有关公益诉讼的以下几个方面是我们应当而且必须予以关注的。

1. 充分认识中国宪法和宪政对公益诉讼制度建构的法律规范和调控作用。现行宪法在国家的民主政体，法治原则，公民基本权利和人权保护，公民在社会、经济、政治、法律等事务中广泛的民主参与权，对国家、集体、公共利益的重点保护原则，对国家、集体、私人财产的保护等等规定，都可以视为建构中国公益诉讼的基础性规范。

2. 正确处理公益诉讼建制与改革探索的关系。在当前关于公益诉讼建制的热点讨论中，有人呼吁尽快制定公益诉讼法。这种思路应当肯定，并应努力推动国家立法机关尽快采取有关的立法步骤。但是当务之急，是充分利用改革开放的大环境和创造的条件，通过司法改革，不断地加以探索和总结。这不仅能够满足当前对公益诉讼的迫切需要，也为国家今后的立法活动积累宝贵的经验。当前由国家检察机关和民间热心人士连续发起公益诉讼的行为，就值得给予特别的肯定和鼓励。

3. 应重点发展集团诉讼。在中国当前应努力创造条件发展集团诉讼，以更大的诉讼力对抗对公共利益和权利造成损害的违法行为。为此，需要进行必要的宪政改革，使更多的社会组织、团体得以合法建立并赋予特定社会群众利益代表者的资格和公益诉讼提起人的适格性。此外，也需要在法律援助、律师制度等方面进行必要的改革。

4. 公益诉讼作为远景课题，应纳入宪法监督和违宪审查的理论与实践的大课题之中重点予以关注和研究。

（原载《法学研究》2006 年第 6 期）

以宪法为依据转换宪政模式

吴新平

宪法规定的问题主要是两类：权利和制度。在宪法学上，按照立宪的主旨和重心，可以把宪政分为权利中心主义和制度中心主义两种模式。权利中心主义把人权保障视为立宪的根本出发点；主张根据保障公民权利的需要设计和建构国家的各项基本制度；国家机构的设立和组织，以及国家权力的分工、行使和监督制约等等都必须适应人权保障的需要；宪法有关国家权力的各项制度都必须以保障公民权利为目的。制度中心主义把国家各项基本制度的确立视为立宪的出发点；主张根据保障国家政权正常运转的需要设计和建构国家的各项基本制度；宪法对公民基本权利的确认以保障正常的国家生活和社会生活为依据；有关保障公民权利的制度以管理和规范公民对有关权利的行使为出发点；公民权利的行使不得妨碍国家权力的行使。

我国 1954 年确立的宪政体制是制度中心主义的。制度中心主义的宪政有其存在的依据和理由，但是，保障人权不仅与宪法在人类历史上产生的目的相一致，而且已经随着宪法的发展和人类社会的进步在宪法学上得到了普遍认可。权利中心主义如今已经成为人类宪政文明发展的基本趋势。我国宪政如何从制度中心主义逐步向权利中心主义转变，是我国宪政建设中必须解决的首要问题。鉴于权利中心主义和制度中心主义这两种宪政模式所反映的理念和价值有重大的不同，在 2004 年宪法修正案通过以前，在我国宪政发展中实现模式转变是不可能的。2004 年宪法修正案在宪法第三十三条增加规定"国家尊重和保障人权"，其意义不仅在于为国家施加了明确的责任和义务，更重要的是为我国宪政模式的转换提供了宪法依据。换言之，我国的宪政模式从制度中心主义向权利中心主义转换，是实施 2004 年宪法修正案关于国家尊重和保障人权的原则的宪法要求。

权利中心主义的宪政模式不仅要求在宪法上确认公民基本权利的内容，更强调国家的有关制度都要适应贯彻"国家尊重和保障人权"宪法原则的需要。根据我国目前的宪政现状，实行宪政模式转换的关键是根据党的十六大精神发展社会主义民主政治，改进和完善各项政治制度，从制度上确保 2004 年宪法修正案确立的"国家尊重和保障人权"的原则的实现。

（原载《法学研究》2004 年第 6 期）

行政许可法：观念创新与实践挑战

周汉华

改革开放 20 多年以来，类似行政许可法这样受到高度重视的法律，在我国是非常少见的。全国人大常委会法制工作委员会从 1996 年开始着手行政许可法的调研、起草工作，形成了《行政许可法（征求意见稿）》。九届全国人大常委会将行政许可法列入立法规划，确定由国务院提出法律草案。据此，国务院法制办以征求意见稿为基础，从 2000 年初开始行政许可法的起草，形成了《行政许可法（初稿）》。经广泛征求各个方面的意见，形成了《行政许可法（草案）》。[①] 在草案形成过程中，国务院第 40 次和第 60 次常务会议两次进行审议。在草案进入全国人大常委会立法程序以后，九届和十届两届全国人大常委会共进行了四次审议才最后通过。在法律制定过程中，国家陆续推出了加入世界贸易组织、行政审批制度改革、整顿与规范市场经济秩序、从源头上治理腐败与全面推进依法行政等重要的战略决策，使立法过程与改革开放进程得以相互促进。法律颁布之后、实施之前，国务院专门召集全国省部级主要领导开会布置，进行培训，各个地方、部门也都相应进行了大规模的培训和准备工作。法律自 2004 年 7 月 1 日正式实施之后，立即成为社会各界的关注焦点，人们越来越多地以行政许可法的规定来重新审视和评估政府行为，对政府工作提出了更高的要求。[②]

行政许可法之所以得到社会各界的广泛关注和好评，一个重要的原因是它确立了许多符合法治政府要求的观念或原则，势必会对政府工作产生多方面重大的影响。因此，本文拟就这些观念或原则以及它们在实践中已经遇到并将会继续遇到的挑战这两个方面，谈点自己的认识。

---

① 可参见杨景宇《关于〈中华人民共和国行政许可法（草案）〉的说明》（2002 年 8 月 23 日在第九届全国人民代表大会常务委员会第二十九次会议上）。

② 北京市一中院宣告首例涉及国家部委行政许可案，律师状告国家工商行政管理总局，法院同意原告主张，认定《商标法实施条例》有关"商标代理组织"并未予以明确界定，因此，律师有权从事商标代理服务。见《人民法院报》2004 年 7 月 23 日。

一 行政许可法的观念创新

(一) 权利观念

什么是行政许可,理论上众说纷纭,实务中更难把握。① 不但中国如此,国际上也是一样,我们很难在国外找到同样的一个概念,名称翻译起来都比较困难。② 理论上,对于许可的性质有不同的界定,如权利的赋予、禁止的解除、授予特许权等等;实务中,行政许可法实施前后,哪些事项属于许可,哪些属于非许可的审批,几乎成为各个政府部门最为关心的问题。③ 可以预见,随着行政许可法的实施,这样的问题不但不会减少,只会越来越多。

但是,如果暂时抛开定义争论,从更高的层面来归纳行政许可法的贡献,可以发现,行政许可法触动最深的实际上是传统的权利观念,更具体地说,是财产权利观念。行政许可法赋予行政许可以财产权利属性,并提供了坚实的法律保护。顾名思义,行政许可是一种政府行为,不论是授予权利还是解除禁止,传统上一直把它视为政府的某种单方决定或恩赐。因此,是否许可、如何许可,都由政府说了算,许可与权利根本沾不上边。在国外,长期将政府的许可视为一种特权(privilege),以区别于权利(rights)。许可与权利能够联系上,应该说是权利观念扩张的结果。

权利观念的起源虽然很早,但是,普适意义上的抽象权利观念、尤其是人权观念的普及与勃兴应该是 20 世纪尤其是 20 世纪 50 年代以后的事情。④ 在此之前,权利观念更多地是以财产权等具体权利形态而体现的。人类认识过程与能力从具体到抽象递进的规律决定了财产权观念最初一定是和具体、可感知的物体联系在一起的。在罗马法中,有体物占据了重要的地位,这种认识一直影响到法国民法典与德国民法典,以至于类似电、磁波、光波这样的无体物一直不被当作物。大陆法系中的物权概念到今天

---

① 我国行政法学界对行政许可含义的不同定义,可参见汪永清主编《中华人民共和国行政许可法释义》,中国法制出版社 2003 年版,第 6 页;乔晓阳主编:《中华人民共和国行政许可法及释解》,中国致公出版社 2003 年版,第 30 页。

② 例如,英国 2003 年许可法(Licensing Act 2003)第 1 条第 1 款的规定,许可的对象仅限于白酒的供应与销售、提供娱乐服务以及提供夜生活服务,许可的含义非常有限。

③ 例如,对于手机生产牌照,主管部门认为属于非许可的审批,应予保留,而业界和学术界的一些人士认为属于行政许可,应予废除。

④ 对人权观念起源的探讨,可参见夏勇《人权概念的起源》,中国政法大学出版社 1992 年版。

仍然是对有体物而言，债权与物权并列存在。英美法系国家使用财产权概念而不提物权概念，但其财产权最初同样主要是指不动产、动产等有体物。英美法系国家财产权观念发展到包括有体物、无体物、权利（抵押、债权、知识产权）等人身以外的所有权利，是晚近以来的事情。也就是说，财产权的初始形态都是有体物，然后才发展到无体物、观念意义上的债权以及知识产权。梅因提出"从身份到契约"的著名论断，实际上表明了合同之债的出现是非常晚近的事情。至于知识产权被当作财产权的一部分，更是工业革命的产物。法律发展的历史表明，财产权观念本身具有开放性、包容性或扩张性，以前不被视为财产权的对象，有可能在社会发展以后变成个人财产。①

行政许可传统上属于政府授予的特权，与个人财产权利没有任何关系。但是，随着社会的发展，尤其是政府职能的快速扩张和对财富再分配能力的增强，国际社会开始广泛地将行政许可也视为财产权的一部分。② 将行政许可纳入财产权利范围加以保护的主要意义在于：一是加强对政府行为的控制，使传统上的自由裁量权领域或特别权力关系领域也受到依法行政原则的规范，应对政府职能扩张带来的挑战；二是加强对个人权利的保护，防止政府管制措施给个人权利和公共利益带来的实际损害；三是提高资源配置的有效性，提高社会效益。③ 由于这些变化主要发生在公法领域或政府管制领域，如果说它和传统的财产权有何区别，可以说传统的财产权主要是指私法上的财产权，而行政许可是公法上的财产权。④

应该说，我国法律对政府许可的处理，一直是比较先进的。1989年制定的行政诉讼法第11条就将许可证与执照当作"人身权与财产权"的一部

---

① 如我国著作权法修订以后所增设的网络传播权，国际社会正在推进的个人信息权等。

② 美国法学家Reich最先在理论上系统地提出行政许可属于"新财产权"的主张并在国际学术界产生了广泛的影响。参见Charles A. Reich, the New Property, 73 The Yale L. J. 733 (1964)。

③ 以产权界定和可交易的许可（trade able allowance）来构筑市场关系，降低交易成本，最先由科斯在论述污染权交易时提出，目前已经成为国际社会政府管制改革的一个主要方向。见科斯《社会成本问题》，中译本载盛洪、陈郁等译《企业、市场与法律》，上海三联书店1990年版；OECD, Putting Markets to Work: The Design and Use of Marketable Permits and Obliga–tions (1997)。

④ 盛洪教授曾经提出过"计划权利市场化"的主张，比较形象地揭示了政府许可（利益）的公法财产权性质。可见盛洪《市场化的条件、限度和形式》，载《中国的过渡经济学》，上海三联书店、上海人民出版社1994年版，第108页。当然，作为新型的财产权，行政许可具有不同于传统的私法财产权的许多特征，如权利的取得方式、行使方式、保护方式等。限于篇幅，本文不对这种区别专门加以讨论。

分予以保护，1999年制定的行政复议法第6条又延续了这一立法原则。这样看来，许可证与执照在实践中早已得到了财产权的地位与法律保护。但是，应该承认，这种保护是有限的，只是许可证与执照，并不是所有的行政许可，在范围上有局限性。并且，这种保护只是一种程序性保护，并没有从实体上明确行政许可的财产权属性，因此，当事人只享有申请行政复议或者提起行政诉讼的程序权利，并没有实质上获得保护或胜诉的权利。实践中，对于政府机关撤回、改变或者以其他方式侵犯依法获得的许可，当事人基本处于无法得到救济的境地。

整部行政许可法的最大贡献就在于，它从各个方面（包括许可的申请、授予、变更、废止等）赋予行政许可以财产权的属性，使被许可人从实体上得到了最为有效的保障。根据行政许可法第8条的规定，公民、法人或者其他组织依法取得的行政许可受法律保护，行政机关不得擅自改变已经生效的行政许可。行政机关要改变行政许可，必须严格遵守法律的规定。只有行政许可所依据的法律、法规、规章修改或者废止，或者准予行政许可所依据的客观情况发生重大变化，并且是为了公共利益的需要，行政机关才可以依法变更或者撤回已经生效的行政许可。即使满足这些条件，如果改变行政许可给公民、法人或者其他组织造成财产损失的，行政机关还应当依法给予补偿。这样，行政许可就从恩赐变成了权利，实现了实质意义上的跨越。这种变化是革命性的，势必深刻地影响政府与公众的关系，使双方从不平等的控制命令关系演变为平等主体之间的关系。[1]

这种意义举一个例子就可以说明：由于我国城市的土地均属于国家所有，公民、法人或者其他组织只有国有土地使用权，在过去，大量的城市房屋拆迁所涉及的国有土地使用权都被视为是政府授予的特权，政

---

[1] 当然，这种转变主要体现在行政许可法的制度安排和学术界的理论解读之中，未必完全获得起草者或者立法者的共识。从全国人大常委会立法过程中关于许可是否能够转让的激烈争论以及行政许可法第9条最后的表述来看，一方面，将许可的转让明确加以规定较之法律草案中根本没有涉及许可的转让问题应该说是一个明显的进步，但是，另一方面，从法律规定的最后措辞来看（一般不得转让），相当多的人可能实际上仍然是以传统的观念看待行政许可。另外，从拟议中的物权法关于征收征用的规定来看，征收征用的对象只是简单地规定了传统的动产与不动产，并未将许可当作一项财产权利单独加以规定。由此也可以看出人们对新型财产权认识上尚未形成一致，甚至不太了解。行政许可法立法中对许可转让问题的争论，部分可见《全国人大法律委员会关于〈中华人民共和国行政许可法（草案）〉审议结果的报告》第四、《全国人大法律委员会关于行政许可法（草案四次审议稿）修改意见的报告》第八。有关物权法内容的一般性介绍，可见段宏庆《〈物权法〉：突破和缺憾》，载《财经》2004年第21期。

府想拆迁就拆迁，即使拆迁也只给地上建筑物以补偿，而不给予土地使用权以任何补偿，由此造成大量的拆迁争议。实施行政许可法以后，相对人不论是以出让方式还是以划拨方式获得的土地使用权，从性质上看均属于获得法律保护的行政许可，政府机关再也不能随意加以撤回或改变，即使根据法定条件加以改变，也要依法给予相对人补偿。这样，可以有效地以公众的财产权利制衡政府机关的行政权力，防止政府机关朝令夕改，以权谋私。类似的行政许可事项或领域很多，一旦行政许可法的规定能够切实得以执行，就可以从根本上改变政府机关与公众之间的关系，形成良性互动。

（二）有限政府观念

行政许可法制定过程中，讨论得最多、也是最大的难题之一，就是如何划定一条界限，明确哪些事项需要设定许可，哪些事项根本不需要设定许可。在计划经济体制之下，政府实际上是一个全能政府，每一个人的生老病死都由政府管，包括结婚、离婚、生育、住房、就业等事项，都由政府安排，企业也由政府直接经营，很少有所谓的私营企业。这种体制直接导致"大锅饭"、低效率、资源配置不合理、政府权力过大等弊端。中国的改革正是从革除这种体制的弊端开始的，通过最初的放权让利，减少政府干预的范围和程度，让市场在资源配置中发挥越来越大的作用，逐步建设社会主义市场经济制度。

当然，市场化改革并不等于取消政府职能，更不是走向无政府主义。政府仍然需要承担经济调节、市场监管、社会管理与公共服务的职能。在国际上，一般认为，当存在诸如公共产品、信息不对称、自然垄断、外部性和社会公正等情况时，政府应该加以干预。[1] 这样，在制定行政许可法时，就面临着如何科学地划定政府与市场的边界问题。既要通过法律的制定，巩固市场化改革的成果，又要为政府行使其法定职责提供法律依据。关于这个问题理论上众说纷纭，实践中的情况也比较复杂，[2] 因此，制定过程中经过了反复的讨论和修改。

国务院法制办最初起草的征求意见稿（第一稿）第 12 条曾经采用具体

---

[1] 可见 Stephen Breyer, Regulationandits Reform, Chapter 1 (1982)。

[2] 例如，立法过程中一个引起广泛关注的争论是某市设立馒头办是否有合理性。多数人认为设立馒头办没有必要，也有人认为从健康和安全的角度考虑，认为政府设立类似许可有其合理性。

列举的方式，明确规定了 12 种可以设定行政许可的事项。[①] 由于这种列举并不周严，难免挂一漏万，并且对列举中的某些事项是否应该设定行政许可有不同意见。后来的草案采用了对可以设定行政许可和不得设定行政许可的事项都作原则性规定的方式，不具体加以列举。[②] 最后通过的法律文本第 12 条则作了进一步的修改，删除了草案第 13 条可以设定行政许可的原则性规定，代之以行政许可的具体种类划分，通过许可的具体种类来明确行政许可的设定范围。

尽管立法过程中对于行政许可的设定范围每一次改动的幅度都非常大，但是，这种修改始终坚持了个人自治优先、市场优先、自律机制优先与事后机制优先等原则，体现了有限政府的基本观念。征求意见稿与草案均规定了六种情况下，不得设定行政许可。最终通过的《行政许可法》第 13 条基本采纳了征求意见稿和草案的规定，明确规定，可以设定行政许可的事项，也并不是都要设定行政许可。凡是公民、法人或者其他组织能够自主决定的，市场竞争机制能够有效调节的，行业组织或者中介机构能够自律管理的，行政机关采用事后监督等其他行政管理方式能够解决的，可以不设行政许可。

《行政许可法》第 13 条的规定，可以说是对近年来我国立法经验的一

[①] 分别是：（一）土地、矿藏、水流、海域、森林、山岭、草原、荒地、滩涂等自然资源的开发利用；（二）无线电频率、有线电视网络等有限公共资源的配置；（三）污染和其他公害的防治、生态环境的保护；（四）电力、铁路、民航、通信、公用事业等垄断行业的市场准入和法定经营活动；（五）金融、保险、证券等涉及高度社会信用的行业的市场准入和法定经营活动；（六）利用财政资金或者利用需要政府担保的外国政府、国际组织贷款投资的项目；（七）爆炸性、易燃性、放射性、毒害性、腐蚀性等危险品的生产、储存、运输、使用、销售，以及其他涉及自然人人身健康、生命财产安全的产品、物品的生产、销售等活动；（八）为公众提供服务、与公共利益直接有关，并且具有特殊信誉或者特殊技能要求的资格、资质；（九）直接关系公共安全和自然人生命财产安全的重大设备、设施的设计、建造、运营；（十）特定民事关系或者特定事实；（十一）新闻出版印刷、广播电影电视、娱乐业等从业机构的设立和活动；（十二）法律、行政法规规定的涉及自然人人身健康、生命财产安全或者公共安全、国家安全的其他事项。征求意见稿后来的版本在表述上虽略有不同，但基本内容与思路均大同小异。

[②] 草案第 13 条规定下列事项可以设定行政许可：（一）直接关系国家安全、经济安全、公共利益以及人身健康、生命财产安全的事项；（二）有限自然资源的开发利用、有限公共资源的配置的事项；（三）通过事后补救难以有效消除影响或者造成难以挽回的重大损害的其他事项。草案第 14 条规定，第 13 条所列事项通过下列方式能够解决的，不得设定行政许可：（一）由自然人、法人或者其他组织自主决定，不致损害国家的、社会的、集体的利益和他人的合法的自由和权利的；（二）通过市场机制能够有效解决的；（三）通过民事赔偿或者追究其他民事责任能够解决，并且不致造成难以挽回的重大损害的；（四）通过规范、公正的中介机构自律能够解决的；（五）通过制定和实施强制性标准能够解决的；（六）通过实施事后监督等其他行政管理方式能够解决的。

次科学总结和提升,第一次鲜明地体现了有限政府的观念,① 它不但对于以后的行政许可设定具有规范意义,而且对于我国整个立法工作和政府管理工作的科学化也具有重要的指导意义。行政许可法所体现的有限政府观念,并不仅仅只是反映在第 13 条,诸如限制行政机关自由裁量权的程序规定(尤其是特别程序的规定)、核准事项逐步由专业技术组织实施的规定、省级政府经过国务院批准后可以停止行政法规设定的许可的规定等,也都体现了有限政府的观念。

行政许可法所体现的有限政府观念,在 2004 年颁布的国务院《全面推进依法行政实施纲要》中得到了进一步明确的表述。纲要明确规定,"凡是公民、法人和其他组织能够自主解决的,市场竞争机制能够调节的,行业组织或者中介机构通过自律能够解决的事项,除法律另有规定的外,行政机关不要通过行政管理去解决"。这种观念变化对于 2000 多年来习惯了当"父母官"的政府机关而言,无疑是一场深刻的革命,它对政府与公众的长远影响会在实践中逐步得以体现。

(三) 有效政府观念

行政许可法不但要解决许可过多、过滥的问题,实现有限政府的目标,同时也要解决一些部门只管发证、收费,放松管理,致使市场秩序混乱的管理不力问题,实现有效政府的目标。中国高度集中的计划经济体制的历史教训证明,全能政府看起来什么都管,实际上始终面临着管不好、也管不了的困境。"七、八个大盖帽,管不住一个破草帽",就是对政府管制失灵的最好写照。管得太多,政府权力过大,还容易滋生腐败,导致出现管制理论中所描述的自肥现象。② 因此,尽管有限政府并不一定是有效政府,但有效政府必定是有限政府。政府管得太多、太细,一定没有效率。从这个角度看,行政许可法的制定始终坚持有限政府的原则实际上也就同时在追求有效政府的目标。

为解决行政管理实践中导致行政管理效率不高的一些突出问题,实现有效政府的目标,行政许可法进行了许多制度构造和设计:

---

① 将行政许可法与立法法的规定进行比较可以发现,立法法基本停留在传统的形式法治思考范畴之内,只是规定了立法权限的划分、立法程序、法律解释与法律监督等方面,并未涉及政府与市场的关系以及有限政府的目标。对立法法缺陷的分析,可见周汉华《变法模式与中国立法法》,载《中国社会科学》2000 年第 1 期。

② 可见 Stigler, G. The Theory of Economic Regulation, 3 Bell Journal of Economics and Management Science (1971)。

1. 建立行政许可的监督检查制度，防止出现只审批、收费，不履行执法监督责任的现象。《行政许可法》在总则第 10 条规定，县级以上人民政府应当建立健全对行政机关实施行政许可的监督制度，加强对行政机关实施行政许可的监督检查。行政机关应当对公民、法人或者其他组织从事行政许可事项的活动实施有效监督。第 6 章（共 11 条）全面规定了监督检查制度，其中颇多制度创新（包括上级对下级的监督检查制度与行政机关对被许可人的监督检查制度，如一般进行书面检查，也可以进行实地检查，对违法行为实施属地管辖，特许被许可人须承担特别法律义务，年检只能适用于直接关系公共安全、人身健康、生命财产安全的重要设备、设施，违法获得的许可应予撤销等），力求改变发证收费不管理的现状，维护公平的市场秩序。

2. 通过技术手段提高行政许可的有效性，防止政府过度干预和行政许可的泛滥。行政许可法第 19 条规定，起草法律、法规、省级政府规章草案，拟设定行政许可的，起草单位应当向制定机关说明设定该行政许可的必要性、对经济和社会可能产生的影响以及听取和采纳意见的情况。这是我国法律中第一次对立法成本效益分析原则的某种间接采用，无疑可以提高行政许可的有效性。尽管从规定上看，尚没有完全采用成本效益分析原则，但其意义已经非常巨大。①

3. 引入对行政许可项目的定期评价制度，体现与时俱进的改革精神。针对行政审批制度改革中一些部门行政审批权过多的情况，② 行政许可法草案规定，"行政许可的设定机关应当每隔两年对其设定的有关经济事务的行政许可进行评价，对不需要继续保留的，应当及时予以废止"。最终通过的《行政许可法》第 20 条规定，行政许可的设定机关，应当定期对其设定的行政许可进行评价，对已经设定的行政许可，认为通过本法第 13 条所列方

---

① 随后公布的国务院《全面推进依法行政实施纲要》在我国第一次完整地规定了立法的成本效益分析原则，它规定："积极探索对政府立法项目尤其是经济立法项目的成本效益分析制度。政府立法不仅要考虑立法过程成本，还要研究其实施后的执法成本和社会成本。"

② 国务院部门行政审批制度改革过程中，最初共有 65 个部门上报审批项目 4147 项。经过国务院行政审批制度改革工作领导小组办公室复核甄别，后来确认共有行政审批项目 3948 项。经过三批公布取消的行政审批项目目录后，最终认定国务院 68 个部门共有审批项目 3605 项（取消、调整共 1806 项，保留 1799 项。保留的行政许可项目为 1314 项，非许可的审批项目 485 项）。从这些数字的前后变化大致也可以看出确立行政审批项目的底数非常困难。参见国务院行政审批制度改革工作领导小组办公室编《改革行政审批制度，推进政府职能转变》，中国方正出版社 2003 年版，第 367 页。保留的行政许可项目为 1314 项，非许可的审批项目 485 项。

式可以解决的，应当对设定该行政许可的规定及时予以修改或者废止。行政许可的实施机关，可以对已设定的行政许可的实施情况及存在的必要性适时进行评估，并将意见报告该行政许可的设定机关。公民、法人或者其他组织可以向行政许可的设定机关和实施机关就行政许可的设定和实施提出意见和建议。行政许可法的这一规定，是首次在我国法律中采用类似国外立法中的"日落条款"，能有效地解决法律与社会发展之间的脱节现象，极大地提高行政管理的科学性和效率，最有效地发挥行政许可的作用。

（四）责任政府观念

有权必有责，用权受监督，既是政府的一项重要施政纲领，也是行政许可实践中的一个突出问题。政府机关行使审批权力，不承担法律责任或者权力不受监督的现象在实践中并不少见，由此导致权力滥用和腐败现象的频频发生。因此，《行政许可法》第7章专门对这个问题进行了详细的规定。不论是违法设定许可（这是我国法律第一次对抽象行政行为设定法律责任），还是违反行政许可法的具体程序或者实体规定，或者是借许可索取财物与利益，或者履行监督检查职责不力，都要承担相应的行政责任与刑事责任。违法实施行政许可给当事人的合法权益造成损害的，还应当根据国家赔偿法的规定给予赔偿。当然，申请人或被许可人违反法律，也要承担法律责任。这些规定的目的都是为了实现权力与责任的统一、权利与义务的平衡，实现责任政府的目标。

（五）公开政府观念

公开是腐败的天敌，阳光是最好的杀虫剂。近年来披露的大案要案中一些部门或个人之所以能够借助手中的审批权力寻租、谋取不法利益，关键的原因在于审批过程不公开，屡屡导致暗箱操作、权钱交易。因此，实现公开政府的目标，将权力的行使置于舆论与社会公众的监督之下，是审批制度改革的一个重要方面。行政许可法可以说全方位强调了公开政府的重要性，全面、系统地设计了操作性极强的具体制度：

1. 明确公开政府的基本原则。《行政许可法》总则第5条明确地将公开原则作为许可法的一项基本原则加以规定，同时，还明确规定，有关行政许可的规定应当公布；未经公布的，不得作为实施行政许可的依据。这种强制性规定对于纠正一些地方或部门习惯依靠内部文件或"红头文件"进行审批的做法具有立竿见影的实际效果，是继行政处罚法之后我国立法中第二次作出类似的强制性规定。另外，《行政许可法》第5条还规定，行政许可的实施和结果，除涉及国家秘密、商业秘密或者个人隐私的外，应当公开。这样,就使公开政府的原则贯穿于行政许可制度的每一个环节。

2. 规范委托行政法律关系,公开行政许可实施主体的法律地位。《行政许可法》第24条规定,行政机关在其法定职权范围内,依照法律、法规、规章的规定,可以委托其他行政机关实施行政许可,但委托机关应当将受委托行政机关和受委托实施行政许可的内容予以公告。这一规定可以规范委托行政法律关系,杜绝大盖帽满天飞、许可实施机关泛滥的现象。

3. 公开行政许可的条件和程序。《行政许可法》第30条规定,行政机关应当将法律、法规、规章规定的有关行政许可的事项、依据、条件、数量、程序、期限以及需要提交的全部材料的目录和申请书示范文本等在办公场所公示。申请人要求行政机关对公示内容予以说明、解释的,行政机关应当说明、解释,提供准确、可靠的信息。这一规定,尤其是要求行政机关对公示内容予以说明、解释,提供准确、可靠信息的规定,对于督促行政机关履行法定职责、提高行政管理水平、防止少数政府官员借法律规定的模糊滥用行政权力,都具有重要的现实意义。

4. 公开行政许可的实施过程与结果。《行政许可法》第40条规定,行政机关作出的准予行政许可决定,应当予以公开,公众有权查阅。

5. 公开行政许可的监督检查过程及其结果。《行政许可法》第61条规定,行政机关依法对被许可人从事行政许可事项的活动进行监督检查时,应当将监督检查的情况和处理结果予以记录,由监督检查人员签字后归档。公众有权查阅行政机关监督检查记录。行政机关依法对被许可人从事行政许可事项的活动进行监督检查时,应当将监督检查的情况和处理结果予以记录,由监督检查人员签字后归档。公众有权查阅行政机关监督检查记录。

(六)服务型政府与程序公正观念

在很长一段时间里,对于究竟如何协调政府机关的管理职能和为人民服务的要求,我们并未积累太多的经验。实践中,往往出现一旦强调服务,就放松了管理;一旦强调加强管理,就忽略了服务,无法实现两者之间的良性循环。在建立服务型政府方面,行政许可法应该说进行了非常有益的尝试,比较系统地将服务型政府的要求与行政程序联系在一起,在公正程序中体现服务型政府的价值。这样,政府机关就可以在有效地履行政府管理职能的同时,实现为人民服务的要求,从而避免出现两者之间的对立或矛盾。应该说,行政许可法关于程序的规定是该法中操作性最强的部分,为建设服务型政府确定了最基本的法律要求。

1.《行政许可法》总则第6条明确地将便民和服务作为一项原则予以

确认，强调实施行政许可要提高办事效率，提供优质服务。这样，就确立了服务型政府的基本价值目标。

2. 行政许可法关于程序的规定，尤其是第 4 章有关行政许可的实施程序的规定，有诸多制度创新，为建设服务型政府进行了非常有益的探索。例如，为方便申请人并避免熟人社会给行政管理工作带来的各种负面影响，第 29 条规定行政许可申请可以通过信函、电报、电传、传真、电子数据交换和电子邮件等方式提出，第 33 条规定行政机关应当建立和完善有关制度，推行电子政务。为减轻申请人的负担并提高行政管理的效率，第 29 条规定行政许可需要行政机关内设的多个机构办理的，该行政机关应当确定一个机构统一受理行政许可申请，统一送达行政许可决定。行政许可依法由地方人民政府两个以上部门分别实施的，本级人民政府可以确定一个部门受理行政许可申请并转告有关部门分别提出意见后统一办理，或者组织有关部门联合办理、集中办理。为减轻申请人信息负担并解决行政机关过度收集信息的问题，第 29 条规定申请书格式文本中不得包含与申请行政许可事项没有直接关系的内容，第 31 条规定行政机关不得要求申请人提交与其申请的行政许可事项无关的技术资料和其他材料，第 35 条规定上级行政机关不得要求申请人重复提供申请材料。为简化行政许可程序，减轻申请人与政府机关的负担，第 31 条规定申请人对申请材料内容的真实性负责，第 34 条规定申请人的申请材料齐全、符合法定形式，行政机关能够当场作出决定的，应当当场作出书面的行政许可决定，第 32 条规定申请材料不齐全或者不符合法定形式的，应当当场或者在 5 日内一次告知申请人需要补正的全部内容。为体现许可过程的公正性和鼓励公众参与，第 46 条明确规定，法律、法规、规章规定实施行政许可应当听证的事项，或者行政机关认为需要听证的其他涉及公共利益的重大行政许可事项，行政机关应当向社会公告，并举行听证，第 47 条规定行政许可直接涉及申请人与他人之间重大利益关系的，利害关系人享有要求听证的权利。为保护被许可人的合法权利，加强行政机关的责任意识，第 50 条规定需要延续依法取得的行政许可的有效期的，行政机关逾期未作出是否准予延续的决定的，视为准予延续。为解决实践中行政许可久拖不决的问题，行政许可法规定了严格的时限，一般的行政许可必须在 20 日内作出决定，经批准可以延长 10 日；统一办理或者联合办理的行政许可，作出决定的时间不得超过 45 日，经批准可以延长 15 日。这些规定，都体现了服务型政府的基本要求，同时也可以保证行政管理目标的顺利实现。

(七) 廉洁政府观念

制定行政许可法的立法目的之一，就是为了解决审批权过大所产生的各种腐败现象。因此，整部行政许可法，包括前面所提到的观念创新，可以说都贯穿了廉洁政府的基本追求。只要行政许可法的规定得以落实，尤其是前述各项原则得以实现，也就可以从源头上实现廉洁政府的目标。同时，针对现实生活中的一些突出现象和常见问题，行政许可法还专门相应设计了一些具体制度，以防止借审批权谋取私利的行为发生。

1. 切断行政许可与收费的联系，减少许可膨胀的经济诱因。针对行政管理实践中许可就是收费这一普遍现象，《行政许可法》第5章专门规定了许可的费用问题，第58条规定，行政机关实施行政许可和对行政许可事项进行监督检查，不得收取任何费用。只有法律、行政法规另有规定的，才可以依照其规定收取。同时，行政机关提供行政许可申请书格式文本，不得收费。为保证行政机关正常活动的展开，该条还规定，行政机关实施行政许可所需经费应当列入本行政机关的预算，由本级财政予以保障，按照批准的预算予以核拨。这一系列制度构造，都是为了切断许可与收费的联系，减少腐败行为，从制度上为廉洁政府提供物质基础。

2. 明确收支两条线原则，建立规范的公共财政制度。针对行政管理实践中因为行政经费不足而截流、挪用或者变相私分许可收费等现象，《行政许可法》第59条明确规定，行政机关实施行政许可，依照法律、行政法规收取费用的，应当按照公布的法定项目和标准收费；所收取的费用必须全部上缴国库，任何机关或者个人不得以任何形式截留、挪用、私分或者变相私分。财政部门不得以任何形式向行政机关返还或者变相返还实施行政许可所收取的费用。这一规定为建立规范的公共财政制度奠定了基础，也可以促使相关配套制度早日出台。

3. 严格禁止借行使许可权变相谋取各种不当利益。针对行政许可过程中搭车收费、变相谋取各种不当利益的现象，《行政许可法》第27条规定，行政机关实施行政许可，不得向申请人提出购买指定商品、接受有偿服务等不正当要求。行政机关工作人员办理行政许可，不得索取或者收受申请人的财物，不得谋取其他利益。第63条规定，行政机关实施监督检查，不得妨碍被许可人正常的生产经营活动，不得索取或者收受被许可人的财物，不得谋取其他利益。

4. 通过特别程序的设计，规范行政许可权，从源头上消除各种腐败现象产生的土壤。针对稀缺资源配置中因为"一言堂"、"一支笔"而导致的大量腐败现象，针对行政机关纷纷设立专业技术检测机构并借检测谋取私利的现象，针对各种专业资格考试中主考机关不当谋取各种利益的现象，《行政许可法》第4章第6节规定，对于特许事项，行政机关应当通过招标、拍卖等公平竞争的方式作出决定。对于核准事项，行政机关根据检验、检测、检疫的结果作出行政许可决定。并且，除法律、行政法规规定由行政机关实施的检验、检测、检疫之外，应当逐步由符合法定条件的专业技术组织实施。对于认可事项，行政机关根据考试成绩和其他法定条件作出行政许可决定，赋予法人或者其他组织特定的资格、资质的，行政机关根据申请人的专业人员构成、技术条件、经营业绩和管理水平等的考核结果作出行政许可决定。并且，考试组织机关不得组织强制性的资格考试的考前培训，不得指定教材或者其他助考材料。对于有数量限制的普通行政许可，两个或者两个以上申请人的申请均符合法定条件、标准的，行政机关应当根据受理行政许可申请的先后顺序作出准予行政许可的决定。行政许可法所规定的这些特别程序，对于控制行政机关的自由裁量权，从源头上防治腐败和实现廉洁政府的目标，都具有极强的可操作性和重要的现实意义。

（八）发挥中央与地方两个积极性的观念

行政许可制度中，除了行政机关与申请人或被许可人之间的关系外，另外一对需要考虑的重要关系是中央与地方之间的关系。一方面，中国的许多改革均属于自下而上式的渐进性改革，都是先由地方进行试点、积累经验，再上升到法律、制度层面向全国推广。因此，行政许可法必须为地方的改革探索留下制度空间，必须有利于推进和促进改革，不能限制改革的进程或成为改革探索的障碍。另一方面，随着改革进程的深入和利益格局的日益复杂化，保持法制统一和中央政府的宏观调控能力会变得越来越重要。对于地方滥设行政许可阻碍经济发展或者变相寻租的行为，通过行政许可搞地方保护主义的行为等等，行政许可法必须坚决地加以禁止，以维护公平的市场秩序和全国法制的统一。只有同时发挥中央与地方两个积极性，才能使行政许可法与改革的主旋律同步，实现法制、经济与社会的协调发展。

可以看到，行政许可法在其制度设计中，充分体现了既努力维护法制统一和中央权威，又尽量调动地方积极性的原则，有许多制度创新。

1. 维护中央权威主要体现在行政许可的设定权上，行政许可的设定权，尤其是规章的设定权，是本次行政许可法制定过程中变化最多的领域之一。征求意见稿曾经规定，除只能由法律、行政法规设定行政许可的事项以外，依法可以设定行政许可的地方性事务，尚未制定法律、行政法规、国务院的决定的，地方性法规、地方政府规章可以设定行政许可；可以设定行政许可的事项，尚未制定法律、行政法规、国务院的决定的，国务院部门对本部门职权范围内需要全国统一制度或者应当由中央统一管理的事项，可以根据国务院的有关决定在本部门规章中设定行政许可。

在国务院常务会议第一次讨论中，针对部门规章设定行政许可中存在的各方面问题，由国务院领导同志拍板，取消了部门规章的许可设定权，但保留了地方政府规章的许可设定权。到全国人大常委会审议阶段，对地方政府规章的许可设定权进行了反复的讨论，最后决定从设定主体和设定时限两个方面进行限制。《行政许可法》第15条规定，对于可以设定行政许可的事项，尚未制定法律、行政法规、地方性法规的，因行政管理的需要，确需立即实施行政许可的，省、自治区、直辖市人民政府规章可以设定临时性的行政许可。临时性的行政许可实施满一年需要继续实施的，应当提请本级人民代表大会及其常务委员会制定地方性法规。行政许可法同时规定，地方性法规和省、自治区、直辖市人民政府规章，不得设定应当由国家统一确定的公民、法人或者其他组织的资格、资质的行政许可；不得设定企业或者其他组织的设立登记及其前置性行政许可。其设定的行政许可，不得限制其他地区的个人或者企业到本地区从事生产经营和提供服务，不得限制其他地区的商品进入本地区市场。

行政许可法对于许可设定权的规定，尤其是对地方许可设定权的规范与限制，应该说远远超出了行政处罚法与立法法的规定，达到了近年来立法权上的最高峰，[①] 体现了维护中央权威与法制统一的决心。行政许可法的这一立法思路，必将对我国地方立法的未来发展方向产生意义深远的影响。在现阶段的中国，由于缺乏一套对地方政府行为的成熟制约机制，单纯强调地方分权或权力下放极有可能使下放的权力被地方政府中间截留，使地方分权变

---

① 根据立法法的规定，法律、行政法规、地方性法规与规章均属于其调整对象，都是广义上的"法"。除《立法法》第8条规定的10种事项外，其他事项国家尚未制定法律或者行政法规的，可以先制定地方性法规。省、自治区、直辖市和较大的市的人民政府，可以根据法律、行政法规和本省、自治区、直辖市的地方性法规，制定规章，就属于本行政区域的具体行政管理事项作出规定。根据行政处罚法的规定，地方性法规可以设定除限制人身自由、吊销企业营业执照以外的行政处罚。尚未制定法律、法规的，省、自治区、直辖市人民政府和省、自治区人民政府所在地的市人民政府以及经国务院批准的较大的市人民政府制定的规章对违反行政管理秩序的行为，可以设定警告或者一定数量罚款的行政处罚。

成地方行政分权甚至地方领导行政集权。① 因此，保持法制统一和中央政府有效的宏观调控能力，具有尤其重要的时代意义。

2. 调动地方积极性，主要体现在行政许可的实施上。

中国是一个大国，各地情况千差万别，不可能所有事务均适用完全一样的标准或者全部由中央政府决策。在保持法制统一和中央宏观调控能力的前提下，必须充分调动和发挥地方政府的积极性与主动性，因地制宜推动经济、社会的全面发展。为此，行政许可法也有许多制度设计：

第一，《行政许可法》第 16 条明确规定了地方性法规与地方政府规章对依法设定的行政许可事项的规定权，为地方实施行政许可提供了法律依据。尽管实践中如何明确区分设定权与规定权的边界还需要进一步探讨，但行政许可法的规定本身无疑为地方政府根据本地实际情况实施行政许可提供了法律依据。

第二，《行政许可法》第 21 条规定，省级人民政府对行政法规设定的有关经济事务的行政许可，根据本行政区域经济和社会发展，认为通过第 13 条所列方式可以解决的，报国务院批准后，可以在本行政区域内停止实施。这样，就可以区别国内不同地方的经济发展水平，使一些地方可以在某些领域走在全国的前列，率先进行开创性的探索。

第三，《行政许可法》第 25 条规定，经国务院批准，省、自治区、直辖市人民政府根据精简、统一、效能的原则，可以决定一个行政机关行使有关行政机关的行政许可权。《行政许可法》第 26 条第 2 款规定，行政许可依法由地方人民政府两个以上部门分别实施的，本级人民政府可以确定一个部门受理行政许可申请并转告有关部门分别提出意见后统一办理，或者组织有关部门联合办理、集中办理。这样的规定给省级人民政府进行制度整合留下了足够的法律空间，不同的地方完全可以进行不同的体制整合尝试。

二 行政许可法所面临的实践挑战

由于行政许可法相对于传统体制而言是一场深刻的革命，因此，其实施必然会面临各种阻力或者挑战。行政许可法自 2004 年 7 月 1 日开始实施，至今时间并不算太长，但是，行政许可法所带来的变革和挑战在实践中已经表现得非常突出。随着实践的进一步深入，这些挑战无疑会更加尖锐：

---

① 对我国行政性分权深层原因和恶果的分析，参见吴敬琏《现代经济学与中国改革》，载《比较》第 4 辑，中信出版社 2002 年版，第 3 页。

（一）法律规范与社会发展之间的不同步

虽然行政许可法体现了个人自治、市场优先、自律优先、事后机制优先等立法精神，体现了有限政府的观念，但是，由于我国长期历史传统的影响和改革过程的复杂性，政府权力过大的弊端至今依然没有实质性的改变。尤其是当面临诸如市场供给偏紧、价格较大波动、国际形势变化、自然灾害、突发事件或者治安环境严峻等困难局面时，一些地方和部门仍然习惯于"管"字当头，迅速回到传统的管理方式，崇拜政府过度干预，甚至将管理当作谋取不当利益的手段。① 实践中，对于行政许可法的许多制度创新，实际部门相当一部分人甚至认为过于超前，不符合中国的实际。只有进一步推进市场化改革和民主政治建设，这种状况才有可能发生根本性的变化。仅仅依靠一部行政许可法，显然难以独担此任。在中国市场化改革与民主政治建设的转型时期，与其他许多立法一样，行政许可法会始终面临法律规范与社会发展之间不同步的现实，面临其立法精神在实践中可能发生扭曲或被滥用的风险。②

（二）行政许可法立法模式本身的局限性

比较研究可以发现，发达国家对行政许可的规范基本上都是通过单个法律在漫长的市场经济体系形成过程中逐个实现的，没有一个发达国家制定过我们这样的行政许可法，对所有的行政许可进行统一的规范。③ 发达国家的这种立法模式可以称为自发模式，其最大的好处在于法律与现实处于紧密的互动关系之中，两者不会发生大的脱节现象。并且，即使其行政许可项目并不比我们少（如日本、韩国经过行政改革之后仍然分别有9000多项和6000

---

① 即使在市场经济比较发达的国家，政府也仍然难免通过运用其权力或审批谋取不当利益。对政府规制"扶持之手"、"看不见的手"与"掠夺之手"的三种理论模型归纳，可见安德烈·施莱弗、罗伯特·维什尼编著，赵红军译《掠夺之手：政府病及其治疗》，中信出版社2004年版，第1页以下。对75个国家政府机关在市场准入环节审批寻租的实证研究，可见 Simeon Djankov, Rafael La Porta, Florencio Lopez-de-Silanes, Andrei Shleifer, The Regulation of Entry, NBER Working Paper No. 7892 (2000)。

② 例如，在个别部门，《行政许可法》第26条为便民而设计的统一受理制度的性质发生了变异，被用于部门内部权力关系的"重新洗牌"，在不存在多个内设机构对外的前提下，仍然将所有的审批权力集中于某一个或两个内设机构，推行"综合办公"制度，造成审批权力与监管责任脱节、审批主体非专业化、增加审批层级等问题。

③ 从程序上对政府权力的行使施加统一的要求，或者对某些特定领域的审批项目（如工商企业登记审批项目、纳税审批项目、降低中小企业的负担等）进行改革，是各国的通行做法和普遍经验。可见 OECD, From Red Tape to Smart Tape: Administrative Simplification in OECD Countries, 34 (2003)。

多项许可项目，美国至今仍然有诸如钓鱼、理发许可），但由于每一项制度设计都有针对性，因此，不致导致过大的社会成本。我国的国情决定了我们不可能像发达国家那样经历长时间建立市场经济制度，必须通过跨越式发展战略，通过政府推动的变法模式建立市场经济的基本制度。从这个意义上看，我国制定行政许可法，进行大规模的行政审批制度改革，或许是历史的必然，或者说是没有选择的选择。

但是，变法模式同时也暴露了行政许可法所固有的两大局限。首先，由于变法模式是在社会经济基础尚未充分发育的背景下进行的制度变革，这种立法是否科学，不能仅仅看其本身的规范结构或法律原则，更根本的是要看立法在实践中是否能够与实践互动，推动社会的发展。[1] 一部原则领先、逻辑清晰、规范严密的法律在实践中完全有可能因为与社会脱节而根本无法实施。因此，判断行政许可法是否成功，既要看它的观念与制度创新，更要看这些观念与制度的实际效果。其次，由于变法模式不得不采取一刀切式的立法要求，一定意义上讲是将导弹与鸡蛋盛于一篮，将手术刀与剃头刀冶于一炉，将一切可以想象的差异等量齐观，其后遗症在随后的法律实施阶段会不断出现，拷问执法者的智慧和判断能力。一旦执法者水平不高，就有可能使一般正义的法律原则在个别正义场合形同虚设或者使法律的一般规定完全个别化，出现立法与执法的脱节，无法实现立法的初衷。例如，对于哪些事项可以设定许可，哪些事项不得设定许可，行政许可法只能作非常概括性的原则规定，具体判断需要由许可的设定机关确定。实践中，如果许可的设定机关和实施机关不能很好地把握行政许可法的精神，就很有可能使法律的原则性规定流于形式，使不应该设立的行政许可事项披上合法的外衣后大行其道。从行政许可法实施一段时间以来的情况看，至少人们现在对行政许可法的期待更加客观、全面、理性，不像行政许可法实施之前那样抱有过多的不切实际的想法。

（三）既得利益集团的抵制和制度之间的联动效应

由于行政许可涉及权利与利益的分配与再分配，必然会引起既得利益集团的抵制，并设法规避法律的制约。无论是从理论研究成果还是从实际

---

[1] 例如，行政许可法对许可设定权的限制，没有充分考虑规则适用对象的多样性，在规范滥设许可的同时，也使一些通过许可进行的制度创新面临合法性困境。最为典型的当数城市公用事业领域的特许经营制度。随着行政许可法的实施，由建设部所推动的城市公用事业特许经营管理办法面临本身缺乏法律依据的窘境，作为改革方向的特许经营制度在一些地方已经受到合法性挑战。

情况看，行政审批制度改革的阻力主要来自行使审批权的政府机关和受到审批权保护的被许可人。① 行政审批制度改革过程中，一些地方或部门为应付上级的要求将长期不用或已经过时的审批项目加以削减，或者一边削减审批项目一边不断增设新的审批项目的做法，就是这种阻力的具体体现。② 同时，从维护社会稳定和实现制度顺利转型的大局考虑，也必须对既得利益格局给予一定的考虑。③ 改革过程中，如何处理好改革的原则性和必须支付的代价之间的平衡，是一项非常艰巨的任务。如果不照顾既得利益，可能会加大改革的阻力，无法实现改革的目标。④ 但是，如果过于强调维护既得利益格局，就极有可能使改革过程演变成为一场变相的利益瓜分过程，进一步加大改革的难度，使改革失去其合法性和民意基础。要打破这种两难，必须有坚定的政治决心与勇气进行改革攻坚，通过改革建立新体制，理顺利益关系。

同时，由于我国的改革属于渐进式改革，许多改革措施缺少系统的制度设计，因此会常常出现按下葫芦浮起瓢的联动效应，难以真正解决问题。例如，行政处罚法制定后，某些处罚措施立即被"升格"到更高的规范层面或者被"改头换面"为诸如收费⑤或者其他行政行为，以规避行政处罚法的规定；刑事诉讼法修改废除收容审查制度后，劳动教养案件大幅度增加；行政审批制度改革中，也经常出现某些审批事项被"捆绑"、"分拆"或"变性"的做法。从行政许可法实施以来的情况看，这种联动效应也已经呈现，一是许多规避法律规定的做法不断被推出，如混淆审批制与核准制，将听证会改成座谈会，将许可作为非许可的审批甚至审批手段以外的其他行政管理措施等等；二是许可被废止后开始向其他形式转化，行政机关通过运用其他手段干

---

① "在位公司有很强的诱因游说管制者使用许可手段，使其不受新进入者的竞争威胁。"（OECD, From Red Tapeto Smart Tape, 32.）

② 在许多发达国家，削减某些审批项目也面临着可能成为"形象工程"（window dressing）的危险，不会产生任何实质效果。（OECD, From Red Tape to Smart Tape, 38.）

③ 例如，国家药监局规定2004年6月30日之前，所有医药生产企业必须完成GMP认证工作，逾期将被取消药品生产资格。截止期满后，全国大约有1800多家企业未能通过认证。但是，它们有些持有生产文号，并希望能够通过文号转让的收益解决职工安置问题。从理论上看，这种文号应该属于核准事项，不应该有数量限制，以便从根本上解决倒卖文号的现象。但是，如果文号不值钱，则停产企业必然会出现严重的社会稳定问题。因此，作为过渡时期的特殊政策，必须认可这种文号的经济价值，并使之不贬值。因此，政府机关有可能和企业联手，在特定时期内，维护文号事实上的转让和经济价值。

④ 中国的增量式改革经验和在特定领域采取的实际上的"赎买"政策，是对这种经验的最好归纳。

⑤ 国家推出"费改税"措施后，一些部门立即将"收费"又改变为"税收"，以规避法律的制约。

预市场正常秩序，如全面禁止、设立黑名单、将政府机关某些基于所有者关系的传统许可项目排除在行政许可范畴之外、向中介组织转移许可权力等。

（四）行政许可法本身的缺憾

如果将立法比喻为一门艺术，那么它显然也是一门遗憾的艺术。由于社会生活的多样性和变动性，立法很难准确地加以反映，尤其在转型国家就更加明显。倘若法律修改、解释与适用机制健全，这种立法上的遗憾可以在法律实施之后及时得到一定程度的弥补和校正；倘若缺乏有效的修改、解释与适用机制，就会使立法环节的缺憾在现实生活中被进一步放大，对法律实施产生一系列副作用。行政许可法虽然在我国的立法中属于非常成功的一例，得到各个方面的广泛好评，但是，它无法逃避所有立法都面临的共同困境。尤其在我国现有的法律修改、解释与适用机制之下，行政许可法本身的缺憾已经对法律的实施带来了巨大的挑战：

1. 行政许可法的调整范围过于狭窄

从行政许可法的制定来看，它是与行政审批制度改革互为表里的同步过程。① 中央希望通过审批制度改革为行政许可法的制定积累经验，通过制定行政许可法来巩固行政审批制度改革的成果。并且，在行政许可法制定之前，行政审批与行政许可两个概念应该说是等同的，是同一个概念。② 社会各界比较熟悉的概念是行政审批，行政许可概念主要停留在范围很小的行政法学界。行政审批制度改革与行政许可法的起草体现的均是同样的精神，即不论审批或许可的形式是怎样的，只要"必须经过行政审批机关同意"就属于行政审批或行政许可。③ 只有行政机关对其内部有关人事、财务、外事等事项的审批或许可除外。因此，如果最初统一使用其中的一个概念或者如

---

① 国务院行政审批制度改革工作领导小组办公室曾经设想设立在国务院法制办。尽管当时的国务院法制办领导婉拒了这一设想，最后改为设在监察部，但国务院法制办始终是国务院审改办的重要成员单位。并且，类似《关于贯彻行政审批制度改革的五项原则需要把握的几个问题》这样的重要政策文件，充分反映了国务院法制办在起草行政许可法过程中所形成的认识和看法。

② "行政许可（也就是通常所说的'行政审批'）。"见杨景宇《关于〈中华人民共和国行政许可法（草案）〉的说明》（2002年8月23日在第九届全国人民代表大会常务委员会第二十九次会议上）。

③ 见《关于贯彻行政审批制度改革的五项原则需要把握的几个问题》对行政审批含义的界定。国务院法制办在起草行政许可法过程中，鉴于行政许可种类繁多，名称不一，为规范各类行政许可，特意将行政许可分为特许、许可、认可、核准与登记五类，其涵盖的范围也是非常广泛的。例如，根据《行政许可法》征求意见稿第一稿第17条的规定，登记适用的事项包括：（一）法人和其他组织设立、变更、终止等的认定以及民事权属等其他民事关系的确认；（二）特定事实的确认；（三）法律、法规规定适用登记的其他事项。

果能够始终保持两个概念的一致性，从比较广的含义上界定行政许可，就不会出现行政许可法实施之后法律调整范围过于狭窄的问题。

不过，从行政许可法实施以来的实际情况看，行政审批概念与行政许可概念发生了两个目前还难以完全解释其中原因的重大变化。一是两个概念出现了分离，出现了所谓的非许可的行政审批概念，① 使行政许可概念在覆盖的范围上远远小于行政审批概念。② 二是行政许可法的调整范围本身也被实质性地缩小，③ 无法实现最初的立法目的。这种变化使大量的"必须经过行政审批机关同意"的事项能够简单地以非行政许可、非许可的行政审批或者核准制的名义，安全地游离于行政许可法的调整范围之外，甚至游离于行政审批制度改革的范围之外，规避行政许可法的制约，导致大家自说自话，使行政许可法的立法目的基本上落空。

2. 行政许可的分类不尽合理

前面一个问题之所以出现，概念体系之所以混乱，一定程度上与行政许可法对行政许可的分类有关。行政审批制度改革与行政许可法制定过程中，鉴于行政审批的名称繁多，必须采用分类方式对其加以制约，使所有"必须经过行政审批机关同意"的事项均受到法律的制约。审批制度改革实践中，基本上是根据行政审批机关裁量权的大小进行的分类。例如，在许多地方的行政审批制度改革中，根据行政机关裁量权的大小，普遍将行政审批项目分为审批、核准与登记三类。国务院审改办指导国务院部门清理行政审批项目过程中，尤其是行政审批项目情况登记表，也明确地根据行政机关裁量权的大小将行政审批项目分为审批、审核、核准、备案四类。④

行政许可法起草过程中，起草机关对行政许可的分类问题也高度重视，

---

① 2004年，除了国务院以第412号令保留500项确需保留的行政审批项目以外，国务院办公厅还专门发布了63号令，保留了485项非许可的行政审批项目。

② 在审批概念之外，《国务院关于投资体制改革的决定》还创造出了一个与审批概念平行但不相交的核准概念。这样，在行政许可法的调整范围之外就有非许可的审批和核准两类范畴。

③ 例如，法律文本最后规定的登记类行政许可的范围大大小于征求意见稿第一稿规定的登记类许可的范围。

④ "本表所列'审批'系指行政审批机关对申请人报批的事项进行审查，决定批准或不予批准的行为，申请人即使符合规定的条件，也不一定获得批准；'审核'系指行政审批机关根据规定的条件，对报批的事项进行初步审查，决定是否报有终决权的机关审批；'核准'系指根据事先规定的一定标准，行政审批机关对申请人报批的事项进行审查，只要符合标准，就批准申请人的申请；'备案'系指申请人按照规定向行政审批机关报送有关材料，行政审批机关在规定的时间内未有异议，申请人即获批准。"见国务院审改办《关于清理行政审批项目的通知》（国审改办发［2001］2号）附件3的说明。

曾经召集过专门的理论研讨会加以讨论。但是，行政许可法草案最终采用的分类方法（分为普通许可、特许、认可、核准与登记五种）与行政审批制度改革中所采用的通行分类方法存在比较大的差别。一是这种分类方法根据的是多重标准，而不是根据行政审批机关的裁量权所作的分类。① 由于划分标准不一致，使有些许可项目可能被重复归类，有些项目则可能被排除在许可的范围之外，导致无法准确确定行政许可法的适用范围。② 二是这种分类方法与行政审批制度改革中通行的分类方法很难对接，两者之间出现脱节现象，出现了两套概念体系，如两个核准概念存在实质性的差别，备案与登记的范围根本不同等。这些都为某些行政机关借概念游戏规避行政许可法的规定提供了空间。

更加麻烦的地方在于，《行政许可法草案》对于行政许可的分类方法在人大常委会审议阶段遭到了许多批评，③ 并使最后通过的法律文本是否包含行政许可的分类成为一个并没有明确答案的法律解释问题。从行政许可法的某些规定看，如第12条关于行政许可的设定范围，第4章第6节的特别规定等，法律似乎仍然隐含维持了草案中的分类。但是，另一方面，从人大常委会审议过程中提出的意见和草案中的分类被法律文本明确

---

① 根据《关于〈中华人民共和国行政许可法（草案）〉的说明》，"'普通许可'是由行政机关确认自然人、法人或者其他组织是否具备从事特定活动的条件，其功能主要是防止危险、保障安全，一般没有数量限制。'特许'是由行政机关代表国家向被许可人授予某种权利，主要适用于有限自然资源的开发利用、有限公共资源的配置、直接关系公共利益的垄断性企业的市场准入等，一般有数量限制。'认可'是由行政机关对申请人是否具备特定技能的认定，主要适用于为公众提供服务、直接关系公共利益并且要求具备特殊信誉、特殊条件或者特殊技能的资格、资质，没有数量限制。'核准'是由行政机关对某些事项是否达到特定技术标准、经济技术规范的判断、确定，主要适用于直接关系公共安全、人身健康、生命财产安全的重要设备设施的设计、建造、安装和使用，直接关系人身健康、生命财产安全的特定产品、物品的检验、检疫，没有数量限制。'登记'是由行政机关确立个人、企业或者其他组织的特定主体资格，没有数量限制"。

② 例如，许多登记实践中已经阻碍了经济的发展，但因为行政许可法所界定的登记范围非常窄，使某些部门可以设立一些不必要的登记（如新的对外贸易法所规定的进出口经营者登记）而不受法律制约。

③ 例如，法律委员会认为：草案将行政许可分为五类，主要目的之一是相应地规定不同的程序，规范、监督不同的行政许可的实施，防止执法的随意性，方便当事人办事，出发点是好的。但是，考虑到目前行政审批制度改革尚在进行之中，对行政许可的分类和各类行政许可的适用范围还有不同意见，目前科学分类的客观条件和主观条件都还不够成熟。因此，法律委员会建议着眼于规范行政许可、解决实际问题，对行政许可可以不作分类。见《全国人大法律委员会关于〈中华人民共和国行政许可法（草案）〉审议结果的报告》，载乔晓阳《中华人民共和国行政许可法及解释》，第265页。

取消来看，法律似乎又没有对许可进行分类。行政许可分类的这种不确定性，显然会影响其适用并使某些行政机关可以借概念区分上下其手，规避行政许可法的规定。

3. 缺乏一个权威、统一的法律实施机关

如果行政许可法设计一个权威、统一的法律实施机关，上述范围与分类两个问题很大程度上可以通过法律解释或适用加以弥补，甚至可能都不会成为问题。但是，行政许可法并没有设计这样的机构或机制，仍然沿用了我国其他法律的立法通例，不涉及法律实施机构问题，而是通过一般机制来实施行政许可法。

将行政许可与类似行政处罚这样的行政行为加以比较可以发现，后者只涉及合法性判断，相对比较容易，可以由法院作为唯一执法机构。行政许可作为最为重要的政府规制手段，往往涉及合理性判断和多维政策选择，不论是在国外还是在我国，许多情况下由法院作判断并不合适。[①] 而且，仅仅依靠法院这种事后机制，成本太高，会增加整个制度的不确定性。因此，各国对于规制改革的组织架构非常重视，并形成了单一目的机关、行政改革机关、规制改革机关与外设委员会四种不同的推进组织体系。[②] 我国推进政府改革的组织架构也呈现多样性的特征，既有非常高层次的国务院特定事项领

[①] 例如，国务院关于投资体制改革的决定引入了审批制与核准制两个概念，法院显然无法判断它们与行政许可法的关系。另外，诸如某些领域究竟该不该设立许可，涉及对《行政许可法》第13条的理解，由法院作判断也不合适。实践中的一些案例也是一样。例如，北京市禁止电动自行车，是否属于限制其他地区的商品进入本地区市场？由于北京禁止，而其他一些地方没有禁止，其他未禁止地方的商品就不能进入北京。如果这么推理，当然北京的做法属于行政许可法禁止的行为。但是，另一方面，北京作出的禁止性规定并不仅仅只是针对其他地区的商品，同时也针对本地区的生产商，因此，还不能简单地认定这种禁止就是行政许可法所禁止的行为。再如，商务部认为上海拍卖私家车牌照违反了道路交通安全法，而上海市政府法制办认为不违法，谁来判断？依据什么判断？如果依据道路交通安全法，当然没有规定牌照拍卖制度，但是，如果将私家车牌照当作一种稀缺资源，又必须根据行政许可法的规定进行市场化的配置。

[②] 例如，法国于1998年设立了行政简化委员会（COSA），专门负责研究、推进与评估法国的行政简化改革，该委员会每年向总理报告工作。比利时于1998年设立行政简化管理局（ASA），直接向总理负责，履行跨部门职权。澳大利亚联邦政府于1998年设立竞争力委员会，内设管制评估办公室（ORR），是所有宏观改革政策的主要咨询机构。美国于1980年在管理与预算办公室下设立了信息与管制事务办公室（OIRA），负责集中评估所有行政部门提出的管制措施与部门规章。墨西哥于2000年3月通过立法设立了联邦管制改革委员会（COFEMER），负责推动和评估所有部门的行政改革和管制质量。另外，日本的审议会制度和韩国的管制改革委员会（1997年设立，总理是委员之一）制度在强调其权威性的同时，还强调了改革政策设计阶段的外部（主要是学界和商界）参与机制。

导小组体制，也有类似国务院审改办、纠风办、整规办这样的非常设专门推进机构或者国务院体改办、国务院信息办这样的常设专门推进机构。但是，在以往的立法中，形成了一种法律不涉及执法机构与经费等问题的不成文惯例，结果，在行政许可法中，也没有涉及权威、统一的法律实施机关问题。这样规定的直接后果是使类似国务院审改办、法制办这样的改革推进机构与行政许可法的法律实施机构出现分离与二元化，包括法院在内的看似众多的法律实施机构有权但无法回答实践中的问题，实际改革推进机构可以回答问题但没有法律义务（激励）这么做。结果，没有任何一个机构对众多的法律实施问题给出权威的答案，导致大量规避法律规定的行为无人追究，无法通过法律适用弥补立法的漏洞。

针对行政许可法实施以后大量法律问题缺乏答案的现象，目前，国务院法制办作为法律起草机关针对法律的具体适用问题作了一些回答，并在其官方网站上予以公布。这种勇于承担责任的做法是可喜的并且值得称道的。但是，问题在于：第一，这种回答机制并没有在法律上予以明确，因此，其法律性质并不确定，实践中很容易导致两难的选择局面。如果法定法律实施机构对这种回答不予采纳，会影响回答的权威性，重新回到无人负责的状态之中；如果法定法律实施机构过于受到这种回答的约束，又会导致法定法律实施机制被架空，出现法律与现实的严重脱节。第二，由于国务院法制办并未预先作相应的能力建设和必要的机构整合，[①] 因此，它仍然与负责审批改革的部门脱节，与改革推进的宏观部门脱节，其组成与工作人员的知识结构使其难以回答更为复杂的问题，并且缺少外设委员会的公正性保障。第三，这种回答属于被动性的回应方式，其启动必须在现有行政组织架构内，其范围、作用与权威性均有限，许多行政许可法实施中的问题由于不在现行的行政组织架构内，根本不可能进入到这种回答的渠道内。因此，法律的不确定性和大量规避法律规定的行为仍然不可能根本上解决。

4. 对行政许可实施机关的积极作用重视不够

行政许可是最为重要的政府管制手段，是对市场主体行为的一种事前干预措施。从市场经济中的个人、企业自主决定到需要行政机关事前干预，是

[①] 起草行政许可法过程中，已经有学者提出可以以美国的 OMB 为参照，整合国务院法制办、国务院体改办、国务院发展研究中心等机构，组建一个权威、独立的法律实施机关，统一推进政府行政改革。

管制型国家兴起的一个标志。① 相比于传统国家形态下行政执法机关只能严格地执行预先制定的规则，管制型国家的监管机构集中了规则制定权、规则执行权与争议裁判权，构成了裁量权极大的所谓"第四部门"，监管机构可以根据自己的判断独立地做出决定和政策选择。因此，在管制型国家，必须充分发挥监管机构的积极性和主动性，解决各种复杂的社会、经济问题。其中，行政许可无疑是监管机构发挥其积极作用的一种重要手段。

由于我国行政权力高度集中的历史与现实导致审批权行使过程中的大量腐败现象，我国的行政审批制度改革与行政许可法的制定，很大程度上主要是为了解决权力寻租问题，遏制严重的腐败现象，实现依法行政的目标。这种考虑无论从历史的角度还是从现实的角度，都是合理的，也是必要的。但是，另一方面，这种制度变革必须同时反映管制型国家的普遍规律，反映我国从计划经济向市场经济转型的过程中必须保留政府的经济调节、市场监管、社会管理与公共服务职能的需要，考虑建立我国现代监管制度的需要，不能从一个极端走到另一个极端，完全放弃发挥监管机构的积极性和主动性。因此，行政许可法应该强调"两手都要硬"，要在有效制约行政机关滥用许可权力的同时，为充分发挥行政许可实施机关的积极作用提供制度空间。

从行政许可法的立法意图看，可以说对控制许可权滥用初步看起来比较成功，而对如何发挥行政许可实施机关的积极作用则重视不够，存在"一只手硬，一只手软"的倾向。根据行政许可法的规定和国务院对行政许可法草案的说明，认可、核准和登记三类行政许可因为没有数量限制，基本不涉及行政许可实施机关的裁量权，凡符合法定条件（或者考试成绩、技术规范、技术标准等）就应该授予；特许事项虽然有数量限制，但行政机关应当通过招标、拍卖等公平竞争的市场化方式作出决定（法律、行政法规另有规定的除外）；有数量限制的普通许可，两个或者两个以上申请人的申请均符合法定条件、标准的，行政机关应当根据受理行政许可申请的先后顺序作出决定（法律、行政法规另有规定的除外）。这样看来，行政许可实施机关如何授予有数量限制的行政许可实际上受到行政许可法的严格制约，整

---

① 对管制型国家兴起的描述与文献归纳，可见高世楫、秦海《从制度变迁的角度看待监管体系演进：国际经验的一种诠释和中国的改革实践分析》，载上海法律与经济研究所《"国家、市场、社会：当代中国的法律与发展"研讨会（2003）论文集》；Robert W. Hahn, Reviving Regularoty Reform: A Global Perspective, Chapter (2000)。

个决定过程是一个不需要行政机关行使裁量权的羁束过程。立法者也许是希望不惜以牺牲行政机关的积极作用为代价,来达到有效遏制许可权力滥用的立法目的。这种立法意图虽然可以理解,但在实践中存在以下几个无法克服的致命缺陷:第一,牺牲行政机关的积极作用显然违背了管制型国家的基本要求。不论是司法决定还是行政决定,无论法律规定多么详细,决定的过程必然就是一个选择的过程。几乎在所有的案件中,都不可能简单地根据形式逻辑上的大前提、小前提推导出案件的结论。尤其在管制领域,但凡需要行政许可的地方,往往是市场失灵,需要政府作出选择的领域。限制政府机关的选择权,实际上是在推卸政府的职责。放任市场或其他随机方式作出决定,是非常不负责任的做法。如果可以完全取消行政机关的裁量权,代议制政府的根据就不再存在,甚至可以不需要行政执法机关。实践中如果完全严格地执行法律的这些规定,就根本无从发挥行政许可实施机关的积极、能动作用,陷入某种乌托邦式的幻想,与管制型国家的基本要求格格不入。第二,在我国现行政治与法治双重调控的权力格局下,各级行政机关实现政策目标的动态激励约束显然大于行政许可法规定的静态激励约束。因此,在实践需要与法律规定之间的互动中,实践理性必然会超越法律形式逻辑,修正法律中不合理的规定。就个案而言,这种实践"修正"功能虽然能够弥补法律形式主义的不足,但从长远来看,会不断伤害人们对法律制度的信心与信仰,使法治进程遭受内在冲击。如果各方可以长期、不断地修正法律的规定,就极有可能使行政许可法的一些规定最终变成"皇帝的新衣",在实践中成为一种无用的摆设。第三,在实践理性的冲击下,还极有可能使行政机关的积极作用以新的形式变相出现,通过模糊法定条件或加长决定后程序等方式,从前后两端绕过法律所针对的羁束决定环节,导致裁量权前移或者后撤,最后导致"两手都不硬",无从实现遏制腐败的立法意图。所有这些,都是行政许可法实施以来实践中非常普遍的现象。

5. 特许的范围不明确,配置方式过于简单

上一个问题最为集中的体现是在特许的处理上。根据《行政许可法》第12条和第53条的规定:涉及有限资源开发利用、公共资源配置以及直接关系公共利益的特定行业的市场准入等,需要赋予特定权利的事项,行政机关应当通过招标、拍卖等公平竞争的方式作出决定。法律、行政法规另有规定的,依照其规定。可见,对于特许事项,行政许可法的规定非常明确,原则上必须通过市场化方式进行配置。正如本文前面已经介绍过的,特许权的权利化并引入市场化方式进行配置,是各国规制改革浪潮中的一个成功经验。它对

于优化资源配置，遏制权力寻租，提高行政管理的效率，都具有重要的意义。行政许可法能够引入市场化方式配置特许可以说是一次巨大的观念更新和体制创新。但是必须同时注意到的是，第一，在引入市场化方式配置特许权的范围上，各国目前仍处在探索阶段，欧洲国家适用的范围比较小（如德国一直仅仅适用于3G牌照的发放），美国适用的范围相对更广一些。但是，不论适用的范围有多广，至少目前还没有任何一个国家将市场化方式适用于所有的特许权配置或政府需要进行政策选择的领域。第二，在特许权的配置方式上，市场化方式只是特许权配置的方式之一，对于许多特许事项，仍然必须保持政府机关的政策选择能力，发挥监管机构的积极性和能动性，不可能将所有市场失灵的事项再全部交由市场化方式决定。从这种对比来看，行政许可法要求所有特许都要进行市场化方式配置，以及特许权只能通过市场化一种方式进行配置，显然在范围与配置方式的处理上都过于简单。

首先，许多国际管制研究专家对市场化方式配置特许本身抱有怀疑态度，认为市场化方式只能解决准入环节上的问题，并不能解决准入以后的消费者福利最大化与服务质量等问题。[①] 在欧洲，3G牌照通过拍卖方式配置以后，因为价格过高所造成的影响至今仍难以消除，直接制约了新一代移动通信技术的采用。在我国，国有土地使用权出让一律采用"招、拍、挂"方式以后，如何消减地价上涨带来的房价攀升，让老百姓住得上房，至今仍然没有答案。在南美一些国家，公用事业通过市场化方式放开给外资进入以后，在后续环节上也出现了许多问题，甚至直接导致政局的动荡。因此，对市场化配置方式不能过于迷信，必须全面衡量其长处与不足，合理地界定其作用领域与范围，并进行相应的制度设计。

其次，对于如何设计科学的竞标机制进行市场化选择，是管制理论研究与实践领域中的最大难题之一，管制研究至今仍没有成熟、统一的答案。[②] 如果竞标机制设计不好，未必能通过市场化方式选择出最合适的被许可人。在我国一些地方公用事业民营化的实践中，地方政府发现，单纯依靠竞标机

[①] 可见理查德·吉尔伯特《产业监管的范式及其政治经济学》，载吴敬琏主编《比较》第13辑，第69页。

[②] 例如，在我国国有土地使用权出让的市场化方式中，主要有招标与拍卖二种方式，采用不同的方式，必然会产生不同的选择结果。即使采用其中的某一种方式，不同的程序、制度设计也会产生实质上不同的结果。对于竞标机制的设计，可见丹尼尔·F. 史普博著，余晖等译《管制与市场》，上海三联书店、上海人民出版社1999年版，第9章。对于成功与失败竞标机制设计的案例介绍，可见保罗·米尔格罗姆《拍卖理论的应用》，载吴敬琏主编《比较》第16辑，第15页。

制选出的中标者,横看竖看都不是合适的经营者,不得不设计另外的程序进行事实上的再次筛选,就能够说明问题。①

再次,根据行政许可法的规定,特许的范围并不明确,② 实践中有可能使特许的范围扩大,将可充分竞争的行业纳入特许范围,人为制造新的垄断。目前最为典型的领域是正在纷纷采用民营化的公用事业行业。公用事业民营化相对于传统由政府直接经营是一个巨大的进步,但是,简单地将公用事业从政府经营改为企业特许经营,实际上是形成企业的垄断经营地位,未必是进步。实践中,公用事业民营化比较集中的电厂、水厂、污水处理厂等本来不属于垄断环节,本不应该采用特许经营体制,而应该放开准入限制,通过引入竞争(自来水供给比较特殊,在诸如美国、新西兰等许多国家仍维持政府直接提供体制,英国则采用垄断私有化的改革方式,维持特许经营体制③)来改善供给,提高效率。采用特许经营体制以后,为吸引到投资,政府必须承诺购买量、购买价,承诺固定回报,实际上由政府承担市场变化的风险。④ 从公用事业改革中的一些案例来看(如广西来宾电厂、成都第六水厂等),之所以引起政府与投资者之间的争议,关键就在于在可充分竞争的行业采用了特许经营体制,经营者在特许政策的保护下独享垄断收益,而由政府承担市场变化的风险。⑤ 相比之下,传统的事业体制虽然效率低下,但由于经营者是国家,至少其经营风险与收益是统一的。⑥

最后,在特许范围不明确的前提下,过于强调特许事项的单一市场化配

---

① 例如,将招投标以前的资格审查设计成实际上的审批程序,或者将中标范围扩大到多人,只是确定其谈判资格,再分别与业主单位展开谈判,将审批机制与投标机制结合到一起。

② 对于《行政许可法》第 12 条第(二)项的规定,总体而言有限自然资源与公共资源相对比较容易划定范围(实际上也有很大争议),而对于"直接关系公共利益的特定行业"的范围究竟有多大则会有非常大的认识差异。在行政许可法草案中,曾经使用的是"直接关系公共利益的垄断性企业"的表述,范围更为明确一些。

③ 对水务领域的案例研究,可见 George R. G. Clarke, Katrina Kosec, and Scott Wallsten, Has Private Participation in Water and Sewerage Improved Coverage? Empirical Evidence from Latin America (AEI – Brookings Joint Center for Regulatory Studies, Working Paper 04—02, 2004)。

④ 如果是垄断环节(如电网或城市管网经营),政府承诺固定回报(表现为成本加成定价方式或价格上限定价方式)可以说是国际通例,根本不会成为各方争论的问题。可见 OECD, Price Cap for Telecommunications: Policies and Experiences (1995)。

⑤ 为此,国务院办公厅于 2002 年发布《关于妥善处理现有保证外方投资固定回报项目有关问题的通知》(43 号文件),确认了固定回报的非法性。

⑥ 可以由此推论的是,事业单位改革中,如出版社、电视台、报纸等,如果简单地采用事企分开的企业化经营,同时又不放开准入,实际上还不如传统的事业经营体制更为公平。

置方式，很容易使政府机关借特许经营之名，行管理收费之实，使管理就是收费的现象堂而皇之地借改革名义卷土重来，将政府的决策职责变成为一般等价物进行市场交易，违反市场化改革的大方向，背离行政许可法的立法初衷。①

中国的实践早已表明，不受制约的审批权力必然导致腐败。但是，通过对上述两个领域的分析表明，在市场失灵的领域，以"自废武功"的方式简单地废止行政许可实施机关的政策选择权力，期望通过市场化方式配置资源又会遇到新的，甚至是更大的问题。因此，解决问题的答案显然不能单单寄托在一部行政许可法之上，而应该及时推进综合改革与系统的制度设计。以单一的立法来承担过多的重任，只能是头痛医头、脚痛医脚的治标办法，并使立法在实践中发生扭曲或变异。

6. 对行政许可的定性未能保持一致性

本文开始已经指出过，对于什么是行政许可，理论上众说纷纭，实务中更难把握。因此，行政许可法的一个艰巨任务，就是要为行政许可勾勒一幅大致清晰的图画，在法律中保持对行政许可定性的一致性，不因不同方面对行政许可认识的模糊或差异而影响法律的实施。

仅就行政法或行政许可的法律救济渠道而言，行政许可当然是一种具体行政行为。对于这一点，行政许可法（第2条）的界定是清晰的，也是一致的。但是，这一定性只是最基本的层面，只是一个维度，仅仅从这一个维度定性还不能准确地勾勒行政许可在政府职能中的地位以及在市场经济中的作用。要准确界定行政许可，还必须引入其他视角，从多维度描绘行政许可的地位与作用。

例如，就政府职能划分而言，大致可以将政府经济职能划分为宏观调控职能、微观监管职能和微观管理职能。② 宏观调控是指政府运用宏观经济政策（如货币政策、财政政策、税收政策等）对宏观经济活动所进行的调节或控制，运用的是总量调节的办法。微观监管职能是指政府针对市场失灵而采取的干预措施，包括制定价格、限制市场准入、规定服务标准等，运用的

---

① 例如，广东一些地方酝酿很久推出的车牌"靓号"拍卖，就是将基本的政府职能市场化，将非稀缺性的号牌当作稀缺资源进行配置，其后续连锁效果将会非常可怕。其他一些地方政府在财政压力之下，也纷纷准备将一些以前难以想象的事项（如主要公共道路两侧建筑外墙面空间使用权）划入特许范围，通过市场化方式配置、收费，以缓解财政压力。

② 具体论述可见中国基础设施产业政府监管体制改革课题组《中国基础设施产业政府监管体制改革研究报告》，中国财政经济出版社2002年版，第58页。

是针对具体事项的事先干预措施。微观管理职能是指政府以出资者的身份对微观经济主体实施的直接管理，运用的是平等民事主体之间的关系。行政许可作为政府的事前干预手段，显然属于微观监管职能的范畴。对此，行政许可法虽然总体上予以了肯定，但有些条款对行政许可性质的界定又不是特别明确、一致。比如，在其他国家，为保持监管机构的独立性，免受外界的干扰，管制收费是一种非常普遍的做法。①《行政许可法》第58条对于行政许可收费的禁止，不但削弱了行政许可微观监管手段的色彩，增加了建立独立监管制度的立法成本，也使许多应该收费的事项（包括特许事项），目前均处于无法可依的境地。再比如，《行政许可法》第12条第（一）项"经济宏观调控"、②第（二）项"直接关系公共利益"的表述，似乎将行政许可当作了宏观调控手段。如果将行政许可当作宏观调控手段使用，必然会造成政府不同职能的混淆和错位，扩大行政许可手段的使用范围，不当地干预市场主体的行为，也影响政府决策的科学性。在以往的宏观调控中，一些地方大量地采用行政许可手段，直接干预具体项目，教训不可谓不深刻。虽然以往的宏观调控与行政许可法没有多少直接关系，但如果行政许可法能够对行政许可进行准确、一致的定性，无疑有助于厘清不同政府职能，明确行政许可的作用边界，改善宏观调控，在以后采取类似措施的时候能够更加科学、合理、合法。还有，如果始终将行政许可当作微观监管手段，就必须承认资格、资质认可在经济性监管与社会性监管两个方面的重要作用，并根据中央与地方的事权划分保留地方政府在地方性事务上的认可设定权。《行政许可法》第15条第（二）项对地方性法规与地方政府规章认可设定权的一概禁止，不但模糊了认可的法律性质，也必然使地方政府陷入或者规避许可法打擦边球，或者遵守许可法而监管失灵的两难困境。

行政许可法的一个重要制度创新是引入了特许的市场化配置方式，将特许当作财产权处理。但是，这种认识并不连贯、一致，尤其是《行政许可法》第9条对于许可转让的原则禁止规定，仍然延续了传统的对许可的行政配置属性的看法，特许权并未获得完全的财产权地位。这样，就使对特许的前后处理出现了明显的不一致，被许可人通过市场化方式获得的权利无法通过市场化方式实现流通。一般禁止特许转让的规定，既不利于资源的有效

---

① 我国银行业在行政许可法实施以后已经正式开始收取监管费用，其他一些监管机构也正在做相应的研究和制度设计。

② 《行政许可法草案》中没有这样的表述，它是全国人大常委会审议后加上的。

配置，也使特许的初始市场化配置失去其制度创新的意义，实践中已经出现被许可人与政府管理机关之间新的博弈，出现大面积的台下交易与违规现象，导致政府管制失灵。

由此可见，行政许可法在不同维度中对行政许可的定性并没有实现重叠或聚焦，没有能够准确地勾勒出行政许可的地位与作用轨迹，这些势必都会增加法律的实施难度。

（五）立法技术的限制

行政许可由于涉及对个人权利与自由的一种限制，因此，从合法性角度而言，必须对设定权予以限制，防止未得到法律授权的主体违法设定行政许可，干预个人权利与自由。对此，行政许可法作了非常严格、周密的规定，体现了其尽力保护个人权利免受侵犯的立法价值。同时，从另一个方面看，行政许可，不论是经济性行政许可还是社会性行政许可，都是在市场机制失灵的情况下，由政府对资源进行的一种行政性配置。与市场失灵一样，政府干预也有失灵的可能。因此，必须对政府干预的合理性进行科学的成本效益分析，防止行政许可对市场主体的过度干预。由此可见，对是否应该设立行政许可，除了从合法性角度对设定主体加以规范以外，还要从合理性角度对行政许可本身进行规范。仅仅只是满足合法性要求，并不能必然证明行政许可的合理性，并不意味着行政许可不会对个人权利构成过度干预。反之，如果能够通过合理性标准的检验，则意味着可以避免行政许可对个人权利的过度干预，相当程度上可以避免陷入合法性问题的争论之中。否则，必然会因为无法判断合理性而求诸于立法权限划分，将行政许可的设定权进一步上收，以防止行政许可的泛滥。

行政许可设定权的分配，因为涉及中央与地方以及不同国家机关之间的关系，属于一个国家的宪制问题，由制宪机关或者立法机关通过宪法或宪法性法律决定，理论上讲应该保持其稳定性和长期性，不宜朝令夕改。行政许可是否合理，属于立法技术问题，取决于对具体行政许可事项的成本效益分析，应与时俱进，随时根据变化了的情况进行调整。从国际经验来看，各国对立法权限的配置大致完成于立宪时期，多年来一直保持相对的稳定性，而立法技术的进步以及对政府规制的合理性分析近年来已经成为一种全球性的普遍趋势，[①] 创造了巨大的效益，其成效已经得到各国的广泛承认。

应该承认，我国的立法工作至今仍处在非常粗放的阶段，缺乏进行规制

---

① OECD, From Red Tape to Smart Tape, 43.

合理性分析的立法技术与手段。这种现实直接导致行政许可法对许可设定真正管用的措施几乎全部集中在合法性环节,而不是合理性环节,很容易给人一种权力多大道理多大,只要合法也就合理的印象。这种现实也直接导致近年来从行政诉讼法、行政处罚法、立法法到行政许可法的行政法治建设中,不断地对立法权力划分作出不同甚至是相互不一致的制度安排,极不利于形成长期稳定的宪制秩序。因此,实践中如何在合法性的基础上,充实合理性制度设计,真正使行政许可不但合法,而且合理,显然对立法技术要求很高。① 如果不能做到合法与合理的统一,行政许可法的功效必然会大打折扣,影响法律的实施。②

(六) 不同政策之间缺乏配合

由于我国仍处于从计划经济向市场经济转型的过渡时期,需要法治权威与政治权力共同对社会生活进行调节,因此始终存在一个协调政治与法治的关系、把握不同政策出台的时机与形式的问题。同时,即使在法治体系内部,由于立法、执法、司法乃至法学教育等环节普遍存在的"部门法"特征,不同部门之间缺乏必要的联系,也加大了不同政策(包括法律)协调的难度,实践中不时会出现政策之间不一致甚至相互冲突的现象,影响法律的实施和权威性。行政许可法实施以后,这方面实际上也遇到了类似的问题,最为典型的当属行政许可法与国务院关于投资体制改革决定的关系。

2004年7月1日行政许可法正式实施以后,同月26日《国务院关于投资体制改革的决定》(以下简称"决定")公布,意在进一步发挥市场在资源配置中的基础性作用,加快转变政府职能和管理方式,继续深化行政审批制度改革的关键环节。然而,由于上述两项政策的起草部门不同,前者由国务院法制办负责起草,后者由国家发展与改革委员会负责起草,更重要的是,由于行政许可法是具有更高效力的法律,而决定只是国务院的一项决定,因此,根据法制统一原则,决定就有一个和行政许可法保持一致和衔接的问题。从实际效果看,这种衔接并不能说太成功。

---

① 对于发展中国家立法技术的分析,可见 Colin Kirkpatrick, Regulatory Impact Assessment in Developing Countries: Research Issues (CRC Working Paper No. 5, 2001)。

② 当然,即使在国际范围内,掌握判断合理性的技术,准确度量行政改革的成本与效益,仍然是各国面临的两大难题之一。另外一个难题是促进不同政府机构之间的协调。[OECD, From Red Tape to Smart Tape, 65; OECD, Businesses' View on Red Tape: Administrative and Regulatory Burdens on Small and Medium – Sized Enterprises, 13 (2001); Robert W Hahn and Robert E Litan, Counting Regulatory Benefits and Costs: Lessons for the U. S. and Europe (2004).]

首先，根据行政许可法的规定，7月1日之后，国务院部委不再具有行政许可的设定权，这意味着原来需要审批的绝大部分投资审批项目突然面临着合法性危机。如果国务院412号令未将其纳入确需保留的审批项目目录之内，这些审批项目必须停止执行。因此，从法理上讲，决定在7月1日之后颁布，对于政府投资主管部门而言，间接效果之一等于是破解了其合法性困境，为其继续行使审批权提供了法律依据。

其次，行政许可法有一套独立的概念体系与分类方法，凡是符合行政许可法的定义，不论名称为何，均属于行政许可，并相应归入特许、普通许可、认可、核准与登记五类之中。尽管许可分类的名称在最后通过的法律文本中被取消，但其基本内容与立法意图仍然得以完整地保留。从这个角度分析，决定中采用的审批制和核准制概念，与行政许可法的概念体系并未衔接。这主要表现在两个方面，一是行政许可法中的核准事项界定非常严格，是指按照技术规范、技术标准，通过检验、检测、检疫等方式进行审定的设备、设施、产品和物品，而不是决定所采用的核准概念；二是决定将所有者职能与审批制挂钩理论上和法律上均难以自圆其说，也与行政许可法的概念体系不一致。从行政许可法的规定来看，决定中的审批制与核准制并没有实质的区别，两者均属于普通行政许可，只是在审批环节和程序上不同而已。决定离开行政许可法另行采用一套概念体系，无疑会增加实施行政许可法的不确定性。

再次，根据行政许可法的规定，国务院虽然可以采用发布决定的方式设定行政许可，但是，除了临时性行政许可事项外，国务院应当及时提请全国人民代表大会及其常务委员会制定法律、或者自行制定行政法规。尽管对"临时性行政许可事项"没有具体的法律解释，但是，考虑到投资体制改革决定所涉及的审批项目不但数量巨大（需要政府核准的项目包括13大类，近百个子项），而且一般不会是临时性事项，因此，对这些项目最好的处理方法是通过单行法律或者行政法规，一一明确其法律根据；次优的办法是在国务院412号令中具体加以列举，为每项审批提供法律依据。仅仅在412号令公布后不久，并且以比较笼统的形式规定众多的投资审批项目，可以说决定对行政许可法的实施构成了相当程度的冲击。

（七）体制改革与政府管理方式创新滞后

行政审批制度改革大量废止审批项目与行政许可法对许可的设定设立严格的条件，都是为了尽量减少使用许可手段，实现有限政府的目标。然而，要真正实现有限政府的目标，减少政府的事前干预，必须具备一定的社会条件和实现政府管理方式的创新。如果没有这些外部支撑条件,即使短时间内可以大量削减审批项目,用不了多长时间势必会出现反弹,重新回到依靠事前干预的老路上。这一点,在近年来各地审批制度改革的实践中已经被反复证明。

在任何情况下,市场竞争都是对政府管制的最好替代。因此,要实现行政许可法的立法目标,首先取决于中国的市场化改革进程,由市场而不是政府在资源配置中起决定性的作用。现实的情况是,由于我国要素市场的发展远不如预期,无论是资本市场,还是土地市场、劳动力市场,都远远落后于中东欧一些国家,许多方面仍停留在双轨制的状态。在要素市场没有达到一定成熟程度时,所谓市场在资源配置中发挥基础性作用很难实现,行政低效率与官员腐败也难以避免。[①] 同时,要素市场的不成熟,必然扭曲价格信号,导致经济的非均衡发展和一些行业的投资过热,政府不得不周期性地动用包括行政审批在内的行政手段治理经济环境。这样,体制改革的滞后无疑为实现行政许可法所确定的有限政府目标增加了难度。

在同样的市场化条件下,如果政府的事后管理方式成熟,也可以实质性地减少政府使用事先管制手段,实现两者之间的相互替代。在这方面,国际上积累了许多经验。一种替代是反垄断法的大量运用。与作为事前机制的审批相比,反垄断是一种事后机制,它的优点在于既能保证市场竞争的充分进行,又可以防止阻碍竞争进行的垄断行为,维护社会公共利益,还可以保证执法的统一性。[②] 另一种替代是归责原则的改变,即从传统的过错责任原则发展到危险责任原则,由此实现从公法执法(通过审批控制)到私法执法(通过归责原则的控制)方式的转变。这种替代的实质是充分发挥个人和企业的积极性和创造性,以社会自治代替国家干预,让每个人都成为自己利益的最好法官。这种替代不但可以大量减少行政审批的数量和行政执法的负担,而且可以促进人们的法治观念和权利观念,推进市民社会的形成。[③] 第三种替代是信息披露,既包括政府机关的信息披露,也包括规制对象的信息披露。对于政府机关而言,信息披露以及其他相应的行政指导措施可以对市场主体的行为产生引导作用,由此可以达到审批这种强制方式有时不能达到

[①] 郭树清:《中国经济均衡发展需要解决的若干特殊问题》,载吴敬琏主编《比较》第15辑,第6页。

[②] 相关研究可见 OECD, Relationship Between Regulators and Competition Authorities, (1999)。

[③] 对诉讼机制与管制机制之间相互关系的案例研究,可参见 W. Kip Viscusi (ed.), Regulation Through Litigation (2002)。

的政策效果,并且可以减少政府执法和监督的负担。规制对象的信息披露则可以减少经营者与消费者之间的信息不对称,由此规范经营者的经营行为,并可以免除政府的强制性审批手段(尤其是社会领域的审批手段)的运用。① 除了这三种替代方式之外,其他如行业自律机制、合作式规制等,也都可以替代行政许可,帮助实现有限政府的目标。

在我国,由于众多方面的原因,反垄断法历时十年至今仍难以出台,诉讼机制因为受到司法腐败与缺乏独立性双重困扰无法发挥应有作用,信息公开制度在实践中举步维艰,行业自律组织大多无法摆脱"二政府"印记,合作式规制难以摆脱权钱交易的社会心理影响。所有这些管理方式上的滞后,实践中必然转化成对行政许可手段的强烈现实需求,使本来可以通过其他方式解决的问题不得不借助于事先审批方式,从而影响有限政府目标的实现。

(八) 缺乏可操作的具体规定

行政许可法确立了许多先进的观念或原则,进行了一系列的制度创新。但是,由于法律规定过于简单,配套制度不完备,使这些原则和制度许多仅仅只能停留在纸面规定上,实践中普遍缺乏可操作的具体规定加以落实。

例如,行政许可法所确立的权利观念主要体现在第 8 条,即只有行政许可所依据的法律、法规、规章修改或者废止,或者准予行政许可所依据的客观情况发生重大变化,并且是为了公共利益的需要,行政机关才可以依法变更或者撤回已经生效的行政许可。如果改变行政许可给公民、法人或者其他组织造成财产损失的,行政机关还应当依法给予补偿。可见,这项原则要发挥作用,其中两个环节尤其重要。首先,必须准确地界定什么是"公共利益",以防止行政机关为各种不相关的考虑而随意变更或者撤回已经生效的行政许可;其次,需要明确依法补偿的标准,因为如果补偿的标准过低,根本达不到保护当事人权利的目的。然而,正是在这两个问题上,我国法律至今仍无任何可操作的规定,以致在行政许可法实施之后,许多违法变更或撤回行政许可的行为仍然大量存在,当事人的权利得不到切实的保障。

再如,行政许可法所确立的有限政府观念主要体现在第 12 条、第 13 条。如果一般地套用这两条的规定,几乎可以说任何事项都可以设定许可,也可以都不设定许可,很难有科学的依据。要真正使这两条规定发挥作用,

---

① 具体个案研究可见 Mary Graham, Democracyby Disclosure: the Riseof Technopopulism, (2002)。

必须通过立法技术的改进，对每一项需要设立行政许可的事项进行成本效益分析，得出量化的结论。然而，在我国的立法工作当中，成本效益分析目前仅仅停留在一般原则的介绍阶段，根本不具备相关的运用技术、手段与人员。这样，就使有限政府观念只能停留在原则层面，实践中无法实现。

特许的拍卖、招标被视为是行政许可法的一项重要制度创新，但是，就是这样一项重要的制度创新在实践中也面临着缺乏可操作性规范的困境。首先，特许的范围以及特许与有数量限制的普通许可的界限如何确定，实践中没有任何可以操作的标准或规范，很容易导致随意扩大特许的范围。其次，我国虽然早就制定了拍卖法和招标投标法，但前者主要的适用对象是一般商品，后者规范的是建筑工程，两部法律制定的时候都没有考虑过适用于政府特许权，因此，很难直接适用拍卖法或招标投标法配置特许权。[①] 这样，就使特许的拍卖、招标程序实际上处于无法可依的地步，各个地方基本上是自行其是，做法五花八门，难以杜绝各种不规范的现象。再次，特许权确定后，如何签订特许经营合同，特许经营合同的性质是属于普通民事合同还是行政合同，能否通过仲裁机制解决特许经营争议，特许期限如何确定，是否应该有特许期限规定等，目前也都没有法律规定，使特许经营人的权益很难得到法律的有力保障。

除上述几个领域之外，缺乏可操作性规定的类似领域还有很多，它们都对行政许可法的实施提出了严峻的挑战。

（原载《法学研究》2005年第2期）

[①] 有关具体分析可见周汉华《审批制度改革中采用拍卖方式面临的问题》，载《中国经济时报》2001年12月7日。

行政立法与当代行政法

——中国行政法的发展方向

周汉华

十一届三中全会以来，行政立法在推进改革与开放，建设社会主义法治国家等方面的作用与日俱显，但是，在理论上，人们对行政立法的性质、立法权限、处罚设定权、法律效力及监督等问题尚缺少系统的界说，往往各执一词，众说纷纭。这不但阻碍了行政法学的进一步繁荣与发展，并且在立法、执法、司法实践中有时可能会因为认识上的模糊而给法治建设带来与愿望相反的结果。从人类法律文明演进的规律之中，明确行政立法的地位，从我国特有国情之中，寻找答案，已是法律理论工作者义不容辞的责任。笔者此文，意在抛砖引玉，以期唤起人们对行政法基本理论问题的理性思考。

一

近代资产阶级革命确立了人民主权原则，议会作为行使人民主权的唯一机关独享立法权。行政机关的职能在于执行法律，没有立法权。在欧洲大陆，未经人民或其选举的代表同意，国家不得干预生命、自由或财产，这是法治原则的前提之一。因此，任何实质意义上的法律必须是一种议会的行为，或者至少基于议会的行为之上。[1] 法国《人权宣言》确认"法律是公共意志的表现。全体公民都有权亲自或经由其代表去参与法律的制定"（第6条），"除非根据在犯法前已经制定和公布的且系依法施行的法律以外，不得处罚任何人"（第8条）。法国1791年宪法明确规定立法权专属国民议会（第3篇第3章第1条），行政权不能制定法律甚至临时性的法律，行政权只能为了保障法律的实施，制定与法律一致的决定（第3篇第4章第6条）。其他早期法国宪法也都未规定行政立法权。[2] 同样，全德1849年宪法，普鲁士1850年宪法，德意志帝国1871年宪法及魏玛宪法也都确立了议会的专

---

[1] Max Weber, *On Law In Economy and Sosiety*, 47n. 14 (Max Rheinstein ed. 1954).

[2] 见 John Bell, *French Constitutional Law*, 8 (1992)。

属立法权。①

在美国，宪法的制定者在霍布斯、洛克、卢梭等理论家的《社会契约论》思想鼓舞之下，坚信国家权力来源于人民的意志。作为接受人民委托的机关，只有国会才有立法权，可以对人身和财产施加限制。如同亚历山大·汉密尔顿所说："没有人民的同意和认可，任何法律都无效或没有约束力。"② 对于许多人来讲，只有国会可以修改错误的法律，也是再简单不过的道理。③ 美国宪法第1条规定，"本宪法所授予的各项立法权，均属于由参议院与众议院所组成的合众国国会"。宪法第5条修正案则规定"非经正当法律程序，不得剥夺任何人的生命、自由或财产"。在契约论原则的影响下，美国曾长期坚持不授权原则，禁止国会将立法权授予行政部门行使，直到演变成新政期间变革的总统与坚持传统原则的最高法院之间的尖锐冲突与对立。在英国，历经数个世纪的妥协与斗争，最后通过1688年的光荣革命，终于确立了议会至上的宪法原则。议会专司立法，没有议会的同意，国王不能停止法律的一般实施，不能在具体的案件中无视法律的规定，不能征税，不能维持常备军。④ 在边沁看来，由人民代表以外的任何其他人制定法律的观念，简直就是异端邪说。⑤

然而，自19世纪末、20世纪初开始，由于从自由资本主义转变为国家调节资本主义所必然引起的国家权力的大幅度扩张，产生于资产阶级革命时期的立法权原则及理论，受到了全面的挑战。自由资本主义时期，国家职能非常有限，仅限于维护秩序、国防与外交事务等。随着资本主义的发展，生产规模的扩大，完全靠市场自发作用进行调节的自由资本主义日益显示其难以解决根本的社会、经济问题的弊端，必须依靠国家干预来解决市场本身不能解决的问题。因此，从19世纪末、20世纪初开始，早期工业化国家政府对市场的干预力度越来越大，并开始在政府的推动和参与下，进行大规模的社会与经济改革。国家职能的加强与社会生活的复杂化，对立法数量、立法技术及立法时限的要求越来越高，仅靠议会立法显然已经适应不了工业化时代的需要，必须赋予行政机关以行政立法权。在英国，成立于1929年的部长权力委员会经过数年研究，发表了其研究报告，对行政立法提出了如下几

---

① 见 David P. Currie, The Constitution of the Federal Republic of Germany, 2—6 (1994)。
② Gordon S. Wood, The Creation of the American Republic 1776—1787, 162 (1969).
③ Ibid, 304.
④ S. B. Chrimes, English Constitutional History, 118—120 (1967).
⑤ Quoted from Bernard Schwartz, Administrative law: A Casebook, 75 (1977).

点有力的支持理由：(1) 议会受时间的限制，必须将具体的法律细节交由行政机关加以规范；(2) 立法事项的专业化特点使拥有大量专家的行政立法更为适宜；(3) 议会对难以预见的情况很难制定有效的规范；(4) 立法需要一定程度的灵活性；(5) 行政立法灵活且容易修改，适宜于进行社会改革实验；(6) 紧急状态下行政立法更加成为不可或缺。[1]

同时，伴随自由资本主义向国家调节资本主义的转变，人类认识历程也发生了一次革命性的飞跃，从17、18世纪的理性思维时代跨过了实证思维时代的门槛。自19世纪末、20世纪初开始，哲学、经济学、政治学、心理学、社会学、人类学、法学等都经历了一次全面的洗礼。[2] 建立在观察、实验基础上的现代社会科学理论，对传统的绝对真理观念发起了全面的挑战，对人性理性化与民有政府的可能性产生了怀疑，对议会立法过程的公正性提出了尖锐的批判。[3] 所有这一切，都客观地要求从理论上和实践上为政府权力合法性提供新的理论依据。20世纪初，尤其是第二次世界大战以来，与多数民主论相对的当代宪政理论的勃兴[4]及其广泛实践，[5] 无疑为行政立法清除了观念上的障碍。

二

在制度构造上，行政立法主要有自主立法与授权立法两种模式。前者由宪法明确规定行政立法的法律地位，行政立法不需要议会的特别授权；后者由议会通过授权法将立法权授予行政机关行使，没有议会专门授权，行政机关制定的规范性文件没有法律效力。一个国家采取何种立法模式，

---

[1] 见 Report of the Committee On Minister's PowersCmd 406051—406053 (1932)。该报告通常被称为 Donoughmore Report。

[2] 作者将在有关现实主义法律运动与现代行政法的产生的文章中，对这一过程进行较为系统的论述。

[3] 例如，公共选择理论用经济学原理分析议会立法过程，将它看做是利益集团与政治家之间互有需求的一个市场，并最后推论出了民主的不可能性定律。有关著述可参见 A. Bentley, The Process of Government (1908); D. Tru-man, The Governmental Process (1951); 肯尼思·阿罗著，陈志武、崔之元译：《社会选择与个人价值》，四川人民出版社1987年版；Robert E. Mccormick & Robert D. Tollison, Politicians, Legislation and the Economy (1981)。

[4] 见 John Hart Ely, Democracy and Distrust: A Theory of Judicial Review (1980); Cass R. Sunstein, Constitutions and Democracies: An Epilogue, in Constitutionalism and Democracy 327 (Jon Elster &Rune Slagstad ed. 1988)。

[5] 这种实践以议会至上原则的式微与宪法至上原则的确立为典型特征。见 Mauro Cappelletti, Judicial Process in Comparative Perspective (1989)。

与其历史传统、法律推理方式及宪法修改的难易程度等密切相关。法国的行政立法主要属于自主立法，其他国家的行政立法大多建立在授权立法的模式之上。

法国宪法几经修改，1799年宪法第44条开始明确政府可以"制定实施法律必需的规章和命令"，承认行政部门某种独立的附属立法权。自此以后，尽管在行政立法权的范围上有较大的差别，历部法国宪法都沿袭了1799年的做法。1958年第五共和国宪法更进一步，除宪法第34条所列举的议会专属立法事项以外，对于其他所有事项，都由行政部门根据宪法第37条的规定享有立法权，议会不得干预。对此，一位著名法国公法教授评论道："第34条和第37条宣示了行政规章优于或至少平等于法律这一新的原则。"① 在法国，刑法典将犯罪区分为三类：重罪、轻罪与违警罪。宪法第34条只明确对前两种罪的犯罪构成及刑罚由法律规定，因此，对于违警罪的构成及其处罚都由行政立法规定。在司法实践中，最高行政法院甚至允许行政立法对行政违法行为设定限制人身自由的行政处罚。②

行政部门根据议会授权制定具有法律效力的规章实际上始于现代民主政府创立之初，但是，大规模的授权立法的出现则是19世纪末以来的现象。③由于议会大规模地将立法权授予行政部门，使得传统的宪法原则——人身、财产与自由只能由法律加以限制——失去了任何实际意义。④ 通常，授权立法的范围因授权法的规定而异，有的授权法包含所谓的"亨利第八条款"，允许授权立法修改议会的法律；有的授权法实际上等于一张空白支票，行政机关可以规定任何内容。美国一位著名行政法学者明确提出，"授权立法意味着实际运作规则将存在于国会法律汇编之外"⑤。当然，个别国家（如德国）由于特殊的历史原因，对授权立法控制较严，授权法必须严格限制授权的内容、目的与范围。⑥ 同时，对于传统意义上的自由权与财产权的限制，各国仍坚持由议会立法的原则，没有议会明确无误的授权，行政立法不

---

① Supran. 278.

② Ibid, 99—102.

③ Administrative Procedure in Government Agencies, Report of the Committee on Administrative Procedure, 97—101 (1941), 也可见 P. P. Craig, Administrative law, 195 n. 4 (1983)。

④ Richard B. Steward, The Reformation of American Administrative Law, 88 Harvard L. Rev. 1672—1673 (1975).

⑤ James M. Landis, The Administrative Process, 68—69 (1938).

⑥ Supran. 3125—3134.

得介入。① 对于新兴的社会、经济权利的赋予或限制（如接受福利，获得与中止特许等），则由行政立法规范。② 在授权立法模式下，行政机关根据授权法制定的实质性规章一经实施即具有完全的法律效力。除此以外，行政机关还可以自主地制定解释性规章（内部文件），这种解释性规章主要适用于行政机关内部，不对外发生法律效力。但是，在实际生活中，除非有特别重要的其他考虑，法院往往尊重行政机关的解释意见。因此，这种解释性规章实际上也起着界定合法与非法的作用。

虽然行政立法顺应时代需要，解决了传统立法原则无法解决的问题，但它的大量运用很快便产生了许多新的问题。

与议会立法相比，行政立法不但数量庞大，技术性强，而且，它们往往不太容易引起人们的关注，加上行政立法的修改和废止频率远远超过议会立法，因此，即使对于许多专家来说，要全面掌握行政立法的内容也是非常困难的。尤其对于形式上不具有法律效力而实际上起着重要作用的内部文件而言，一般公众甚至无法知悉其存在。行政立法的这种复杂性、多变性、不公开性，为公众了解法律，遵守法律，并最终认同法律权威增加了困难。

就行政立法程序而言，立法准备工作完全操之于行政机关，对于是否以及何时进行行政立法这样的动议问题，公众无法表达其意志，因此，容易造成行政立法的不当延误。当行政立法进入正式制定程序以后，尽管行政机关往往通过咨询、协商、征求意见等形式收集民意，进行利益协调，但是，真正有财力和人力参与行政立法过程，并影响行政立法结果的往往是实力雄厚的企业和财团，一般公众无法反映自己的利益。结果，行政立法必然会更多地保护企业和集团的经济利益，牺牲无组织的、分散的一般公众的利益。③

人们曾经认为，行政立法的大规模运用，不应以完全推翻传统的立法原则为前提。因为就法律效力而言，议会立法仍高于行政立法，并且，在授权立法模式下，行政机关只是接受议会的委托，行使立法权，这是一种从属性的权力。作为委托人，议会可以通过授权法对行政立法进行广泛的监督。如

---

① 可见 Z. M. Nedjati and J. E. Trice, English and Continental Systems of Administrative Law, 70 (1978).

② 我国法律所指的行政处罚，实际上同时包括对传统意义上权利与对新兴社会、经济权利的限制，它们在范围上大于外国法律所指的罚则，因此，不宜简单地在行政处罚与罚则之间画等号。

③ 见 A. Kahn, The Economics of Regulation: Principles and Institutions, 11—14 (1970); Louis L. Jaffe, The Effective Limits of the Administrative Process: A Reevaluation, 67 Harvard L. Rev. 1113—1119 (1954).

果行政立法超出授权范围,法院也可以以越权为由,判定行政立法无效。然而,随着行政立法实践的发展,上述推理在现实生活中越来越难实现。由于议会日益习惯于用含义非常广泛的条款授出立法权,因此,指望议会通过授权法对行政立法进行监督几乎是一种奢望;同样,面对着含义模糊的授权法,法院要审查行政立法是否与之相符也成为一种难事,因而不得不对行政立法保持高度的克制,任由行政机关进行政策选择。这样,面对着毫不受制约的行政立法权,人们不得不提出,非经选举产生的官员行使如此巨大的权力,其合法性究竟何在?行政立法的大规模出现,是现代国家加强对市场干预的结果。然而,随着国家职能的膨胀,人们也开始重新反思以行政立法为代表的政府干预的合理性与有效性。面对着无所不在的国家权力,人们似乎意识到,市场本身不能解决的问题,国家干预也未必能够奏效。市场并非万能,国家干预同样也非万能,这是福利国家存在近一个世纪以后人们对它理性思考的结论。① 在这种认识下分析行政立法,人们这才发现它并非总是那么有效。对工作环境完全标准的立法并未带来事故发生率降低,② 对汽车安全标准的规定带来的却是汽车交通事故总量和损失额的提高。③

伴随对国家作用的再认识,包括行政立法在内的政府干预所付出的巨额代价也日益成为人们关注的焦点。美国的一项研究表明,1977年,48家公司仅为遵守联邦政府的规章(主要是环境方面的规定)就花费了26亿美元。1994年,美国国会选举期间,共和党宣称美国企业当年为遵守各项政府规定而支出的费用达5000亿美元。④ 除此以外,人们研究发现,某些领域政府干预越多,企业发展越缓慢,由此而造成社会供给减少,商品服务价格上升,损害普通消费者的利益。由于行政立法的成本在许多情况下远远大于其收益,迫使人们重新思考其作用和必要性。⑤

三

尽管各国行政法在产生条件和制度构造上各具特点,但传统行政法无一例外地根植于传统立法权原则之上,以控权为其核心价值。传统立法权原则

---

① Posner 明确提出,"市场失败需要辅之以政府干预失败"。见 Richard A. Posner, Economic Analysis of Law, 271 (2 nd. ed 1977)。

② 见 Stephen Breyer, Regulaiton and Its Ref or m, 2 (1982)。

③ Supran. 22278.

④ Quoted from USA Today, Feb 8, 1995.

⑤ 见 Supran. 23。

以议会为唯一立法机关，行政机关只起传送带作用，负责忠实地履行议会的决定。为此目的，行政法以控制行政权力滥用为核心，保证行政机关不超出议会所界定的权限范围。概而言之，各国传统行政大致都围绕以下四项法律原则而展开：（1）行政机关只能根据议会制定的明确规定对个人权利施加限制；（2）行政程序必须保证行政机关遵守议会的明确法律授权；（3）必须以司法审查来保证行政机关不超越法律规定的权限范围；（4）行政程序设置必须有利于司法审查权的行使。①

仔细推敲，以控权为核心而构筑的传统行政法仅以对行政权力的消极防范为目的，保证行政机关不以超越职权或滥用职权的方式侵犯个人权利。然而，就公共利益与社会发展的观点而言，行政机关不仅必须做到不非法地侵犯个人权利，而且还必须有效地履行其法律义务。传统行政法的致命缺陷，就在于它无法保证行政机关积极有效地履行法律义务。②随着福利国家的发展，议会以越来越模糊的规定对行政机关授权，传统行政法开始崩溃，根本无法回答日益膨胀的行政立法所带来的种种问题。这样，各国不得不超越传统行政法寻找答案，由此而刺激了当代行政法的产生，并使当代行政法在原则、内容、范围和体例等方面均大大不同于传统行政法。当然，当代行政法理论及实践在不同国家的发展是不平衡的。针对当代行政法的基本问题——行政机关行使广泛的立法权所带来的问题，近30年来，利益平衡论在各国异军突起，成为取代传统行政法的一种最普遍、最系统的当代行政法原则。利益平衡论的主要目的不在于防止行政立法未经法律授权限制个人权益，而在于保证所有受到行政立法影响的利益都能在行政立法权的行使过程中得到充分的反映和平衡。③利益平衡论认为，立法是在相互竞争的利益之间寻求某种妥协。④因此，行政立法过程中如果所有受到影响的利益都能得到反映，就有可能形成所有人都能接受的妥协。这样，行政立法实际上复制了议

---

① Ibid, 350—351. 这种理论实际上也是当前我国学者普遍信奉的，我国学者提出，"现代法制思想认为，行政机关的一切行为都应当有明确的法律依据或者有法律明确的授权并遵守法律规定的程序，也就是说，只有法律明确规定政府做的事政府才能够做"。（陈延庆、张世诚：《行政处罚法的意义及其基本原则》，载《中国法学》1996年第2期）

② Supran. 15. Administrative Procedure in Government Agencies, 76；也可参见罗豪才、沈岿《平衡论：对现代行政法的一种本质思考》，载《中国法学》1996年第4期。

③ 我国已有学者意识到新一代行政法与程序、传统行政法与控权的关系，并将这种模式转换与法律模式的转换相连，确为真知灼见。参见笑侠《论新一代行政法治》，载《外国法译评》1996年第2期。

④ 这是当代多元民主理论的必然引申结果。可参见前引〔10〕文献。

会立法过程,并获得了与议会立法同样的合法性根据,议会授权法能不能控制行政立法因而也就显得无关宏旨。① 利益平衡论在各国行政法理论及实践中,主要表现在以下四个方面:

(一)放宽对行政诉讼前置问题的要求,由法院督促行政机关进行利益平衡

当代行政法的产生,最初源自各国法院创造性的工作,尤其源自对行政诉讼前置问题处理上的革命性变革。司法实践中,法院扩大"合法权益"的范围,允许更多的人具有原告资格,实际上是在告诉行政机关,在行政(立法)决定过程中,必须对所有利益给予考虑,包括对那些原来不被认为非常重要的利益进行考虑,否则,法院将允许有关利益享有者在法院提起诉讼,对行政(立法)决定进行挑战。② 同样,各国法院在"法律问题"与"成熟性"要求上的自由化倾向,也给行政机关传递了一个明确无误的信号,在传统上不受司法审查控制的领域,行政机关也有义务进行利益平衡,否则,法院将允许对这些行为提出挑战。③

(二)以听证权为核心,构筑民众参与行政立法过程的规范与制度

不论议会立法还是行政立法,只要立法者不是恣意妄为,就必须通过各种途径,使法律规范真正反映社会的现实需要,并得以有效实施。因此,在行政立法过程中,行政机关往往会进行大量的调查、研究,并通过咨询、协商等形式,广泛收集各方面的意见和建议。然而,在绝大多数国家,行政机关对于咨询、协商的所有问题(如是否进行,何时进行,在什么范围内进行,对什么问题进行等)都不负有法律义务,自然公正原则所要求的听证权在行政立法过程中并不适用,公众是否能参与行政立法过程完全取决于行政机关的单方面意愿。首先改变这一状况的当属美国联邦行政程序法,它将行政行为一分为二,行政裁决被拟制为司法过程,规章制定则被拟制为立法过程,而以听证权贯穿其中。④ 这一制度对各国行政法产生了广泛的影响,⑤

---

① Supran. 161712.

② 各国在原告资格上的革命性变化,可参见拙文《行政诉讼原告资格研究》,载《行政程序法研究》,中国政法大学出版社1992年版,第39页以下。

③ 各国学者普遍认为,不受司法审查控制的行政(立法)行为,最容易出现权力滥用或为少数人利益服务。因而,司法审查范围的扩大,也就意味着利益平衡原则的延伸。

④ Robert Rabin, Federal Regulation in Historical Perspective, in Foundations of Administrative Law, 43 (1994).

⑤ 美国行政法教授 Davis 非常自豪地宣称,各国政府都将会采用美国式的行政立法程序。(Kenneth Culp Davis, Administrative Law Treatise, Vol. 1. 448—449 (1978).)

正如加拿大法律改革委员会在其工作报告中所阐明的："在规章制定过程中，所有利益受到影响者都应有参与的机会。"①

（三）实行行政机关情报公开，为公众参与行政（立法）决策过程提供条件

鉴于当代政府的复杂性给民众参与行政（立法）决策过程所造成的实际困难，各国纷纷通过立法，实行行政机关情报公开。一般地，行政机关除必须公开已制定的行政立法文件和对这些文件的内部指示、解释以及典型的行政执法案例等以外，还必须公开其内部机构设置，决策过程，民众获知信息的地点、方法，正在制定、修改或废止的行政立法的内容，公开听证时间，公众反映意见的方式等信息。1966年，美国制定情报自由法，对其他各国产生极大影响。② 1978年，法国议会通过法律，承认公民有权了解行政机关文件。③ 1982年，加拿大和澳大利亚分别实施政府情报公开法律。1977年和1980年，欧共体部长委员会在一项决议和一项建议中，两次将政府情报公开作为一项重要的法律原则向成员国政府推荐。④

（四）要求行政（立法）决定附有充分的理由或说明，以反映多种利益的实际平衡过程

行政立法过程中，行政机关如果对公众的意见仅仅只是听听而已，可以自由地决定哪些利益应该纳入考虑的范围，那么民众反映自己要求的听证权就没有多大的实际意义，它不可能对行政立法的结果产生任何影响。正因为如此，各国纷纷通过成文法或判例法，要求行政（立法）决定须附有充分的理由或说明，以反映多种利益的实际平衡过程。如果行政机关不提供这种理由或说明，或者这种理由或说明表明某些利益没有被考虑到，法院可能会推翻行政（立法）决定。⑤ 例如，美国全国环境政策法要求行政机关在制定相应政策（包括行政立法）时，必须提供详细的说明，对所有利益进行平衡。欧洲经济共同体条约第190条明确规定委员会和理事会的所有决定（包括法规、法令和决定）都应陈述其理由。法国1979年制定的一项法律

---

① Independent Administrative Agencies, 114 (Working Paper 25, 1980).
② Supran 35 Chapter 3.
③ 见 L. Neville Brown and John S. Bell, French Administrative Law, 28 (1993)。
④ 见 Administrative Justice: Some Necessary Reforms, Report of the Committee of the Justice – All Souls, Chapter 2 (1988)。
⑤ 各国的实际变革措施，见，Ibid, Chapter 3。

要求行政（立法）决定必须附有理由。①

以公众参与为特征的利益平衡论在当代各国行政法的发展中受到了普遍的关注与回应，代表着当代行政法的最主要发展方向。然而，另一方面，利益平衡论本身并非尽善尽美，更非万能，其缺陷主要表现在如下几个方面：（1）由谁来代表公众利益难以确定。行政立法过程中，公众以个人身份直接参与的情况极为少见，大多由公益律师服务机构、消费者组织或环保组织，少数情况下由政府部门来代表公众利益。然而，这些公众利益的代表者是否能真正代表公众利益并不确定。而且，在有些行政立法实践中，由于公众利益本身呈多样性特点，行政立法机关无法确定由谁来代表公众利益。（2）受资源限制，公众利益难以得到充分的表达。与实力雄厚的企业或经济利益集团相比，公众利益代表者在人力、组织、时间、财力等方面均远远不及，因而无法反映所有与公众有关的利益，只能选择实现最重要的利益。这种选择过程不但有违利益平衡论初衷，而且由于公众利益代表者可以不受公众的任何限制进行选择，容易造成公众利益代表者与公众之间的疏离，公众个人可能会根本意识不到自己的"参与"成分。（3）正式参与程序有时会造成行政立法过程旷日持久，久拖不决，浪费行政机关和公众利益代表者的有限资源。在行政立法过程中，公平与效率的矛盾往往表现得特别突出，规范化的程度越高，公众参与越多，公平的价值就实现得越多，然而，这常常必须以牺牲行政效率和灵活性为代价。参与的机会实际上也就是拖延的机会。（4）增加公众参与是否能对行政立法结果产生实质性的影响并不确定。行政立法机关完全有可能先作决定，后找根据，并且，许多复杂的技术、经济问题并不适宜于通过公开听证的方式解决。（5）参与程序可能瓦解对最后行政立法决定的共识和支持。行政立法过程中，意见未受到采纳的一方会认为结果对自己不公正，是对方经济实力雄厚所造成的，并因而难以接受行政立法。这样，参与越多，尤其是对抗制参与越多，就越难形成对最后结果的认同。

四

利益平衡论的缺陷表明，对于当代行政法的基本问题，很难由一条无所不包的原则全部加以解决。包括利益平衡论在内的当代行政法原则或理论，都有合理的作用范围，也有其固有的缺陷，这是每一原则的相对性特征。对

---

① Supran. 38218.

于某一原则不能解决的问题，只有尝试其他的原则或理论，由此而产生了当代行政法以利益平衡论为主，多种原则并存的格局，这是当代行政法原则的多样性特征。除利益平衡论以外，较为有影响的行政法原则还有：

(一) 私法优位论

利益平衡论的理论前提是国家干预的合理性与公法手段的有效性。然而，近数十年来，伴随凯恩斯主义的破产与古典自由主义思想的重新抬头，人们对国家权力的迅速膨胀提出了各种疑问与挑战。市场本身可能会有许多缺陷与不足，但国家干预往往会使结果更糟，行政机关常常用行政立法来限制竞争，限制消费者的选择，造成社会资源的大量浪费，使法律效益大大低于其成本。在这种情况下，与其由行政机关通过公法手段来对市场进行规制，不如限制甚至废除行政（立法）权力，由个人通过私法手段实现其权利，实现资源的有效配置，这是私法优位论的基本理论主张。① 西方发达国家近年普遍出现的"不规制"运动，可以说是对私法优位论的最好注解。②

私法优位论虽然对各国的行政立法产生了一定的影响，并在观点上极具感召力，但它有两个难以克服的缺陷：（1）私法优位论忽略了行政管理领域的多样性与复杂性。减少国家干预，限制行政立法权力的主张虽然在某些领域取得了巨大的成功，但能否将这一原则推广到其他的行政管理领域则不能一概而论。对于环境污染这样的问题，理论上虽可完全通过私法（赔偿）规则解决，但要真正防止环境恶化，必须依靠完善的公法措施。另外，对于垄断、劳资关系、大众传媒等众多的领域，也需要强有力的行政立法权。③（2）私法优位论极易导致财富决定论。私法优位论的目的是以私法规范代替公法规范，以社会自治代替国家干预，以市场规则代替行政权力。然而，现实生活中社会与经济权利的不平等极有可能使缺少行政权力的私法优位论演变成为以富压贫、以强凌弱的财富决定论，造成事实上的不公平。正因为私法优位论的上述缺陷，有学者指出它"虽然是一项重要的原则，但不是包治百病的药方"④。

---

① Supran. 22271.

② 见 Project: Privatization: The Global Scale – Back of Government Involvement in National Economics. 48 Admin L. Rev 435 (1996)。

③ 例如，自由市场的买卖关系本应完全由私法调整，但长期困扰我国百姓生活的短斤少两问题，只有采取立法措施，取消所有杆秤以后，才有根本性的好转。类似的事例举不胜举。

④ Supran. 161693.

(二) 议会监督论

议会监督论源自传统立法权理论,其基本观念在于,即使议会不能亲自立法,其成员也至少应有机会对授权立法进行监督。在英国,部长权力委员会30年代即建议下院设立一个监督委员会,对授权立法的合法性进行监督。[①] 1944年,英国下院设立监督委员会,1973年,它与上院的一个委员会合并,构成立法性文件联合委员会,对所有提交给议会的立法性文件、规则、命令或计划进行审议,并确定议会是否应该进行干预。议会可以通过肯定与否定两种方式对授权立法进行监督,前者要求授权立法得到议会肯定性的决议,否则不得生效;后者要求授权立法在提交给议会后须等待一定的期限,若在此期限内议会不作出否定性决议,则授权立法可以生效。[②]

鉴于议会民主对于政治合法性的巨大象征作用,议会监督论在各国都受到了广泛的重视,[③] 然而,它在实践中也遇到了许多困难:(1)议会受时间、议程的限制,不可能对所有的行政立法都进行严格的监督,因此,希望主要通过议会监督来制约行政立法实际上很难行得通。(2)实际生活中,议会监督往往会演变成议会工作人员监督,难以真正反映代表机关的意愿。(3)议会监督的存在,使得利益受到行政立法影响的利益团体可以通过议会牵制行政机关,并且,行政立法涉及的利益越大,特别利益集团游说议会的诱因和能力也就越大。结果,议会往往会在行政立法对利益格局进行根本变革的地方进行掣肘,这无疑会影响行政立法的社会作用并妨碍全面性的行政立法改革措施出台。一位英国著名学者评论,"指望议会对授权立法进行任何真正的控制,简直就是一种宪法幻想"[④]。

(三) 司法能动论

在缺少违宪审查制度的国家,普通法院不得宣布法律违宪。只有在实施违宪审查制度的国家,议会立法才可以在法院受到挑战。对于行政立法,情况则截然不同。尽管行政立法具有完全的法律效力,但几乎所有国家都将行政立法视为一种行政行为,如果它们与法律相悖或超越法律授权,则可以由法院加以撤销。[⑤] 司法能动论正是在继承传统立法权理论合理因素的基础上,希望通过法院的创造性工作,来维护议会的法律地位,并加强对行政立

---

① Supran. 867—869.
② Supran. 15 Craig, 201—205.
③ Supran. 3661—3672 and 22357.
④ Supran. 15 Craig, 203.
⑤ Supran. 1960—1971, 95.

法的监督。针对宽泛无边的议会授权，司法能动论主张法院复活传统的不授权原则，要求议会授权须辅之以明确的标准、范围和条件，否则即由法院宣布授权无效；①针对广泛授权所必然导致的不易认定行政立法是否与授权法相符问题，司法能动论主张法院减少对行政立法的过度尊重，通过运用法律原则和法律推理，更能动地对行政立法进行严格的监督。②

客观地评价，司法能动论在各国制约行政立法权的努力中，起着不可替代的重要作用，并使法律原则和法律解释等问题在当代行政法中的地位日益突出，然而，这一原则也有它自身无法克服的问题：（1）许多情况下，行政立法带有开创性和试验性等特点，议会无法在授权法中对授权标准和范围等问题作出明确的规定。如果不顾条件地要求所有的授权法都须有明确的标准，理论上不可能，实践中则有可能阻碍社会发展。③（2）在议会授权不明确的情况下，主张法院减少对行政立法的尊重，实际上是让法院承担政策选择的责任。由于法院在人力、物力、时间、专业知识等方面均不及行政机关，由法院进行政策选择未必比行政机关的选择更明智，并且，从国家机关职能分工的角度而言，由法院进行这样的政策选择也不合适。正因为司法能动论的这种不足，使它并不能解决所有的行政立法问题，而只能对特定的行政立法进行制约。

（四）效益优先论

当代社会以多元利益并存与冲突为突出特征，因此，行政立法在进行利益综合与平衡时，往往难以找到合适的平衡点，难以在不同的价值之间进行选择。效益优先论对于利益平衡的标准提出了其基本主张——以实现资源的有效配置与效益最大化为评判标准。在很大程度上讲，效益优先论是将法律经济学用于分析政府行为的必然结论。它要求行政立法时进行成本效益分析，并尽量采用低成本的行政立法。在美国，福特总统于70年代中期首先通过行政命令，要求行政立法进行"通货膨胀影响评价"，弄清行政立法将要对成本增长产生多大影响，以及是否有更有效的行政立法方法。自此以后，从卡特总统到克林顿总统，历届美国政府均将成本效益分析作为对行政立法的一项基本要求，并在实践中不断加以完善。

尽管效益优先论在某些领域对提高行政立法的质量和立法效益起到了十

---

① T. Lowi, The End of Liberalism, 297—298 (1969); 也可见 Supra n. 3133—3134。
② Supra n. 23360.
③ 美国新政时期的最高法院是一个很好的例证。

分明显的作用,并日益受到各国的关注,但它本身的缺陷使它难以成为全盘性的解决行政立法问题的方法。这些缺陷包括:(1)虽然效益是行政立法的一项价值追求,但它不是唯一的价值追求,平等、自由、社会安全等也都是行政立法的追求目标。由于不同价值之间的不可通约性,使得以效益为唯一评判尺度的成本效益分析有时并不能准确反映社会的真正需要。例如,环保立法为公众健康带来的好处就很难用金钱衡量。(2)经济分析理论认为,选择建立在人们对商品和服务的既存偏好之上,并且假定这些偏好是确定的。然而,与个人选择截然不同,政府的(立法)选择由于涉及巨大的资源,无疑会对未来的偏好产生重大影响。效益优先论本身无法回答究竟应该以现在的偏好还是以未来的偏好作为行政立法的选择依据。① (3) 效益优先论之下,最后决定权操之于行政立法机关,决策过程是一个单方面的合理性选择过程,并不强调公众的参与。因此,行政机关完全可以先作任何决定,然后再为其决定找根据。结果,效益优先论虽增加了行政机关的工作量,但对实质结果并不会有大的影响。

综上所述,当代行政法原则的多样性和相对性表明,对于行政立法所涉及问题,很难用一条不变的标准加以规范,很难用一种方法解决所有的问题,只能具体问题具体分析,视时间、地点、条件、问题的性质等多种因素,逐个加以解决。覆盖一切的宏大行政法原则既没有出现,也不太可能产生。对于当代社会所面临的公平与效率、平等与自由、形式法治与实质法治、民主与宪政等多种矛盾,行政立法只能在高度复杂的条件下进行艰难的选择。

五

改革开放以来,随着法制建设的逐步深入,行政立法开始在我国社会生活中发挥越来越大的作用,同时也引发了各种各样的问题。如何构筑当代行政法,以有效地监督日益膨胀的行政立法权,成为当代中国行政法理论和实际工作者不得不思考的重大现实问题。近年来,行政法制建设中集中涉及对行政立法(尤其是规章)进行制约和价值评判的机会有两次,一次是行政诉讼法关于规章法律效力的处理,一次是行政处罚法关于规章处罚设定权的处理。这两次制度创新,为我们归纳当今中国行政法的走向提供了难得的素材,也为我们构筑当代行政法提供了有益的启示与教训。

---

① 见 Supran. 161704—161706。

从立法目的分析，行政诉讼法关于"依据"法律、法规，"参照"规章的出现，是为了凸显法律、法规与规章之间的质的区别，表明法院对规章必须进行审查，只选择适用合法的规章，并由此而加强对泛滥的规章的制约。然而，深入分析，不难发现这种制度构造本身存在着非常严重的缺陷：

第一，法院审理案件，最重要的是事实问题与法律问题。法院在初步查明案件事实以后，如果是疑难案件，可能必须对法律适用作出决定。如果几部法律都可以适用于同一案件，法院可能必须决定适用哪部法律；如果一部法律的不同条款都可以适用于同一案件，法院可能必须决定适用哪一条；如果法律、行政立法都可以适用于同一案件，法院可能必须决定是适用法律还是适用行政立法。有时，选择适用不同的规律规范，会直接决定案件事实的性质和全案的处理结果。这表明，法律选择是所有司法活动的一个必经程序，尤其在疑难案件中，具体的法律规范是否对具体案件起作用，必须首先经过法院的"识别"或"选择"。只有经过法院选择适用的法律规范才对具体的案件有法律效力，未被法院选择的法律规范（不论是法律还是行政立法），对具体的案件则无法律效力可言。

法院通常依据两种标准进行法律选择：（1）在少部分案件中，如果法院确认不同的法律规范之间存在"抵触"，会选择适用上一位阶的法律规范，并可以宣布有关的法律或法规无效（视是否存在违宪审查制度或对行政立法的司法审查制度）；如果"抵触"的是同一层级的法律规范，法院则会依据法律规范制定时间的先后或普通法与特别法的关系等标准进行选择。然而，不论是哪种情况，作为"依据"的法律、法规与作为"参照"的规章之间的界限应该是相对的、可变的。相对于规章而言，法规是依据，在两者之间出现抵触时，法院应选择适用法规；而相对于法律和其他法规而言，某一法规可能只是一种参照。同理，相对于法规、规章而言，法律是依据；而相对于宪法、法律的一般原则与其他法律而言，某一法律规则可能只是一种参照，不会在具体案件中为法院所选择。一个国家没有违宪审查制度或对行政立法的司法审查制度，只意味着法院不能宣布有关的法律、法规无效，并不影响法院对法律、法规、规章的选择适用。只要有司法活动，就必然存在对不同法律规范的选择。（2）在绝大多数案件中，并不存在"抵触"问题，法院的法律问题决定过程实际上只是在众多的法律规定之中"选择"最适合于本案事实的规范。因此，一般的法律选择过程并不以法律规范的层级或制定先后为依据，而是以有关规范与本案事实的联系程度为依据，选择适用与本案事实最有联系的法律规范。大量的案件中，法院根据事实与法律的联系程度，选择适用层级低的法规而不是层级高的法律是常有的事。[①] 也就是说，只要不存在抵触，层级不同的法律规范的地位是完全一样的，都具有完全的法律效力，都是法院选择的对象。

由此可见，法院不论依据哪种标准决定法律问题，法律、法规与规章都必须同样经过"选择"以后才具有法律效力。在此意义上，应该说它们都处于"参照"的地位。行政诉讼法独将规章列为参照，并未客观地反映司法活动的本质特征，[②] 而是将违宪审查制度与法院选择适用法律制度混淆的结果。

第二，由于所有的法律规范在适用于具体的事实之前都必须经过法院的选择，因此，即使行政诉讼法不规定"参照"，法院也会对规章进行审查，并只选择适用合法的规章。行政诉讼法对法律、法规与规章进行毫无必要的硬性划分，实际上是在结果不变的情况下，白白增加整个制度的成本。依据与参照的对比，一方面极易使人对规章的法的属性产生疑问，并使其在行政与审判中的地位处于一种不确定状态，难以发挥法律规范应有的指引作用。同时，另一方面，过于强调对规章必须进行选择，必然会在人们心理上产生一种对规章以上的法律规范不必进行选择的反作用，这既不利于司法活动的正常进行，也不利于法制统一原则的实现。[③]

第三，从更深层次分析，"参照"的出现反映了传统行政法对我国理论及实务界的潜在巨大影响。对于行政立法所存在的种种问题，当代各国行政法都试图以多样化的原则，将每一项具体的行政立法当作单个的存在，对症下药，实行全方位的监督与控制。对于同样的问题，传统行政法则更多地从传统立法权原则出发，完全根据议会立法与行政立法的性质差异，将所有的行政立法当作一个整体进行否定或限制。根据传统行政法构筑的制度，可以

[①] 假设对破坏公路林木的行为既有林业法律，又有公路管理法规或工商管理规章调整，法院根据具体案件的事实，完全可以认定某一规章与案件联系更大，并因此选择适用该规章而不是法律。同理，法院一般不会直接引用宪法规定审判案件。

[②] 例如，浦城县交通工程队诉县水利局案（载《人民法院案例选》，最高人民法院中国应用法学研究所编，总第2辑，第190页）中，需要对水法与矿产资源法进行选择；黎德胜诉土管局案（同上书，总第4辑，第196页）中，需要对行政法规与法律进行选择；陈乃信等诉渔政管理站案（同上书，总第11辑，第184页）中，需要对地方性法规与法律进行选择；倪金峰诉县公路运输管理所案（同上书，总第6辑，第192页）中，需要对行政法规与规章进行选择。

[③] 有鉴于此，笔者认为司法实践中应从法律问题审查原则、力度与方式上的差别来解释参照与依据的不同。

说是"只见树木,不见森林",具体行政立法部门、种类、调整对象、权限依据、制定程序、监督机制等的特殊性都不见了,剩下的只是一个极其抽象的行政立法概念。"参照"正是这样一种典型的处理方法,它以法律渊源作为唯一划分标准,并稍作妥协(将行政法规、地方性法规纳入法律之列),试图从整体上确立规章的地位和效力。然而,传统行政法的失败已经证明,一般性地否定或限制行政立法权的时代已经一去不复返,对行政立法进行类型化的处理很难迎接多种冲突与价值追求并存的时代挑战。

同样,尽管行政处罚法的制定目的之一是为了遏制乱设处罚的混乱现象,但有关规章处罚设定权的规定却存在着与行政诉讼法类似的致命缺陷:

一方面,行政处罚法虽再一次肯定了规章属于自主立法,可以自主规定违法行为的范围及其处罚,但这种自主立法权是非常有限的,受到两方面的限制:(1) 规章只能创制设定警告和一定数量的罚款处罚;(2) 如果已经制定法律、行政法规,规章只能在法律、行政法规规定的给予行政处罚的行为、种类和幅度的范围内作出具体规定。显然,行政处罚法对规章的这种处理,使其有自主立法之名而无自主立法之实,较之真正的自主立法模式还差得很远。仅仅以警告和一定数量罚款为制裁手段,不可能保证自主立法的有效实施。[1]

另一方面,就行政处罚法制定过程中的讨论情况来看,立法者实际上接受了传统的立法权原则,认为处罚只能出自代表机关,只是由于我国法律还不很完备,才规定规章可以设定某些处罚。[2] 然而,从我们前面对行政立法的历史沿革的探讨中已经发现,尽管传统立法权原则在当代仍坚持议会是唯一的(处罚)立法机关并坚决反对行政机关的自主(处罚)立法权,但授权立法观念的引入是传统立法权原则在当代得以延续的必要前提。也就是说,尽管一般意义上的自主行政(处罚)立法仍不为传统立法权原则所接受,但基于具体法律授权而存在的行政(处罚)立法则为应付现实所必需。反观我国行政处罚法,不但未能明确作出授权行政(处罚)立法的制度安排,反而试图以有限的自主行政(处罚)立法权来弥补传统立法权原则的不足。根据人们现在对行政处罚法与有关法律关系的看法,行政处罚法完全堵死了规章根据有关具体法律的授权(明示的或默

---

[1] 罚款处罚的无效性,可参见汪永清主编《行政处罚运作原理》,中国政法大学出版社1994年版,第45页以下;马怀德:《行政处罚现状与立法建议》,载《中国法学》1992年第5期。

[2] 参见《法规可否增加规定行政处罚》,载《法制日报》1996年5月31日。

示的）设定某些种类的处罚或对法律、法规已作规定的情形予以补充的可能。①

不言而喻，行政处罚法虽然是在传统立法权原则指导下制定的，却缺少授权（处罚）立法这一核心制度安排，在应该设置授权立法的环节上设置了有限自主行政（处罚）立法，这就使整个制度设置处于一种非常矛盾的立场，将完全不同的自主立法与授权立法两种立法模式硬性地嫁接到了一起。②

制裁是所有法律规范的有机组成部分，是法律规定得以实现的基本保证。在自主立法模式下，行政机关享有固有的行政立法权，可以自主规定哪些行为构成行政违法，并可以规定对这些行为的相应制裁。在授权立法模式下，行政立法权来源于代议机关授权，不是一种固有的权力，违法行为的范围及制裁措施只能由法律规定或由法律授权行政立法规定。然而，不论哪种模式，行政立法都可以对违法行为施以有效的制裁。我国行政处罚法对规章处罚设定权的规定，既未反映自主立法的需要，又未能吸收授权立法的优点，使其制裁手段严重不足，难以保证规章的有效实施。为避免出现这种结果，各地方、部门肯定会争相为规章升格，将规章"改头换面"变为法规。在利益结构与其他制度均未发生变化的情况下，大量的升格要求势必会冲击法规制定机关的工作，导致法规质量的下降与法规制定机关的信誉降低。目前存在于规章领域的混乱有可能会"搭车"至法规领域。

六

通过以上两个个案分析可以看出，尽管行政诉讼法与行政处罚法分别进行的制度设计看上去没有什么内在联系，但这两次制度构造深刻地反映了传统行政法观念对当代中国行政法走向的巨大影响。试图从总体上确立所有规章的"参照"地位与所有规章能够创设的处罚种类，反映的都是建立在法律渊源划分基础上的传统行政法观念。同样类型化的处理方式，不但已经反

---

① "行政处罚法是我国关于行政处罚方面的基本法，除行政处罚法明确规定可以适用其他有关法律的规定外，其他有关法律关于行政处罚的规定与行政处罚法的规定不一致的，应当按照行政处罚法的规定执行。"参见《行政处罚法与有关法律的关系》，载《法制日报》1996年6月4日。

② 有鉴于此，笔者认为应将行政处罚法与其他有关法律的关系解释为一般法与特别法的关系，并在现有的实施设立与创制设立之外，引入授权设立概念，允许特别法授权规章对法律、法规已有规定的行为予以补充，或设立警告与罚款以外的处罚。

映在拟议的立法法之中,也已经出现在许可法、收费法等立法倡议之中。在此意义上,可以说我国行政法已经呈现出一种对行政立法权进行"类型化"处理的发展方向。然而,当代社会的复杂性,行政管理的多样性,行政法价值的多元化与发达国家的经验等都表明,在概念基础上进行制度构造,不加区别地否定或限制行政立法权根本不能解决问题。通过前面对我国两项制度的分析,也得出了同样的结论。这就表明,当代中国行政法在进行制度创新时,必须首先从传统行政法的影响中走出来,从"一刀切"式的简单分类中吸取教训,深入到具体的行政管理领域之中,对具体的行政立法进行实证研究,多层次、全方位进行行政法制构造。如果说在传统行政法观念支配下的制度构造是以分类化处理的立法为其主要推进方式,从整体上对行政立法进行限制,在当代行政法原则指引下的制度构造则以整个制度的协调发展作为实现对行政立法权有效制约的前提,其涉及面远远超出单纯的立法活动,包括国家职能的界定,市民社会的形成,法治目标模式的确定,立法、执法、司法关系的完善与观念的更新等多个方面,是一项宏大的系统工程。在我国,要真正遏制行政立法过滥的现象,笔者认为当前可以从如下几个方面进行努力:

(一) 加深对行政立法的理论认识,培育当代行政法观念

行政立法被各国普遍接受,并不是一蹴而就的事,而是深刻的社会变革与观念更新的结果,其间发生过无数次的制度碰撞与激烈的理论争论。资产阶级革命与自由资本主义时期,立法权只能由议会行使,是资产阶级的基本法治原则之一。到了国家调节资本主义时期,为了解决经济危机和其他各种复杂的社会矛盾,迫切要求赋予行政机关行政立法权。这样,在传统立法权原则与新的变革要求之间就产生了尖锐的对立与冲突。围绕这一社会变革与制度变革,各主要资本主义国家对行政立法的认识经历了从敌视、排斥、拒绝到宽容、接纳、吸收的漫长发展过程,新旧制度之间的冲突与新旧观念之间的论争一直未曾平息过。然而,正是这种对基本原则问题的长期关注与理论上的对峙,加深了人们对行政立法各个方面的认识,刺激了各项制度的全面建立。所谓来之不易,弃之不易。由于行政立法是经过长期痛苦斗争的选择,当面临它所引发的各种问题时,各国从未简单地走回头路,而是围绕它进行全面的行政法制度变革,促成了以利益平衡论为主,多种行政法原则并存格局的形成。

与发达资本主义国家从自由资本主义过渡到国家调节资本主义的历史发展轨迹不同,我国目前的改革方向是从高度集权的计划经济体制向社会主义

市场经济体制转变，争取根本改变国家管得过多、统得过死的状况。同时，与资本主义国家三权分立制度不同，我国实行的是人民代表大会制度，人民代表大会是国家的权力机关，行政机关只是国家权力机关的执行机关，对国家权力机关负责。这两点主要差异决定了我们不可简单地照搬资本主义国家的行政立法理论，而只能根据我国的国情，对行政立法的必要性、性质、权力来源、范围、监督等基本理论问题作出自己的回答。然而，回顾新中国建国以来的行政法历史不难发现，我们在享受行政立法所带来的便利的同时，并未对行政立法基本理论问题给予足够的关注，诸如人民代表大会制度与行政立法的关系，行政立法与现代行政法的关系，行政立法权的范围，自主行政立法与授权立法的联系与区别，行政立法的内部程序与参与程序，行政立法的司法监督，行政立法的监督体系等重大理论和现实问题，理论上并没有进行严肃的独立探讨。理论界对行政立法权的演变消长只是当作一种现实加以接受，并没有形成能对现实进行描述并进而引导现实发展的独立的行政立法理论和与之相应的现代行政法制度。结果，每当现实生活中出现某些问题，如"三乱"现象等，我们无法在理论的指引下通过制度的协调发展加以克服，而只能求助于刺激反应式的机械运动，头痛医头，脚痛医脚，不断通过单个立法来解决问题。在这种治标不治本的零散式立法运动中，虽然新的制度被不断创造出来，但它们的成本异常高昂，并且每一项新的制度互不关联，甚至相互冲突，难以形成有序的现代行政法制度。在此意义上，我国行政法发展中所呈现的"类型化"处理方式实际上是行政法理论贫乏的直接表现和结果。因此，要从传统行政法的影响中走出来，真正有效地遏制行政立法权的滥用，构筑当代行政法制度，唯有从理论的突破和观念的更新开始。"观念是所有制度的唯一基础。"① 没有现代行政法观念，不可能产生现代行政法。

当然，当代行政立法理论的产生，并不是一个孤立的现象，它几乎完全与资本主义社会结构发生巨变、法治模式发生转化、思维方式从理性到实证、法哲学从机械到现实、议会从神圣到世俗等过程同步，是多元民主、行为科学、公共选择、专家行政、政治分层、利益集团等理论的自然延伸。②在我国，完全不同的历史阶段与国情，决定了我国现有的政治学、法哲学、宪法学理论很难直接为我国现代行政立法理论的产生提供现成的帮助，而现

---

① Quoted from Supran. 4 Ⅶ.

② 可见 Morton J. Horwitz, The Transformation of American Law: 1870—1960 Chapter 8 (1992).

代行政立法理论的建立又必须以相关理论的突破和发展为前提。因此，当代中国行政法理论的贫乏应该说是相关社会科学理论和法学理论落后的一个缩影。要构筑现代行政法理论，根本上必须从繁荣整个社会科学理论开始。在中国，没有宏大的理论支撑，没有相关制度与观念的变革，没有对超出操作层面的价值问题的关怀，不可能产生现代行政立法理论。对于行政法学来讲，可以做的事情是在对行政法具体问题的研究中，有意识地超越行政法，以对宏大的理论问题的关注和社会变革的投入为出发点，在构筑行政法理论的同时，努力推动相关理论和制度的变革，这显然是一项双重任务。在相关社会科学理论取得重大突破以前，行政法学唯有同时承担双重任务才有发展的可能。前一阶段，中国行政法理论远远落后于现实需要，行政法理论研究无法深入的症结，在于行政法学界故步自封，画地为牢，拘泥于陈旧的行政法体系而无法超越。要构筑现代行政法理论，必须首先更新观念，扩大视野，从行政法的具体问题中，对当代政治发展与政治现代化理论、宪政理论、法学一般理论等作出行政法学者的回答。

(二) 明确国家权力界限，转换政府职能

我国是一个有2000多年封建专制主义历史的东方大国，国家权力在社会生活中一直起着决定一切的作用。新中国成立后，改革开放以前，受高度集权的中央计划经济体制影响，社会与个人的积极性无法发挥，政府"管了许多不该管、管不好、管不了的事"[①]。十一届三中全会以来，中央对其他各级主体放权让利，带来了积极的效果，但也出现了一些新的矛盾。由于急功近利的思想影响，人们忽视甚至否定集中的必要性，追求权力的绝对分散化，中央与地方、地方与部门之间也过分引入商品关系，超出了合理的界限，呈现出"诸侯经济"和"部门经济"的局面，统一的国家政策往往被分割为各行其是的地方政策和部门政策。同时，由于我国政治与经济二元化的过程只是初始阶段，政府部门除直接经营着庞大的公共服务行业以外，还各自从其管理的经济活动中抽取着实实在在的利益，而一个部门、地区的经济发展好坏更直接关系到主要领导人的政绩。所有这些，无形之中将政府与企业的利益紧紧地捆在了一起。政治与经济的结盟，政府行为尤其是地方政府行为的过分商业化，社会组织的"官本位"化以及法治结构与功能的被分割，使国家权力继续在社会生活的主要方面起着决定一切的作用。而行政立法就常被拿来为部门利益、地方利益服务，负责起草的机关往往把起草法

[①] 《邓小平文选》(1975—1982年)，第287页。

规、规章草案看做是争权夺利的好机会,乘立法之机维护、加强和扩大本位利益。现实生活中,过滥的行政许可、收费、处罚、评比、检查、认证、奖励、集资、摊派、垄断性经营、利益保护、不当干预等常常以行政立法的方式出现,许多地方"立一个法,就增设一个机构,加一层审批手续,多一道收费、罚款"[1]。由此而使行政立法在许多方面成为过大的行政权力的代名词。[2] 因此,要真正根除行政立法所表现的各种混乱现象,唯有从明确国家权力界限,转换政府职能开始,明确哪些领域应由国家直接宏观调控,哪些领域应通过间接调控管理,哪些问题应由市场和个人决定,哪些问题应由私法规则解决。在此基础上,形成一种国家与社会分离,政治与经济二元化,小政府、大社会的良性社会结构。

　　转换政府职能并不只是一个抽象的概念,它要求具体分解每一项具体的行政权力,并对其存在的理由,国家宏观调控的方式以及这种行政权力会给社会带来的成本与收益等进行全面的考察。因此,在转换政府职能原则之下对行政立法的控制是一种个别化与实质性的控制。从表现形式上看,法律并不必然对行政立法的设定权进行一般性的限制,而是通过对具体行政立法所设定的行政权力的个别化考察来实现对行政立法的监督。如果具体行政立法所设定的行政权力与社会主义市场经济体制不符,与转换政府职能的要求不符,或者与相应政府职能所要求的调控力度不符,监督机关应该否定该具体行政立法。如果具体行政立法所设定的行政权力符合社会主义市场经济的要求,而因为种种原因法律一时无法直接加以规定,该具体行政立法应该得到监督机关的支持。例如,对于"持证上岗"的要求,在关系人们生命健康和社会公共利益的领域,如医生职业、制药行业、建筑设计、美容业等,国家必须直接进行强有力的调控,要求有关人员须取得行政部门的许可方能从事,以维护社会稳定与公共利益。然而,高速变化的当代社会使许多新的领域(如人工授精、安乐死等)不断出现,并使法律一时无法直接对相关的领域作出判断。在这种情况下,只能先由行政立法作出规定,积累经验,在社会关系与人们的认识水平成熟以后,再将行政立法上升为法律。因此,在有关法律制定以前,有关的行政立法对"持证上岗"的要求只要符合社会

---

[1] 高帆:《市场经济与行政权力》,载《中国法学》1993年第2期。
[2] 《北京晚报》一篇记者专论以整版探讨了京城因为有"法"而无法办私人收藏馆的现状,多角度地折射了当今的社会现实,读来饶有余味。参见刘一达《沉甸甸的"办馆梦"——再说京城没有私人收藏馆》,载《北京晚报》1996年4月20日。

主义市场经济体制的要求，符合成本效益原则，符合法制统一原则，监督机关就应该维护它们的权威，以保证政府部门有效地进行社会管理，维护公民权益与社会公共利益。反之，对于许多不需要由国家直接调控的领域，如心理咨询、家庭教育、社会服务、科学研究、发明创造等，应该更多地由行业自律或根本不加规制。对于这些领域的"持证上岗"要求，理论上只能由法律设定，[1] 如果行政立法在无法律授权的情况下设定许可要求，监督机关应该加以撤销，因为它们不符合转换政府职能的要求。

当然，由于政府职能会随时间、地点、条件的改变而发生变化，理论上不必由国家直接调控的领域在特定的时空可能需要加强政府的直接干预（如当前社会服务业中的律师业），原先政府直接调控的领域也可能在社会关系发生变化以后不再需要直接调控（如国家粮食政策从统购统销到放开经营的转变），因此，转换政府职能原则之下对行政立法权的制约是一种动态的、变化的制约，它必须与社会生活同步发展。

以上述分析观照我国行政法发展中所表现出来的"类型化"处理方式，不难发现，它并不涉及转换政府职能这一核心问题，并不涉及对具体行政立法的个别化分析，并不涉及社会生活变化对政府职能的影响，它只是在法律和行政立法之间划分立法权限，并对行政立法的设定权进行一般性的限制。这种处理方式的缺陷在于：（1）由于没有触及转换政府职能这一核心问题，没有区分哪些权力必要，哪些权力不必要，有可能使某些不应由国家直接调控的领域在法律的名义下得以延续，并固化传统的行政管理方式；（2）对于行政立法设定权的一般性限制必然使某些应该加强国家宏观调控的领域因为法律制定不及时而无法实施有效的管理；（3）通过法律与行政立法的区别，仅仅从法律渊源上赋予行政权力以合法性，并不能必然证明该种权力的合理性，也不能必然证明该种权力符合政府职能转换的要求，这种处理方式必然使法制建设游离于经济建设的主旋律之外，造成法律生活与经济生活的"两张皮"现象；（4）法对社会生活的作用，必须以健全的社会结构和协调发展的法律制度的存在为前提，"类型化"的处理方式过于简单地在法律规则和社会生活之间建立一一对应的关系，以为通过具体的单项立法可以解决特定的问题，实际上是对法的作用的一种误解，是一种非常机械的法治观，不可能真正解决社会矛盾；（5）从世界各国的立法例来看，类似我国目前的立法思路，分别制定处罚法、立法法、许可法、收费法等大量的单行法

---

[1] 只有法律才可以对个人自治领域加以限制。

律，对行政立法权进行类化处理的做法，基本上无成例可循。

应该承认，社会关系的普遍联系与多元利益的相互冲突使得在国家应该调控的领域与国家不应该调控的领域之间划一条明显的界限几乎成为不可能。在地球日益变小、人们相互之间的依存度越来越高、公法与私法的界限逐渐模糊的今天，要为个人自治留下一块不受政府干预的空间确实不太容易。政府职能在任何领域似乎都有其存在的合理性。如果是这样，显然不可能通过转换政府职能原则来实现对行政立法权的制约。然而，当代行政法发展的最大贡献就在于它能够通过对具体行政立法的成本效益分析，反推政府职能的合理性。如果某一行政立法所引起的社会成本大于其收益，则在该领域的政府调控缺乏合理的依据；如果某一具体行政立法所获得的社会收益大于其成本，则政府调控的合理性不容置疑。这就是说，尽管我们很难一般性地谈论哪些领域政府应该加强宏观调控，哪些领域政府应该减少干预，但通过对（拟议的）具体行政立法的成本效益分析，我们大致可以判断政府哪些干预手段是合理的，并据此调整相应的政策。

显然，转换政府职能原则之下对行政立法的制约是一种具体的、实证的制约。只有对具体的行政立法进行实证性分析，才有可能实现对行政立法权的有力制约。当前，我国行政法理论和实践过分偏重行政法总论和一般原则与制度，忽视部门行政法和具体的权力运作，幻想通过一纸立法改变社会生活，是造成"类型化"处理方式出现，并使行政法制建设有时远离经济建设中心的根本原因。因此，在转换政府职能原则的指导下，对行政立法进行具体化和实证化的制度设计，是中国行政法理论和实践的唯一出路，也是制约行政立法权的必由之路。① 当然，这需要观念、方法与手段的全面更新。

（三）制定行政程序法，保证公众的了解权和参与权

行政程序法之于现代社会的重要性，在于行政机关集行政与立法职能于一身之事实无可避免，而议会和法院对于行政立法的监督受到相当的限制，无法完全保证行政立法充分反映社会的公共利益。在此情况下，只能通过加诸行政机关的程序要求，保证结果的公正性。公开是腐败的天敌，参与是最有效的监督。公开与参与原则的制度化与法制化，遂成为当代各国制约行政立法权的一种不可缺少的重要形式。因此，尽管表现形式上并不是每一个国家都有一部统一的行政程序法，但对于行政立法过程的公开、参与要求，却

---

① 国外学者将行政法的具体化和实证化归纳为当代行政法的"分散化"（disintegration）。（Supran. 16 1805—161813.）

是现代各国的一项基本行政法原则。

我国对于行政立法合法性监督的权力，主要由最高国家权力机关、最高国家行政机关、地方国家权力机关及地方国家行政机关行使，但实际效果并不理想，现有的备案、审查制度极易流于形式。司法实践中，行政诉讼法只适用于具体行政行为，而不适用于抽象行政行为，因此对行政立法的监督就受到限制。加之我国至今仍无一部统一的关于行政程序方面的法律或行政法规，已有的一些行政立法程序性规定"基本上属于行政机关的内部工作程序，程序的'公开'、'民主'程度远未达到现代'行政法治'的要求"[1]，造成行政立法缺少公众参与，缺少不同部门之间的利益协调，有的规章甚至处于内部掌握状态。现实生活中行政立法所存在的许多问题，实际上是长官意志、地方利益、部门利益、决策武断、盲目照搬等的直接反映，如果对行政立法程序有实质性的要求，本可以在行政立法环节中加以避免。然而，由于我们缺少对行政立法过程的任何实质性要求，使行政立法权毫不受约束地膨胀，成为行政机关追求本位利益的最好工具，并使行政立法处于泛滥状态。在此意义上，"类型化"处理方式的出现，对所有的行政立法进行限制，确实有其产生的客观背景和情感依据。

完善的利益表达渠道与利益综合机制的存在是政治现代化的必要前提和标志，也是我国建国40多年来的一条宝贵经验与教训。行政立法作为一种资源配置的手段与利益分配的杠杆，涉及巨大的经济、社会利益，在一定程度上甚至决定着整个社会的发展方向。因此，在行政立法过程中，必须让各种利益都有表达的机会，必须使行政立法过程处于公众的监督之中。改革开放以来，我国多元利益格局的出现与社会结构的变化，客观上已经对行政立法的公开性、参与性提出了要求，"两公开、一监督"、"社会服务承诺制"、办事制度"公示制"等的出现与非规范化、非公开化影响行政立法渠道的产生，实际上喻示着强烈的制度改革信息。只有顺应时代发展需要，因势利导，将对行政立法的公开性、参与性要求制度化、规范化，方能充分发挥行政立法的作用，并将其负面效应减到最小。如果没有程序上的制度变革，我们将不得不一次又一次求助于"类型化"的单项立法，进行"一刀切"式的痛苦选择。

当然，就法律技术而言，制定一部统一的行政程序法是一项异常艰巨的工作。鉴于该法的艰巨性、复杂性及其将会对我国法律制度产生的深远影

---

[1] 湛中乐：《论完善我国的行政立法程序》，载《中国法学》1994年第3期。

响，最好由最高国家权力机关牵头，吸收各界人士组成开放的行政程序法起草委员会，并在该委员会的统一部署下，广泛发挥社会各界的力量，首先对现有行政程序的实际运作进行全面的调查、分析、研究、归类，找出问题与相应的对策。然后，组织专门力量进行理论研究和制度设计，在充分吸收各国已有经验的基础上，根据中国的国情，提出详细的行政程序法研究报告和草案，对行政程序法的立法宗旨、立法模式、立法根据、分类方法、范围、体例、重要制度设计、操作中可能出现的问题、与其他国家的比较、与现有制度的对接等作出详细的解释和说明。最后，动员社会各界参与对行政程序法研究报告和草案的讨论，形成一个比较为各方所接受的文本。根据中外各国的经验，行政程序法在进行制度设计时，应尽量利用现有的制度资源，减少不必要的类化处理，避免因为追求制度创新而影响行政效率。①

（四）加强司法能动性，维护法制统一

传统行政法的破产意味着法院再也不能指望从议会那里得到事无巨细的规则。对于无所不在的行政立法权，法院更多地只能依靠公平、正义、平等、自由、效益、社会进步、国家利益等宪法和法律的一般原则加以监督，以维护国家的法制统一，而这必须以法院和法官的司法能动性为前提。当代法治的发展过程，实际上与司法权在社会生活中的作用逐步增大的过程同步，尤其在行政法（也许还有侵权法）领域。大陆法与普通法严格规则主义与法官自由裁量权的界分完全消失，行政法带上了鲜明的司法色彩。②

在我国，尽管理论界对司法权和司法能动性问题给予了高度的重视，③但在具体的法律规定，制度设计以及理论解释中，并未为司法能动性的发挥留下足够的空间，④加之受目前的社会环境、法官素质、人员选拔、法院内部的工作制度、考核制度、监督制度等的影响，使相当数量的法院和法官习惯于坐等"红头文件"，不敢创造性地开展工作，不敢越雷池一步。与之形成鲜明对照的是，面对着审判实践中的众多问题和大量的疑问，最高人民法院忙于制定各种解释和批复，实际上承担了大量的立法职能。对于目前最高人民法院所承担的大量工作，放在下面处理，由受案人民法院决定效果会更

---

① 见 Supran. 26254—26258。
② "In this field there is no movement in favour of codification"，Quoted from Supran. 383。
③ 尤以罗豪才教授首倡以司法审查为核心构造我国行政法学体系为代表。参见罗豪才主编《中国司法审查制度》，北京大学出版社 1993 年版，第 4 页。
④ 参见笔者对我国行政诉讼制度的分析，见拙文《论行政诉讼中的司法能动性——完善我国行政诉讼制度的理论思考》，载《法学研究》1993 年第 2 期。

好。它不但可以保持司法审判的性质，并且可以积累经验，加强监督，锻炼队伍，逐步提高审判水平。事无巨细，一切都由最高人民法院决定，虽在特定的历史时期有其必要性，但随着社会的进步与法制的逐步健全，其缺陷已开始显露无遗。"红头文件"制定得越多，受案法院的依赖性也就越大，结果必然出现恶性循环，不利于司法队伍建设。并且，随着法制进程的深入，继续由司法机关大量制定立法性文件已不适应时代发展的需要。要纠正法院内部这种一端"过"、一端"不及"的现状，只有从司法能动性入手，重新确立司法权在社会生活中的地位和合理的作用范围。

实际上，司法能动性的发挥与转换政府职能原则是有效制约行政立法权互为依存的两个方面。在"类型化"的处理方式之下，法律规则已为行政立法权的范围划定了硬性界限，法院只是进行"对号入座"式的例行检查，看行政立法是否在法律所规定的范围之内，因此，这种过程只要求法律规定的周延性，并不需要法院的司法能动性。相反，在转换政府职能原则之下，行政立法权的合理性并不唯一地决定于其法律渊源，而是主要取决于其是否符合转换政府职能的要求，是否有利于经济建设这个中心。因此，法院在判断法律问题时，并不仅仅只是进行形式上的审查，而要对行政立法的内容进行实质性的判断，根据"三个有利于"的标准，判定具体的行政立法是否符合法制统一的原则。可以讲，转换政府职能原则是司法能动性的根据，是判断法院是否正确行使职权的标准；司法能动性是转换政府职能原则得以实现的保障，没有法院和其他监督机关的工作，转换政府职能原则上就只是一句空话。在此意义上，司法能动性的发挥，直接关系到审判工作和整个法制建设为经济建设中心服务这一时代要求。维持现状，等待观望，延续"类型化"的处理方式，只会拉大法制建设与经济建设的距离。

对于后进工业化国家而言，法治的实现过程始终摆脱不了形式法治与实质法治的矛盾与冲突。在缺少法治传统的国度里追求实质法治，得到的可能是一种非法之治；在渴望腾飞的环境中谋求形式法治，可能永远也找不到权威的根基。这是一种两难，也平添了些许悲壮。对于行政立法权的"类型化"制约与实质性监督，分别代表的是两种不同的法治观与两种不同的思维方式。这一问题的解决无疑会为中国的整个法治建设提供重要的信息。

（原载《法学研究》1997年第3期）

起草《政府信息公开条例》（专家建议稿）的基本考虑

周汉华

一 背景

党和国家领导人高度重视我国的信息化建设。早在20世纪90年代初期，江泽民同志就指出，"四个现代化，哪一化都离不开信息化"。在"十五"计划中，中央政府更明确提出了"信息化带动工业化，实现跨越发展"的新时期发展战略，将信息化工作提到了一个战略高度。2001年12月召开的国家信息化领导小组第一次会议，明确了信息化要政府先行的决策，从而把电子政务建设置于新时期国家发展战略的核心位置。2002年7月召开的国家信息化领导小组第二次会议不但通过了十五信息化专项规划和电子政务建设一期工程方案，还将电子政务建设中的法律制度建设摆到了非常重要的地位。有关方面还明确将制定政府信息公开条例、电子签章条例、个人数据保护条例与信息安全条例等列为近期制度建设的重点。

中国社会科学院法学研究所于2000年初设立"信息社会与中国政府信息公开制度研究课题组"，共有三项研究目标，其中一项是提出中国政府信息公开法草案（专家建议稿）。研究过程中，课题组得到了有关方面的大力支持，并受托起草了政府信息公开条例草案、说明、理由及立法例，共计13万多字。现将起草该条例草案中的基本考虑与主要想法发表出来，供各方面评论。

二 条例名称的含义及其与其他法律的关系

（一）"政府"的含义

从各国或地区的情况看，信息公开立法的名称有的加上"政府"或"行政"作为定语，有的不加这种定语，直接使用"信息公开法"。不过，不论是否有定语，其调整范围基本相同，公开的都是作为管理主体的政府信息，是行使政府职能过程中所收集或者产生的信息，而不是一般意义上的信息。鉴于这种考虑，我们认为，加上定语，更能反映该条例的实质精神，更能与政府信息化与电子政府等提法相匹配，使政府机关加深对政府信息公开制度的认识。

当然，另一方面，加上"政府"一词，并不必然意味着信息公开的主体只能是政府机关。从各国或地区的立法例来看，信息公开立法的调整范围从小到大依次大致可以分为四个层次：一是只适用于政府行政机关（美国、日本）；二是适用于立法、行政与司法等所有的国家机关（欧盟）；三是除了所有的国家机关以外，还适用于行使公共权力的其他组织（新西兰）；四是除了国家机关和行使公共权力的其他组织以外，还适用于一般的企业或者私法团体（南非）。

我们认为，由于本次制定的是国务院的条例，根据《立法法》第8条第2项，从法律性质上说，它不能为人民代表大会、人民法院和人民检察院规定新的义务。因此，尽管我国改革实践中已经广泛推行了"审判公开"、"检务公开"与"立法公开"等举措，本条例仍不宜将它们包括在适用范围内。除此之外，由于本条例对于申请人而言是受益性规定，并不影响其权利，根据宪法与立法法的规定，国务院完全可以将其他主体均纳入本条例的适用范围。至于本条例具体的适用范围，将在第一章予以明确。

（二）"信息"的含义

各国或地区信息公开立法名称的另一个区别通常在于"信息"与"文件"的选择，即有的被称为信息公开法或信息获取法（如美国），有的则被称为文件公开法或文件获取法（如欧盟）。不过，不论名称如何选择，都不影响其信息公开制度的内容。从理论上分析，一般来讲，信息必须附着在一定的载体之上，通常也就是文件之上。没有载体形式的纯粹信息或消息，政府机关是没有提供的义务的，也不可能提供。从这个角度看，使用"文件"可能更为精确一些。然而，另一方面，申请人真正需要国家提供的并不是所谓的文件，而是文件所包含的内容（信息）。尤其是当一份文件既包括可以公开的信息，又包括不能公开的信息时，使用"信息"可以帮助对文件进行分割处理，更能保证申请人的权利实现。从目前的情况看，大多数国家所使用的均是"信息"，而不是"文件"。我们认为，从推进信息化的角度和人们的习惯用法来看，以及从目前政府机关掌握大量的信息不能为社会所用的现实来看，使用"信息"更为贴切，也更能反映政府信息资源对于社会、经济发展的重要性。

（三）"公开"的含义

各国或地区信息"公开"立法中通常使用的类似称谓还有两个，即信息"自由"法或者信息"获取"法，使用得最多的应该是信息"自由"法。从实际结果来看，不同的称谓并不影响各国信息公开制度的构筑。我们认为，从理论与历史的角度分析，不同的称谓反映的可能是法律文化传统上的细微差异。"自由"所着重反映的是信息申请者的主观权利，"获取"强调的是得到信息的客观结果，而"公开"强调的是政府机关的主动义务。鉴于：第一，我国宪法并没有明确规定公民的信息权利；第二，行政法规不便创设新的权利；第三，政府公开是当前党和国家的一项重点工作；第四，改革实践中也一直使用各种形式的"公开"。因此，条例使用"公开"更能反映我国现阶段的实际情况。当然，这并不排除以后在制定信息公开法时或者社会进一步发展以后，可以更多地从公民权利实现的角度考虑，使用类似"自由"或者"权利"之类的表述。需要说明的是，本建议稿接下来将视具体情况，分别交替使用这些称谓，一般不作严格的区分。

在本条例中，"公开"意味着政府机关承担着条例所规定的三种形式的公开法律义务，即公开出版或公布，设立查阅点或阅览室以及经申请人申请公开信息。

（四）"条例"的含义及其与其他立法的关系

近年来，在历次"两会"期间，均有人大代表和政协委员提出议案，要求制定政府信息公开法。这就提出了非常严肃的问题，即国务院能否通过条例来建立政府信息公开制度？信息公开条例与其他立法是什么关系？我们认为，对于第一个问题，可以从三个方面回答，一是我国的立法体制，二是现实必要性，三是域外的立法例。至于信息公开条例与其他立法的关系，则要作具体的分析。

从我国的立法体制看，根据宪法，国务院是最高国家权力机关的执行机关，是最高国家行政机关，可以制定行政法规，统一领导全国各级行政机关的工作。除了《立法法》第8条所规定的事项必须制定法律以外，行政法规可以对其他事项作出规定。《立法法》第8条所列举的事项包括：（1）国家主权的事项；（2）各级人民代表大会、人民政府、人民法院和人民检察院的产生、组织和职权；（3）民族区域自治制度、特别行政区制度、基层群众自治制度；（4）犯罪和刑罚；（5）对公民政治权利的剥夺、限制人身自由的强制措施和处罚；（6）对非国有财产的征收；（7）民事基本制度；（8）基本经济制度以及财政、税收、海关、金融和外贸的基本制度；（9）诉讼和仲裁制度；（10）必须由全国人民代表大会及其常务委员会制定法律的其他事项。因此，只要政府信息公开条例不涉及上述特定内容，如在范围上不涉及人民代表大会、人民法院和人民检察院，在制裁上不创设限制人身自由的行政处罚和刑罚处罚等等，就完全不存在法律权限上的障碍。

从现实必要性来看，制定信息公开法与信息公开条例确实各自有其优势。如果能够直接制定信息公开法，则其效力层级较行政法规要高，也更具权威性；同时，法律所能调整的范围更广，适用范围上可以包括所有的国家机关，而不仅仅是国家行政机关；再次，以法律的形式明确赋予申请人信息权或者知情权，可以协调信息公开立法与其他法律的关系，减少法律适用中的矛盾和冲突；最后，就制裁措施而言，法律可以规定对国家工作人员各种形式的制裁，甚至包括刑事责任，因而有利于信息公开制度的推行。

当然，制定条例也有其必要性和优势。首先，与制定法律所需要的漫长时间相比，以行政法规的形式尽快确立信息公开制度，可以满足实践对统一的政府信息公开立法的迫切需要；其次，从法律效力上分析，根据我国宪法、立法法与行政诉讼法的规定，行政法规是我国法律体系的当然组成部分，具有完全的法律效力，是人民法院审判案件的依据，以条例的形式确立信息公开制度并不会影响该制度的权威性和有效性；再次，由于信息公开条例是党和政府整个信息化战略中的一个重要组成部分，借助中央政府的统一部署和安排，必然会有助于条例的推行；最后，根据我国近20多年来的立法经验，类似于政府信息公开这样的制度，先实践、后立法，先制定行政法规或者地方性法规、后转化为法律，不但有利于法律内容的完善和成熟，也有利于经验的积累和法律的最终实施。因此，制定信息公开条例，完全具有现实必要性。

从其他国家的立法例来看，首先必须承认，采用信息公开制度的国家目前几乎都是制定的信息公开法，而不是条例。而且，一些国家采用的也是一步到位式的立法路径，直接制定信息公开法，从未经历过条例阶段（如瑞典、美国）。但是，进一步分析可以发现，许多国家和地区在制定信息公开法之前也曾经历过各种过渡阶段，条例曾发挥过巨大的作用（如日本、香港、韩国、英国、欧盟）。并且，即使在制定了信息公开法之后，各种形式的条例或者地方立法仍然发挥着不可替代的作用（如日本、欧盟）。因此，先制定条例，然后上升为法律，可以说是许多国家或地区的一条基本经验。

不过，需要指出的是，本建议稿针对的是信息公开制度的基本内容而不是法律形式上的差别，因此，它并不仅仅适用于条例，其绝大部分内容完全可以适用于未来的信息公开法。

当然，由于国务院行政法规在效力上低于全国人大及其常委会所制定的法律，按照法制统一原则的要求，信息公开条例不得与现行其他立法相抵触，尤其是与涉及政府信息资源的法律，如保密法、刑法、档案法、统计法等相抵触。也就是说，信息公开条例并不能当然改变或者废止其他法律有关政府信息资源方面的规定，如果其他法律中的有关规定不适应建立政府信息公开制度的要求，还应通过单个修改该法律具体规定的方式加以改进。我们认为，如果将来制定信息公开法，信息公开法与其他法律的关系主要是两种类型：第一，由于信息公开法法律位阶更高，且处于政府信息资源管理基本法的地位，其他法律凡与信息公开法基本原则相抵触的规定应自然失效；第二，信息公开法中为其他法律明确特别保留的领域，如关于例外的规定、救济机制的规定等等，其他法律可以作为特别法优先适用。对于这两种不同性质的关系，信息公开法从立法技术上必须进行严格的区分，既充分发挥信息公开法的规范与指引作用，又使其他法律的规定得到切实保障。

信息公开条例与个人数据保护（或隐私权）立法、政府会议公开立法的关系尤为重要。在某些国家，信息公开立法与后两者合一，完全吸收了个人数据保护立法与政府会议公开立法的内容。并且，许多国际组织主张信息公开立法必须保护个人数据权利，必须强制要求政府会议公开。从理想的状态而言，信息公开立法与后两者合一当然有许多有利之处，不但可以降低立法成本，还可以保持法律之间的协调。但是，我们认为，从我国目前国情出发，针对不同问题，分别立法，显然更有利于减少立法的难度和制度实施的阻力。当然，信息公开条例必然会涉及个人数据保护立法的某些内容，如赋予个人获得有关自己信息的权利，规定个人数据保护例外等等，这些预先涉及的内容可以在以后制定个人数据保护立法时再进行必要的细化和协调。

三　信息公开制度在我国的必要性

不论是制定信息公开法还是制定信息公开条例，首先必须回答的问题是，我国为什么要采用信息公开制度？信息公开制度是否会危害国家安全、国家秘密、个人隐私与商业秘密等其他社会公共利益？

我们认为，我国必须采用信息公开制度的主要原因如下：

第一，信息化与信息社会要求政府信息资源的自由流动，以促进经济增长。

在所有国家，由于政府是最大的信息所有者和控制者，国家信息化或者信息社会的前提是政府信息化，而政府信息化的核心是政府信息资源的有效开发和利用。由于信息化发展程度的差别，西方发达国家对政府信息资源的开发与利用比我们要早得多,也要规范得多。即使这样,它们也在不断检讨政策,在更高的层面上关注信息社会与政府信息资源的利用问题。欧盟在1999年发表的信息社会中的公共信息资源的绿皮书中,从经济、社会发展与欧洲的一体化等许多方面提出了公共信息资源是欧盟的关键资源(keyresource)的观点,并对政府信息利用过程中的立法问题、适用范围问题、政府信息定价问题、公平竞争问题、版权保护问题、个人隐私保护与商业秘密问题等进行了全面的检讨,为各国和欧盟的信息公开制度注入了活力。美国图书馆与信息科学全国委员会在发表于2001年的一份权威性报告中,系统地分析了信息技术发展给政府信息资源利用所带来的挑战,明确地将政府信息资源列为国家的战略性资源(strategicresource),与土地、能源、劳动力、资本等资源并列,并提出了36条政策建议。包括世界银行与国际货币基金组织等在内的各种国际组织近年来对中东欧国家经济发展与政府透明度的关系进行了全面的研究,得出了两者之间的正相关关系的肯定结论。

我国由于长期的封建传统影响,政府透明度不足一直是一个比较突出的问题。缺少透明度的实质是政府信息资源难以为社会所利用,造成社会资源的巨大浪费。据有关方面统计,我国有用信息的80%由政府所掌握,但这些信息大多处于不对外公开状态,严重地制约了经济发展。尤其是随着信息化战略的推进,一些地方和部门借其掌握的信息资源谋取不当利益的现象愈演愈烈,与信息化的发展方向背道而驰。在我国,随着信息技术的发展,政府信息资源的开发面临着巨大的机会,同时也产生了许多新的挑战和问题。应该说,如何保障政府信息充分为社会所利用,推动国家信息化,在制度、技术与市场等方面均存在相当的创新空间。政府信息如同银行货币,只有加速其流动,才能创造巨大的效益。当务之急是首先从认识上明确政府信息资源的战略性地位,通过制定政府信息公开条例为制度创新奠定法律基础。

第二,政府信息公开是我国政府信息公开制度改革与发展的必然。

近年来,在各级党和政府的大力推动下,各种形式的政府信息公开制度在实践中得到了长足的发展,引入了诸如公开招标、公开竞争、公开招考、公开数据、公开配额、公开办事制度与结果等政府信息公开制度,出现了一大批先进单位。在这方面,规定比较详细、改革举措比较大的有村务公开、警务公开与检务公开三个领域。中共中央与国务院在1991年有关农村和农村工作的决定中就提出了村务公开制度,1998年中办与国办专门发文,在全国范围内推广村务公开。可以说,村务公开是得到最多政治支持的改革尝试。在此基础上,2000年底,中办与国办再次发文,在全国范围内推进乡、镇一级的政务公开。警务公开是公安部多年来一直追求的目标，1999年，公安部加大了这方面制度化建设的力度，专门发出了通知，要求各地公安机关在10月1日以前普遍推行警务公开，社会反响异常强烈。检务公开在检察院系统的改革中占据了极其重要的地位，1998年，最高人民检察院公布"检务十公开"，提出用"人民拥护不拥护，赞成不赞成，满意不满意"作为检验检察工作的根本标准。在1999年召开的全国人大会上，检察系统的改革举措得到了人民代表的高度评价。这些措施推动了政府信息公开制度的发展，保证了人民知情权的实现，并使政府信息公开迅速成为全社会普遍关注的热点问题。

然而，另一方面，必须承认，实践中推行的各种形式的政府信息公开制度仍然存在着一定的局限，往往具有各自为政的特点，相互之间缺少统一性和协调性，具体做法也大不一样，甚至在名称上都无法统一。比如，对于村务公开，目前的管理部门主要是民政部门，纪检监察与其他部门配合协调。同样的体制也适用于乡、镇的政务公开。而对于其他层次的政务公开，目前的管理与领导体制则较为复杂，分别由法制部门、人事部门、民政部门、监察部门、党的宣传部门负责等不同的安排。另外，对于信息安全管理和执法，也涉及多个部门，如国家密码管理委员会、公安部、国家安全部、信息产业部国家计算机网络和信息安全管理中心、国家保密局、国务院新闻办公室等。例如，国家密码管理委员会办公室负责密码算法的审批，公安部计算机安全监察局负责计算机信息系统安全专用产品的生产销售认证许可，国务院新闻办负责信息内容的监察，有关信息安全技术的检测和网上技术侦察则由国家授权的部门进行。这种多元化领导的弊端之一是缺少综合协调，使各地方、各部门在政务公开的做法上存在较大的差异。一个部门积累的经验也很难为其他部门所利用，加大了整个制度的成本。另外，由于缺少综合协调机构，对于信息时代的信息公开问题缺少全盘规划和部署，各种改革仍然停留在渐进性改革的思路上。

因此，根据改革与发展的需要，总结政务公开实践中的各种经验，通过制定信息公开条例来规范和统一各种形式的政务公开制度，已是不容忽视的问题。

第三，政府信息公开是实现人民当家作主民主权利的需要。

根据中华人民共和国宪法总纲的规定，我国是人民民主专政的社会主义国家，人民是国家的主人，一切权力属于人民。人民除了通过选举各级人民代表大会行使国家权力以外，还可以依照法律的规定，通过各种途径和形式,管理国家事务,管理经济和文化事业,管理社会事务。在我国,各级人民代表大会由民主选举产生,对人民负责,受人民监督。一切国家机关和国家工作人员必须依靠人民的支持,经常保持同人民的密切联系,倾听人民的意见和建议,接受人民的监督,努力为人民服务。《宪法》第41条还规定,中华人民共和国公民对于任何国家机关和国家工作人员,有提出批评和建议的权力;对于任何国家机关和国家工作人员的违法失职行为,有向有关国家机关提出申诉、控告或者检举的权力。实践中,人民要行使这些管理国家事务和社会事务的权力,其前提条件是知情,只有知情以后才能真正谈得上行使民主管理的权力。如果人民对政府工作是如何开展的根本不知情,也就无法对政府的工作进行有力的监督。要让人民知情,渠道是多种多样的,如加强各级人民代表与其选区的联系,加强各民主党派政治协商与民主监督的作用,加强各种形式的人民团体上情下达的作用,加强新闻舆论监督等等。在诸种渠道中,政府信息公开制度应该说是一项不可或缺的重要制度设计,它具有规范性强、成本低廉、参与面广、效果明显等特点。与其他渠道相比,政府信息公开制度是一种非常规范化的制度,其条件、程序、范围、救济、监督等环节均由信息公开法或者条例作出了明确的规定,必须严格依法执行;同时,从其他国家的经验来看,这种制度不但能够给市场主体获取政府信息带来巨大的经济效益,而且不会导致政府机关成本的急剧上升;就参与面而言,由于任何人均可以直接向有关机关依法申请获得政府信息,减少了中间环节,可以使广大民众均能享受到其民主权利;最后,由于政府信息公开制度本身有一套严密的保障与救济机制,能够使制度在实践中真正发挥作用。另外,根据我国宪法关于公民基本权利的规定,公民享有言论、出版、集会、结社、游行、示威的自由。政府信息公开制度对于公民行使包括言论自由在内的宪法基本权力,都具有十分重要的意义。

第四,政府信息公开是 WTO 对政府透明度的基本要求。

WTO 的目标是建立一个完整的、更有活力的和持久的多边贸易体制,透明度是 WTO 的主要目标之一。因此,几乎所有的 WTO 法律文件都规定和贯彻了政府透明度的原则,归纳起来看,这些规定主要反映了如下几个方面的要求:

(1)要求政府有关贸易方面的法律制度贯彻透明度与公开性原则。

这方面最为集中的规定体现在标题为"贸易条例的公布和实施"的《关贸总协定》第10条。该条第1款规定,缔约国有效实施的关于海外对产品的分类或估价,关于税捐或其他费用的征收率,关于对进出口货物及其支付转账的规定、限制和禁止,以及关于影响进出口货物的销售、分配、运输、保险、存仓、检验、展览、加工、混合或使用的法令、条例与一般援用的司法判决及行政决定,都应迅速公布,以使各国政府及贸易商对它们熟悉。一缔约国政府或政府机构与另一缔约国政府或政府机构之间缔结的影响国际贸易政策的现行规定,也必须公布。该条第 2 款规定,非经正式公布的措施,不得实施。除此之外,《服务贸易总协定》规定,除非在紧急情况下,应迅速将涉及或影响本协定实施的所有有关适用的措施,最迟在其生效以前加以公布。《与贸易有关的知识产权协定》规定,涉及知识产权的效力、范围、取得、实施和保护,应由任何一方通过法律、法规、司法决定和行政决定予以公布。

分析上述规定可以发现,这方面的要求有两个主要的特点:一是要求公布的基本上是一般适用的规章制度、决定或政府间条约,不是具体的行政行为,也不是政府所掌握的具体信息,这是 WTO 对政府透明度的最基本的要求。二是影响领域的广泛性。尽管《关贸总协定》第 10 条以及 WTO 所有其他的法律规定所强调的都只是贸易方面的法律制度,但由于贸易是市场经济的基本环节,是商品价值的最后实现场所,加之国际贸易关系的加强、国内市场与国际市场的融合以及国民待遇的普及,因此,对贸易方面法律制度公开性的要求在实践中远不只是限于外贸部门。它涉及金融、保险、银行、卫生、技术监督、工商管理、外汇管理、海关、税务等几乎所有的行政执法部门。正是在这个意义上,我们可以看到 WTO 对一个国家社会生活的影响是全面的、深刻的。

(2) 要求政府尽量公布与贸易有关的政府信息。

WTO 对政府透明度的基本要求是政府规章制度的公开,但这并不排除要求政府进一步公开与贸易有关的政府信息。实际上,政府的规章制度与政府的具体信息之间并没有绝对的界限,许多行政决定既可以说是一般决定,也可以说与政府信息密切相关。与一般性的规章制度比较,具体的政府信息对于国际贸易各方可能更直接、更有现实意义。在这方面,WTO 是通过不同的方式加以规定的,包括:①要求成员国政府设立信息查询点,供其他成员国和贸易商了解有关法律规定和政府信息。例如,《服务贸易总协定》规定,每一个成员国应建立一个或多个咨询机构,以答复其他成员国的资料要求及有关询问。《技术性贸易壁垒协议》规定,各成员国应设立信息查询点,以回答来自其他成员方或成员境内的利害关系方的一切有关其技术条例、技术标准及检验程序的合理查询并提供有关文件。②通过排除法规定政府公开其信息的义务。例如,《关贸总协定》第 10 条第 1 款规定,"本款的规定并不要求缔约国公开那些会妨碍法令的贯彻实施、会违反公共利益、或者会损害某一公私企业的正当商业利益的机密资料"。这一条的规定意味着,凡属于本款排除的政府信息可以不予公开,但政府信息只要不属于本款所排除的机密资料,则应该加以公开。《服务贸易总协定》和《与贸易有关的知识产权协定》也都有类似的规定。③明确规定成员国政府公开某些信息的义务。例如,《进口许可证程序协议》规定,当要求许可证用于实施数量限制以外的目的时,各成员国应向其他成员国和贸易商公布足够的信息,以使他们了解有关情况。这些信息包括所实施配额的数量或价值总额、配额的终止日期及其他任何变化等。

(3) 设立贸易政策审查机制,保持和推进政府的透明度和公开性。

贸易政策审查机制最初设立于乌拉圭回合谈判期间的 1989 年,通过 WTO 最后文件附件 3 才最终确立其法律地位。根据各成员国在全球贸易中的不同地位,WTO 分别确定了二年、四年和六年的审查期限。审查时,先由被审查的国家提交报告,然后由 WTO 秘书处准备审查报告。所有其他成员国都可以得到这两份报告以及有关的会议记录等材料。通过定期审查成员国的贸易政策和实践,评价被审查国家政府透明度的发展状况,这一制度可以实现其加强和保障政府透明度的目的。可以说,这一制度是推进 WTO 成员国政府公开性的最为有力的制度保障。根据我国的入世议定书,在我国加入世贸组织的八年内,每年都要接受世贸组织成员国的审议,包括贸易政策透明度的审议。因此,建立政府信息公开制度,便于在审议中满足 WTO 对政府透明度的要求。

第五,政府信息公开是防止腐败的治本之策。

腐败问题近年来引起了党和国家领导人的高度重视,中央提出了要从源头上预防和制止腐败的战略要求。腐败现象的成因非常复杂,但其中有两条非常重要的原因,一是权力高度集中,缺少制衡机制;二是权力的行使缺少透明度,容易搞暗箱操作或权钱交易。因此,从源头上防止腐败,一是要形成权力行使的合理制衡机制,避免掌握权力的人滥用权力;二是改变权力行使的方式,使其过程处于人民群众的监督之下。推行政府信息公开制度,首先就改变了权力运行的方式,使政府机关的职权、程序、办事结果、办事过程、时限、监督方式等均为人民所周知,可以避免出现暗箱操作或腐败现象。同时,通过赋予人民以获得信息的权利以及相应的获得救济的权利,可以使对政府机关权力的制衡机制更为丰富,在传统的上级行政权力对下级行政权力的监督之外，发育个人权利对行政权力的监督和司法权力对行政权力的监督，形成权力制衡的科学体系。

第六，政府信息公开有利于规范社会主义市场经济秩序。

信用缺失、市场秩序混乱，交易成本过高，一直是制约我国经济发展的一个重要因素。为此，党和政府多次动员各方面的力量，对市场经济秩序进行治理整顿，希望能够形成一个公平竞争的市场环境。实际上，对于诸如伪造学历，伪造土地、房屋权属证明，伪造各种资质证明与政府批文，合同欺诈，皮包公司坑蒙拐骗等现象，基本上有两种解决思路，一是加强管理和打击的力度，即我们日常所说的"打假"或者治理整顿市场秩序。这种方法要求比较大的政府投入和执法力度，社会成本比较高，有时甚至会出现愈打愈多或者久打不绝的后果。结果，执法、处罚甚至刑罚虽然不断加强，政府开支虽然不断增加，但市场经济秩序却未必能够有根本性的好转。另一种思路则是政府信息公开，这种思路不需要增加额外的政府开支和社会成本，也不需要增加额外的执法人员和处罚，它只是要求将政府信息对社会公开，民众有权通过一定的渠道和程序获得有关的政府信息。各种欺诈现象的存在，一个重要的原因就在于民众无法获得正确的政府信息，一旦真实的政府信息对民众公开，各种欺诈现象也就失去了藏身之所。因此，政府信息公开显然有利于规范社会主义市场经济秩序。

政府信息公开之所以能够有利于规范市场经济秩序，在信息经济学家那里得到了最好的解说。2001年诺贝尔经济学奖的三位获得者阿克尔洛夫、史宾斯、斯蒂格利茨均是以研究信息经济学而著称，他们所提出的当买方与卖方具有非对称信息时市场运作的理论具有广泛的应用范围。根据他们的理论，在信息不对称的情况下，市场的运行可能是无效率的，市场选择的结果是"劣币驱逐良币"。因此，不论是在市场中还是在公共生活中，信息的披露具有非常重要的意义。

第七，政府信息公开有利于维护社会稳定。

稳定问题是中国改革和发展头等重要的政治问题，没有稳定，就不可能顺利地进行各种改革，也就谈不上经济发展。政府信息公开现阶段对于维护社会稳定的作用主要体现在两个方面：一是增强党群、干群关系，二是增强社会的自组织能力和广大群众的心理承受力。

为广大人民群众谋利益，密切党群关系、干群关系，是我们党的立党之本。当前在一些基层，干群关系不够密切，有的甚至出现矛盾激化的情况，影响到社会的稳定。其中一个重要原因，就是这些基层政权机关及其工作人员作风不民主，办事不公开，有的甚至利用职权为个人、亲属和小团体谋取私利，损害群众利益。推行政府信息公开制度，能够有效促进政府机关及其工作人员改进工作作风、工作方法，有利于密切党群关系、干群关系，增强群众对政府的信任，妥善处理各种社会矛盾和冲突，维护安定团结的稳定大局。从其他国家的经验看，政府机关通过信息公开开展公共关系工作的效果要远远大于其他形式的公共关系，而且其成本要低廉得多。

根据系统论原理，一个系统的稳定必须是在开放的环境下具有自组织能力的动态的稳定，封闭的、缺少自组织能力的系统不可能维持长久的稳定。随着人类进入以互联网为特征的信息社会，信息已经成为人们的基本生存方式和交流手段。只有保持系统之间的信息自由流动，让民众充分行使其知情权和判断能力，才能不断增强社会的自组织能力和民众的心理承受能力，抵御各种风浪的冲击和考验。古今中外无数事例表明，在严重缺少真实信息的情况下，哪怕是一则流言都可能会造成社会的剧烈动荡。因此，推行政府信息公开，提高民众的心理承受能力，是维护社会稳定的重要举措。

第八，政府信息公开是推进依法行政和改革政府管理方式的必然要求。

依法治国是发展社会主义市场经济，建设社会主义民主政治，确保国家长治久安的客观要求和重要保证。落实依法治国基本方略，建设社会主义法治国家，要求各级政府机关及其工作人员都必须依法行政，切实保障公民权利。当前，一些政府部门及其工作人员在行使职权过程中，还存在着一些有法不依的现象。特别是一些基层政权机关及其工作人员，法制观念比较淡薄，政策水平不高，官僚主义严重。推进政府信息公开制度，将行政机关的办事制度与程序告知民众，使政府行为处于广大群众的监督之下，必然会促使政府机关及其工作人员增强法制观念，依法办事，提高行政管理的水平。

传统上，依法行政的最基本含义是政府行为必须严格遵守法律的规定，按照法律所规定的步骤、环节、时限和方式行使政府权力。在当代，由于行政权的扩张不可避免，依法行政除了要求严格守法以外，更加强调政府行为的公开性与参与性，以使民众能够实际上参与到政府的决策过程之中。公开与参与，可以说是当代依法行政原则最为集中的体现。推行政府信息公开制度，使民众能够获得与自己切身利益有关的信息，不但体现了政府公开的原则，也使民众参与政府决策过程更为可行。

同时，我们传统上的政府管理方式是与计划经济体制相适应的命令控制型的粗放式的管理方式，政府管理的科学性非常缺乏。由于政府信息资源分散、各自封锁，部门间缺少信息沟通和交流，上级机关无法了解真实情况，因此无法利用现代信息技术支持政府决策和市场监管，许多情况下都是盲目决策并使政策朝令夕改。推行政府信息公开制度，不但保证了公众的信息权，而且对政府信息资源管理与信息技术政策都是一次深刻的挑战，它要求相应的观念与制度更新，并进行必要的行政流程再造。这种连锁反应必然改变传统的政府管理方式，使政府决策与管理建立在更加科学的基础之上，利用现代信息技术和政府信息资源极大地提高行政管理的效率和有效性。

我们不认为采用政府信息公开制度会危害国家安全、国家秘密、个人隐私与商业秘密等其他社会公共利益，原因如下：

第一，政府信息公开制度本身有明确的界限，不会因为政府信息公开导致对其他社会公共利益的危害。

在任何一个国家，采用政府信息公开制度并不意味着要公开国家秘密，也不意味着要公开他人的商业秘密或者个人隐私。信息公开立法的首要任务就是在政府信息公开与保护其他社会公共利益之间寻求平衡，并通过一系列的制度设计来保障其他社会公共利益不受损害。这些制度包括：第一，明确必须公开的政府信息与不能公开的政府信息之间的界限，并对国家秘密、商业秘密、个人隐私、执法信息等予以例外处理，以保证其他社会公共利益。第二，当政府信息公开与不公开的边界出现模糊，不容易确定时，通过利益平衡原则，根据对社会的损害与效益分析，决定是否应该公开政府信息。第三，当政府信息涉及诸如国家安全、国际关系这样的敏感领域时，往往可以通过特殊的法律规定、审查机制和司法惯例等等，尊重政府机关对政府信息是否应该公开的判断。第四，对涉及个人隐私与商业秘密的政府信息，设置第三人权利保护制度，非经信息记录的对象的同意，政府机关不得公开该等信息。信息记录的对象可以通过复议与诉讼等机制，阻止政府机关公开该等信息。

第二，政府信息公开制度本身具有可调整性或者灵活性，可以随着社会发展程度与社会承受力的变化而作出适当的调整。

政府信息公开立法及其确立的原则与制度，本身都具有一定程度的灵活性和适应性，可以视客观情况进行适当的调整。各国的信息公开立法之所以均作这样的制度安排，是因为政府信息公开制度不仅仅只是一个信息公开问题，它还涉及个人权利与国家利益以及个人权利之间的冲突和协调。如果制度本身没有一定程度的灵活性和可调整性，势必造成实施中的利益冲突和巨大困难，影响制度的权威。尤其当出现剧烈的社会变化时，还可以通过修改法律的方式，使政府信息公开制度适应社会发展的变化。对于这一点，从

"9·11"以后美国的政府信息公开制度的调整中可以略见一斑。尽管恐怖主义袭击使美国遭受到了严重的损失,但并没有从根本上动摇美国的政府信息公开制度和信息自由法的适用。另一方面,为了防止恐怖主义分子利用公开的政府信息对美国的国家安全和本土安全造成新的威胁,美国司法部与其他政府部门在信息自由法的适用上作出了新的调整,并且从互联网上撤回了许多与关键基础设施有关的政府信息。尽管目前对美国政府的信息公开政策及其走向仍然有许多不同的评价和看法,但从"9·11"事件以后美国政府的信息公开政策调整本身,确实可以说明政府信息公开本身具有极大的灵活性和可调整性,不可能因为采用政府信息公开制度而损害其他社会公共利益。

第三,从已经采用了政府信息公开制度的国家或者地区的经验来看,没有任何一个国家或地区因为采用政府信息公开制度而使其他社会公共利益受到危害。

截至目前,世界上已经有40多个国家或地区制定了信息公开法,采用了政府信息公开制度。在这些国家中,既有发达国家,也有发展中国家,既有传统的西方文明国家,也有亚洲、非洲与美洲等新兴国家。从法律实施的初步结果来看,还没有任何一个国家或者地区因为采用政府信息公开制度而使其他社会公共利益遭受损害,也没有任何一个国家或者地区因为采用政府信息公开制度而陷入困境。相反,从现有的一些研究成果看,政府信息公开不但推动了经济和社会发展,还使其他社会利益得到了更为有力的实现。

四 信息公开制度在各国或者地区的发展现状

(一) 国际法律文件所确立的信息自由权

公众获得政府信息的权利最先由瑞典在200多年前首先确立,但其真正引起各国广泛的关注应该是20世纪后半期。现在,它不仅是一项国内法所规定的权利,在一系列国际法律文件中也得到了确认。尽管少数国家明确、具体地规定了公众获得政府信息的权利,但公众获得政府信息权利的宪法基础通常是表达自由权,因为表达自由包括寻找、接收与传播信息与观念的权利。联合国在1946年的第一次大会上,通过第59(1)号决议肯定了信息自由是一项基本权利,它宣告:"信息自由是一项基本人权,也是联合国追求的所有自由的基石。"在接下来的联合国人权文件中,信息自由并没有被单独列举为一项权利,而是作为表达自由权的一部分,得以固定。1948年《联合国人权宣言》第19条规定,"每个人均有观点和表达的自由权利,本项权利包括不受干预地拥有观点以及通过任何方式寻找、接收和传播信息与观念的自由"。1966 年通过的《联合国公民与政治权利公约》第 19 条以类似的方式确认了观点与表达的自由权利。

　　1993 年，联合国人权委员会设立了联合国观点与表达自由特别报告人办公室，其任务之一是阐明观点与表达自由权利的精确内容。特别报告人早在 1995 年就指出，"言论与表达自由的最重要的要素之一是寻找或者获得信息的权利"。自 1997 年以后，特别报告人在每年向人权委员会提交的报告中均包括了对信息自由权的评论。在 1998 年的报告中，特别报告人宣告，信息自由包括从国家获得信息的权利，"寻找、接收与传播信息的权利使国家负有积极的义务，以保证获得信息，尤其是政府以所有方式储存的信息"。在 2000 年的报告中，特别报告人具体阐明了作为一项人权的信息权的特定内容，并敦促各国应修改其法律或者制定新的法律，以保证公众获得信息的权利。这些法律应体现以下原则：第一，公共机构有义务公开信息，每个公众都有权获得信息。"信息"包括公共机构所拥有的所有记录，而不论其储存形式。第二，信息自由意味着公共机构出版并广为传播涉及公众重大利益的文件，如公共机构运作的信息以及影响公众的任何决定。第三，作为最低要求，信息自由法应包括教育公众的内容，并传播如何行使获得信息权利的信息。信息自由法也应该提供一定的机制，以解决政府机关内部保密文件所造成的问题。第四，不得以保全政府的面子或者掩盖违法行为为目的拒绝公开信息，信息自由法必须全面列举不得公开的例外，这种例外的范围应该尽量减小，避免将并不造成公共利益损害的事项也纳入其中。第五，应要求所有的公共机构设立公开、透明的内部机制，以保证公众行使获得信息的权利。对于政府机构处理公众的信息申请，信息自由法应规定严格的时限。如果政府机构拒绝提供信息，应提供书面的理由。第六，获得政府信息的成本不能太高，以至于申请人不敢提出申请或者扭曲法律的目的。

　　成立于 1948 年的美洲国家组织于 1969 年通过了《美洲人权公约》，该公约第 13 条规定，"每个人都有思想和表达的自由权利。这一权利包括寻找、接收与传播任何信息与观点的自由"。该条的规定方式与《联合国人权宣言》第 19 条和《联合国公民与政治权利公约》第 19 条的规定如出一辙。美洲人权法院在 1985 年的一份咨询意见中解释了公约第 13 条，确立了信息自由是一项基本人权，在一个自由的社会中像表达自由一样重要。

　　《欧洲人权公约》第 10 条也规定了表达自由和信息自由，它规定："每个人都有表达自由的权利。这一权利包括拥有观点以及不受政府机关干扰，接收和传播信息和观点的自由。"与《联合国人权宣言》第19条、《联合国公民与政治权利公约》第19条和《美洲人权公约》第13条的表述略为不同的是,《欧洲人权公约》第10条只规定了"接收"和"传播",而未规定"寻找"信息的权利。因此,在相当的时期里,欧洲人权法院并不认为该条规定赋予了公众获得政府信息的权利,政府机关也没有积极的义务向公众提供信息。为此,欧洲理事会经过长期的努力,于1981年由部长委员会通过了获得公共机构信息的第19号建议,它规定:"成员国内的每个人应有权经申请获得公共机构所拥有的信息。"

除了一般性的国际法律文件确认信息自由权以外,许多单行的国际条约也确认了公众的信息自由权,其中的一个重要方面就是与可持续发展和公众参与有关的环境信息权。在1992年的《里约环境与发展宣言》中,第10条规定,"环境问题最好在不同层级公众参与的基础上解决。在国家层面,每个人应获得其社区的有害物质与活动的有关信息,并有机会参与政策制定。国家应通过广泛地提供信息,鼓励和促进公众觉悟与参与"。《里约宣言》的执行文件《21世纪议程:可持续发展计划》规定,"个人、团体与组织应获得政府所有的与环境和发展有关的信息,包括已经或者可能对环境造成重大影响的产品与活动的信息,以及保护措施的信息"。在国家层面,许多国家已经通过国内立法,确认了《里约宣言》第10条的规定,如哥伦比亚1993年制定了环境事务公众参与的法律,包括申请信息的权利。另外,捷克共和国宪法中有环境信息权的规定,该规定在实践中已经由一系列的环境保护法加以实施。在区域组织层面,联合国欧洲经济委员会与欧盟于1998年签署了《环境问题获得信息、公众参与决策与司法救济公约》(奥胡斯公约),再次确认了《里约宣言》所规定的公众获得环境信息的权利。该公约已经于2001年生效,它要求成员国政府采取法律措施,实施公约所确定的获得环境信息的权利。该公约是国际上第一个确立了明确的获得政府信息的标准的公约,例如,它要求成员国对"环境信息"和"公共机构"进行宽泛定义,根据公共利益标准确定例外的范围,设立独立的机构审查拒绝提供信息的决定。

(二) 国内立法所确立的信息自由权

在一些国家,包括获得政府信息在内的信息自由权得到了宪法层面的确认。通常的方式有两种,一种方式是通过法院对表达自由的解释,将信息自由解释为宪法权利的一部分。例如,早在1969年,日本最高法院就在两个著名的判例中确认知情权是《宪法》第21条所规定的表达自由的一部分。

1982年，印度最高法院裁定获得政府信息是宪法第19条所保护的言论自由与表达自由权的一部分。韩国宪法法院分别在1989年和1991年的两个判决中认定，宪法第21条所规定的表达自由隐含了知情权，如果政府官员拒绝披露申请的信息，某些情况下会构成对该种权利的侵犯。

另一种方式是宪法直接规定信息自由权，最典型的当数瑞典，作为瑞典宪法性法律的出版自由法对信息自由有着非常详细的规定。另外，在新近采用多党制的国家或者社会转型国家，也大多通过宪法规定直接确立信息自由权的地位。例如，泰国1997年宪法第58条规定，"除非公开政府信息会影响国家安全、公共安全或其他人受到法律保护的利益，人们应有权获得国家机关、国有企业或者地方政府机构所拥有的公共信息"。尼泊尔1990年宪法第16条规定，"每个公民应有权要求和得到任何有关公共事务的信息"。菲律宾1987年宪法第3条第7节规定，"应承认人民得到公共信息的权利。除了法律所规定的限制以外，应向公民提供官方记录与文件，与官方行为、交易或决定有关的文件，以及作为决策基础的政府研究资料"。

许多非洲国家的宪法也都明确了信息自由权，如马拉维宪法第37条规定，"除了议会法律另有规定外，每个人应有权得到国家或者其任何机构所拥有的所有信息，只要该等信息是行使其权利所必需"。莫桑比克宪法第74条，坦桑尼亚宪法第18条也都作了类似的规定。南非1996年宪法第32条不但详细规定了信息自由权，而且还明确要求在宪法规定生效三年内制定信息自由法，以实施宪法所规定的权利。

拉美国家宪法对信息自由权的规定主要集中在获得与自己有关的个人信息方面，如果公共或者私人机构的有关记录错误，可以要求更新或者改正。例如，阿根廷宪法第43条规定，"每个人都有权申请得到公共或者私人数据银行有关他自己的任何记录信息，如果该等信息错误或者歧视，个人有权要求删除、保密或者更新"。委内瑞拉宪法第28条也有类似的规定。秘鲁宪法不但规定了获得个人信息的权利，而且也规定了一般性的获得政府信息的权利。

中东欧国家社会转型以后，宪法大多规定了信息自由权。例如，罗马尼亚1991年宪法第31条明确规定，"不得限制人们获得公共信息的权利"。保加利亚宪法第41条，爱沙尼亚宪法第44条，匈牙利宪法第61条，立陶宛宪法第25条，摩尔多瓦宪法第34条，波兰宪法第61条以及俄罗斯联邦宪法第24条均规定了获得政府信息的权利。

当然，也有一些国家，法院不太愿意承认表达自由权包括获得政府信的权利。例如，在美国，联邦最高法院曾经认定宪法第 1 条修正案关于言论与出版自由的规定并不包含获得政府信息的权利。这种推论可能主要是因为该修正案的规定的方式是一种否定式的方式，禁止国会通过任何会限制言论自由的法律。而在其他国家，宪法对表达自由的保护则更为肯定，均承认个人有权获得信息。

除了宪法规定信息自由权以外，同样重要的是越来越多的国家制定了专门的信息公开法，以落实宪法所确立的信息自由权原则。最近 20 年，应该说国际社会出现了一个制定信息公开法的浪潮。

信息公开法最初源自 1766 年的瑞典，当时瑞典制定了出版自由法，要求经申请公开官方文件。该法目前是瑞典宪法的一部分，其第二章即为瑞典的信息自由法。接下来，哥伦比亚于 1888 年制定了政治与市镇组织法典，允许个人申请获得政府机关所拥有的文件。美国于 1966 年制定了信息自由法，澳大利亚、加拿大与新西兰均于 1982 年制定了信息公开法。

在亚洲，菲律宾于 1987 年制定了一份官员行为与道德准则，承认公众可以获得政府信息，该准则具有信息公开法的雏形。香港于 1995 年 3 月制定了获得信息准则，泰国官方信息法于 1997 年 12 月生效，韩国公共机构信息公开法于 1998 年生效，日本获得行政机关信息法于 2001 年 4 月生效。另外，台湾地区目前正在研究制定信息公开法，印度尼西亚也在准备制定信息公开法。印度、巴基斯坦已经草拟了信息公开法草案，尼泊尔也有立法动议在运作之中。

在中东，只有以色列于 1998 年 5 月制定了信息公开法。在非洲，南非是目前唯一已经制定了信息公开法的国家，该法于 2000 年得以通过。不过，其他许多非洲国家正在研究制定信息公开法，例如，尼日利亚国会正在讨论信息自由法草案。另外，诸如博茨瓦纳、肯尼亚、马拉维与津巴布韦等国也都在推动信息公开立法。

秘鲁于 1994 年通过法律，保护获得个人信息的宪法权利，2002 年 7 月，秘鲁正式制定了信息自由法。危地马拉最近起草了信息公开法草案，正在由国会讨论；墨西哥则于 2002 年 4 月制定了信息公开法。在加勒比地区，贝利兹、特里尼达与多巴哥分别于 1994 年和 1999 年制定了信息公开法，牙买加正在考虑类似的立法。

随着英国于 2000 年 11 月制定信息公开法，西欧大多数国家目前都已经有了信息公开立法。中东欧国家大多数也于近几年制定了信息公开法，如阿尔巴尼亚、波黑、保加利亚、捷克共和国、爱沙尼亚、格鲁吉亚、匈牙利、拉脱维亚、立陶宛、摩尔多瓦、斯洛伐克、俄罗斯、罗马尼亚、波兰、乌克兰等。

（三）政府间组织所确认的信息自由权

过去的十多年，政府间组织也开始正式承认获得公共机构信息的权利。许多政府间组织通过政策、办事指南或者行为准则等方式，承认公众有权获得它们所拥有的信息。这方面最为有代表性的是1992年的《里约环境与发展宣言》，它要求国际组织贯彻公众参与与信息公开政策。

1997年，联合国开发计划署采用了一项公共信息公开政策，该政策以公开为原则，除了要求某些信息必须向公众公开以外，还明确列举了几类例外，它们是：第一，专有信息，商业秘密形式的知识产权，或者以保密为条件向开发计划署披露的类似信息、如果公开会造成经济损失或者其他损失；第二，开发计划署成员的内部记录、备忘录以及相互间的沟通，包括内部讨论过程中的文件，除非这些文件标明要向公众公开；第三，特权信息（如法律争议或者法律协商中的法律建议），包括开发计划署中产生的纪律与调查信息；第四，与雇员个人、健康或者雇用有关的信息；第五，招标程序中涉及潜在投标者资质、标书或者出价的采购程序信息。就程序而言，该政策要求开发计划署在30个工作日内回复信息申请。如果拒绝提供信息，必须说明理由，申请人也可以请求出版信息与文书监督委员会复议该决定。委员会由五名成员组成，三名由开发计划署的职员担任，两名由署长从非营利机构中任命。

开发计划署的信息公开政策在联合国系统中独树一帜，颇具特色。不过，该政策仍然有一些缺陷，如例外的范围太宽，没有采用公共利益原则来确定例外的范围，委员会的独立性不够等等。因此，开发计划署正在对该政策进行评估，以期有进一步的改进。

与联合国一样，国际金融机构也逐步认识到它们必须遵守民主原则，采用诸如公众参与和信息公开政策。《里约宣言》之后，世界银行、美洲开发银行、非洲开发银行集团、亚洲开发银行以及欧洲复兴开发银行等等，均采用了信息公开政策。世界银行最初于1985年向其员工发出了指示，提出公开信息的要求。到1993年，世界银行采用了正式、详细的公开信息政策，承认了"发展过程中责任与透明度的重要性"。该政策确立信息公开为原则，只保留了最低限度的例外，它们是：第一，提供给世界银行时就明确了是专有的或者保密的信息；第二，公开后会侵犯职员个人隐私权的信息，该种信息只在成员守则允许的范围内公开；第三，根据世界银行的判断，公开后会损害银行内部讨论的统一性和公正性,以及会破坏银行、其成员及其合作伙伴间自由与坦率的观点交流的信息;第四,根据世界银行的判断,公开后会损害世界银行、成员国或者世界银行员工利益的信息;第五,根据世界银行董事会的程序规则,董事会过程保密;第六,在世界银行的金融管理实践中,根据审慎的考虑,它不公开某些金融信息;第七,公开因为会给世界银行或者其成员造成过度的负担而不现实。

该政策制定以后,世界银行连续于1995年、1997年、1998年和1999年对它进行了评估,并逐步扩大了公开文件的范围。目前,世界银行仍在对该政策进行最新一轮的公众征求意见过程,结束后可望进一步扩大世界银行公开文件的范围。在世界银行的影响下,各个地区开发银行也都采用了类似的信息公开政策。

由欧洲15个国家所组成的欧盟在信息公开方面也取得了很大的进展。欧盟的前身,欧洲经济共同体、欧洲原子能共同体和欧洲煤钢共同体在信息公开方面最初几乎是空白,它们的会议秘密举行,会议记录不对外公开,公众也无法获得共同体的文件。1993年生效的欧盟条约(马斯特里赫条约)在信息公开方面走出了第一步,它包括一项获得信息权利宣言,承认公众获得欧盟的信息的重要性。随即,欧盟理事会与欧盟委员会分别于1993年和1994年制定了行为准则,将宣言的精神予以确认,使公众可以获得理事会和委员会的文件。1997年,欧洲议会制定了获得欧洲议会文件的规则。不过,不论是宣言还是行为准则,都未明确地将获得欧盟文件作为一项权利规定下来,因此,欧洲法院在判决中曾拒绝承认这种权利。1999年生效的阿姆斯特丹条约修改了罗马条约的规定,第255条明确地规定了获得信息的权利。为使该项权利落实,欧洲议会与理事会于2001年5月制定了公众获得欧洲议会、欧洲理事会和欧盟委员会文件的规章,该规章取代了前述的行为准则和欧洲议会规则,并于2001年12月3日开始生效。与该规章相配套,欧洲议会、欧洲理事会和欧盟委员会又分别制定了各自的程序规则,以保证公众获得欧盟信息的权利得以实现。

与此同时,欧盟正在进行制定基本权利宪章的工作,该宪章已经由欧洲议会、欧洲理事会与欧盟委员会的主席于2000年12月7日签署并公布。基本权利宪章分别规定了对表达自由和信息自由的保护,并重申了公众有权获得欧洲议会、欧洲理事会与欧盟委员会的文件,该宪章是否应该并入欧盟法是有关欧盟前途讨论中的一个非常重要的问题。

五　政府信息公开条例所确立的基本原则

在条例草案总则部分，我们规定了以下基本原则：

（一）权利原则

草案之所以明确规定公众有获得政府信息的权利，而不仅仅只是将信息公开当作政府机关的一种办事制度，主要是针对目前各种形式的公开实践中所反映的问题。如果信息公开仅仅只是一种办事制度，就意味着政府信息可以公开，也可以不公开，随意性比较大，实施中缺乏保障与制约。将信息公开当作一项权利处理，不但与大部分国家和地区的惯例相符，而且也使整个制度设计更加具有可操作性。因此，本条规定是整部条例的基础和基石。

在一些国家与地区，很长的时间内也未曾将信息公开当作公众的一项权利进行处理，其结果是制度的实施效果非常不理想，并招致大量的批评，如欧盟与新西兰等。

（二）公开原则

在我们长期的行政管理实践中，对于政府机关所拥有或控制的信息，似乎已经形成了一种思维定式或习惯，好像不公开是原则，公开反倒是例外或者是一种恩赐。正因为如此，严重地制约了政务公开的步伐。由于政府信息公开实践中的一个最大难题在于合理地确定公开与不公开的范围，为避免传统思维方式的影响，避免国家机关工作人员以各种借口扩大不公开的范围，架空政府信息公开制度，有必要将公开作为原则确立下来。在总则部分确立这么一条原则的主要作用在于，使公众与国家机关工作人员对政府信息公开制度确立新的认识，改变思维方式与工作方式。同时，在条例的未来实施中，可以以这条原则为指导，解决疑难案件和问题，并在制定其他法律时，体现政府信息公开制度的基本精神。

（三）利益平衡原则

我国宪法规定，任何公民享有宪法和法律规定的权利，同时必须履行宪法和法律规定的义务。公民在行使自由和权利的时候，不得损害国家的、社会的、集体的利益和其他公民的合法的自由和权利。公众行使知情权的过程中，随时都会与其他权利和利益发生一定的冲突，规定利益平衡原则，是为了保证更有效地行使知情权。当然，利益平衡原则不得随意解释或适用为限制或剥夺当事人的信息权，所谓其他的社会公共利益应该是有特定含义的，是例外中所保障的利益。

（四）不收费原则

随着信息社会的来临与信息经济价值的突显，政府部门借手中垄断的信息寻租的现象已经非常普遍。实践中，有的政府机关直接利用手中的信息吃、拿、卡、要，有的则通过各种间接方式谋取不当利益。如果放任政府机关借信息牟利，或者变相抬高获得信息的成本，都会影响信息公开制度的实施，增加公众获得信息的成本，因此，有必要将免费作为一项原则确立下来，即政府机关不得借信息谋取利益，不能根据信息本身的价值收费。但是，为了减轻政府机关的负担，也为了杜绝各种不合理的申请行为，还必须由申请人承担检索、复制与寄送信息的成本费用。

（五）自由使用原则

政府信息公开制度的市场化原则或者自由使用原则，即申请人获得政府信息后可以以市场化的方式对信息进行再加工或其他形式的商业开发。对于这种再开发行为，政府机关不得禁止或者进行任何形式的限制，也不得主张政府信息的版权保护或类似保护。

各国的实践证明，信息化与信息产业的发展，必须借助于市场机制的力量，仅仅依靠政府机制不可能最有效地促进信息的自由流动。通过市场机制，不但可以保证信息来源的多样性和各种信息之间的有效整合，还可以通过竞争提升信息服务的水平和质量，满足不同层次的信息需求。因此，我们认为应该将市场化原则作为一项基本原则规定在条例的总则部分，允许申请人对政府信息进行商业开发或利用。

在我国，究竟公众能否对政府信息进行再利用，法律并不明确。我国《著作权法》第5条第1款规定著作权保护不适用于"法律、法规，国家机关的决议、决定、命令和其他具有立法、行政、司法性质的文件，及其官方正式译文"。从这一条规定看，好像几乎所有的政府文件都属于公有领域，民众可以自由使用。然而，《著作权法》的这一规定本身的具体含义还有待明确，其范围是否包括所有的政府信息仍不确定。另外，从其他法律、法规的一些具体规定看，《著作权法》鼓励自由使用政府信息的精神并未得到完全一贯的支持。例如，国务院1990年颁布的《法规汇编编辑出版管理规定》明确规定法规汇编只能由政府进行，民间只能汇编内部使用的法规汇编，这一规定对法规汇编的保护力度远远超出《著作权法》对著作权作品的保护措施，并使政府实际上成为法规汇编的唯一提供者。

鉴于上述情况，我们认为本条例明确规定政府信息的自由使用原则，可以有效地调动民间对政府信息开发的积极性，清除各种不合理规定的影响，加强政府机关的服务意识，降低公众获得政府信息的成本，促进整个信息产业尤其是信息服务业的发展。当然，自由使用原则并不意味着申请人可以侵犯他人的权利，自由使用过程中申请人还要受到其他法律的制约。

（六）救济原则

政府信息公开制度中的救济原则，是指当申请人认为其知情权或第三人认为其隐私权或商业秘密受到侵犯时，可以根据本条例申请行政复议、提出申诉或者提起行政诉讼。规定这条原则，是为了体现没有救济就没有权利的思想，使申请人与第三人可以依法维护自己的知情权与其他权利。

根据我国行政诉讼法的规定，当事人只能就侵犯其人身权和财产权的具体行政行为提起行政诉讼，并未规定当事人的知情权受到侵犯可以提起行政诉讼。行政复议法虽然规定了可以对包括人身权与财产权在内的所有权利受到侵犯的具体行政行为申请行政复议，但由于以前我国法律未明确规定公众享有知情权，能否依据行政复议法就知情权受到的侵犯申请行政复议从法律上看就不确定，实践中因为知情权受到侵犯而申请行政复议的情况就更为罕见。条例明确规定救济原则，可以弥补现行立法的漏洞，进一步明确行政复议法与行政诉讼法的适用范围，为知情权提供有力的行政和司法实施保障。

知情权的行使，往往与人身权和财产权的保护密切相关，知情权受到侵犯，许多情况下必然会影响到申请人的人身权与财产权。因此，通过本条例赋予申请人申请复议和提起诉讼的权利，完全符合行政复议制度与行政诉讼制度的立法目的。第三人在本条例的实施中，受到侵犯的权利是典型的人身权与财产权，因此，他们有权寻求救济。

根据我们的研究，在所有制定了信息公开法的国家，均赋予申请人请求行政复议、司法审查或立法（议会监察专员或信息委员会）救济的权利。没有这种救济手段，信息公开法只能是流于形式。所不同的是，实践中，各国往往需要根据自己的国情，使救济制度的设计更容易实现，而不仅仅是将一般的救济机制搬到知情权领域。例如，泰国为了减少推行官方信息法的阻力，法律之中专门规定了设立官方信息委员会，并且该委员会主要由政府部门官员和前任政府部门官员组成。这种组织结构最大限度地降低了来自行政机关对推行信息公开制度的阻力，也使制度的初期运行更为平稳。再如，在司法传统最为坚固的美国，联邦信息自由法的主要救济机制仍然秉承了一贯的司法理念，争议基本在联邦基层法院尤其是哥伦比亚特区法院解决。但是，在美国州级政府，情况则要复杂得多，并未完全照搬联邦的救济模式。例如，在纽约州和康涅狄格州，各自的信息自由法虽然也规定了司法审查机制，但是，实践中几乎所有争议都是由州政府所设立的独立的信息公开委员会解决的。通常情况下，如果申请人对于政府机关不公开信息的决定提出申诉，信息公开委员会会进行调查并作出决定。由于这种委员会的独立性及其主要官员的社会地位，委员会的决定在绝大多数情况下都能够得到申请人和政府机关的遵守和服从。另外，在一些欧洲国家以及美国的许多州政府、议会所设立的监察专员也是解决争议的重要救济手段。

正是基于这种考虑，我们在救济机制的设计上，既不能突破现有的解决行政争议的制度框架，必须充分利用行政复议和行政诉讼两种救济机制。但是，另一方面，我们也希望能够借鉴外国的成功经验，能够增设一种独立的信息委员会机制，使本条例的权利救济措施接近国际上的通行的做法。因而，我们在遵循现有的行政复议和行政诉讼救济制度的前提下，增设了信息委员会的申诉程序。信息委员会的组成与其工作方式，决定了经过申诉程序可能会更加有利于当事人权利的保障。

根据我们的设计，县级以上各级人民政府均设立一个信息委员会，该委员会是非常设性的合议制机构。政府各部门的首席信息官是信息委员会的当然委员，委员会的专家委员主要是由有威望的专家和学者担任，全体委员都是兼职工作。信息委员会目前的主要作用是受理申请人对信息申请的申诉，并提出咨询意见。以后，随着社会发育程度的逐步成熟，信息委员会会承担越来越多的宏观政策设计职能。

当然，增设了信息委员会申诉程序以后，最大的困难是如何协调申诉程序与现有的复议程序和诉讼程序的关系。尤其是由于行政复议法与行政诉讼法对于某些时限的规定非常严格，国务院的行政法规不得突破或修改，因此给信息委员会的申诉机制设计带来许多困难。我们认为，在充分认识信息委员会申诉机制重要作用的前提下，可以以三种模式处理它与行政复议、行政诉讼的关系。需要预先说明的是，申诉决定在所有模式下均是一种不具有法律执行力的咨询性决定，并且给定了所有的申诉程序均能在一个月内完成的前提。

第一，三种救济渠道并列，当事人选择模式。在这种模式之下，当事人只要不服政府机关执行本条例的决定，可以选择三种救济模式中的任何一种。这种模式下，有三种可能的结果：A. 如果当事人首先选择复议，则因为行政诉讼法规定了不服复议的起诉期间只有 15 日（法律另有规定的除外），实质上使得当事人不可能在诉讼之前再寻求申诉途径。也就是说，当事人选择复议，意味着自动放弃申诉机制。B. 如果当事人首先选择申诉，根据《行政复议法》第9条与《行政诉讼法》第39条规定的时限，申诉程序完成后当事人仍然有足够的时间寻求行政复议或行政诉讼。当然，当事人也可以放弃申请复议的权利，在申诉程序之后直接提起行政诉讼。C. 当事人直接提起行政诉讼。

这种处理模式的好处是申诉程序与现行法律规定没有实质性的冲突，容易设计，并且，模式的选择是当事人自由意志的结果。主要缺陷是在第二种结果下，如果经过申诉以后再申请复议，从理论上说有些不合理，是从准司法程序回到行政程序，会过于烦琐。对于这种结果，作为行政法规，本条例也不能限制当事人的复议申请权。另一个缺陷是在第三种结果下，设立申诉程序的初衷无法实现，争议未穷尽救济渠道便涌到法院，使法院承受过大的压力。

第二，复议、申诉程序前置，当事人从中选择。这种模式下，当事人不服政府机关执行本条例的决定，必须首先选择复议或申诉程序，然后才能提起行政诉讼。这种模式可以避免出现第一种模式下的第三种结果，减轻法院的负担。并且，随着申诉机制作用的发挥，会逐步替代行政复议机制，使申诉机制越来越具有独立裁判所的雏形。当然，这种模式也仍然无法解决第一种模式下第二种结果所带来的困难。这种模式的设计在法律上也不存在任何障碍。

第三，复议前置，申诉由当事人选择。这种模式之下，实现了从行政到准司法再到司法的层次递进，申诉是行政复议之后、行政诉讼之前提的一个选择性、咨询性的救济程序。对政府机关的决定有异议首先必须提出行政复议，对行政复议决定不服的，可以向信息委员会提出申诉也可以向法院提起行政诉讼。向信息委员会提出申诉的，信息委员会的意见是咨询性的意见。如果对信息委员会提出的建议，申请人不满意或者政府机关不执行的，则申请人可以提起行政诉讼。这种模式的最大好处在于实现了救济渠道的正向推进，但最大的障碍在于《行政诉讼法》第38条规定的不服复议提起诉讼的15天期间。也就是说，如果当事人复议之后选择申诉，必然造成起诉期间的耽误，失去提起诉讼的权利。要解决这个法律障碍，除了修改《行政诉讼法》第38条之外，另一条途径是由最高人民法院作出司法解释，将申诉程序作为《行政诉讼法》第40条所规定的"其他特殊情况"予以明确，保证当事人经过申诉以后仍然享有提起诉讼的权利。

我们认为，信息公开制度的特殊性与信息委员会的作用决定了我们在设计救济机制时必须充分发挥信息委员会的作用。基于这种考虑，我们的草案主要根据第二种模式设计了一些基本制度。即自然人、法人或者其他组织认为政府机关的具体行政行为违反本条例的规定，侵犯了自己的合法权益的，应根据行政复议法申请行政复议，或者自知道该具体行政行为之日起15日内，根据本条例向同级人民政府信息委员会提出申诉。申请人对行政复议决定不服的，可以依法提起行政诉讼。申诉人对信息委员会的咨询意见不满意的，可以对原具体行政行为申请行政复议或者提起行政诉讼。

六 政府信息公开的例外范围

推行政府信息公开制度，其中最大的难点就在于合理地确定公开与不公开的界限或范围，保障国家安全与其他社会公共利益不因信息公开而受到损害。

从我国的现实情况分析，由于缺少规范的政府信息公开制度和例外的规定，大量的政府信息究竟应该如何划定公开与不公开的界限在实践中非常困难。为了防止不当公开造成国家利益的损失，实践中造成了国家秘密与工作秘密两只人口袋无限膨胀的后果。对于国家秘密而言，其法律根据是保守国家秘密法，世界上所有的国家也都采取类似保护措施。但是，目前我国的情况是定密的标准模糊、程序不严、范围过宽、期限过长，实际上造成了真正的国家秘密很难保住的后果。同时，将大量的一般事项作为国家秘密保护，也增加了社会成本，妨碍了信息资源的自由流动。

对于工作秘密而言，情况更为复杂。一是它缺少严格意义上的法律根据，在其他国家基本没有类似的对应概念；二是内容太宽泛，没有任何确定程序，没有任何边界，凡是与政府机关有关的工作事项几乎都可以被界定为工作秘密，结果造成政府机关及其工作人员习惯于闭门作业，不愿向社会公开其信息。

我们认为，上述情况的出现，最根本的原因在于法律制度的构造。由于我们只有一部保守国家秘密法，没有信息公开法，因此，政府信息公开的例外只能依靠国家秘密法来规定。结果，许多在其他国家要根据其他例外来保护的政府信息在我们国家不得不依靠国家秘密法来保护，归入国家秘密，并相应地造成了国家秘密的膨胀。所谓工作秘密的出现及其膨胀也是因为同样的原因。

因此，本条例的目的在于：第一，根据国际上大多数国家的惯例，明确政府信息公开的各种不同种类的例外，减轻国家保密法的负担，为修改保密法提供"出口"。第二，对于现行的国家秘密与工作秘密中的许多内容，可以进行"分流",将应该以其他例外保护的信息归入本章规定的其他例外中,而不是一概以国家秘密或工作秘密保护。第三,经过"分流"之后,国家秘密的范围可以大大地"消肿",真正实现对国家秘密的有效保护。工作秘密作为一个大口袋将被分解到其他各种不同类型的例外中,如果不属于任何一种例外,自本条例实施后不得再以抽象的工作秘密为由加以保护。也就是说,工作秘密的概念将不再存在。显然,这些目的的实现,必须相应地要求修改保密法,启动分流和消肿的过程,这需要一个比较长的时间才能最终实现。但是,制定信息公开条例是整个这个过程的基础和第一步。

根据上述目的,条例共规定了七种例外,它们分别是:(一)根据保守国家秘密法被确定为国家秘密的信息。(二)根据其他法律的明确规定不予公开的信息。(三)与公众无关的、纯粹的机关内部人事规则与事务。(四)企业的商业秘密或者以不公开为条件由企业向政府机关提供的其他信息。(五)公开后能够确定特定个人身份的个人信息,但有以下情况之一的除外:1. 法律、法规规定公众可以查阅的个人信息;2. 为保护人的生命、健康或财产,有必要公开的个人信息;3. 与政府机关工作人员履行职务义务相关的个人信息;4. 个人信息的记录对象同意公开的。(六)政府机关决策过程中,政府机关之间或者政府机关内部的研究、建议、讨论或者审议,一旦公开会影响决策过程或造成公众混乱的信息。(七)与刑事执法有关,公开后会影响犯罪侦查、公诉、审判与执行刑罚,或者影响被告人公平受审判权利的信息。

七 政府信息公开的保障措施

我们认为,立法如果不能设置一定的保障措施,再好的条文在实践中也会走形。根据我国的实际并参考其他国家的成功经验,除上述信息委员会的申诉机制外,我们在条例草案中还设计了如下保障措施:

(一)编制政府信息登记簿

在长期的行政管理实践中,我们的政府机关对于所拥有的信息实行的是粗放型的管理,许多政府机关根本不知道自己制定过哪些文件,哪些文件有效,哪些文件已失效,自己拥有哪些信息。与此相关,一些政府机关对于自己的权力范围不清楚,对于行政程序不清楚,对于当事人的权利也不能给予充分的保障。在2001年的清理行政审批工作中,一些政府机关正是因为对文件的演变历史不熟悉,导致出现无法统计清楚审批事项数量的尴尬。因为信息不准确而导致决策失误的例子在实践中也屡见不鲜。面临信息化的挑战，如果政府机关对政府信息资源的管理不能实现根本的变革，推进政府信息化与实现政府职能转变显然都只能是一句空话。

实现政府信息资源管理的科学化，首要的工作当然是摸清家底，编制政府信息登记簿。欧盟、日本、美国以及其他许多国家都经历过这么一个发展阶段。当然，鉴于清理过去的政府信息并编制政府信息登记簿是一项异常复杂的工作，不但需要大量的人力与物力投入，也需要管理方式上的深刻改变，不可能在条例生效以后立即完成，我们在草案中为政府机关进行这项工作留出了必要的余地。草案规定，本条例施行后的两年内，各政府机关应向公众提供该机关的政府信息登记簿。登记簿应记录该机关所拥有的每条政府信息的名称、索引、主题、基本内容的简单描述以及登录日期。根据保密法所确定的国家秘密，定密机关在确定密级时，可以同时决定不列入登记簿。

(二) 设立首席信息官

适应政府信息化的发展趋势，在政府内部设立高层次、权威性的专门信息机构，在各政府机关内部设立专门的信息官员，已是许多国家的共同选择。为此，专门研究《联合国公民与政治权利公约》第19条所规定的表达自由的国际组织，专门在其《模范信息自由法》推荐稿中将独立的信息官作为一项促进政府信息公开制度的重要内容推荐给其他国家。

在首席信息官的设置与运作上，电子政务与信息公开制度最发达的美国最为重视。1996年制定的信息技术管理改革法（也称为克林格—科恩法）要求主要的政府部门和监管机构必须设立首席信息官，其职责是：（1）向机关首长以及其他高级负责人提供建议和其他协助，保证该机关的政府信息资源管理政策和信息技术使用政策符合该法的要求；（2）为该机关建立统一有效的信息技术架构进行开发、维护和完善；（3）为该机关设计并推行有效的信息资源管理程序，包括改进行政机关的工作程序。

在美国总统克林顿签署国会制定的信息技术管理改革法案以前的几个月，于1996年7月16日发布了第13011号行政命令，建立了一个首席信息官委员会。该委员会作为一个跨部门的协调机构，由28个指定部门和管制机构的首席信息官和副首席信息官，2名其他管制机构的代表，6名其他官员（包括管理与预算办公室下设的信息与管制事务办公室主任）组成，委员会主席由管理与预算办公室副主任担任。该委员会的主要职责是对政府信息资源的管理政策进行设计、优化、协调、共享，具体包括：（1）就联邦信息技术管理政策、程序与标准提供建议；（2）分享各部门的有益经验、想法和实践，包括工作流程再造和设计评价标准，以推进政府信息资源管理；（3）就信息资源的使用与共享发现机会，提出建议；（4）就联邦政府信息资源管理所涉及的雇用、培训、定密与职业发展需要进行分析并加以解决；（5）就实施1995年削减公文法的计划向包括管理与预算办公室在内的有关机构和组织提出意见和建议；（6）就该委员会认为合适的事务，征求首席财政官委员会、政府信息技术服务委员会、信息技术资源委员会、联邦采购委员会、工业界、学术界以及州政府和地方政府的意见。

2001年，美国制定了电子政府法，决定在管理与预算办公室中设立联邦首席信息官，以加强政府信息资源的管理与推进电子政府工作。联邦首席信息官是一个非常重要的职位，由总统提名，参议院同意任命。同时，该法还在管理与预算办公室内设立了专门的信息政策办公室，受联邦首席信息官领导。联邦首席信息官的职责包括：（1）根据1996年信息技术管理改革法，审议涉及信息技术资本规划和投资事项的预算申请；（2）评估信息技术投资项目的成效和结果；（3）审议有关信息技术资本规划和投资的立法提案；（4）就开发、有效运行和维护联邦信息系统所需要的资源向管理与预算办公室主任提供建设性意见；（5）向管理与预算办公室主任推荐关于信息资源管理的联邦政府战略和优先次序；（6）对联邦政府各机构的信息政策进行全面领导和指导；（7）促进联邦各政府机构信息技术的创新使用；（8）分配电子政府基金下的资金；（9）主持首席信息官委员会；（10）为联邦政府确立并公布信息技术标准；（11）与各州、地方政府信息资源管理机构进行协商和沟通，提升信息资源管理水平等等。

我们在草案中规定，各政府机关应任命本机关的首席信息官，并保证其行使职权的工作条件和任职保障。首席信息官具有以下职责：（一）根据第二章的规定，集中受理并处理申请人提出的政府信息申请；（二）根据第24条的规定，制定本机关办事指南与信息登记簿；（三）就本机关的政府信息资源管理，信息技术设备的购置与使用向机关首长提供政策建议；（四）就本条例的适用对本机关工作人员进行培训；（五）就本条例的适用协调与其他政府机关的关系；（六）法律、法规规定的其他职责。

我们认为，设立首席信息官主要有以下作用：

第一，首席信息官及其办公室的设立，实际上确立了一个窗口对外的原则，可以便利公众获得政府信息。同时，对于政府机关而言，一个窗口对外也降低了多头对外的交易成本，减少了腐败的机会。

第二，信息技术的发展，信息公开与电子政务的推进，对政府管理方式改革提出了更高的要求，对复合型人才的要求也进一步加强。政府机关工作人员如果没有对现代信息技术前沿发展和对政府信息资源管理重要性的充分认识，没有对依法行政的深刻理解，不可能胜任政府管理方式变革的要求。在这种背景下，仍然沿用传统的机构、人员与体制，显然很难适应形势发展的需要。设立首席信息官，首先是对该职位重要性与艰巨性的承认，同时也意味着对担任首席信息官的人员素质的更全面要求，这种职位的设置必然带动整个政府管理专业化水平的提高。到条件成熟后，还应制定专门的首席信息官任职要求和考核条件。

第三，在现行行政管理架构下设置首席信息官，实际上只是对各机关内部现行信息资源管理职能和信息技术管理职能进行优化和整合，不会涉及预算的大幅增加或人员的膨胀。如果这个整合过程能够和政府信息化、电子政务工程有效衔接，完全有可能以非常低的成本实现政府机关业务与流程的再造，创造巨大的经济效益和社会效益。

第四，从长远发展来看，各个机关普遍设立的首席信息官不但能够有效整合本机关内部资源，实现管理方式的创新，同时，通过逐步设立各机关间首席信息官的沟通协调机制，可以培养一支代表先进生产力发展方向的专业化政府信息资源管理队伍，为不断提高国家的政府信息化水平提供人才储备和支持。

（三）明确政府信息资源主管部门的职责

我国政府信息资源管理领域的落后状况，很大程度上是因为目前多头管理，实际上无人负责的管理体制所造成的。因此，建立规范的政府信息公开制度，必须明确政府信息资源主管部门的职责，使其能够制定事关全局的政策，并监督条例的实施。然而，另一方面，由于机构与职能问题在中央与地方均是一个比较敏感的问题，而且机构的设立需要经过专门的法律程序，其职能也要在实践中逐步明确，因此，草案在机构问题上的规定比较原则，有一定程度的灵活性，实践中可以进行各种有益的探索。根据草案的规定，对实施本条例的主管部门并没有统一的要求，既可以是专门设立的信息资源管理机构，也可以是内设有专门机构或人员的一般办事机构，如政府办公厅或秘书局等。从政府信息化的长期发展和国外的经验考虑，我们认为，该机构最好是专门设立的信息资源管理机构，其职责应该相对比较明确和跨部门，全面负责政府信息资源管理与信息技术利用方面的工作。可以设想对我国目前的政府机构进行一定的重组或改革，在现有的部门的基础上构建一个综合性的政府信息资源管理部门。

草案对该机构的职责则作了比较明确的规定。该机构的一项主要职能是负责信息委员会的日常秘书工作,另一项职能是监督本条例的实施,负责汇总各政府机关实施本条例的年度报告。草案规定,各政府机关每年3月30日之前应就该机关上年实施本条例的情况向本级人民政府信息资源主管部门提交报告,该报告应包括以下内容:(一)申请的数量、同意提供的数量、全部或者部分拒绝的数量;(二)拒绝提供的例外理由分类统计;(三)提出复议、申诉、诉讼的数量及结果;(四)收费、减免情况与政府机关成本情况;(五)主动公布信息的情况;(六)对官员的培训情况;(七)主要存在的问题及可改进的领域。各级人民政府信息资源主管部门每年6月30日之前应通过包括互联网在内的各种方式,公布各政府机关提交的上年度报告及本地方实施本条例的汇总分析、统计。

(四)规定故意不公开信息的法律责任

我国政府透明度不够的一个比较重要的原因,在于缺少对政府机关工作人员故意不公开信息个人责任的规定,以致造成政府官员公开不公开都一样、多一事不如少一事的思维定式。因此,要推进政府信息公开制度,有必要明确规定政府机关工作人员故意不公开信息的法律责任。在国外,对故意隐瞒、封锁政府信息的行为也追究行政法律责任和刑事法律责任。对行政责任的追究,有两种规定方式,或者直接规定在信息自由法之中,这种情况比较少见,或者规定在一般的行政程序法或其他行政法之中。对于故意隐瞒、销毁、封锁政府信息可能导致的刑事责任,则完全适用刑法的具体规定。由于我国缺少一般行政程序法的规定,我们认为有必要直接在信息公开条例中规定官员的个人责任。

草案规定,政府机关没有依法履行主动公开义务,故意不向公众提供政府信息,篡改、毁灭政府信息,不将政府信息登录到信息登记簿,向申请人乱收费,非法干预首席信息官的正常活动,或者故意侵犯第三人的合法权益的,对直接负责的主管人员和其他责任人员依法给予记大过、降级、撤职、开除的行政处分;构成犯罪的,根据刑法追究刑事责任。我们认为,这样的规定,可以促使政府机关工作人员转变观念,依法行政,保证条例的顺利实施。

(原载《法学研究》2002年第6期)

论行政诉讼中的法律问题

周汉华

有限的法律规范与无限的现实世界的差别决定了司法活动是一种创造性的活动。在行政诉讼中，当行政机关与法院对法律规范的理解、解释与适用产生不同看法时，法院可以有三种选择：坚持法院的观点、尊重行政机关的看法或者对分歧不作选择。围绕这一主题，文章从对大量的行政诉讼案例的归纳、分析、总结出发，通过实证分析和比较研究，初步探讨了行政诉讼中的法律问题的意义、确立标准及它与行政诉讼受案范围之间的内在关系，并对进一步完善行政诉讼制度，发挥法官的司法能动性，提出了一些建议和看法。

每一个行政决定都是将法律所赋予的职权适用于具体的事实，因此，法律规则应该是行政决定过程的（唯一）决定因素。然而，由于法律授权往往比较原则和抽象，而客观现实却千差万别，完全由规则所决定的羁束行政决定因此只是很少一部分。在大量的行政管理活动中，行政机关在将法律规则适用于具体的事实之前，必须根据法律、政策、习惯、有意识、无意识等的考虑，对自身职权的范围、行使条件、程序以及法律规则之间的关系等作出判断，然后进行选择。司法审查中，法院对行政机关这些判断的审查，就构成了法律问题。

事实问题与法律问题的区分对于理解行政权与司法权在国家生活中的作用以及完善司法审查制度有着决定性的意义。一般来讲，司法机关对事实问题有否决权但无直接的决定权，它可以以证据不足为由否定行政机关的事实判断。只有极少数情况下，司法权才会积极地查证事实问题。[1] 与之相反，对于法律问题，行政机关和司法机关承担着适用与解释的共同责任，并且，司法机关可以超越行政机关的判断，自主地决定法律问题。[2] 这样，司法机

---

[1] 这是各国通例，也是我国庭审方式改革的一个主要方向。

[2] 对于行政机关与司法机关在法律问题上的关系，最精辟的表述源于一位美国学者，他指出："他们是合伙关系，……而法院是高级合伙人。" 见 Louis Jaffe, *Judicial Review: Question of Law*, 69 Harvard L. Rev. 239 (1955)。

关应依据哪些原则判断法律问题，应在多大程度上尊重行政机关对法律问题的判断，应在何种情况下自主地决定法律问题等，都有可能会成为疑难案件中的疑难问题。

一　法律问题与司法审查的力度

　　根据法律规范的性质，通常可以分为禁止性规范、义务性规范和授权性规范。禁止性规范是规定不得为某种行为的法律规范，对行政机关而言，它要求行政机关在决定过程中，不得考虑某些因素。例如，行政机关录用公务员，不得将性别、家庭出身、民族、社会关系等因素作为决定录用与否的标准。义务性规范是规定必须作出一定行为的法律规范，对行政机关而言，它要求行政机关将某些因素当作决定过程的决定性因素。例如，行政机关录用公务员，必须给所有通过书面考试者复试的机会。显然，不论是禁止性规范还是义务性规范，行政机关都只能严格地依照法律规范的规定行为，没有自由裁量权。

　　授权性规范是规定有权作出某种行为的法律规范，法律既不禁止作出一定的行为，又不要求必须作出一定的行为，而是授权可以作出一定的行为。授权性规范要求行政机关在决定过程中，可以考虑某些因素，然而，这些因素又不是决定性的。例如，行政机关录用公务员，复试阶段应该考察应试者的思想觉悟、工作经验、知识结构、理论水平、领导水平、口头与书面表达能力等多项素质。应试者的每一项素质都与其是否能被录用有关，然而，每一项素质都不能直接决定最后的结果。行政机关必须综合考虑当前的干部政策、具体职位的要求、应试者的综合能力及其较之其他应试者的相对优势等因素以后，才能作出决定。因此，授权性规范允许，严格说是要求行政机关行使自由裁量权，根据法律、政策、习惯、有意识、无意识的考虑等多种因素，作出选择。

　　对于行政机关来讲，授权性规范是其日常工作中最为常见的规范，除了少数受义务性规范制约的决定以外，行政机关的大多数决定都必须经过一定的选择。行政执法的这种内在特点表明，法律在授权给行政机关时，就已经包含了自由裁量权的考虑，要求行政机关在理解、解释和适用法律规则时，进行必要的政策选择。只要行政机关对法律问题的判断在法律规定的范围之内，司法机关就应该予以尊重，不得以司法权代替行政权，随意否定行政机关依法享有的自由裁量权。一种意见认为，当行政争议诉诸法院以后，司法应独立地对所有的法律规范形成自己的判断，并且，只要行政机关对法律问题的判断与司法机关对法律问题的判断不一样,就应该否定行政机关的看法,推翻行政决定。这种看法不正确,根源在于对行政执法与司法审查的认识错误。行政机关是国家的执法机关,必须对法律规范作出自己的判断并加以实施。日常生活中,绝大部分执法活动并不会诉诸法院,因此,行政机关对法律问题的判断往往是具有最终法律效力的判断。当行政争议诉诸法院以后,法院并不是对法律规范进行政策选择,而是对行政机关对法律规范的判断进行合法性审查,合法则加以维护,否则予以撤销,由行政机关重新作出判断。对法律规范进行政策选择(这是法律赋予行政机关的自由裁量权)与对行政机关的选择的合法性进行审查(这是法律赋予司法机关的司法审查权),是截然不同的两个过程。要求法院对所有的法律规范形成自己的判断,丝毫不尊重行政机关的政策选择,实际上是让司法机关承担行政执法职能,这在理论上不合理,在实践中也很难行得通。正因为如此,尽管我国行政诉讼理论尚未对司法审查中的法律问题给予足够的重视,司法实践却在自发地进行着大量的创造性工作。诸如卫生部门将流行病学调查结论作为判断食物中毒的依据,[1] 环境保护部门根据《工业企业厂界噪声标准》对文化娱乐场所噪声污染征收排污费,[2] 环保部门根据人群嗅觉感官判断是否存在"恶臭",[3] 行政机关将没收物"返卖"给被没收者[4]的做法等,在司法实践中都得到了人民法院的认可和赞同。

　　当然,尽管行政机关对法律问题的判断经常会受到法院的尊重,但这并不说明行政机关就是法律问题的最终权威,其意见不可被推翻。相反,只有法院才是法律问题的最终决定者,只要法院认为需要,它可以以自己的意见代替行政机关的意见。这是因为:第一,行政机关是国家权力机关的执行机构,它不但必须执行国家权力机关的决定,而且还必须执行上级国家行政机关的决定和命令。具体到我国,行政机关不但执行法律、行政法规、地方性法规,还要执行部门规章、地方政府规章以及其他规范性文件。对于这些规范性文件,行政机关没有选择适用权,更不能拒绝适用,必须不折不扣地予以贯彻。并且,由于行政管理实行层级领导和首长负责制,直接上一级领导者的命令往往具有最大的相关性,必须执行。这样,如果规范性文件之间出

---

[1] 最高人民法院中国应用法学研究所编:《人民法院案例选》,总第12辑,第184页。
[2] 同上书,总第12辑,第175页。
[3] 同上书,总第10辑,第175页。
[4] 同上书,总第11辑,第174页。

现不一致，行政执法部门本身根本无法解决。对于法院而言，适用法律意味着以宪法为最高权威，以法律、行政法规、地方性法规为依据，以规章为参照，在一般法律原则的指导下进行适用。对于诸规范性文件之间的不一致，法院可以通过有关途径解决，也可以选择适用效力等级更高的规则。因此，只有在司法审查过程中，通过法院对法律问题的判断，才能完全实现法制的统一，维护宪法和法律的权威。第二，尽管法律授权给行政机关时，就已经包含有自由裁量权的考虑，要求行政机关对法律问题进行一定的政策选择，但是，行政机关对法律问题的自由裁量权只能在法律规定的范围内行使，只能在法律规则"具体应用"范围内进行选择。如果行政机关的自由裁量权超出法定范围，变成对"条文本身"的变更，则自由裁量权实际上变成了立法权，这时，就需要法院推翻行政机关的决定，保证行政机关在法律范围内行使职权。第三，即使法院在许多情况下尊重行政机关对法律问题的判断，也并不表明法院放弃了对法律问题的最终决定权，它只意味着法院认可行政机关对法律问题的判断，最终决定权仍由法院掌握。

司法实践中，人民法院否定行政机关对法律问题看法的案例不胜枚举，诸如水利行政部门认为有权独自对河道采砂进行审批并发证，[①] 公安部门认为其限制人身自由、扣押财产的行为属刑事侦查行为而非具体行政行为，[②] 盐务行政部门将对盐产品的封存、扣押解释为应予没收，[③] 工商行政部门认为相对人在未取得准许的情况下对农药进行生产、销售属"无证生产、销售农药"[④] 的判断等，都遭到人民法院的否定。

二　对当前行政诉讼实践的实证分析

尽管人民法院在实际审判中进行了大量探索，为立法和理论的进一步发展提供了宝贵的素材，但是，由于行政诉讼法对于司法审查的力度和范围几乎没有什么规定，加上司法环境尚不尽如人意，使得司法实践在许多方面多少带有一些被动性、不系统性及相互矛盾。主要表现在：

第一，根据《行政诉讼法》第 54 条第 2 款，人民法院合法性审查的法定审查根据有五项，分别是证据不足；适用法律、法规错误；违反法定程

[①] 最高人民法院中国应用法学研究所编：《人民法院案例选》，总第 2 辑，第 190 页。
[②] 同上书，总第 12 辑，第 171 页。
[③] 同上书，总第 7 辑，第 193 页。
[④] 同上书，总第 11 辑，第 162 页。

序；超越职权；滥用职权。然而，由于我国行政法学理论的落后，对这五项法定审查根据的内涵和外延至今仍无明确的界说，结果导致司法实践中适用混乱。对于本应归于适用法律、法规错误项下的法律问题实践中时常以事实不清、证据不足代替，或以超越职权、滥用职权定性。并且，行政法学界对适用法律、法规错误的表现形式限定过窄，[①] 无法包括行政机关对法律规范的理解、解释与适用三位一体所构成的法律问题判断过程。所有这些，必然影响法定审查根据的包容性，使其无法适用于不同的环境。反观司法审查制度比较完备的国家，其合法性审查根据早已超出规则层面，成为全社会共同认同的价值和象征，[②] 法院可以据以应付各种情况，加强对行政行为的监督。

第二，人民法院审理行政案件，只对其合法性进行审查，至于行政行为的合理性或科学性，通常并不在法院的审查权限之内。因此，法院在根据法定审查根据对行政行为的合法性进行审查时，必须根据具体情况，合理地确定审查的力度或范围，既保证司法审查权的充分实现，又不干预行政权的正常行使。合理地确定司法审查的力度和范围，是高度艺术性的政策选择过程，是对法官综合素质的全面考验，是司法权获得社会尊重与认同的最终力量来源。然而，由于我国行政法理论对司法审查的力度或范围问题并未给予足够的重视，使法院在法律问题的判断上缺少可以操作的原则和理论，很难确定应在何种情况下尊重行政机关的意见，在何种情况下应该以自己的判断代替行政机关的判断。结果，必然会出现该肯定的而否定，该否定的而肯定，或者进退两难，难以选择。这就使整个司法审查过程充满了不可预测性，难以为行政机关和相对人提供明确的行为指引。

第三，由于法院缺少对法律问题的判断标准，使得司法权究竟应在社会生活中起多大作用处于一种极度的模糊状态，并使实际生活中出现了一些明显的矛盾现象。例如，陈乃信等诉渔政管理站案与黎德胜诉土管局案都涉及对法规所增加的处罚是否予以适用的问题。[③] 黎案中，法院从土地管理法的立法宗旨出发，认定行政法规与法律相符；陈案中，法院从渔业法的字面规

---

① 罗豪才主编：《中国司法审查制度》，第354—363页及相关注解。

② 英国的自然公正（Natural Justice）与越权（Ultra Vires）；法国的法的一般原则（Les Principles Lieneraux de Droit）与违法（Violation de La Loi）等，莫不如此。

③ 黎案中，行政法规将没收的范围由房屋扩张至房屋"与其他设施"；陈案中，地方性法规将没收的范围由渔具扩张至渔具"与渔船"。两案分别载《人民法院案例选》总第4辑，第196页与总第11辑，第184页。

定出发，认定地方性法规与法律抵触。抛开两案的法律技术问题，不难发现同样问题结果正好相反。这种矛盾现象的出现，一方面表明法院在判断法律问题时，缺少成熟一贯的判断标准；另一方面则表明法院还不知道如何合理地界定司法权在社会生活中的地位和作用。陈案中，法院采用字面标准判断法律问题似乎维护了渔业法的权威，但问题却远非这么简单。由于本案经过层层上报，并由最高人民法院作出司法解释，因此，本案的意义远远超出了个案，而成为具有指导意义的规则。它意味着：凡上位法律规范没有规定的罚则，下位法律规范不能设定；凡下位法律规范创设罚则，则不具有司法效力。这一规则实际上是对立法权限的划分规定了一条标准，其不合理性在于：（1）在有关立法机关对中央与地方的立法权限进行明确的划分以前，地方立法权的范围不能由司法权确定，更不能由一个判决宣示。（2）现行法律并未禁止地方立法设定罚则，理论界对罚则设定权问题仍在争论之中，这种情况下，由法院判决禁止地方立法的罚则创设权，显然过于轻率。（3）司法权永远只能对具体的争议行使，任何情况下，司法权都应避免对超出具体争议范围的一般问题发表意见。本案判决最后成为划分立法权限的标准，表明它已超出司法权的正常作用范围，代行了立法机关的职能。

三 建立科学的法律问题判断标准

司法实践中的成功经验与存在的种种问题，客观地要求从理论上对法律问题的判断标准加以理论化、系统化，为审理疑难案件提供可以操作的原则。下面，作者根据我国的实际，并借鉴其他国家的经验，归纳如下几条操作标准：

（一）立法目的标准

考察各国司法实践，不难发现立法目的标准是法院判断法律问题的最重要标准，法院究竟应否尊重行政机关对法律问题的判断，常常必须求诸具体法律的立法目的。这一标准的客观价值在于：（1）法律规范的有限性与现实世界的无限性决定了成文法永远不可能为所有的问题罗列所有的答案，对于成文法的漏洞与法律文件之间的冲突，只有通过对立法目的的探求才能加以弥合。在此意义上，求诸立法目的是法律规范得以有效实现的必要前提。（2）司法机关和行政机关都必须依法履行各自的职责，当两者对法律问题产生不同意见而法律规范本身无法提供答案时，求诸立法目的可以保证法院判决的客观性，防止司法机关超出法律之上，随意否定行政机关的工作。（3）由于法律授权给行政机关时通常含有自由裁量权的考虑，因此，只有从立法目的出发才能真正有效地界定自由裁量权的范围，并遏制自由裁量权的滥用。

我国的司法审判中，许多法院经常非常有效地实践着这一标准。黎德胜诉土管局案中，法院从立法目的出发，维护了行政机关对法律问题的判断。另外，福建省电子所诉福建省标准计量局案中法院对行政机关法律问题判断的支持，① 惠州市华盟公司诉惠州市技术监督局案中法院对地方性法规有关"应接受检查而拒绝检查的产品视为不合格产品"的支持，② 都可以从立法目的标准中找到有力的根据。郑州矿务局诉密县林业局案中，③ 有关法律的立法目的非常明确，谁使用林木，谁承担缴纳育林基金的义务。因此，在确认谁应缴纳育林基金时，只能以这一立法目的为标准，首先确认谁是"用户"。再审中，法院不是从立法目的，而是从谁是第一直接买方入手，认定缴纳育林基金的义务人，显然欠妥。

尽管立法目的标准是法院判断法律问题的最重要标准，但在立法目的不明确或呈现多样性的情况下，则不宜单独依据立法目的判断法律问题。此时，或者应依据其他标准来帮助确定立法目的，或者应独立运用其他标准解决问题。

(二) 行政专业化标准

行政专业化既是一个独立的判断标准，又是立法目的标准的一个有机组成部分。由于法律授权给行政机关时通常包含有自由裁量权的考虑，因此，法院如果认为某一问题的解决有赖于行政专业化，则更容易尊重行政机关所采取的措施，并认定其与立法目的相符。在此意义上，行政专业化标准是保证行政机关有效地履行其自由裁量权的必要前提。路达公司诉厦门市环保局案中，④ 涉及如何确定大气污染防治法所规定的"恶臭气体"的标准问题。相对人认为自己采取了有效的污染防治措施，并没有排放恶臭气体，行政机关仅根据某些人反映强烈，就认定相对人排放了恶臭气体，没有科学根据和法律、法规依据。行政主体认为，由于国家尚未颁布恶臭物质监测规范和标准，在国内有关的环境管理实践中并借鉴国外办法，恶臭污染是根据人群嗅觉感官判断进行鉴别和确定的。诉讼中，法院认可了行政机关对法律问题的

---

① 最高人民法院中国应用法学研究所编：《人民法院案例选》，总第 1 辑，第 191 页。
② 同上书，总第 13 辑，第 179 页。
③ 同上书，总第 8 辑，第 193 页。
④ 同上书，总第 10 辑，第 175 页。

判断，这种尊重和认可，显然可以在行政专业化标准中找到根据。

然而，由于行政决定往往受多重因素的制约，除了行政专业化考虑以外，事实、政策、习惯、机关工作作风，执法者个人素质等因素，都会对行政决定产生影响，加之不同的行政机关对行政专业化的要求不一样，不同的行政决定对行政专业化的要求也不一样，因此，对行政专业化标准显然不能机械地加以适用，必须由法院对专业化因素进行衡量。惠州市华盟公司诉惠州市技术监督局案中，尽管技术监督部门是一个对专业化要求很高的部门，但国家技术监督局将"违法所得"解释为"全部经营额"显然超出了其专业化范围，这种判断理应遭到法院的否定。

(三) 司法职能标准

在绝大部分国家，法院的职能限于在具体的争议或案件中对争议的合法性作出裁判。对于无法以合法性标准加以判断的一般性问题（或称"非法律问题"、"政治性问题"），法院不能表达任何意见。对于司法职能的这一要求，在行政诉讼中尤其具有显著的意义，它不但可以理顺司法权、立法权、行政权三者之间的关系，使司法权在法律规定的范围内活动，并且可以在社会关系发育成熟以前，使司法机关获得一个"安全区"或"缓冲带"，不必对一般性问题作出判断，由此而保持司法权的统一。我国《行政诉讼法》第5条关于人民法院"对具体行政行为是否合法进行审查"的规定，实际上确立的是同一原则，表明人民法院应在其职能范围内行使职权，不得介入一般性问题。浦城县交通工程队诉县水利局案中，[①] 争议的焦点是行政机关的颁证权。如果按照后法优于前法的原则判断法律问题，河道部门有权独自审批并颁证；如果不按照该原则判断法律问题，河道部门和地矿部门都有颁证权。本案中，尽管有关的法律、法规及规章都未明确规定是否应适用该原则，但最后法院未加采用。就法理根据而言，法院的裁判是科学的，因为如果法院在法律无明确规定的情况下采用该原则，实际上意味着由法院判决剥夺一个部门的行政职权，宣示法律文件之间的关系，这显然超出了司法职能的范围。

当然，合法性标准的界限是相对的、变化的，随着时间、地点、条件的改变，原来不宜由法院决定的一般性问题完全有可能成为司法职能范围内的问题。这就需要法院在确立司法权在社会生活中的作用时，准确地把握住变革的契机与时代的脉搏，随时加以调整。

---

① 最高人民法院中国应用法学研究所编：《人民法院案例选》，总第2辑，第190页。

(四) 法制统一标准

司法权的最终目的在于维护法制的统一与尊严,保证个人权利的充分实现。因此,法院行使职权,不是简单地照搬法律规则,而是在公平、正义等宪法和法律原则的指导下辩证地加以运用。[①] 由于在行政法律关系中,行政行为以相对人的服从为基本特征,具有强制性和不平等性,公民总是处于弱的一方,加上行政管理领域庞杂且多变化,具体的法律规定往往不敷需要,或者会随情势变迁难以及时修改,相互之间出现矛盾,有的时候法院适用的法律甚至会是行政机关自己拟定、制定的。这样,法院在判断法律问题时,尤其需要依靠有关的法律原则,以保证司法审查目的的实现。南京状元酒店诉外汇管理局南京分局案中,[②] 尽管有关法律文件并未明确规定外汇调剂能否委托投资公司进行,但法院依据基本民事权利只能由明确的法律规定才能加以限制这一原则,否定了行政机关对法律问题的判断,本案可以说是运用法律原则来确定法律问题的非常成功的案例。桐梓县农资公司诉县标准计量局案中,[③] 在认定是否存在重复处理这一法律问题时,法院似乎未能将法律原则置于应有的地位之上。本案中,尽管工商局和标准计量局按照有关法律规则都有权处理倒卖骗卖劣质商品的行为,并且,生产流通领域中有关产品质量责任问题应由标准计量局处理,但在适用这些法律规则时,必须将它们与一事不再罚和不得重复查处的原则结合起来。工商局和标准计量局的前后两次查处似乎都有法律规则支持,但这两次查处对于相对人而言实际上产生了重复处理的后果。因此,尽管标准计量局的后一次处理没有违背法律规则,但它却违背了法律原则,应被定性为重复查处。本案争议的问题不大,但反映的却是法律原则的地位这样的重大问题。法院判断法律问题时仅从法律规则出发,不能不说失去了一次树立法律原则地位的绝好机会。

最后需要指出的是,上述四项判断标准并不是孤立的、静止的,在某些案件中,不同的法官可能会选择适用不同的标准;在某些案件中,适用不同的标准可以得出同样的结果;在某些案件中,适用不同的标准只能得出不同的结果;在某些案件中,可能必须对并存的多项标准进行平衡以后才能得出

---

① 对于法律原则与法律规则关系的一般论述,可参见 Ronald Dworkin Taking Rights Seriously, 22 (1977)。
② 最高人民法院中国应用法学研究所编:《人民法院案例选》,总第 5 辑,第 175 页。
③ 同上书,总第 10 辑,第 181 页;《最高人民法院公报》1995 年第 4 期,第 128 页。

合理的结论。并且，除这四项判断标准以外，行政机关的声誉，行政机关判断法律问题的程序、时机，法律形式的区别等因素都应该在法院判断法律问题的考虑之列。①

四 法律问题与行政诉讼受案范围重新界定

法院通过对法律问题的判断，或者可以得出肯定的结论，或者无法得出肯定或否定的结论。如果法院可以得出结论，其法律后果是维持或撤销行政机关对法律问题的判断，即认定行政机关适用法律正确或适用法律错误。如果法律无法得出结论，通常也有两种选择：如果案件已处于实质审查阶段，法院只能裁定中止案件审理，将法律问题作为先决问题提交有关部门处理，待先决问题解决以后再恢复案件审理；如果案件尚处于前置程序阶段，法院可以以争议的问题无法由法院以合法性标准加以判断为由，认定争议不在法院的受案范围之内，并拒绝受理。

实质审理阶段的中止审理与前置程序阶段的拒绝受理相比，采用后者无疑更有利于法院。这是因为，行政合法性、合理性、科学性是行政执法的不同追求目标，三者往往交织在一起，密不可分。如果法院动辄对无法以合法性标准加以衡量的问题采用中止审理的办法，一则造成大量案件久拖不决，影响法院形象；二则造成法院受制于其他机关，无法主动控制司法审查的发展方向。采用拒绝受理的办法，不但可以避免上述弊端，而且，法院可以根据社会关系发育的程度，灵活地调整受案范围的边界，既维护法院的权威，又不致使法院陷入进退两难的困境之中。正是因为这样，受案范围一直是各国行政法中最富有创造力的领域之一，各国都主要以受案范围的调整来解决法院无法得出结论的法律问题。

简略地考察我国行政诉讼实践，不难发现：（1）我国行政诉讼法对受案范围主要是以具体行政行为标准加以界定，在人们的一般理解中，不需要再加上"合法性问题"或"法律问题"标准来确定具体行政行为是否可审。这样，当法院面临无法以合法性标准加以判断的问题时，几乎不可能通过受案范围来加以解决，这就使整个行政诉讼制度欠缺一个非常重要的组成部分，并使受案范围设置形同虚设。②（2）当前我国司法实践中法院无法对法

---

① 例如，法院应该区别对待行政机关在具体决定做出前对法律问题的判断和在诉讼开始后对法律问题的判断。

② 对于我国受案范围制度的全面分析，作者将另著专文。

律问题得出肯定或否定结论的领域主要集中在法律文件之间的冲突上，对于法律文件之间的不同规定，法院有时中止案件审理，将有关问题提交有关部门（全国人大、国务院、最高人民法院）解答。然而，由于我国现行的法律解释制度并不如法律规定般运转，有关部门的解答实际上变成了有关部门办事机构或工作人员的解答，它们缺少严格意义上的法律权威，不应成为法院的判案依据。

由此可见，人民法院在司法实践中如果不能对法律问题得出肯定或否定的结论，应更多地尝试通过受案范围环节来加以解决。也就是说，如果法院无法判定行政机关对法律问题的判断是否合法，它当然无法判断争议的具体行政行为是否合法，这种情况下的拒绝受理是必然的选择，它完全符合我国行政诉讼法有关对具体行政行为的合法性进行司法审查的基本原则。

（原载《中国法学》1997 年第 3 期）

论建立独立、开放与能动的司法制度

周汉华

改革开放以来,中国对司法制度进行了一系列的改革,取得了相当的成绩。然而,由于理论研究和实际经验的欠缺,许多现行的改革措施明显带有中国改革过程的常见特点,即每一项改革措施各自分离,各自针对特定的问题,与整体制度设计无关。[①] 这种各自孤立的改革措施虽然在特定的时间里对特定的问题有一定的作用,但它们的最大问题在于无法解决整个系统的有序运转,无法使各项改革措施相互促进。因此,尽管司法改革有必要解决目前的一些迫切问题,满足人民群众对司法公正的渴望,但是,司法改革的重点应是从根本上建立一个良好的系统和结构。而这个系统与结构必须满足独立、开放与能动三项要求。

在发达国家,就历史发展而言,独立的法律制度最初是作为与传统法对立的一种自治法而产生的,[②] 其基本品格是法律制度完全摆脱任何外在力量的干涉而独立,国家权力不再对市场进行分割或干预,市场主体获得了自主发展的最大保障。与这种自治法相对应,司法权的独立得到了最充分的体现,司法权不但不受其他权力的任意干涉,实现了组织上的自治和自我管理,而且整个司法过程都严格地遵循预先公布的一般法律规范的规定,法院或法官没有自由裁量权。然而,另一方面,自治法只是法律发展形态的一个阶段,它是以国家权力不干预市场自发秩序为前提条件的。在西方国家,自由资本主义的发展最终导致了阻碍市场正常运行的垄断现象和危及国家安全的社会财富分配失衡。为应付自由资本主义的弊端,国家必须对市场进行干预,法律制度因此成为社会调节的工具和实现社会正义的手段,自治法相应

---

① 已有论者指出,法院系统的改革"缺乏深入系统的理论研究和指导,只是就事论事,走一步看一走"。见景汉朝、卢子娟《经济审判方式改革若干问题研究》,载《法学研究》1997 年第 5 期。

② Nonet 和 Selznick 明确将法律制度分为传统法、自治法和回应法;昂格尔则将法律制度分为习惯法、官僚法和法律秩序。独立的法律制度只在自治法或法律秩序形态下存在。见 Philippe Nonet & Philip Selznick, Law and So ciety in Transition: Toward Responsive Law, 17 (1978);昂格尔著,吴玉章、周汉华译:《现代社会中的法律》,中国政法大学出版社 1994 年版,第 42 页。

进化为回应法。在回应法之下，法律制度既是目的也是手段，与完全封闭的自治法相比，法律制度变成了一个开放的系统，衡量法律制度的标准和推动法律制度前进的动力因而不仅在法内而且也在法外，看法律制度是否有利于实现社会正义，有利于经济和政治目标的完成。一个开放的法律制度显然要求一个开放的司法权，司法过程再也不能仅仅就法论法，而必须从推动社会进步的角度来能动地行使司法权。这样，司法的独立、开放与能动的要求之间形成了一定的内在冲突，并使协调它们三者之间的关系成为发达国家的一项艰巨任务。

在包括中国在内的发展中国家，长期的半殖民地经历使它们失去了市场机制自发形成的机会和独立的自治法发展阶段。它们必须采取一条变法之路，在政府的推动下进行大规模的变法，将发达国家分两步走完的路放到一步之中，在通过改革实现市场经济和通过回应法实现法治现代化的同时补上独立法律制度长期匮乏的课程。发展中国家现代化道路的特殊性使它们对司法开放性与能动性的要求丝毫不比发达国家逊色，甚至直接决定着司法权能否真正树立权威。问题在于：由于发展中国家未能经历自治法的独立发展阶段，司法独立的地位并不牢固，在此背景下要求司法开放与能动，极有可能会危及脆弱的司法独立，并使司法独立的目标更加遥远；或者，在另一个极端，机械地以发达国家早期的经验为依据，以司法独立为名盲目地排斥司法开放与能动，最终使司法走入自我封闭，与国家的现代化过程脱节。因此，处理好司法独立、开放与能动三者之间的关系，对于发展中国家来讲同样是一项异常严峻的挑战，其难度和风险比发达国家要大得多。本文将从现代司法制度的基本要求出发，对我国司法改革的基本走向进行探讨，并分析现有的一些改革措施的利弊得失。

一 司法独立是现代政治制度的基础

（一）司法独立的双重含义

尽管司法独立已经有一段很长的历史并被规定到一系列的国际法律文件之中，但要给司法独立一个满意的定义却并非易事。从司法制度的演变历史来看，司法独立应包括法官个人独立和法院审判独立两个方面。在社会分工或权力分立尚未充分发育的传统政治制度下，法官个人独立通过诸如任职保障、薪金待遇等措施加以保障，以防法官腐败或被封建君主任意免职。因此，在司法独立的早期历史演进中，诸如不被随意免职和高薪等保障法官个人独立的措施非常重要，直到现在，这些措施在世界各国仍然起着重要的作用，例如，在司法独立最先萌芽的英国，司法腐败与王权对司法的随意干预在历史上一直是非常突出的问题，并直接影响到司法独立。因此，从爱德华一世开始，英国就开始采取措施根治司法腐败。1346年，法官必须宣誓"不以任何方式接受其受理的案件的任何方的礼物或馈赠"①。1641年，在平民院呈给国王的大抗议书中（Grand Remonstrance），买卖司法职位被列为国家的一项主要罪恶。1645年，助理法官的年薪从200英镑提高到1000英镑。1810年，议会任命了一个委员会调查法院的收入，结果之一是1825年助理法官的年薪翻了一倍多（从2400英镑到5500英镑），以弥补法官因取消向诉讼当事人收取费用和其他补贴的损失。法官的这一年薪在1873年以前不用缴所得税，经1832年削减为5000英镑以后一直维持了100多年。20世纪30年代，为对付经济萧条，政府甚至向法官施加压力，希望法官能同意减少年薪。另一方面，为根除王权对司法的随意干预，到15世纪的时候，英国法律界就已经接受了法律是一种行为规范，包括国王在内的任何人都应该遵守的观念。1688年，英国议会以公开的方式承认了司法独立的原则。在平民院决定国王詹姆士二世退位的同一天，一个议会委员会起草了将呈送给新国王的冤情状，该文件包括法官在表现良好期间不受解职，法官的薪金只能从国库开支以及非经正当法律程序不得罢免法官等内容。

美国宪法的制定者在起草美国宪法第三条时借鉴了英国的经验，② 司法独立的主要依据是宪法第三条对于法官的保障规定，即联邦法官"在表现良好期间保持其职务"，"在履行职务期间报酬不得减少"。这些规定确保了国会或总统不能以罢免法官或以降低其报酬为威胁手段直接影响司法结果。另外，宪法第二条规定"合众国公务员只能因叛国、贿赂或其他重罪和不轨行为，并经弹劾以后才能免职"，而法官被视为公务员。自司法机关设立以来，弹劾权只是很少被行使过，而且仅针对有个人不轨行为的法官。在1805年的一个著名弹劾案中，国会试图以最高法院法官Samuel Chase的判决有政治偏见为由追究其责任，但这一弹劾未能通过，并由此确立了国会不得以弹劾权干涉司法权的传统。

1985年8月26日—9月6日于米兰召开的联合国第七次防止犯罪与犯

---

① G. George Sayles, Medieval Judges as Legal Consultants, 56 LQR 25 (1940).

② 见 Bernard Schwartz, A History of the Supreme Court. 3 (1993); Morton Horwitz., The Transformation of American Law, 1780—1860. Chapter 1 (1992).

人待遇大会专门通过了《司法独立的基本原则》（以下称《基本原则》），并获得了联合国大会的支持。在《基本原则》中，法官个人独立获得了与法院审判独立同等的强调。第十一条规定"法官的任期、独立、保障、充分报酬、任职条件、退休金及退休年龄都应由法律予以充分的保障"；第十二条规定"无论任命或选举的法官，其任职应一直到法定的退休年龄或规定的任职期限届满为止"；第十八条规定"法官仅因为无行为能力或导致他们不宜履行其职务的行为而受停职或罢免"。另外，第十六条、第十七条、第十九条、第二十条也都规定了法官个人独立的各种保障。

另一方面，进入近现代社会以后，司法权作为一种摆脱了王权控制的独立权力获得了宪法的承认，司法独立具有除法官个人独立以外的另一种含义，即司法权只能由司法部门而非其他部门行使，这样，司法独立就与分权具有不可分割的联系。17世纪末，洛克在其名著《政府论》中意识到立法权和行政与联盟权分立的必要性，但他并未对司法权给予太多的关注。现代分权原则的创始人孟德斯鸠在其名著《论法的精神》中，首先明确区分了立法权、行政权和司法权，并提出如果司法权不与立法权和行政权分立，则不会有自由的存在。

从社会发展的角度来看，伴随着社会的发展和劳动分工的细化，现代国家大多承认某种形式的分权，即政府的不同职能由不同的部门履行，① 传统的集行政、司法职能于一个部门的现象在现代国家已经很少见，即使一个独裁政权也不会再由其行政部门作出司法判决。现代政府大多认识到政治合法性的重要性，并且已经至少从法律上建立起了独立的司法。如同一份联合国文件所言，"理解和尊重分权原则对于民主国家不可或缺，对于那些缺乏分权传统而又正向民主转变的国家尤其重要。因此，特别报告人特别强调尊重分权原则和司法独立与公正对于向民主转变国家的极端重要性"②。

需要强调指出，法官个人独立与法院独立审判是司法独立不可分割的两

---

① 卢曼指出"以职能分工的社会理论作为一般分析框架，我们可以意识到法律制度是社会制度的子系统之一。法律制度以其职能为构成标准"，"职能/系统的构架要求系统的完全自治，因为其他系统无法代替其职能。因此，自治并不是一种期望的目标而是一种必然的需要。由于社会职能的分工，没有一个子系统可以逃避自治"。[Niklas Luhmann, The Self reproduction of Law and Its Limits, in Gunther Teubner (ed.) Dilemmas of Law in the? Welfare State, 112 (1986); 也可见 Niklas Luhmann, The Differentiation of Society, 122 (1982).]

② E/CN. 4/1995/39.

个方面。没有法院独立，单个法官无法履行其职责；同样，如果法官不能免于其独立判决可能会带来的种种担心，就不可能有独立的审理和判决，也就不可能有司法独立。法院独立审判与法官个人独立之间的关系就如同结构与其组成部分之间的关系。没有一个好的结构，组成部分毫无根据；没有组成部分，结构毫无意义。正因为如此，绝大部分国家都是从两个方面来加强司法独立。

在我国，司法独立本来也应该具有上述双重含义，① 因为《宪法》第123条与第126条明确规定人民法院独立行使职权，《法官法》第8条与其他有关法律法规则为法官独立行使职责提供了保障。然而，部分地因为对现行《宪法》第126条"人民法院独立行使审判权"过于字面的解释，大部分学者和实际部门的同志过去都认为这条规定意味着中国的司法独立只等于法院独立审判，不包括法官个人独立，② 少数人甚至认为我们不能用司法独立这一概念。这种认识直接决定了中国司法制度的框架并严重地制约着司法制度的改革，不论是从法院的内部结构还是从审判方式来看，包括上下级法院的关系及法官个人与法院的关系，中国的司法制度基本上建立在机构独立与统一的观念之上，③ 法官个人独立在整个制度中并没有得到承认。④ 最近的审判方式改革虽然增加了合议庭的权力，对传统的行政管理方式有很大的触动，但它对整个司法结构和观念并未产生根本的影响。由于对法官个人独立未予充分的重视，司法改革常常忽略了司法独立这一方面，某些现行的改革措施，如错案追究制，甚至在某种程度上与司法独立的目标不相符。错案

---

① 实际上，孙中山先生领导下所制定的《中华民国临时约法》就已经明确规定了这两个方面。《临时约法》规定"法院依法审理民事诉讼及刑事诉讼"（第49条），"法官独立审判，不受上级官厅之干涉"（第51条），"法官在任中不得减俸或转职，非依法律受刑罚宣告，或因免职之惩戒处分，不得解职"（第52条）。新中国成立后的1954年宪法也规定了"人民法院独立进行审判，只服从法律"（第78条）。

② 可参见如：王怀安《关于审判方式改革》，载《人民法院报》1995年7月25日；谭昌华、魏江涛《试论法院审判制度的改革》，载《法学家》1995年第3期。认为我国的司法独立应包括法官个人独立的呼声近年来逐渐加强，可参见：史焕章、蒋集耀《法官独立审判探析》，载《政治与法律》1997年第4期；陈瑞华《现代审判独立原则的最低标准》，载《中国律师》1996年第3期；王利明、姚辉《人民法院机构设置及审判方式改革问题研究》，载《中国法学》1998年第2期。

③ "我国的审判独立基本上限于把法院作为一个整体规定其独立于外部社会的各种权力，而对于更高层次上的司法独立则未予以肯定。"（参见贺卫方《司法改革中的上下级法院的关系》，载《法学》1998年第9期。）

④ "我们过去在对审判工作管理中运用了一些行政手段，叫做层层汇报、层层把关、层层审批。"（参见王怀安《关于审判方式的改革》。）

追究制的设立可能会有提高法官的工作能力或更好地服务民众的考虑,但其直接的目的和愿望是从制度上防止日益严重的司法腐败现象。① 错案追究制尽管可能会对树立法院在群众中大的威信和法院独立审判的形象有一定的帮助,但它并不鼓励法官的个人独立判断,甚至会损害法官个人独立。

(二) 司法独立的客观依据

司法独立的根本依据在于保护基本人权,这一认识经过历史发展目前已经被国际社会广泛接受。联合国的一项文件指出,②"司法独立更多的是正义的享受者的一项人权而不是司法权自身的一项特权"。除了大量的国际人权文件都规定了司法独立以外,联合国人权委员会设立司法独立特别报告人(Special Rapporteur)本身也能证明司法独立与人权保护之间的内在联系。联合国人权委员会防止歧视与少数民族保护小组委员会经过十多年的研究,于1993年8月26日提出了一项决议,建议设立"一种跟踪司法独立与公正问题的监督机制,并回答对司法独立的各种责难"。联合国人权委员会于1994年3月4日同意了该小组委员会的建议,并要求委员会主席任命一名司法独立特别报告人。人权委员会的决定已获得了联合国经社理事会的批准。③

司法独立保护人权的功能根植于司法权的性质。首先,与立法权和行政权相比,司法权是一项消极的权力,仅当有案件或争议时才能行使,因此,司法权不可能积极主动地去干预公民的权利和自由。相反,在现代福利国家,立法权和行政权往往必须主动干预社会生活,不断有所创新,这就必然会导致利益冲突,有时还会侵犯个人的权利和自由。其次,司法过程与程序密切相关,包括政府在内,司法过程的所有参加者都必须遵守同样的程序规则,这就使每一个参加者享有同等的机会,对最后的结果具有同等的影响力。相反,立法过程和行政过程往往会受到利益团体的选票、金钱或其他资源的影响,资源和财富的多少对于立法和行政的最后结果可能具有决定性的影响。再次,司法权的唯一目标是适用宪法、法律和法律的一般原则,舆论观点或者流行讨论并不能影响司法过程,而最为重要的法律原则是人权原则,因此,司法过程可以将人权保护放在重要的地位。相反,立法部门和行

---

① 肖扬院长在向第九届全国人民代表大会常务委员会第七次会议所作的报告中,明确将错案追究制作为清除司法人员腐败的一项制度保障。见肖扬《坚决清除司法人员腐败,努力维护司法公正——关于人民法院开展集中教育整顿的情况汇报》(1999年1月29日)。

② E/CN.4/Sub.2/1985/18/Add.1—6.

③ E/CN.4/1995/39.

政部门不断暴露在舆论的压力之下，有时难免顺从公众的要求，人权保护并不总是能够占据重要的地位。最后，实际上也是司法过程最重要的特征在于司法权独立于立法权、行政权、社会舆论以及任何特定性利益的独立性，这种独立性可以最大限度地保护人权。

除了保护人权以外，司法独立也可以维护社会稳定和政治秩序。独立的司法可以在人民中赢得权威和合法性，如果任何团体或个人觉得受到政府或其他人的不公正待遇，法院往往会成为他们的最后选择。通过公开和独立的审判，败诉方会承认其失败并接受最后的结果，这可以实质性地降低社会的矛盾和冲突，维护稳定的社会和政治秩序，这样，公正的司法可以是社会冲突的最后防线。如果人们对司法独立以及整个司法权丧失信心，他们会觉得无处获得公正和正义，他们也不会接受现存的社会秩序和资源分配，唯一对于他们公正的解决办法只能在现存的社会制度之外寻找，而这迟早必然会导致对现存社会和政治制度的某种反抗。可见，没有公正和司法独立便不可能有持久的稳定和安宁。尤其对于变革社会而言，司法独立还具有促进国家发展和现代化进程的作用。在发展中国家，现代化的过程实际上是统一市场的形成过程和打破旧的利益格局的过程。在此过程中，传统的既得利益者必然以各种方式对新体制加以阻碍，改革的拥护者也会在新体制最终成形以前尽量多分割一些实实在在的利益，甚至延缓新体制的诞生时间。一个独立公正不依附于任何特殊利益的司法制度对于打破分割、维护社会统一和推进现代化进程具有非常重要的意义。

（三）我国司法独立的实现途径

发展中国家法治发展规律的特殊性决定了我国司法权威的确立必须同时从两个方面进行：认识上保持开放与组织上坚持自治。所谓认识开放，是指法院和法官除了熟悉普通法律知识和具备一般业务能力以外，还应该对现代化的规律、国家的发展阶段、国家和人民的长远利益与眼前利益的关系、司法独立与司法开放的关系、政治体制的长期与短期承受能力、法律条文与法律原则、法律条文与现实需要、司法自我克制与司法能动性、法律的量变与质变等问题都有清醒的认识，主动自觉地使司法工作为国家的现代化服务，并抓住每个机会推进司法独立和树立司法权威，而不是不问政治机械地适用法律规则。要实现这种认识开放，除了大幅度地提高司法人员的素质使其具备相关的认识能力以外，制度上也应该为此作出必要的保障和制约，使司法人员有充分的制度依据而不是根据自己的主观好恶进行取舍。所谓组织自治即自我管理，是指与司法权和司法活动有关的一切环节,包括司法人员的选拔、奖惩、监督、考核、培训、调动、提拔、待遇,案件的审理、决定过程,内部讨论、错案纠正等,都应由司法机关自己掌握和作出最后的决定,尤其是当审理具体案件时,司法权应免于受外界的任何影响和压力,完全根据自己的判断来决定案件的结果。易言之,所有与司法有关的过程只能由司法机关裁夺,任何一个司法决定只能由另一个司法决定加以改变。

在近年来我国的实际生活中,司法的认识开放与组织自治的能力都得到了一定的加强。"三个有利于"、"综合治理"、"惩治腐败"与"经济审判为经济改革服务"等方针的提出和广泛实践,加强了司法队伍在新形势下适应改革开放大局的能力,法官素质的逐步提高也为认识能力的提高打下了坚实的基础。同时,一大批保障独立审判的法律、法规和司法规定的制定,加之现实生活中人民法院创造出来的使法官免受外界不当干扰的各种经验,使法院逐步在向自我管理的正确道路上向前迈进。但是,这两个方面在我国都还不尽如人意,在某种程度上可以说是开放认识能力有限,自我管理能力不强,因此,中国司法独立的真正实现还需要相当长的历史过程和努力。

二 司法开放性是司法权威和独立的最终力量源泉

(一) 司法开放的含义及必要性

司法开放主要是指法官与法院的认识开放,不能仅仅就法论法,而要充分发挥法律制度的工具作用,并对自发的制度创新进行客观的评价与判断。作为国家机关之一,司法机关通常由立法机关或行政机关提名或任命,并负责执行法律。因此,在任何情况下,司法机关都不能超越法律或在法律之上,而只是受到法律约束的执法机关之一,它必须与其他执法机关共同工作。除此以外,每一个法官都是一个普通的个人,有自己的生活、家庭、事业、信仰、爱好、感情和其他社会联系,并随时暴露在各种外界因素面前。这样,司法权必须而且不得不对外开放,并在这种开放中履行其职能。当特定的法律模糊不清时,司法机关应求助于立法史以明确立法目的;疑难案件中,司法机关应了解社会大多数人的根本利益并根据社会的根本利益作出选择;当成义法或者现行法律不能提供明确的答案时,司法机关应求助于法律的基本原则;司法机关应经常了解法律在行政管理实践中是如何应用的并将这种通常的做法与特定的案件进行比较;在某些案件中,司法机关对于行政机关对事实问题和政策问题或自由裁量权问题的判断应有某种程度的尊重。

从这一角度来看，司法开放并不是现代社会独有的特征，而是所有司法过程的基本特征。

当然，司法开放对于现代社会和转型社会显得尤为重要。在传统的自由资本主义时代，政府通常并不干预市场，法律制度和司法权自治于社会的其他子系统如经济、宗教、政治等，并不受它们的影响，以保持法治的权威。因此，在自由主义阶段，法律制度尤其是司法制度的自治非常重要，司法的开放性相对而言强调得并不多。在现代干预主义国家，除了市场的自发作用以外，国家会以不同的形式对市场进行调控，而法律是国家干预市场的重要手段之一。为了最大限度地发挥法律的调控作用，法律制度和司法制度必须回应社会的其他子系统，并在不同的利益之间保持平衡。尤其对于自传统社会向现代社会转变的发展中国家而言，除了个人的首创性以外，整个市场机制的形成过程实际上是在政府的推动下进行和完成的。在此过程中，由于社会转型，法律制度和规则总不完善并处于不断的变化之中，很大程度上，法律制度形成于它与变革实践的互动之中，这样，法律制度和司法制度的开放性对于整个变革过程及其最后成功具有举足轻重的作用。对于"书本上法律"未能加以规范的大量的自发制度创新，只有保持整个法律制度和司法权的开放性才能加以客观的评价，而不是简单地予以否定。并且，如前所述，就发展规律而言，发展中国家的法律制度必须一步从传统法直接过渡到现代法。然而，由于早期发达国家的示范作用和自由主义时期形成的古典法治观念的巨大影响，加上现代法的特征在许多方面与传统法暗合（传统法、自治法、现代法是一个正、反、和的辩证发展过程），这就使渴望尽快从传统中超越并清除传统法影响的发展中国家的民众容易对现代法产生误解（误解为是传统法的翻版）并加以排斥。换句话说，发展中国家政治领导人和民众对于法律的认知存在着一定的差距。为现代化考虑，政治领导人需要的是能促进现代化过程的现代法，而民众可能更容易接受相对独立的自治法而不是开放的现代法。这就使建立开放的法律制度和司法制度更加困难，当然也益显重要。

保持司法开放并不意味着也不应该否定司法独立，因为没有独立的法律制度和司法制度，追求司法开放毫无意义。因此，司法开放是在司法独立基础之上的开放。司法独立的地位越牢固，就越容易对外开放，司法独立可以说是司法开放的前提和不可分割的组成部分。但是，司法独立并不等于也不可能总是保证司法开放。司法开放实际上为司法独立提供了新鲜空气和血液，是司法独立的基本条件和保障之一。由于成文法的局限性，法律规则并不总是能够为疑难案件提供答案，在此情况下，法院的最后判决往往必须建立在对现行规则、实践需要和利益平衡等的全面分析的基础上，保持一种开放的方式。可见，司法独立与司法开放之间的这种辩证关系正是保持司法统一的最根本力量来源。

新政时期的美国联邦最高法院为司法独立和司法开放之间的相互关系提供了最好的例证。新政时期，为摆脱20年代和30年代的经济大萧条，美国社会经历了一次根本的变革，从自由主义转变成为国家干预主义。在此期间，国会通过了一大批法律，授权行政机关制定实施细则。然而，美国联邦最高法院拒绝正视社会变革的现实，仍然机械地固守传统的不授权原则，不允许国会将立法权授予行政机关，并宣布了一大批社会立法违宪，包括工业复兴法和农业调整法。[①] 司法权的这种自我封闭险些导致罗斯福总统改组最高法院，以打破司法权的封闭状态。最后，最高法院接受现实并改变了态度，承认授权立法的合宪性，由此避免了行政权对司法权的介入，维护了司法权的统一和权威，在这个事例中，司法独立不是通过自我封闭而是通过其开放性得以维护。

(二) 司法开放的制度保障

如前所述，司法开放指的是司法活动的一种认识开放，并使司法活动主动与国家的根本利益和社会发展相适应，为此，必须有一系列的制度保障，使司法权能够实现或保持一种开放的认识。这样的制度保障主要涉及两个方面：一是从正式的制度渠道保证司法机关认识的开放性，二是从非正式的渠道提高司法人员开放的认识能力。由于司法过程既体现为一种法院的正式审判活动又体现为法官个人的工作，非正式的开放渠道与正式的开放渠道同样重要。除此以外，由于开放总是不同的社会子系统之间相互和相对而言的，司法开放因此既可以是积极或主动的，也可能是消极或被动的。

1. 司法开放与人大监督

司法开放的最常见的正式制度渠道是司法权与政府的其他组成部分之间的关系。在议会主权的政体之下，司法权应严格执行议会的意志，如果议会对法律问题有明确的答案，法院应严格遵守。例如，在英国，贵族院实际上是国家的最高司法机关，其议长同时是贵族院首长、首席大法官和内阁成员，而英国的法院系统由贵族院议长办公室 (Lord Chancellor's Department)

---

① 可见 Laurence H. Tribe, American Constitutional Law, 362—369 (1988) 2nd ed.; Bernard Schwartz, Supra n. 5, Chapter 10。

直接管理,① 这种制度设计可以充分保证议会与法院的相互联系和司法开放。在分权制衡体制之下,尽管司法权在制度上并不隶属立法机关,但立法机关是法律制定机关而司法机关是法律实施机关,司法权因而必须通过立法机关来明确法律的含义。即使在司法权相对于其他国家来说十分强大的美国,其司法部门也早已承认司法与其他部门积极联系和沟通的必要性,并在基层和巡回法院两级设立了与议员的非正式沟通渠道。为加强沟通的质量和持续性,美国联邦最高法院和美国司法联合会(Judicial Conference of the United States)建议在联邦法院设立一个常设的委员会,由联邦政府行政、立法和司法部门的人员担任其成员,不断对与联邦法院有关的问题进行研究并定期提出建议。②

在我国,各级人民代表大会是国家的权力机关,人民法院应对人民代表大会负责并报告工作,而且所有的法官由人民代表大会选举和罢免。这一制度安排有利于人民代表大会和人民法院的沟通,同时也使人民代表大会对人民法院的监督成为近年来的一个热点问题。尽管大多数人同意加强人民代表大会对人民法院的监督作用,但对于这种监督的形式、目的和范围等却有很多不同的看法。在少数地方,一些人大以监督为名迫使法院听从其意见,使人大变成了实际上的审判机关,这种情况严重地危害了司法独立,也有损人大的权威。从很大程度上讲,目前对于人大监督问题的讨论和争论实际上忽视了这种监督的性质或目的这一基本问题。从司法开放性的角度来看,人大对法院的监督应考虑以下几点:第一,作为人民代表机关,人大监督的性质或目的是保证司法活动的开放性,并从宏观政治的角度保证司法工作符合国家的根本利益或人民的意愿,这是转型社会对独立的司法权力的一项根本要求。法院对于具体个案的处理,属于司法权的范围,人大不宜介入,否则会影响司法独立。对于清除法院内部的腐败问题,应通过具体的制度设计来加以解决,最好由司法机关自我控制,不宜通过人大监督来解决。第二,人大监督只是保持司法开放的一系列制度措施中的一种,只有当其他的措施一起起作用时,人大的监督职能才能起作用。假设法官非常机械,没有创造性地适用法律的能力,不管人大监督多么有力,也不可能有一个开放的司法,法

---

① 可见 Robert Stevens, The Independence of the Judiciary: The Views from the Lord Chancellor's Office, (1993); Herbert M. Kritzer, Court, Justice, and Politics in England, in Herbert Jacob et al., ed. Court, Law, and Politicsin Comparative Perspective, 81 (1996)。

② Stephen G. Breyer, Judicial Independence in the United States, 40 Saint Louis University Law Journal, 989—996 (1996).

官甚至会在强大的监督面前失去其独立性。因此,与其单独强调人大的监督职能,不如将监督问题放到建立一个开放的司法所需要的整体制度框架中去加以考虑。第三,作为建立开放的司法的一部分,也为了减少对司法机关的不必要心理压力,政策和舆论应更多地强调法院和人大之间的双向交流而不仅仅是人大对法院的单向监督。

2. 行政裁判权与司法开放

司法权与行政权之间的正式制度渠道以最先产生于普通法国家随后在大陆法国家也变得越来越常见的独立行政裁判机构最为典型。[①] 传统制度下,只有司法机关能够行使司法权,解决案件或争议。行政机关只负责行政管理,无权解决具体纠纷。然而,随着福利国家的出现,各种争议大量产生且越来越复杂,法院变得越来越不宜于解决复杂的技术案件,由此而产生了集立法、行政和裁判权力于一身并超越传统三种权力划分之外的第四个政府机构——独立行政裁判机构。从司法开放性的角度来看,独立行政裁判机构起到了重要的作用。尽管独立行政裁判机构行使裁判权,可以对各种争议进行处理,但由于独立行政裁判机构受法院的司法审查控制,法院因而可以监督独立行政裁判机构的活动并保持法治的统一。同时,面临着大量复杂的新型案件和技术问题,由于先由独立行政裁判机构进行处理,法院因而不需要深入到过于专业的细节之中,只是对独立行政裁判机构决定的合法性和合理性进行审查,并可以视情况对独立行政裁判机构所决定的事实问题或技术问题予以一定程度的尊重。可见,独立行政裁判机构的出现既维护了法治的统一又促进了司法开放。[②]

在这一领域,我国仍然未能完全理顺法院和行政管理部门的关系。在某些领域,法律要求行政管理部门首先解决争议,当事人不服则进入司法程序。进入司法程序以后,目前有两种解决办法,或者是行政诉讼或者是民事诉讼。就行政诉讼而言,法院对于行政管理部门所认定的法律问题和事实问题究竟在多大程度上予以尊重,在什么情况下应加以推翻,目前仍未能形成原则。就民事诉讼而言,目前最大的问题在于完全不考虑行政管理部门先前所做的工作,由法院对所有的问题重新进行调查,这既不符合

---

① 可见如,Joan - Paul Costa, The Independent Administrative Authority, in IIAP, An Introduction to French Administration, 113 (1996)。

② 美国法官 Jackson 于 1952 年写道,"独立行政裁判机构的兴起可能是上一个世纪最为重大的法律趋势,今天,也许更多的价值是受它们而非法院的决定所影响"。引自,Mary Ann Glendon, et al., Comparative Legal Tradition, 247 (1994 2nd. ed.)。

效益原则也不利于行政管理权威,可以考虑将民事诉讼归入行政诉讼或者取消行政管理部门的先行处理程序。在其他一些领域,法律则没有上述由行政管理部门先行处理的要求,当事人既可以诉诸行政管理部门,也可以直接诉诸司法部门。问题在于,一旦当事人首先选择行政程序,其最终结果将由行政诉讼决定;一旦当事人首先选择司法程序,其最终结果将由民事诉讼决定。在某些有利可图的领域,这会造成行政机关与司法机关争抢管辖权的现象,助长不正之风;在困难的领域,则会造成行政机关与司法机关相互推诿的结果,不利于当事人实现权利。而且,如果当事人之间选择了不同的救济方式,即有人首先选择行政程序,有人首先选择司法程序,则后果可能是两种救济方式并存,最后对同一问题出现行政与民事两份判决,甚至是相互矛盾的判决。[1] 显而易见,目前我国仍未能合理地界定法院和行政管理部门的职责范围,有时法院承担了行政管理部门的职责。这种情况的后果之一是法院变得越来越行政化,法官越来越像行政管理专家。[2] 这种趋势与司法开放性的要求背道而驰,应尽快加以制止,以实现司法权与行政权的平衡。

3. 司法救济权与司法开放

除了通过国家机关间的相互关系渠道以外,司法权对公众开放也是保持司法开放性的重要制度保障。司法对公众的开放表现在两个方面:公众应有机会求助于司法公正,并且,整个司法公正的过程(除极少数例外以外)都应是公开的。

公众有获得司法救济和公正审判的权利是现代国家的一项基本特征,也是司法权威和尊严的力量来源。只有当公众可以向司法机关寻求救济时,司法权才能获得权威和公众的认同。从国际社会的发展趋势来看,以下这些制度对于实现公众获得司法救济的权利起到了重要的作用:第一,司法权的作用范围包括对法律和其他规则的合宪性的司法审查范围迅速扩大,从某种程度上讲,政治问题的法律(司法)化已是一个国际潮流。[3] 这一趋势对于司

---

[1] 可参见如,王光辉《一个案件,八份判决:从一个案件看行政诉讼与民事诉讼的交叉与协调》,载《中外法学》1998年第2期。

[2] 从人民法庭的越来越细化可以略见一斑,有些地方甚至设立了人民法院组织法没有规定的专门法庭。

[3] 可见 Mauro Cappelletti, The Judicial Process in Comparative Perspective, Chapter 3 (1980);对于法制化的一般趋势的论述,可见 Jurgen Habermas, Law as Medium and Law as Institution, in Gunther Teubner (ed.) Supran. 204—209。

法权而言至少产生了两个结果：一方面，当司法机关行使司法审查权而非传统的审判权时，它们变得越来越多地求助于法律原则或政策考虑，也变得越来越开放；[1] 另一方面，随着司法权作用范围的扩大，公众可以在更多的领域求助司法公正，由此而增强了司法权威和尊严。第二，有效获得司法救济的各种障碍如律师费及法院收费等被减少或废除。例如，传统的法律援助制度是一种免费代理，穷人只能得到年轻的和没有经验的律师的帮助。为解决这一问题，德国魏玛共和国时代就开始了新的探索，其经验由二战以后的英国工党政府加以改进，由国家按稍低于正常的律师收费标准给提供法律援助的律师付酬，而律师由当事人自己选择。在美国，自60年代以来，政府开始雇用专职法律援助律师。在法国，1972年的一项法律以国家付酬的法律援助制度代替了原来的免费法律援助制度。关于法院收费，美国联邦最高法院和意大利宪法法院曾分别判决预收原告诉讼费的要求违宪。[2] 第三，加快审讯的速度以保证公正的及时性。欧洲理事会部长委员会1981年5月14日通过的第7号建议明确提出"应采取一切措施以最大地减少作出判决的时间"。为实现这一目标，许多国家都在积极推动非诉讼方式如协商、调解、仲裁，同时减少法官的非司法任务，建立独立行政裁判机构以分流案件，简化法院程序，在适合的案件中推行独任法官判案，增加法院工作人员以及改善法院工作条件等。

寻求司法公正的范围在我国仍然比较有限，法院也只是承担着传统的执法职能。根据行政诉讼法，只有具体行政行为可诉，而且只有侵犯人身权和财产权的行政行为才在行政诉讼的受案范围之内。对于抽象行政行为或者具体行政行为和抽象行政行为之间的行为以及影响受教育权、劳动权、政治权利等行政行为仍然无法实现司法救济。并且，根据现行法律的规定，法院仍然被视为执法机关，无权对法律问题作最后的决定，法律解释权由立法机关、行政机关、检察机关和法院分别行使。由于这些制度安排与司法权的性质不甚吻合，其实施已遇到了各种各样的困难并在实践中以不同的方式受到了一定的突破或修正。例如，一些法院已经将受教育权解释为人身权并受理了有关的诉讼，而相当数量的法院都在选择适用的名义下实际上行使着法律

---

[1] "高等级法院行使的权力越大，它就越有可能根据政策考虑制定判决。"（Herbert Jacob, et al., Supran. 17, 7.）

[2] 见 Boddie v. Connecticut 401 US 371 (1971); Italian Constitutional Court, Decision of 23 Nov. 1960。

解释权。然而，总的看来，传统的对司法权的认识目前仍然占据着主导地位并制约着司法权发挥更大的作用。要建立一个开放的司法和司法权威，有必要重新思考上述根本问题，加强司法权在社会生活中的作用。除此以外，另一个根本的问题是司法判决的执行。目前，法院判决的不能执行已经成为一个严重影响司法权威和形象的问题，如果法院的判决执行不了，所有其他一切改革都会变得毫无意义。同时，为加速实现司法公正，法律援助制度、法院收费制度、便民审判做法、法院的工作条件以及内部工作程序等也都需要相应的改革和加强。[①]

4. 司法过程公开与司法开放

司法过程公开不仅是司法开放性的一个重要方面，能促进开放的司法认识，也是被告的一项基本人权和法治的一项基本原则。《联合国人权宣言》第 10 条、《联合国公民与政治权利国际公约》第 14 条、《欧洲人权公约》第 6 条、《美洲人权公约》第 8 条等一大批国际法律文件都规定了这一原则。从这个角度来看，我们应该对最近受到大力提倡的公开审判做法予以充分的肯定。另一方面，我们也应该对公开审判有一个全面和客观的评价：第一，公开审判只是司法过程开放的渠道之一，诸如陪审制度和判例制度等也是司法过程对公众开放的重要渠道。陪审制度的功能和最初目的在于由公众的代表按照常识而不是专门的法律知识来对案件作出决定，由此而减少法院与公众的距离。[②] 判例制度为公众尤其是学者提供了学习、评论、评价甚至批评判决的机会，由此而对法官判决案件产生一种无形的影响，促使法官采取一种开放性的认识。事实上，甚至法院判决的形式也对司法过程的开放性起着重要的作用。一个结构严谨、推理充分的判决有助于司法过程对公众开放；而一个以法律作大前提、事实作小前提、判决作结论的简单判决很难在

[①] 革命根据地及新中国历史上曾经有过的便民审判制度，如不收诉讼费、调解制度、人民法庭、巡回审理、就地审判等实际上暗合了司法开放性的要求，因而获得了人民群众的支持。如果我们对某些地区，尤其是经济改革前沿地区近年来的审判成就进行实证分析，不难看出，许多改革措施正是因为符合司法开放性的要求而在实际生活中获得了承认和发展。可参见如，王长营《深圳法院十年审判工作的回顾与前瞻》，载《法学评论》1994 年第 1 期。对于一些便民审判做法，一些学者从司法权的性质及民主与司法的关系等方面提出了一些批评意见。见贺卫方：《中国司法管理制度的两个问题》，载《中国社会科学》1997 年第 6 期；陈端洪：《司法与民主：中国司法民主化及其批判》，载《中外法学》1998 年第 4 期。笔者认为，产生于实践的便民做法只要不与司法改革的其他目标矛盾，就应予以肯定和推广，不应简单地加以否定。

[②] 有关陪审与开放性的关系，可参见赵宇红《陪审团审判在美国和香港的运作》，载《法学家》1998 年第 6 期。

公众中获得认同或回应。① 可见，尽管公开审判的作用无论如何强调都不过分，但一个公开的司法过程所要求的远远不只是公开审判，我们应该在坚持公开审判的同时，尽快启动其他相应方面的改革。第二，即使对公开审判本身，也有许多相关联的问题需要解决。如司法独立与言论自由的关系以及某些人的言论自由与被告人的公平受审判权之间的关系，在不同的国家有大不相同的处理方法，在我国也成为司法实践中的一个新问题。尽管公开审判对于防止司法武断和保护当事人的合法权利有着重要的作用，而且，舆论对司法审判的监督对于公正司法也有着重要的作用，但在某些情况下，舆论如果处理不当，也可能对公正审判和法院权威造成破坏性的影响。②

5. 司法开放的非正式渠道与法官行为准则

与正式的渠道相比，非正式的渠道更灵活多样，涉及的面也更广。法官的认识能力可能有意无意之间受到其大学法律教育、社会流行思维方式、生活经历、成为法官之前的工作经历、政治信仰、宗教信仰甚至其家庭成员的影响。因此，非正式渠道的核心在于使法官了解除法律条文之外的社会现实，了解当法律规定模糊时怎样决定疑难案件，了解法官依据法律而非个人好恶决定案件的必要性。显然，非正式渠道并不只限于司法制度，它们与法律教育、政治制度、哲学、宗教和整个社会制度紧密相关，因此，要真正提高法官的认识能力，必须进行全面的改革。当然，作为司法活动场所的司法制度改革对于法官认识能力的提高具有直接的现实意义：通过吸收有律师实践经验或其他经验的人员成为法官（这在普通法国家非常普遍），可以缩短法律规则和现实的距离；通过制度渠道便利法官了解现实，可以在一定程度上弥补缺少实践经验的法官的缺陷；③ 通过邀请专家解决特别问题，法官的专业能力可以得到互补。④ 目前，我国的法官主要来自法学院系的应届毕业生和复转军人，大多在成为法官之前并没有行政管理或律师实践的经验，由于社会的快速发展，许多法官并不熟悉相关的领域，并不具备解决疑难案件

---

① 对我国裁判文书现状的分析，可参见罗书平《审判方式改革与裁判文书质量》，载《法律文书与行政文书》1998 年第 3 期。

② 舆论对司法的不当影响近来时有发生。某些记者甚至兼任律师或为律师服务，以其身份对法官施加不当影响。具体个案可见杨永启《不是错案怎么纠》，载《人民法院报》1999 年 2 月 3 日。

③ 大陆法国家的法官在成为法官前大多没有实践经验，但在许多国家都有一些补救办法。在挪威，现任法官可以同时兼任司法以外的职务；在法国，最高行政法院的法官可以暂时（最长达六年）离开法院到其他领域（包括私营领域）任职，大部分法官都会选择离开一段时间。

④ 在法国，最高行政法院经常聘请社会贤达到最高行政法院任职，最长达四年。

的知识和能力。要保持司法开放，就必须通过一定的渠道提高法官的认识能力和工作能力。

由于法官握有决定他人权利义务的大权，为提高法官认识能力而设立的渠道必须保持其纯洁性，以避免使这种渠道成为对法官不当干预或影响的通道。为此，一个明确的法官行为准则对于指导法官的行为尤其具有重要的意义。如果没有明确的行为规范，法官有可能在这种非正式的渠道中受到污染或失去其独立性，在一些国家，如美国，就专门制定了系统的法官行为准则以指导法官的行为。在我国，尽管有一些法官行为规范，但它们分散在不同的法律、法规之中，尤其是刑法和刑事诉讼法之中，并且大部分都是针对法官的违法犯罪行为，而不是对法官行为规范的系统要求。目前，还有许多方面法律并没有加以规定，如法院内部的决策程序，利益冲突的认定，法官与当事人或律师的见面，法官的勤勉义务，法官的披露义务，法官维护法律统一的义务，法官的公众形象，法官参与政治活动的范围等，有必要归纳整理并制定尽量详细的法官行为准则，厘定法官的行为方式和范围。

三 司法能动性是司法独立和司法开放的条件

（一）司法能动性的含义及存在根据

司法能动性是指司法机关在处理具体争议时，除了考虑法律规则以外，还要考虑具体案件的事实、法律原则、案件的社会影响、道德、伦理、政策等因素，在综合平衡的基础上作出最后的决定。司法能动性的根据主要有以下几个方面：

首先，它是司法开放的必然要求。如前所述，司法独立和司法开放之间并不总是能够相互协调，它们之间存在着一种内在的冲突。一方面，司法权必须保持独立和组织上的自治，与社会的其他子系统之间保持一定的距离；另一方面，司法权必须通过具体的制度保持认识上的开放并在动态中进行选择。然而，组织自治有时可能会阻碍认识上的开放，极端情况下甚至会使整个组织走向自我封闭；认识开放由于需要相应的制度才能实现，而这些制度有可能会影响组织的自治，使认识开放的渠道变成干预或影响司法独立的跳板。这样，司法过程常常要在组织自治和认识开放之间保持平衡和进行选择，组织自治而不封闭，认识开放而不屈从。这种平衡的保持需要一种创造性的工作，一个机械的司法不可能保持这种平衡，不可能在维护司法独立的同时推动司法的不断进步。

其次，法律规范与现实之间需要连接。司法活动与法律规范的解释和适用紧密相连，必须将已经存在的规则适用于社会现实。由于法律规范和社会现实之间的距离，使法律解释和法律适用的过程不可能是一个"对号入座"的简单过程，而是一个创造性的过程，[1] 司法权必须缩短现实和法律之间的距离。在绝大部分案件中，法律和现实的距离并不明显，司法过程看来只是一个简单的法律适用的过程，并不需要司法创造性。然而，即使在这些案件中，也绝不是一个简单的机械过程，法律很少也不可能为具体案件提供明确的捷径或直接的答案。在主观创造的法律和客观的现实之间必须有一个创造性的过程来加以连接，因为这个过程是主客观两个世界间的桥梁。

第三，规范用语解释的需要。法律规范的用语有时会模糊不清、产生歧义或可以作多种解释，这使得在疑难案件中极容易造成可能同时有几种结果的不确定性。尽管立法者在立法时会尽量减少语言所带来的不确定性，但不可能完全消除语言的确定性问题。[2] 由于多种可能性的存在，就使得法院的法律解释和适用过程必然是一个带有选择的创造性的过程。[3] 为了在这个过程中减少司法机关的自由裁量权，一些国家曾尝试着：（1）要求司法机关将模糊的法律规定提交立法解释；（2）制定解释规则以约束司法机关的法律解释。然而，对于前者而言，除非立法机关想行使司法机关的裁决权，将所有的法律问题提交给立法机关实际上行不通。[4] 而且，究竟是否存在模糊的法律规定以及是否要将问题提交给立法机关仍然需由司法机关认定和决定，因此，这种办法并不能完全消除司法裁量权。对于后者而言，解释规则本身也是法律规定，与其他法律规定一样，解释规则也存在不确定问题，"解释规则尽管可以减少不确定性，但不能消除不确定性，解释规则和任何

---

[1] 最高人民法院副院长祝铭山明确指出："在立法滞后的情况下，司法工作人员的法律知识和主动精神便会发挥很大的作用。立法是司法的前提，这是一般情况；有时司法可以'超前'，这是特殊情况。"（祝铭山：《社会主义市场经济与司法工作》，载《中外法学》1993年第5期。）

[2] "不仅是法律领域，在所有的领域，语言本身在指导行为方面都有内在的局限性。"[H. L. A. Hart, The Concept of Law, 123（1961）.]

[3] "无论解释者是否意识到，任何种类的解释内在地都有一定程度的创造性和裁量权。"(Mauro Cappelletti, Supran. 23, 5.)

[4] 大陆法国家历史发展可以最好地说明这一问题。1794年的普鲁士法律包括17000条，详细规定了具体的"事实情况"，法官被禁止解释法律，否则会被严厉处罚。1804年的法国民法典继续禁止法官解释法律。然而，1896年的德国民法典进步了一些，德国人设立了一个有权审查下级法院判决法律正确性的最高法院。1907年的瑞士民法典指示法官在所有的解释帮助失败以后，应按照假设他是一个立法者时采用的规则来解释法律。到1942年的意大利民法典，法官可以"根据国家法律秩序的一般原则"决定案件。当今，大陆法国家的法官正在起着越来越大的作用。见J. H. Merryman, The Civil Law Tradition, 26—47（1985）。

法律规则一样，它们本身也需要解释"①。而且，解释规则并不总是协调一致的，不同的解释规则可能会指向完全不同的方向，② 因此，解释规则不能完全消除司法裁量权。

第四，认定事实的需要。司法过程中，除了法律问题以外，法院也要处理同样需要司法创造性的事实问题。事实是过去发生并且不能重复的客观存在，法院所做的是依据法律和推理，并根据证据，证明事实的存在。因此，法官所发现的事实是法官认为已经发生的事实，并不与客观事实必然对应，它们可以被称为受到证据支持的法律事实，而不是客观事实本身。为了获得事实，法院需要审查证人证言、专家意见、物证、书证、勘验报告或试验报告等，并从中得出有关事实的结论。法院应仔细地审查证据并决定哪些证据可靠，哪些证据应予以排除。实际上，"法律事实只是法官或陪审团对于证供的一种反映，法律事实只是对客观事实的一种猜测"③，在确定事实问题的过程中，法院必须有所选择，其决定必然也包含着能动性。

除了法律问题和事实问题以外，司法过程还要考虑政策问题。政策问题对于确定法律问题和事实问题也有帮助，当法律和现实不符，或当合法性与合理性矛盾，或当无法确定事实问题时，法院可以根据政策考虑保持利益平衡。更重要的是，法律问题、事实问题和政策问题的界限是灵活可变的，在许多情况下，甚至不可能在事实和法律之间进行明确的划分，某些问题既可以被归为法律问题或政策问题，也可以被归为混合问题。这样，政策选择的过程必然是一个创造性的过程而不可能是机械的过程，法院必须综合所有有关的法律因素和非法律因素并作出最后的决定。

中国是一个建立在议行合一原则之上的国家，成文法是主要的法律形式而判例法在实践中的作用非常有限。中国的法官只是依法履行审判职能，无权解释法律或监督法律的实施。对于司法实践之中的许多问题，几乎所有的法治支持者都主张制定更多的详细规定而不是发挥法官的司法能动性。④ 应该承认，这种现象的出现在一定程度上是前些年我们立法工作强调宜粗不宜

---

① Hart, Supran. 33, 123.

② 可见如，D. Neil Mac CORMICK, Robert S. Summers, Interpreting Statutes: A Comparative Study, 461, 511 (1991)。

③ Jerome N. Frank, Courtson Trial, 110 (1949).

④ Lubman 正确地指出，"中国的领导人和官员经常谈论现行法律制度不完善，但他们所希望的完善只是片面地强调法律规定的数量而不是法律的具体实施"。[Stanley Lubman, Studying Contemporary Chinese Law: Limits, Pos sibilities and Strategy, 39 AM. J. COMP. L. 320 (1991).]

细，法律规范缺少可操作性的直接反映，它提示我们在立法过程中应该更加讲求实际，避免法律规定的空泛化和形式化。同时也应该看到，由于我们过于单方面强调法律规定的严密性而忽略了司法权应有的能动作用，20年中尽管我们在法治建设上取得了巨大的成就，司法能动性却一直未得到充分的发展，大部分的法官仍习惯于将困难问题提交给上级决定，习惯于按"红头文件"办事。从某些方面看来，似乎法律越多，司法能动性就越差，这显然与现代化对司法权的要求不符。与之形成鲜明对照的是，最高人民法院则大量制定司法解释和批复，在一些方面行使着事实上的立法权，并由此而固化了法院系统内部的行政管理方式，不利于独立审判的实现。显然，司法机关本身已经在这方面落后于实践的需要，司法改革必须将司法能动性列为一项重要的方向。

（二）司法能动性的实现形式

司法能动性应该有一定的客观依据或实现形式，而这种依据主要就是法律原则或标准，[①] 它们既能克服法律规则僵化性的缺陷又能避免法官专横或受到各种不当影响。[②] 司法过程通常被分为程序阶段和实质审理阶段两个基本阶段。在程序阶段法院需确定"是否行使司法权"，在实质审理阶段法院需确定"怎样行使司法权"，法律原则在这两个阶段都为司法能动性提供了重要的帮助。[③]

1. 程序阶段法律原则的作用

不论司法权在一个国家起多么大的作用，司法权必须有一个合理的作用范围，它不可能也不宜于解决一个社会的所有问题。为了合理地界定司法权的作用范围，防止法院超出其权限过多地干预其他渠道的工作，许多国家都规定法院在对请求进行实质审查以前必须进行程序审查，看请求是否在法院的权限范围以内。尽管在程序阶段审查的问题在不同的部门法中不一样，例如，侵权法中强调的是侵权及其和损害间的因果关系，合同法中要看仲裁条

[①] 一般来说，原则（principle）更抽象而标准（standard）相对具体一些，在这里也许使用标准更恰当，可参见庞德所做的区分，见 Roscoe Pound, An introduction to the Philosophy of Law, 55 (1922); 诺尼特和塞尔兹尼克使用"目的"（pur pose）来表达类似的观点，见 Nonet & Selznick, supran. 2, 80。

[②] 这是世界上许多成功法典的基本经验之一。法国民法典、德国民法典、瑞士民法典和美国宪法的制定者都选择了一般性条款的灵活性而不是非常具体的规定。见 Mary Ann Glendon, et al., supran. 20, 54, 63。

[③] 理论上和实践中，这两个阶段并不必然不可互换。法院可以通过程序保护拒绝审理某些实质问题，也可以不使用程序保护而对某些实质问题不表示意见或者尊重他人的意见。

款，行政法中则要看行政行为的可诉性，但这种程序审查的目的都是为了明确司法权是否应该介入或争议是否应由司法渠道解决。通常，这一阶段审查的问题大多是包容性很强的问题诸如利益（以确定原告）、成熟性（以确定和其他救济的关系）、法律问题（以明确可诉性）、因果关系（以确定侵权）、损害（以确定侵权）等。马歇尔在 Marbury v. Madison 案中将这些问题表述为："第一，申请人对其请求是否拥有权利？第二，如果他有权，且该权利被侵犯了，国家的法律是否给他提供了救济？第三，如果法律规定了救济，该救济是否应由法院提供？"[①]

一方面，程序性审查坚持对司法救济的原则性要求，不符合则不能进入实质性审理阶段。另一方面，程序性审查的标准大多比较灵活和有包容性，它们为司法能动性提供了充分的空间。例如，对于请求人而言，侵害可以是各种各样的，可能是物质损害，也可能是精神创伤，或者是经济损失，或者是可预期利益的损失。在国家发展的不同阶段或者不同地区，法律对不同利益的保护是不一样的，根据不同的特定情况，法院可能认为只有物质损害受到法律保护，法院也可能将法律保护的范围扩大到甚至环境利益。再如在行政法中，法院判断被诉行政行为是否可诉的唯一标准是该行为是否构成可以由合法性加以衡量的法律问题。然而，究竟什么行为可以由合法性加以判断，究竟什么行为不能以合法性加以判断，实践中并没有固定不变的标准，完全要看具体案件的具体情况。如果仅根据现行的法律规则，行政机关的自由裁量权可以不受司法审查，因为不存在判断其合法性的法律标准。然而，如果根据宪法和行政法的基本原则来判断，则没有绝对的不受司法审查的自由裁量权。[②] 这样，通过结合原则性和灵活性，法律原则使得司法机关可以根据具体情况随时调整其作用范围，既避免司法权不必要地暴露在外界压力面前，又保持司法权的尊严和权威。贝克尔曾指出，通过"选择不作选择"，司法权可以等待获得更好的机会；通过拒绝妥协，法院可以维护其统一、尊严和地位，而这在很大程度上构成了司法权和其政治影响力的最终力量来源。[③] 著名哲学家托马斯·库恩更进一步指出，"一个范式甚至可以使共同体免于暴露在那些无法以问题形式表述的重要问题面前，因为这些问题

---

① 5 US (1 Cranch) 154 (1803).

② 在法国，具有法律效力的行政行为和不具有法律效力的行政机关内部行为有非常明确的划分，只有前者可诉。然而，如果内部行为超过了一定的程度，则可能变成行政行为。

③ 引自, Grag J. Aichele, Legal Realism and Twentieth Century American Jurisprudence, 87 (1990).

不能以范式所提供的观念和方式加以陈述"①。法律原则在程序性阶段所起的正是界定司法权范围的范式作用。

在我国,通过法律原则来界定司法权的范围在法律规定和理论研究中都很不够,民事诉讼法和行政诉讼法所规定的起诉条件审查只是一种非常机械的审查,根本不涉及法律原则的作用。一般地说,法律和司法解释往往对受案范围作出了非常细致的规定,伸缩性强的包容性规定基本不起作用。例如,《行政诉讼法》第11条和第12条分别列举了可诉和不可诉行政行为的范围,②因此,当确定一个行政行为是否可诉时,学界和实际部门普遍认为并不需要"法律问题"标准,仅只需要具体行政行为标准。对于原告资格和成熟性问题,也都由相关的法律作了明确细致的规定。③本来,具体列举和包容性的原则应该是一种互补关系,包容性的原则主要适用于疑难案件,具体列举主要适用于一般案件,两者相互促进,共同起作用。缺少任何一个方面,都会使司法过程不完整。在我国,在根本不存在包容性原则的情况下,过于详细的列举有时使法院处于一种非常困难的境地:如果法院因为客观情况拒绝受理某些案件会违反法律规定,受理则根本无法审理;如果法院不介入某些领域会明显违反社会需要,介入则缺乏法律依据。而且,过于具体的列举实际上造成了现实生活中大量的拒绝受案。除了法院工作人员自身的一些问题以外,立案难现象实际上反映了具体列举方式的制度弊病。追求明确受案范围的结果是明确规定的案件无法受理。这种现象的完全根治只能从制度上解决,更多地发挥包容性法律原则的作用。

实际上,我们应该从行政诉讼法的实施中得到这一方面的经验和启示。在行政诉讼法实施以前,有130多部法律、法规规定了公众对行政处罚和决定不服可以向人民法院提起行政诉讼,其中,只有很少一部分,如治安管理处罚条例、医疗事故处理办法和专利法等作了例外性的规定(如受害人可以提起行政诉讼)。绝大部分法律、法规只规定行政管理的相对人可以提起行政诉讼,不论其合法权益是否受到行政行为的影响,法院都必须承认其原告资格。相反,在缺少明确规定的情况下,相对人以外的其他人不能提起行政诉讼,即使其合法权益受到侵犯也是

---

① Thomas S. Kuhn, The Structure of Scientific Revolution, 37 (2nd. ed. 1970.).
② 《最高人民法院关于贯彻执行行政诉讼法若干问题的意见》只是作了进一步的列举。
③ 可参见周汉华《行政诉讼原告资格研究》,载《行政法学研究》1992年第4卷。

如此。这种规定方式在行政诉讼法中得到了确认,该法第 2 条和第 41 条规定公民、法人和其他组织"认为"其合法权益受到行政机关和行政机关工作人员具体行政行为侵犯的有权提起行政诉讼。根据立法目的和立法史,这里的"认为"只能理解为是相对人而不是其他人的"认为",否则会造成任何人都可以凭"认为"起诉。然而,行政诉讼法将起诉人限于相对人这样的规定方式在实践中却遇到了巨大的困难,司法实践证明,法律规定将原告范围限于相对人实际上剥夺了非相对人在其合法权益遭到侵犯时的诉权,[①] 而在某些申请行为中,完全不符合法律规定的基本条件的相对人根本就不应该具有诉权,因为他们的合法权益并没有受到审批行为的任何影响。这样,司法实践中,一些地方的法院实际上对行政诉讼法所规定的"认为"作了某种程度上说新的解释,它既不是立法目的所期望的相对人的"认为",也不是任何人的"认为",而是处于这两种极端之间的合法权益受到影响的人的"认为"。换句话说,只要是合法权益受到行政行为的影响,公众就可以提起行政诉讼,而不论其是否是行政行为的相对人;如果合法权益未受到行政行为的影响,即使是相对人也可能没有诉权。显然,依据这种解释来确定什么人有原告资格时,合法权益这一包容性的标准起到了决定性的作用。

2. 实质审理阶段法律原则的作用

如前所述,在疑难案件中,法律问题、政策问题和事实问题的界限可能是不确定的,法院因而不能从现行的法律规则中推导出结论,这时,法律原则或标准就可以帮助法院得出一个合理的判决而又不至于走向个人专断。这些原则有的规定在宪法或其他法律中,有的由法院在判例法中确定,有的则是不成文法。鲍曼曾指出,"法律是一种过程而不单是规则,它是一种将规则适用于不同情况的辩证的过程"。在这个过程中,综合了逻辑、道德和政治等因素的系统的法律原则起着不可替代的重大作用,它们可以"判断、改正甚至消除某些现成的法律规定",因此,在法律原则指导之下的辩证的法律过程"与教条式地适用法律规则大异其趣"[②]。

[①] 对一个合资企业的行政处罚(包括吊销营业执照)必然会影响到其合资各方的权益,在行政诉讼法通过以后的相当长的一段时间里,合资各方对处罚决定并不能提起行政诉讼,因为它们不是相对人。

[②] Harold J. Berman, Law and Revolution, 253—254 (1983).

在不同的部门法中有不同的法律原则，在英国，议会主权和法治是宪法的两个基本原则；公开、公正和公平是行政法的原则；家庭法中，未成年人的福利是有关监护的最重要考虑，离婚则完全建立在婚姻的不可挽回的破裂原则之上；合同法中，要约和承诺以及对价原则都建立在判例法的基础之上；侵权法中，过错侵权和故意侵权的主要构成要素也都是判例法的创造。[1] 在法国，尽管判例法形成了对行政行为进行审查的法定审查根据，[2] 但它们并不能解决核心的司法能动性问题。行政法院在司法实践中将大部分的案件分为三类，并对不同种类的案件采用不同的审查方法：第一，行政机关没有任何自由裁量权，法院的任务非常简单，只需要审查行政机关是否遵守了法律的规定。第二，行政机关拥有绝对的自由裁量权，除了在非常例外的政府行为（actede go vernement）案件中法院几乎对行政机关毫无控制以外，在所有其他案件中，法官可以审查行政机关是否有法律错误或事实错误。第三，行政机关拥有一定的自由裁量权，但法院可以有效地控制政策的界限。[3]

可以注意到，前述的法律原则大多并不是非常抽象的原则如民主、人权、平等或自由等。抽象的原则通常可以有不同的解释，并且容易带有偏见和特定的价值观，因而不能给法院提供明确的指引。从比较法的角度来看，大部分的法院以实践中可操作的原则或考虑而非抽象的原则作为其司法能动性的依据，这可以再一次证明现实主义法律运动的影响力。法律原则不同于那些缺少可操作性的空泛的法律规定，前者使法院可以在各种复杂的情况下经过综合考虑以后作出合理的判决，而后者因为缺少任何可操作性基本不具有法律规范的特点和效力。

在我国，法律的基本原则经常是重要法律的不可分割部分，如宪法的权利义务一致原则，刑法的犯罪构成原则和罪刑法定原则，民法通则的诚实信用和公平原则，经济合同法的实际履行原则，婚姻法的婚姻自由和感情破裂原则以及行政法的合法性审查原则等。但是，这些原则和具体法律条文的关系并不总是非常清楚，它们对于司法能动性的推动作用在不同的部门法中也不一样。尽管在诸如合同法和婚姻法中，实际履行原则和感情破裂原则对于法院处理案件和司法能动性的发挥确实起到了非常重要的指

---

[1] L. Neville Brown, General Principles of Law and the English Legal System, in Mauro Cappelletti, (ed.) New Perspective for a Common Law of Europe, 175—177 (1978).

[2] L. Neville Brown & John S. Bell, French Administrative Law, 226—235 (4th. ed. 1993).

[3] Ibid., 237—251.

导作用，但总的看来，由于受到法官素质和传统等的影响，我国的法官仍喜欢具体的规定而不是法律原则。尤其对于像行政法这样的新的法律部门，从上到下都希望有明确具体的答案而不是充满不确定性的原则指导。以证据规则为例，现代行政法至少能同时容纳三种不同的证据规则，即重新审理规则、实质证据规则和不武断规则。① 重新审理规则是最严格的一种证据规则，它要求法院在合法性审查过程中，独立搜集证据，判断问题，不为行政机关的意见所左右；实质证据规则次之，它并不要求法院重新搜集证据，只要求行政机关提供的证据能够合理地证明行政决定的合法性；不武断规则最为宽松，它甚至不需要行政机关从正面证明其行为的合理性，而只要求行政机关的证据能够证明其行为并不武断即可。显然，法院选择不同的证据规则，将直接决定对案件的审查结果，而这种证据规则的灵活性，也为法院的司法能动性提供了依据，法院可以根据问题性质的不同，使用不同的证据规则。② 我国《行政诉讼法》第 32 条有关行政机关举证责任的规定本来也能够容纳上述不同的证据规则。但是，在追求确定性的思维方式和提供具体答案的要求的影响下，在相当长的一段时间内，人民法院将这条规定理解为：行政机关提出的证据不仅在质上，而且要在量上比对方提出的反证占有优势，否则即承担败诉的法律后果。尽管这种解释在普通行政案件中没有什么问题，但在某些复杂案件中，这种确定性的解释实际上是将灵活的证据规则变成了一种机械的点数过程，使法院没有任何能动性可言。尤其在疑难案件中，因为法律问题、事实问题和政策问题往往交织在一起，对于不同的问题，法院应有不同的审查力度和标准，这种机械的清点数量却并不能使法院得出合理的结论。③

---

① 可见如，Richard J. Pierce, Jr. et al., Administrative Law and Process, 357—369 (1985); Alain Plantey, Evidence Before French Administrative Courts, 44 Admin. L. Rev. 15 (1992)。

② 在普通法的民事诉讼中，通常情况下，当事人必须证明事实存在的可能性大于不存在的可能性。但是，在某些案件中，当事人的证明程度必须高于通常的标准。可见，民事诉讼证据规则也是灵活的。见 Mike Redmayne, Standards of Proot in Civil Litigation, 62 The Modern Law Rev. 168, 175 (1999)。

③ 在一个非常典型的行政诉讼案中，行政机关在争议的双方 A 与 B 有同等证据的情况下处罚了 A，A 提起了行政诉讼。法院根据上述对证据规则的理解，推翻了行政机关的决定，理由在于行政机关所依据的 B 的证据在量上并不比 A 多。问题在于，在本案中，只要根据对证据规则的上述理解，则行政机关作出任何决定，包括作出不处罚 A 的决定，都会在诉讼中被法院推翻。也就是说，行政机关不论是否作决定或者不论作出什么决定，在本案中都会被法院推翻，这显然是极其不合理的。

过于依赖具体的法律规定而不能灵活地应用法律原则所造成的后果是：当法律规定不周时，司法工作人员即无所适从，并养成了一种坐等"红头文件"的习惯。结果，法治越发展，司法人员的依赖性越大。除此以外，习惯于按照详细的法律规定办案，使司法人员对于法律规定之外的宏观因素考虑不多，对疑难案件的审判显得非常被动，这就造成在某些判决中合法与合理形成巨大的反差，有损司法权威和尊严。

与中国渐进式的改革过程相呼应，中国的司法改革必然是一个逐步推进的漫长过程。具体改革措施的出台取决于具体的社会发展条件和制度承受能力，要求司法改革在一夜之间按某种既定的方案完成显然是不现实的。然而，渐进式改革并不排斥每一步改革措施都与最终的改革方向相符。事实上，只有实现独立、开放与能动三者之间的良性循环才能保证具体的改革措施之间相互促进和衔接。中国的司法改革始终都不应该脱离这一主题。

（原载《法学研究》1999年第5期）

论行政诉讼原告资格审查

周汉华

原告资格审查是行政诉讼有别于民事诉讼的一项重要制度，它的基本作用在于协调公民权、行政权和司法权的相互关系，追求民主与效率的统一，保证行政诉讼的顺利进行。本文介绍了行政诉讼原告资格审查的含义和特征，分析了我国行政诉讼因缺少这项制度所产生的问题，并提出了一些初步的建议。

一 行政诉讼原告资格审查的含义和特点

不论是民事诉讼还是行政诉讼，都是由一系列的具体程序或制度所组成的，缺一不可。在民事诉讼中，有民事权利能力的人，同时也就有民事诉讼权利能力，只要原告认为被告侵犯了其民事权利，而且，法院对于争议有管辖权，就可以立案，至于被告实际上是否侵犯了原告的民事权利，在诉讼过程中，由法院判定。因此，原告的权益是否受到侵犯，可以说是整个诉讼过程所要确认的目标，或者说是诉讼过程的终点。在行政诉讼中，情况不太一样，首先法院必须判定起诉人的合法权益是否受到侵犯，这种侵犯是否足以使其获得原告资格。只有得到肯定的结论后，才能进入实质性的司法审查阶段，这便是行政法上的原告资格审查。在司法审查阶段，法院主要是从事实、法律、程序以及职权的行使等方面，对行政行为进行合法性审查。因此，起诉人的合法权益是否受到侵犯，实际上是整个诉讼过程的前置问题或先决问题，是整个诉讼过程的起点。

行政诉讼原告资格审查有两个基本特征：

第一，这一制度可以根据社会生活的变化和不同的实际情况，灵活地调整合法权益的外延。这种原则性与灵活性的有机统一，保证了法院顺利地对行政行为进行司法审查，在动态中实现公民权、行政权和司法权的平衡，寻求民主与效率的最佳结合。这正是行政法的基本价值取向和重要的实施保证。如果没有原告资格审查这一"缓冲带"，势必产生大量的诉讼，既影响行政机关的正常管理活动，法院也承受不了，而且，在某些情况下，无法避免公开化的利益冲突。现实表明，行政诉讼原告资格审查是行政诉讼的一项基本制度，没有它，行政诉讼很难顺利进行。

第二，法院在行政诉讼原告资格审查的过程中起着举足轻重的作用。协调不同的利益，在矛盾冲突中找出合理合法的解决办法，在维护公民权利的同时，保证行政机关的正常工作，在监督行政机关的过程中，维护行政机关的独立性和自主性，无一不需要法院能动性和创造性的工作。法院的执法水平在很大程度上决定了原告资格审查制度作用的发挥。

二 我国进行行政诉讼原告资格审查的必要性和现实意义

《行政诉讼法》[①] 制定和实施以前，我国的行政案件一直是按照《中华人民共和国民事诉讼法（试行）》第 8 条第 2 款的规定，适用民事诉讼程序。而且，理论界和司法部门对行政诉讼与民事诉讼的相同点谈得多，差异谈得少，普遍认为提起行政诉讼是相对一方的权利，只要相对人认为行政行为侵犯其合法权益，便可以提起诉讼，人民法院也应受理，至于客观上是否侵犯了相对人的合法权益，需待人民法院依法定程序审理后才能作出判断。[②] 与民事诉讼没有任何区别。同理，我国《行政诉讼法》第 8 条规定，公民、法人或者其他组织"认为"行政机关和行政机关工作人员的具体行政行为侵犯其合法权益，有权向人民法院提起诉讼。根本没有涉及人民法院是否应对原告资格进行审查。直到现在，原告资格审查这一概念仍未引起我国理论界和实际工作者的注意。

由于行政诉讼缺少必要的原告资格审查，现实生活中出现了许多问题，主要表现在：

第一，我国是一个封建专制传统影响相当深远的国家，行政权在社会生活中一直居于支配地位，人们的权利意识和法律观念不强，司法机关的独立地位也因各种原因受到一定的影响。这样，刚刚采用行政诉讼制度，肯定有一个社会承受能力和人们的心理承受能力问题，也有一个习惯与否的问题。尤其现在我国正处在新旧体制交替的关键时期，政策与法律，经济与政治，公民权利与国家利益，法院独立审判与坚持党的领导等许多关系错综复杂，一时还无法捋顺，各种矛盾和冲突依然存在，处理不好，极有可能向旧体制复归。行政诉讼制度无疑是新体制的一个生长点，是中国步入法治社会的一个前沿阵地，而原告资格审查则可以帮助这一新生事物较为安全地与现存的

---

① 《行政诉讼法》系《中华人民共和国行政诉讼法》之简称，下同。
② 罗豪才、应松年主编：《行政诉讼法学》，中国政法大学出版社 1990 年版，第 4 页。

社会结构整合，帮助它在"母体"上顽强地生存下来。然而，由于我国不存在原告资格审查制度（及其他一些具体制度），使得两种体制之间失去了"安全区"与"缓冲带"，现实生活中法院与"五大班子"的对立，行政诉讼与国家的方针政策不尽吻合的现象时有发生。如果我们不充分认识原告资格审查的作用，不从根本上解决新旧体制之间的衔接问题，行政诉讼最后必然成为无源之水，无本之木。

第二，由于我国《行政诉讼法》只有受案范围的笼统规定，没有原告资格审查制度，使得法院对于起诉人提出的诉讼请求，陷入了一种两难境地：如果受理，会造成诉讼泛滥，法院根本无此承受能力；如果不受理，又找不到相应的法律根据，既说服不了起诉人，又影响人民法院的威信。结果，人民法院"瞻前顾后，无所适从"，许多实际问题无法解决：

（1）行政诉讼法规定对"行政处罚"不服的，可以提起诉讼，而行政处罚目前有五大类100多种，如果对哪种行政处罚不服，都可以提起诉讼，那么单受理"行政处罚"一项，基层法院就很难应付。尤其是罚款，由于没有具体数额的规定，实践中不好掌握。

（2）行政诉讼法规定的"许可证和执照"种类繁多，究竟哪些许可证和执照可以提起行政诉讼，至今没有明确的界定标准。

（3）《行政诉讼法》第11条有三项规定不作为诉讼，但目前对于行政机关颁发许可证和执照的期限，对于发给抚恤金的原则、程序和条件，只有极少数法律作了规定，而申请行政机关履行保护人身权、财产权的法定职责，更缺少程序上的保证。这种情况下，遇到行政机关对申请"不予答复"，不好处理。如果受理，会因没有法定期限可资认定而无法判定、如果不受理，又违背行政诉讼法的规定，基层人民法院极为棘手。即使行政机关作出决定，因为数以百万计的各种申请能够得到批准的只是一部分，如果所有的"拒绝"决定都可以被提起诉讼，那么，这三项不作为诉讼将使行政机关和法院筋疲力尽。

（4）有的单行法规规定相对人以外的其他当事人有权提起诉讼，大部分的单行法规无此规定，实践中很难掌握相对人以外的当事人的原告资格。尤其是某些行政行为影响的范围很广，如为了应付上级卫生检查，命令自由市场上所有的个体摊贩停业几天，这种行政行为并不属于抽象行政行为，是否能对这种行为提起诉讼，谁有资格对这种行为提起诉讼，各地在实践中的做法有很大的差异，亟须有统一的标准。

因为上述操作问题，基层法院的同志寄希望于最高人民法院对行政诉讼受案范围涉及的可诉性标准、条件和种类作出切实可行的解释。笔者难以赞同这种思路，原因在于：（1）受案范围与原告资格审查是行政诉讼的两项不同制度，二者职能有别，不能相互代替。如果从受案范围入手，为了迁就现状而缩小行政诉讼的受案范围，既违反行政诉讼法的规定，又为以后条件成熟扩大受案范围设置了障碍。而且，这种做法必然会导致行政诉讼失去其原则性与灵活性相结合的特点，我们必须承认，司法实践中遇到的上述操作问题，基本上都在行政诉讼法所规定的受案范围以内，只能通过原告资格审查加以解决。（2）如果不考虑用词上的差异，司法实践中所需要的所谓可诉性标准，实际上正是原告资格的标准，即诉讼提起后，法院应根据什么标准判定是否应该受理，或者说，法院怎样进行原告资格审查。对于这个问题，我们也不能指望最高人民法院制定全国通行的标准，这种标准只会使行政诉讼失去其应有的灵活性和可调整性。行政诉讼原告资格审查的最大特点就在于它赋予法院在具体的案件中实现法律所确认的基本原则的权力。人民法院、尤其是基层人民法院，对此应该有充分的认识。有关"行政处罚"、"罚款"、"许可证和执照"、"不予答复"、"拒绝"等诉讼提起后，法院必须首先承认它们都在法律规定的受案范围以内，但经过原告资格审查，法院如果判定起诉人的合法权益并未受到侵犯，或者认为其受到侵犯的权益不足以构成起诉的基础，可以以起诉人不具备原告资格为由拒绝受理。这样，基本上可以摆脱目前这种不受理没有法律依据，受理又造成诉讼泛滥的两难处境。

三　我国行政诉讼原告资格审查的基本原则

个人合法权益受到侵犯是行政诉讼原告资格审查的普遍适用标准，但是，什么是个人的合法权益，个人的合法权益受到何种程度的侵犯才可以获得原告资格，不是一个简单的理论问题，必须由法院在具体的案件中进行判定。

进行原告资格审查，必须首先界定"合法权益"的范围。在我国，公民所享有的权利的范围是很广的，仅宪法明文规定的便有选举权和被选举权、言论、出版、集会、结社、游行、示威权，宗教信仰权，人身自由权，财产权，批评建议权，申诉、控告或者检举权，劳动权，休息权，社会保障权，物质帮助权，受教育权，男女平等权，等等。其他有关法律、法规也都有关于公民合法权益的规定。如债权、知识产权、诉讼权、申请工商业执照权、依法经营获利权，等等。根据《行政诉讼法》的规定，能据以提起行政诉讼的合法权益有如下两种：（1）凡公民人身权、财产权受到侵犯，便有资格提起行政诉讼；（2）其他权益必须以有法律明确规定为提起诉讼的前提，例如，公民的物质帮助权并不能当然构成起诉的基础，只有法律对诸如抚恤金的支付作出明确规定，而行政机关没有依法发给的时候，才能提起诉讼。对于许可证和执照也是一样，只有法律对许可证和执照的法定条件作出规定，而符合法定条件的申请没有被批准，当事人才有起诉资格。因此，目前还缺少具体法律保障的一些权利，如出版、结社、批评建议权、男女平等权等，还不能成为原告资格审查的依据。（笔者认为，宪法有关公民政治权利和自由的有关规定，具有直接的法律效力，可以作为提起行政诉讼的根据。而宪法有关公民社会权、经济权的规定，只是普遍的指导原则，需要由具体法律加以补充。）

在人身权、财产权和法律规定的其他权益的范围内，人民法院应该从三个方面进行审查。首先，法院必须判定起诉人是否享有上述权益即起诉人是否为法律规定的受益人。如果经审查发现起诉人根本没有合法权益，当然谈不上行政机关的侵权问题。例如，行政机关拒绝起诉人的许可证申请，起诉人提起诉讼，法院需首先认定起诉人是否符合有关法律规定的条件，如果明显不符，则起诉人根本不是合法受益人，无权提起诉讼。其次，法院应判定起诉人的合法权益受侵犯与行政行为之间是否有因果关系。如果经审查不存在因果关系，证明行政行为并未侵犯公民的合法权益，起诉人无权对行政行为提起诉讼。例如，行政机关拒绝履行或者不予答复申请行政机关履行保护人身权、财产权的法定职责，必须是造成起诉人的合法权益受损的内在的、必然的原因，起诉人才能享有原告资格，不是所有的"不予答复"或"拒绝履行"都可以被提起诉讼。最后，法院还应判定起诉人受到侵犯的权益是否足以使他获得原告资格。如果认定起诉人并不具有足够的利益，如对罚款一元不服，法院可以拒绝受理。

总之，法院如何进行原告资格审查，不是仅从理论上便能解决的问题，必须在司法实践中逐步摸索，逐步完善。地方各级人民法院应结合行政审判的实践，本着民主与效率不可偏废的原则，妥善处理公民权、行政权和司法权的关系。最高人民法院应根据各地汇报的情况，及时作出司法解释，指导行政诉讼工作的顺利进行。

（原载《中国法学》1991年第6期）

审视应然性

——一种宪法逻辑学的视野

莫纪宏

我们凭什么说"应该"?① 这个问题自休谟提出事实与价值之间的关系后一直困扰着人类的理性与智慧。② 千百年来,各种形形色色的法学理论都在自觉或不自觉地尝试着给这个问题以圆满的解答,或者是寻找一条可行的解题思路。不过,结果却不是令人十分乐观。否则,我们就会沿着前人开辟的"应该"之路,不费吹灰之力地创造人类的幸福生活了。可以说,直到今天,以"应该"判断为核心的"应然性"并没有获得有效的证明方式,对"应然性"所进行的建构和解构的学术努力尚不能通过具有确定性的逻辑形式表现出来。

"应然性"③("ought to be"[英]、"wollen"[德])作为与"实然性"("to be"[英]、"sein"[德])相对应的范畴,目前已经成为中外法哲学研究中的一个基本熟语,围绕着"应然性"已经形成了一整套比较成熟的话语体系。"应然性"已经不自觉地被用来代指法律的基本价值所在,并且成为法治改革的价值依据。

但是,在"应然性"范畴不断影响着我们对法律所具有的基本价值的判断时,我们是否依靠"应然性"做出了什么革命性的变革?"应然性"是

---

① 笔者认为,"应该"与"正义"是等范畴的,相对于"正义"来说,"应该"更具有指引行为的精确性。而"正义"所展示的内涵过于"道德化",容易受评价主体观念的影响。为了严格地构建本体论、认识论和价值论哲学三论,应当对传统的哲学范畴加以梳理和清算,将一些含义相近的范畴加以合并,将一些无确定"所指"的范畴予以抛弃。否则,在逻辑混乱的哲学范畴中来辨析理性的思路只能徒做无用功而已。

② 休谟在《人性论》中认为,在以往的道德学体系中,普遍存在着一种思想跃进,即从"是"或"不是"为连接词的事实命题,向以"应该"或"不应该"为联结词的伦理命题(价值命题)的跃进,而且这种跃进是在不知不觉中发生的,既缺少相应的说明,也缺少逻辑上的根据和论证。这就是著名的"休谟问题"。参见休谟著《人性论》(下册),商务印书馆1980年版,第509—510页。

③ 在法文中,"应该"一般表述为"il faut que","是"表述为"il est"。"il faut que"主要是一种客观性的,不完全受主体意志的支配,在英文中没有完全的对应形式。而"devoir"则相当于英文中的"should"或"ought to"。

否是一个可靠的法哲学范畴？如何获得法律的"应然性"？究竟是否存在着"应然性"与"实然性"的价值区分呢？至少到目前，还没有看到有多少论著来自觉地讨论这些问题。

一个不可忽视的问题就是，"应然性"正在将我们的法哲学思维引向一个过度随意的价值空间，以至于"应然性"的价值明显优位于"实然性"。在法哲学研究领域，法律的"应然性"似乎比法律的"实然性"更可靠，更容易与真理范畴联系起来。

作者认为，现在是到了清算"应然性"的时候了。如果"应然性"作为现代法哲学的基本范畴不具有基本的确定性，不能通过一定的逻辑形式表达出来，成为一种可以适用于各种情形的普遍公式，那么，"应然性"带给我们的绝对不可能是理性，而只不过是披着理性外衣的"非理性"。

由于在法的体系中，一般的法律形式可以理所当然地从作为基本法律规范的宪法获得自己合法性的依据，因此，对法律的"应然性"的考察实质上集中在对宪法的"应然性"的考察上。

宪法作为根本法，之所以没有与法在历史上同时产生，其根本的原因就在于作为限制国家权力、保证公民权利的宪法理念是在追求法的"应然性"基础上产生的。从"人治"到"法治"的历史演变，反映的是法的"应然性"逻辑内涵的历史发展。宪法是作为"应然法"的逻辑形式出现的。作为"应然法"，宪法的产生是对传统法律的辩证否定，反映了法律发生、发展的必然规律。

一　由"应然性"产生的逻辑困惑

不可否认，"假设"问题一直是作为法律的"应然性"证据而存在的，特别是在盛行"假设"传统的英美法哲学界，对"假设"条件下所推导出的"应然性"一直推崇备至。但是，近年来，严肃的法理学者们开始意识到由"假设"问题给法律的"应然性"所带来的巨大危害。因此，摆脱"假设"的逻辑束缚，成为现代法哲学的一项核心使命。"现代法学理论的最核心的问题是如何在不求助于神圣假设条件下实现法的正当性。"[①]

以"假设"逻辑为基础的自然法学说曾经推动了近代以来的法律思

[①] 参见季卫东《"应然"与"实然"的制度性结合（代译序）》，载周叶谦译《制度法论》第1页，原著麦考密克、魏因贝格尔，中国政法大学出版社1994年版。

想领域的革命，具有一定的历史功绩，但是，因"假设"所造成的逻辑障碍却没有得到很好的克服，以致当适应全球一体化的要求需要寻求一条普遍主义规则时，人们不得不重新反思"假设"逻辑的合理性。

中世纪的托马斯·阿奎那在《神法大全——论法》中提出了法的四种类型说，即永恒法、自然法、人法和神法。在阿奎那看来，人法来源于自然法。人法由两部分构成，即万民法和市民法。万民法来源于自然法的方式是，由前提推导出结论。市民法则通过依据一般原理作出决定的方式来源于自然法，因为每一个国家自己决定什么是对它最好的东西。①

资产阶级启蒙思想家们虽然抛弃了在自然法之上的永恒法、上帝法等"神法"的概念，但是，世俗社会的法律的正当性并不是来源于世俗社会本身，而是"自然法"。古典自然法学派的著名人物荷兰国际法学家胡果·格劳秀斯曾经有一句至理名言："上帝不存在，自然法仍将存在。"格劳秀斯在吸收斯多噶学派和西塞罗思想的基础之上，给自然法下了一个定义："正确理性的启示。"② 很显然，在古典自然法学理论中，"理性"是法律的"应然性"基础。

"应然性"在自由主义的理论传统中一直获得推崇。功利主义者边沁用"最大多数人的最大利益"③ 来解释法律的应然性，凡是符合这个原则的都理所当然应当得到法律的尊重和肯定。罗尔斯的正义论也是建立在"社会上最不利者的最大利益"④ 基础之上。在自由主义的理论传统中，"正义"

---

① 参见张乃根著《西方法哲学史纲》，中国政法大学出版社1993年版，第84页。
② 同上书，第92页。
③ 功利主义先后经过了两个发展阶段，早期的主要代表是杰里米·边沁（Jeremy Betham, 1748—1832），晚期的主要代表人物是约翰·密尔（John Stuart Mill, 1806—1873）。边沁在《道德与立法原理》一书详细论述了功利主义原则，认为人类行为的最终目的就是使善最大限度地超过恶。像边沁一样，密尔也坚持认为，任何有助于最大多数人幸福的个人或集体行为都是正义的。参见俞可平著《社群主义》，中国社会科学出版社1998年版，第7—11页。
④ 罗尔斯在《正义论》中提出了两大原则：一是作为公平的正义原则（the principle of justice as fairness），二是差异原则（the difference principle）。前者强调每个人在"原初状态"（the original position）中都是"自由和平等的道德人"。他们在"无知之幕"（veil of ignorance）的限制下，选择一套用以规范社会的正义原则。后者则强调，只允许存在有利于社会中获得利益最少的那部分成员的社会与经济的不平等，但是，这种不得不实施的不平等必须满足两个限制性的条件：一是这些不平等有利于社会中最少受益者的最大利益；二是在机会公平的条件下，各种社会价值如职务和地位，应向所有人自由开放。不难看出，罗尔斯的正义原则都是依据"假设"逻辑而产生的。如"原初状态"、"无知之幕"等条件都是依靠"假设"逻辑来支撑的，很难获得实证性的证据来支持。

与"应然性"很难精确地区分开来,凡"正义"者一般皆为"应然"者。不过,从逻辑上来看,自由主义理论对"应然性"的解释并不具有逻辑上周延性的特征。因为"最大多数人的最大利益"忽视了"少数人"的意义,所以,当多数人与少数人发生价值冲突时,多数人的"应然性"就会受到挑战。即使是"社会上最不利者的最大利益"也存在着致命性的逻辑错误,即如何证明"谁是社会上最不利者",并且能够根据该命题寻找到确定的人群。当"社会上最不利者"的所指不能被自发地接受时,就会发生认定者与被认定者之间的价值冲突。①"人权高于主权"这样的命题绝对隐含着判断主体所使用的强迫性的识别逻辑。

近年来在西学中盛行的"论辩伦理学"将研究问题的重心集中到对"正当—不正当"的论证上。论辩伦理学对正当的论证方式主要是以论辩的形式规则作为标准的。以正当为主要内涵的"应然性"在论辩伦理学得到了不同的体现,包括阿佩尔(Apel)的"一个理想的沟通群体",哈贝马斯(Habermas)的"理想的对话情景"以及佩雷尔曼(Perelmann)的"包罗众生的讲堂"等。②不过,正如阿图尔·考夫曼(Arthur Kaufmann)一针见血指出的那样:论辩伦理学存在的致命的逻辑问题是"不论这合意的内容如何,即使它是就一种彻头彻尾的邪恶达成了一致"③。

不难看出,"应然性"给法哲学带来的后遗症有多重。在西方法哲学所勾画的"应然性"逻辑毛病百出的情形下,以对"应然性"提出不屑一顾挑战的后现代法哲学获得了越来越广泛的学术市场。卡

---

① 近年来,西方一些国际法学者极力削弱《联合国宪章》关于"不干涉主义原则"的效力,鼓吹"人道主义"干涉的可行性。如《奥本海国际法》的修订者劳伦派特在该书第 8 版中说,如果一国犯有对本国人民施加残暴或迫害的罪行,以致否定他们的基本人权,并且震骇人类良知的话,为人道而进行的干涉在法律上是允许的。英国学者鲍威尔则断言,人道主义干涉是合法的,并且继续合法。应当看到,这里所强调的人道主义干涉,已经过度扩大了国际法的功能,对目前民族国家的主权表示了一种轻蔑。虽然说,国际法和国内法在保障人权方面的功能是一致的,但是,如果抛弃国内法直接通过国际法来保障国内的人权,很显然会产生人权保护中的"悖论",即保障人权要首先以侵犯人权为前提。如果这样的价值观占据国际法学说的主流,国际法的法律特征就会受到挑战。"人权高于主权"的背后不难发现"人权卫士"对"社会最不利者"的主观认定逻辑。

② 参见阿图尔·考夫曼著,米健译《后现代法哲学——告别演讲》,法律出版社 2000 年版,第 60 页。

③ 同上。

尔·卢埃林（Karl N. Llewellyn）在《现实主义的一些现实主义——答庞德院长》的论文中对"应然性"的价值稳定性产生了怀疑，他认为，为了研究起见，可暂时划分"现实"和"应当"，意思是在确定研究目标时，必须诉诸价值判断，但在研究"现实"本身时，对有关事物关系的观察、说明和确立应尽可能不受观察者意愿或伦理观念所支配。①

所以，尽管"应然性"作为法哲学的基本范畴已经具有悠久的历史渊源，但是，真正能够被普遍接受的"应然性"却很难获得。特别是尚未对求证"应然性"的方法达成基本共识。近现代西方法哲学并没有跳出"假设"的自然主义思想的框架，"应然性"的形式逻辑特征没有获得应有的关注。

二 "应然性"的性质

毋庸置疑，在"应然性"的实体内涵不能通过固定的逻辑形式表述出来的情形下，回到求证"应然性"的方法上成为揭示"应然性"本质所绕不开的卡夫丁峡谷。而要获得可靠的求证"应然性"的方法，必须以弄清楚"应然性"的性质为前提，也就是说，我们准备证明什么。

首先，必须研究的是"应然性"究竟是一种什么样的属性，这种属性到底要表达什么样的一种判断。很显然，"应然性"的核心概念是"应该"，而"应该"的本质是对某种事件发生原因或发展结果的带有肯定性的逻辑判断。②在原因与结果之间，"应该"建立的是一种肯定性的逻辑联系，具有逻辑上的"决定"意义。因为在非决定论的思维模式下，不可能产生"应该"这样的价值判断，所以，在非决定论下，原因与结果之间不存在确定性的逻辑联系。只有在决定论的思维模式下，在原因与结果之间存在稳定的逻辑联系的前提下，根据同样的原因可以作出"应该"产生同样的结果的逻辑判断，或者是根据相同的结果可以推论"应该"存在相同的原因。因此，"应该"在原因与结果之间建立

---

① 参见沈宗灵著《现代西方法理学》，北京大学出版社1992年版，第314页。
② 拉斐尔在谈论"应该"的性质时指出：如果你说应该引起X，应该做X，那你的意思是X现在还不是事实；你正在谈的是使某种事情成为事实的可能性和迫切性。如果你说应该消除Y，你正在谈论的是使一个存在的事实不再存在的可能性。参见［英］D. D. 拉斐尔著，邱仁宗译《道德哲学》，辽宁教育出版社、牛津大学出版社1998年版，第36页。

的是"同一性"①、"连续性"或"间性"②的逻辑联系,"应然性"属于一种"确定性",这种"确定性"是针对因果关系的。故简而言之,"应然性"是指因果关系的确定性。

其次,作为因果关系的确定性,"应然性"的表现形式是由因果关系的紧密程度所决定的,"应然性"所依赖的因果联系主要包括"必然性"、"可能性"等属性范畴。"必然性"具有较强的决定力量,它可以从现在推及未来,具有沟通"过去"、"现在"和"未来"三个时间段的作用。因此,在"必然性世界"中,"现在"是"过去"的"应然性"的产物,"现在"又是"未来"的"应然性"的依据。但是,"必然性"中隐藏着的"无限性"会从根本上否定"应然性"的存在,因为对于不能证明的"无限性"只能保持沉默。"可能性"与"应然性"具有紧密的逻辑联系,"应然性"只有在可能的世界中去寻找,而不可能在不可能的世界中获得。当然,这丝毫不意味着"可能"="应该"。③ 在可能的世界里,"应该"是现实的可能性,而不是逻辑的可能性。

最后,"应然性"不是一种客观属性,而是一种价值属性。对于在人类产生之前已经存在的自然之间的因果关系,不存在"应该"的判断,

---

① "同一性"(identity),根据《布莱克法律辞典》的解释,意为"相同点"(sameness)或者是"身份上的一致性"。近年来,西方宪法学界在使用"同一性"概念时,主要是从主体性的角度来考虑的,也就是说,考察两种不同的价值在主体性上的"一致性"。例如,米歇尔·罗森菲尔德在《宪政、同一性、差异性和法治》一书中,将"同一性"与"差异性"视为"限权政府"、"法治"和"保障基本人权"三种宪政基本价值存在的相互对立的"价值证据"。(Cf. "Constitutionalism, Identity, Difference, and Legitimacy", Michel Rosenfeld, Editor, 1994 Duke University Press, "Modern Constitutionalism as Interplay between Identity and Diversity", pp. 4 – 6.)

② "间性"表现为一种"连续性",亦称"交互主体性"(德文是 intersubjektivitaet,法文是 intersubjectivité,英文是 intersubjectivity),学术界有人将之译为"主体间性"或"主体际性",由现象学大师胡塞尔首创。胡塞尔认为,人们生活在世界中进行着生动的、充满"人格主义态度"的交往,这种交往是主体间的交往,其中具有决定意义的性质是"交互主体性"(intersubjektivitaet)。"交互主体性"包括两方面的含义:其一为主体间的互识,即在交往过程中两个或两个以上的主体间是如何相互认识、相互理解的;其二为主体间的共识,即在交往过程中两个或两个以上的主体如何对同一事物达到相同理解,也即主体间的共同性和共通性。毫无疑问,主体间的互识与主体间的共识是相互联系的:主体间不能"互识"便很难达成"共识",主体间达成了"共识"便促进"互识"。胡塞尔认为,科学世界的"客观性"是由生活世界中的"交互主体性"所决定的,因为所谓"客观性"无非是主体间达成了"共识"。

③ 康德在《实践理性批判》第七节"纯粹实践理性的基本法则"中指出:"如果我们该行某事,我们就能行某事。"在此,康德提出的是"应该"的实践意义,但康德的意思并不是"如果我们能行某事,那么我们就该行某事。""应该"与"可能"没有直接的逻辑联系。

而只存在"客观性"。作为价值属性，"应然性"不可能离开价值主体属性的影响。所以，"应然性"服从于价值主体的属性，即作为因果关系的确定性，"应然性"实质上是受作出"应然性"价值判断的主体意志属性和利益属性支配的。尽管这种支配关系具有某种客观性，但是，"应然性"不可能超越主体性。所以，"应然性"是主观性与客观性的统一体，由"应然性"所支撑的因果关系不可能是本体论意义上的"规律"，而只是基于主体性建立起来的"规范"。"应然判断"是一种价值意义上的规范判断。

三 "应然性"的证明路径

由于"应然性"以"应然判断"为基础，所以，"应然性"的逻辑结构必然包含着判断主体、判断对象、判断形式、判断结论等逻辑要素。这些要素对构成"应然性"都是不可缺少的。基于判断对象与判断主体之间的关系、判断主体对判断形式的运用能力、判断结论对判断主体的意义的不同，可以从本体论、认识论和价值论三个不同的层次来获得"应然性"的判断形式和有关的判断结论。

（一）"应然性"的本体论证明

"应然性"作为一种价值属性，体现了"应然判断"逻辑过程中的主观性与客观性之间的辩证统一。如果在作出的"应然判断"逻辑形式中，被判断的对象与判断主体之间缺少同一性，或者说，被判断对象根本不受判断主体的影响，在这种情况下，判断主体对被判断对象所作出的任何逻辑判断都带有不确定性，只能产生事实判断，即什么是"是"的判断，而不可能产生什么"应该是"的判断。而从"是"的判断很难推导出"应该是"的结论，只可能产生"肯定是"或"可能是"的逻辑判断。如"太阳从东方升起"，这是一个事实判断，根据这个事实判断，可以得出两种结论，一是"太阳肯定仍然会从东方升起"；二是"太阳可能会再从东方升起"，但是，却很难作出"太阳应该始终从东方升起"的结论。因为"太阳从东方升起"这种事实判断中包含着无限性与有限性的统一，具有不确定性，而一旦据此作出"太阳应该始终从东方升起"的结论，这就意味着"太阳从东方升起"是一个永远也不会改变的事实。很显然，对这样的事实是无法加以有效证明的。

值得一提的是，由于本体论的证明方法主要以事实判断为核心，所以，在事实确定的前提下，本体论必然要支持寻找构成某事实的原因，也就是说，肯定某种"之所以如此"的前提条件的存在。[①] 本体论存在的意义就是以果推因，并以此来建立事实之间的逻辑关系。[②] 正如康德所说的那样，我们的科学——经验知识，一方面来自"感觉"，由感官接受来的外来信息后被称作"感觉材料"（sense-data），另一方面有先于感觉的逻辑结构形式，这样"综合"起来，我们对"现象"界，就能"把握"住它们的规律。"实践"根据的是"应该"的原则。根据这个原则，我们可以说，这"事"本不该"这样"，于是我要"改造"它，使之成为"那样"。"应该"的原则，意味着有不同于"这样"的"那样"（另一个）"事""在"。[③]

鉴于本体论对"原因"的高度关注，所以，从本体论出发对"应然性"的把握实质上突出事物的"正当性"或"合法性"的特征。"正当的"、"合法的"往往也就是"应该的"。不过，由于"正当性"存在着一个确定性的问题，因此，带有"无限性"特征的"正当性"很显然不能很好地建构"应然性"的基本逻辑框架。在事实与价值之间必然会有一个实践和认识的问题。

（二）"应然性"的认识论证明

由于本体论对"应然性"的解释不能很好地解决"无限性"对"应然性"的影响，因此，要获得一种可靠的"应然性"，首先必须斩断"无限性"的逻辑根基，将"应然性"限制在"有限性"的幅度内讨论。

要解决"有限性"的逻辑形式问题，必然会涉及判断主体与判断对象之间的逻辑关系。作为判断对象的自然，其"无限性"是不受判断主体判断能力的影响的，因此，判断主体在认识判断对象时，对判断对象的"无限性"的认识能力是"有限的"，这样，本体论意义上的"无限性"就受到了认识论意义上的"有限性"的限制，也就是说，超越于认识论意义上的"有限性"来谈论本体论意义上的"无限性"对于判断

[①] 在海德格尔看来，人所意识到的是"此在"（Dasein），而不是"在"（sein）。因此，由"此在"必然会导致对"在"的探索，"此在"的正当性也就受到了相应的挑战。参见叶秀山《世纪的困惑——中西哲学对"本体"问题之思考》，载《中国哲学史研究》1997年第1期。

[②] 如海德格尔从"理念"的眼光出发，认为"表象"世界——经验世界、现实世界总有点那么"不对头"，它本"不该"是这样，而"该"是那样……所以"理念"的世界，是一个"应该"的世界，是一个"理想"的世界。参见叶秀山《世纪的困惑——中西哲学对"本体"问题之思考》。

[③] 参见叶秀山《世纪的困惑——中西哲学对"本体"问题之思考》。

主体来说是无意义的，尽管这种"无限性"可能是一种事实，具有客观性。

由此不难发现，在事实判断与价值判断之间存在着一个非常重要的逻辑桥梁，即不完全受事实客观性和价值主观性支配的主体认识能力的"有限性"。也就是说，为传统法哲学所忽视了的"不得不"的能力判断。由于"不得不"能力判断的存在，使得以"应该"为核心的价值判断形式获得了基本的逻辑前提条件，即"不得不"可以被视为最低限度的"应该"。

虽然"不得不"在连接事实与价值方面的意义还没有完全获得法哲学的高度重视，但是，至少有一点是很明显的，"不得不"可以在本体论方法与价值论方法之间实现比较平稳的逻辑过渡，从而避免直接通过本体论方法来证明价值论的逻辑弊端的产生。所谓"天赋人权"、"神授人权"等命题都包含了用"无限性"来论证"应然性"的逻辑弊端。"天"在何处？"神"从何来？资产阶级革命以来的自然法学说确实让我们陷入了一条求证"应然性"逻辑方法的死胡同。所谓"人权"是"人作为人应该享有的"的价值论表述如果替换成"人作为人不得不享有的"的认识论和实践论的表述，人权理念的逻辑基础就是不可动摇的，人权的内容也就具有逻辑意义上的确定性。

（三）"应然性"的价值论证明

相对于本体论和认识论对"应然性"论证较弱的逻辑势态，价值论的核心就是"应然性"。价值论是受主体性控制的基本属性，是主体的主观愿望与选择能力高度合一的产物。以主体对"应然性"的要求为基础，价值论的逻辑基础就是道德哲学。在价值论中，"应然性"的存在既具有客观性，又具有主观性，但是，相对于客观性来说，主观性显得更加主动和积极。

在价值论下，由于"应然性"对主体性的过度依赖，因此，"应然性"的逻辑结构比较难以确立。哈贝马斯主张以"合意性"来构造"主体间性"，并以合意作为真实性和正当性的判断标准。不过，这种程序理想受到了不少学者的批评。阿图尔·考夫曼在《后现代法哲学——告别演讲》中不客气地指出："除非人们真的愚鲁到如此地步，以至于承认只要是形式上正确的合意（如合宪颁布的可耻的法律），其本身就不能够错误、恶意和不公正（想象的出路，即仅仅是所有人的合意才有产生真理的力量，实际上是毫无用处的，因为这样一种全面的合意并不存在，而且也永远不会存在）。"① 看来，从主体间性的角度来寻求价值论意义上的"应然性"的确定性困难不小。麦考密克和魏因贝格尔在批判规范主义的道德强制主义和现实主义的缩小主义②的基础上，提出了制度"应然性"理论。魏因贝格尔认为，制度事实——例如法律制度——是一种特殊方式出现的复杂的事实：它们是有重要意义的规范的构成物，而且与此同时，它们作为社会现实的因素存在。③ 麦考密克强调在"实际是这样"与"应当是这样"之间并不存在固定的界限，而是会随着背景的变化发生相应的变化。因此，关于任何调查研究的根本问题就是：什么是为了进行这一调查研究而应当被采纳的"事实"。④ 不过，继承了哈特实证主义法学传统的制度法理论并没有在实体上找到多少有说服力的价值证据来保证"应然性"不受主体性的控制而具有普遍意义上的逻辑结构形式。

为了摆脱价值论意义上的"应然性"免受主体性的过度压迫，康德曾经试图通过绝对命令理论来建立绝对意义上的"应然性"。康德建立了关于道德行动的三重公式，第一公式要求绝对命令为每一个人立法，包括立法者自己；第二个公式是将人作为目的，而不是作为手段来对待；第三个公式是每个人都属于目的王国中的一个成员。⑤ 很显然，康德的绝对命令理论摆脱了一般道德理论对主体间性的要求，对"应然性"的"合理性"和"有效性"给予了比"合法性"和"正当性"更多的关注。通过将道德判断主体自身纳入"应然性"的范畴，并以人是目的来改造"应然性"的合理性。尽管如此，康德的绝对命令理论与主体间性理论一样，都没有正面回答价值论意义上的"应然性"的"确定性"问题，即如何获得价值论的证据来证明"应然性"具有不受主体支配的"同一性"。企图以"正当性"、"合理性"和"有效性"来代替"确定性"，在逻辑上是行不通的，也是犯了逻辑范畴混用的错误。

在价值论意义上的"应然性"的确定性，在逻辑上存在着两种有效的

---

① 参见阿图尔·考夫曼著《后现代法哲学——告别演讲》，第27—28页。
② 规范主义的特征是以"根本规范"作为一切法律规范的正当性来源，而"根本规范"的正当性却没有受到应有的质疑，所以，依据规范主义确立的"应然性"必然是强迫适用的；现实主义将一切法律问题都转化为社会学问题，法学成了缩小了的社会学。规范主义和现实主义都没有给"应然性"以准确的解释。参见周叶谦译《制度法论》。
③ 周叶谦译《制度法论》，第136页。
④ 同上书，第126页。
⑤ 参见［英］D. D. 拉斐尔著，邱仁宗译《道德哲学》，辽宁教育出版社、牛津大学出版社1998年版，第71页。

求证路径，一是合并同类项，即寻找最低限度的相似性；二是排除法，寻找与"应该"相斥的逻辑对应项，即对"应然性"的否定程度。前者表现为通过价值论体现出来的"不得不"。呼吸、吃饭、喝水、睡觉对于自然人而言如果要保持自身的主体独立性是"不得不"而为的，这些行为超越于主体性，因此，构成了价值判断上的"应该"，也就是说，人应该呼吸、吃饭、喝水、睡觉是关于作为主体的自然人的最低限度的"应然性"，也是人权理念的逻辑基础。① 也就是说，"不得不"是超越于主体性的，是主体对"应然性"的最低限度的选择。后者的逻辑形式是"不应该"，"不应该"实质上是"不得不"的另一种逻辑表达形式，即对某一个主体来说是"不得不"的，那么，另一个主体对这种"不得不"就"不应该"妨碍，反之亦然。"不应该"在不同的文化中也有相似性的特征。如佛教强调"五戒"，即不杀生、不偷盗、不邪淫、不妄语、不饮酒。《旧约全书》中摩西十诫中也强调了不可杀人、不可偷盗、不可通奸、不可作假证陷害别人等训诫。《古兰经》中强调了反宗教道德的五种犯罪，包括私通、诬陷私通、酗酒、偷盗、抢劫等。秦末刘邦在公元前206年初入咸阳时，也"约法三章"，主张"杀人者死，伤人及盗抵罪"。不难看出，不应该杀人、不应该偷盗、不应该通奸等"不应该"价值选择是不同文化之间相互关联的"同一性"，也是普遍主义价值的文化基础。以往人们在正向寻求文化间性所遇到的逻辑困难在"不应该"的价值判断形式中可以获得比较肯定的答案。由"不应该"所支撑的普遍人权理念随着国际人权公约的实施日益得到了不同文化的认同。

在"不得不"与"不应该"之间存在着的是随着主体性强弱而相应变化的"应该"。这种"应该"是随着价值判断主体自身的喜好、愿望而变化的，但是，并没有确定的表现形式。因此，在价值论意义上的"应然性"的确定性，表现为两个不同的价值判断区域，一部分是清晰明了的、不随价值判断主体自身喜好、愿望的变化而随意加以改变；另一部分是模糊易变的，受价值判断主体的喜好、愿望的支配。但是，不论是"不得不"、"不应该"，还是"应该"，逻辑判断的焦点都在于使判断主体获得最低限度的

---

① 米尔恩将最低限度的普遍道德权利的人权定义为七项，即生命权、公平对待的公正权、获得帮助权、在不受专横干涉这一消极意义上的自由权、诚实对待权、礼貌权以及儿童照顾权并不能在逻辑上产生"不得不"的特征，因此，该证明方式不能算是成功的。参见米尔恩著，夏勇、张志铭译《人的权利与人的多样性——人权哲学》，中国大百科全书出版社1995年版，第171页。

区别于判断对象的独立性。没有这种最低要求的主体的独立性，主体与客体之间的对应性就无法产生。

值得注意的是，价值论意义上的"不得不"、"不应该"并不能依靠价值论自身的预设得到证明，而是价值实践的结果。黑格尔曾经天才地指出：行动、实践是逻辑的"推理"，是逻辑的"格"。列宁对此精辟而深刻地评价道："这是对的！……人的实践经过千百万次的重复，它在人的意识中以逻辑的格固定下来。这些格正是（而且只是）由于千百万次的重复才有着先入为主的巩固性和公理的性质。"[①] 实践性相对于主体性来说，可以更持久地肯定价值判断的意义，而以"评价判断"作为"应然性"的逻辑前提还不可能真正地摆脱主体性的意志性和利益性的左右，[②] 由"好的"导致"应该"或者由"不好的"导致"不应该"的价值判断仍然没有解决不同主体所作出的"好的"与"不好的"的评价判断之间的"同一性"，也就是说，在这种情形下的"应然性"仍旧是附属于主体性的一种价值属性，自身不具有独立性。只有基于主体的实践，以认识论为基础而产生的"不得不"、"不应该"的价值判断才是具有独立内涵、不受主体性随意支配的价值属性。在此意义上可以发现，价值论意义的"应然性"的确定性是由认识论和实践论决定的，能力判断是"事实判断"与"价值判断"之间的逻辑桥梁。

四 "应然"的宪法与宪法的"应然性"

按照传统法哲学的分析方式，法被划分为"实然"（ought to be）的法和"应然"的法，"实然"的法是现实中存在的法，而"应然"的法是现实中不存在的、但是应该存在的法。所以，"应然"的法在逻辑上对应于"未来"的法，这种"未来"的法应当在否定现实的法的合理性基础上而产生。受这种"实然法"与"应然法"分类形式的影响，在宪法学研究领域，

[①] 《列宁全集》第38卷，人民出版社1959年版，第233页。

[②] 孙伟平在《事实与价值》一书中提出以"评价判断"推导出"价值判断"，作者认为，这种连接"事实"与"价值"的逻辑方法仍然是失败的。最主要的逻辑问题就是，"评价判断"与"价值判断"都属于主体性的领域，只是正面回答了"应该"判断的逻辑判定过程，但是，没有很好地证明"应该"判断所具有的确定性。"事实"的客观性仍然没有在"价值"中得到准确地反映，只有基于认识论和实践论，将客观性限制在认识论和实践论的范围内，才能产生具有确定性意义的"应然性"结论。参见孙伟平著《事实与价值》，中国社会科学出版社2000年版，第214—231页。

也出现了"宪法原型"、"模范宪法"等范畴。① 所谓"宪法原型",是指作为源头的宪法,是现实宪法的历史渊源;所谓"模范宪法",是指现实宪法的发展前景,代表了未来应该出现的宪法。不过,从逻辑上来看,即便是"宪法原型",如公元604年日本圣德太子颁布的《日本宪法》、1215年英国的《自由大宪章》、1230年马略卡尔国王詹姆斯一世制定的"人民宪章"、1634年制定的《康涅荻格州基本法》、1579年的《乌特勒支同盟》等都被一些学者考证为现代宪法的源头,② 这些"宪法原型"本身也不是"实然"的。因为这些"宪法原型"不会自行产生,而是某种"应然性"的结果。1787年美国宪法、1919德国《魏玛宪法》、1936年《苏联宪法》等都被一些宪法学者认定为某种意义上的"模范宪法"。但是,这种"模范宪法"也没有解决"发展问题"。因为"模范宪法"自身也有"应然性"的问题。所以,从"宪法原型"、"模范宪法"等范畴可以看到,传统的宪法学在考虑宪法的运动规律时并没有将"实然"和"应然"很好地区分开来,"实然"中包含有"应然","应然"又没有彻底摆脱"现实"的影响。由此可以发现,宪法作为一种"价值现象",始终是受"应然性"支配的,现实的宪法也是"应然性"宪法的产物,即便是"宪法原型",也有决定"宪法原型"之所以是"宪法原型"的"应然性"规则。而发展意义上的宪法只不过是在寻求"应然"的宪法的合理性、有效性,而不是在缺或"应然性"的基础上来重新发现和构造现实宪法的"应然性"。将现实的宪法与理想的宪法、实然的宪法与应然的宪法作为相互对立的范畴加以区分不可能真正地把握宪法运动的逻辑规律,相反,只能陷入价值循环的逻辑困境。

（一）前宪法现象的"应然性"基础

如果以作为价值现象的宪法的"有"和"无"为逻辑分界,我们可以把支配宪法存在的"应然性"因素称之为"前宪法现象",而由宪法所支配的"应然性"因素称之为"宪法现象"。"前宪法现象"与"宪法"在逻辑时序上是"前宪法现象"在前,"宪法"在后。在因果关系上,存在没有"前宪法现象"就没有"宪法"的因果联系。民主、权利、人权、权力、主权等价值观念都属于"前宪法现象",因为不论是从历史形态来看,还是从逻辑形态上来看,这些"前宪法现象"都是先于和优于"宪法"的。制定

---

① 参见［荷］亨利·范·马尔塞文、格尔·范·德·唐著,陈云生译《成文宪法的比较研究》,华夏出版社1987年版,第335、344页。

② 同上书,第335页。

宪法这种行为是"前宪法现象",因为"宪法"在未制定之前是不可能获得独立形式的,所以,制定宪法在逻辑时序上只能在"宪法"之前,而不能在"宪法"之后。[①] 如果制定宪法成为一种"宪法现象",那么,就无法解决"应然"的宪法这一逻辑问题。

将"前宪法现象"从宪法现象中分离出来意义非常重大。区分"前宪法现象"与"宪法现象",以宪法为逻辑形式的基本联结项,建立了一整套关于宪法的价值体系,这种宪法价值体系获得了逻辑上的因果关系链,具有普遍意义上的判断功能,使宪法价值获得了时序、空间方向方面的连续性和统一性。基于宪法价值的逻辑体系,可以防止在建构宪法价值观念之间的逻辑联系时触犯循环往复、错位判断的逻辑错误。如将民主价值视为"前宪法现象"就可以避免民主价值与宪法价值的逻辑错位,民主是一种"应然"的宪法,而不是相反。因为在直接民主的逻辑下,宪法价值的意义是遭到否定的;只有在间接民主"应然性"的推动下,宪法才成为逻辑上的必要。再如,人权的观念也应当是一种"应然"的宪法,决定了宪法价值的基本走向。人权的价值应当高于宪法。人权并不是一个非经宪法予以肯定而不能客观化的权利,人权可以得到民主形式的肯定,既可以是直接民主形式,也可以是间接民主形式。

值得注意的是,"前宪法现象"自身也存在着"应然性"的问题。毫无疑问,仅仅依靠"假设"逻辑来解决"前宪法现象"的"应然性"并由此将"应然性"传递到宪法价值之中,这种传统的"假设"思路实际上没有认真区分本体论、认识论和价值论三论在方法论上的关联性。"假设"逻辑的弊端就是将本体论与价值论直接结合起来,缺少了认识论的逻辑过渡。"不得不"的意义被忽视了,能力判断被轻易地跳越过去,由此造成的对"假设"逻辑合理性的批判不能不陷入"五十步笑百步"的恶性逻辑之中不能自拔。

"假设"问题在逻辑上重大的缺陷在于将对"事实""真"的属性的逻辑假定作为"价值""真"的充分必要条件,将需要通过科学验证来解决"假设"问题"真"与"假"的"事实判断"方式直接套用到"价值判断"

[①] J. 西耶斯在《第三等级是什么?》一书中,从第三等级即资产阶级的立场出发,主张"制定宪法的权力"与"被宪法制定的权力"必须在原理上得以区别开来,前者是后者的依据,而后者是前者的派生,是一种第二阶位上的权力。参见 J. 西耶斯著《第三等级是什么?》,商务印书馆1991年版,第56页。在此,西耶斯已经对"前宪法现象"与"宪法现象"作了价值上的区分。

领域，但是却又无法给予"假设"问题任何经验式的证明。所以，将"假设"问题移植到"价值判断"领域属于逻辑形式运用错误。

在"前宪法现象"领域，运用"假设"逻辑来构建宪法的正当性往往会遇到许多无法给予有效证明的逻辑命题。如"人民主权"说就会涉及"事实判断"与"价值判断"的混用问题。如果将"人民主权"视为一种"事实命题"，这就意味着作为现代宪法正当性的"人民主权"直接决定着宪法的价值属性。宪法正当性中的所有问题都应该通过"人民主权"来加以解决。但是，在实践中，"人民主权"却无法完全予以客观化。这就给宪法的正当性问题提出了挑战，也就是说，宪法的正当性无法通过"人民主权"获得确证。如果将"人民主权"视为一种"价值命题"，宪法的正当性就可以通过"人民主权"的实践性来加以论证，也就是说，"人民主权"是宪法"不得不"依据的正当性来源。因为如果宪法的正当性来源于国家机关或者是组织或者是个人，那么，宪法所确立的限制国家权力、保障人权、实现平等和法治的基本理念就不可能获得价值上的证据，就无法克服自身不可解决的逻辑矛盾。至于说"人民主权"在实践中表现为何种形式，这个问题必须由实践的具体情况来回答。所以，"人民主权"是宪法"不得不"具有的正当性前提，而不是宪法当然的、事先已经客观存在着的或者说是以"假设"状态存在的正当性依据。"人民主权"应该是一个"价值命题"，而不是以"假设"逻辑存在的"事实命题"。在"人民主权"说上，以"人民主权"说不能予以实证从而否定"人民主权"说的正当性和合理性的观点实质上是没有区分认识"人民主权"说的逻辑方法，往往片面地将"人民主权"说作为一种"假设的事实命题"来处理，犯了逻辑形式混用的错误。当然，在逻辑形式上也存在"假如应该有"的逻辑问题，不过，"假如应该有"是一个虚假的逻辑命题，因为这个问题可以被"应该有"的合理性予以摄涵。

总之，"前宪法现象"都是作为价值现象而存在的，当这些价值现象出现逻辑矛盾时，就会严重地影响宪法的正当性基础。如以民主价值作为宪法的正当性基础为例，法理上存在着"不经过民主程序产生的宪法不具有正当性"的命题。但是，当民主价值在实践中不能通过具体的制度表现出来的时候，就会引发宪法危机。

如在2000年美国总统大选中，共和党候选人布什与民主党候选人戈尔选票如此相近是美国总统选举史上罕见的，尤其是双方在决定命运的佛罗里达州的争夺更是到了白热化的程度。布什在佛州的选票领先数量一路下滑，从最初领先 1200 票,到领先 930 票到领先 703 票乃至 537 票,到后来只领先 154 票。如果任由民主党人通过人工计票方式清点下去,最后戈尔有可能反超出去。两党关于选票之争都是围绕着"奇点"进行的,不论最后谁赢得佛罗里达州 25 张选举人票,都只是非常细微的差异。而且戈尔不论当选与否,他已经赢得了选民的多数票,而布什则赢得了多数州的支持。

所以,从 2000 年美国总统大选可以看到,现代宪法理念的基本价值趋向是价值的互补,而不是绝对价值主义。民主价值的复合也不是线性的,而是立体组合式的。作为宪法正当性基础的民主价值自身在实践中也必须加以不断地修正才能适应宪法对正当性的要求。民主绝对不是以事实形态出现的,更不是以"假设"的形式而存在。作为"应然"的宪法,民主也是一种价值现象。

(二) 宪法现象的"应然性"基础

宪法现象与宪法在逻辑上的时序关系是宪法现象是宪法逻辑运动的表象,宪法是宪法现象之因。与"前宪法现象"不同的是,"宪法现象"必须受到"宪法"客观性的制约。法治、合宪性等价值观念都属于"宪法现象"。就法治而言,只有将为立法者立法的法律包括在法律的内涵中才能实现逻辑意义上的"法治",而这样的为立法者而立的法只有"宪法"才能完成这一使命。因此,在宪法产生之前,不可能存在在逻辑上内涵和外延都十分周延的"法治"观念。"法治"在逻辑上是宪法之后的现象。"合宪性"以宪法作为"应然性"的起点,所以,离开了宪法,也就不存在什么"合宪"的问题。从行为上来看,制定法律、实施宪法和法律、适用宪法和法律等活动都属于宪法现象,它们都以宪法作为自身存在的"应然性"基础。

"合法性"这种价值属性并不能完全纳入宪法现象的范畴。因为"合法性"具有推动宪法改革的"应然性"力量,"合法性"不完全服从于"合宪性","合宪性"不能成为"合法性"严格意义上的"应然性"基础,特别是在法律制度转型时期,法律在适应社会现实方面比起宪法更具有灵活性,"合法性"常常能够超越宪法的形式意义,从"前宪法现象"获得直接的"应然性"基础。不过,从逻辑形态上来看,"合法性"不能优于"合宪性",否则,"应然"宪法的逻辑基础就会受到破坏,宪法现象的存在就会丧失自身的逻辑根据。解释宪法可以通过"前宪法现象"所建立的"应然性"成为"宪法现象",即制定宪法的主体通过宪法授权某些特定的主体来解释宪法。但是,依据宪法授权可以解释宪法的主体绝对不能否定宪法制定主体自身解释宪法的"应然性"。值得注意的是，修改宪法与制定宪法在逻辑上基本上是等范畴的，原则上，修改宪法不得成为宪法现象，也就是说，修改宪法只能由制定宪法的主体来完成。否则，一旦修改宪法的主体过于实体化后，必然会使得制定宪法的主体的"应然性"丧失殆尽。因此，修改宪法的活动应当在宪法之外寻找"应然性"的依据，而不是在宪法之内寻找"应然性"的依据。修改宪法可以视为制定宪法的一种逻辑形式，或者说，制定宪法在发展的意义上包含了修改宪法。

修改宪法与监督宪法作为宪法的"应然性"之外的活动，其自身的"应然性"不可能从宪法中去寻找，而是应该从"前宪法现象"中去寻找，或者说是从"应然"的宪法中去寻找自身的逻辑依据。解释宪法作为可以宪法化的活动，在修改宪法与监督宪法两个方面的逻辑压迫下，不得不约束在宪法的范围内。因此，一旦解释宪法超越了"应该"的范围，修改宪法和监督宪法就可以很好地控制解释宪法的"应该"范围，防止解释宪法活动离开宪法"应然性"的逻辑轨道。

当然，从实践的角度来考察宪法的"应然性"也是非常有意义的。荷兰学者亨利·范·马尔塞文、格尔·范·德·唐在《成文宪法的比较研究》指出："对于每一个国家来说，宪法也面临着一个体现国际政治法律标准的问题，以及'各文明国家所承认的一般的法律原则'。"[①] 通过比较研究，两位荷兰学者认为，至少在下列几个方面属于宪法"不得不"有的内容：（1）宪法包括一些全世界都信仰的价值观念和规范；（2）宪法提供了关于国家组织和正式授权的大部分可靠的情报；（3）宪法提供了比较政治制度的方便手段。而下列几个方面则"不应该"包含在宪法的内容之中：（1）宪法不披露一个国家的政治现实或者政治权力实际上是怎样行使的；（2）宪法很少提供关于管理人民的法律制度的情报等。[②] 由此可见，宪法的"应然性"可以获得价值证据和制定宪法实践经验两个方面的证明。其中，依据宪法来行使国家权力和享有公民权利并妥善地处理国家权力与公民权利之间的关系是宪法"应然性"的主要内容。

（三）宪法逻辑学在分析宪法价值逻辑运动特征中的作用

宪法逻辑学是以最有效的方法（逻辑方法）来研究最复杂的问题（宪

[①] 参见［荷］亨利·范·马尔塞文、格尔·范·德·唐著《成文宪法的比较研究》，第371页。

[②] 同上书，第375—376页。

法问题）的科学。① 是为传统的宪法学理论研究所忽视了的。"应然性"作为因果关系的确定性特征，是宪法逻辑学分析宪法价值逻辑运动特征的基本分析工具。运用逻辑的方法将宪法置于"应然性"的范畴中予以全面考察，其根本的目的就是要解决"什么是宪法"以及"什么是宪法的"这两个最基本的宪法问题。

对于"什么是宪法"问题的解答，运用历史资料和比较法资料只能说明宪法在现实中的某些表象特征，而没有回答决定现实宪法"之所以如此"的逻辑力量是什么。或者可以说，离开对"应然"宪法的逻辑把握，不能有效地解释宪法表象之间的逻辑矛盾，因而也就不可能给出一个具有普遍意义的答案。只有回答了"应然"的宪法是什么才能真正地解决"什么是宪法"的问题，所以，"什么是宪法"这个事实问题在逻辑上是从属于"什么应该是宪法"这个价值问题，同样道理，"什么是宪法的"这个事实问题如果要在逻辑上获得彻底的解决必须转换成"什么应该是宪法的"这一价值问题。

宪法现象是一种价值现象，价值现象的逻辑依据的核心是"应该"。那么，"应该"的宪法是怎样获得的呢？如果从历史学的纬度来看，宪法现象只是法现象发展到一定历史阶段的产物。以目前宪法学界比较认同的作为宪法源头的1215年《自由大宪章》为例，它的最根本的"法特征"就是第一次用法的形式限制了"王权"，而在此之前的任何形式的法都没有做到这一点。1789年法国《人和公民权利宣言》第16条确立了宪法"有"与"无"的标准，即"凡权利无保障和分权未确立的社会，就没有宪法"。不难看出，在一些被视为"宪法原型"的宪法中，"限制王权"、"保障权利"和"确立分权"等理念是"应然"的宪法。这是"应然"宪法的历史证据。从逻辑的纬度来看，在宪法理念产生之前，所有的法理念，不论它们承担了什么样的逻辑功能和社会功能，都没有获得超越公共权力价值的权威，即法在"人治"之下，不在"人治"之上。只有为立法者所立的法才能真正地防止法律异化为特权的工具。而要替立法者立法，这样的立法就必须实行法的主观性与客观性的分离，即为立法者所立的法是一种价值意义上的法，是不受具体的立法者控制的"应然"法，它是通过制度手段产生的，而不是

---

① 在笔者看来，宪法逻辑学不能完全纳入道义逻辑学的范围。宪法逻辑学所采取的方法是本体论、认识论和价值论三论一体的，缺少哪个方面都可能影响对宪法这一价值现象所具有的逻辑特征的把握。宪法逻辑学是一门需要引起宪法学者关注并认真加以发展的宪法方法论。

通过某种具体的立法活动产生的。只有这种不受任何具体的立法者控制的法，才能具有超越于"人治"之上的权威。这样的法就是宪法。因此，宪法是一种主观化的法，是"应然"的法，而不是完全客观化的法。"应然"的宪法其逻辑内涵就是"法治法"。① 作为"法治法"，宪法"不得不"具有超越于一切其他法律形式之上的逻辑力量。

宪法作为"法治法"除了是合理逻辑的要求之外，也通过宪法发生的历史证据获得了客观性。作为"法治法"，宪法中的所有规范设计，宪法的"应然性"都是围绕着"法治"这一"应然性"而展开的。因此，宪法中的权利也好，权力也好，其本质的特征就是"法治"下的权利、"法治"下的权力。这样的权利、权力与宪法之外的其他价值意义上的"应然性"所支撑的权利、权力其逻辑上的特征迥然不同。作为"法治"下的权利，宪法权利是指公民所享有的防止国家权力向人治方向异化的权利，这些宪法权利包括抵抗权、请愿权、知情权、诉权、表达自由权等。这些权利的最大特征就是，任何国家权力不能随意侵犯，其权势在国家权力之上，而不在国家权力之下。当这些宪法权利与国家权力发生冲突时，这些宪法权利与国家权力在宪法仲裁机制面前具有平等的法律地位，受同等的宪法保护。作为"法治"下的权力，宪法权力的最根本特征是"权力权"，也就是说，任何国家机关都必须依据宪法的规定获得相应的国家权力，只有国家机关享有行使某种国家权力的资格，才能行使某种国家权力。国家机关不能自行创造国家权力。所以，在宪法的指引下，"权利"也好，"权力"也好，都必须在"法治"的"应然性"要求下才能存在。宪法权利、宪法权力"不应该"破坏宪法所具有的"法治"功能。这是宪法的"应然性"的核心所在，也是"什么应该是宪法的"问题的逻辑解答。

总之，围绕着"应然"的法所产生的一系列逻辑问题其实质是要求我们运用一套逻辑上自洽的分析方法来解释现代宪法的确定性。"应然"的宪法与宪法的"应然性"这两个基本的逻辑范畴在分析宪法的确定性中起到了不可或缺的作用。传统的宪法学理论没有自觉地来讨论这样的逻辑问题，因此，也无法在这两个问题上形成有效的对话体系。在"应然性"问题上，

---

① 董和平等教授认为，宪法的本质是一种"民主法"。即"宪法的价值就在于以民主方式规范政治秩序，其核心就是民主，这是衡量一部宪法是好是坏、宪法作用是积极还是消极的基本标准"。"宪法的本质是民主法，由此决定，宪法的价值在于形成民主秩序。"但这种观点不能很好地解释在成文宪法制度的国家中由议会制定的法律的性质。因此，"民主法"不是宪法的根本特征。参见董和平、韩大元、李树忠《宪法学》，法律出版社2000年版，第125页。

传统宪法学的态度基本上是以价值判断主体自身的喜好、愿望、知识来作出取舍的，具有明显的强迫逻辑的价值倾向。"不得不"、"不应该"在认识"应然性"中的意义没有得到应有地揭示。大量的宪法问题被掩盖在价值判断主体过于执著的强迫逻辑定势下而无法受到宪法学理论必要的关注。作为一种宪法逻辑学的视野，"应然性"具有如此清晰的逻辑特征，但却被传统的宪法学分析方法掩盖得太久太久。现在必须"正本清源"，认真地对待"应然性"了。

（原载《中国社会科学》2001年第6期）

试论建立我国军事行政诉讼制度

周卫平　徐　高　张明杰

军队是否适用行政诉讼法，是行政诉讼法颁布实施后一个迫切需要解决的问题。对此，人们的认识不尽一致。本文作者认为，建立我国军事行政诉讼制度不仅是必要的，也是可行的。

《中华人民共和国行政诉讼法》（以下简称《行政诉讼法》）的颁布和实施，使我国的行政诉讼制度开始步入了正轨。但是，人们（尤其是军内人士）在庆幸我国终于有了较为完备的行政诉讼"操作规程"之余，也提出了《行政诉讼法》中为何没有规定军事行政诉讼以及我国是否应该实行军事行政诉讼的疑问。本文试图对这些问题作初步探讨。

一　军事行政诉讼的特殊性

军事行政诉讼，是指公民（主要是军职人员）或组织（主要是军内单位）以军队机关和军官的军事行政行为违法或不当，致使其合法权益受到侵害为由，向有关法院提起诉讼，请求撤销或变更该军事行政行为，有关法院依法对双方当事人争议的行政行为的合法性与合理性予以审查作出裁判的法律制度。

军事行政诉讼是军事申诉与行政诉讼结合的产物，它既具有军事行政申诉和行政诉讼的某种特性，又不同于一般的军事行政申诉和行政诉讼。

军事行政申诉与军事行政诉讼在军内实行各有优点和不足，前者解决问题迅捷方便，但由于受理机关往往是作出军事行为的机关的直接上级机关，易出现偏听偏信与"官官相护"的问题，使权利救济流于形式，后者一般能弥补前者的不足，主要是处于第三者位置的法院受理案件，可以避免偏听偏信和"官官相护"的倾向，但其程序较为复杂不便。因此，现代国家一般将两种制度结合起来，使军事行政申诉制度作为前置程序，使军事行政诉讼成为最终程序，形成完整的军事行政争讼制度，从而为公民尤其是军职人员提供完备而周密的救济途径。

一般意义上的行政诉讼制度，与军事行政诉讼相比，具有共同点和不同点。军事行政诉讼作为一种对军事行政行为的司法审查，带有明显的一般行政诉讼特色，从这一角度出发，可以说军事行政诉讼制度是行政诉讼的一种形式。然而，它又不完全是一般意义上的行政诉讼，因为两者又存在着下述明显的不同点。

（一）两者审查对象的特点不同

军事行政诉讼的审查对象是军队的军事行政行为，而一般行政诉讼的审查对象是政府的行政行为。这两者具有很大差异。（1）两种行为的内容范围不同。军事行政行为是军队机关有关战备教育、军事训练、组织纪律、安全保障、生产后勤、战时管理等项管理行为，其内容涉及军队、军职人员和军事活动，范围是相当有限的，而国家行政行为内容涉及国家和社会及人民生活的各个领域，范围非常广泛。（2）两者的行为方式不同。军事行政行为的方式较为单纯、严格和高效率；而国家行政行为的方式多种多样，效率要求和宽严程度不一。（3）两者的功能不同。军事行政行为的功能在于建立和维护军队的战备秩序、训练秩序、生活秩序和战时秩序，为巩固和加强国防建设，保卫国家主权和领土完整，保卫人民和平劳动服务，其功能既简单又集中，而国家行政行为的功能则广泛而繁杂。

（二）两者的监督方式的不同，决定着对两者的诉讼方式的不同

例如在诉讼的效率问题上，对于国家行政行为可以采用比较周密和较长的程序，而对于军事行政行为，因为涉及的是国家的军事活动和军队秩序，甚至是战时的管理活动，如果用烦琐冗长的程序，使军事机关忙于应付诉讼，必将妨碍军事行为的效率，影响国防大局。因此，在立法上两种行政行为的诉讼程序就应该有不同的规定。再比如，在诉讼范围方面，对于国家各类各级行政机关的行政行为，只要有可能对公民、组织或法人发生侵害行为及后果的，一般是可以提起诉讼的，而对于军事行政行为则应有相当的限制。在和平时期，可以依法律规定对某些军事行政行为起诉，有些军事行政行为如涉及国家的国防行为则不能提起诉讼，在战时，除非十分必要，是不能轻易允许提起军事行政诉讼的。对此，许多国家在立法中专门将军事行政诉讼排除在一般行政诉讼之外。例如苏联1987年8月8日通过的《苏联关于对公职人员损害公民权利的违法行为向法院控告的程序法》第8条规定："……与保障国家国防能力和国家安全有关的行为，不能依据本法向法院控告。"该条款将军事行政诉讼排除于法院管辖的行政诉讼之外，而将军事行政诉讼限于军内范围。这种根据军事行政行为和国家行政行为的不同特点而采取的两套诉讼制度，无疑是明智的。

(三) 两者被告的属性不同

军事行政诉讼的被告是军事机关及其军官，而一般行政诉讼的被告是国家行政机关及其公务人员。前者的军事行政管理权只限于军队内部，而后者的行政管理权面对整个社会，甚至包括军队。两者的这种差别将军事行政诉讼与其他一般类型的行政诉讼严格区别开来，这种区分对于立法和司法具有重要影响。当然，这种区分的影响力对于实行不同军政体制的国家是大不相同的。

在实行军事机关隶属国家行政机关体制的国家中（如美国和英国），军事机关与其他行政机关，如税务机关、治安机关等一样，都是作为行政诉讼被告的行政机关出现，在立法和司法上也没有必要非常特殊地将两者加以区分。这些国家实行广泛的司法审查制度，普通法院对行政机关和军队具有同样的审查权。因此，在这些国家中一般不实行两套明显独立的行政诉讼制度。两种诉讼在宏观上区别不大，只是在微观上做一些必要的区分。

我国是实行军事机关与国家行政机关并列体制的典型国家，在我国，军事机关和国家行政机关没有隶属关系，两者都是对国家权力机关即全国人民代表大会负责的相对独立的国家机构。我国武装力量的领导权属于中央军事委员会而不属于国务院。尽管我国武装力量的编制、装备、教育、科研等受国务院及其所属部委（如国防部等）的管理，但这仅仅是政府发挥对部分军事国防活动的保障性和服务性功能而已，并非对整个军事系统的领导。因此，我国军事机关不是行政机关的组成部分。我国的这种体制必然要强调军事行政诉讼与一般行政诉讼的区分，必然要求我国一般行政诉讼与军事行政诉讼在立法上加以分立。

我国《行政诉讼法》明确规定，我国行政诉讼是以国家行政机关为被告，而我国军事机关不属于国家行政机关，军事行政行为也不是国家行政机关行使行政管理权的行政行为。因而军事机关和军事行为都不能适用我国的《行政诉讼法》。也就是说，任何公民、法人和组织不得向人民法院提起行政诉讼控告军事机关，各级人民法院对军事机关及其军事行为也无权管辖。这就在一般行政诉讼立法中，排除了军事行政诉讼。当然，军事机关如得到国家权力机关或法律授权，或国家行政机关委托，可以行使某种国家行政管理职能，在此情况下是可以适用《行政诉讼法》的。但此时它已不单纯仅仅是军事机关了，而是具有双重属性的机关，它说明不了我国军事机关就属于行政机关系统。

必须指出，我国《行政诉讼法》对军事行政诉讼未予规定，绝非有意轻视军事行政诉讼制度或者说明我国不能实行军事行政诉讼制度。《行政诉讼法》是根据我国体制的特点，正视军事行政诉讼与一般行政诉讼的区别，专门对一般行政诉讼加以规范，而将军事行政诉讼制度的建立留待以后的专门立法中去解决。

二　建立我国军事行政诉讼制度的必要性和可行性

（一）建立军事行政诉讼制度，对加强军队的法制建设十分必要

军队是国家机器的重要组成部分，它有着一整套完备的组织管理体系，是有着高度的组织纪律性的军事集团。在军队内部，军事机关有着极强的行政管理职能，尽管这种行政管理职能在我国不属于国家行政机关的行政管理职能的范畴，但是它的手段和方式却具有行政管理的特性。从广义上讲，军事行政管理也属于行政管理的范畴。与一切权力的行使都有可能出现权力的逆向性一样，军内行政管理活动同样存在着违法或不当地侵犯军职人员或一般公民及组织的权益的行为，而且由于军事行政带有更多更大的强制执行性，且具有高度集中和高效率运行的特点，势必会增加侵权行为的比率。我国军队内部行政管理的实践已经证明，某些机关或者军官违反法律、法规的规定，或者不合理地运用规章、条例的规定，侵犯干部、战士的合法权益的事例屡见不鲜，这些违法或不当行政行为不但损害了干部战士的合法权益，也破坏了军事法制，危害了军事领导机关与军职人员，干部与战士、上级与下级的正常关系，给军队建设带来了不利的影响。

要从根本上解决上述问题，必须加强军队的民主与法制建设。只有发扬军内民主，在法制化、正规化、现代化基础上建立新型的官兵关系、上下级关系，才能体现我军的性质，才能发挥我军的政治和军事优势。

发扬军内民主的重要内容之一，是用法制形式切实保障全体官兵的合法权益不受侵害，并且在一旦受到侵害的情况下能通过一定的途径给予权利救济。行政诉讼制度具有保障公民和组织的合法权益，促进国家机关依法行政，维护法律面前人人平等的法制原则等功能。这些功能不仅对于国家各类各级行政机关滥用权力的现象有限制和制约作用，而且对于军事机关和军官滥用权力的现象也有限制和制约作用。同时，这些功能也有强化国家行政管理和军事行政管理的作用，即对于合法的行政行为有极强的保障作用，对于不服合法行政行为的公民、法人及组织有要求其服从管理、接受处罚及受教育的作用。因此，这一救济制度既然可以适用于地方，也应该可以运用于军队。

（二）实行军事行政诉讼制度，已有了必要的基础

长期以来，遵循民主建军的思想，我军内部已经逐步形成了适合我军特点的申诉控告制度，使军人在受到行政行为侵害时有一定的救济途径。例如在我军《纪律条令》中专门有一章（第六章）是"控告，申诉和纪律监察"的规定，这些制度与行政诉讼的价值取向是一致的，即它们都是为了保障军内行政相对人的合法权益，以"民告官"、"兵告官"、下级告上级的形式出现的制度。可以说，军内长期实行的申诉控告制度为建立军事行政诉讼制度奠定了基础。

可喜的是，随着近年来我国行政诉讼制度的发展，我国个别军事法规已经有了军内行政诉讼的规定。例如，由解放军三总部颁发的《中国人民解放军医疗事故处理办法实施细则》第12条规定："伤病员及其家属和医疗单位对医疗事故或事件的确认和处理有争议时，可向鉴定委员会书面提出鉴定申请，……对鉴定委员会所作的鉴定结论和处理意见不服的，可在接到鉴定书之日起15日内向上一级鉴定委员会申请重新鉴定，或者向上一级卫生领导部门申请复议，也可以直接向中国人民解放军军事法院起诉。"这一规定将军队卫生行政机构及其医疗事故技术鉴定委员会作为被告，将军队医疗事故鉴定行为作为诉讼对象，将军事司法机关作为裁判者，构筑了一种典型的军内行政诉讼制度的形式。这类规定虽然目前还局限于极少数军内行政行为的范围，但毫无疑问，它们是我国军事行政诉讼制度的雏形。它说明我国军队已经开始有行政诉讼制度了。这些法规在实施中，有力地维护了公民包括广大官兵的合法权益，限制了军事行政机关滥用权力或行使权力不当的现象，也对军队医疗单位正常的工作秩序予以了法律的保障，获得了良好的效果。实践证明，在我国军内实行专门的行政诉讼制度是完全可行的。

三 建立我国军事行政诉讼制度的构想

建立我国独立的军事行政诉讼制度，必须依据我国《宪法》和《行政诉讼法》的规定，结合我国军队行政管理的特点，进行立法和机构建设。从这一点出发，我们认为我军行政诉讼制度应当包含下列内容：

（一）确立军事行政诉讼制度的立法目的

军事行政诉讼的立法与普通行政诉讼的立法目标是一致的。因此，我军行政诉讼的立法目的，应与我国《行政诉讼法》的立法目的相同，即以保护军职人员和军事单位及有关的其他公民或组织的合法权益，保障和监督军事行政机关及其军官严格依法行政为立法目的。

（二）确立军事行政诉讼的基本体制

军事行政诉讼应该是主要以军职人员和军内单位为原告，在特殊情况下可以是地方公民或组织为原告，以军事行政机关及其工作人员为被告，以军事行政行为的合法性为审查对象，以军事法院为审判者。并明确规定，军职人员和军内单位认为军事行政机关及其工作人员的具体行政行为侵犯其合法权益，有权依法向军事法院提起行政诉讼。

从国外的有关情况看，一些国家（如南斯拉夫），其军事行政诉讼的裁判者为军事法院。我国亦应实行由军事法院作为军事行政诉讼的裁判者的体制，因为：（1）我国行政诉讼立法未授予地方法院审理军事行政诉讼的权力。（2）军事行政行为具有很强的特殊性，军事法院比地方法院更了解军内管理体制及事务。因此我国军事行政诉讼制度的裁判者应以军事法院为宜。

（三）确立军事行政诉讼的基本原则

参照我国《行政诉讼法》的原则和兼顾军事行政诉讼的特点，军事行政诉讼的基本原则应包括：案件审判权由军事法院独立行使的原则（应当由权力机关和法律授予军事法院独立审理行政案件的权力，并使其得到充分保障），以事实为根据、以法律为准绳的原则，对具体军事行政行为的合法性进行审查的原则；双方当事人在军事行政诉讼中的法律地位平等的原则（尽管军事行政诉讼双方当事人在军事行政管理中的地位是不平等的，但在行政诉讼中，双方法律地位应当完全平等，这一点必须予以保障），效率原则（鉴于军事行政诉讼的特殊性，必须缩短诉讼时效，以保证快速解决纠纷），军事检察院对审判活动实行法律监督的原则等等。

（四）确定军事行政诉讼的受案范围

欲确定军事行政诉讼的受案范围，首先必须弄清军事行政行为有哪些类型，然后确定一定的标准进行选择。

军事行政行为的种类虽然没有国家行政行为的种类繁多，但内容亦不少。它既包括大量的以规范性文件形式出现的抽象性行政行为，如条例、条令等，也包括大量的具体行政处理决定，如命令、处分等，既包括一些重要的涉及整个国防的军事行政行为，如军事设施的规划和使用、军队部署、科学研究等，又包括大量军内日常行政事务管理，如生活秩序管理、后勤保障管理、安全保障管理等行为，既包括战时的军事行政行为，如战前、战中、战后三个阶段为战争而实施的各种行政管理行为，也包括和平时期一般的军事行政管理行为，如平时的教育、训练等事务的管理等。

从这些分类中界定受案范围，应当确立这样的标准，即将和平时期具体的军内行政管理行为列入军事行政诉讼的受案范围，并将抽象的军事行政行为，战时的军事行政行为和涉及国防整体利益的军事行政行为排除于受案范围之外。这种标准既符合我国现行的《行政诉讼法》的精神，又符合军内的实际。它既保障了军人的民主权利，也保障了国家国防的整体利益和战时效率。

（五）确立军事行政诉讼的程序

首先必须实行复议前置程序。所谓复议前置程序，是指相对人不服军事行政行为，可以先向作出该行为的原机关的上一级机关申请复议，对复议决定不服，方能向军事法院提起行政诉讼。实行这一程序可以为相对人提供较为方便而完备的申诉程序，以使其合法权益得到迅捷的救济，也能减轻军事法院行政诉讼工作的压力。其次，军事行政诉讼程序应实行一审程序，这有利于保障军事行政诉讼的效率，也符合目前军事法院的体制。

（六）赋予军事法院全面的军事行政诉讼判决权

军事法院是否真正完全具有裁判权，关系到军事行政诉讼是否能够顺利进行，以及相对人的合法权益能否真正能得到救济的问题。因此，要实行军事行政诉讼制度，就必须全面授予军事法院以军事行政诉讼的判决权。这些判决权包括，依法撤销违法和不当的军事行政行为的权力，依法维持合法的军事行政行为的权力和变更部分违法或不当的军事行政行为的权力。因为军事法院面对的被告是军事机关和军官，如果没有法律授予的各种判决权，就不能约束住具有相当权威的军事机关的违法或不当行为，行政诉讼就会流于形式。因此，必须授予军事法院足够的权力，以保证它能够真正独立地完成军事行政诉讼审查的重任。

（原载《中国法学》1991年第1期）

试论健全我国行政诉讼的受理机构

周卫平　张焕光

　　行政诉讼受理机构是指依法有权受理行政诉讼的国家机关，所谓行政诉讼乃是行政法律关系的当事人就他们之间的行政纠纷，依法通过诉愿和诉讼程序提出请求，由行政诉讼受理机构依法作出裁决或裁判的活动。行政诉讼受理机构包括：专门受理行政纠纷案件的行政机关和司法机关。前者有权作出行政裁决，后者有权作出司法裁判。它们是行政诉讼的主持者和裁判者，行政诉讼是通过有受理行政诉讼权力的行政机关和司法机关得以实现的，它的建设程度往往标志着一个国家行政诉讼制度的发展水平。因此，人们研究一个国家的行政诉讼制度也多从其受理机构着手进行。在目前情况下，总结我国行政诉讼受理机构建设的经验教训，探索具有中国特色的社会主义行政诉讼受理机构的形式，对于我国的行政法制建设具有十分重要的意义。

一

　　世界各国为实现行政诉讼的目的，纷纷建立各种行政诉讼的受理机构，这些机构按照不同的划分标准，可以划分出不同的类型。如果从行政诉讼的性质和特点划分，可以把行政诉讼受理机构分为两种类型。第一种是设在行政机关中的专门受理行政纠纷的裁决机构，其活动限于诉愿阶段。它按照法定的行政程序或仿照司法程序处理纠纷，所作的裁决是行政机关的最后裁决，这种裁决在我国称为复议或复核。这种裁决在法院没有撤销和变更的情况下，具有法律效力。如果当事人对裁决不服，可以向法院起诉，通过司法程序解决。这种裁决机构的设置也有两种情况：其一是不独立的裁决机构，即行政机关业务主管部门自身，它有权作出裁决，如我国的税务机关是处理税务纠纷的裁决或复议机关；其二是独立的裁决机构，这种机构独立于行政机关，专门处理行政纠纷，在业务上和处理纠纷的程序上带有司法性质，因此也叫准司法机构。如美国设立一些专门的行政管理机构，既是行政机构，又可以按司法程序作出裁判。第二种是司法系统中受理行政纠纷案件的裁判机构，活动限于狭义的诉讼阶段，其裁判是行政案件的终审裁判。一般有普通法院或独立的行政法院两种情况。英美法系大部分国家行政纠纷案件都经过普通法院审理，对行政机关实行司法审查权；而南斯拉夫等国家在司法系统成立行政法院，与普通法院一样都是独立行使审判权。上述两种类型的机构就普遍情况来看，几乎所有国家都有类似的机构，但在设置名称、职权范围等方面差异却很大。从行使两种职权的机构是否合一来看，有的国家采用合一的机构形式，即行政裁决与司法裁判权集于一体的机构，其特点是在行政系统设立具有司法审判权的专门机构，将诉愿和诉讼合一，并可以作出终审裁判。典型的是法国的行政法院，它是国家行政机关的一部分，行政法官是国家行政人员，由行政机关任免。同时，它的地位又高于一般行政部门。它既可以主动审查行政法规，作为政府提出法律草案，发布行政规章的咨询机构，行使某些行政权力；又专门受理行政诉讼案件，从裁决直到最后终审。与采用合一制国家不同，美国、英国等国家采用分立制，即行政裁决机构和司法审判机构分立，各司其职，在诉愿和诉讼两个阶段发挥不同的作用。在分立机构的国家，有的规定经过行政裁决机构的最后裁决是必经阶段，而有的国家规定某些纠纷可以不经行政裁决机构裁决，直接向法院起诉，这完全是根据本国情况或个别案件的特点灵活规定，并不影响两个基本机构类型的划分。目前，世界各国行政诉讼机构的设置呈现两个发展趋势：第一个是注重在行政机关内设立受理行政纠纷的裁决机构，使行政纠纷尽量解决于行政系统，以减轻司法审判机关的压力；第二个是行政裁决与司法裁判趋于一体的机构不断增多，从许多国家仿效法国行政法院式的机构设置上可以看出这一趋势，因为它可以高效率地解决行政纠纷。

我国行政诉讼受理机构的建设速度比较缓慢。建国初期，曾在政务院设立人民监察委员会，负责监察行政机关及其工作人员是否忠实履行职责，省、地、县也都设立了各自的人民监察委员会。到1954年，根据法律规定设立了监察部，次年又颁布了监察部组织简则，其中规定的监察部第三项任务即为"受理公民对违反纪律的国家机关、国营企业及其工作人员的控告和国家行政机关不服纪律处分的申诉"。地方监察厅、处、组亦有此项任务。各级监察机构成立后，审理了一大批行政纠纷案件，对保护公民的合法权益，监督国家法律、法规的正确实施起到了一定的作用。不幸的是，到1958年，各级监察机构便相继撤销了。从此，在我国行政系统中就没有专门受理控告与申诉的监察机构。取而代之的是各部门的信访机构和行政机关本身解决。信访机构负责接待申诉和控告案件，但它没有法定裁量权，无权直接处理案件，而是将申诉控告材料整理后转给有关行政机关处理，有关行政机关则按上下级关系指定有关部门依据政纪作出处理。这种做法一直沿袭至今。不可否认，这种做法，确实解决了一些行政纠纷。但是，这些机构严格讲并不是法定的行政诉讼受理机构，只是行政机关的职能部门。作为审判机关的我国人民法院在1982年以前只受理刑事案件和民事案件，除海损事故等行政案件之外，基本上不受理行政案件。因此，我国行政诉讼受理机构在1958年到1982年的20多年间几乎是空白。近几年来，我国法律规定了行政案件的受理机构。1982年公布的《民事诉讼法（试行）》第84条规定"（一）违反治安管理处罚条例的案件，告知原告向公安机关申请解决；（二）依法应当由其他行政机关处理的争议，告知原告向有关行政机关申请解决。"这一规定说明我国行政机关处理行政纠纷案件是一个重要程序，大量的行政纠纷案件需要行政机关作出裁决。如公安机关是受理治安管理处罚案件的机关，我国《治安管理处罚条例》规定，当事人如果不服公安机关的裁决，可以经原裁决机关向上一级公安机关提出复核请求。又如我国的商标评审委员会依据我国《商标法》，可以受理商标使用人对工商行政管理机关驳回申请、不予公告的决定不服提出的复审申请，并作出终审裁定。再如我国工商行政管理局设立的经济合同仲裁委员会，依据我国《经济合同法》和《经济合同仲裁条例》可以对经济合同纠纷进行调解和仲裁，其仲裁决定具有法律效力。这些机构也都是我国行政诉讼受理机构的组成部分，它们的裁决成为解决行政诉讼问题的重要手段之一。与行政机关处理行政纠纷机构相配合，我国的人民法院按照法律规定，也开始受理行政案件。如我国《民事诉讼法（试行）》第3条第2款规定："法律规定由人民法院审理的行政案件，适用本法规定。"其中"法律规定"是指一些行政法律、法规中有关诉讼程序的明文规定，例如我国的《选举法》第25条、《外国企业所得税法》第13条、《经济合同法》第84条、《食品卫生法（试行）》第38条、《环保法》第41条等等，规定了有关行政纠纷案件，可以由人民法院受理。这标志着人民法院已是我国行政诉讼的受理机构之一，法院的裁判已成为我国行政诉讼的重要程序。但是，目前由人民法院受理的行政诉讼有限，这些案件又是由法院的民事审判庭和经济审判庭代管的，因此，就人民法院内部来说，并不能说有了健全的行政诉讼受理机构。据悉人民法院已经开始试点建立行政法庭。全国人大常委会已审议通过了国务院关于设立监察部的议案。这说明健全行政诉讼受理机构已提到我国法制建设的议事日程上了。我们热切希望这一目标早日实现。

二

建立健全我国行政诉讼的受理机构，其必要性主要表现在四个方面：

第一，是保护公民、法人的合法权益，发扬人民民主的需要。

我国公民对于国家机关及其工作人员的违法失职和侵权行为，有向有关国家机关申诉、控告的权利，有关国家机关必须查清处理。这是我国新宪法明确规定的基本原则。这一原则，有赖于行政实体法和程序法予以具体化，也有赖于建立专门的申诉和控告的受理机构使之付诸实现。我国过去单靠信访式的机构应付公民的申诉和控告，形成了公民告状无门的状况，致使公民的权利得不到实现，有些甚至造成严重的后果，这些教训是值得反省的。只有建立专门受理行政纠纷案件的机构，通过立案、调查、审理、裁决，最后裁决直到司法终审等等法定程序解决，才能使违法失职的国家机关及其工作人员得到应有的惩罚，使受到侵害的公民权利得以实现，受到的损失得到赔偿。建立健全行政诉讼受理机构还会使人民群众对行政的监督有了实现的途径，增强人民群众对行政机关及其工作人员的监督，使人民群众参加国家管理的权利得到充分保障。

第二，是我国社会主义法制协调发展的需要。

我国的行政诉讼是我国法制建设的薄弱环节，而没有健全的行政诉讼受理机构则是整个法制建设的一项空白。说我国行政诉讼机构不健全，不仅表现在缺少一些应有的裁决和裁判机构，而且表现在现有机构的配合和衔接不够，存在许多漏洞。只有在健全行政诉讼的两种受理机构的基础上，形成一套互相衔接的机构才能适应诉讼程序的要求，填补法制建设的空白，促进法制建设的协调发展。同时，建立健全行政诉讼受理机构，使行政案件得到及时解决，将防止行政纠纷激化成刑事案件，对于社会的安定团结和治安的根本好转，实现法制建设的根本目的具有重要作用。

第三，是行政管理科学化和法制化的需要。

从行政管理的角度看，行政诉讼受理机构又是国家的行政监督机构，行政监督是行政管理不可缺少的环节之一。我国的行政管理活动长期忽视行政监督的作用，使行政违法行为得不到及时处理，影响了行政机关的威信和行政管理的效率。健全行政诉讼受理机构将大力发挥行政监督的作用，使行政管理纠正偏差，沿着科学化和法制化轨道前进，以实现行政管理的各项职能。

第四，是适应政治体制改革，使行政裁决机构和司法裁判机构充满活力的需要。

我国政治体制改革的任务之一，是改革和调整不合理的机构设置，使之充满活力。我国目前的行政诉讼机构不健全，并出现了由其他机构代替的混乱现象。例如，我国人民法院受理行政案件由民庭、经济庭代管。这种做法，很容易忽视行政案件的特点，降低审判质量，同时也会妨碍民庭和经济庭集中精力处理民事案件和经济案件。又如，行政机关内对公民的申诉和控告案件仍由信访机构办理，影响了行政案件的严肃处理。这些机构的不健全和代替现象需要加以改革和调整，办法就是建立法定的行政诉讼受理机构，充实行政执法和司法队伍，使行政诉讼机构充满活力，以实现行政诉讼的目的。

综上所述，建立健全行政诉讼受理机构已是十分必要、刻不容缓。在我国目前情况下建立健全行政诉讼受理机构是完全可行的。因为我国的宪法和法律已开始规定了行政诉讼的基本程序和机构，设立机构已经有法可依了；同时，司法实践也提出了迫切要求，并开始试设机构。我们相信，在不久的将来，我国行政诉讼的受理机构一定会健全起来。

三

建立哪些行政诉讼受理机构，是当前行政法理论与实践中提出的具体问题。笔者认为，在建立健全机构过程中，必须遵循如下基本原则。首先，必须依据法律设置机构。我国国家机构的设置都必须依法进行，不允许随意设置机构。建立行政诉讼受理机构更要严格依法进行。目前设置该类机构应依据的法律主要有《宪法》、《国务院组织法》、《人民法院组织法》以及一些单行的行政法规。其次，既借鉴外国好的经验，又结合中国的实际，建立有中国特色的社会主义的行政诉讼受理机构。国外一些发达国家在行政诉讼制度方面积累了许多好的经验，我们必须学习。但我们又不能盲目照搬国外诉讼机构的模式，如有的同志急于主张建立法国式的行政法院，就没有注意我国的实际情况。在我国因为种种原因，行政案件到法院的还极少，又缺乏一些诉讼制度和物质条件的保障，想一下子建立一套庞大机构是很困难的，建立起来也难以解决实际问题。因此，必须结合我国的实际，在行政机关和司法机关设置诉讼机构，并有机地衔接起来，形成有我国特色的行政诉讼受理机构。再次，要按照精简的原则，实事求是地对现有机构进行改革和调整。既不能一哄而起、盲目扩增机构，又要按照行政诉讼的实际情况，积极健全必要的机构。基于上述原则，笔者认为，在我国需要尽快建立健全如下一些行政诉讼机构：

（一）行政机关内设立各种独立的监察和裁决机构，受理对原行政决定不服的行政纠纷案件。这些机构由隶属于国务院的监察部和隶属于各部委的专业性裁决委员会两部分组成，也包括地方人民政府的相应机构

1. 监察部

现在设立的监察部（及地方各级人民政府中设立的相应的机构）与建国初设立的监察机构不同，应该赋予它处理某些行政纠纷，并作出最后裁决的权力。其具体职责是受理人民群众的申诉和控告案件，纠举违法失职的机关和人员。它有权对行政案件作出监察裁决，具有法律效力；监察部是行政诉讼的一个重要受理机构。它通过处理行政诉讼案件，行使监察权。

2. 专业裁决委员会

专业裁决委员会是设在各部委内的独立裁决机构。地方各级政府的厅、局等机构内也需要设立相应的机构。它的职责是，就本机关业务纠纷作出裁决，其裁决具有法律效力。这类裁决委员会包括：经济合同仲裁委员会、商标评审委员会、税务裁决委员会、环境保护裁决委员会、土地征用裁决委员会、城市规划裁决委员会，等等。

监察机构和各裁决委员会处理案件的程序应该是受理对原机关决定不服的当事人的请求，作出第一次裁决，这种裁决可以是行政机关的最后裁决，不服即可直接向人民法院起诉，也可以经过复议阶段，由上一级监察机构或裁决委员会作最后裁决，不服最后裁决才可以向法院起诉。这要根据具体情况规定。必须注意，监察机构和各裁决委员会所作裁决的法律效力，只存在于法院没有做出撤销或变更该裁决的情况下，即当事人如果不服裁决，可以向法院起诉，法院有最终裁判权。如果法院撤销了裁决，该裁决便无效。当然，在法院裁判之前，行政监察和裁决机构的裁决仍必须执行。不赋予行政监察机构和裁决委员会最终裁判权，有利于避免行政机关内部处理的不公正现象，保证人民权利的实现。这是较为理想的。

（二）在人民检察院内设立行政监察厅

行政监察厅是设立于各级人民检察院的，专门对国家机关或其工作人员，在执行职务过程中的行为进行行政监督的机构，即一般监督机构。人民检察院是宪法规定的法律监督机构，它应该对国家法制的统一和实施进行全面的监督，这种监督不仅包括刑事和民事的法律监督，而且也包括行政监督在内。《人民检察院组织法》第 6 条规定："人民检察院依法保障公民对于违法的国家工作人员提出控告的权利，追究侵犯公民的人身权利，民主权利

和其他权利的人的法律责任。"这一规定有赖于恢复"一般监督"建立相应的机构予以实现。

行政监察厅的职责表现在一方面对行政监察裁决机构的裁决进行监督，发现裁决违反法律和侵害公民权益的情况，责令行政机关作出公正裁决，也可以建立一种不同于公诉的支持自诉制度，如通过书面等形式支持公民向人民法院起诉，或者由行政监察厅直接向人民法院告诉；另一方面对人民法院的行政审判活动进行监督，发现其裁判有违反法律或事实不清等情况，有权要求法院经过审判监督程序予以解决。人民检察院行使行政监督权，既可以避免某些案件无人过问的情况，又使人民检察院实现了一般监督的作用。

（三）在法院内设立行政审判庭

行政审判庭是设立于人民法院内的专门审理行政案件的机构。它是行政诉讼的最终处理机构，是行政诉讼的关键环节。它对于行政案件实行一审终审制，并可以经过审判监督程序纠正错判。我国目前由法院民事审判庭和经济审判庭代为受理行政案件的状况已经脱离了形势的需要。越来越多的法律规定不服行政机关的裁决可以向人民法院起诉，这种案件又不同于民事案件和经济案件，因此，组建行政审判庭已势在必行。必须强调的是，在目前筹建行政审判庭过程中，要特别注重行政案件审判人员的素质，他们必须具备法律知识，行政管理知识和有关业务知识，同时必须敢于碰硬，不畏权势。这是行政审判工作顺利进行所不可缺少的条件。

（原载《中国法学》1987年第2期）

改革我国行政复议制度应处理好四组关系

李洪雷

一 行政化与司法化

对行政复议制度的定位存在两种相反观点，一种是司法化，着眼于行政复议的权利救济功能，要求强化复议组织的独立性和程序的正式性；另一种是行政化，着眼于行政复议的行政内部监督功能，强调复议组织对行政首长的依附性和程序的简便高效。我国现行行政复议制度较为明确的采取行政化的立场，而基于实践中行政复议功能不彰的普遍现象，许多专家学者提出对行政复议进行司法化的改革思路。这种构想无疑有其合理性，比较法上也可以对此提供诸多的成功模式，如英国的裁判所，美国的行政规制委员会，日本的国税不服审判所，韩国的行政审判委员会，我国台湾的诉愿委员会等等。

但另一方面，如果将行政复议放在行政法律纠纷解决的大背景下来看，则行政化较高可能并不是缺点而是优势，因其与行政机关首长之间的密切关系而可以利用独特的行政资源，其程序的简便灵活也有可以保证私人权利得到及时的救济，发挥司法化组织与程序所难以发挥的独特作用。在比较法上，德国的行政复议制度显然是将监督职能定位为主要功能，将复议程序定性为行政程序。法国的层级监督和善意监督也是非正式的，甚至都没有专门的法律规定加以规范。在英国虽然有大量的司法化的行政裁判所行使复审（review）职能，但也存在行政组织内部、非正式化的行政复议（reconsideration，internal review）。从实践来看，目前我国的行政复议制度中的很多问题，并不能简单地归结为法律对行政复议制度功能的定位错误，而很大程度上是由于相关制度的不配套或者法律明文规定未能得到贯彻，正如司法性质的行政诉讼制度也未能充分发挥其功能一样。因此，我国的行政复议制度的改革方向，是在维持行政化的制度定位前提下做一些修正，并采取有效的措施保证纸面上的法成为现实中的法，还是进行司法化的改革，并不能得出一个简单的结论，这涉及行政复议制度改革中所应处理的第二组关系。

二 统一与多元

改革开放以来我国的行政法律制度建设取得了长足的进展，但其中存在着一种不良的倾向，就是过分追求一项制度的整齐划一，这与行政法学研究只注重行政法总论，而忽视行政法分论（部门行政法）具有一定的关联。实际上，由于现代行政管理的种类多样、范围广泛，不同行政领域往往存在重大的差异，过分追求统一的结果往往导致削足适履，难以适应具体行政领域的要求。具体到行政复议制度的组织与程序设计上，笔者认为，对一些特殊性、专业性较强的领域，如税收、土地管理、保险和证券的监管等领域，可以建立相对独立的复议委员会，适用准司法的程序，建构符合本行业领域特性的行政复议制度，而在其他行政领域，则可以附属于一般行政组织的复议机构行使复议职能。

三 集中与分散

行政复议管辖问题上争论较多的是复议案件由本级政府管辖（块块管辖）还是由上级行政机关管辖（条条管辖），对这一问题必须放在我国行政体制的大背景中考察。在处理中央与地方关系问题上，我国宪法所确立的原则是在保证中央的统一领导下，发挥地方的积极性和主动性，这完全可以解释为对地方自治的承认。我国在省、市、县和乡等地方均设民选的权力机关，地方行政机关领导人员由其选举产生，向其负责，地方根据宪法享有广泛的管理地方事务的权力，这些都体现了地方自治的色彩。至于地方政府同时要向中央人民政府（国务院）负责并报告工作的制度，可以解释为是地方向中央"出借行政机关"。承认中国宪法确立了地方自治原则，就可以更好地借鉴其他国家和地区对地方自治所进行制度保障的经验并为进一步探索开拓思路。

现在的问题在于，中央与地方事务也缺乏立法上的明确划分，导致条块矛盾严重，将来的发展方向应当是明确划分中央与地方事务，地方事务由地方执行，中央行政部门不再行使行政权，中央对地方行政的监督一般只限于合法性监督而不及于合目的性（适当性）监督；中央（国家）事务由中央行政机关以及其特设的派出机构执行，中央也可以委托地方执行，但需要向地方支付报酬。在这一行政管理体制下，中央事务当然按照条条原则处理，可以按部门设置行政复议机构（或复议委员会）办理复议事项，而地方的事务应属于地方自治的事项，则应由地方政府设置统一行政复议机构（可以是行政复议委员会）来处理。实际上，我国行政复议法中关于垂直管理的复议管辖问题已经涉及这一问题，只不过由于垂直管理与地方自治原则的关系问题在学界缺乏梳理，导致未能将相关规定从更为宏观的层次加以思考。

四 自我监督与层级监督

根据我国的现行行政复议制度，原则上由上一级行政机关进行复议，这使得行政复议仅可以发挥层级监督的功能而缺乏原行政机关自我纠错的功能。在实践中，由于下级行政机关为了在上级行政机关面前维持依法行政的形象，往往会采取各种途径不遗余力维持自身的决定，而无暇反思自己所作决定的合法适当，这不利于相对人权利的救济。在比较法上，根据德国行政法院法中所确立的行政复议制度，融合了其原有的声明异议（einspruch）与诉愿（bescherde）程序，规定复议申请一律向原处理机关提出，原处理机关如果认为其申请有理由，则应撤销或变更原处理，如果认为复议申请不合法或无理由，则应将案件移送其上级机关，由后者作出复议决定。这一制度的优点在于，公民只要提起一次申请，就可以有两次救济的机会，给原处理机关有一次自我反省、再予斟酌的机会，而复议机关基于行政系统的上下级指挥监督关系又有一次审理机会。这一制度设计值得我们采纳。

（原载《法学研究》2004 年第 2 期）

中央与地方政府间关系的司法调节

刘海波

一 引言

在中国这样一个广土众民、内部差异性大、情况复杂的国家，政治治理的责任绝不是单一层级政府所能完成的，中央政府和地方政府的分权不是要不要的问题，而是如何分的问题。因此，我们关注的焦点是如何调整不同层级政府的权力界限。这个问题，在我国历史上和当前都没有获得良好的解决。我国长期以来的历史是高度中央集权和地方分裂割据的历史；建国以来，在地方和中央的权限调整上，往往陷入"一放就乱、一收就死"的循环；不仅如此，在同一个时期，竟有中央集权和地方分割的弊端并存的情形。我国是世界上地理和人口大国中唯一实行单一制的国家，甚至被抨击为高度中央集权，但是地方保护主义的盛行又是非常显著的事实。

以地方保护主义问题说明我国在调整政府间关系方式上的问题。《经济参考报》曾报道说，我国形成了一个个以行政区划为界限的"地方政府经济圈"。大量的多层次的"地方政府经济圈"各自独立运行，造成全国市场处于分割状态，商品和要素的自由流动受阻，市场机制在更大的区域内优化资源配置功能失效，造成大量的"显性"、"隐性"经济损失。[①] 确实，地方保护主义已经成为制约全国统一市场形成最主要的障碍，国内市场的统一，甚至比我国市场经济地位问题更迫切。表面上，我国中央政府不缺乏打击地方保护主义的手段，中央实际上控制地方人事（至少省级）的任免并拥有对地方性法规的立法否决权。根据《宪法》第六十七条的规定，"全国人民代表大会常务委员会行使下列职权：……（八）撤销省、自治区、直辖市国家权力机关制定的同宪法、法律和行政法规相抵触的地方性法规和决议"。但是，政制上的这些安排对消除地方保护主义现象效果并不显著。在2001年，国务院就颁发了禁止地区封锁的规定，但近年封锁不但没打破，

[①] 《透视〈地方政府经济圈〉行为异化现象》，载《经济参考报》2004年7月12日。

而且愈演愈烈，仅靠清理一些法律法规文件不解决问题。看来无论地方官员是不是中央任命的，地方政府总有自身独立的利益，总有搞经济上的地方保护主义的冲动，中央立法部门无法做到细致无遗地审查地方立法和行政措施，而且出于各种考虑，也很难行使立法否决权。地方官员的中央任命，还带来了不从地方人民的实际需要出发而制造上头看得见的政绩等严重问题。这使我们有理由怀疑，仅仅依靠行政措施和立法权集中的手段，不足以消除地方保护主义，更不足以合理地调整中央和地方关系。

美国当年制宪时，为了保障全国性政府的权力不受侵害，麦迪逊在美国制宪会议上曾极力主张，联邦议会有权否定他们认为违背联邦条款和对外条约的各州议会立法，后来却被否决了。① 尽管建立了联邦法院的体制，美国宪法没有在立法过程中建立起对州法的否决权，麦迪逊感到遗憾。他感到这样并不足以维护全国性政府的权威不受侵犯。但是，通过法院这样一个行政、立法过程之外的调节因素，出于麦迪逊等联邦主义者、也出于当时反联邦主义者的预料之外，美国联邦的法院系统作为对州权的一个很温和的制约这个看法被证明是错误的。自从大法官马歇尔判的麦克洛克对马里兰州案之后，这个观点肯定就是错误的，美国宪法法的整个发展历史也说明了这一点。在一块领土上，通过建立独立强大统一的司法体系，通过司法判例逐渐形成统一的法律秩序，较之立法上的集中统一，更不用说是行政中央集权制，能够更有效地实现该领土的政治和经济一体化，使居民成为相互认同、富内部凝聚力的公民团体，并且在有效地扩张中央政府权力的同时，相对更少地损害甚至保障地方自治和人民自主治理，这对我们来说还是一个反直觉的认识。英国、美国、最近欧洲联盟发展的历史启示了这一点。英国可以说是现代第一个现代民族国家，其国家能力（如财政汲取能力）在很长时间里远强于号称中央集权的法国，但另一方面，英国仍然保持地方自治，甚至被认为是事实上的联邦制。甚至在政制结构是半联邦制的情况下，欧洲法院在实现联盟法律秩序的统一，扩张欧共体机构的权能上起到了关键的作用，而通过初步提交和初步裁决程序，欧洲法院和成员国法院在涉及联盟法律的案件上已在相当程度上结

---

① 麦迪逊著，尹宣译：《辩论——美国制宪会议记录》，辽宁教育出版社2003年版，第88、347、596页。查尔斯·平克尼曾经提出：两院三分之二议员同意，联邦议会有权否定他们认为违反联邦总体利益和联盟和谐的各邦立法；到9月12日，麦迪逊仍然为联邦国会否决条款的被否定而遗憾。参见上书第745页。

合成统一的制度,成员国法院因此获得了依据联盟法对本国法律在案件判决中使之无效的某种司法审查权。①

一般认为,政府间关系的司法调节,和联邦主义体制紧密相关,法院特别是最高法院是联邦主义体系的调节者,没有法院的调节,联邦主义体制几乎不可能成功运转。例如,关于美国联邦体制与法院的关系问题,阿奇比尔德·考克斯说,"很明显,最高法院和联邦体系是紧密相连的。自一开始,最高法院就是联邦体系的最终裁决者,确定国家和州各自正确的范围并防止相互侵扰。如果,当问题出现在个案与具体争议时,没有法院审查州和联邦法律合宪性的权力,联邦体系几乎没有可能成功"②;"联邦制内在地会在各个政府之间——全国性政府与地方性政府,地方性政府与地方性政府之间——产生什么是各自的正确的权力范围的争吵,因此一个独立的司法体系和某种形式的司法审查就是必需的。换句话说,维护联邦主义结构的任务绝不能托付给州,而且,如 William Van Alstyne 教授所指出的,'绝不能托付给国会(这将是第 22 条军规),而是要在司法审查的程序中托付给法院'"③。但是,这个问题具有一般性,现代各国运行的联邦制和单一制,其区别与其说是确切的,不如说是微妙的;我们与其重视名词,不如重视实际情况。对中国学者来说重要的是:哪一种政府间关系的结构与哪种司法体系之间发生紧密的关系,以及为什么司法调节能取得上述良好的结果。

二 政府间结构关系的两种主要模式

在最宽泛的层次上,联邦制就是一些国家给自己冠以的名称。这种宽泛的定义对我们认识联邦制几乎没有什么帮助,因为这些国家除了名称之外,几乎毫无共同之处。④ 所以只要研究联邦制或联邦主义,就要进行进一步的

---

① 参见约瑟夫·威勒著,程卫东等译:《欧洲宪政》,特别是该书第 5 章《最不危险的部门:对政治一体化过程中欧洲法院的回顾与展望》,社会科学出版社 2004 版。
② Archibald Cox, The Supreme Court and the Federal System. In Kermit L. Hall (ed.), A Nation of States: Federalism at the bar of the Supreme Court. New York & London: Garland Publishing INC, 2000, p. 104.
③ Michael S. Greve, Real Federalism: Why it matters, how it could happen, Washington D. C.: The AEI Press, 1999, p. 14.
④ 杨利敏认为联邦制是一个开放的概念,不论是在联邦制的总体结构的设计,还是在具体的制度层面,联邦制都有各种各样的差异,并反映了截然不同的倾向。联邦制没有一成不变的模式,更不是一种标签化的存在。(杨利敏:《关于联邦制分权结构的比较研究》,载《北京大学法律评论》第 5 卷第 1 辑,法律出版社 2003 年版,第 54 页。)

分类，区别只在于分类的标准。① 单一制的主要特征可能被概括如下：一切地方政府的权力来自于中央政府的授予，可以被中央任意撤销；地方政府的重要官员都来自于中央的任命；每一级政府只管理其下一级政府，只有最基层政府才直接统治人民。这些见解却是不正确的，完全不顾及历史和现实中的情况。英国当然是公认的单一制国家，但在那里，地方政府有很大的自主权，其成员也不是来自中央的任命。实际上，当今世界绝大多数单一制国家，地方政府的产生也不是来自中央政府的任命。当今中国宪法的规定和实际运行的政制，也绝不是按照这种理论要求设计的。在历史和经验中可以发现，不存在上述绝对准则才能称为单一制。本文不去探求单一制或联邦制的本质是什么，但坚持进行进一步的分类，因为一般意义上的联邦制或单一制，其内部的差异可能如此重要，乃是我们理解实质性问题的关键。分类本身不是目的，也不仅是为了描述的方便，而是为了回答制度为什么起了作用，和以之为工具更好地理解现实和帮助我们的政治实践。以中央—地方两级政府间的结构性关系和司法体系在调节政府间关系所起的作用为标准，是本文所进行的分类，其提示的问题和对问题的回答，正是本文的主题所在。

上文批评的单一制原则在政府间的结构性关系上可以称为单向控制模式。政府间关系的调节主动权完全在中央政府一边，在这种情况下，法院几乎不起作用。这种方式在当今世界实际上很少见。实际上无论在单一制或联邦制下，更常见的是双向控制模式或相互依赖模式，即在政府组成和行动的过程中，设置一些协调机制或体制保障因素，来使得两个层级的政府相互协商保证它们不相互侵扰。这些机制可以是中央政府的组成、立法的通过、立法的执行在一定程度上依赖于地方政府，也可以是地方政府的组成、立法的通过、立法的执行在一定程度上依赖于中央政府。这些方面的机制可以包括一方对政府成员的提名权（另一方有通过权）、立法否决权、拨款权等等。目前德国宪法的联邦主义②其实就是这种模式的一个典型。德国的联邦政府的组成和立法在一定程度上依赖于州政府。德国也实行两院制的议会制度，联邦众议院每四年一次由人民直接投票选举产生，

---

① 张千帆区分了联邦制的英美模式（基于民主责任制理论，联邦和各州职能几乎完全独立）和德国为代表的欧洲大陆模式（联邦更侧重于负责立法，而各州则负责执行联邦法律）。（张千帆：《宪法学导论》，法律出版社2004年版，第215—220页。）

② 关于德国联邦主义，参见 Charlie Jeffery et al., Recasting German Federalism: The Legacies of Unification, Pinter, 1999; Cole, "West German Federalism Revisited", American Journal of Comparative Law, 23, pp. 325—336。

联邦政府由众议院的多数产生。德国参议院实际上是一个州政府间组织，其代表既不是通过直接选举也不是通过间接选举产生的，而是为州政府所委派，可以招回，代表按州投票。德国联邦议会两院中的参议院享有重要的立法权，但其权力较之众议院为小，参议院在某些情况下拥有绝对的否决权，另一方面，作为最后的手段，还可以延缓议案的通过。德国联邦主义强调的是在各州政府组成和参与联邦政府的体制性保障，联邦政府的立法相当依赖于州政府的合作。联邦政府和州政府之间存在立法和行政的功能性分工，即联邦立法，州政府执行，同时联邦政府对州政府的执行进行监督。尽管中国坚持单一制和中央权威，但其实际上的政制是接近相互控制模式的。例如：中国政治中重要的决策机构如中国共产党的中央委员会其成员由各方面许多是地方的领导人直接构成，一个人的权力基础与他担任的地方职务有很大关系，与来自于上海还是青海，很有关系；中央的政策要依赖地方的执行等等。

在政府间的结构关系是双向控制模式的情况下，法院的作用被认为不再很重要。美国威克斯勒教授，就写了一篇著名的论文《联邦主义的政治防护》①，认为，美国各州对联邦政府过程的参与——例如参议院中的平等代表权，是内在于美国联邦主义架构的政治防护，因此法院无须对州的权力加以特殊保护，除非个人权利受到威胁，法院应把联邦和各州政府之间的权限争议，留给实际政治过程去解决。他认为，制宪者在组成选择中央政府的同时，他们赋予各州极为重要的作用。各州作为实体的连续存在及其在选择国会和总统中的角色，是内置的机制，限制联邦对于州的权力范围的侵入。较之最高法院的司法审查，国会本身才是使宪法规定的政府间权力分配条款获得最大意义保护州的机制。威克斯勒教授提出的观点叫做体制保障理论，或者叫做政治过程理论。

不过，威克斯勒教授关于美国联邦主义②结构特征的观点不尽准确。美国联邦和州两个层级的政府在组成、权力的来源和权力的行使上是各自

---

① Herbert Wechsler, The Political Safeguards of Federalism: The Role of the States in the Composition and Selection of the National Government. Columbia Law Review, 1954, p. 543.

② 关于美国联邦主义，参见 Daniel Elazar, American Federalism: A View from the States, New York: Harpper & Row, Publishers, 1984; Vincent Ostrom, The Meaning of American Federalism: Constituting a Self-governing Society. Institute for Contemporary Studies, 1991; Martin Diamond, As Far as Republican Principles Will Admit, Washington D. C.: The AEI Press, 1992。当然，最经典也是最好的论述，是《联邦党人文集》和托克维尔《论美国的民主》上卷。

独立的。美国联邦制政府间结构关系可以称之为重叠统治模式。一个全国性的政府和联邦组成单位的各州政府同时并存,管辖地域和人民重叠,两种政府的权力来源各自独立。全国性政府直接对公民行使权力,立法的对象是个人,并且有独立的行政机构执行其法律,美国立宪者认为建立一个政府们的政府违反了政治科学的一般原理,是原来的美利坚邦联失败的原因。在美国制宪时,美国立宪者们有意使得全国性政府在组成上和在其决策的执行上都尽量少依赖于州政府。[①] 美国的参议院由于每个州平等产生两名议员,号称代表各州,但参议员任期长达6年,中途不可招回,按人投票。即使在美国宪法第17条修正案之前由州议会选举参议员的日子里,参议院与其说是一个联邦院,不如说是全国性政府的元老院(这也是麦迪逊等美国立宪者的意向)。因为参议员的长任期和按人投票,使得参议院成为独立而强大的机构,它不是一个邦联或联盟性的机构,而是全国性政府的一个部分。一般来说,美国的参议员较之众议员,更是全国性的政治家。总的来说,美国联邦主义强调的是联邦和州两级政府在组成上和权力行使上的各自独立,二者在各自的领域内是至高无上的,两级政府之间的权力范围和行动结果的冲突依赖于联邦制结构之外的因素——司法体制的调节。政府间权力范围和关系的调整,主要不是通过成文宪法的修正,而是通过司法判例。美国宪法关于联邦权力的列举,本就是高度概括和伸缩性的。美国的普通法法院特别是最高法院,通过个案判决的方式,发展了政府间关系的普通法。

　　重叠统治模式,就单一制主张者的本意来说,也是很有吸引力的。虽然中央政府不再拥有一切权力,不再能够命令地方政府和任命地方官员,但没有取消和削弱中央政府,反而使它独立和强大,它的组成,不再依赖于地方官员的好恶,其政策的执行,有自己独立的行政部门,不需要靠地方的配合——这经常使中央法律的执行变成了讨价还价的过程。只要有一部其权威至高无上的宪法,宪法确实实现其效力,只要实现了法律秩序的统一,只要在对外的意义上,中央政府有能力充分地保卫国家利益,不同层级政府的组成方式、权力范围、权力来源等,并非一定要根据固定的抽象原则来安排。

　　不过,重叠统治的政府间结构模式配之以司法调节政府间权力界限,真有非常优良的结果吗?它的运转依赖于什么样的司法体系?法院在政府间关

---

① 参见麦迪逊著,尹宣译《美国制宪会议记录辩论》,辽宁教育出版社2003年版。

系的调整或权力界限的分配中，运用什么样的法律推理？关于司法权安排的理论是什么样的？我们首先进行对比，说明在政治过程内部调节政府间权力界限的不可取。

三 政治过程内的体制保障并不可取

我试图说明：在立法、行政的政治过程内部设计体制保障因素或相互依赖机制来化解或消灭中央和地方的权力冲突，使一级政府在组成上和立法上依赖于另一级政府，不见得可取。

违反了责任政府原则。一个政府，不论其权力来自于人民通过投票表达的明确授权，还是人民的默示同意，都应该是一个可以问责的政府，而且责任的归属是恰当的。政府的权利和义务必须平衡，不能要求一个政府对实际上不能完全自主决定的事务负责任，也不能使一个政府做最终不必自身承担后果的决策。中央政府和全国人民之间存在着对应的权力、权利与义务之间的平衡关系，但中央和地方之间不存在相应的平衡关系。特定地方的人民及对其负责的政府不能决定全国政策，对全国人民负责的中央政府也不能决定特定地方的政策；否则，就必然违反责任制政府的原则。

某些体制保障违反了审议性民主的原则。如果地方政府直接组成全国性议会中的一院，这样的设计是否能促进决策的审议性？设立上述的体制保障违反审议民主决策的原则或制造不可化解的决策僵局。一个机构以什么样的规则行使其权力，应取决于它的构成方式。在按人投票和按政府单位投票之间，有重要的差异。后者如果按照某种多数规则（简单多数、绝对多数或欧盟部长理事会实行的有效多数等），很难排除特定规则同特定结果之间的联系，也就是说，规则总是有歧视性的。事先就可以知道，如果哪几个地方联合起来，就可以成功地阻碍议案的通过，或者那些单位联合起来，就能够成功地通过决策。这样排列组合的次数是有限的。每个地方或单位都是一个紧密结合的利益共同体而且数量总在几个到几十个之间，因此这种决策机制是一种范围极端狭小的多数民主。在上述情况下，较之大范围的代议制民主，更容易出现这样的情况，即决策的结果在投票之前就可以预计。这样投票本身就失去了程序正义的性质——即投票机制本身是一个发现的过程，发现什么是良好的决定，什么是正当的结果。另外一个办法是一致通过制，每个地方政府都有一票否决权，但既不现实也不可取。这是一个无法运作的体制，这会回到一个无政府状态中。

对政府制约的削弱作用及其他问题。我们可以设想建立双重体制保障的政制情形，这不是理论上的虚构，而是实在的政制，①甚至是我们日常经验所感受到的。中央立法不执行，委托各地方政府执行，在执行上，中央依赖于地方；中央政府的组成严重地依赖于地方，中央决策机构中地方政府的头面人物占很大比例，审议立法时还要分省开会，发言时说我们省如何想的；最高领导在各省失败了一定意味着在中央的失败；通过一些机制，使得地方政府的人事由中央决定。上级决策委员会由下级委员会首要人物组成，下级委员会成员由上级委员会提名甚至任命。这种情况，既可以说是中央集权的，又可以说是地方割据的。其中一个最重要的后果是，中央受制于地方，地方也受制于中央，做事的时候两级政府很难行动，难以发挥"两个积极性"；②每一层级的领导人，关注的焦点都是人事问题，上级的、同僚的、下级的，不难理解为什么这种情况下一切政治问题最后都会变成人事问题。另外一个后果是单个公民碰到一个最小单位的最小官员的侵害，也没有办法，因为所有政府相互缠绕在一起，一个最小的乡官也代表了政权所有的权威。根据用相反和竞争的利益来补足较好动机的缺陷的方法，这是制约政府们可能的暴虐方面的一般方法。体制保障却使政府们联结为一体，无法达到竞争实现制约的好处。

对地方权力的体制保障反而损害地方的自主性。这是一个反直觉的认识，独立强大的中央政府反而保障了地方的自主。地方政府在全国性政府的决策中占有重要权力，这种看起来保证地方独立自主的制度安排在某些情况下事实上会破坏地方政治生活的自主性，增强中央集权。全国性政府的权力和影响很大了，但其组成仍然严重依赖于地方政府，地方政府的变动直接影响了全国性政府的权力分配，影响地方政府的组成的重要因素可能就是各方为了在全国性政府取得权力的目的，这样地方政府的独立性自主存在就要大受影响了。全国性政府的权力和影响扩大了，但没有独立执行其权能的手段，那么可能出现一种情况，就是被迫

---

① effective constitution，这个术语来源于苏力的文章。"每个相对长期存在的国家，不论其结构组合和治理是否为你我所欲，都必定有其内在结构和相应权力配置，都有其制度逻辑，这就是我要研究的实在宪法（effective constitution）。也因此，一个国家也许没有系统阐述的宪法理论，但它一定存在着政制问题"，参见苏力《当代中国的中央与地方分权——重读毛泽东〈论十大关系〉第五节》，载《中国社会科学》2004年第2期，第42—55页。

② 见苏力文章第三节，"两个积极性，一种政制策略"，同上注，第46页。

在某种程度上将地方政府征用为自己的下属执行机构。[1] 这时全国性政府的领导人非常多的精力被牵扯到地方人事安排上，因为这就是他能否当全国领导人和顺利执政的问题。这样使得尽管从规定来看，全国性政府组成上要依赖于地方政府，但是往往造成一个结果，就是地方政府的人事被全国性政府通过政党或某种其他形式的安排所控制、支配。甚至在选民投票的时候也是如此，选某某不是因为要他在地方做什么，而是因为他要组成全国性政府的重要部分。[2] 德国的联邦主义比美国的更加中央集权，政制结构上的原因就有联邦政府在组成上和执行权能上都不独立于州政府所造成的，这同直觉的看法是相反的。

立法否决条款的问题。我们至少可以说明全国性议会审查地方立法除了"自己成为自己案件的法官"这个问题外，如果实行，还有其他严重的问题，不会因此减少法院的作用。立法否决条款怎样实施呢？是否每一次地方通过的决议就要拿来审查一番，这样的体制是否可以想象？中央立法机构成员的时间和精力是有限的，无法充分地就地方所有违反宪法和全国性立法的行为予以认定、审查和监督；大量的地方政府违法行为可能是轻微的（在全国意义上，当然对直接受害者不是如此），即使可以恰当地确认地方的违法行为，将中央立法机构的资源用于处理这些问题，是不是一种浪费？

甚至，立法否决并不能真的解决问题。在实践中，加拿大有这样一个条款，全国性议会可以行使对省议会立法的否决权，但并不能减轻司法的作用、法院的辛苦。戴雪告诉我们："（加拿大）其最可注意者是宪法所授予属邦政府的权威，使之有权以取消各省议会的法案。此权的赋予，自创制者观之，或可发生极大效力，苟能如是，法院可以不致被用为宪法的舌人。其实，稽诸史乘，这班创制人物亦曾有一种信念，以为'如此精细地规定各

---

[1] 全国性政府不在人事上就在财政上要取得对地方政府的控制权，否则很难指望地方政府认真执行全国性立法。

[2] 参见 Bruce Ackerman 对大使议员（Ambassadorial Chambers），即各州政府直接任命的联邦参议员并以德国为例的评论（Bruce Ackerman, The New Separation of Powers, in Harvard Law Review, volume 113, January 2000），"德国参议院议员是每个州政府的代表，并且严格听从指示行事。这意味着，州选举中的选民不能仅仅与州一级的竞争性政党政治相联系，而且还必须记住，他们在州选举中的选票通过改变联邦参议院的政党均势，改变了国家权力的格局"（第 681 页），"（在德国）结果是州级政治的全国化。全国性的政治家和政党不可能无动于衷地看待州级选举的命运。他们使自己成为国家政治游戏的一部分，努力将州级选举转化为对总理及其提案的信任投票。州级选举的选民不仅关注州政府的承诺和表现，还试图通过选票向柏林的权力中心表达自己是否满意国家的统治集团"（第 682 页）。

个立法机关所有权限当可以解除中央与地方政府在行使职权时所有冲突'。讵料世事所趋竟使创制者所有希望因误会联邦主义的性质而尽成泡影。于是加拿大法案，无论为属邦议会所立，或为行省议会所立，重劳帝国枢密院内之司法委办会审问；其结果此类判决案至于盈册两大帙。在此际，这一个司法委办会的行为恰与合众国大理院相类，即同以审问议会立法的宪德为事。卒之，在加拿大属邦中，一如在合众国中，法院诠释宪法之责遂不能旁贷。"①

四　司法调节方式的优点

这一节所牵涉的问题是本文中最复杂的而且也是政治和法律学者往往都忽视的问题。政治学者通常注重政制结构、政府运行中的细节描述；法学家由于其学科的性质往往是在成文宪法已经形成，特别是在实际诉讼的过程中产生了大量案例后才大行其道，宪法学主要是对宪法条款意义的解释以及对实际判例的整理、评注。然而，对于理解司法调节政府间关系的好处和相应的司法制度条件，则需要在更基础的层次上"知其然，也知其所以然"。

当中央和地方的立法都直接适用于个人，法律的冲突会以私人利益纠纷的形式大量表现出来。当有两个同时存在于同样地域、同样人民之上的政府，不仅都立法，还都行政时，尤其如此。即使中央政府不直接行政，但其法律直接适用于个人，以个别利益纠纷形式出现的法律冲突仍然出现。如果地方政府不很优良，它通过推诿的方式不做事，并抓住任何方式塞责，即使可以避免与中央的直接冲突但仍然产生大量个别的纠纷。所以我不太同意说可以采用一种国会立法否决的方式来解决其中的冲突问题，因为它的冲突很多的，表面上看来是私人之间的冲突，实际上是两个政府之间的法律的冲突，冲突不必而且绝大多数情况下不以两者之间直接对抗的形式表现出来，而是以个别利益纠纷形式表现出来。在重叠统治的政府间结构关系下，政府间的权限冲突更会以私人利益纠纷的形式大量表现出来，而法院平常的工作就是调节这些冲突。表面上法院的工作没有出奇之处，但却是司法调节方式成功的秘密。

既然两级政府间一般不发生直接的冲突，冲突体现在人们日常的活动当中去了，这样由私人告到法院，法院不是解决中央与地方孰是孰非的问题，而是解决一个个别案件，解决某甲和某乙之间的私人纠纷，但间接地影响了

---

① 戴雪著，雷宾南译：《英宪精义》，中国法制出版社2001年版，第216页。

两个政府之间的权限划分。法院行使的仅仅是司法权,不比司法权更多,也不比司法权更少。这里说的是本来意义上的司法权,法官首先做的是判断的工作,而不是在执行成文法,否则的话,法院和行政部门有什么区别?判断要求法官面向客观正义,法律的基础是超越于任何人的意志的客观正义。在经验世界,法官实际上是对现有的有冲突的一些具体的原则进行权衡,得出一个具体的判决。他做的不是理论性的推理工作,他是在判断,判断当中包含了推理。上述含义的司法,必定要求实行判例法。由于判例法的特点,附带地,某些在个案判决中被否认的全国性或地方的立法事实上在以后同样的案子中无效了。这样一来,政府间的权限划分问题也就附带和逐渐地被解决了。

这种方式的好处,托克维尔在观察美国联邦制时已经认识到了:宪法承认各州有权制定法律,而这些法律又可能侵犯联邦的权利。这时,在联邦与制定法律的州之间,不免要发生主权冲突。为了解决冲突,只能采取危险最小的处理办法。我前面讲过的总原则,已经预先规定了这种处理办法。根据通常的想法,遇到我方才提到的这种案件,联邦一定要向联邦系统法院控诉侵权的州,而联邦系统法院也将宣判该州制定的法律无效。这样的处理也最合乎情理。但是这样一来,联邦系统法院就要与该州处于针锋相对的地位,但这种情况却是联邦系统法院打算尽量避免的。美国人认为,执行一项新的法律而不损害某些私人利益,那几乎是不可能的。联邦宪法的制定者认为,这种私人利益可以抵制各州用立法措施损害联邦,所以他们在立法时保护了这种私人利益。……它所攻击的是法令的后果,而不是它的原则。它不宣判取消那项法令,而只是削弱它的效力。[①] 政治制度设计如果让州政府与联邦政府直接面对面对抗,抽象地说你侵犯我,我侵犯你,就会导致一个国家的危机;这种危机的解决如果在政治层面上,那就比较麻烦,通过国会,还会打得不可开交。[②] 美国最重要的关于联邦和州之间权力范围调整的判例,往往不是两个政府间的诉讼,而是涉及个人利益的案件或者纯粹是私人间的诉讼。

但是,上述方式不仅是不危险地让道理压倒强力的可实现的方式(最大的强力拥有者就是政府),而且,即使政府都是非常服从于道理的,它也

[①] 托克维尔著,董果良译:《论美国的民主》,商务印书馆1988年版,第166—167页。
[②] 对此我们看一下联合国和国际法院在解决国家间冲突的效果就可以知道了,尽管在联邦制中政府间的关系不能完全类比于国家间的关系,但会与前者有同样的难题出现。

比政府间的直接行动有莫大的好处。因为,"实际上,法律很少能够长期逃脱法官的验证分析,因为法律很少不涉及私人利益,而且诉讼当事人在涉及他的利益时也可以和必然向法院提出异议"[①]。执行一项新的法律或措施而不损害某些私人利益,这几乎是不可能的。就打击地方保护主义来说,这种私人利益可以抵制地方用各种措施损害全国性市场的统一。如果能为合法的私人利益提供有效的救济,地方保护主义将受到间接但有效的打击。地方保护主义的措施很少不涉及私人利益,例如有大量企业遭受地区封锁的侵害,产品受到市场准入限制或歧视。如果企业或个人在涉及他的利益受侵害时向法院提出异议,这样导致大量某公司和某公司之间的官司,某公司与一个地方政府执行部门的官司。地方的保护性措施很少能够长期逃脱法官的验证分析,因为它总导致诉讼。

我国有严重的地方保护主义却没有上述的诉讼,因为我国的法院系统是高度地方化的,法院不能在判决中宣布地方性法规的无效,甚至不能审查抽象行政行为,更不能制作判例成为法律的渊源。受到侵害的当事人不指望从法院获得救济,目前我国的法院也不能提供这种救济。但是,如果我国实现了司法的一体化——例如建立属于中央法院系统的巡回法院、保障法官对地方政府的独立,法院至少可以对地方性法规进行审查,可以制作判例法,通过司法判决个案累积的方式对地方保护主义的打击又是彻底的、方方面面细致无遗的。在千百万人对自身利益的关注中,在众多法院的司法过程中,在无数的案件中,地方政府的行为受到了实实在在的检测,判例法的特点使得所有法院都成为统一的市场经济秩序的守护者。甚至,在这种情况下,中央的立法否决权因为其他方面的弊端都可以是不必要的。

司法方式调整政府间的权力范围,除了避免政府单位之间的直接对抗的一切不利之外,较之制定详尽和精确的宪法还是更正确地划分权限的方式。即使将关注局限于一部成文宪法所要解决的问题,那么也要考虑:不要假定制宪会议可以完成不可能完成的任务。正如麦迪逊所说:标出全国政府和州政府的权力的适当界线,必然是一项同样艰巨的任务。每个人会根据他习惯于仔细考察和辨别性质广泛而复杂的事物的程度来体会这种困难。[②] 关于两级政府间的权力界限划在哪里,根据一位学者对《联邦党人文集》的解读,从《联邦党人文集》作者在不同的地方所说的话可以知道:回答是清楚的,

---

① 托克维尔:《论美国的民主》,第113页。
② 同上书,第181页。

划出任何坚硬稳固的界限是完全不值得讨论的，是完全不可能的。必须寻找的是程序性的解决办法，不是界限问题，而是划界的办法。① 我们是要在混杂的领域里做到精细，但我们如果想直接获得这种精细，却可能得到非常武断和粗糙的结果。在立法和行政经验中所揭示的问题是，你越试图去详细说明，你会发现你实际上顾及得越少。司法过程的性质还保证地方政府合理的权限不容易受到侵犯，相对于中央政府，法院是超然的第三者，而且，判例法容易根据事物的性质而做细致的分类，不会像中央集中立法那样搞一刀切。

同私人间的纠纷不同，除了极少数情况，政治实体或政府单位的行为构成严重的判断的负担。既然正确就是要让道理压倒强力，司法判决除了可能实施之外，道理还必须让人心服。这样我们就回到一个基本的问题上来，什么是法律中的公理？如果是法律中的公理，那么就更容易获到自愿的服从。对此，本文提出下列尝试性的见解。法律中的公理不能是绝对正确的纯粹形式的伦理法则，因为它没有经验的含义，无法在实际中加以运用。和有实质性含义的若干个正义原则或绝对命令相反，本文认为接近于法律公理的是在非常特殊的、具体的事实条件下形成的一种判断。这正如亚里士多德所说，只有具体的事物才是可判断的。为了得到判断，需要对事实本身进行剪裁，不断地附加如果这样如果那样等等条件，一直到能得到确信无疑的判断时为止。② 这样就形成了一个

---

① George W. Carey, The Federalists: Design for a Constitutional Republic, University of Illinois Press, 1989, p. 109.

② 例如，为了说明什么是错误的行为，说一个卖东西的人，在一个本村的失明的贫穷的人来买东西的时候，多收了他的钱并交给他一件次品，因此，这个行为是错误的，事情至少要恢复原状乃至这个人要受其他惩罚。设立条件是为了排除怀疑，达到确信：本村（也许外乡人是可以欺骗的）；失明（眼睛看得见的人自己有适当注意的义务）；贫穷（如果是地主老财为什么不能骗呢？）。在这个事例中，即使我们达到了完满的确信，判断也仍然是不完备的，仍不能摆脱哥德尔定理，将推理的前提彻底阐明。这里试图说明，人们对于一个个案进行判断比获得一个普遍适用的抽象原则更容易些，在个案的判断中，人们自觉或不自觉地用到了他们所有继承下来的价值体系来进行判断，此种判断不能被化约为一个纯粹的逻辑推理的过程。另外，判断总是从最有可能判断的事物开始的。但是，不要误解笔者认为可以实现个案的绝对公正，最有可能判断的事物不是实际发生了的事物，组成个案的事实必然经过了剪裁。因此先例大概总要比形成先例的判决本身更公正。各个判断之间要实现内在一致性，是要将绝对正确的法律适用于个案，但是只有法律不在我们手中的时候，我们才可能接近于它，每一次判断都是重新发现法律的过程。从个案到个案的例证推理乃是在人的世界实现实证规则体系内在一致性的更好方法。

判例，得到确实无疑的判断的案例往往不是真实存在的，是假设的，判断是真实的，事实是虚构的。通过个案和个案的比较，在新的案件中也许可以放松一些假定，这样导致一个新的确定的判断产生。如果上述的论辩有些道理，那么政府间的权力范围调整的问题要更少在政治机构间的直接对抗中进行，而是在那些能够判断的案件中作出判决以逐渐修正关于政府间权力范围的宪法法的方式进行，这是私法案件对公法的逐渐修理。一项政府的法令，如果导致在一个私人案件中出现不可接受的荒谬后果，那么就被放在一边不管，在这个案件中被否定。这样，在私法案件的审判中逐渐地修正了宪法。解决问题总是从最切近的部分，最可以解决的部分开始的，然后发生一种外溢效应，溢出的后果并非删掉法典或取消那么简单，而是停留在适可而止的地方，也许是某个政府颁布的某个法律的威信受到了打击。因此政府间权力范围调整的工作对法官来说不是一个绝对不能完成的任务，因为这是以用间接迂回的方式逐渐完成的，也许在开始，就是以平常心判断平常案件。这意味着，法官要高度地审慎，对政治机构争议的贸然加入，将使法庭处于最不利的位置，因为可能用自己的道德权威为强权加冕，从而欲速则不达地导致不能完成他的任务。[①] 上述工作，也不是靠一个人、一个法院完成的，而是数代人和所有法院在无数的诉讼中共同完成的。

司法调节会形成政府间权力范围的共时多样性和历时变化性的特点。一个在多方面以适度、中庸的精神逐渐构建起来的制度，自然可以发现，在一个层面，存在着军营一样的集中；在另一个方面，则像彻底的无政府状态一样的分散；存在着各种过渡的类型；随着环境的变化，上述各方面还相应做出调整。

五 结论

中央与地方关系，是中国长期要面临的一个问题。我们不仅需要解决当下紧迫问题的治标之策，也需要对如何走出历史循环的治本之法深思熟虑。本文的结论是：要部分吸收政府间结构的重叠统治模式中的优点，中央政府拥有强大的独立执行力量的同时，可以放心地让地方政府拥有更大的自主

[①] 这也是笔者对司法审查中所谓"政治问题"的理解途径之一。但奇怪的是，法官紧守司法权的本分，最后却可能更大地影响政治，任何时候都有不可司法的政治问题，但最终一切政治问题都会变成司法问题。

权。在立法、行政过程中进行政府间权力范围的调整,有很大的弊端,我们要充分注意司法调节方式的优点。尽管中国司法的现状不尽如人意,但通过司法改革:司法独立、司法权的适当统一、减少上级对下级法院行政干预的同时进行判例法的实验——至少最高法院可以制作判例法等等,无论如何,司法都能在调整中央与地方关系上起到一些作用。很可能,通过真正意义上司法权的树立,困扰我们的中央地方关系上的"集权—分裂"循环将真正得以解决。

(原载《法学研究》2004年第5期)